KB182521

근대 기행문 자료집

3

강원도、전라도、제주도

일러두기

1. 이 책에 실린 자료는 1910년을 전후한 시기부터 1945년까지 근대 잡지에 실린 기행문이다.
2. 표기법은 원문을 그대로 수록하는 것을 원칙으로 하였다. 그러나 오기가 분명한 경우는 바로 잡았고, 원문 해독이 어려운 글자는 ●로 표시하였다.
3. 띄어쓰기는 자료 원문의 상태를 그대로 살렸으며, 띄어쓰기가 전혀 되어 있지 않은 경우에만 현재의 표기법에 따라 교정하였다.
4. 기사, 단편소설 등은 〈 〉, 단행본은 《 》로 표기하였다.
 단, 원문의 강조나 대화에 사용된 「 」『 』 등은 그대로 두었다.

한양대학교 동아시아문화연구소 동아시아문화자료총서 2

근대 기행문 자료집

3

강원도、전라도、제주도

서경석 · 김진량 · 김중철 · 우미영

민속원

• 책을 펴내며 •

근대 여행은 개항과 쌍생아이다. 근대 여행자는 그로부터 탄생하였다. 개항의 문은 자기정체성을 향한 내부로의 발길과 타자를 향한 외부로의 발길을 열었다. 이들의 족적이 거대한 글의 숲으로 남았다. 무심히 지나쳤던 그 숲에 들어 나무 하나하나를 살펴보기 시작했다. 개항과 더불어 열린 여행길이 시간과 공간에 대한 인식을 어떻게 바꾸었는지 또 여행자의 내면은 여행과 어떻게 관련되는지를 밝혀보고자 했다. 근대 기행문이 보여주는 세계 재편의 역동성 — 정치, 사회와 문화, 문학 등 — 에 잠겨 여러 해를 보냈다.

근대의 기행문에는 미지의 세계에 대한 호기심으로 가득하다. 이 호기심은 미지, 탐험, 설렘 등의 단어를 연상시키며 여행의 의미를 추가한다. 들추어보면 이는 외피일 뿐이다. 이를 통해 여행의 정치성은 멋지게 포장된다. 사실 여행이란 배움으로 미화된 예속의 길이자 발견과 확장으로 미화된 침탈의 길이다. 두 길 모두 미화된 명분에 유혹된 길임이 분명하다. 근대의 기행 자료들은 여행이 단순한 설렘의 기록을 넘어 타자 — 개인이든 국가이든 — 를 장악하려는 정체성의 정치 행위임을 여실히 보여준다. 이런 점에서 근대의 기행문은 여행(자)이 이 세계와 관계 맺는 방식을 복합적으로 보여주는 소중한 자료이다.

이번에 펴내는 근대 기행문 자료집은 국내 기행문 편이다. 경성과 전국일주, 경기도와 충청도, 금강산을 포함한 강원도와 전라도 및 제주도, 경상도와 황해도, 평안도와 백두산을 포함한 함경도. 해방 이전의 지역 구분에 따라 각 지역을 다섯 편으로 엮었다. 각 편에 실린 해제가 말해주듯 이 시기 기행문은 근대 조선이라는 세계를 창출하고 변화시키는 데 여행자의 발걸음 하나하나가 얼마나 큰 힘을 발휘하는지를 역동적으로 보여준다. 100여 년 전의 그 힘은 지금도 동일하다. 지금 세계를 향해 딛는 우리의 발걸음이 얼마나 무겁고 또 신중해야 하는지를 그 시절의 여행(자)들에서 배운다.

근대 기행문에 관심을 두고 일을 벌인 시점은 2002년과 2003년 사이의 어느 때이다. 그 사이 세상이 크게 달라졌고, 연구자들도 여기에 적응하느라 몹시 분주했다. 여행과 기행문에 대한 생각도 거듭 조절해야 했다. 이런 이유로 전체 5권의 자료집 해제 방식도 서로 상이하다. 오랜 시간을 끌었다고 자료의 완결도가 높아진 것 같진 않다. 여기에 수록하지 못한 자료도, 실린 자료에서 읽어내지 못한 글자도 많다. 이어지는 작업 속에서 우리의 허점이 더 많이 드러났으면 좋겠다. 어설픈 민낯은 관심 속에서만 드러나기 때문이다.

행당산 기슭에서

편자 일동

차례

전라도全羅道

제주도濟州島

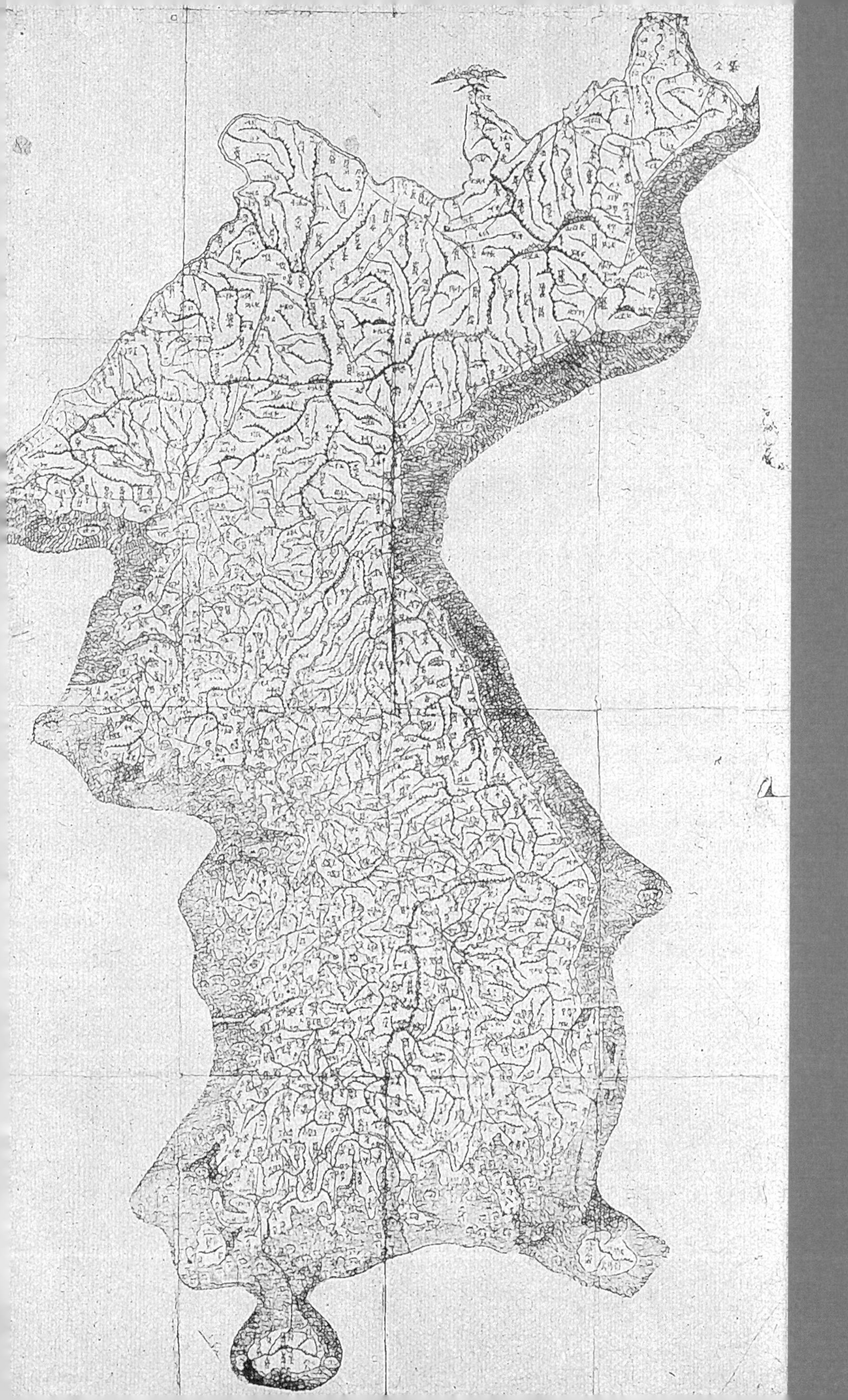

01

강원도

江原道

해제

절경을 노래하고 세상을 고민하다

강원도, 금강산 편

한국 근대 기행문 중 강원도와 금강산을 여행한 글들을 모았다. 당연하게도 강원도의 험준한 산길과 금강산의 수려한 풍경이 글의 대세를 이룬다. 더불어 서울에서 시작하는 기차의 여행 경로와 금강산 인근 명소나 지역의 소개가 거의 빠짐없이 등장한다. 기차의 움직임이나 이동의 경과에 따라 시각의 변화와 글쓴이들의 소회가 유연하고 풍부하게 이어진다.

물론 이 기행문들은 강원도 일대의 소식이나 풍경을 전하는 데 그치지 않는다. 강원도로 향하는 기차 안에서, 금강산 주변의 명승지나 자연의 위용 앞에서 글쓴이들은 인간과 세상에 대해 고민하고 사유한다. 종교인으로서 믿음과 소망의 의미를 밝히기도 하고, 조선인으로서 문화와 역사에 대한 무관심을 지적하기도 하며, 인간으로서 '사람다움'에 대해 숙고하기도 한다. 근대 초기 강원도 여행의 경로와 정황을 짐작해보게 하고 지금은 쉽게 가볼 수 없는 금강산 주변의 지역과 명소들을 그려보게 한다는 점에서 의미 있는 자료들이다.

홍생洪生의 「금강산행」(『청년』 5권 9호, 1925년)은 1925년 7월 25일 금강산 온정리溫井里에서 개최된 남감리교회 주일학교 수양회南監理教會主日學校修養會에 참가한 이야기다. 하지만 제목에서 알 수 있듯 수양회의 이야기보다 약속 시간에 맞춰 그곳에 도착할 때까지의 노정과 이후 금강산 만물상萬物相을 구경한 이야기가 주를 이룬다. 글의 서두에는 출발에 앞서 며칠 동안 있었던 경성 일대의 물난리와 그에 대한 글쓴이의 염려가 잘 드러나 있다. 한강철교와 인도교가 불통되고 전등과 전차가 끊기고 수도가 단수되어 거의 마비되다시피 한 당시의 경성 풍경을 여실히 그리고 있다. 또한 당일 아침 경성역을 출발, 청량리역에서 일행과 합류하고 동두천역에서는 철교가 끊어져 도보로 건넌 뒤 다시 기차를 타고 저녁 늦게 원산역에 도착할 때까지의 과정과 수양회가 끝난 뒤 금강산 구경을 나섰지만 안개와 구름 탓에 그만 하산하다가 다시 올라 어렵게 금강산 풍경을 구경하게 되는 과정 등이 세세한 시간대별로 나뉘어 서술되고 있어 생생함을 준다. 작은 배에서 겪는 멀미, 금강산 구경 중에 갖는 주전부리 장면 등도 흥미롭게 묘사되고 있다.

창은滄隱의 「일견一見 금강산」(『청년』 7권 11호, 1927년)은 금강산 장안사長安寺에서 출발하여 내금강 일대 여행을 마치고 원산을 거쳐 경성으로 돌아올 때까지의 하루 동안의 이야기다. 경성에서 장안사에 도착하기까지의 앞선 내용은 오히려 다음 호에 실려 있다. 글은 출발 전날 밤 장안사 주지의 불교 도리道理를 들은 뒤 인간의 순수한 마음과 사랑에 대해 글쓴이가 깊이 고민하는 장면으로 시작한다. 그러한 고민 속에서 세상은 개인의 이해와 타산으로 가득하고 맑은 마음과 진정한 사랑은 아직 찾을 수 없다는 인식이 글의 서두를 이룬다.

아침에 마사연摩訶衍을 향하여 나서 표훈사表訓寺, 보덕굴普德窟, 백운대 등을 차례로 보며 지난다. 명연담鳴淵潭, 표훈사, 보덕굴 등 지나는 곳마다 지닌 사연들을 전하면서 글쓴이의 감상과 소회를 대체로 감상적感傷的으로 드러낸다. 유호사楡岵寺에 머물면서 사승寺僧들의 불친절을 느끼는 대목은 글 서두에서의 인간의 마음에 대한 대목과 맥이 닿는다. 고성읍高城邑을 지나 해금강에 이르러 옛이야기들을 떠올리기도 하고 다음 날 자동차로 이동하면서는 걸어가야 하는 이들에게 미안한 마음을 시조로 읊기도 한다.

글 전반에 걸쳐 글쓴이는 자신의 감상과 생각들을 여러 편의 시조로 옮겨 드러낸다. 그러면서도 한편으로는 우울하고 쓸쓸한 기분에서 벗어나지 못하는데, "사람은 왜 이다지도 세욕世慾을 가지고 자기의 종적을 나타내려 허허된 이름으로 자연의 아름다움을 더럽히는가?"라며 자문하는 대목은 이를 잘 보여준다. 이처럼 글은 금강산을 대하면서 갖게 되는 글쓴이의 생각들을 드러내는 데 특히 주안을 둔다. 예를 들어 금강산 구경을 위한 세 가지 조건으로 고요한 마음과 그런 마음을 나눌 수 있는 친구와 역사에 대한 지식을 뽑는다거나 금강산의 '참맛'을 느끼려면 고생을 해야 하듯이 성공을 위해서는 노력을 해야 한다거나 "세욕을 떠나 잠시일망정 신선하고 깨끗한 금강에서 목욕을" 해야 한다고 말하는 대목 등이 그렇다.

금강산 구경을 마치고 내려오는 길에 원산 여학생 무리를 만나고 원산행 배 안에서는 학생들끼리의 다툼을 목격하면서 '사람다움'에 대해 다시 생각한다. 이처럼 글 곳곳에서 자연 앞의 인간의 비속함에 대한 글쓴이의 고민이 잘 드러나면서 또한 당시 금강산 여행의 여러 정황들을 보여주고 있는 글이다. 글의 중간에 '강원도지사江原道知事 각하閣下'라는 표현은 이 시기의 관직 명칭을 보여주고 있어 흥미롭다.

위 글쓴이가 쓴 동일한 제목의 다른 글 「일견 금강산」(『청년』 7권 12호, 1927년)은 후에 실린 글이지만 그 내용은 오히려 앞선 이야기다. 금강산 여행을 떠나기까지의 오랜 기다림과 경성역에서 출발하여 원산까지의 기차, 장전長箭까지의 배, 다시 온정리까지의 도보 여행의 경로가 이어진다. 그런 중에 창밖 풍경의 변화, 배 멀미, 포구에서의 호객 행위 등 어느 여행에서나 접할 수 있는 경험들이 흥미롭게 그려진다.

글은, 금강산에 대한 찬사를 익히 들어왔던 글쓴이가 금강산 구경을 오랫동안 기다려왔다는 것으로 시작한다. 여러 번의 좋은 기회를 잃고 말았다는 대목 중에 보이는 "××의 구속을 받는 우리"의 탈자 표기는 검열의 흔적임을 짐작하게 한다. 글은 전반적으로 글쓴이의 심적 갈등과 자의식으로 가득하다. 글쓴이는 끊임없이 금강산의 아름다움의 진위에 대해, 그 여행이 줄 수 있는 실망에 대해, 여가나 유흥이 아닌 가정과 살림의 보전에 대해 깊이 고민하며 자문한다.

도착 이튿날에는 신계사新溪寺와 옥류동玉流洞을 거쳐 구룡연九龍淵의 장관을 구경하고 그 다음 날 금강산을 향해 떠나기 전에는 기도회를 갖는데, 이때 여관집 주인의 간증 내용이 길게 인용된다. 불치의 병을 얻고 집이 불타는 등의 모진 시련을 독실한 신앙심으로 극복해내었다는 내용으로, 글쓴이는 그의 말을 빌어 신앙과 노동의 소중함, 믿음과 소망의 가치를 강조한다. 글쓴이는 만물상의 절경을 보며 연신 경탄하면서도 한편으로는 "먼지 속에 들어앉아 싸우고 떠들고" 하는 인간사를 걱정한다. 오후 늦게 장안사에 도착한 뒤 영원암靈源庵을 찾아 사람에 대한 그리움을 새삼 느끼고 인간끼리의 친절함을 다시 생각하는 것으로 글은 마무리된다. 이후의 이야기는 앞선 호의 내용이다.

최금봉崔金峰의 「건봉사乾鳳寺 본말本末 순례기巡禮記」(『불교』 41호, 1927년 11월)은 염천폭양炎天曝陽의 여름 하루 동안 심곡사深谷寺에서 추전리에 도착하기까지 강원도 양구 일대 여행을 기록한 글이다. 양구 읍내에서의 행적을 자세히 기록하면서 일행이 살펴본 군지郡誌의 기록 원문과 그것에 대한 소감을 밝히고 있다. 동리 간 거리, 교통편, 도로 상태 등을 상세히 서술하고 있어 마치 강원도 일대 지도를 보고 있는 듯한 인상을 갖게 할 정도다.

3일간 머물렀던 심곡사를 출발하여 공작산孔雀山 수타사水墮寺를 향하면서 도솔산兜率山과의 이별을 지극히 안타까워하는데, "다시 만나면 금일今日의 부자유를 서로 웃어가며 활기 있게 살아보자."는 대목은 일제 치하 삶의 정황을 암시하면서 해방에의 의지를 드러낸다. 글쓴이는 이 순례를 통해 당대 불교의 실상을 "의심없이 드러내어 연추姸醜(곱고 추함)를 세상에 소개코자" 한다는 목적을 갖고 있다. 그러면서 불자佛子는 대중의 사범자師範者가 되어야지 사원寺院을 통속화해서는 안 된다고 강조한다.

수타사壽陁寺 가는 길에 양구 읍리를 지나며 그곳의 오래된 절터와 전설, 군지郡志 등을 살펴보고 그런 중에 우연히 심곡사의 주지를 만나 동행하게 되는데, 이어지는 글은 임당리林塘里에서의 여러 이야기들이다. 그곳의 오층석탑이 일본인 순사부장에 의해 옮겨졌다든가, 시가市街의 제도, 가옥의 건축 방식 등을 관찰한 뒤 오후 늦게 점심으로 먹은 냉면이 조선식 기계로 제조하긴 했지만 여러 가지로 부족하여 오히려 지방개량地方改良에 방해될까 염려된다거나, 상권商權이 조선인보다 일인에 의해 형성되고 있다는 등의 내용들인데 글쓴이는 결국 이곳의 지리적 기세가 나쁘지 않음에도 장래 발전될 희망은 없다고 생각한다.

이외의 양구읍의 다양한 정보들은 글쓴이가 거리에서 우연히 만난 행인의 대답을 듣는 형식으로 전달하고 있다. 그러나 여행의 목적에 따라 찾고자 했던 불교 관련 자료들은 모호하게 기록된 것들뿐이라 크게 실망한다. 이때 "후인後人된 우리가 무엇으로써 역사를 참고할까?"라는 말은 우리의 낙후한 기록문화를 되짚어보게 한다.

교통편이 여의치 않아 홍천으로 가는 험한 길을 걷다가 만난 소양강의 절경과 위용을 소개하는가 하면, 재래식 풍범선風帆船이 서해안에서 경성 한강을 경유해 깊은 산야에까지 곡물과 연료 등을 운반하고 있음을 알고 놀라기도 한다. 오후 늦게 춘천지방 북면 추전리의 여인숙에 도착하여 여름날 종일 걸었던 몸을 쉰다는 것으로 이 글은 끝난다.

위의 글은 「건봉사 본말 순례기(속)」(『불교』 43호, 1928년 2월)로 이어지는데, 이 글은 추전리에서 출발하여 수타사에 이르기까지의 기록을 담고 있다. 험난한 여로에서 경험하는 주변 풍경에 대한 세세한 묘사와 글쓴이의 생각들이 이어지면서 독자로 하여금 함께 동행하고 있는 듯한 인상을 갖게 할 만큼 핍진하고 현장감 있는 서술을 보여준다.

글쓴이는 전날 밤 모기와 빈대로 불면의 고통을 겪고는 여인숙을 감독하는 데 소홀한 춘천지방 경찰에 불평을 하면서 아침 7시경 홍천으로 출발한다. 산곡협로와 천산만산 첩첩이 둘러싸인 풍경 속을 지나 조교리照橋里, 삽다리재, 자은리自隱里, 광탄리廣灘里를 거쳐 하루 동안 7리를 걸은 끝에 오후 늦게 성산리城山里에 도착한다. 전날부터 이틀 동안 만난 행인들이 인근의 사찰 관련 전설이나 유적지 같은 것을 모르고 있음을 알고는 지방 사람들의 견문 부족을 탓하는데, 그 속에서 문화나 역사에 대한 우리의 관심과 인식의 부족을 은근히 꼬집기도 한다.

다음 날은 큰비가 올 것 같아 아침도 거른 채 출발하는데 오래지 않아 하늘이 맑아지고, 험한 산길을 통과한 끝에 심곡사에서 출발한 지 4일 만에 수타사에 도착한다. 글은 수타사 입구에서부터 사원 주변 형상을 입체적이고 정밀하게 묘사한다. 글쓴이는 수타사 입구 주변의 석종石鐘, 석비石碑, 부도浮屠 등의 비문과 석질石質, 모양, 의미 등을 상세히 소개하면서 과거의 성쇠를 짐작하기도 하고, 성황당을 보면서 우리 종교가 다신교로 변했다는 비판을 듣는 이유를 생각하기도 한다. 사찰의 웅위존엄雄偉尊嚴한 기풍을 느끼면서도 250여 년의 시간이 흐르는 동안 색채나 형상이 변하고 있음도 안타까워한다. 주지住持를 만나 수면과 오찬을 한 뒤 사찰의 역사와 관련된 서책을 찾는 것으로 이 글은 끝난다.

「건봉사 본말 순례기(속)」(『불교』 46-47합호, 1928년 6월)는 수타사에 도착한 이후의 이야기다. 4일 동안 수타사에 머물면서 보고 느낀 점들을 상세히 술회

하고 있다. 퇴락하고 변질된 사찰 내 흔적들을 대하면서 불자로서의 비애와 책임감을 느낀다는 내용이다.

첫째날 이야기는 수타사의 역사와 풍경들, 경내 건물들과 불상, 고적古蹟을 순례하면서 세세히 소개하는 내용이다. 대웅전의 불상, 대웅전 건물, 건축 구조 등이 소개되는데, 오랜 세월 중수重修와 재수再修을 거치면서 어렵게 지켜온 웅장한 건물로 심상히 볼 게 아님을 강조한다. 구한말 사찰을 중건하기 위한 취운선사翠雲禪師의 헌신을 깊이 찬탄하는가 하면 퇴비장堆肥場으로 변해버린 건물을 보면서는 시대의 풍조를 개탄하기도 한다. 심지어 부랑무뢰浮浪無賴에 의해 사찰이 요리정이나 유희장으로 취급되고 있다는 얘기까지 듣는다. 이러한 진술을 통해 글쓴이는 노골적으로 드러내지는 않지만 일제에 의한 근대화가 우리 전통문화의 훼손과 현대 불교의 변질을 가져오고 있음을 넌지시 비판한다. 흥회루興懷樓에 올라가서 "어제의 전성시를 묵인하고 오늘의 쇠잔함을 목격하니 이만치 웅장하게 건설한 자는 누구이며 이렇게 퇴락하게 지키지 못한 자는 누구인가"며 탄식하는 대목도 글쓴이의 심중을 잘 보여주는 장면이다.

다음 날은 우선 일월사日月寺 옛터를 둘러보는데, 원래 우적산牛跡山 일월사日月寺였다가 공작산孔雀山 수타사水墮寺로, 다시 수타사壽陁寺로 바뀐 내역을 소개하면서 사찰에 깃든 역사와 전설들을 풍부하고 흥미롭게 들려주고 있다. 더불어 사찰 주변 자연의 이름들에 각각의 의미가 있음을 말하면서, 특히 수타水墮일 적에 익사 사고가 많았다는 이야기를 하면서 글이 쓰인 당대에도 한강철교에서 자살자가 많았음을 전하고 있어 눈길을 끈다. 불자로서 글쓴이가 갖는 안타까움은, 수타사에 머무는 4일 동안 종소리나 예불 모습을 접한 적이 없고 많은 주승住僧들도 볼 수 없었다는 대목에서 다시 드러나는데, 이처럼 글 전반에 걸쳐 불교의 변질과 쇠잔을 크게 염려하면서도 당대의 불교 교단의 실상을 그대로 전하고자 하는 글쓴이의 생각이 잘 드러나 있다.

노산鷺山의 「맥국고도춘천행貊國古都春川行」(『신동아』, 1933년 8-9월)은 글쓴이의 춘천 여행과 시조시인답게 춘천의 풍경에 대한 감회를 담은 시조 두 수를 함께 실은 글이다. 글 전반에 걸쳐 우리 문화의 본류에 대해 강조하고 있다. 경춘간 큰 교량인 신정교新廷橋의 이름이나 춘천 봉의산鳳儀山의 이름, 우수산牛首山이 갖는 의미에 대한 내용이 글의 상당량을 차지하는데, 글쓴이는 이를 통해 우리 문화의 본원과 생활이상生活理想으로서의 '광명'을 강조한다. 광명으로 민생을 교화하고 지도의 원리를 삼으면서 강과 산의 이름에 '광명'의 뜻이 새겨 있음을 말한다.

혜근慧勤의 「관동천리關東千里」(『불교』 103호, 1933년)는 비교적 긴 글로서 크게 철원 지방 소개와 장안사로 가는 기차 안에서 생긴 일, 그리고 장안사에서의 이야기로 구성되어 있다. 주로 당시의 불교 교단에 대한 글쓴이의 걱정과 바람을 드러내고 있는 글이다. 글의 중간에 한 문단 정도의 분량과 글자들이 흐리거나 탈락되어 있어 부분적으로 내용을 확인하기 어렵다.

금강산 길에 오른 글쓴이는 군내에 십수 개의 사원이 있음을 강조하면서 불교 분포지로서의 철원을 소개한다. 마의태자의 눈물이 금강산보다 더 스며 있고 넓은 평원이 "관동험령關東險嶺의 무대전장舞臺前場"이 되며 궁예의 생활이 깃들어 있는 철원은 평범히 지나칠 곳이 아닌 자랑스런 땅임을 강조한다. 그러면서도 글쓴이는 "호기있게 금강을 찾아가는 배부른 손들은 발을 멈추고 철원 주민의 실정實情을 물어봄이 어떠할까?"라며 1930년대 철원 지방의 궁핍하고 비참한 실상을 전하는 데 주안을 두고 있다.

철원 지방의 역사가 오래되었음에도 역사적인 흔적들은 찾기 어렵고, 당시 경북 일대의 영세민들이 철원 변두리나 오지에 들어와 살고 있는 정황을 들려준다. 반듯한 집 한 채 없고 조선인 상점이 있어도 소자본 고리대금업을 하는 일본인들이 뒤에서 조종하고 있다는 대목이나, 철원 역사驛舍 내부를 장식하고 있는 금강산 포스터들을 보면서 관동성지關東聖地인 금강산이 자본의 상품이 되어버렸음을 지적하는 대목은 일제와 자본에 대한 글쓴이의 비판적 의식을 보여준다. 이러한 의식은 금강산 행 기차 안에서도 확인되는데, 일본인 관광객으로 가득 차고 술과 농짓거리로 소란스러운 전차 안에서 글쓴이는 "조선 파멸의 가속을 더하는 감"을 갖는다. 일인 승객들이 먹다 남는 것을 인근 농민에게 던져주자는 모욕적인 행태를 보면서 비통하고 참담한 '식민지의 저녁'을 느끼기도 한다.

글의 마지막 대목은 밤늦게 목적지에 도착하여 여관에서 하룻밤을 잔 뒤 다음 날 중학 동창의 안내를 받으며 찾아간 장안사에서의 이야기다. 절의 입구로 들어서면서부터 주변에 늘어서 있는 주재소, 우편국 등의 시설은 장안사의 면모를 여지없이 깨고 만다. 글을 모르는 주지를 만나 사찰과 관련된 자세한 내역을 듣지 못하고 사료를 빌려 읽지만 역시 자세한 사실을 알 수가 없다. 한 청년으로부터 금강 일대의 사정寺政의 부패와 부조리한 내막을 들으며 조선 불교의 실상과 불교의 사회적 발전을 위한 관련 기관들의 자세와 의식을 크게 걱정하는 것으로 글은 마무리된다.

춘성春城의 「동해안일천리」(『조광』 22호, 1937년)는 그해 6월 15일에 쓴 것으로 표시되어 있다. 일정과 경로에 따라 소제목들과 함께 7개의 이야기로 구성되어 있다. 동해를 끼고 달리는 기차의 민활한 움직임과 그 안에서 내다보이는 바깥 풍경들의 변화에 대한 묘사가 풍부하고 입체적이다. 독자로 하여금 마치 기차에 동승하여 창밖을 함께 바라보고 있는 듯한 인상을 갖게 할 정도다. 글은 함경남도 황용산 인근의 안변安邊역에서 지체하던 기차가 오후 늦게 겨우 출발하면서 드디어 글쓴이가 꿈에 그리던 동해로 향하게 되는 설렘과 기대로 시작한다. 달리는 기차의 동선과 창밖의 들판이나 산협의 풍경들을 풍부한 비유 속에 담아내면서 글쓴이의 마음을 잘 보여준다. 그러면서 동해안을 따라가며 펼쳐지는 풍경들을 지중해, 다뉴브강, 나폴리 같은 유럽의 풍경과 비교하기도 하고, 외국의 유명한 작품 등을 인용하기도 하면서, 한편으로는 "하늘의 은하와 합수인 듯 구슬을 갈아논 듯한 동해는 영원의 청수경靑水鏡", "동해의 고래가 되고 싶다."는 등의 감탄을 연신 쏟아낸다. 기차의 이동을 따라 민첩하게 변화하는 창밖 풍경들이 풍부하면서도 맛깔스럽게 전해진다. 그러면서도 글은 당시의 어두운 전시체제 분위기를 간혹 드러내기도 하는데, 이를테면 상음역桑陰驛 주변이 요새 지역인 이유로 '촬영불가' 간판이 내놓아 있는 것이나 철도 노선 공사장에서 노역하는 소녀들의 장면 등이 그렇다.

김중철

關東八景의 奇勝

海東樵人
《신문계》 제1권 제8호, 1913년 11월

朝鮮名勝地에 關東八景이 其一을 占ᄒᆞ니 盖關東八景은 如何ᄒᆞᆫ 者뇨 曰 平海越松亭, 蔚珍望洋亭, 三陟竹西樓, 江陵鏡浦臺, 襄陽落山寺, 杆城淸澗亭, 高城三日浦, 通川叢石亭이 是라. 此八景의 奇勝은 非但 詩人墨士의 讚譽라 至於 樵童牧叟라도 謳歌ᄒᆞᄂᆞᆫ바이니 大抵關東의 地ᄂᆞᆫ 後方으로 金剛及五台의 大山脈에 崖ᄒᆞ고 前面으로 洋々無邊ᄒᆞᆫ 滄海에 濱ᄒᆞ야 百餘里를 亘ᄒᆞᄂᆞᆫ 一帶地域에 松林竹樹가 蔚乎蒼々ᄒᆞ며 明沙奇石이 環了處々ᄒᆞ야 淸而幽ᄒᆞ고 莊而雄ᄒᆞᆫ 風景이 無處不佳ᄒᆞᆫ 中 最히 八景의 名勝이 冠乎其間ᄒᆞ야 或寥闃閑雅ᄒᆞᆫ 容態가 世廬를 消盡케ᄒᆞᄂᆞᆫ 處로 有ᄒᆞ니 可히 一見而後에 乃己ᄒᆞᆯ만ᄒᆞᆫ 價値가 有ᄒᆞ다ᄒᆞᆯ지라. 然而居于此地ᄒᆞ야 恒稱關東八景關東八景이로ᄃᆡ 關東八景의 名勝을 見之者則稀ᄒᆞ니 是所遺憾處이라. 故로 海東樵人 - 如是ᄒᆞᆫ 絶勝名區를 尙未一見ᄒᆞᆫ 諸彦에게 紹介코자 破峴禿筆을 一試ᄒᆞ야 先見僉位의 校正을 待ᄒᆞ노라.

(一) 平海越松亭

越松亭은 平海郡東略七里地에 在ᄒᆞ니 平沙ᄂᆞᆫ 如雪ᄒᆞ고 萬松이 鬱蒼ᄒᆞᆫ 境裡에 螻蟻不行ᄒᆞ고 禽鳥不處ᄒᆞ야 淸淨若神仙洞天이오. 漠々ᄒᆞᆫ 野色이 盡頭에 洋々ᄒᆞᆫ 海天이 無際ᄒᆞ고 淡々ᄒᆞᆫ 山容이 秀處에 蒼々ᄒᆞᆫ 竹樹가 長春이라. 其閑雅淸幽ᄒᆞᆫ 景色은 一筆의 不可形容處리라. 亭之北에 有一個石峯ᄒᆞ야 截然若蟄龍이 露尖角ᄒᆞ니 俗諺에 此石峯이 浮水南來ᄒᆞ야 斯亭의 鎭을 作ᄒᆞ얏다 云ᄒᆞ더라. 亭은 由何而名고. 古昔新羅時代에 永郎 南郎 述郎 安郎 四仙이 此地에 遊歷ᄒᆞᆯ시 初也에 亭의 絶勝을 不知ᄒᆞ고 松林을 越ᄒᆞ야 三日浦로 向ᄒᆞᆫ 故로 因以名之라ᄒᆞᄂᆞᆫ 俗諺도 有ᄒᆞ고 或은 古昔에 越山의 松을 運來ᄒᆞ야 此地에 截植ᄒᆞ얏슴으로 名ᄒᆞ얏다ᄒᆞᄂᆞᆫ 一說도 流轉ᄒᆞ며 或은 齋月이 初上에 淸影이 徘徊ᄒᆞ고 松下銀沙가 便是瑶界라 携筇緩步에 步々生寒이라ᄒᆞ야 名曰月松亭이라 云ᄒᆞᄂᆞᆫ 者도 有ᄒᆞ니 今에 其孰眞孰非ᄂᆞᆫ 果難明確이ᄂᆞ 盖亭之名勝은 朝鮮全局의 第一指를 屈ᄒᆞᄂᆞᆫ바이라. 昔에 李朝成宗時에 國內名勝의 亭榭를 圖上ᄒᆞ라 名ᄒᆞ미 亭이 其甲에 居ᄒᆞ얏스니 由是로 亭의 名이 虛傳이 안임을 自新ᄒᆞᄂᆞᆫ바이로다. 然而今也則亭은 荒凉ᄒᆞᆫ 舊址만 殘在ᄒᆞᆯ ᄲᅮᆫ이오. 數篇의 古人今人詩가 遺存ᄒᆞ얏기로 左에 記ᄒᆞ노라.

李朝肅宗親製(七絶)

仙郎古跡將何尋 萬樹長松簇々森 滿眼風沙白如雪 登臨一望興難禁

金尙星時(五律)

百丈溶々水 千尋落々松 樓高月出沒 岸近雪撞春 獨立看沙鷲 孤吟俯壑龍 海山淸氣足看我鏡中容

家君自號梅下山人이 夙年에 金剛을 一賞ᄒᆞ고 嶺東에 遊歷ᄒᆞ야 八景引一篇의 古詩가 有ᄒᆞᆷ이 甚히 藻麗ᄒᆞ다 見稱ᄒᆞᆷ으로 每一景의 腔調를 抄ᄒᆞ야

此에 附홈

如雪平沙落晩霞 漁家籬落橘柚花 玉寶松風餘幾曲 靈琴不斷海山斜

(二) 蔚珍望洋亭

望洋亭은 蔚珍郡南十里地屯山浦에 在ᄒᆞ니 舊時에ᄂᆞᆫ 亭이 郡南望洋洞縣鍾山麓에 在ᄒᆞ던바이러니 年久歲深에 風磨雨朽ᄒᆞ고 其後에 不暇重葺이라가 縣令 李熙虎 當時의 亭의 朽壞홈을 惜ᄒᆞ야 巡營에 報ᄒᆞ고 郡南十里地에 移建ᄒᆞ니 卽今日의 望洋亭이 是라. 亭之東에 帶長江隔遠山ᄒᆞ니 江是首山江이오. 山是飛來峯이라. 飛來의 名이 何意에 在ᄒᆞᄂᆞ뇨ᄒᆞ면 峯之來가 無根이오. 翼然 獨立 故로 此名을 命홈이러라. 盖亭은 隔海咫尺ᄒᆞ야 積水連天ᄒᆞ고 白沙靑松과 風濤煙雲이 朝夕萬變ᄒᆞ야 不可俱狀이라. 探勝者- 是亭에 一上ᄒᆞᆫ즉 胸襟이 快爽ᄒᆞ야 若登鰲背三山이러라. 李朝肅宗ᄭᅴ셔 詩를 親製ᄒᆞ신 後 望美軒의 稱이 有ᄒᆞ며 亭은 山水가 具美ᄒᆞ다 ᄒᆞ야 仁知亭의 小扁을 揭ᄒᆞ얏더라.

李朝肅宗親製

列山重々逶迤開 驚濤巨浪接天來 如將此海變成酒 奚但秪傾三百盃

梅下山人古詩中秒揭

天粘積水龍氣潤 蘭撓采々金光草 五雲深處不相覓 誰知人在蓬萊島

(三) 三陟竹西樓

竹西樓ᄂᆞᆫ 三陟郡 邑에 在ᄒᆞ니 邑西十步之地에 千仞石壁이 如屛障ᄒᆞ고 絶崖斷岸上에 以壁爲礎ᄒᆞ야 斯樓를 作ᄒᆞ얏스니 樓之下에 五十長川이 逶

迤成帶ᄒᆞ고 樓之前에 遠近山色이 蒼翠上楣라. 斯樓에 登ᄒᆞ야 秋月을 迎ᄒᆞᆫ즉 白露ᄂᆞᆫ 橫江ᄒᆞ고 夜氣ᄂᆞᆫ 澄淸ᄒᆞ야 漂然若羽化而登仙이라. 斯樓之眼中所觸이 切非人意之預想者-라 ᄒᆞ깃더라.

金克己詩

道氣全輸靖長官 官餘興味最幽閒 庾數夕月侵床下 藤閣朝雲起棟間 鶴勢盤回投遠島 鰲頭贔負變層巒 新詩莫怪淸人骨 俯聽驚溪仰着山

安有詩

峽屼蒼崖百尺樓 花開花落幾千秋 三千徒與風雲散 五十川同歲月流 畵角數聲朝暮悵 煙波萬里古今愁 何當報了君恩重 高掛塵冠伴鷺鷗

梅下山人古詩中秒揭

雲榭縹緲萬竹靑 夜停太乙碧荷船 玉簫一聲鳳飛還 虛汀夢罷秋空碧

(四) 江陵鏡浦臺

鏡浦臺ᄂᆞᆫ 江陵郡東北十里를 隔ᄒᆞ야 海門一邊에 周圍三十餘里되ᄂᆞᆫ 湖水가 平鋪ᄒᆞ고 湖水를 臨ᄒᆞ야 一個小亭이 翼然高出ᄒᆞ니 是謂鏡浦臺라. 臺ᄂᆞᆫ 因何而名고ᄒᆞ면 湖의 水가 無深無淺ᄒᆞ야 不過三尺이오. 無風無浪ᄒᆞ야 澄淸若鏡面故로 名之라. 紅日이 初上에 彩霞가 圍繞ᄒᆞᆫ즉 亭如玉人ᄒᆞ고 湖如寶鏡ᄒᆞ야 天然ᄒᆞᆫ 金碧樓上에 一位美人이 菱花寶鏡을 對ᄒᆞ야 趙日新粧을 治ᄒᆞᄂᆞᆫ듯 其絶勝의 風景은 實難盡記러라. 湖의 東岸에ᄂᆞᆫ 一帶沙堤가 有ᄒᆞ니 堤內ᄂᆞᆫ 蒼松이 蔥鬱ᄒᆞ고 堤外ᄂᆞᆫ 海濤가 鼓湧ᄒᆞ며 其間에 人家가 隱映ᄒᆞ야 湖의 淸景을 助ᄒᆞᆷ이 不尠ᄒᆞ고 湖中에 一峯竹島가 兀立ᄒᆞ야 翠竹이 四時長春ᄒᆞ니 此是洞庭群山인가 一疑ᄒᆞᆯ만ᄒᆞ더라. 亭之上下에 一個石臼가 有ᄒᆞ니 此ᄂᆞᆫ 新羅時에 永郎仙子가 丹藥을 鍊ᄒᆞ던 處라 俗稱ᄒᆞ며 亭은 泰昌

年間에 創建ᄒᆞᆫ 者인ᄃᆡ 亭上에 第一江의 扁題가 有ᄒᆞ고 李朝肅宗의 御製詩를 奉揭ᄒᆞ얏더라.

李朝肅宗御製

江蘭岸芝繞西東 十里煙波映水中 朝曀夕陰千萬像 臨風把酒興無窮

崔楊浦詩(有神才弱冠夭去故後人化仙云)

蓬壺一入三千年 銀河茫々水淸淺 鸞笙今日獨飛來 碧桃花下無人見

曹夏望詩

十二珠欄碧玉簫 秋晴琪草異香飄 千年海潤秦童老 一曲明越女嬌 芳草佳期當落日 美人婦夢隔層霄 漁翁爭唱瀛洲曲 船過江門舊板橋

梅下山人古詩中秒揭

菱花鏡裡泛虛欄 一枕湖落尾閭竅 三十萬頃臙脂海 紅日初上金鷄叫

(五) 襄陽各山寺

各山寺ᄂᆞᆫ 襄陽郡十五里를 隔ᄒᆞᆫ 五峯山中에 在ᄒᆞ니 寺南에 義相臺가 有ᄒᆞ고 臺北에 紅蓮菴이 有ᄒᆞ며 寺의 東邊數里에 臨海有窟ᄒᆞ니 窟高ᄂᆞᆫ 百丈이오. 窟深은 不測이라. 海濤가 出入ᄒᆞ야 恰似ᄒᆞᆫ 潮汐象態를 作ᄒᆞ니 怒濤風浪이 激窟則退ᄒᆞ야 前者未退에 後者已進이라. 故로 風泡雨沫이 震掉怒潰ᄒᆞ야 其相應之響이 轟々喤々噌々嗒々에 眞可謂所畏處러라. 此則觀音窟이니 高麗僧益壯記云「此窟은 世稱觀音大師所住處라. 新羅僧義相이 欲親睹聖容ᄒᆞ야 乃於窟前石上에 拜稽精勤ᄒᆞᆯᄉᆡ 至於二七日에 尙未得睹라. 使投身子海ᄒᆞ니 海龍이 扶出石上ᄒᆞ고 觀音大師가 卽於窟中으로 伸臂授水晶

念珠曰我身則未可親睹라. 但從窟上行ᄒᆞ야 至雙竹湧處면 是我頂上이니 此地에 可營一殿이니라ᄒᆞ고 龍亦獻如意珠ᄒᆞ니 乃片玉이라. 義相이 異於生竹處에 設殿ᄒᆞ고 以龍之所獻玉으로 造像安之라.」ᄒᆞ얏스ᄂᆞ 此則虛誕之說이라 未可信이어니와 水晶念珠及如意珠ᄂᆞᆫ 尙今寺內에 藏置ᄒᆞ얏스며 窟의 深이 寺底에 到ᄒᆞ얏다ᄒᆞᆷ이 實非虛傳이니 靜夜에 寺中에 臥聽ᄒᆞᆫ즉 怒濤激窟之聲이 噌吰然ᄒᆞ야 寺底地中에셔 出ᄒᆞᆷ과 如ᄒᆞ더라. 其後 李朝太祖씌셔ᄂᆞᆫ 春秋로 遺使設齋ᄒᆞ얏고 且有迷信的 一說ᄒᆞ니 或人이 此觀音窟前에 至誠拜禮ᄒᆞᆫ즉 靑鳥가 出現ᄒᆞᆫ다ᄒᆞᄂᆞᆫᄃᆡ 昔에 李朝明宗時 兵馬使 庾資諒이 窟前에 焚香拜稽ᄒᆞᆷ에 靑鳥가 含花飛鳴이러니 其花가 幞頭上에 落ᄒᆞ얏다ᄂᆞᆫ 異事를 傳來ᄒᆞ며 李朝世祖씌셔 臨幸ᄒᆞᆫ 事도 有ᄒᆞ더라. 寺前岩岸上에 四架樓가 有ᄒᆞ니 崖窟은 不見이오. 但히 窓軒欄楯이 汪洋ᄒᆞᆫ 大海를 臨ᄒᆞᆯ ᄲᅮᆫ이니 浩々然渺々然ᄒᆞ야 如上百尺樓船이라. 夜則月影이 隨波에 波影이 湯漾ᄒᆞ고 曉則玲瓏ᄒᆞᆫ 彩雲이 萬頃臙脂海를 初成이라가 一輪旭日이 從出湯沸之海波上ᄒᆞᄂᆞᆫ 佳景은 實로 寺의 一大莊觀이러라.

李朝肅宗御製

快登南里洛伽峯 風捲纖雲月色濃 欲識圓通大聖理 有時靑鳥泗花逢

梅下山人古詩中秒揭

九品臺出淨蓮花 六時天樂來佛國 龜頭古文蝕蒼舊 峴山斜日空秋色

(六) 杆城淸澗亭

淸澗亭은 杆城郡南四十里許에 在ᄒᆞ니 亭에 臺榭가 有ᄒᆞ야 萬景樓라 稱ᄒᆞ더라. 亭은 山을 背ᄒᆞ고 海를 面ᄒᆞ얏스며 東으로 石嶼를 望ᄒᆞᆷ에 凌波의 臺가 矗立ᄒᆞ고 南으로 天津橋가 有ᄒᆞᆷ에 自磨의 石이 宛轉ᄒᆞᄂᆞᆫ 奇勝을 俱ᄒᆞ

얏스며 樓에 登홈에 日月의 昇이 極히 異觀을 呈ᄒᆞ고 洋을 望홈에 瀛洲를 指홈이 頗히 不遠ᄒᆞᆫ듯ᄒᆞ야 可히 關東八景의 一奇觀이라 云ᄒᆞᄂᆞᆫ것더라.

金三淵詩

扶桑遠暈上西垣 倒射金樞落月痕 淡霧平凝讓黃道 長波微盪惜紅盆 重々羽衛陣方出 落々天衢仰始尊 吾已十觀猶未厭 如君刱覩合驚魂

李澤堂詩

鮫宮貝闕瑞光中 赤岸銀河一派通 桑土幾翻今作海 輿圖此外更無東 賓暘羲仲勞將命 駕石秦皇枉費功 誰識貊墟微小吏 晴窓朝暮對壺蓬

梅下人古詩中秒揭

碧桃花開又結子 西湖亭上月正午 澗瀨琮々終夜響 去作人間春天雨

(七) 高城三日浦

三日浦ᄂᆞᆫ 高城郡東北十里許海岸에 在ᄒᆞ니 浦ᄂᆞᆫ 山勢四圍ᄒᆞ고 中有湖水ᄒᆞ니 山是三十六峯이오. 湖是十里周라. 湖裡에 四個島嶼가 有ᄒᆞ고 其一에 小亭이 有ᄒᆞ니 亭은 卽四仙亭이라. 古昔新羅時에 四個仙人이 此地에 來ᄒᆞ야 三一을 遨遊ᄒᆞ얏슴으로 因以名之라 ᄒᆞ며 四個島의 名은 曰土山舞仙臺鳳巢臺石臺라 ᄒᆞ니 石臺ᄂᆞᆫ 卽亭의 所在處러라. 浦南岩石間에 「永州徒南石行」이라 刻ᄒᆞ얏ᄂᆞᆫᄃᆡ 其中二字ᄂᆞᆫ 丹色이 有홈으로 曰丹書岩이라ᄒᆞ며 湖之岸에 有菴ᄒᆞ니 菴은 夢泉菴이오. 菴之上에 門岩鼓岩龜岩이 有ᄒᆞ야 皆狀其名이러라.

梅下山人古詩中秒揭

瓊樹瑤花長春駐 四仙驚鸞朝元歸 峩々十二白玉欄 露華夜洒赤霜衣

(八) 通川叢石亭

叢石은 通川郡北二十里地海邊에 在ᄒᆞ니 一脉橫峯이 突然入海ᄒᆞ고 群石이 成叢ᄒᆞ야 千百爲束이라. 盖石色은 鳥潤ᄒᆞ고 石柱ᄂᆞᆫ 六稜이니 高者ᄂᆞᆫ 五六十丈이오. 低者ᄂᆞᆫ 數十丈인ᄃᆡ 其中叢立于海上者ᄂᆞᆫ 曰四仙峯이라. 峯之形이 削立如棟ᄒᆞ야 方直平正ᄒᆞ니 其天工神巧를 可히 驚嘆ᄒᆞᆯ 者라. 其上에 倭松一株가 生在ᄒᆞ야 根軒이 衰蹙ᄒᆞ니 其年紀ᄂᆞᆫ 不可知오. 其奇觀은 足一欽이러라. 其餘群叢은 或連壁而羅列ᄒᆞ며 或半側而高依ᄒᆞ며 或短或積或散或臥ᄒᆞ야 其奇怪異狀이 工匠의 繩墨을 不賴ᄒᆞᆫ바이라. 天地之元氣所鍾을 豈不嘆哉리오.

安軸詩

千條怪石成奇峯 蒼崖炯扉水墨濃 鯨濤起海雪霜漲 蜃氣深空樓閣重 糢糊字沒太古碣 癭瘦根盤何代松 磯邊蒻笠坐相揖 月下羽衣招可逢 悵望仙徒已雨散 厭看俗子如雲從 若爲亭上伴鷗鷺 却掃人間塵土蹤

梅下山人古詩中秒揭

媧聖鍊罷兩儀爐 八角撐天仙闆高 玉筍瑤槮流不去 萬叢簇々厭金鰲

盖關東之奇勝이 但히 八景에 止ᄒᆞᆯ쌴 不是오. 始自平海로 通川에 至ᄒᆞᄂᆞᆫ 八百餘里間에 有水則爲湖ᄒᆞ고 有山則呈奇ᄒᆞ며 松亭竹嶼가 不遠相隔ᄒᆞ야 到處에 無不佳境이라. 如平海邱浦海岸之「呼虹東問魯連津五百年今一介臣」이라 刻ᄒᆞᆫ 金白岩先生의 蹈海詩와 三陟之許眉叟先生의 退湖碑와

羽溪村滄海力士舊居等의 古蹟이며 且雪岳外山之神興寺의 淸閒과 臥仙臺飛仙臺의 雄秀ᄒᆞᆫ 山勢이며 靑草湖水郎湖의 奇勝과 其外海金剛及金蘭窟의 唯奇唯勝이 言語形容模畵의 不能所到處이ᄂᆞ 唯八景이 居其甲이라. 或其爽快이 若駿馬登程子도 有ᄒᆞ며 又其佳麗가 若白玉仙娘이 隔浦鳴珮者도 有之ᄒᆞ야 其幽閒淸雅와 快活雄莊은 眞是毫墨之所難記者라. 由是로 八景을 必히 一見而後에 乃己라 ᄒᆞ노라.

釋王寺에서

늘봄

《조선문단》, 1925년 2월

第一信

春園兄!

이번에는 두 번재 오기 때문에 그런지 그리 신통한 맛이 엄습니다. 다만 가족을 同伴하야 왓스닛가 그들이 재미잇게 지내다가 가기를 바라는 마음이 잇고 작년에 큰가족이 재미잇게 지내든 거슬 회상하고 조화할 싸름이엇습니다. 그랫더니 차々 하로 잇틀 지내는 동안에 젼에 맛보지 못한 재미도 생기고 한두 가지 감상도 니러남니다. 그러나 한가지 섭々한 거슨 친구가 엄슴이외다. 안해는 아시는 바와 가치 몸이 어리기 때문에 대개 드러안저잇고 아참 저녁으로 약물터에 혼자 댄기는 정형을 짐작하여 주서요. 오늘 아참에도 혼자서 막대기를 집고 터덕 터덕 갓섯나이다. 혼자서 밋친 놈처럼 소리를 지르고 갓다왓나이다. 나는 늘 이러케 생각함니다. 「참말 마음맛는 친구가 아니면 차라리 혼자 잇고 혼자 댄길 편이 낫다.」고. 웨그런고 하니 혼자 잇스면 차라리 마음대로 댄기고 제멋대로 쒸놀고 소리를 질느고 마음대로 녯날에 재미잇든 일을 상상이나 하지오. 그러면 형은「혼자서 얼마나 잘 뛰놀고 소리를 하고 무슨 상상을 하엿나」무러보시겟지오. 그러치아너도 혼자서 지내고 혼자서 생각한 거슬 뉘게 이야기를 좀 하고 십허 못견댈 지경이외다.「뉘게」가 아니라 형의게 고하고저 하는 생각이 곳 간절이 니러 낫나이다. 그래 지금 이 붓을 드렷나이다.

春園兄

우리는 지난 五日(兄을 만난지 사흘 후에) 아참 八時 十五分車에 써낫나이다. 金基英 醫師한태 단겨오는 안해를 기다려서 急히 車를 타닛가 막 써나더이다.

釋王寺驛까지 오는 동안에 지난 일에 지금 생각나는 것을 이야기할 거시라고는 東豆川 近方에 보리가 누으러케 닉은 것을 보고 잇다금 잇는 논에 벼가 꽤 퍼어런 것슬보고 今年엔 農事가 괜차는가보다 생각한 것과 元山까지 간다는 엇던 女學生이 身分證明書를 잘못(동모의 것을 밧고아) 가져왓기 째문에 元車費의 倍額(七圓)을 물게 되여 꽤 점자는 處女가 눈물을 흘니고 걱정을 하고 안젓는 것 퍽 싹々스럽게 굴든 車掌이 그 눈물에 感激이 되여 종내 용서하여 주는 것을 본 것과 三防 近處에 와서 單調로운 풀바다 시언스럽게도 넓은 푸른 풀바다 거긔에 개나리 노란쏫 범부채자지쏫 여긔저긔 드문〱 석긴 것을 만나서 네 살 먹은 어린 것과 가치「아! 저기바!」「입분쏫바!」하고 손벽을 치면서 뛰놀고 兄의 金剛山遊記의 노래와 牛乳牧場의 廣告文을 생각한 것과 이러한 깨끗하고 긔름진 풀밧과 대와 송이가 크고도 눈의 씌이게 新鮮하고 정답게 입분 쏫이 석겨잇는 파라다이스나 仙境을 상상할만한 光景은 이러한 高原地에 (汽車라도) 헐더거리고 만흔굴을 지나서 올나오지 안으면 볼 수 엄다는 거슬 생각하고 거긔에 싸라서 우리가 精神上으로 品性의 놉고 아름답은 地境에 올나서 前에 못보든 새로운 맛을 經驗하는 것도 헐더거리고 만흔 애를 쓰고 修養하고 中路에 굴갓흔 캄々한 괴로움을 지나서야 엇을 수 잇다는 것을 생각한 일 이런 것 뿐임니다.

釋王寺驛에서는 아직 때가 일너서 그런지 모르거니와 내린 사람이 우리 一行 三人밧게 엄섯슴니다. 잔뜩 대령햇든 人力車 自働車도 그만 퍽 落心을 한드시 하더이다. 人力車군이 버리가 엄스니 좀 타달라고 懇請을 하는 거슬 짐이 만키 때문에 할 수 엄시 自働車를 탓드니 몹시도 들추고 게다가 機械에 故障이 생겨서 짝々거리는 소리가 요란스럽게 나기 때문에 오래간만에 모처럼 차자오는 조흔 山水를 정신을 차려서 볼 수가 엄게 함니다. 斷俗門 昇仙橋를 썩 드러서니 벌서 蒼々하게 욱어진 松柏과 촬々 흐르는 맑은 물이 반갑습듸다.

藥水터에 내려서 목마르든 차에 단숨에 대엿섯곱보 듸리켯나이다. 昨年 그때에는 그러케 뒤끌튼 사람이 하나도 엄시 아조 쓸々해요. 텡々 뷔인 藥水터에서 우리끼리만 먹고 나오니가 엇든 村마누라님과 그 며누라인 듯한 색시가 커다란 유리병을 가지고 어실어실 드러오더이다.

다시 自働車를 타고 올나가는데 짝々거리는 소리가 더욱 甚하야 짐니다. 運轉手도 未安스러운지「어제 갑작이 무어시 상해서 이러케 소리가 남니다. 注文한 機械가 내일은 오겟슴니다.」하면서 도라봄니다. 요란한 소리에 정신이 엄는 가온데서도 느러진 소나무 가지 욱어진 버드나무 가랑나무 가지 사이로 잇다금 허엿케 보히는 물바래치는 개골물 그 녑헤 턱 안저서 발을 물에 담그고 잇스면 조홀만한 편々하고 깨긋한 바위돌은 보는 거시 퍽 반갑고 위로가 되더이다. 昨年에 藥水터에 갓다가 오는 길에 안저 쉬면서 아웅 쌍 애햄 작난을 하든 登岸客을 일홈엄는 名筆의 힘잇는 額字는 도라볼새도 엄시 일홈내기 조화하는 時俗筆家의 쎈질々々한」글시만 얼는 보고 다라나서 寂照橋를 지나니 비가 쑥々 써러지더니 不二門에 채오기 젼에 그만 줄々 내려부음니다. 大速力으로 짝々거리면서(일변 니블보 가방을 듸려노으면서) 모라서 門턱 돌층게 아래 대엿슴니다.

우리는 不二門안에 쒸여 드러서서 비를 그읏고 섯습니다. (그새에 自働車 사람은 旅舘主人의게 알니러 드러갓습니다) 우리는 겨우 종용하고 한가한 時間을 엇어서 釋王寺 경치를 보게 되엿습니다. 한가온데는 썩어져 써러진 몃아름드리될 만한 나무 깜핫케 처다보리만콤 키가 굉장히 놉고도 無數한 가지가 퍼지고 퍼저 四方으로 늘신늘신 쌔더서 키가 놉흔이 만콤 통개가 트고 넓은 속을 컴ㄱ하게 빽ㄱ히 채워진 거시 건강한 졂문 어머니 젓통갓치 흠박한 나무 그 속에는 몃 백 몃 천마리 새가 평안이 깃드릴 만하고 몃十名 사람이 볏을 피하고 비를 그을만합니다. 밋헤는 굵은 쑤리들이 쑥 큰 구렁이 가치 비이비 쏘여서 버러진 것이 마치 巨人이 두발로 大地를 힘잇게 밟고 서 잇는 것 갓흡니다. 나는 앙상하게 서 잇는 나무보다 이런 나무가 좃습니다. 게다가 비를 마저서 던한층 쌔씃하고 파란 닙사귀가 바람에 흔드젹 흔드젹 하는 것이 참 아름답고도 졈잔코 긔운차브여 엇더케 죠흔지요. 나라가서 안어보고 십허요.

不二門다리 밋흐로 나와서 이리저리 구비ㄱㄱ 흐르는 모래바닥이 듸러다보이는 맑은 물 그거시 바위와 들에 부듸처서 白玉도 갓고 白雪도 갓흔 물바래를 치고는 다시 스을슬 한가히 무심히 흘너나려가는 양을 보고 가만히 섯노라닛가 어데서 쎄걱 쿵쎄걱 쿵하는 소리가 들니더이다. 이거시 昨年에 具處士가 한팔을 의지하고 半空의 白雲을 바라보는지 얼골을 들고 泰然自若하야 이야기하는 말을 듯는 물방아ㅅ간에서 물방아 도라가고 방아찟는 소리가 아님닛가. 우리는 다리 우흐로 그냥 스을슬 내리는 맑은 흐름을 바라보고 쎄걱쿵 쎄걱쿵하는 물방아소리를 드르며서 한업시 長閑한 氣分속에 싸혀서 안해로 더브러 죠와서 쒸는 어린 것의 손목을 붓잡고 천ㄱ히 曺溪門 문을 지나 雪城東樓로 올나온즉 昨年에 보든 쑹ㄱ한 主人중이 나와서 合掌拜禮로 인사를 합듸다. 반가히 인사를 마치고 引導하는대로 우리는「億萬年 開創聖址三千里管領名札」이란 패가 부튼 迎賓舘 한가운데 房에 드러 안젓나이다.

웃옷을 버서던지고 수건과 비누를 가지고 뜰 압헤 놉흔 돌과 담 밋헤 나무 쌔리로 발바침이 된 죠고만 길이 안잇습닛가. 그리로 내려가서 좌우에 나무가 욱어져 덥히고 농짝 궤짝 갓흔 바위 사이로 흐르는 맑은 그 물에 세수를 하고 어린 것은「여긔서 쌀내햇스면 좃캇지.」하면서 쌀내 작난을 하고 십허하는 거슬 쓸고 드러와서 넓은 房 안에 나가 너머졋나이다.

져녁을 기달녀 매우 달게 먹은 後에 大雄殿으로 暎月樓로 한번 그닐고 안해와 어린 거슨 고단하다고 자리를 펴고 자려고 누엇슴다. 그리고 나 혼자만 단장을 줄々 쓸고 소리를 지르면서 약물터에 댄겨왓습니다. 밧갓 경치는 山이며 나무며 물이 처음 보는 거시라 재미잇셧스나 방안에 누어서 자랴닛가 생소한 남의 집에 할머니도 업고 동생도 업는 데가 좀 실흔 모양이라. 나도 또 업서서 어린 거시「엄마 여긔 웨잇서? 나는 여긔 잇기 실혀. 할머니 잇는데가 죠와. 서울이 죠와.」하고 졸늡니다.「웨 여긔 죠치아너? 나무도 만코 물도 조쿠.」이러케 일넛스나「나는 물실터라. 물소리가 실혀. 물소리 업스면 죠켓서.」하면서 졸연이 잠이 안듭니다. 실상 소내기가 몹시 내려붓는 듯한 물소리에 처음엔 잠잘 수가 업지 아너요? 그래 나는 가장 지혜를 내여서「어서 자거라. 네가 자면 물도 인제 잔단다.」하엿지오. 어린 거시 하는 말이「물이 자? 눈이 잇서야 자지!」

과연 눈이 업서 못 자는지 물은 자지도 안코 밤새도록 와악왁 흘너감니다. 듯기 실은 그 소리를 듯다가 어린 것만 어느새 잠이 들엇나이다.

第二信

春園兄

오늘은 느지막하게 니러낫나이다. 새벽 네시에 요란스럽게 울니는 鐘소리에 단잠을 깨혓다가 다시 잠을 드러서 잣기 때믄에 펏 늦게 니러낫습니다. 새벽에 쉬지 안코 흘으는 물소리를「비오는가.」하엿스나 아참에 니러나본즉

날은 아조 淸明합니다.

어린 것을 더리고 旅舘으로 브터 천々히 모조리 뎔구경을 식힘니다. 浮鐘樓의 커다란 鐘과 북을 보고 壽君堂 尋釰堂等 阿彌陀佛 釋迦如來를 奉安하고 僧侶가 잇는 房을 듸려다보고 큰 法堂인 大雄殿은 門을 다쳐서 드러가보지 못하고 海藏殿 八相殿 冥府殿 實明堂等을 차레로 보고 자근 法堂인 應眞堂으로 갓습니다. 堂內에는 釋迦牟尼佛과 彌勒菩薩 提花 竭羅菩薩이 잇고 그 左右에는 五百羅漢이 잇지요. 어린 거슨 그거슬 보고「저긔 입분 색시 만타⋯.」합니다. 나는 녯날에 李太祖가 이 뎔을 짓기를 마치고 所謂 五百齋를 營하고저 하야 城津 廣積寺에서 五百羅漢을 옴겨오는데 한번에「一位式」옴겨오다가 마지막 번에는 한번에「二位」를 가치 옴겨오기 때문에 一位는 其誠意업슴을 怒하야 어느새 寧邊 香山 昆盧庵으로 혼자서 가버렷다는 니야기와 그래서 여긔는 한자리가 뷔엿다는 말로 하엿다니 안해는「참말? 하나업서?」어린 거슨「저 혼자 갓서 저이 아버지랑 엄바['엄마'인 듯, 입력자]랑 함긔 안가구?」

眞歇堂에 꼭 彌勒菩薩처럼 생긴 僧이 눈을 감고 흔들〈하면서 안저 잇는 거슬 힐긋 쳐다보고는 極樂殿을 지나서 無學大師가 隱居하든 土窟의 녯 자리라는 釋王祠를 보고 影響堂으로 가서 無學和尙과 그 外 古來 有名한 和尙의 畵像을 보고 正宗大王의 御製御筆노 되엿다는 釋王寺 史蹟碑를 보고는 昨年에 春海로 더브러 중의 눈총을 마즈면서 고기 잡든 개골ㅅ가 나섯습니다.

李太祖 말이 나고 無學大師 말이 낫스나 釋王寺 史蹟碑를 보앗스니 釋王寺의 創立된 來歷을 대강 니애기 합니다. (처음보는 안해를 위하야 아직 보지 못하고 듯지 못한 讀者를 위하야) 李太祖가 金馬로브터 鶴城에 와서 寓居할 때인데 하로밤 쑴에 萬家의 닭이 一時에 울고 千家의 砧이 一時에 울니고 또 破屋 中에 入하야 三椽을 負出하고 洛花落鏡을 보고 그 去匈을 卜하려고

멀니 四十里를 가서 雪峯山 土窟 中에 九年동안 遁世隱居하야 火食을 먹지 안코 松葉葛根을 먹고 산다는 異僧을 차자가서 무르매 將來 群王이 될 쑴이니 여긔다가 一刹을 세우고 釋王寺라 한 후에 誠心祈禱를 하라하야 그 말대로 一年內에 釋王寺를 지은 거시라지오. 그런데 土窟에 잇든 중이 곳 無學和尙인데 아마 지금 碧松臺에 잇는 具處士갓흔 사람이엇겟지오. 後日에 對하야 國師로 삼고 無學이 나와서 太祖의 先祖의 墓를 遷하고 지금 京城에 王都를 定하엿지요. 有名한 釋王寺도 별거시 아니요. 各僧 無學大師도 남의 쑴 解釋해주엇다는 것과 王都를 定하엿다는 것 外에 宗教上으로 特出하고 偉大한 거시 업는 거시 섬々한 일이야요. 西山大師도 그러치오. 그 經에라도 이 釋王寺된지 五百餘年에 훌늉한 宗教家 중이 몃치나 잇섯슬가요? 아니 佛教 傳來 以後야 왼 朝鮮에 몃사람이 잇섯슴닛가?

뎔구경을 다한 후에는 다리에 서서 부처님의 덕으로 맑은 물에서 天下泰平春으로 마음놋코 씩々 다라나며 왓다갓다하고 펄썩펄썩 쒸는 고기를 듸려다 보다가 香積庵가는 길노 좀 올나가서 沐浴하든 개골노 갓슴니다. 오래간만에 저고리를 벗고 발을 벗고 물에 드러섯지요. 樹木 밋헤 무수한 적은 폭포의 허연 물, 도처의 젹은 쏘의 파아란 물 쓰님업시 흐르는 맑은 물은 紅塵萬丈의 都會에 살다가 와서 오래간만에 보는 사람의 눈이 번썩 씌이우게하고 정신을 쇄락케하야 엇더케 죠흔지오.

물에 드러서서 몸을 씻노라닛가 고기들이 무서운 줄도 모르고 쇠리를 치면서 밀녀와서 죵아리를 독々 쬬옴니다. 안해와 어린 거슨 쌀네를 하고 나는 작난거리로 뵈고이의 한 씃을 밧드러 매여가지고 고기를 잡음니다. 잡아서는 노아주고 노아주고 쏘 잡고 하지오. 물이 죠곰 고인 웅덩이에 두엇든거시 큰 놈은 한마장이나 쒸여서 시내물노 도로 드러가든 걸이오. 그러케 살을냐는 거슬 昨年에는 안타가히 잡아먹엇지요.

그도 그만두고 혼저 져편 못통이로 갓드니 昨年에는 보지못한 썩 죠흔데 잇서요. 큰바위 뒤로 물줄기가 싸로 도라갓는데 쇄 넓다랏케 웅덩이가 지고 그 밋바닥은 세모래가 짤녀서 맑앗케 듸려다보이고 그 우에는 욱어진 나뭇가지가 덥히고 게다가 메레넝쿨이 막 엉키어 척々 느러졋는데 제아모리 몹시 더운 째라도 그 속에 드러안저서 물에 발을 장그고 안젓스면 죠곰도 더운 줄을 몰으겟서요. 그리고 엇더케 이슥한지 책을 가지고가서 죵용이 글닑기도 죳켓고 사람의 눈을 피하야 戀愛하는 졂은이들이 살작 들어가서 부터안저서 속살거리기에 가장 죳켓다고 생각하엿습니다. 잠간 드러 안잣다가 추워서 쒸여왓서요.

저녁에는 暎月樓에 올나가 안젓습니다. 째는 보름쌀이 쓸 째지마는 날이 흐려서 어실〈한데 물소리만 들니고 왼 山中과 왼 뎔간이 참 고요합니다. 그 물소리만 듯고 감안이 눈을 감고 안젓노라닛가 이째에는 작년에 지내인 일보다 녯날에 靑春時節에 이러케 어실한 밤에 (혹은 명랑한 밤에) 엇든 강ㅅ가에서 엇든 벌판에서 어엽브고 사랑시러운 아가ㅅ시 쓰러져오는 젹은 몸을 가만히 안ㅅ고 그 쒸노는 심장의 고통을 만지고 향긔놉흔 머리털의 향긔를 맛고 다정스럽게 반쟈기 싸만눈을 들여다보든 생각이 나더이다. 그째에 무어라고 하든 말은 니러버렷서요. 지금은 엇더케 되엿는지 몃만해ㅅ재 소식도 모릅니다.

너머 실업는 말만 지거렷습니다. 인제는 내일 쏘 쓰겟습니다.

第三信

春園兄

오늘은 기다리든 Y.H泰和女子舘에서 일보는 두 姉妹가 오시겟기에 點心밥을 먹고 일즉 써나 내려갓습니다. 藥水터에 싸지 밧비 내려갓지마는 아직 아니오기에 약물을 몃 잔 먹고나오닛가 짐실은 人力車를 압세우고 천々이

오십니다. 반가이 마자서 (잠간 쉬여가지고) 나왓슴니다.

山川은 죠흐나 벗이 업서 젹々하드니 오늘브터 식구가 늘어서 눌기도 죠코 밥맛도 죳슴니다. 져녁에는 또 暎月樓에 올나갓슴니다. 어실어실한 黃昏이 되엿나이다. 갓가히는 다락 밋헤 흘너가는 허연물 그 녑헤선 어둑컴々한 버드나무 멀니는 웃둑웃둑 선 樓閣 우에 들러맥힌 松柏의 숩 우에 고요히 어두어가는 몽농한 夜를 바라고드니 새로 오신 두 姉妹는 져졀노「아! 조타」하는 愉快한 感興이 니러나는가 봄니다.

「경개죠흔 山水를
내가 사랑함이라.」

노래가 나옴니다. 이 노래가 다하면 져 노래가 또다시 새 노래로 그칠 줄을 모름니다. H氏의 질겁고 고흔 싸늪강의 달 밋 락화암 깁흔데 숨은 장미화 노래는 죠흔 山水를 더욱 美化하는 듯함니다. 젹々하든 우리는 얼마나 위로를 밧앗스리가. 그 노래에 반하야 압 山의 울챵하게 덥힌 樹木들과 그 속에 깃드린 새들도 고요히 귀를 기우리고 잇는 듯하고 흘너가는 믈소래도 그 노래를 마초는 듯 새릅게 들님니다.

어느새인지 엇든 風流客이 와서 우리가 안즌 마즌편 걸상에 안저서 가늘고 맑은 소리로 自然의 소리와 사람의 노래를 마초아 단소를 붐니다. 쌔긋한 밤바람이 부러와서 약간 선々함니다. 山이 잇고 樹木이 잇고 흐르는 물이 잇고 거긔에 마초아 흘너나는 어엽분 노래와 피레가 잇스니 여긔 明月만 잇스면 그만임니다.

나는 한 모통이에 가만이 안저서 그 노래를 듯다가 싼 생각을 하기 始作하엿슴니다. 져긔 컴々한 나무와 그 밋헤 싯커만 바위와 흐르는 물이 새삼스럽게 정답고 부러운 생각이 낫슴니다.

「나도 져러케 사랏스면. 져러케 한가히. 져러케 무심히. 져러케 튼々히. 져러케 굿게 긔운차게. 져러케 맑게.」「自然으로 도라가자. 自然의 한 조각 自然의 한 도막이 되자. 져 나무가치 되고 십허. 그속에 잇는 새가치 되고 십허.」하엿습니다.「참말 져 나무가치 되고 십허요. 젹어도 몸둥이라도 그러케 되고 십허요.」

나는 앗가 藥水에 가다가 엇든 늘근이가 가랑나무를 한 짐지고 오다가 登岸閣에 안저서 쉬는 것을 만낫나이다. 그런데 그 키가 거이 우리의 倍는 될 뜻한데 머리는 하얏코 얼골은 쌜감니다. 우리보고 마치 자긔아들이나 손자나 밤낫 만나는 동니사람인 듯이 니야기를 부침니다.

「이 가랑나무는 썩가랑나무라고! 녀느 나무와 달나. 닙사귀가 넓고 부드러워죠치!」이러케 붓지도 안는 말을 함니다. 그래 우리는 이런 말을 무럿습니다.

「춘추가 엇더케 되섯습닛가.」

「갓 닐흔이오.」

「어데사시오.」

「여긔살지오.」

「여긔라니.」

「이 산에 말이지.」

「언제부터.」

「우리 하라버지부터.」

「이러케 짐을 지고 댄겨도 힘 안드시오.」

「벌서 힘이 들어 되겟소. 쌀 대여섯 말은 지고 댄겨도 아모러치도 안치.」

이러케 말하면서 자긔다리를 슬々 만지는데 그 다리가 꼭 소나무 갓해요. 곳고 그 쌜간 깝질이 두터운 거시 꼭 소나무 줄거리야요. 이 늘근이는 果然 自然人이오 理想人이라고 생각하엿나이다. 아? 나두 그런 사람이 되고 십다고 생각햇나이다. 이런 생각을 하면서도 사람에 손으로 지은 집에 들어가서 사람을 못 쓰게 만드는 책이라는 것과 붓이라는 것을 붓잡게 되나이다.

「몸은 소나무와 갓하야 하겟고 마음은 하나님 갓하야 겟다.」 이것이 나의 엇든 眞理의다.

날마다 날마다 비가 옴이다. 와서 몹시도 지리하게 옵니다. 그래 山에도 못 오르고 藥水에도 못가고 쏙 집안에 가쳣나이다. 비가 오매 나가지도 못하엿거니와 오는 손님도 엄스니 마치 깁흔 山中에 드러백인 듯합니다. 그래 날마다 날마다 죵일 방안에 안져서 압산을 바라보고 거긔에 나무닙들이 비를 마저서 몹시 파랏코 신선한 綠葉과 우둑々々선 나무줄기의 쌜간 것의 아름답고 무심태평한 것을 바라볼 쑨이외다. 그리고는 넘치는 개골물이 강을 일우어 흐르는 물소리만 듯고 잇습니다. 이런 것들이 더욱 다정한 벗이 되나이다.

雲山疊々連天碧

路辟林深無客遊

라 한 것을 보앗지마는 나는

비는 주룩々々 개골물 넘치고

닙흔 프릇프릇 이슬이 깁흐니

물 만코 길사나와

우리 님 못 오는가

우리는 이 때에 不幸中 多幸으로 새친구를 하나 만나 정답게 지나게 되엿나이다. 이 새친구는 노래를 썩 잘함니다. 그 목소래와 곡죠가 엇더케 淸雅하고 입븐지 몰나요. 그리고 아참이면 일즉이 차자와 반가히 인사하고 질겁게 노래를 부름니다. 그리고 겨우 비벗는 틈을 타서 藥水터에 갈 때에는 우리를 짜라댄기면서 또 고흔 노래를 부르면서 짜릅니다. 그 말은 간단하고 單純하나 그 音聲과 곡죠는 참 입븝니다. 그리고 차림 차림도 입븝니다. 그 옷은 말할 수 업시 고흔 노랑빗갈입니다. 그리고 그 말은 이럿습니다.

「쏙 고기곡 쏙 고기곡」

이 새친구가 무어시릿가 이 친구가 오면 누엇다가라도 책을 낡다가 글을 낡다가 아니 食口가 모혀 안저서 맛나게 밥을 먹다가라도 벌덕 니러나서 깃븜으로 뛰놀며 마즙니다.

새야 새야 노랑새야
너의 집이 어데메냐
나도 나도 가치가쟈
새야 새야 꾀골새야
너의 노래 듯기도 죠타
나도 나도 배와나 주럼

「淸望孤蟾的皎々」는 못되지마는「近聞群鳥語啾々」가 갑々한 中에 唯一의 즐거움이외다. 이 새친구 외에도 젼에 보지도 못하고 일홈조차 모를 친구들이 잇다콤 차자와서 노래를 해줍니다. 아마도 우리의 갑々한 것을 同情해서 오는 가봅니다.

뜰 압헤 느러진 소나무 가지에
날마다 차자오는 꾀꼴새는
물 깁고 산 놉하서 못 오시는

그리운 우리 님의 넉시던가
져리도 나를 보면 노래를 잘해

春園兄 이러케 생각하면 雨中의 釋王寺도 쇄 죠커니와 雨後의 釋王寺는 쏘한 좃슴니다. 겨우 비가 그친 다음에 藥水터에 갓다가 올나오면서 雪峯山上々峯이 뭉게뭉게 올나가는 雲霧 속에 쓰윽 드러나는 것이야말노 形容할 수 업시 죠와요. 蒼生萬象 가온데에서 嚴然이 놉히 안즌 聖者의 모양을 생각하게 됩니다. 以往에 엇든 先生은「山은 人格이라」하든 말이 생각이 나더이다. 저 山이 엇지 人格이 아니랄 수 잇슴닛가. 人格 中에도 놉고 큰 人格이외다.

春園兄

변々치도 못한 말을 너머 기다라케 써버리고 문안엿줄 것도 니저버렷슴니다. 병여의 몸이 그새로 더 강건하심닛가. 요새도 하로 한번식 東小門 안에서 집짓는데 가심닛가. 나날이 건강의 힘을 어드시기를 비나이다. 이러케 재미잇는 우리 곳을 어서 오시기를 바라고 苦待々々하면서 이만 그치나이다.

七月 十五 日午 前十一時

행복

김동인

《조선문단》 제12호, 1925년 10월

부처

文玉 永淑 七星 이러한 아름다운 일흠을 가진 아름다운 사람들을 버려노코 나는 旅行을 써낫다.

나의 졂고 용감하고 활발한 혼은 몃 달동안에 모진 술과 거츠른 삶 째문에 눌리워서 한번도 다리를 펴보지 못하엿다. 긔차를 탈 째에 나의 입술에는 우슴이 써올낫다. 나는 졂다. 나는 미래를 즐길 수가 잇다. 나는 나의 마음을 잠시도 노아주지 안코 구속하든 술과 모든 희롱에서 인제는 버서낫다. 나는 졂다. 나는 졂다. 마즌 편에는 엇던 일본사람 부처(신혼한 듯한)가 잇서서 서로 웃고는 쑥々 씨르며 즐겁게 논다. 무슨 니약이를 하는지는 모르지만 째々로「작년 녀름」이며「우리가」며 이런 말이 들린다.

졂은 부처-엇섯다. 남의 눈을 써리지 못하리만큼 량심이 사랑째문에 마비된 부처엇섯다. 나는 그들을 바라보고 빙그레 우섯다.

그대들의 우에도 졂은이를 사랑하시는 하누님의 은춍이 나릴지어다. 나는 그들을 바라보면서 다시 한 번 빙그레 웃고 눈을 감엇다.

물(서울서 본 바)

岸曙와 가치 二村洞 물구경을 써낫다.

龍山서 汽車線路로 西氷庫로 향하엿다. 잔등은 나려쪼이는 해ㅅ볏 때문에 삶는 듯이 더웟다.

우리들은 물이 넘실〱하는 築防 우를 거럿다. 일삼들이며 짐을 나루는 사람들이 왓다갓다하며 그 가운데는 집을 일코 살림을 일은 가난한 사람들이 깃 일흔 가마귀와 가치 헐덕이며 다닌다.

西氷庫 압 東亞日報 救護班 天幕에 니르니 구호반은 엇던 學校로 이사하엿다 한다. 岸曙가 거기 잇는 사람과 무슨 니약이를 할 동안 나는 (역한 내음새가 나는) 물을 도망하여 온 불상한 사람들을 나려다 보앗다.

모든 사람들의 얼굴에는 엇던「원망」에 갓가운 표정이 잇섯다. 무엇을 원망하는가 사람들이어. 하누님의 작난은 사람의 힘으로는 막을 수가 업는 것을…….

그 가운데 엇던 열닐여덟에 난 어린 어머니가 갓난애를 젓꼭지를 물리우고 자장〱하며 잇섯다. 어린애는 두 팔을 련하여 놀리며 혹은 어머니의 젓꼭지 혹은 머리로 턱을 잘란하며 해득거리며 잇다. 그것을 물그럼이 나려다보든 졂은 어머니의 눈에는 우슴이 써잇섯다. 혹독한 하누님의 작난 때문에 집을 일코 살림을 일코 예까지 쪼겨 나온 나어린 색시의 눈에 써오른 그 깃븜. 그것은 다만 사랑스런 자식의 아양 때문이라고 간단히 변명할 것일가. 어머니는 졂엇섯다. 온갖 고생과 파난 가운데서도 그는 미래를 볼 수가 잇섯다. 집이며 살림은 다시 작만할 수 잇는 것이엇섯다. 그의게는 한 변 일흔 뒤에는 다시 엇지 못할「졂음」이다 하는 것이 아직 그냥 남어잇섯다. 이러한 곤난 가운데서도 그는 자긔의 졂음을 아럿다. 과연 졂음은 찬송할 것인뎌.

왕십리ᄭᅡ지 갓다가 도로 긔차로 룡산으로 도라올 ᄯᅢ에 앗ᄭᅡ 그 졂은 어머니가 잇든 곳을 바라보니 그는 사랑하는 어린애를 안고 물결치는 한강을 망연히 바라보고서 잇섯다. 그러나 그의 얼굴에는「斷念」이라고 설명할 표정이 얼마간 ᄯᅥ 잇섯다. 그러고 천ᄼ이 닷는 긔차를 손가락질하며 사랑하는 어린애의 머리에 ᄶᅡᄯᅳᆫ한 키쓰를 하엿다.

「자네 저 색시 아나?」나는 벗의게 무럿다.

「몰나 누구인가?」

「나두 몰라- 그러나 귀엽지 안나?」

벗은 영문을 모르는 듯이 머리를 저엇다. 그럴 것이 엇섯다. 벗이 나의 마음을 알리는 업섯다. 나는 외로히 우슨 뒤에 벌서 저편 뒤로 사라저가는 나어린 어머니 편을 도라보앗다.

釋王寺에서 汽車를 나림

원산으로 해수욕을 하러 경성역에서 긔차를 탓다. 긔차가 鐵原을 지나서부터 비가 오기 시작하엿다.

비를 마즈면서 海水浴을 할 수도 업고 엇저나 하다가 긔차가 釋王寺驛에 머므른 뒤에 갑자기 해장을 차리고 ᄯᅱ처 나려서 人力車로 뎔로 갓다.

뎔에는 田榮澤夫妻가 잇섯다.

개굴

비를 마즈면서 혼자서 개울가에 나섯다. 커다란 느틔나무 아래는 ᄯᅢᄼ로 주먹가튼 비ᄉ방울이 ᄯᅥ러질 ᄲᅮᆫ 잔비는 업섯다.

늘봄의 말을 듯건대 채직으로 물 아모 곳을 ᄯᅡ려도 고기 한 두 마리는 마저 죽는다는 이만큼 고기가 만흔 이 개울도 이틀 동안을 퍼부은 비 ᄯᅢ문에 놀랍게 물이 낫다. 왁-왁 길ᄼ이 니러서면서 아래로 몰려간다.

물에 빠진 쥐 모양으로 나는 왼 몸이 저저가지고 눈이 멀거니 그 바위에서 써러지며 쏘다지는 개울을 나려다보고 잇섯다.

그러나 좀 뒤에 나는 펄덕 놀라며 몸을 소스러쳣다. 이 물에 빠지기만 하면 단뎡코 죽으려니하고 나려다보고 잇든 나의 마음은 어늬덧「내가 빠저 보아스면」하도록 변하엿다. 그러고「죽어 보아스면」하기까지 하엿다.

二三分 동안만 더 정신업시 서 잇기만 하엿드면 그 물로 쒸처 드러갓슬넌지도 몰를 일이엇섯다. 아니 十中八九는 드러갓슬 것이 엇섯다.

나의 마음에 문득 써오른「죽을 마음」그것은 과연 무엇으로 설명할가. 生活難? 아니엇섯다. 名譽失타? 아니엇섯다. 失戀? 아니엇섯다.

거기 우리의 자랑할「졂음」이 잇섯다. 거기「雄壯한 물」과「雄壯한 졂음」의 충돌과 共●이 잇섯다. 아모리 自殺者일지라도 그 自殺할 만한 ●●가 분명치 못할 째는 他殺로 認定하려는 近化法醫學者는 알지 못할 무엇이 잇섯다.

과연 졂음은 귀여운 것인 동시에 쏘한 무서운 것이로다.

艷書

비는 그냥 온다.

朝鮮文壇社에서 마튼 原稿를 쓰려 하엿스나 낫서른 客地에서 마음이 나려안지 아너서 붓을 잡을 수가 업섯다. 나는 붓과 조희를 내여던지고 잡바 누엇다. 즉 겻방에서는 늘봄夫妻가 사랑하는 어린애를 다리고 무엇이 엇더타고 즐거히 속살거리고 잇섯다.

남의 마음을 모르기도 짝이 업섯다. 가려든 곳은 비 째문에 못가고 中途에 나린 곳에서도 비 째문에 散步 한 번도 온전히 못하고 속이 답々하고 클々한 째에 겻방에서 쏘한 이러한 일이 생겨낫다.

나는 절컥 문을 여러적겻다. 비ㅅ소리 개울의 물ㅅ소리- 겻방의 속살거림은 감초아젓다. 그러나 밧게서도 쏘한 悲劇이 이 불상한 東仁을 기다리고 잇섯다.

이 비오는데 엇던 얼빠진 벅국이가 벅국〱 울고 잇섯다. 게다가 쏘한 엇던 얼빠진 중이 단소까지 불고 잇섯다.

어이가 업시 이것을 듯고 잇든 나는 다시 홱 문을 다처버렷다. 그러고 불이 나케 자리를 펴고 原稿紙와 잉크병을 끄러 당겻다. 그 다음 순간 나의 붓 끗은 조희 우에서 뛰노랏다. 한댱 두댱 석댱 넉댱- 삼시간에 十여댱을 써노앗다. 그것은 엇던 異性의게의 東仁의 艶書 엇섯다. 나의 모든 열정은 붓을 通하여 조히 우에 옴겨젓다. 나는 아직것 글을 쓸 째에는 이와가튼 열정으로 써본 일이 업섯다.

그러나 마츰내 나의 붓 끗의 힘은 업서젓다. 一時的 情熱로 붓을 잡기는 하엿스나 이 東仁의 平生의 힘을 다하여 쓴 艶書를 보낼 곳이 어듼가. 나는 나의 過去를 생각하여 보앗다. 그러고 現在를 생각하여 보앗다.

나의 마음은 외로웟다. 戀愛라는 것을 한 센티멘탈한 희롱으로 보고 戀愛는 졂은이를 늙은이로 만드는 귀찬은 ●關이라고만 보는 나도 이 째 쎈은 愛人이 그리웟다.

나는 다시 한 번 過去를 새각하고 現在를 생각하엿다. 그러나 몃 번을 생각할지라도 역시 過去에 愛人이 업섯든 것과 마찬가지로 現在에도 업섯다.

나는 입때껏 쓴 편지를 그만 찟고 마럿다. 이리하여 나의 一生의 처음이고 쏘한 마즈막길 艶書는 스러저버렷다.

한 개의 사랑을 가지지 못하엿다는 것은 매우 적々한 일이다. 나는 나서 처음으로 이 세상의 몃만 쌍의 愛人들을 참마음으로 축복하엿다.

海水浴場에서

(一) 海水浴

날이 개이는 것을 보아가지고 나는 곳 元山으로 왓다.

물로 첨벙 뛰처드러가매 물은 소리를 치면서 환영하엿다.

해수욕은 과연 젊음의 상징이엇섯다. 물 모래판, 집 솔밧 샏-트 그 모든 것의 우에 나는 커다란「힘」을 보앗다.「젊음」이라고 밧게는 형용할 수 업는 커다란「힘」을 보앗다.

멀니서 海水浴場을 바라볼 때는 누구던 거기 흐터저 잇는 젊음을 볼 수가 잇다. 과연 海水浴場은 젊음의 상징이다.

(二) 헴

과연 사람은 용한 동물이엇섯다.

엇던 日人이 개를 한 마리 데리고 와서 물 가운데 잡아너엇다. 개는 조금도 서슴지안코 헴처서 언덕에 나왓다.

저편에서는 아희들이 고양이 샛기를 가지고 작란하고 잇섯다. 고양이를 물에 던지면 도로 헴처 나오고 또 던지면 또 나오고.

나는 그것을 바라보면서 動物 가운데에 헴칠줄 모르는 動物이 잇는가고 생각하여 보앗다. 말? 소? 모도 치는 것을 보앗다. 호랑이? 곰? 내지는 도야지? 모도 치는 것을 드럿다.

하나 잇섯다. 사람이엇섯다. 배우지 안코는 헴을 못 치는 것은 動物가운데 사람밧게는 업섯다.

그러나 또한 엇던 動物이 能히 사람만치 自由自在로 헴치는 자가 잇슬가. 여기 사람의 자랑이 잇다. 가장 못난 體質로서 가장 용한 成績을 보이는 것 여기 사람의 사람다운 뎜을 볼 수 잇다.

나는 해변 모래 밧에 잡바 누엇다. 나의 우에는 넓고 노픈 하늘이 덥혀 잇섯다. 그것은 톨스토이가『전쟁과 평화』에서 안트네로서 말하게 한 바「그 넓고 큰 하늘에 비기건대 사람은 참으로 변々치 안코 가련」한 그만큼 偉大한 하늘이엇섯다.

그러나 내 눈에 비초인 그 하늘은「이제 몇 해를 지나지 못하여 사람의게 정복바들」그런 하늘이엇섯다. 하늘이 노파? 그러면 거기까지 올라갈 긔게를 만들 섄이다. 하늘이 느파? 그러면 그것을 짜려부실 몽치를 發明할 섄이다. 이리하여 왼 宇宙는 사람의 발 아래 엄듸일 날이 멀지 아늘 것이엇섯다.

(三) 녀인

가튼 수레를 타고 온 한 四十歲쯤 난 女人이 海水浴服에 海水浴帽를 쓰고 물에 드러온 것을 보니 十五六살쯤난 少女로 밧게는 볼 수가 업섯다.

十五六歲쯤 나보이는 게집애들이 물에서 올나서 옷을 가라입고 도라가는 것을 보니 대개는 三十 내지 四十에 낫다.

海水浴服을 입은 女人의 나히는 수々 썩기 엇섯다.

닐급마리아

나는 舊市街 西쪽으로 달린 뫼에 올라가 보앗다. 그러나 아모리 올라가도 씃하지 아는 뫼가 쏘 나타나고 함으로 다시 나려오기 시작하엿다.

나려오는 길에 엇던 墓地가 잇고 거기 새로 깍가세운 十字街形의 墓패가 잇섯다. 갓가히 가서 보니 가로는

「하나님의 품에 편안히 잠잘지어다」

하고 세로는 延마리아之墓라 하엿다.

조금 아래 쏘 그런 것이 잇기에 보니 朴마리아 엇섯다. 金마리아도 잇섯다. 이리저리 나는 그 좁은 墓地에서 닐급 사람의 마리아를 차저 내엿다.

마리아- 그 가운데는 어린애도 잇섯슬 것이다. 할머니도 잇섯슬 것이다. 그러나 나의 마음에 비최인 마리아는 닐급 사람이 다 세상에 드물도록 아름다운 처녀들 이엇섯다.

마리아- 나도 닐급 사람의 마리아의게 축복하노니 영원히 고요한 짱속에

편안히 잠잘 지어다.

藝妓

밤에 갑々하여 나는 엇던 料亭에 올라갓다. 불러온 藝妓는 靜岡 出生 나히는 열아홉 小學校는 다녓다 하는 자로서 령리는 하지만 藝妓로는 보기 힘든 純됨을 그의게서 發見할 수가 잇섯다.

나는 이런말 저런말 하다가 그의게 戀愛를 하여본 일이 잇느냐고 무럿다.

「업서요.」

「한번 해봐 조치.」

「해 보셋세요?」

「난 못해봣서 그래도-.」

그는 우섯다.

「당신은 못해보고 남의게-.」

「그래도 해만 보아 조흐니 자 이러구 저러구 할 것 업시 내게 戀愛를 한번 던저보아.」

그는 대답 업시 술을 마셧다. 그러나 좀 뒤에 다시 술을 부으면서 대답하엿다-

「당신은 참 무정한 이에요.」

「내가 무정해? 몃 해를 지내보앗기에.」

「네. 적어도 그러케 보여요.」

나는 놀랏다. 그러케 보인다고. 즉 그러타고 斷定하려는 無謀한 녀인을 나는 여기서 발견하엿다.

「그래도 그러치 안어요? 저도 젊은 계집이에요. 젊은 녀편네의게 향해서 그런 롱담을 서슴지안코 하는 이는 늙은이가 아니면 무정한 이에요. 당신은 늙은이는 아니니깐 무정한 이라고 밧게는 볼 수가 업지 안어요?」

「난 늙은이야.」

「녜?」

「난 늙은이야.」

나는 적々히 웃고 술잔을 드렷다. 이 세상의 모든 엄숙하고 듕대한 일이 한갓 변々치 안은 희롱으로 밧게는 보이지 안는 나는 사실 엇던 의미로 보아서는 늙은이일 것이 엇섯다.

좀 뒤에 작별할 째에 그는 늘 손님의게 하는 말로 이 뒤에도 늘 사랑하여 달라고 하엿다.

그 집에서 어두운 길가로 나설 째에 나는 이젼에 모-팟산의 엇던 글을 한구 다시 지엿다-

「이 세상에는 矛盾된 일이 만타. 娼女가 될 타이프로서 貴婦人이 된 자가 만흠과 가치 염집 婦女가 될 타이프로서 娼女가 된 자가 쏘한 만타. 그는 염집 부녀가 되여야 할 사람이엇섯다.」

나는 졺고 옙브고 純된 그의게 행복만키를 빌면서 어두운 길을 려관으로 향하엿다.

歸路

다시 釋王寺에 들렷다가 물 째문에 끈허젓든 東豆川에 나루질을 시작하엿다는 긔별을 듯고 京城으로 向하엿다. 東豆川을 나루로 건늘 째에 나는 그 끈허진 鐵路를 보고 自然의 큰 힘에 놀랏다. 그러나 東豆川이라는 難關을 건느는「배」라는 것을 證明한 사람의 힘은 쏘한 더할 것이 엇섯다.

서울서 四五日 묵어서 京義線列車에 오를 째에 나의 마음은 理由업시 유쾌하엿다.

캄々한 밤중 긔차는 소리를 내이면서 水色 開城을 지나서 新幕平原을 닷는다. 汽車 안의 사람들은 모도 잠드럿다. 나는 그 모든 잠드른 사람들을 보면서 담배를 부처 무럿다. 담배를 가슴것 드려마시다가 내여뿜을 째마다 왼 宇宙를 정복한 듯한 快感을 나는 맛보앗다.

幸福- 이것이 과연 참 행복일 것이다. 사랑 명예 금전 그 무엇이 이 순간의 이런 행복을 내게 줄 수 잇슬가. 용감하고 경건한 나의 혼을 이러케 뛰놀게하는 이러한 질거움을 과연 무엇으로 살 수 잇슬가.

나는 문을 열고 昇降臺에 나섯다. 긔차는 불씨를 날리며 잠드른 平原을 닷는다. 나는 시게를 써내여 보앗다. 세상이 모도 잠잘 새벽 세시 반이다.

모든 사람이 고요히 잠자라. 하누님의 복을 ●● ●●● 그러고 몸과 마음이 잘 長●하고 發●하라.

나는 담배를 내여 던지고 ●●●車室●로 ●●●●.

天下奇緣인 江陵의 紅粧巖

青吾

《신여성》 4권 2호, 1926년

강원도 강릉군(江原道 江陵郡)에는 경치조키로 유명한 경포대(鏡浦臺)가 잇고 그 경포대의 압헤는 주위(周圍)가 약 십여리되는 큰 호수(湖水)가 잇스니 그 호수는 물이 항상 맑아서 곱기가 거울빗과 갓고 또 비가 오던지 날이 감을던지 사시 장철로 물이 줄도 늘도 안하서 깁기가 사람의 억개에 달낙말낙할 샏이요. 자래도 한 사람도 빠저죽은 일이 업는 ㅅ닭에 군자호(君子湖)라는 이름이 잇다.

그리고 그 호수는 일개 약한 모래둑(沙堤)으로 만경창파(萬頃蒼波)의 큰 바다와 접하야 시시때때로 산덤이와 가튼 큰 물결이 사정 업시 무섭게 드리치되 그 모래둑은 조금도 문허지지 안코 정연(井然)하게 경계(境界)가 구별되야 잇슴으로 세상사람들이 다 이상하게 생각한다.

그런데 그 호수는 경치가 조흔이 만큼 또 여러 가지의 자미 잇고 신비(神秘)한 전설(傳說)이 잇스니 卽 녯날 녯적에 그 호수는 본시 륙디(陸地)로서 엇더한 큰 부자의 집터엿섯다. 그 부자는 당시 강릉의 갑부로 집 안에 곡식이 항상 몃만석식 쌔여 잇섯스나 누구를 구제하는 일은 손톱만치도 안이하는 유명한 인색가(吝嗇家)엿다. 하루는 엇던 老僧 하나가 갈포장삼(葛布長衫)에 륙환장(六環杖)을 집고 門外에 와서 목택(木鐸)을 두다리며 양식(糧食)을 구걸하엿더니 例의 인색한 그 부호는 조금도 주지 안코 단연 거절하얏섯다. 그러나 그 老僧은 백방으로 애걸하며 말하되「일군의 거부장자님으로서 집안에 몃만석의 곡식을 썩이도록 싸어놋코 일개 중에게 시주할 것이 업다는 말슴이 무슨 말슴이냐」고 하엿더니 진소위 동냥은 안이주고 쪽박을 깬다는 격으로 그 부호는 동냥을 안이줄 뿐 안이라 로발대발하면서 중을 싸리며 또 무수 구욕을 하고는 나무박(木皿)에다 똥(人糞)을 하나 가득이 담아서 주엇더니 그 老僧은 아모 말도 안이하고 그 똥을 그릇채 바더서 바랑 속에 늣코 갓섯다. 조곰 잇더니 이상하게도 그 때까지 파랏케 개엿던 한울이 별안간에 흐리며 뇌성벽력(雷聲霹靂)을 하고 검은 구름이 뭉게뭉게 몰려들고 비가 삼대가티 쏘다지더니 홀연이 그 부호의 집과 그 부근의 짱이 둥구럿케 둘너 빠져서 큰 호수가 되고 싸러서 그 집의 사람이 하나도 남지 못하고 다 빠저 죽엇스며 그 집에 싸여잇던 곡식은 모다 물 속에 드러가서 조개(貝)가 되엿는데 그 조개는 사람이 먹으면 다른 조개보다도 배가 불너서 흉년에 능히 긔근을 구제할 만한 고로 제곡(濟穀)이라 이름하고 지금까지 그 디방의 사람들이 만히 주어다가 먹는다 한다.

× ×

그리고 쏘 그 호수의 중앙(中央)에는 홍장암(紅粧巖)이라 하는 큰 바우 하나가 잇스니, 그것은 녯날의 강릉미인(江陵美人) 홍장(紅粧)이라 하는 기생의 놀던 곳이다. 어늬 시대의 일인지는 자서이 알 수 업스나 엇더한 순찰사(巡察使)가 강릉에 갓다가 홍장의 절대가인이라는 말을 듯고 친이 차저가서 일시의 아름다운 인연을 맺고는 항상 생각하야 오매불만(寤寐不忘)하더니 그 뒤에 각 군의 순찰을 마치고서 도라오는 길에 다시 홍장의 집을 차지니 홍장은 간 곳이 업고 다만 비힌 집만 남어잇는데 무정한 개는 녯주인의 정랑을 알지 못하고 문 압헤서 콩콩짓고 의구한 달빗은 창전에 비치여 고객의 회포를 니르킬 짜름이엿다. 순찰사는 낙심천만하야 아모 말도 업시 려관으로 홀로 도라갓섯다. 그 때에 강릉부자는 역시 풍류남아로 그 순찰사와 퍽 친절한 친구 사이엿다. 순찰사를 차저서 그 려관으로 갓더니 순찰사는 홍장에게 얼마나 반하엿던지 아모 말도 하기 전에 먼저 홍장의 소식을 무럿섯다. 부사는 그 순찰사를 한번 속이고 조롱하랴고 그짓 대답하되「홍장은 원래 다정한 가인인 까닭에 上官을 한번 리별한 뒤로 주야 생각하다가 相想病에 걸이여서 수월 전에 이 세상을 써낫다」하얏다. 순찰사는 자긔의 오매불망하던 홍장의 죽엇다는 말을 드르매 더욱 심회가 비감하야 구곡의 간장이 굽이굽이 다 끈어지게 되고 만사가 다 무심하야 아모 일도 보지 안코 주야에 머리를 싸고 려관에 누어잇섯다.

그런지 몃칠된 어느 날 밤이엿다. 밤은 고요하야 인덕이 끈어지고 처량한 달빗은 려창에 가득히 비치엿는데 순찰사는 백회가 다 니러나서 잠도 잘 자지 못하고 안젓다 누엇다 전전반측(輾轉反側)하더니 우연이 강릉부사가 차저 와서 말하되「달도 밝고 밤도 고요하니 산보나 가지 안으랴느냐」하고 니어서 또 말하기를「우리 江陵에는 경포대라는 곳이 잇는데 그 곳은 참 별유텬디의 선경(別有天地仙境)의 소리가 들이며 텬상의 선녀들이 놀너오는데 홍장이도 인간의 절대가인이닛가 죽은 뒤라도 혼은 선녀(仙女)가 되어 서왕모(西王母)의 동쌍셩(董雙成)이나 허비경(許飛瓊), 사자연(謝自然)가튼 선녀들과 짝이 되어 이러한 선경에 놀너올넌지도 알 수 업스니 萬一에 上官과 이 세상의 연분이 다 끈어지지 안엇다 하면 녯날의 류완(劉玩)이가 텬태산(天台山)에서 선녀를 만난 것과 가튼 긔연(奇緣)이 잇슬는지도 알 수 업다」하고 능청스럽게 말하얏다. 순찰부사는 홍장이를 련련불망할 쌘 안이라 객리에서 고적한 회포를 삭이지 못하던 중에 부사의 그러한 말을 들으매 무엇보다도 반갑게 생각하고 조곰도 주저업시 즉시 졷타고 승낙하엿다. 이에 두 사람은 려관을 떠나서 일엽의 편주(一葉扁舟)를 타고 경포대로 향하니 때는 마츰 추칠월 보름경이엿다. 만리의 장공은 씨슨 겨울과 가티 깻긋하고 반공에 소슨 둥근 달은 만리창해에 마주비치여서 만곡의 금파(萬斛金波)가 출넝출넝하며 좌우의 갈숩(左右蘆林)에는 힌 이슬이 새로 나려 뎜뎜이 옥을 이루윗스니 참으로 인간이 안이요 선경이엿다. 부사와 순찰사는 맑은 흥이 도도하야 배를 타고 마음대로 오르낙 나리락하더니 홀연이 운무(雲霧)가 자옥한 속에서 이상한 향취(香臭)가 진동하며 옥통소 소리가 은은이 나는데 혹 멀니도 들니고 혹 각가이도 드리여서 어느 곳에서 부는지 알 수가 업게 되엿다. 순찰사는 그 소리를 듯고 정신이 황홀하야 의관을 정제히 하고 부사더러 물되「대체 이 밤중에 옥통소리가 웬일이냐」고 한 즉 부사는 조곰도 서슴지 안코 대답하기를「악가 말하던 선녀들이 놀너온 모양인데 아마 上官과 선녀간에 무슨 긔연이 잇서서 그 소리가 들리는 듯 하다」고 하얏다. 순찰사는 그 말을 듯고 더욱 반가워하며 혼자 생각에 오늘 밤이야말로 참 선녀를 맛나뵈겟다 하고 무릅을 꿀고 향을 피우며 단정이 안젓섯다. 조곰 잇다가 본 즉 한 쪼각 적은 배가 순풍에 돗을 달고 중류로 졷차오는데 그 우에는 일위의 학발로인이 선관의 우의(仙官羽衣)를 입고 단정이 안젓스며 압헤는 두 청의동자(靑衣童子)가 호로병(葫蘆甁)을 차고 옥통소를 빗겨 들고 섯고 그 겻헤는 년방이팔(年方二八)된 가인 하나가 화관을 쓰고 옥폐(玉佩)를 쟁쟁이 울리며 푸른 쇠매 붉은 단장에 옥잔(玉盃)을 들고 시립(侍立)하얏스니 그의 고흔 태도는 참으로 월궁의 항아(月宮姮娥)도 갓고 낙포의 선녀(洛浦仙女)도 가탯다. 순찰사는 한번 바라뵈매 정신이 여광여취하야 꿈인지 생시인지 알지 못하고 다만 먹먹히 잇섯슬 뿐이엿다.

×　　　　　　　　×

한참 잇다가 정신을 차리여 다시 바라본 즉 그 선녀는 전일에 자긔가 사랑하던 홍장과 비슷하엿다. 순찰사는 죽은 사람을 다시 맛난듯시 반가하며 선두에선 듯 나서서 절을 하며 사례하야 가로대「하계에 속인이 례를 알지 못하야 텬상의 선관이 강림하시는데도 멀리 영접지 못하얏스니 죄를 용서하야달나고」한 즉 그 로인은 완연이 웃으면서 말하되「그대는 무량이 잘지냇는가. 상계의 선관으로 인간에 귀양온 지가 벌서 사십년이 되도록 피차에 소식이 업더니 오늘 밤 경포대 호상에서 우연이 맛나게 되니 이것도 한 긔연이라」하고 쏘 겻테잇는 미인을 가르치며 웃어가로되「그대는 이 여자를 아는가. 이 여자는 본래 옥황상제의 향안시녀(香案侍女)로 죄를 지고 잠시 인간에 귀양으로 왓더니 죄의 풀릴 날이 멀지 안하서 지금 텬상으로 드러가는 길인데 그대와 연분이 잇서서 오늘 밤 이 곳에서 맛나게 되엿다」하얏다. 순찰사는 더욱 반가워서 그 녀자를 자서이 바라보니 과연 전일에 자긔가 사랑하던 홍장이엿는데 구름가튼 머리를 달 아래에 숙여들고 춘산가튼 아미를 십흐리며 무한한 정과 한을 머금고 잇스니 제 아모리 강장의 남아라도 한번 반하지 안이치 못하겟섯다. 순찰사는 홍장의 옥가튼 손을 덥석 잡고 산연이 눈물을 흘리며「너는 나를 버리고 어듸로 갓느냐」한 즉 그 여자도 쏘한 눈물을 흘리며 말하되「첩은 진세와 인연이 벌서 끈어젓슨 즉 아모리 다정한 랑군이라도 이제 다시 엇지 할 수는 업스나 삿도가 첩을 항상 생각하신다는 소문이 한울에까지 사무침으로 옥뎨께서 특히 하렴하사 금야 이곳에서 맛나게 되엿다」하엿다.

순찰사는 다시 그 로인의 압헤가서 절하며 간청하되「이미 옥뎨의 명령이 기시다하니 홍장과 하루 밤의 인연을 더 맷게 하야지이다」한즉 그 로인은 혼연이 대답하되「이미 上帝의 명령이 게신 터인즉 그대가 홍장과 잠시 가티 가는 것이 조흐나 로부는 본래 인간의 진연(人間塵煙)을 씌리는 싸닭에 가티 갈 수가 업스니 둘이만 가는 것이 조켓다」하고 쏘 홍장을 보고 말하기를「이것도 텬상의 조흔 인연인 즉 이 손님과 가티가되 날이 밝기 전에 돌아오라」고 하얏다. 순찰사는 그 로인에게 사례하고 홍장과 가티 배를 타고 일진의 청풍으로 돗을 돌려 상륙한 후 려관으로 돌아가니 그날 밤의 두 사람의 견권한 정은 마치 칠월칠석에 견우 직녀가 서로 만난 것과 가터서 비록 장장추야라도 밤의 고단한 것을 한탄하게 되엿다. 그러나 무정한 것은 시간이라. 두 사람이 단 꿈을 다 마치기 전에 어느덧 동창이 벌서 밝어서 날이 새게되니 순찰사는 놀나깨며 혼자 생각하기를 홍장은 약속대로 벌서 갓슬 줄로 알엇다. 그러나 눈을 비비고 자서이 본 즉 홍장은 아즉까지 의연이 잇서서 아츰 단장을 하고 잇다. 순찰사는 일변 괴이하게 생각하야 홍장에게 그 연고를 물으니 홍장은 아모 대답도 업시 다만 우슬 뿐이엿다. 그러자 강릉부사가 들어오면서 웃고 말하되 (어제 밤에는 얼마나 자미가 잇섯느냐. 나는 죽은 홍장이를 능히 살이기도 하고 또 중매도 잘 하엿스닛가 단단이 한 턱을 하여야되겟다)고 조롱하얏다. 순찰사는 그제야 비로소 부사에게 속은 줄을 알고 또한 가티 대소하며 다시 배반을 설시하고 자미잇게 놀앗섯다. 이것은 본래 부사가 그 순찰사의 기생 조와하는 것을 보고 조롱하기 위하야 그 작난을 꾸민 것이엿다. 그런데 그 때에 그 순찰사와 홍장이가 서로 맛나던 곳에 큰 바우가 잇슴으로 인하야 그 바위를 홍장암이라 이름지엿다 한다.

嶺西의 小金剛

平康小金剛山宣傳會寄

《新民》 제3권 17호, 1926년 9월

一. 序言

勝地 江山은 各國 到處에 잇스나 朝鮮의 金剛山은 世界無比의 絶勝地로 어느 나라 사람이나 한번 보기를 願치 안는 이가 업는 곳이오. 只今 紹介하고저 하는 이 小金剛은 朝鮮無二의 靈境으로 아즉까지 世人의 耳目으로부터 멀니 숨어 잇스나 半島名勝의 하나임에는 틀님이 업다. 아- 筆者 今日에야 此 小金剛山을 비롯오 紹介하게 되는 것을 적지 아니한 遺憾으로 생각한다. 向者 東亞日報 鄕土禮讚에 槪括的 大體만을 簡短히 紹介하얏스나 오날까지 이 小金剛山 四字를 오즉 平康一郡의 名勝쁜이엿섯고 全鮮的으로 그 聲價를 낫타내지 못하엿다. 이는 적어도 朝鮮的으로 자랑할만한 名所요. 靈境이나 此의 眞相은 言語로 形容키 到底히 不能하며 筆鋒으로 表現할 수 도모지 업다. 이 山水의 왼갓 無限景을 遺漏업시 쏙 그대로 그려낸다는 것은 어리석은 수작이다. 大槪 그저 壯觀, 偉觀, 奇觀, 美觀, 妙觀이라는 形容을 함부로 붓치고 다시 一言으로써 말한다면 縮圖된 金剛山이라고 할 밧게 업다.

二. 小金剛山(黑金剛「俗稱 靑龍山」)

아- 億千年이 가고 또 가되 山은 오히려 푸른 것이 감이 잇고 일흠업는 小金剛山아 壯麗, 雄麗, 秀麗, 奇麗한 自然의 美를 자랑하는 小金剛山은 江原道 平康郡 木田, 檢津 兩面 面界에 ●立하야 其 延袤가 約三方里로 大小峰●이 重重疊疊히 羅列하야 奇奇怪怪한 形狀은 實노 威風堂堂한 一員猛將이 數萬大兵을 統率하고 留陣한 곳이 뵈인다. 이것이 實노 造物主의 재조긋 지어낸 創作品이다. 萬壑에 우러나오는 淸溪玉流는 深巷窮谷의 왼갓 神秘를 깨트리고 奇形妙色의 各種 珍禽의 노래는 그 아름다운 造化를 詣賞하는 듯하다. 奇●한 峯巒, 險峻한 溪壑, 淸淨한 澗流, 鬱蒼한 樹木, 珍奇한 植物, 鳥獸昆虫의 類, 그 어느 것이 우리 小金剛이 가진 獨特한 보배 아니라드냐. 無心한 遊覽客으로도 오히려 그 壯麗雄偉함에 가만이 머리를 숙이고 大自然의 無限境에 陶醉케 하거든 하물며 다음 잇는 사람으로 한번 이 小金剛을 來觀할지면 蕩然히 俗世를 이저바리고 永遠히 그의 가슴에 안기이고저 할 것이다.

三. 靈珠菴(前名 深寂寺)

이 仙境인 別天地 小金剛山 疊疊山中 絶壁上에 擔下에 ●巢갓치 空中에 달녀잇는 庵子가 잇스니, 이것이 有名 靈珠이다. 靈珠菴은 三韓時代에 創建한 建物로서 至今부터 四千餘年前 開國四百九十四年 乙酉 仲春에 李普覺大師가 古刹의 頹落됨을 憫然히 生覺하고 山麓 四圍部落村民들의 施主들읏어 舊趾에서 約一町 假令을 올녀다가 改築하고, 臺下에는 二十九層 石階를 靑石으로 堅築하야 其勢가 實노 壯嚴하며 石階西北을 끼고 올나가면 數百人을 收容하고도 餘裕가 만흔 平平한 盤石이 잇스니, 이 盤石을 名稱하야 降仙臺라고 일크른다. 이 臺上에는 間間히 神仙이 下降하야 바둑두고 놀든 곳이라는데 果然 자취를 멈으르는 者에게 羽化登仙의 늣김을 준다. 아모리

苦熱炎天의 三伏中이라도 이 돌 우에 걸어만 안즈면 五腸이 모다 서늘하게 되는 맛은 比할 바가 업다. 이 盤石을 지내여 限 二町쯤을 나가면 石築한 城址가 잇스니 이는 昔時 弓裔王이 勢 不利하고 力盡함에 千乘의 寶位를 一朝에 廢棄하고 忽然히 三防으로 避遁할 세 여기에서 三日間을 滯留하엿다는 靑龍山城으로 오즉 묵은 옛날을 이야기하는 듯한 낡근 터가 남어잇슬 쑨이다.

四. 疑心谷

靈珠菴에서 約二町쯤 石巡山路로 나려오자면 蒼蒼鬱鬱한 樹林이 잇고, 그 樹林 속에 天然浴場이 되어 잇는데 水晶갓흔 谿谷玉流가 極히 淨潔하게 悠悠히 流過한다. 이 疑心谷의 來歷을 듯건데 往古에 遊冶郞 梁山伯과 絶代佳人 秋陽大가 이 山中에 와서 工夫를 할 세 恒常 秋陽大, 梁山伯를 欺忘하야 男子라 하여왓다. 그러나 어늬모로 觀察을 하여보던지 男子아님을 疑訝하든 中 어느 더운 여름날에 두 사람은 平素부터 唯一한 休浴場으로 하던 이 石造天然浴場에 나러가 浴沐을 하게 되엿섯다. 그러나 梁山伯을 늘 속여오든 秋陽大는 그 날에도 梁山伯의 눈을 避하야 서로 距里를 相隔하고 沐浴을 하엿스나 偶然히 朱紅色의 고흔 鮮血이 玉流를 싸라 흘너나리게 되엿다. 이것을 보게 된 梁山伯은 平素의 疑訝가 九分이나 濃厚하야짐과 同時에 急急히 秋陽大가 잇는 곳에 달녀가세 어데를 傷하엿느냐 慰問한 즉, 秋陽大는 어느 결을에 발서 巧妙한 手段으로 발고락을 惡着하게 일부러 돌에 깨여가진 후 傷處를뵈이며 엇지타 失足하야 이러케 엄지발을 닷첫노라 핑계를 하얏스나 恒常 疑視하며 오던 梁山伯은 그 쌔부터 秋陽大가 男子가 니오, 女子임을 알게 되엿다. 이러하야 後人이 그 골을 疑心골이라 하여 왓다한다. 其後에 두 사람은 後學을 畢한 后에 生死同居를 鐵石갓치 誓約하고 서로 헤여젓스나 好事多魔는 古今이 갓흔지라. 秋陽大 父母의 固執으로 他門에 出嫁치 아니치 못하게 되엿다. 이 消息을 드른 梁山伯은 不平과 不滿을 가삼에 가득 품고 崎嶇

한 運命을 咀呪하면서 病席에 누어 다시 이러나지 못하고 말엇다. 梁山伯의 애닯은 死報를 드른 秋陽大는 新行途中 侍從下人에게 吩付하야 轎宇를 멈으르게 한 後 미리 準備하야 가지고 오던 酒肴를 梁山伯의 墓前에 布設하고 금창이 미여지는 듯 一場을 痛哭할 때 異狀히도 墳墓가 갈나지자 怨恨을 가득 실은 梁山伯의 얼골은 秋陽大를 반기는 듯 微笑를 띈 모양이 낫타낫다. 이를 본 秋陽大는 氣에 찬 몸을 가비여이 날녀 瞬間에 墳墓 中으로 뛰여드러가자 겻테섯던 從者 그 치맛자락을 붓잡음에 치마는 발서 썩은 비단이 되어 팔삭팔삭 써저지고, 墳墓는 如前히 닷기엿다고 한다. 그들의 무덤은 累百의 星霜을 지내여 至今도 荒漠한 풀노 數百年 옛날을 이야기하는 듯 자최가 아즉도 完然할 섄이다. 이와갓치 人事는 變하엿건만 山水는 如前히 푸르럿다.

五. 飛龍瀑布

小金剛山은 陸金剛, 海金剛으로 分하야 되어잇는데 陸金剛山을 包圍長流하는 漢江의 上流인 古未呑川은 楡津面 楡淵里 下方에서 合水하야 縈紆而流하는데 稜稜한 岩骨絶壁이 前後左右에 林立하고 奇巖怪石이 層層 羅列한 사이로 흐르는 물은 뛰고 날고 써러저 數十丈이나 되는 石壁에 부드처서는 烟霧를 일우고 다시 구비 틀어 盤石上에 헛터저서는 潺湲한 玉流가 된다. 銀河水 九天에서 落下하는 듯 萬丈絶壁을 뛰여넘는 湧湧한 물스래. 淸泉霹靂이 나리는 듯 한가운데 이른 아참 해 뜰 때와 西山落照 해 질 때면 閃忽한 무지게 빗치 光彩 돗는五色雲이 玲瓏한데 數千百으로 헤일 수 업서 水面 全體를 꼿밧으로 繡 놋는다. 그리고 南岸石壁 및 木田, 楡津 兩面 交通하는 石逕 엽 盤石上에는 觀覽者의 芳名을 뒤렷뒤렷이 색여서 一幅書畵屛을 둘너친 듯한 것도 한 가지 壯觀이다. 이 海金剛 赤壁江上에 一葉片舟를 輕快하게 띄워노코 陸金剛의 全景이 그림갓치 빗치운 絶勝景槪를 굽어보며 銀鱗玉尺 올나가 보는 것도 爽快無比神仙의 노름인 듯 다시 世上에 나오기를 이저바리게 된다. 그럼으로 往古에 京城人으로 平康에 왓다가 이 곳을 한번 본 후 富貴功名을 다 바리고 이 山中에 處士로 隱居하야 閑雲野鶴으로 一生을 맛친 이가 잇스니 그 其子孫이 곳 只今의 箕山●氏 一門이라 한다.

六. 三淸庠

小金剛山 山麓下에 本庠이 잇스니 舊韓國時代 平康縣監으로 왓든 吳允謙氏가 一般住民의 暗昧함을 一大遺憾으로 생각하고 各面에 一個式 全平康 八面에 八庠을 創設하고 各各 其面 儒生으로 擧接修學케 하든 中의 一庠인데 其規模가 宏大하엿다. 그 後 任인 縣監 李照朝氏도 亦是 繼續 事業으로 다시 一層 革新을 加하니 平康 原野에 儒賢이 衆出하는지라. 當時 本庠에서 蘊故知新하던 李采白氏(號 庸勤齋)는 文名이 一時에 赫赫하야 國朝에 ᄭᅡ지 入聞되여 庸勤齋라는 賜號가 나리엇다. 本庠은 其後 年久 歲深함으로 風雨에 自然 破毁하야 舊趾만 自遺하얏더니 吳允謙公 後孫 台煥氏가 本 郡守로 在任 中 그 庠에 遺趾를 一見하고 先祖 遺業을 追憶하는 間時에 郡內 兒童의 向學熱을 培養키 爲하야 舊趾에 다시 一間을 新築하고 春秋 二回로 郡內 兒童 學藝會를 開催하고 하니, 그 效果가 자못 적지 안엇섯다 한다. 於是에 本庠을 改稱하야 三淸閣이라 일크럿다는데 本名 三淸閣을 命名한 ᄯᅳᆺ을 차자보면 山淸水淸民淸故로 曰 三淸이라고 하엿다 한다. 庠下로 少許前進하면 潺潺히 흐르는 淸溪潭이 有하고 潭上에 數丈의 瀑布가 落來하니 이를 臥龍瀑布라고 하고, 潭名은 臥龍潭이라 하는데, 쟁반 안에 맑은 물을 가득 담다온흔 듯한 臥龍潭의 絶景은 一見의 價値가 足하다 아니치 못할 것이다. 潭右側盤石의 吳允謙氏 後孫 命洙氏(其도 前本縣監)臥龍潭이라고 大書刻書한 것이 잇다.

이 金剛山은 周圍 六十里로 山中에 勝景으론 丹楓谷, 玉流洞谷, 萬物相, 奇岩山, 文筆峰, 睡佛岩 等이 無非 絶勝이나 筆者의 未熟한 붓으로 細細 紹

介를 다 못한다. 金笠先生이 嶺東의 金剛山을 본 後「平生詩爲金剛惜이러니 及到金剛不敢詩라」 하엿고, 또 엇든 禪子는「金剛無限景은 難盡小僧談이라」 한 詩와 갓치 筆者의 庸筆로는 到底히 形容할 수 업슴을 恨한다. 이 小金剛山은 春節엔 躑躅花, 秋節엔 丹楓으로 山面을 全體 粧飾하고 谷口를 물드려 可謂 錦上添花란 이러한 것이냐 하는 늣김을 주게 한다.

七. 通路

이 小金剛山을 가자면 京元線의 釼拂浦, 洗浦에서도 갈 수는 잇스나 道路가 峻險한 關係로 極히 어려웁고 오즉 福溪에서 나리여 徒步로 徐行함이 第一 輕便하다. 名山을 차자 가는 것이라. 道路는 그리 險하다 할 수 업스나 車馬는 不能하고, 緩緩 步行하는 것이 또한 格이라 할 수 잇다. 아모리 貴骨이라도 此 金剛 名勝이 目前에 낫타나게 되면 多少 疲困한 다리라도 神秘한 山水에 心醉하야 보고 또 보는 사이에 어느듯 山頂에 到達할 것이다. 福溪驛에서 六里니 約 六時間이면 넉넉히 得達할 수 잇다.

附記 筆者 일즉이 放浪하야 全鮮을 歷遊할세 到處에 多數한 小金剛의 稱을 듯는 名山勝地를 大概 아니 본 곳이 업스나, 이만큼 쒸여난 곳을 아즉 보지 못하얏다. 아마 小金剛山으로는 王이라 하기보다 金剛山을 除하고는 둘이 업스리라고 밋는다.

乾鳳寺 本末 巡禮記

崔金峰

《불교》41호, 1927년 11월

深谷寺에서 出發

昨日에 未了한 沿革記抄를 今日 曉燈 下에서 맞추니 午前 七時 三十分이 되얏다. 朝飯을 急히 먹고 行具를 收整하야 出發을 催促하니 벌서 午前 九時가 되엿더라. 住持 嚴枕松은 우리의 今日 出發을 期치 아니한지라. 早朝에 八郎里까지 下往하야 歸着치 아니하엿다. 기다리기 遲延되야 時間의 關係로 그대로 發程한다. 하직 禮로 佛前에 三敬拜를 드린 後에 大衆尊師에게 作別을 告하엿다. 眞情인지 假面인지 一日間 더- 休勞를 勸告한다. 感謝로써 致賀하고 應天橋 얼는 건너 白虎峙를 나서서 三日間 愛着하던 薔薇花도 하직하고 나의 땀을 씨서주던 淸溪水도 이별하고 最後의 一言으로 兜率山를 作別한다. 兜率山아! 雲和不變 네로구나. 山 속 兜率山아. ●●不動 네로구나. 山아 兜率山아. 너의 壯志 사랑한다. 山아 兜率山아. 너의 珍重 찬성한다. 山아 兜率山아. 요대로 잘 잇다가 우리의 뜯과 가튼 時節 因緣 만나거던 今日의 不自由를 서로서로 우서가며 活氣잇게 사라보자. 離別을 다 告하고 黙思

를 하는 中에 歸杖이 輕輕하고 行步가 快快하야 瞬息間에 綠陰이 다하고 太陽의 光線이 熱氣를 曝射하야 野原의 行色을 表示하고 새소리가 업서지고 鷄犬聲이 들네이며 村落이 나타나니 이것이 卽- 八郞里다. 그러면 우리의 一行이 向할 곧은 어대인가. 深谷寺로부터 二十二里(鮮里 二百二十里)되는 孔雀山水墮山이다. 인제 寺院을 떠낫스니 말이다마는 寺院이라고 드러가면 山林이 鬱蒼한 것과 建物의 雄壯한 것과 古跡의 邃古한 것과 名所의 奇絶한 것만으로는 寺刹의 價値가 잇지 마는 止住하는 僧侶의 威儀와 信念이며 法殿의 洒掃 道場의 清潔 其他 各色制度가 도모지 寺院가튼 곧이 업고 모도 다- 우리 佛子된 行色에 相違點이 半割以上이 되는 듯하다. 一般同僚가 된 筆者의 眼目에도 橫釘이 될 때에는 만일 色眼鏡을 쓰고 우리의 教門를 窺視하는 者의 眼瞳에야 엇더할ㅅ가. 筆者가 이번 巡禮에 무엇이던지 보면 본대로 드르면 드른대로 疑心업시 드러내여 姸醜를 世上에 紹介코저 하얏스나 臥睡하면 自面에 反落하는 問題下에 생각이 躊躇된다. 通俗佛教가 조치 아니한 것은 아니오. 解放이란 風潮가 업는 것은 아니다마는 우리의 佛子가 精神上 文學과 藝術를 通俗하야 普通 大衆의 師範者가 되는 것이 通俗의 宗因이지. 寺院를 通俗하야 村落을 맨들란 것은 아니라 생각한다. 우리의 佛子가 前日에 恐縮하야 自暴自棄하야 拙劣한 意志를 解放하야 남과 가치 潑한 거름으로 舞臺上 特立하야 世界萬類를 佛教化하라는 解放이지 우리의 宗趣를 解放하야 俗人이 되란 말은 아니라 생각한다. 筆者가 이런 말을 記錄하는 것은 누구를 批評하는 것이 아니라 一分의 忠告를 울리는 바이다.

楊口邑里를 가는 路程 도무를 兼 歇脚도 하기 爲하야 梓柞亭이란 酒店에서 暫時笻를 停하고 路程무러볼 사람을 尋訪하엿다. 그러면 楊口邑里는 무엇하러 갈ㅅ가. 이것은 孔雀山水墮寺를 가자면 楊口邑里가 經路가 될 뿐만 아니라 楊口郡 境內의 古寺址와 其他 古老의 傳說가튼 것도 듯기 爲하고 또는 楊口郡廳에 入하야 郡志가튼 것도 좀 參考하기 爲함이다. 마참 深谷寺

住持가 우리의 出發한 말을 듯고 急急하게 차저와 預言업시 出發함을 詰責한다. 우리는 못 뵈옵고 갈ㅅ가 하엿더니 이곳에서 뵈오니 多幸이올시다. 累日間 苦勞를 끼처 未安합니다하고 致賀兼 하직禮를 올리엿다. 住持 自己도 그- 아레 林塘里까지 볼 일이 잇서 가겟다고 同行하자 하기로 初行路에 더욱 歡喜하야 同伴이 되얏다. 八朗里로부터 一里되는 林塘里에 當到하엿다. 이곳은 深谷寺를 管轄하는 面役所와 駐在所가 있고 또한 東面에 要地로서 市場이 잇다 한다. 洞里入口에 和式으로 보기 조케 지은 집은 駐在所인 듯 하더라. 果然 드른 말과 가치 그- 압 公園 비슷한 松林 中에 五層石塔 二座가 잇서 우리 一行을 熟面인 것 갓치 보는 듯하다. 塔이야 物質뿐이라 精靈이 업는 바니 무슨 熟面 初面를 알미 잇스리오마는 우리의 익켜온 感覺이 熟面塔이나 佛像이나 經卷이나 古寺의 基址이나 其他 우리의 崇拜하는 佛教의 遺物 傳說 等을 볼 때이나 드를 때이나 熟面인 것 갓고 多聞인 듯 하다. 우리 一行은 行路가 急急하지 마는 公園에 올라가서 塔의 製式을 살펴보니 아지는 몯하지마는 年代는 甚古하고 新羅의 美術인 듯하다. 公園의 中央에다 卓床을 配置하고 前後 左右에 椅子가 數多하다. 休息도 하고 記錄도 하기 爲 하야 거러 안젓다. 住持의 說明이 이와 갓다. 이- 石塔 二座가 林塘寺 德谷寺 古址이던 現在 前後 野原 中의 田堤에 立하야 數百年間를 汚穢中에서 지나던 바 五六年 前 此地에 巡査部長으로 在勤하던 宮下安藏이가 此地에 移安하고 朝夕으로 禮敬하고 一般村民으로 하여금 信仰心을 鼓吹하야 尊重히 保護하게 햇다하며 宮下氏는 本以僧侶의 出身으로 丹誠이 堅固하야 年前 深谷寺 修理時에도 自費로써 道廳까지 往返하며 寄附金 許可를 得하야 준 恩澤으로 寺院을 一新修理하고 木碑까지 立한 事가 有하다 하면서 稱頌하기를 마지 아니한다. 그 곳으로부터 洞里 中央址에 이르니 左右에 商店이 櫛比하고 人衆이 複雜하더라. 筆者의 생각에는 村落의 平時 市勢로는 將來의 興旺할 餘望이 잇다하엿더니. 맛참 오늘이 장날이라 한다. 장날이란 말에 도리여 놀낼만치 落望하엿다. 장날이 이러하면 甚히 衰退한 狀態라고 하엿다. 그러하나 海陸의 交通이 不便한 村落市場으로는 그만한 것도 무던하다. 市街의 制度라던지 家屋의 建築方式이 多分은 京城式이고 嶺東의 家屋建設方法의 겹집으로 짓는 장채집 假令 六間의 家屋이면 前後 겹으로 十二間이 되고 牛馬廐를 炊事場된 부엌에다 連續하야 不淨하고 보기 실케 된 것과는 判異하다. 그것만으로 보와도 京城 地方이 接近한 原因인가 하얏다. 때는 벌서 午前 十一時가 되엿다. 此地에서 午飯을 点心하고 가려고 飮食店마다 尋訪하나 떡, 국수 아무것도 업는지라 할 수 업시 그대로 가기로 出發하다가 深谷寺 住持의 섭섭하다는 强勸으로 楊口地方의 藥酒 一盃를 試飮하엿다. 作別을 相告하고 急한 거름으로 石峴이란 고개를 넘어 楊口邑里를 到着하엿다. 里程은 出發한 寺로부터 五里를 왓고 때는 午后二時가 되엿다. 오늘이야말로 午飯도 몯먹고 空腹 五里行이 넘어나 無理한 行步이다. 虛氣가 太甚한 우리 一行은 아무것도 살필 餘暇업시 冷麵집이란 看板부터 보이더라. 主人을 차자 麵 三器를 請求하야 시장한 김-에 一器式 甘食하엿다. 由來로 그- 地方의 土産인 朝鮮式 壓機로 製造한 국수이다. 그러하나 助菜도 不足하고 製造式이 不敏하야 一邑의 特色으로 자랑할ㅅ것은 몯된다. 적어도 一郡의 都會地가 아닌가. 飮食 凡節이 이와가치 不美함은 넘어나 地方改良에 妨害가 될ㅅ가 하엿다. 그러나 저러나 먹으니 배가 부르구나. 그만하면 아까보다는 生氣가 나고 구경도 좀 하고 십다. 그러함으로 이- 世上 모-든 사람들의 生命이 잇는 以上에는 衣食住 問題가 가장 必要하다고 世上이 부르지짐도 그르지 아니하다. 또한 살기 爲하야 먹는가 먹기를 爲하야 사는가도 討論 問題가 될 만하다. 現代에 道德이니 法律이니 經濟이니 官職이니 勞働이니 하는 萬千事爲가 모다 最后의 目的地는 口字로 歸하고 마럿다. 暫間나와 市街를 도라보니 內鮮人 及 支那人의 商店이 제법 都會地를 자랑한다마는 此地도 亦是 商權은 日支人의게 奪한 바가 되엿다고 생각하얏다. 地理의 氣勢를 한번 도라보앗다. 兜率山 一脈이 南으로 落流하야 主山이 되엿고 不高不低한 山이 東南으로 둘러잇고 中間는 原野가 되야 人家를 除한 外에는 田畓이 茫茫하다. 西으로 華川, 金化를 通한 二等道路가 잇고 東南間으로 麟蹄, 洪川, 春川를 通한 二等道路가 잇다. 그러하나 우리의 眼目으로나 將來의 發展될 希望은 업는 듯 하다. 이리저리 도라다니다가 엇더한 有志紳士갓기도 하고 또 한편으로 보면 尾行 探偵갓기도 한 사람을 만낫다. 눈치를 보니 그리 받부지 안히나 모양이라. 좀 무러 보자고 생각하고 人事를 請한 後에 무름에 따라 이와가치 대답한다. 此邑內의 總戶數는 三百餘戶이고 人口는 七百餘이며 產物로는 別것이 업고 但只 穀物의 米, 大豆가 最上이고 蠶繭, 麻布, 白木이며 敎育機關은 普通學校뿐이고 宗敎로는 佛敎, 基督敎, 天道敎가 잇고 類似團體로는 咏歌舞蹈, 普天敎 가튼 것이 잇고, 團體는 靑年會, 修養團, 勞働團이 잇고, 金融機關으로는 金融組合이 잇다 한다.

듯기를 마치고 賀禮하고 도라와 郡廳으로 向하엿다. 郡守의 面會를 請하니 맛참 出張하엿다 한다. 社寺係로 차저가서 우리의 行色를 說明하고 邑誌의 閱覽을 請求하니 給使를 命하야 한참 찻다가 무슨 古物가튼 書冊을 갓다 준다. 大略를 參考하니 別로 히 要項은 업고 但只 楊口郡의 沿革이 이와 가틈을 보왓다. 原文을 그대로 謄하야 보자. 「高宗滅百濟 高句麗時 分爲三縣 以方山縣爲楊溝 以亥安縣爲楊麓 王太祖統合三韓時合爲楊口一縣 古爲監務今爲縣監」이라 하엿다. 그 다음에는 佛宇라 한 題目 下에 이와 가튼 말 밧게 업다. 아무 參考는 업지만은 一郡의 郡志가 이와갓다는 紹介로 그 原文을 그대로 謄하야 보자. 「深谷寺在縣東西十里兜率山下, 頭陁寺在縣北四十里 今廢, 觀音寺 淸凉寺在縣西十里四明山下今廢, 頭陁淵在縣北四十一里頭陁山下岩石中, 滙爲淵其深無底」라 하엿다. 筆者가 이- 原文을 쓸 때에 한 感想이 업지 아니하다. 所謂 郡誌라 하는 것은 무엇을 하자는 目的으로 記錄하야 둔 것인가 무러볼 수 잇다. 아마 後來者가 그것을 보고 往事를 알랴고 한 것이라고 하겟지. 그러면 이 佛宇의 記事를 보고 邑에서 寺刹이 어대잇는 것 만을 알면 무엇할ㅅ가 旣爲 알ㅅ것 가트면 그- 寺刹이 何時에 刱建한 것이며 何人이 刱主이며 何何年에 災가 有하엿던 것을 알 일이 必要가 잇지 아니한가. 先人 記錄이 그와가치 糢糊하니 後人된 우리가 무엇으로써 歷史를 參考할ㅅ가 그것이 一大感想이다. 우리는 될 수 잇는대로 注意하야 그와 가튼 糢糊한 記錄은 後人의게 傳치 아니함이 相當하다. 그와가튼 郡誌나마 보기를 다하고 感謝一言으로 하직하고 郡廳에서 나와 自動車部로 來하얏다. 洪川行 自動車의 有無를 무르니 線路의 關係로 洪川 直行은 업고 春川을 經하야 洪川에 至하고 麟蹄를 經하야 洪川에 至한다고 한다. 듯기를 마치고 里程을 計算하니 楊口邑에서 春川邑이 九里가 되고 春川邑에서 洪川邑이 八里가 되고 洪川邑에서 壽陁寺가 二里가 되니 十九里의 里程이오. 麟蹄로 洪川을 經하야 壽陁寺에 至하면 二十里가 된다. 自動車는 그만두고 徒步로 가기로 하고 里程을 무르니 九里가 된다 하나 山峽險路가 되야 嶺도 만코 내도 만하 通行이 甚히 困難할뿐더러 初行者는 多分 苦生이 된다 한다. 그러나 또한 自動車가 一日 一回의 定期가 아니고 二日三日이라도 乘客 有無를 따라 往來有無가 잇다하니 此地에서 그것을 기다리고 留連하기는 넘어나 不經濟의 事이다. 躊躇하기를 마지 아니하기가 할 수 업시 徒步로 出發하니 午后 一時가 되얏다. 炎天曝陽에 行步하기가 참 몯할 일이다마는 事勢가 容恕치 아니하니 할 수 업다. 그 길로 松靑里, 竹田里, 石峴里를 지내여 시레기 고개를 넘어가니 楊口邑에서 二里를 왓다한다. 左右의 山嶽이 雄峻한 中에 長江 一帶가 環峯 廻谷하야 滾滾流下하여 鏡水凉風은 炎天行客의 熱狂을 쉬게 한다. 이- 江은 무슨 江인가. 江原道의 首府되는 春川을 貫流한 昭陽江의 上流이다. 그- 源을 麟蹄北面 雪嶽山과 瑞和面 龍山谷에서 發하야 數十里를 내리면서 萬流가 合成된 大江이다. 날이 맛도록 그 江 沿岸으로 行하니 景槪도 奇絶하지마는 더욱 그림가튼 것은 岩下水畔에 碇泊한 우리의 在來式인 風帆船이다. 이 배가 何方으로부터 무엇하러 이 山谷 잇곧에 와잇는가하고 初見의 人은 한번 疑心을 生할 만하다. 西海岸으로부터 京城 漢江을 經하야 魚鹽 等物을 滿載하고 올라왓다가 回路에 柴炭과 穀物를 실고 도라가서 山野 人民의게 食物과 燃料를 用達하는 商船이라 한다. 이러한 風致에 迷惑한 바되아 行하는 줄 모르게 또 二里의 路를 行하얏다. 時는 午后 五時 三十分이 되고 今日의 行來한 里程은 九里이더라. 宿所를 定하고 一夜의 因緣을 두고 갈 곧은 卽- 春川地方되는 北面 楸田里이다. 江畔 斗屋에 旅人宿이란 看板이 잇기로 主人을 차자 宿泊하기를 請求하니 두말업시 許諾한다. 行具를 드려논 後 終日 同行하든 淸江 碧波에 冷水浴을 하엿다. 終日의 熱汗穢滓와 渾身의 疲勞를 洗滌하니 心神이 輕快하다.(續)

乾鳳寺 本末 巡禮記(續)

崔金峰

《불교》 43호, 1928년 2월

楸田里에서 出發

一夜의 苦가 百年의 紀念이 될만하다. 昨日 深谷寺에서 出發하야 日暮토록 行步함으로 疲困함을 견듸지 몯하야 좀 穩眠할ㅅ가 생각하엿더니 그런 생각은 空泡가 되야 버렷다. 寢室이 좁아 鬱蒸함을 몯 견듸어서 문을 좀 여러 노왓더니 난데업는 蚊軍의 襲擊을 當하야 無限한 苦痛을 받고 겨우 烟將軍의 後援으로 잠을 좀 이루려 하나 또한 빈대들의 요긔 請求에 할 수 업시 잠을 자지 몯하엿다. 그럭저럭 鷄鳴時가 되야 東天이 발가온다. 春川地方에서 勤務하시는 警察官 나으리들은 무엇을 責任사마 成績을 補助하시는지 旅人宿에 對한 監督이 一와 가치 充分치 몯한 가 旣是 잠 몯잔 김에 길이나 부지러니 가자 하고 主人을 차자 朝飯을 催促하야 午前 七時頃에 行具를 收拾하야 가지고 出發하엿다. 半里假量되는 大東里에 이르러 洪川行路를 무럿다. 게서부터 大路를 바리고 山谷狹路로 行하게 되엿다. 昨日에 終日 同行하든 淸江도 하직하게 되엿다. 大東津이란 나루를 건너 叢簿를 데우잡고 狗峴이란 고개를 넘게 된다. 早朝의 脚力을 다하야 峴上에 올라서서 前道를 내다 보니 千山萬山이 疊疊 둘럿구나. 生面한 곳에 向方이 渺渺하다. 峴下에 잇는 數戶의 殘村은 照橋里라 한다. 길을 무러 深邃한 山谷으로 蒼苔古道에 땀을 흘려가며 半日만에 삽다리 재라는 嶺上에 다다르니 春川地方에 有名한 太嶺이다. 嶺上은 春川, 洪川의 郡界가 되얏고 照橋里로부터 嶺上까지가 四里라 한다. 峯轉水廻하야 景致도 꽤 조타마는 山谷이 넘우나 寂寞하야 도리여 휘휘하다. 二里쯤이나 나와서 谷口를 버서나니 瞥眼間 생각지 안튼 二等道路가 잇다. 自隱里란 酒幕에서 午飯을 먹기로 작졍하니 때는 午后 一時가 되고 行來한 里程은 六里半이라 한다. 午飯을 마치고는 行路를 再促하야 廣灘里를 當到하니 그 곧은 昔日부터 朝鮮水鐵店이 잇든 곧이라. 尙今까지 朝鮮土產品으로 名聲이 四海에 페인 개귀남비(狗耳鍋)가 나는 곧이다. 紀念으로 한 개 사고는 십다마는 運搬의 關係로 할 수 업다. 有名한 말고개(馬峙)를 넘어 城山里에 到着할 때는 午后 七時가 되고 行한 里程은 十里이다. 今日에도 壽陁寺에 到達치 몯하고 酒店에서 또 빈대의 밥이 될 생각을 하니 참말 不便이 多大하다. 그러나 할 수 업다. 二日間을 行路하면서 만나는 사람마다 이 地方에 傳해 오는 寺刹에 對한 傳說 又는 古址가튼 것의 有無를 무럿스나 모조리 全然不知라 한다. 이 地方이라고 그러케 업슬 理가 업겟지마는 地方사람들의 見聞이 적은 까닭이라 하얏다. 여긔서는 壽陁寺가 三里라 한다.

壽陁寺에 到着

지나간 밤에는 잘 잣다. 客室도 淸潔하고 主人 老婆도 老人일 망정 깨끗하고 飮食도 잘하고 빈대도 업서서 생각하는 以外의 便利엇다. 어제ㅅ밤보다는 極樂生活이엇섯다. 마음을 노코 자다보니 起寢할 時間이 經過되야 午前 八時다. 밧비 窓밧게 나와 東天을 바라보니 그리 맑든 天候가 曇天으로 變하야 四方에 雲霧가 자욱하야 咫尺을 分別치 몯하겟고 한시 以內로 大雨가 暴

注할 뜻하다. 그때까지 단 꿈을 이루는 一行을 煽動하야 가지고 朝飯도 먹지 몯하고 卽時 出發하얏다. 急步로 二里를 가서 決雲이란 酒幕에 到達하니 그동안 天候는 다시 變하야 晴天이 나타나며 太陽光線이 大野에 爆射하니 때는 벌서 午前 十時가 되얏다. 朝飯을 사서먹고 壽陁寺가는 路程을 또 무르니 壽陁寺는 이곧에서 分路되야 드러가는데 一歧은 高峙를 넘는 峽路이니 里數는 一里나 升降이 險峻하야 初行者는 困難하고 一歧은 平坦한 等外路인데 里數가 二里는 된다고 主人은 對答한다. 君子는 大路行이라는 俗言의 文字를 써가며 우리 一行은 一里를 더 徒步하더라도 大路로 向하기로 하니 新作路를 또 바리고 東南의 岐路로 行케 된다. 寺刹은 어데던지 幽邃한 洞壑의 崎嶇한 石逕을 經過치 아니하고는 特色이 업는 貌樣이다. 이- 壽陁寺는 決雲里에서 一里되는 小嶺을 넘게 된다. 平坦하다는 길이 이와가틀 진대 만일 險한 길로 가드면 어찌될 뻔 하얏나하고 自問自答으로 즁얼거리면서 不知中 고개를 넘엇다. 東南으로 長谷이 通한 곧은 東面面所로 가는 길이오. 東北으로 長谷이 열린 곳은 壽陁寺로 가는 길이다. 孔雀山에서 흐르는 물이 이 곧에서 合水되고 兩谷으로 向하는 길이 이 곧에서 分路되니 이곧은 卽- 德岐里란 洞里의 前坪이다. 一流九曲의 川을 건너 一嶺多麓한 山을 도라 支離한 長谷으로 限업시 드러가니 森森한 濶葉樹는 綠陰이 욱어지고 冽冽한 石澗水는 鳥音을 相和하야 山中의 寂寞을 깨트린다. 浮屠場을 當到할 時는 벌서 午前 十二時가 되얏다. 이로부터는 寺院이 멀지 아니할 터이다. 深谷寺에서 出發한지 第四日만에 이 곧에 到着함은 넘어나 支離하다마는 落落亭亭한 松林中에 古態를 자랑하는 立立한 石碑와 浮屠는 默默히 우리를 歡迎하는 듯 함으로 그 압헤 次第로 巡禮하니 第一 尊重한 것은 距今 二百三十八年 前 李朝 肅宗王 十六年 庚午에 세운 우리 朝鮮에 巨釋으로 有名한 雷峯淨源禪師의게 恩脉을 傳한 紅藕善文禪師의 石鐘과 石碑이다. 碑文은 恩을 嗣한 霜峯禪師의 親撰이오. 曉山 李士元의 筆跡이다. 原文은 紙面關係로 畧하려니와 碑

의 制式은 古代美術이더라. 그- 다흠에는 距今 二百十八年前 李朝 純祖王 九年 己巳에 立한 朝鮮의 名僧瑞谷堂 大禪師의 舍利塔碑가 잇는데 大匡輔國崇祿大夫領中樞府事 金相福의 撰文이고, 通訓大夫前行工曹正郎 金相肅의 書幷篆이다. 石質은 江華石이고 碑의 元體와 坐臺는 普通式이나 碑冠의 制度가 훌륭한 美術的으로 彫刻하엿다. 八方 충혀에 닷집樣으로 되고 上下 二層인데 모도 細椽을 巧妙하게 刻하얏스니 참으로 希有한 것이다. 多數한 碑도 보왓지마는 이러케 훌륭한 것은 今時初見이다. 그- 外에도 古來의 名釋韻僧의 舍利塔, 石浮屠가 二十餘個나 櫛比하다. 이것만을 보와도 今昔의 盛衰를 斟酌하갯다. 다시 數步許를 올라가니 赤甲이 어덕더덕한 老松 十餘株가 圍列한 中에 蒼然한 古色을 가진 古閣 一棟이 巋然하게 서서잇다. 솔도 老松이오. 집도 古閣이다. 이것은 이른바 城隍堂이니 朝鮮에는 어데를 가든지 洞里나 寺刹을 勿論하고 그 入口에 依例히 잇는 法인데 이것은 壽陁寺 城隍閣이다. 우리 宗教가 多神教로 變햇다는 批判을 듯는 것도 이러한 것이 잇는 까닭이다. 孔雀山의 崒嵂한 最高峯은 白雲中에 소사잇고 珠林玉樹滿山面에 綠陰이 遮日되야 青天을 가리웟다. 洗塵橋에 올라서니 澗奪鐘聲向海流란 格으로 橋下의 玉溪水가 清雅하게 울어서 俗塵을 물리치고 客懷를 씨서가니 古人의 命名이 秋毫不忒이라. 胸襟을 헤쳐노코 長谷 凉風에 汗襟을 말리면서 景概를 살펴보니 龍髮峯이 뚝 떠러저 層岩이 懸崖되고 懸崖밋흔 澄潭인데 其深이 無量이다. 周圍가 廣潤하야 雙船을 運하겟고 그 水源되는 孔雀山의 百谷水가 洗塵橋에 合流되야 深潭으로 急瀉하야 鏡波灩灩에 樹影이 互映하니 百彩가 燦爛하다. 左右의 沿崖에는 白玉가튼 盤石이 連袤하야 層層臺가 되얏는데 臺마다 數十人이 可坐하겟스니 深冬를 除한 外에는 春의 彩花, 秋의 賞楓, 夏의 避暑 때를 따라 四來의 客이 踵을 相連하고 神이 盡하겟도다. 鳳凰門에는 四天王을 奉安하엿다. 모조리 三拜禮를 드린 後에 壁上의 記文懸板을 大略 살펴 距今 二百五十四年前 李朝 顯宗王 十年 甲寅

에 寺僧法倫의 新建과 距今 二百五十二年前 李朝 肅宗王 二年 丙辰에 寺僧 汝湛의 四天王像를 塑成奉安함을 알앗다. 塑像의 雄偉尊嚴함은 瞻拜者로 하야금 肅恭의 心이 自發치 아니치 몯하게 한다마는 年代가 甚久하야 塗彩의 色이 渝落되고 像體가 破壞된다. 一大遺感이다마는 古蹟인 것은 더욱 顯著하다. 門內에 드러서니 大雄殿이 主가 되고 東에는 禪堂, 西에는 僧堂, 興懷樓가 압흘 막아 입 口字로 되야 잇다. 建物은 相當하다마는 守護凡節은 장이 零星하야 보인다. 現在 大衆이 居處하는 듯한 禪堂으로 向하야 기침을 크게 하니 住持 鄭仁牧君은 午睡가 方濃타가 눈을 비비면서 나온다. 君은 卄餘年前 學地에서 甘苦를 가치하든 同門生이라 반가운 握手로 濶別의 寒喧을 마친 후에 行裝을 卸下하고 洗塵橋로 다시 나가 濯手濯足하고 나니 身心이 襄快하다. 數日間 旅幕의 苦勞를 當하다가 寺院에 드러오니 그만 내 집가치 安心된다. 路憊를 振作코저 體面업시 委臥하야 約半時間이나 假寢하고 午飯을 먹은 뒤에 歷史를 請求하니 古物인 듯한 書冊 一卷을 갓다 준다. 首尾를 閱覽하니 霜峯淨源禪師의 編纂이다. 年代와 干支의 記錄이 仔詳치는 못하나 他寺의 그것보다는 百倍의 差가 잇게 分明하다.

乾鳳寺 本末 巡禮記(續)

崔金峰

《불교》 46-47합호, 1928년 6월

壽陁寺에 到着(續)

俗談에 「主人모르는 公事업다」고 이 寺刹의 主人公뫼시는 大雄寶殿如來님부터 參拜하러 大雄寶殿에 드러갓다. 歷史記錄에 依하면 距今 一千二百二十年前 新羅聖德王六年 戊申에 國師元曉가 日月寺를 初刱하고 勅令으로 鑄造하야 奉安하엿던 鍮銅質 塗金한 毘盧遮那佛 一位가 主佛이 되야 게시더라. 相好의 거룩하심에 歡喜心이 湧出한다. 三拜禮를 드리엿다. 그 外에는 古人의 精神이 담겨잇는 古幀의 名畵 等이 걸려잇다. 建物은 距今 二百九十一年前 李朝 仁祖王 十四年 丙子에 寺僧 工岑이 新建한 바인데 距今 六十六年前 李朝 哲宗王 十二年 辛酉에 寺僧 閏洽이 重修하엿고 距今 四十六年前 李朝 高宗 十六年 壬午에 寺僧 德波義仁이 再修한 古建物이다. 構造의 方式이 現代의 建物보다는 堅固하고 美麗하다. 現今에 居處하고 우리의 宿所로 定한 距今 二百八十四年前 李朝 仁祖王 二十一年 甲申에 寺僧 學俊이 刱한 者로서 二百五十九年을 經過하매 建物의 頹廢 함이 甚히 荒唐하야

顚覆之境이 되엿섯다. 그래서 距今 二十五年前 前韓 光武 七年 壬寅에 寺僧 翠雲이 毁撤하고 一新 重建한 바 收合한 寄附金이 工費에 不足되야 寺畓 二十餘斗落을 賣却하고 그래도 債務를 淸帳치 못하야 畢竟은 踪跡을 韜晦하엿다한다. 每間八尺式으로 二十四間이나 되는 雄壯한 建物이다. 尋常히 볼 建物이 아니다. 翠雲禪師의 血汗이 넘치는 建物이다. 翠雲禪師의 惱心焦思의 結晶인 建物이다. 翠雲禪師는 韜晦한지 幾年이 못되야 이- 世上을 떠나 永遠히 樂園으로 도라가고 여게서는 一夜의 宿泊을 得치 못하얏다 한다. 아- 韜晦시여. 牛涎가튼 이 世上에 出脚하심은 무삼 誓願이시던가. 敎門에 再來善薩이시고, 寺刹에 守護伽藍神이섯다. 江流石不轉하고 雲歸山獨立이로다. 一朝에 形影滅이나 萬年에 功不朽로다. 그 다음에 僧堂은 距今 二百八十一年前 李朝 仁祖王 二十五年 丁亥에 寺僧 戒哲이 重刱한 자로서 距今 五十八年前 李朝 高宗王 六年 己巳에 寺僧 德波가 重修한 者인데 監院으로 在職한 某氏가 間을 막아 私宅으로 使用하야 婦人과 子女를 居住케 하니 建物이 空虛하기 보다는 좀-나은 貌樣이다마는 梵宇라는 名稱 下에 外觀이 좀 창피하다. 大寂光殿 東側에는 雜草가 油油하고 左右의 空址에는 馬鈴薯 等이 離離하다. 衰廢한 建物 一棟이 慘憺한 態度로 무엇을 哀訴하는 듯 黙然 獨立하엿기로 무엇인가 하엿더니 香漏閣이란 門楣가 宛然이 달려잇스니 아마도 朝夕 奉佛하는 奉香閣인 貌樣인데 現在로 보와서는 무엇인지 알 수 업다. 建物의 外部를 보와서는 아직도 사람이 居住할 만한데 內部의 處理가 아조 잘못되얏다. 朝呪暮誦하든 溫突은 廢棄物 積置場이 되고 巳時 香供를 準備하던 炊事場은 堆肥場으로 變하얏다. 近日 各地方에서 改良堆肥場築造問題가 蜂起하엿더니 此寺에는 아마 이 建物을 堆肥場으로 指定하엿는가부다마는 人으로서 어찌 그러할ㅅ가 아니 僧侶로서 어찌 그러할ㅅ가 아니 이 절 監院으로서 어찌 그러할ㅅ가 아니 이 절 住持로서 어찌 그러할ㅅ가 堆肥場도 버릴 것은 아니다마는 이 建物이 堆肥場이 되기는 넘어 無理함이 아닐ㅅ가. 아니다. 堆肥場이 버릴 것이 아닌 줄로 認證하는 者로서는 이와가튼 建物이 어찌 尊重한 堆肥場의 資格이 아니되랴. 그러나 建物의 過失이냐. 管理者의 失責이냐. 監督者의 不注意냐. 어것저것 할ㅅ것업시 도모지 時代惡風潮의 餘滓라 할 수 밧게 업다. 現在 老古錐들이 現代 佛教가 惡化함을 吗嘆함도 그르다고 할 수 업다. 興懷樓에 올나갓다. 興懷樓라 命名함은 何를 意味한 것인가. 此樓에 登하는 者- 各各 心地를 따라 懷抱가 興起할ㅅ것은 定한 事實이다. 筆者는 感古의 懷가 興起된다. 昔日의 全盛時를 默認하고 今日 衰殘함을 目規하니 이만치 雄壯하게 建設한 者는 何人이며 이러케 頹落하게 守保치 못한 者는 何人이냐. 過去와 現在가 時間은 一般이고 古人과 今人이 사람은 同等이다. 此樓의 年齡은 二百七十歲이다. 李朝 孝宗王 九年 戊戌에 寺僧 勝海의 誓願 中에서 出現한 바이나 年久함을 因하야 頹廢가 多大하기 風致를 探하는 者의 遺憾을 줄 만하고 古蹟을 搜하는 者의 材料가 될 만하다. 樓上의 備品으로는 距今 二百五十八年前 李朝 顯宗王 十一年 庚戌에 寺僧 正持가 鑄成한 大鐘 一口가 잇다. 斤數는 八百九十斤이라 刻하엿고 鑄造式은 甚妙하게 되얏다. 菩薩像 蓮花 · 雲紋 · 梵宇 · 人名 等을 도두어서 鑄成하얏다. 形質은 그와 갓다마는 그 聲은 淸雅 雄大한 中에 破聲이 석겻기로 仔細이 살펴보니 破線이 宛然하다. 哀惜함을 못 이기여 破損된 原因을 무러보니 昔日 蠻習時代에 洪川邑里 浮浪無賴의 輩가 此寺를 料理亭이나 遊戲場으로 認證하고 婬婦娼女를 引率하고 無時來往하며 作弊莫甚할 當時에 作亂的으로 亂打하다가 破損되엿다는 地方 老人의 傳說이 有하다 한다. 그- 다흠에는 古址를 踏査하니 距今 二百八十八年前 李朝 仁祖王 十七年 己卯에 寺僧 戒一이 初刱한 白蓮堂이 其後에 燒燼된 바 距今 二百四十六年前 李朝 肅宗王 七年 辛酉에 寺僧 智海가 重建하엿다가 距今 百有餘年前에 燒燼되고 空墟만이 남아잇고 距今 二百五十年前 李朝 肅宗王 三年 丁卯에 寺僧 天海가 初刱하엿다가 火災된 靑蓮堂도 古墟만이 남아잇다. 距今 二百四十五年前 李

朝 肅宗王 八年 壬戌에 寺僧 性敏이 初刱하엿다가 燒失된 送月堂도, 距今 二百四十四年前 李朝 肅宗王 九年 癸亥에 寺僧 雀念이 初刱하엿다가 燒火된 咏月堂도, 또 그밧게 年代가 未詳한 香積殿도 古址만 남아잇다. 筆者는 他人의 長短을 批評하며 曲直을 分析하는 性癖이 아니다마는 今日 所見을 말미하야 一喙를 열고저 한다. 우리 佛子의 衣食住는 普通사람과 判異하지 아니한가. 農商에 無關하고 玉食을 飽喫하며 畵閣에 居處함은 무슨 原因인가를 深究할 지어다. 六字念佛과 一句 話頭는 參究치 못할지언정 守護伽藍이야 相當한 義務가 아닌가? 此와 反對로 子女를 玩弄하고 蠶繭을 飼育함은 우리의 義務範圍에 脫線이 아닐ㅅ가? 더욱 法殿 左右에 簷을 連하야 耕田施肥가 넘어나 無嚴함이 아닐ㅅ가? 大規模로 莊嚴을 空想하기보다 小部分으로 保護가 周致함이 낫지 아니할ㅅ가? 琪花瑤草의 華麗公園을 聯想하기보다 草深苔長의 荒蕪庭階를 注意할 지어다.

壽陁寺에서 留廷

今日은 此寺에서 留廷하게 되엿다. 昨日에는 境內의 建物과 佛像 其他 古蹟를 巡禮하얏거니와 今日은 境外의 古址와 名所 其他 歷史에 參考될 만한 것을 巡禮하기로 豫定하고 草露가 마르기만를 苦待하엿다. 午前 十時三十分이 되야 住持 鄭仁牧君의 案內로 各處를 巡禮하기 始作하야 第一 初步로 日月寺 古址에 至하엿다. 이- 古址는 距今 一千二百二十年前 新羅 聖德王 六年 戊申에 國師 元曉가 寺刹을 初刱하고 宴居 修道하든 道場이다. 最古한 石砌가 나마잇서 古跡를 代表하고 刱寺 同時에 造築한 三層石塔이나마 잇서 衰殘한 態度로 日月寺를 代表하야 古址의 主人公이 되야잇고 其餘는 漸漸한 麥穗가 浪을 翻할 다름이다. 寺가 此址에 建立되야 八百六十一年間을 經過할 제 火의 灾, 兵의 焚 만히 當하다가 畢竟 恠岩이 잇서 此를 虎岩이라 稱한다. 迷信의 말갓지마는 年年이 虎患이 잇서서 寺院의 人를 害함으로 空

虛의 地에 至케 되야 距今 三百五十九年前 李朝 宣祖王 己巳에 寺를 孔雀山 下에 移建하고 水墮寺라 命名하엿다. 이것이 牛跡山 日月寺가 孔雀山 水墮寺로 된 事實이다. 그 곧으로부터 北向하야 尖峯과 劒岩이 重重하고 老松과 古柏이 森森한 中에 一線의 石遍이 綰錦略存하다. 그리따라 一武地를 行하니 白雲紅霞가 두른 곧에 一棟의 古庭이 나타나는데 門楣에는 玉水庵이라 特書하엿다. 距今 一千二百二十年前에 元曉國師가 日月寺를 初刱할 세 先히 此庵를 刱立한 바인대 그때 建物은 年久에 因하야 顚仆되야 버리고 距今 五十年前 李朝 高宗王 十五年 戊寅에 復舊된 建物이다. 基地는 別로이 廣濶치 못하나 天削한 石壁이 屛風가치 두른 中 一朶銀線을 드리운 듯 한 玉水가 石井에서 떠러진다. 아무리 炎天이나 爽凉한 淸趣가 만타. 庵名을 玉水라 함도 이것을 因함인듯 하다. 다시 東으로 二町 假量쯤 가서 龍潭이 잇는데 孔雀山 中 千萬谷水가 이 龍潭에 合流되야 四時에 碎玉聲이 不絶하고 水色이 靑藜하야 其深을 難測이다. 潭의 上流에는 盤石이 連布되얏는데 白水가 石面에 지나갈제 鏡像이 天成하야 千態萬象으로 相暎하니 水鏡畵를 구경하는 듯 하다. 盤石上 石臺에 올라서서 龍潭을 구버보니 激波湧濤가 精神을 眩晃케 하고 毛骨을 竦然케 하야 敢히 長時間을 躊躇할 수 업다.「或恐是非聲致耳 故敎流水盡聲由」이라 하든 孤雲先生의 詩句가 이 곧에도 適當하다. 現在 寺의 寺名을 壽陁寺로 變更함도 一種의 原因이 잇다한다. 寺名을 水陁라 하는 까닭에 龍潭에서 人命의 溺死가 頻頻하다하야 壽陁로 更稱하얏다 하니 現今 漢江鐵橋가튼 것은 무슨 까닭으로 自殺者가 만흔가. 이 外에도 飛龍山·龍珠峰·玉門峰·勝地谷가튼 곧은 古人의 命名이 奇絶妙絶하다. 年前에 洪川郡守 蒼岡 金英鎭氏가 此寺에 至하야 主山을 보고 寺運을 判斷하되 此寺가 永遠한 福地가 아니오. 臨時 偶居處라 하얏다. 무슨 理由인가 하면 主山形이 僧侶가 乞囊을 負來하야 野原中에 버서노코 休息하는 形狀이라고 말하엿다는 傳說까지잇다. 그러나 歷史도 甚古하고 名所와 古蹟가튼 것도

相當하다마는 泰往丕來가 되야 現在의 가진 建物·土地·山林·古物을 列記하면 建物은 總 九十七間이고 土地는 畓이 一萬六千七百六十九坪·田이 一萬八千六十八坪·垈가 一千一百十五坪이며, 山林이 二百九十町 七反 七畝 壹步이고 古物로는 重要한 者가 日月寺 同時에 造成한 佛像을 除한 外에 距今 五百五十年前 李朝 肅宗王 三年 丁巳에 製造한 銅質 龍頭香爐 一座와 距今 七百八十年前 高麗 仁宗王 二十三年 丁卯에 製造한 鍮質 灌沿器壹個와 距今 三百五十年前 李朝 宣祖王 十一年 丁丑에 製造한 鍮質 香盒 一個가 잇슬 뿐이다. 筆者가 壽陁寺에 入한지 四日만에 계우 歷史記抄를 마치고 第五日인 明日에는 出發하기로 豫定이다마는 그동안 朝焚夕修의 鐘聲이라고는 한번도 드를 수 업고 僧侶의 拜佛禮敬이라고는 도무지 볼 수가 업스니 耳目에 넘어나 俗化된 생각이 난다. 住僧은 限 五六人되는 모양인데 相面하기는 但只 住持 監院뿐인 즉 何寺何人을 勿論하고 이와 가치 하고야 무슨 佛教가 發展되며 무슨 待遇가 도라오랴. 十分 覺惺할지어다. 그러나 住持는 在職 六年間에 事務成績이 무엇이냐고 한번 무러보왓다.「내가 六年前에 住持就職認可를 얻어 前住持金大悟의게 事務引繼를 받을 제는 但只 財産目錄에 記載된 建物·土地·山林·其他 什物뿐이고 現金·現米來·甚至於 燃料의 火木·鹽醬 等 食物에 關한 것까지 全部 업는 것뿐이엇고 그날 午後부터 絶火할 地境이며 寺畓의 堤洑 破壞도 多大하든 것을 三年間에 修理하야 在來畓에도 完成을 告할뿐더러 起墾한 新畓이 數十斗落이며 道場修築에도 年年이 多數한 役夫와 身役으로 尙今까지 美麗한 光彩를 보지 못함은 前者에 넘어나 荒廢되얏던 餘響」이라고 한다. 寺有山林도 一百八十九町 四反 七畝나 見失하엿던 것을 回收하야 寺有로 맨든 事實을 陳述하더라.

壽陁寺 記錄의 終幕으로 興懷樓에 題한 霜峰淨源禪師의 詩 一首나 記錄하자.

黃鶴樓詩崔灝題 古今吟咏韻難齊 秋深月影澄潭印

春晩仙禽綠樹啼 暎海蜃城朝雨後 接天蟃閣夕陽西

何如水墮千峯裏 谷傳山回鳥道迷

十年後에 다시 自然景을 차저서

無號山房

《불교》 제46 · 47호, 1928년 4월

一

이번길이 極度의 不自然한 生活을 繼續하든 餘毒이엿다면 亦是 極度의 閑寂이라야 解毒 或은 調和할 수 잇는 것이다. 그럼으로 무슨 일에 잇서서나 僥倖이거나 偶然은 업는 것이다. 때에 잇서서 自我의 ●頭가 그다지 明確지 못하엿슬때에 一定한 事物에 對하야 原因을 몰으고 行하게 될 때에는 그것을 갈으치여서 假定함에 不過한 것이다. 이것이 우리 人生의 姑息 或은 自慰라 할ㅅ것이다. 이 方式이 原因이 되여서 結果가 生할 때에는 大略 不幸이엿다. 有史以來에 記錄이란 全部 그것이엿기에 그의 原因을 廓淸케하여서 조흔 結果를 오두록 하여서 모든 彷徨을 떠나서 사람다운 生活을 하게하여준 것이 先聖의 諄諄이엿고 우리가 배우고저 하는 것이다.

二

넘어나 不自然에 썩고 시들은 나이엿기에 自然景을 차지여서 쉬이고자

하는 것도 固然한 事實이엇기에 이곧에는 오즉 隨想隨記일 뿐이다.

去年 二月에 不過 一年半間 蟄伏하엿든 곧을 떠나서 北으로 가는 中路에 廣州 奉恩寺에 諸德을 訪問하게 되는 때 江上은 薄氷이라 小心前進하는 中 治水事業이라고는 말도 못들은 江上 더군다나 上流地方의 濫伐이 原因인지 四面이 崩壞하야 무엇으로 보든지 慘景이 現露되여서 마치 氷洋方面에 旅行하는 感이 잇슬지언정 一國의 首都를 貫流하는 漢江이라고는 想像도 못할ㅅ 것이다. 巴里의 『센』이거나 倫敦의 『땜쓰』에는 勿論 比가 되지도 안치마는 極한 寒村인 『하픈롤』을 通하는 『크라인마인』만도 못하다.

三

내가 在外하엿슬 時에 조선의 氷害消息이 그 곧 新聞에 揭載되엿슬때이다. 어떤 친구가 그 新聞 이약이을 하면서 나에게 뭇기를 『어찌하여서 東洋方面에서는 自然物이 사람을 害할 수 잇는가?』 뭇기에 나는 할 말이 업서서 正重이 答하기를 『特別한 것이라 外國通信에까지 온 것이지요.』 할 뿐이엿지마는 가만이 생각하니 우리 조선이야 물만 사람을 잡어먹을 뿐이라고- 山에서는 호랑이 숩헤서는 毒蛇 到處마다 사람을 잡어먹는데 그것을 저사람들이 알엇다가는 서슴찌 아니하고서 『너희는 참말 野蠻이로구나!』 하엿슬ㅅ것이다.

四

이 쓸쓸한 景致를 겨우 지내서 山路에 들어서니 一●小路가 田畓間에 橫在하여서 만흔 屈曲을 가지고서 나의 압헤 노인 中 멀리 水平線을 지내서 언덕 우로 넘어가는 太陽의 光과 함께 兩個의 小兒가 가는 모양은 아무란줄 몰으게 나의게 歡心을 준다. 앗가 江上에서 쓸쓸한 늣김에 痲醉되엿든 나의 神經은 이제 다시 安穩하야저서 다시 생각되기를 이 고개를 넘으면 奉恩寺이거니 하엿다. 우선 고개에 올라서니 앞흐로도 江이 보힌다. 그런즉 一個의 섬이 아닌가 하엿다. 年前水害의 關係인지 本是貧寒하여서 그러한지 如何間 참으로 零落하여서 모든 것이 興味를 주지는 못한다. 그러나 漁村의 冬景이엿다면 그다지 失格은 아닐ㅅ것이다.

五

드러가는 길로 事務室에서 親知를 相逢하야 舊●를 叙暢하니 普觀無量劫은 아즉 못되지마는 一念通徹十餘年은 快히 되엿다. 멀리는 그만두어도 普愚和尚이 住錫하엿슬 時에 果川郡守가 厠間혁가리를 헤이든 일이엿다든지 淸虛禪師가 禪敎兩科에 及第하여가지고 統率天下僧徒하든 때는 果然 이 奉恩寺가 繁昌하엿슬이라마는 亦是 近日에 잇서서도 晴湖大德이 乘亂救衆近千人으로 以하야 이곧을 中心하여서 不壞碑를 築造하려는 各方面의 工人이 自己의 技倆을 다하야 建築의 瓦石을 爭先하여서 던지엿든 것도 小事가 아니엿다.

碩德高僧의 舞臺라. 그러한지는 알지 못하나 一個가 가고 다시 一個가 오는 中間이라서 그러한지 現今인즉 極히 蕭然하여서 繁華의 面目은 조곰도 업ㅅ고 山間의 風聲과 山寺의 閑鐘은 任自鳴이라. 坐禪三昧의 不着味任麼去하는 諸德에게는 小不關心이엿나보다.

六

板殿에 依舊한 設備는 아직 寒巖의 歸錫을 苦待하엿다면 池中에 薄氷張布는 님의 去後事를 서습지아니하고 하소연한다. 『님이야 님대로 갓것마는 보일 사람 업다하야 그래도 그님이 다시 오실ㅅ가하야 제 形態를 감추고 안보이는 蓮花는 더욱 애닯고야.』 諸師의 殷勤한 待遇에 養鷄로 하여서 疲困한 情이 쉬이니 山寺의 着味는 적이 濃厚하여진다.

×　　　　　　　　×

×　　　　　　　　×

幾日 後 午後 十時 往十里驛에서 北行을 기다리는 中間島로 向하는 翁姑 二人의 行色을 보니 悽慘이야 勿論이지마는 이 雪中에 城津부터 步行할 計劃으로 延吉縣을 向하여 가노라한다. 듯는 사람으로 送死하는 感이 업지 못하다. 그래 各各 若干의 同情으로 方向업는 流離客을 보내니 그 亦是 悽慘하다. 午前 六時에 釋王寺驛에 到着하니 尺雪이 滿地하고 避暑地인 이곧인만콤 現今은 非時이라. 下車客은 오즉 나 以外에 다시 업고 맛는 사람도 巡査 一人 以外에 다시 업스니 나는 不得已 旅舍에 假宿을 하여서 오즉 발ㅅ기올 기다릴 뿐이다.

七

約五十年前 記憶이다마는 月華講伯이 이곧에 住錫하여서 學人을 濟接할 時이다. 그때에 京元線을 敷設 中임으로 公論이 釋王寺는 繁昌하여지느니 무엇이 엇지 되느니 하여서 사람마다 希望의 눈으로 아직 오지 아니한 將來를 꿈꾸는 同時에 시방 나의 眼前에 櫛比하게 노힌 旅舘村인 沙器洞에는 輪個의 酒肆가 잇서서 線路工夫들의 安息之地엿섯다. 步步前進하여서 洞口인 斷俗門에 오니 李太祖의 手植松은 아주 朽根이 되여서 十五年前 朽松이엿든 때에 比하면 世事가 無常하다는 말은 依例이겟지마는 前日에 보지도 못하든 稺松 一株가 섯는 中 立木板面에다가『李王殿下御手植松』이라고 마치 이것이 어데가 去頭截尾하여서 내여벌인 무엇도 갓다. 아무리 생각하여도 稺松은 심으지 말엇드면! 辱을 보이고저 故意로 식인 놈들이 미웁지만은 如何間 남의 일이라도 답답한 일이라 아니 할 수 업다.

八

다시 藥水 잇는 곧에를 오니 前日에는 露天下自然 속에 노이엿섯는대 今日에는 煉瓦로 自己들 생각에는 잘 지은 턱이다마는 設備의 無識이야 衛生의 不注意야 무엇으로든지 病을 낫게 되기는 姑捨하고 健康까지 損하게 되엿다. 그러나 樹林의 依然이라거나 溪流淸淨이 사람으로 다시 마음을 鎭定하게한다. 溪邊에 안저서 車中病困한 身體를 쉬이니 氣候의 寒冷까지고 이저벌이엿다.

前日에 그다지 조흔 印象을 주든 不二門은 特別이 快感을 못주니 伐木이 原因이엿고 店鋪와 旅舍지은 것이 自然景을 그만콤 傷한 것이다. 運動의 廣場이 다시 나의 眼界에 들어올 때에는 不覺에 不快를 늣기엿다.

九

眞歇堂에서 幾個의 親知와 相逢하니 勿論 十餘年前 舊事를 回憶하게 된 것이다. 이곧이 李朝의 發祥地인 만큼 施設을 完備하엿다 하나 地局의 陜隘이라든지 어느 무엇이 大刹에 適하다 할 수 업스나 오즉 一個의 禪僧的 修行土窟의 擴大이엿다면 그다지 奇怪할ㅅ 것도 업는 것이다.

李朝列聖의 碑閣은 中年燒失로 悽慘한 것이 德壽의 宮이나 西大門大闕或은 景福宮에 比하야 생각한다면 그다지 悲境이라 못할ㅅ 것이다. 如何間 雪峯의 風景이 李家의 獨占인 祈福堂으로부터 公衆避暑地로 開放된 것이 류불의 宮이나 포쓰담의 宮이 公衆觀覽을 爲하야 開放된 것에 比한다면 그다지 말ㅅ거리가 되지는 안치마는 조선의 그것인즉 事情이 事情인지라. 조금 어떤 듯하기는 한 모양이다.

十

到着된지 몃칠이 못되여서 降雪로 因하야 二尺 以上 積在되니 이것도 또

한 奇觀이다. 나로하여서는 十餘年 以來에 처음 當하는 光景이라. 好奇心이 發하여서 木幹으로 雪中에 들어가서 자질하니 보는 사람이 異常한 눈으로 나를 對한다. 그것이야 勿論 그들의 생각이『체면도 알만한 친구가 그짓이 원일일ㅅ가?』

春祀日에 三和尙 及 李太祖의 享祀를 當하엿다.

그래서 祭官이 制定되는 바 初獻官 亞獻官 及 大祝官 等인데 式場에서 보닛가 法侶들이 享祀에 對하여서는 俗臣이라 屈伏을 하고 잇는 모양이 참으로 嚴肅하다. 李朝時代에는 이 享祀를 七郡收稅로 供하엿스며 祭官도 幾分間 常住하고 摠攝이 守護하엿다 한다. 今日에는 前日에 無勢하든 本官인 住持가 主宰가 되여서 祭官도 원님내고 座首내듯 제멋대로하고 年幾分式 李王職 補助에 依하야 進行된다고 懷舊客은 옛올 말하야 傳할 뿐이다.

十一

나의 이길은 北으로 北으로 가고저 하엿섯지마는 이곧 海隱和尙의 조흔 勸告로 얼마간이라도 禪院生活을 하여볼ㅅ가 하엿다. 그뿐만 아니라 만흔 親切로 사랑으로 指導하여 주엇슴에 對하여는 感謝타 아니할 수업다.

元山에서 長箭가는 郵船에 몸을 付託하니 아마 四月 十二日인 듯하다. 氣候가 春節이라. 午前 七時에 下陸하는 길노 溫井里를 經하야 山路에 드니 참으로 自然의 품속에 든 듯하다. 十餘年前에 보든 風物이 잇다면 그것은 樹林과 山勢 뿐이엿다. 그적든 溫井里는 아무가 보아도 櫛比타 하겟고 三巨里의 廣路는 橋梁의 新設은 모다 溫井里를 向한 設備라 하리라. 그러나 아직은 일ㅅ다. 사람은 만치 못하다. 이것저것이 모두가 觀覽客을 기다리고 잇는 듯하다.

十二

前日에 내가 이곧에 漫游할 때인즉 行人이 居半은 누비 누덕이 옷으로 단이더니 이번에는 한 사람도 그러한 衣服은 아니엿고 全部 다른 世上에 온 感이 업지 못하다. 이리 말하면 이곧 住民이 富饒하여서 그런 듯도 하지마는 實狀 이것이 虛華엿다. 縱耳目之所好엿다. 그들이 누비 누덕이 옷을 입엇슬 때에는 그래도 農事랄ㅅ것도 업지만은 自作農이엿더니 오늘은 全部가 小作 或은 遊民이다. 甚하게는 昨夏에 北倉(末輝里)에서 난 일인대 어떤 村사람이 甘藷 七十斗을 팔어가지고 自働車를 타고 단이면서 하는 말이『우리 村에 아모개는 쌀을 百餘斗나 팔엇서도 自働車 한번 못타더니 나는 甘藷를 팔엇서도 自働車만 타네!』하면서 自己의 出衆한 氣槪를 자랑하엿다 한다. 이것이 아마 그들의 一般的 希望이라면 不幸의 極인 듯도 하지마는 그들의 希望의 一部分이라고 아니 할 수 업다. 請錢을 드려가면서 配達夫하고저 하는 것이 그다지 우습다 못하리라. 八千圓가지고 令監하고저 三四千里도 단이고 陵參奉하고저 얼마 知事하고저 몃 十萬圓하는 것은 우리에게 桓茶飯事이라 우스울 것이 아니다. (續)

十年後 다시 自然景을 차저서

無號山房

《불교》, 1928년 6월

十三

四月 十三日 午前에 北倉에서 東北間으로 向하는 中道路의 新築으로 人民의 出役이 甚한데 峻嶺을 뚜러서 金剛山을 外人에게 자랑하고저 하는 計劃이라하닛가 外面으로 보아서 조치 아니한 것이 아니다. 如何間 地方 發展이라 하야 指揮하는 분도 얼엽지마는 道路修築에 直接 受苦하는 近邊 人民도 功을 盡하지 아니할 수 업다.

未幾에 長安寺 洞口에 들어오니 鬱蒼한 松林 中으로 지내가는 맛은 참으로 이즐 수 업슬만치 되엿다.

우선 눈에 보이는 것으로 테니쓰 運動場이 보이니 人家가 아직 左右에 보이지 아니하는 지라. 或 野獸의 遊戲場이거나 神仙의 棋局處인가 하는 생각도 가지도 된다. 如何間 이것이 이러한 곳에 잇는지라 異常하게 보이든 것도 事實이다.

長安寺 호텔 압헤 와서는 瑞西山谷의 村舍가 聯想되나니 木造의 單層

洋製로 四方에 散在한 까닭이다. 亦是 近隣으로 朝鮮式의 旅舍가 櫛比하야 山中 小村을 構成하엿스니 모든 것이 前者에 보지 못하든 것일 뿐 아니라 想像도 못하든 것이다.

十四

萬川橋를 건너서 禪院講衆에게 來意를 告하고 幾日 滯在하게 되니 路毒으로 因하엿슴이다. 圓應和尙을 表訓寺에서 相逢하고 寶德窟에 過夏하게 되어서 寶德窟의 修道僧이 되니 幾年後에 다시 安靜之地를 어든 듯 하다.

好事多魔로 病苦에 因하야 다시 長安寺로 올 때인즉 발서 禪院淸衆에 一員이엇다. 三時 起寢으로 午後 十時까지 四分精進을 行하게 되니 根器未熟으로 難知. 難支엿지마는 高德의 愛護와 難遇의 有心은 나로서 이 禪院에 掛單을 하게 된 것이다.

때에 잇어서 精進이 難堪인 때에는 古蹟과 勝景을 參拜하게 되니 前日 生活에 比하야 特殊한 生活이라 조곰도 支離하지 아니한 것마는 나의 幸福으로 생각하는 同時 外息諸緣은 하여가는 中이지마는 內心 無喘은 참으로 어려운 것이다.

十五

나는 實狀 孤單한 生活의 餘毒으로 쉬이려 함이요. 坐禪의 趣味를 맛보고저 함이엿지마는 外觀으로 보아서 달은 사람은 속도 모르고 出衆한 人物로만 생각하여서 뭇는 것이 만타. 甚하게는 不可思議인듯 하게 본다. 이것도 생각하면 억울하기 比할데 업는 것이다. 그런 즉 每事가 自景에 잇어서 實狀 貧弱하지마는 外華는 恒常 조아지는 것이다. 그들의 생각을 나는 決코 그르다 하지 아니한다. 달은 사람이 나와 同樣의 事情으로 이러한 곳에 잇고 내가 그 사람을 觀察한다면 別것 아니고 그들이 나에게는 判斷을 나도 가지게 되는 것이다.

×　　　　　×

나는 여러번 金剛山을 보앗지마는 볼 때마다 尋常한 印象을 나에게 준다. 그러나 美的 價値에 잇어서 생각하여 본다면 山의 母體가 오즉 不高不小함으로 앙당글 업다 하겟지마는 屈曲의 線美에 잇서서 雄壯하다는 것보다 周密함으로 巨大의 美라기 보다 차라리 數學的 美라 함이 足하겟는 中 寺庵의 建築이 亦是 山을 應하야 된 것이라. 趣味를 傷하지 아니하는 限度에서 그의 固有한 美를 자랑하는 것이 特色이고 同時에 잇지 못할ㅅ것은 造物의 技能이 勿論 長久한 歲月에 잇서서 大成하엿겟다하겟지마는 萬般에 周到하엿든 것은 무엇보다 事實일ㅅ것이요. 그의 自然的 技術을 傷하게 하는 것은 遊覽客들의 題名일ㅅ것이다.

十六

巨大의 美에 잇서서는 人工이라거나 天然이라거나 이 山에 잇서서 內山에는 摩訶衍에서 毘盧峯으로 가는 中路에 잇는 妙吉祥彫刻이니 이만한 山에다가 이만한 彫刻이 아니면 調和할 수 업슬ㅅ것이다. 內山의 建設인즉 오즉이 妙吉祥을 기달리여서 大成이 된 것이요. 妙吉祥은 內山的 모든 設備가 아니엿드라면 그의 雄大를 자랑할 수 업슬ㅅ것이다. 或 說에 依하야 太上洞, 萬瀑洞 等 字를 보아서 古仙道의 占領이 엿든 것을 佛敎가 빼아섯다 하나 仙家的 施設이 堙沒되엿다 할지라도 現今에 잇서서 본다면 이 金剛山은 佛敎徒의 손을 經하야 大成되엿다 아니할 수 업다. 如何間 自然物의 色彩를 더하게 하고 左의 늣김의 美的을 더하게 함에는 相當한 知識을 要求하게 되나니 如何間 그들의 抱負와 그들의 知識的 眼界는 아니 稱讚할 수 업다.

十七

禪院解制 後에 이 곳을 떠나게 되니 方向은 五臺山으로 定하고 純全한 巡禮者 모양으로 떠난 것이다마는 事情으로 以하야 乾鳳寺에서 다시 길을 돌리어서 神溪寺로 오니 그것은 知友 一人을 訪周함이엿다. 이에서 부터는 다시 外山을 구경하게 되니 十餘年 回顧가 다시 마음을 惱亂하게 한다. 外山에 美인즉 內山에 比하야 그다지 말할 餘地가 업지마는 巨大의 美로는 九龍淵일 것이다. 內山의 妙吉祥이 巨大의 美를 자랑하는 同時에 外山에서는 이 것이다 그런 즉 內山의 人工과 外山의 天然은 그대로『하모니』이가 되어서 金剛山을 代表한다. 그런즉 이 山 全般이 겨우 二千米突未滿으로 이만한 美的 構造와 이만한 巨大한 美를 가지엿슴은 참으로 稀貴한 일이다. 언제인가 내가 地藏庵에 잇슬 때에 東京잇는 英國大使가 말하기를『당신은 조흔 나라를 가지엇습니다.』(You have very nice land.)가 그다지 빈말이 아니엿다. 如何間 우리는 우리의 것을 잘 理解하여야 하고 잘 讚美하는 中에 우리의 것에 自慢하여야 될ㅅ것이다.

十八

九月에 다시 毘盧峯을 넘어서 다시 말하면 金剛山을 最高峰으로 橫斷하여서 다시 長安寺로 오매 金風은 肅然하야 無意識的으로 過冬할 準備를 하게 되니 이것이 나로 空虛한 地藏庵에서 冬期蟄伏할 時機를 준 것이엿다. 孤庵에서 單獨으로 過冬하고저 하기는 이번이 처음이다. 이에서 親知 數人으로 過冬하게 됨은 長安寺 諸德의 保護하여 주시고 守護하여 주심은 勿論 感謝하지마는 直指의 炭翁和尙과 完山의 柳先生의 琢磨하여주고 坐禪의 도움을 주어서 友情으로 引導하여 주엇슴에 感謝를 올린다.(完)

關東八景

김원근

《청년》 10권 7 · 8호, 1930년

五. 江陵鏡浦臺

鏡浦臺난 江陵郡에서 北으로 十五里에 잇다. 湖의 周圍난 二十里다. 물이 거울갓치 맑음으로 鏡浦라 일흠하엿다. 그 물이 엿지도 안코 너머 깁지도 안코 四面과 中央이 均適하게 사람의 엇개에 밋츨만 하다. 西岸에는 蜂이 잇고 그 峰 우헤는 臺가 잇고 臺의 겻헤는 永郎과 述郎과 南石과 安詳 等 四仙의 藥짓든 돌절귀가 잇고, 湖水東偏 어구에는 板橋가 잇는대 일흠은 江門橋이다. 그 다리 밧게는 竹島가 잇고, 竹島 밧으로 난 白沙가 바다까지 五里쯤 깔녓다. 白沙밧게는 萬里蒼海가 가이업시 하날과 連接하엿다. 李朝 世祖大王띄서 鏡浦臺에 御臨하옵서. 그 아름다운 景致를 만히 사랑하옵셧다.

대개 鏡浦의 景致난 叢石亭이나 三日浦와 갓치 사람의 눈을 놀낼만한 奇怪한 것은 업스나 다만 淡然하고 閒靜한 지경이 만한 것이 特色이오. 異彩이다. 멀니 바라본 즉 바다 물결이 浩蕩하고 갓가이내다본 즉 鏡浦의 물결이 演漾한대 먼대난 雲霞가 縹緲하고 갓가운 峰에는 花樹가 鬱葱하다.

臺 下 湖面에는 물새와 갈마기가 항상 와서 浮沉한다. 또 春花 秋月과 朝暮陰晴할제 그 이상한 氣狀이 때를 따라 變幻한다. 이것이 鏡浦景色의 大率이다.

師任堂 申氏난 明宗朝사람이오. 栗谷 先生의 母親이다. 其 母親 李氏의 外家인 江陵居하난 崔參判世賢의 집에서 長成하섯다. 그 後 京城으로 出嫁하고 그 母親을 사모하야 思鄕詩를 지엇다. 그 詩에 하엿스되

千里鄕山萬疊峯 歸心長在夢魂中
寒松亭畔孤輪月 鏡浦臺前一陣風
沙上白鷗恒聚散 波頭漁艇每東西
何時重踏臨瀛路 彩服斑衣膝下縫

崔澱은 宣祖朝사람이다. 早年에 文章을 일우고 二十二歲에 세상을 떠낫다. 일즉이 鏡浦에 遊覽하고 그 詩를 지엇스되

蓬壺一入三千年 銀河茫茫水淸淺
鸞笙今日獨飛來 碧桃花下無人見

六. 三陟竹西樓

竹西樓는 三陟郡 客館西偏에 잇다. 絶壁이 百길이나 놉고 奇岩岩石이 병풍갓치 둘녀섯는대 그 우헤 竹西樓를 지엇다. 다락에서 나려다 보면 맑은 냇물이 수흔(五十) 굽이를 꺽거 그 아래로 흐른다. 그럼으로 그 냇물 일홈을 五十川이라 칭한다. 그 냇물이 모혀서 大潭을 일우웟다. 그 물이 밋까지 맑음으로 물고기노난 것을 歷歷히 셀 수 잇다. 高麗 鄭樞先生의 詩에 하엿스되

何人起樓俯喬木 黃昏一笑立於獨

簷前修竹數千竿 檻外長江五十曲

頭陀山高依怳惚 觀音寺古多葱鬱

長空淡淡鳥往來 微波粼粼魚出沒

七. 蔚珍望洋亭

望洋亭은 蔚珍郡 北에서 四十里되는 대 잇다. 그 亭子집은 八間에서 지나지 못하나 奇絶한 景致난 限量이 업시 만하다. 그 亭子의 언덕으로 나려가면 큰 岩石이 突然이 니러섯는대, 그 우헤 七八人즘 안즐만하다. 그 일홈은 臨漪臺라 한다. 그 곳서 北으로 百步밧게 구름에 다은 險한 棧道로 사람이 단기난 것이 만치 天空으로 거러단기는 것 갓다. 그것의 일홈을 鳥道棧이라 한다. 그 길노 단기는 사람들은 危殆하고 操心스럽겟지마는 傍觀하난 사람의 눈에는 긔이하게 보인다.

비가 개고 구름이 것고 바람이 자고 물결이 편안한 쌔에 그 亭子에 안저서 멀니 바라보면 그 東便에난 더 東이 업고 그 南便에는 南이 업는대 혹 蜃樓가 天空에 隱映하며 鰲山이 波面에 出沒함을 볼 수도 잇다. 그러치마는 만일 洪濤가 怒號하고 鯨鯢가 噴馳할 쌔에난 天地가 震動할 샌 아니라 마치 素車가 바람에 다라나며 銀山이 바위에 부서지난 듯 하다. 다시 萬里에 눈을 거두어 가지고 갓가운대를 보면 鳴沙는 白雲갓치 깔녓고 海棠은 錦紅가치 빗난다. 이것이 亭子에 안저보는 槪畧이다. 鄭樞先生 詩에 하엿스되

萬壑千峯邐逶開 傍山歸去傍山來

雲生巨浪包天盡 風送驚濤打岸廻

八. 平海越松亭

越松亭은 平海東偏 七里에 잇다. 녯적에는 亭子가 업섯더니 燕山朝 朴元宗이 江原道 觀察使 때에 지엇다. 이 亭子 環境에는 千萬松樹가 鬱蒼한 것이 八景 中 特色이다. 鳴沙는 十里에 눈갓치 흰대 그 幽境이 엇지 淨潔한지 솔나무 사이에 개미 한 개도 업고 또 禽鳥가 깃을 못 드린다. 新羅 仙人 永郞述郞等이 이 곳에서 休息하든 遺跡이 잇다. 그럼으로 安軸先生의 詩에 하엿스되

事去人非水自東 千年遺踵在松亭
女蘿情合膠難解 弟竹心親粟可春
有底仙鶴同煮鶴 莫令樵夫學屠龍
二毛重到會遊地 却羨蒼蒼昔月容

므릇 社會나 學校를 勿論하고 業務가 浩繁함을 따라 惱心하는 것이 더욱 複雜할 것이다. 그럼으로 現世 有志人士들은 싀달니든 腦를 좀 休養하기 爲하야 夏期 休暇를 利用하야 或은 名勝古蹟에 旅行하면서 形勝을 探檢하며 或은 山川地理를 踏査하야 學界에 貢獻하며 或은 未看하엿든 好書를 讀破하야 學識을 資益케 하는 등 그 種類난 여러가지나 그 休暇를 利用하며 不倦함에는 모다 同一하다 諺에 하엿스되 百聞이 不如一見이라 하엿스니 우리 靑年人士들은 竹杖芒鞋大濶步로 關東八景 차저가서 奇怪絶勝 뎌 風景을 行裝 속에 收拾하고 快濶하게 오십세다.

龍潭이야기

李泰俊

《신동아》, 1932년 9월

내 故鄕 龍潭은 山 많은 江原道에 잇다. 鐵原 따이지만 世上에 알려진 金剛山電鐵과는 아모런 상관없이 고요히 停車場도 없는 京元線 한 모퉁이에 山을 지고 山을 바라보고 그리고 사라지는 煙氣만 남기고 지나다니는 汽車들이나 물끄럼이 바라보고 앉엇는 조고만 山村이다.

서울서 車를 타고나면 세 時間이 다 못되여 이 동내 앞을 지난다. 車가 지날 때마다 채마밭 머리에서 장독대에서 사람들이 내어다 본다. 『내다 오오』 하고 소리는 못 질러도 수건을 내어 흔들면 모다 알어보고 형님ㅅ벌 되는 사람 동생ㅅ벌되는 사람들, 흖이 十里나 되는 停車場 길에 마중 나온다.

龍潭은 아름다운 村이다. 金剛山과는 먼 곧이지만 그와 한 系統인 듯하게 秀麗한 山水는 處處에 將景을 이루어잇다. 뒤에는 나지막한 두매봉ㅅ재가 朝夕으로 올으기 좋은 조고만 잔띄밭 길을 가지고 잇으며, 앞에는 언제든지 구름을 인 金鶴山이 蒼空에 우뚝하니 솟아잇다. 손을 씻으려면 웃골과 白鶴골에서 흘러나오는 玉水川이 잇고 水浴이나 철엽이나 낙수질이 하고 싶으면 선비소, 한내다리, 쇠치망, 진소, 七松亭, 모다 一趣一景이 잇는 곧이다.

나는 여름마다 龍潭에 간다. 龍潭가면 흖히 한내다리 아래에 가서 긴 여름날을 지운다. 쌀기를 따먹고, 차미를 사먹고, 낙수질을 하고, 하늘에 뜬 靑山을 바라보며, 다시 물 속에 잠긴 靑山 우를 헤엄치며, 뻐꾸기 소리, 매아미, 쓰르라미 소리를 드르며, 나도 코소리로『학도야』를 부르며……. 그리고 이따금 우르르하고 汽車가 都市風景을 가득가득 담은 車窓들을 끄을고 지나갈 때 나는 꽃이면 꽃을 들고, 고기꾸럼지면 고기꾸럼지를 들고 높이 휘들러 元山 金剛山으로 가는 아름다운 아가씨들의 一嚬을 낙구어 보는 것도 한내다리에서나 할 수 잇는 낙시질이다.

올 여름에도 어서 龍潭 가야한다. 어서 차미가 낫으면…….

그러나 龍潭은 슬픈 곧이다. 내 옛집이 없고, 내 父母가 않게시어서만 슬픈 것은 아니다. 어려서 이만 글자라도 나에게 가르켜 준 鳳鳴學校는 망해 없어지고, 天眞스럽게 작난할 궁리 밖에 몰으든 모-든 竹馬들은 대개는 生業을 찾어 東으로 西으로 흗어젓다. 몇 사람의 남어잇는 친구도 잇지만은 荒廢해 가는 동네를 직힐 길이 없어 파라먹은 祖上의 무덤이나 바라보고 한숨지는 그네 뿐이다.

오오 즐거운 故鄕이어!

그리고 슬픈 故鄕이어!

七月六日

나의 柳羅江畔

盧子泳

《신동아》, 1932년 9월

저 달이 만일 거울이라면
내가 울고 온 우리 故鄕의
그립은 그 땅도 비처주련만…….

나는 이러한 俗謠를 이다금 생각한다. 다른 사람이 보면 平凡하고 심심할는지 몰으나, 내가 잘아고, 내가 놀고, 내가 큰 나의 柳羅江畔에 핀 빨간 海棠花를 썩을 수 잇다면 그 얼마나 깃부고 즐거우랴!

아 그립은 나의 柳羅江畔! 그는 나의 어머니요, 나의 愛人이오, 나의 보금자리인 것이다. 이제 눈을 감고 내 마음의 파랑새는 追憶의 날개를 치며 그립은 그 땅을 차저가보자…….

× ×

柳羅江 언덕! 十里나 二十里나 連한 柳綠의 長堤를 흘너나려가면 그 제는 黃海바다와 合치는 長岩浦가 잇다.

浦口連線에는 눈이라면 너머도 히고, 꼿이라면 너머도 고흔 二十里의 白砂場이 잇으니 봄철이면 멧千포기의 빨간 海棠花가 碧波를 발고 차며 웃고 잇는 것이다. 나는 작란장이의 하나로써 그 꼿을 따고, 그 모래를 파고, 그 물결을 보고…….

아 銀絲가튼 微風 아레 한겹 두겹 엉키인 海棠花 그늘……. 힌물새가 하날에 輪을 그리며 날아가고 갈메기조차 물 속에 풍둥 안겨 제멋대로 흘너가는 것이다.

모래를 파고 그 속에 누어 하날을 바라보면 그 하날이 히고, 그 모래가 히고, 그 물새가 히고, 그 물결이 히고……. 그러나 이러한 詩的氣分에서 썰처 일어나면 蒼波가 나를 마저주고 그 바다 속에는 조개와 굴과 各色 고기가 만히 잇는 것이다.

뭉켜진 바위 우에서 해가 저무는 줄도 몰으고 고기를 낡는 것도 한가지 樂이거니와, 낚근 고기를 불에 구어노코 싸가지고 온 點心밥을 먹는 것도 한가지 즐거움인 것이다.

浦口의 저 쪽으로부터 어기여차 더기어차 하고 배의 드러오고 나가는 모양! 辛尾島 東쪽을 싸고 도는 갈메긔떼! 멀니 바다 저 편을 바라보면 바다 우에는 白鳧의 날개가튼 片船의 그림자. 그리고 바다와 連한 하날 우에는 멧송이 구름꼿이 白蓮가티 곱게 피는 것이다. 모래 우에 안저 그 곳을 바라보며 나는 얼마나『아 하나님, 나의 마음을 항상 저 곳에 살게 해주소서』하고 그 悠悠無限大한 리씀에 醉해섯든고?…….

하날 저쪽에 해가 넘어가고, 바다 우에 불기둥이 서고, 그리고 眞珠가튼 별이 뜨기 시작하면 나는 집으로 도라왓다. 長岩浦에서 東으로 七里가량 와서 八峰山 아레 圓形陣을 치고 잇는 百餘戶의 村落! 이곳이 내 故鄕 江羅村이오. 이곳에는 羅氏들이 만히 살엇다. 柳羅江이 이 村을 씨고 南으로 흘너 長蛇가티 굽이굽이 長岩浦로 드러간 것이다. 그리고 江羅村에서 北으로 굽어서

十餘里만 드러가면 八峰山의 奇峰이 險峻하고 그 미테는 조고만 瀑布까지 잇다.

봄이 되면 柳羅江의 버들을 썩거 버들피리 불기에 날가는 줄 몰낫고, 그도 失症이 나면 八峰山 溪岩에 들어가 진달내를 썩그며 쏫노리에 醉햇섯든 것이다. 여름이면 柳羅江에 沐浴하고 그 물결을 따라 長岩浦에 고기낚기! 아 柳羅江畔의 서늘한 밤이여…….

女子의 黑髮가튼 버들가지가 물 속에 잠기고 그 우에 달까지 뜨면 누가 지금도 피리를 부는고?

여름달에 싸힌 柳羅江畔에는 水烟에 풍킨 달빗이 水空色 비단가티 겹겹이 자욱하여 피리를 부는 사람의 고흔 꿈을 길이 깨처주지 아니한다. 그리고 江羅村을 안고 大空에 놉히 서잇는 八峰山 봉우리는 멧萬年前 神話를 듯는 듯이 가고 가도 말이 없다.

여름이 가고 가을이 되면 江羅村의 特産物인 水柿! 村 어구를 둘너싼 五百餘株의 감나무는 大空에 빨강 眞珠를 느리고 우리 江羅村을 그림으로 端裝하는 것이다. 한 개 두 개! 다만 잇는 감을 실컷 싸먹는 것도 조커니와 한참 감딸 씨즌만 되면 총각 색시의 고흔 노래가 감나무 우에서 오고 가고, 가고 오며, 그야말로 牧歌的 하-모니를 일우는 것이다.

그러나 어느듯 서리가 나리고 北風이 불고, 그리하야 눈이오기 시작하면 우리 江羅村은 積雪에 덥히고 어름에 무치는 것이다. 그러나 安息과 平和에 잠긴 우리 江羅村! 八峰山을 거처 나리는 차듸찬 雪月을 窓틈으로 내다보며 南國서 오는 제비의 날개를 그들은 지금도 기다리는지…….

(七, 一四日)

關東千里

慧勤

《불교》 103호, 1933년

鐵原을 나리기는 七月 九日 午後 세時頃이다. 나리듬이로 在京한 幹部諸氏에 行程을 報告하고 다시 金剛行 여섯時 三十分 車를 기다리기 위하야 旅館을 찻게 되엿다. 金剛旅行은 처음인 것 많금 長安서 乾鳳을 단녀 五臺山을 거처 漢都를 드는 것과 月精을 고만두고 乾鳳만 보고 安邊을 도라 鐵原을 단녀 京城을 나리는 것이 엇던 便利와 不便이 잇는지 잘 詳細히 探問할 곳도 없을 뿐 地圖面에는 發見하기가 어려웟다. 그래 左右間 一個月의 長旅를 準備하고 떠난 많금 險峻한 山地旅行에 지나치는 行具가 잇슴으로 主人을 차저 行具를 막겨두고 金剛을 단녀 回路에 차질 것을 約束하엿다. 輕裝에 背囊도 없는지라. 藤絹玉色冊褓 한나를 들고 簡潔히 길을 떠나기 되엿다. 金剛을 目的地로 삼고 떠나는 손은 누귀나 다- 翫探心理가 그러하것지만 첫재 鐵原의 歷史나 物色은 豊富한 金剛의 像想과 好氣心에 比較하야 견눈질할 생각도 아니나고 다맛 앞길만 잿촉 하엿떤 것이다. 마치 젊운 魂들이 未來의 幸福스러울『라비린도』(迷宮)를 뜻하고『서푸라우드 · 인샐』(許婚島)로나 저어 가는 때와 같이 그 瞬間瞬間과 過程過程에 아름다운 生活이 잇고 世界가 잇는 것을 생각지 못하고 뜻하는 바 그『풍스트』에 모든 興趣를 불부치고 잇엇든 것이다. 그러나 人間百態가 한곳에서 萬全한 끝을 맷는 것이 없으며 參差한 宇宙의 모든 結束가 한 作用으로서 完全한 目的을 達成하는 것이 없건만 어르석한 사람들은 可能 以上과 實質 以上의 像想世界에서 放逸하고 將放한『마이래이지』(蜃氣樓)나『유토피아』를 세웟기 따문에 잘못 그 落傷을 받어며 幸福스러운 刹那의 過程을 無頓 着하게 기나기된다. 金剛을 찾는 사람들은 泰封古都를 섬섬히 빼여 놓은 自過를 謝하면서 目的에 偏重하는 人間生活을 金剛찻는 鐵原에서 다시 한번 도리켜 생각하여야 할 것이다.

예부터 鐵原은 金剛찻는 三路 中 하나이니 東海를 드는 길과 大關嶺을 넘는 길과 鐵原을 通해 准陽都護府까지 三百七十九里를 잡고 단이던 길 中의 하나이다. 그많금 北鎭에 要塞도 될 뿐 佛敎의 分布地로 보아서도 一郡內에 十數個의 寺院이 잇고 그 殘影으로 曉星山, 見佛山, 寶盖山, 加乙磨山(Karma)들이 잇고, 石●, 地藏, 深原, 聖住, 知足, 龍華, 雲隱, 積石 等 寺가 或存 或廢되엿다. 歷史에 잇어 沿革을 넘어 잘 아는 곳이나 毛乙. 鐵城(新羅景德王 時) 泰封(弓裔奠都時) 鐵原(高麗 太祖時)들의 郡名 變遷이 잇고, 月井里, 孤石亭, 高岩山들에 옛 石塔이며 城築石塊를 볼 수 잇다고 한다. 崔瑩將軍祖先이 길이 土着하야 살던 곳이라 하며 古人 遺墨으로 淮伯, 達成, 成俔의 詩가 남어 잇는 곳이라 한다.

> 至今●鹿來遊悠. 當時鏡讖歸眞主. 居正. 山含歸國千年恨. 願因前嶽戒吏今淮伯. 烟爐咸陽怏憎秋. 兩國興亡俱寂寂. 成俔傭齋.

이들보다 金剛을 가서 麻衣太子의 遺蹟을 보고 大輪王子와 麻衣太子의 一生을 思慕하는 者는 그의 怨淚가 더 많이 이 곳에 뿌려저 잇슴을 생각하여

야될 것이며 豪宕壯快한 平原은 關東險嶺의 舞臺前場이 되어서 富裕하고 貧堉한 맛이 너머 對比되지 안는데 太子의 衣麻草食에 比하야 너머 豪奢多侈하던 弓裔의 生活을 다시 생각게 될 것이다.『랙갈』湖畔에 옛『부르크』의 遺跡을 보는 獨逸의 行旅客의 感懷을 너머『동키』式의 愛國者라고 말하랴! 何如間 鐵原은 金剛을 찾는 아름다운 宇幕이며 千年前의 朝鮮歷史를 맷고 비롯하든 唯一의 舞臺이던 곳이니, 七千人口의 今日의 散態가 悲慘하다 하여도 平凡히 보고 지나기는 너머 자랑같은 땅이다. 나즛한 高岩石은 멀니 天涯에 가물가물 안개(霧)밭이되여잇고, 泰封城跡은 弓裔가 달니던 말굽터와 한가지 南北風 차운 戰刃에 이즈젓는데 이른 여름 점무러가는 붉은 저녁 해빛은 有心히 옛 城터에 푸른 수수폭이를 달래며 배곺어하는 이곳 農夫의 등에 빈지고 잇스니 豪氣잇게 金剛을 차저가는 배부른 손들은 발을 멈추고 鐵原住民의 實情을 물어 봄이 엇더할가? 올라가면 鐵原은 勇士의 뼈도 많이 묻엇슬지나 半눈버리 痴傑인 弓裔舞臺로 일홈잇고 王建의 受命地로 알려지는 땅이며, 最近의 東拓移民 實情과 經過는 더욱 鐵原을 들어나게 하니
〈한 문단: 인쇄 상태가 흐려 원문 확인 불가능〉
된 事實이라 한다. 何如간 鐵原은 連●로나 歷史로나 佛敎文章分布 어느 것으로나 金剛을 찾는 사람의 留意할 곳이다.

鐵原의 印象

市街에 드러 外面만 태반 낣혀 보고 도라와 金剛행 전차를 기다리게 되엿다.

鐵原이란 일홈만 千有年의 古名을 가젓을 다름이요. 市街地를 드러서 土着的 勢力을 갓고 古人의 遺墨을 가젓슬만한 家臺가 히알러서 하나도 보이지 안헛다. 最近 東拓移民을 끈삼어 慶北一帶의 細民層이 몰려와 市街邊地와 孤石山 奧地에 托生하는 情況이 듯던 바와 틀림이 없슬 것을 알엇다. 農家나

商店할 것 없이 한나 빤듯한 것이 없고 新式으로 商店을 버린 것들은 도단 屋盖에 板壁 바락크式들뿐이며 그 집 主人들은 全部 朝鮮人이나 그 裏面에는 小資本 高利貸金業者들이 이 商業資本을 操縱하고 잇스니, 그들은 大概 日本人들이라 한다.

말하자면 鐵原市 商業層은 移民層을 相對로 하느니 많금 表面에 日本人이 서지 않고 裏面에 資本만 움즉이는 것이 如干 顧客心理를 怜悧하게 捕捉한 것이 아닌 듯 하엿다. 鐵原驛에 販賣店까지 朝鮮婦人이 經營하는데 言語와 體裁를 보아서 相當한 教養과 智識이 잇슴을 알엇다. 月井里 案內를 如干 明確히 하지 안는데다 家族끼리 來訪하는 나의 말씨가 湖南말씨인데 中産層한 사람이던 것이 顯然하엿다. 驛의 內部에는 金剛山 포스타로서 全壁이 裝飾되여서 金剛水電會社의 全力量을 다하야 이 宣傳포스타에 드린 感이 낫다. 金剛은 海藏宮을 象取한 曇無竭化現地로 일러서 歷史에 색이고 信仰에 물듸려 千五百年의 歷史的 金剛을 만드럿던 關東聖地를 한 資本閥의 商品化로서 가장 嬌態잇는 宣傳에 그의 面影을 옮어가게 된 것만은 行旅客의 便利를 代價로 해서 일허버린 損失의 하나로 생각되엿다. 『실러』가 詩하던 『낵갈』湖나 『로마』를 案內하던 『풀로렌스』가 그들을 紹介하는 嬌態잇는 案內役이라 하면 鐵原驛의 『포스타』와 揮動車室에 비단결 『카패트』는 海藏宮室과 東海岸에 깔붙인 浪紋蘇藻을 思慕하기하는 魅力잇는 初印이엿다.

鐵原서 長安寺

午後 六時 三十八分에 電車를 타자 六十一人 定員車臺에 五十二人이 안고나니 답북차게 되엿다. 朝鮮사람이 三人에 全部가 日本사람인데 그 날은 特히 仁川 某 會社의 團體 探勝으로 因하야 日本人이 全部를 차지한 듯 하엿다. 나 하나가 團員外요. 全部가 一行으로서 東陽서 술甁따기를 始作하야 末揮里中턱에 이르기까지 連續이다. 모가 商肉層業의다. 態에 기름이 듯는

것과 會社員들의 用語에 웃고직거리는 것이 街頭風景 그대로며, 商家의 저녁 그대로엿다. 어느 意味론 動作者의 行動을 떠난 筆者로서는 金剛風景은 이에서 버서나지 아니할 것을 알엇고, 商家의 潤澤 그대로며 肉香(리비도) 그대로의 金剛을 생각하엿다. 어느 사람은 物品을 난 후며 어느 사람은 半스봉에 긴 스터킹을 신고『사이다? 쎄여?』하면서 다스 다스 허러잣쳣다. 어너 사람은 가벼운 戱談으로 團員의 心神을 어루만지면 弄調를 따라서는 車室이 터질 듯 우슴이 버러진다. 團員 中에 四十歲나 됨적한 崔×라는 분이 잇스니, 一團에 戱題의 資料삼아 取扱을 받고 잇으니 잘氣잇는 崔는 이곳의 辱도 저곳의 戱談도 입맛잇게 받으치면서, 이곳에 춤추고 저곳에 철석 안지며 醉氣灼灼히 떠들대이나 한끌 어즈러움이 없이 道化役者인『피엘로』의 춤을 재조잇게 추고 잇섯다.

金化를 지나 關東寒村에 옛 聖民의 부르던 노래를 건늬 보고저 車窓 박을 내여다보니 홀을 지고 도라가는 農夫는 槐安都夢에 가삼이 터질 듯 한대 四千年前의 朝鮮歷史를 입맛잇게 씰버 너흘면서 關東平原을 갈어 잣치는 長安行 電車는 時平速 二十里 그대로 朝鮮破滅의 加速을 더하는 感이 낫다.

水汀에 野鴨은 아즉도 關東의 남운 차위를 못이저 北國天色에 對比되는 검어흰 옷을 닙고 나즌메에 스칠듯 말듯 먼山 알에 飛翔하고 잇다. 그들은 무엇을 먹으려 朝鮮을 왓스며 지나는 손은 귀찬으게 무슨 歷史와 使命과 未緣 愛着에 낡은 貞操를 차저 懊惱스러운 저녁을 보냇던가?

金化가 묻고 잇는 歷史 杏亭이 자랑튼 山間 村落을 지나서 더욱 火田民의 村落地帶인 듯 岐城을 이르자 건너 椅子 넘으로 聲波를 터치며 日人 하나이 膽斗 썩긴 語調로『여러분 먹다 남은 것이 잇스면 沿線農民에게 주어주시오. 우리가 버리는 것은 그들에는 唯一의 音物이 될 것입니다』라고 소리를 낸다. 植民地의 저녁은 가는 줄 몰으게 점으러 그들의 술잔 넘으로 흘너 나우는 말과 冷待 많은 杯盤殘液이 沿線農民의 粗朴한 味覺을 滿足식히는 代로 얼마나 그들의 人權과 處地를 侮辱하는 말인가? 指導者를 일흔 그들의 生活狀態는 破滅 그대로 가 簷撫 끝에 듯는 듯한데 移民群의 저녁 노래는 百燭電光에 붉게 익어서 車窓 박그로 헐러 떨어지니 발서 金城이요 날이 점으럿다.

單線에 交換時間은 퍽도 기러서 金城風景을 外面만이라도 바라보기는 充分한 時間이 잇스니 車에 실고 나리는 物品을 가려 보기 되엿다. 듬이 듬이는 것은 滿洲가는 뷘 糯粟 포대요. 柴炭으로 山갈이 싸인 것은 都會에 보내는 松木燃料다. 이곳도 朝鮮農村이니 다름이 없을 터이나 三十五度傾斜山地가 모다 播田이 되어잇는데 아즉 푸른 氣運이 아니도랏다. 陰曆 六月初임에도 麥收가 아니되엿스니 肥料代身에 小麥을 심엇다가 그대로 가라서 秋收나 完實을 求하고저 함인지 節序가 느저서 麥收가 더러되엿는지? 關東의 餘寒이 눈에 보이는 듯 하엿다. ●松이 層●하엿스나 茂盛한 叢林을 볼 수 없고 大●가 잇지만 南方●●를 보이는 ●●같은 것이 茂盛한 것을 보지 못하엿다. 土石과 靑石이 많어서 土地가 ●●하지 못한 것을 알 수 잇고 墓盖代身에 ●●石片으로 屋盖를 덮엇스니 水石이 한가지 엷은 것을 알겟다. 적은 平原 낮은 山이 석겨가며 잇고, 잇다금 重車가 石壁을 갈러노흔 斷崖를 지나가니 이것이 沖積斷面을 보이는 關東地層이며 土色이다. 慶坡炭甘를 지나서는 周圍가 어두어저서 軟味도는 山의 起伏만 보일 뿐이고 淡水에 土橋가 어름어름이 걸렷슬 다름이다. 이곳서 長安까지는 外界가 어두어 麻衣太子 世祖 아니 여러 古人이 읇고 詩하던 斷髮令의 古色과 俗世 塵界를 松籟雲朶에 붙이고저 하든 古人의 읇고남은 心境을 엿볼 나머지가 없엇다. 밤 열시 嶺風에 精神과 몸이 싼듯싼듯하여저서 驛을 나리자 손들은 밝게 빈지는 電光에 惶惚하여하면서 劇을 罷한 劇場 앞과 같이 말숙한 노리꾼들이 끄림끄림 헐러나왓다. 거리거리 電光이 길잡고 三間 大路가 欣然히 마자드리니 唯一門 앞이다. 밤에 지나니 山中 都市가 別人間인듯 한데 嬌態잇는 裝飾은 裏面 生活을 뚤고 보게 한다. 唯一門 前에 納涼하던 崔尙元氏를 만나 親切한 案內를 받어

唯一旅館에 하루밤을 자고 아참은 中學同窓 崔基成君의 案內를 바더 長安寺 宗務所를 찻게 되엇다. 國祚를 누리고 奉安을 기리하던 長安을 차저올러감에 長流平波에 傾斜업이 흐르는 淡水는 實로 예부터 山中 城市며 平原長流라 이름할 만도 하엿다. 절 門턱에 바라크式 官署가 잇어 바루 正門 連柵으로 느려 잇으니 駐在所요 郵便局이요 私宅이요 正門이다. 檜木이 가렷슬 때는 으븝 그럴 듯 하던 것이 특에서자 破格의 感이 업지 안헛다. 一柱門 前에 景教(솔로아스타)의 大理石碑가 서잇는 것이 長安寺의 面目을 餘地업이 깨고 마는데 正門連柵으로 金剛案內官署는 全部 寺院 本色을 일키하니 聖地의 世香이 長安街頭에 演樂遊興場과 느러저 聖地를 巡禮하는 나의 눈에는 長安 物色이 妖邪한 粉飾이나 淫山肉市로 보엿다.

住持 玄懿龍師를 만나 먼저 好氣心과 敬慕하는 생각으로 親切히 말을 거러보앗다. 寺內 事蹟과 寺院現況을 물으니 눈이 꺼무록꺼무록 하면서 答할 줄을 몰으고 長方顏힌 長眉에 兩眉間이 두드럭한 사히로 瞋炙이 돗는 듯 貪瞋癡光을 傳하며 六十餘星의 世波와 生活을 말하는 듯 하엿다. 朝鮮 佛教의 信仰的 對像이며 歷史的 金剛인 海藏法城의 첫 案內役者인 長安住持를 만나든 처음 期待는 많엇다. 기름 돗는 肉態에 貪瞋癡光이 두눈 사히로 電光갈이 헐러나리는데다 自尊心과 事業心은 그 僻性에 比例되여 强調로 面顏에 나타나나 宗教家로서 一般文化에 對한 常識이나 佛教教役者로서 佛教의 歷史的 智識과 教理에 對한 識見은 눈으로 文字를 못보니 期待박게 너머 雙曲線을 짓고 다라낫다.

朝鮮 佛教의 寺院이 經濟生活과 居住에 잇어 小家族 單位制로 되엿고 血統에 類似한 開山祖를 中心한 法統本位로 되엿기 따위 金剛이나 長安갈은 聖地에 教役者는 一字無識이라도 土着的 地盤에 依해서 選援하는 外에 法德本位로 擇撰하야 金剛의 翫探客을 法語로 힛처서 歷史에 색겨진 金剛을 理解식히고 信仰에 물드린 金剛을 紹介하야 海藏法城이 永遠히 빛나고

世界人을 相對로 하는 金剛에 朝鮮心을 자랑할 人物이 必要하다면 퍽도 必要할 것이나 할 수 없다.

나는 글을 몰으는 無識한 山僧입니다. 信仰과 活動으로 伽藍守護에 致力할 뿐입니다. 佛敎의 歷史나 敎理는 어려서 글을 배우지 않어서 몰음니다. 率直하기론 앞서는 듯하나 事實에 잇어 遺憾인 듯하다. 金剛 案內者를 道에 試驗制로서 選拔한다는 말은 드럿스나 海藏要城에 法印을 잡은 니로서 글 몰으는 損色이 없들 않엇다.

法務에 要求하야 史料를 빌려 午前는 비도 오고 하여서 이것만 보기로 하엿다.

客室에 들어 史蹟을 詳考하니 많이 削增이 되어서 年代나 彷佛히 參考하는 外는 事實을 가려잡을 것이 없엇다.

이 初刱은 新羅 法興王 元年이라 하엿으니 距今 一四七九年이요. 景德王時 眞表律師와 高麗 成王時 重刱하고 忠烈王朝에 仕한 李穀撰史記에 文武王 十年 義湘, 元曉 二師에 法起菩薩卽 曇無竭이 化現하야 摩訶衍의 安住를 示指하니 能仁表訓神林三德이 從次로 繼承하야 法脈을 이엇다고 하엿다. 羅末 敬順王子 麻衣太子의 略歷이 잇고 陵과 傳說에 相應한 遺趾가 잇다하며 大輪王子와 法語를 相談하던 傳說이 事實과 틀림이 없는 感이 낫다.

高麗 太祖 遺訓 十個 中 略抄를 記하엿고 遺筆遺墨들의 若干이 記錄되여 잇스며 賜田結數와 賜經由來가 적여잇으니 神明太后 劉氏의 筆과 大輪王子의 筆跡인 東京 義烈北址美風의 筆跡이 잇다 한다.

忠惠王 四年 廣卞大師의 重修며 世祖大王 七月 祈禱 等의 事實이 적혀잇고 圓通寺와 表訓寺며 乾鳳寺와 長安寺 사히에 賜田區域 關係로 訴訟의 件이 매우 많엇던 것을 엿보게 하며 世祖大王과 八百結의 訴訟問題는 옛붙어 表訓 長安의 在住僧의 感情과 空氣를 어즈럽게 하엿던 것을 알기한다. 큰 쭐기 歷史는 아람답고 山水는 고웁지만 때때로 怪漢이 나고 指路僧들의 放蕩한

生活과 싸홈이 일어 金剛 法貌을 汚損함은 없지 안흔 듯 하다. 扶寧, 幸州, 平州, 安山, 仁義, 高城, 杵城에 年收 五百石의 寺院田을 두고 이것을 春精하야 法粮을 이은 듯 하다.

午正이 되어 이웃 法堂에는 千日祈禱라 하야 緇衣長衫에 修者한 분이 天氣 그대로 深陰한 冥府殿 地藏壇 앞에 法語를 鐸舌에 閏澤잇게 다리는데 禪堂에는 飮食을 다리는 그릇소리가 나고 男女老人이 와글와글하며 서울마마, 시골 擅徒, 姜大蓮, 金九河, 李混惺, 朴圓應, 玄懿龍, 遊覽客, 築石人夫 모다가 박긋날 비오는 緣故인지 簷撫 안에서 옥신옥신하엿다. 崔基●氏가 唯一旅館에 ●心이 되엿다고 請하려 와서 兩●을 들고 나려오니 裵氏들 만나 筆者는 人事를 하고 現實 長安의 事情을 드른 즉 年收 五十年間으로 當住法僧 二十二人의 年經을 輔하며 八十圓의 補助로 全體寺院을 經營하고 外地 留學生은 아즉 하나도 없다고 한다. 金剛入門인 長安으로서 在住僧의 文化的 啓發과 佛教敎理의 專門的 理論에 對한 教育的 關心을 무르니 玄師가 過去 ●●師에 對한 反感으로 現代教育을 其他라 하고 伽藍守護로 唯一의 事業을 삼는다 한다.

자리를 고처 宗務所 某氏를 만나 靑年의 數와 傾向을 무르니 먼저 靑年總同盟의 一人이란 말을 듯고 長安 內部事情을 이약이하고저 하며 憾慨滿滿히 金剛 一帶의 雰圍를 말하엿다. 朝鮮 佛教의 現段階에 잇어 靑總은 唯一의 쿡커며 匠人이니 이것을 내 아는대로 말치 아니할 수 없소 하면서 金剛 一帶의 人情劇을 그려내려고 하엿다. 金剛寶石商에 서울마마 指環謝禮代가 몇 百圓이니, 寺財를 住持가 專橫하느니, 講伯으로 直說 잘 아는 者들을 逐出陰計를 하느니, 警察署에 玄××가 押送되엿다가 妻×의 周旋으로 나왓느니, 觀音菴 風紀 問題로 엇드니, 무엇무엇 複雜한 實政을 말하면서 無煩沒識한 住持의 專橫과 寺政腐敗를 길게 이약하엿다. 長旅에 困한 나요 大自然에 드러왓스며 憧憬하던 聖地인 많큼 이런 人情劇의 複雜한 內幕을 듯고 하리를 보내는 것이 무엇보다도 앗가운 생각이 낫다. 世情에 어즈러워지며 惡魔의 춤을 제멋대로 추며 썩어나는 一寺院의 담넘으로 헐러나우는 話題나 事態가 나의 巡禮의 情을 넘어 어즈럽게 하엿다. 現實과 잘못을 打開하며 腐敗의 充棟을 銷毒하기 爲하야 改建의 使命을 메고 길을 떠낫지만 ●七●●인 長安에 와서 ●●●團의 改築運動線에 七百名의 靑年勇士가 앗가운 時間과 生命을 虛費하야 鬪爭하며 啓蒙하야서 그 效果와 貢獻이 얼마일가에 對한 懷疑의 心境을 속일 수 없엇다. 이것을 聲討하며 糾彈하면 性質上 別個團體要素에 對한 權利를 侵害함이 되며 그 自然現狀으로 고만두면 佛敎의 對外的 體面으로 社會的 蠧巢를 肯許할 수도 없다. 五千圓의 收入을 가지고 留學生 一人도 없고 社會事業의 項目으로 八十圓뿐인 中에 中央事業費로 佛敎專門을 爲名코 四十萬圓 增資가 잇엇으니 이것의 義務를 벗기 爲하야 江原道 當局係人이 來訪하면 가진 誹謗과 缺點을 말하여서 豫算項目에 이것을 빼기에 最善의 勞力을 다하는 樣이며, 발서 一部의 完諾까지 보고 今秋는 增資에 對한 豫算을 勿論 아니 세우리라고 한다. 이와 같이 當局이 이러한 認識蹉誤를 說服하지 않고 萬一 그들이 말하는 거와 같이 佛敎專門學校를 爲名하고 四十萬圓 增資를 하게 된 것은 時期 半早이니 고만두어도 좋다고 하엿다하면 江原道 當局은 民間團體의 期成事業이 將來 發展과 維持를 阻害하는 태도이니 佛專學校의 存亡에는 勿論 江原道 當局의 江原道 內 寺院事情에 局執함으로 말미암아 全鮮 各寺에 亘하는 怨騷의 端緖를 주어 마참내 그에 큰 危險을 招來할 것이니 爲政 當局者로서 이같이 無責任하며 既設 文化機關에 關한 誠意가 이같이 不足하고 佛敎의 社會的 發展을 阻止한다면 佛專의 存廢의 責任이 何處로 歸할가가 問題視될 뿐만 아니라 佛敎의 統一 進展을 故意的 防害함이 될 것이다.

春川의 哀傷

春先生

《제일선》 3권 1호, 1933년 1월

許多한 憂鬱과 눈물조차 생겻스리라고 想像하는 春川의 近代式 新道路우를 가방과 「변도」싸개를 든 大衆이 흘너간다. 時間을 깍는 그들의 步調는 싀골서는 볼 수 업스리만치 몹시도 「스텝」이 빠르다― 午前 九時부터의 人民의 生活을 保障하랴는 動員이다. 거긔에는 거문 洋服에 肉體를 싼 單調한 흐름이로되 그 裡面에는 무섭게도 複雜한 生活 形式이 潛在해 잇다. 그 潛在한 生活形式을 思想的으로 보아 몃 퍼-센트의 價値를 賦與할 수 잇슬가? 하는 檢討는 空然하게 思想家의 神經을 疲勞케 하는 原因이 될 뿐이다. 왜 그러냐하면 그들의 人生에는 何等의 目標가 업시 거저 生活을 지탱해가는 것밧게 업기 째문에…….

그러나 그 存在야 말로 國家가 命令하는 民衆生活의 整理者로서의 有效한 人物들이다. 이것을 보면 存在價値는 반드시 思想價値와 合致되는 것은 아닌가 십다. 나는 「사시미」를 먹는 階級의 生活을 드려다 보고 比較하고 십지는 안타. 平凡은 하지마는 거긔에는 「김치」를 씹는 階級보다는 生活이 잇기 때문에…….

싀골서 볼 수 잇는 가장 雄大한 建物은 어데서든지 例外 업시 金融組合이다. 이런 機關도 利用如何에 依해서는 勿論 民衆에게 크게 便利한 組織임에 틀님 업지마는 그 組織이 보담 만히 最後의 農牛 한 머리까지 빼서드려가게 되는데야 理論을 超越한 現實의 悲哀가 잇다. 이것은 金融組合이라는 利用價値를 完全히 行使하지 못하는「김치」먹는 階級만의 悲哀니가 누구를 怨望할 수가 업는 일이지다는 그러니만치 거긔에는 許多한 人生의 形相을 點綴하면서 巨人과 갓치 健全하게 行進한다-.

「여보서요 나리! 마지막으로 農牛 한 머리를 파라가저온 돈이야유. 利子를 좀 싸게 해주서유.」

「여긔는 利子를 싸게 하는 듸가 아니야!」

「그럼 엇더케해유?」

「엇더케 하는 것을 내가 아라!」

營養不良으로 누러케 뜬 쥬름 잡힌 얼골에다 混濁한 눈싸위를 머르레하게 쓰고 입을 벙-하게 벌니고 조른다. 이 可憐한 兄弟는 어터한 機關에도 人間味가 잇는 줄 誤信하고 잇는가 보다.

밤 거리를 거러본다. 장마 째 개구리 소리갓치 알콜에 醉한 ●쓰가 얼버무린 濁音으로 째지는 듯한 게집의 소리에 맛처 斷續的으로 들인다. 이것이 거의 두 집 건너 들인다. - 春川人 의 生活風景이다.

거긔에는 참된 民衆의 生活形態가 잇다. 그들은 무엇을 要求하며 무엇을 하랴는가? 그런 것을 醉中에나 生時에나 들을 수도 업고 볼 수도 업다. 여긔서 어들 수 잇는 生活의 素描는 荒唐, 空疎, 그리고 無意味 그것이다. 社會生活의 煩雜을 이즈랴는 것도 아니다. 思想 上의 苦惱를 못이기여 그러는 것도 아니다. 더욱이 참된 戀愛의 苦悶갓흔 것이 잇슬소냐? 거저 그들에게는 술이다! 그리고 그 술은 먹기만 爲한 술이다.

이러해서 春川의 精神은 좀먹어가고 「사시미」의 비린내가 春川을 휩싸고 돈다.

妙香山香爐峯行

李殷相

《신동아》, 1933년 7월

六月九日 晴後雨. 金剛窟發, 寶蓮臺, 三聖菴, 香爐峰, 天台洞, 中昆廬菴, 今日行程七十里.

金剛窟에서 하롯밤을 드샌 우리는 方主道山和尙에게 감사한 인사를 드리고 香爐峰으로 向하엿읍니다.(中略)

東日 和尙을 앞세우고 首成, 大● 두 和尙과 나-우리 一行은 內院의 舍利閣 문허진 곧을 돌아 東으로 왼쪽 풀길을 헤치고 큰 바위 밑을 지나 끝없는 길을 올라갑니다.

아무리 山길이라 한들 이러케 寂寞하고 이러케 險難할 수가 잇겟습니까. 그러나 이런 길이라도 祈禱客들은 쉽게 다닌다하니 그네들의 誠心이란 과연 感鬼神을 하고야 말만 합니다.

길 左右에는 머루 다래의 넝쿨이 얽혓습니다.

靑山에 살으리랏다.
靑山에 살으리랏다.
머루랑 다래랑 먹고
靑山에 살으리랏다.
얄리 얄리 얄라셩.
얄라리 얄라

하는 靑山別曲의 古歌를 높이 부르며 지나갑니다. 깊은 洞谷을 兩分하고서 쑥 내밀어 올린 峰이 잇으니 寶蓮臺입니다.

香山誌를 據하면 寶蓮臺에는 이런 傳說이 잇습니다.

李太祖가 아직 登極하기 前에 咸北 吉州 隱寂寺에서 千日祈禱를 시작하고 每日 羅漢 一位씩 都合 千位를 만들엇습니다. 그 뒤에 다시 釋王寺에서 五百日 祈禱를 시작하고 그 千位 羅漢 中에 五百位를 釋王寺로 移安하고저 하여 元山까지는 배로 실어오고 元山부터는 손소 모시고 每日 一位씩 옴겨오는데 귀찬은 생각이 낫든지 最後의 二位는 한꺼번에 모서 왓드니 그 두분 中에 獨聖 羅漢 한 분이 성을 발칵 내시어 이 香山 寶蓮臺 우으로 구름을 타고 날아오셧더라는 것입니다.

때에 마침 寶賢寺 어떤 중 한분이 꿈에 이 일을 보고 異常히 생각한 끝에 이 寶蓮臺로 와보니 과연 一位의 羅漢像이 게시엇습니다. 그리하여 이 頂上에 臺를 짓고 奉安하엿든 것이나 지금은 峰만 남아 잇을 뿐이오 또 그 羅漢도 지난 洪水통에 普賢寺로 옴겨 모셧다 합니다.

다른 분에게는 精誠을 바처 한분씩 모서 오고 이분은 다른 한 분과 같이 두분을 한꺼번에 모서왓으니 李太祖도 이분에게는 忽待를 하신 셈이지마는 그러타고 발칵 忿怒를 내신 羅漢님도 너그럽지 못합니다.

그러나 그가 찾아 온 곧인 즉 幽邃淸凉하기 그지없는 곧이매 과연 景은 잘보든 羅漢이든가 봅니다.

여기서부터 危殆한 石嶂을 붙어 올라 갈 것을 생각하니 손발이 떨릴뿐입니다. 까딱하면 참말 寶蓮臺로 가는 길입니다. 神通力 많은 那般尊者를 불러 生命을 依托하지 않으면 안될 곳입니다.

寶蓮臺! 실로 滿目景槪가 이만한 곧 어대오리까. 편하고 시원하기 이만한 대가 여기보다 더 나으리까.

天台洞 昆蘆洞을 左右에 기고 나려 溪腹에 높이 솟아 寶蓮臺를 이루도다. 極樂이 달리 어대랴. 나는 옌가 하노라.

이 寶蓮臺를 돌아 다시 한 洞天을 만나니 三聖洞입니다. 큰 내를 건너서 욱어진 풀 속을 헤처드니 三聖菴이란 조고마한 廢菴이 잇습니다.

壁에는 佛像 대신 位目을 써붙엿는데 中央에는 南無金輪寶界熾盛光如來佛이라 썻고 左右에는 輔處 두 분을 썻습니다.

그러나 실상 이 三聖菴은 桓因, 桓雄, 壇君 세 聖人을 모시엇든 菴子이매 지금은 없어진 저 壇君菴과 아울러 가장 오랜 菴子들임이 毋論이나 이러케 廢하엿으니 장차 이 山에서까지 三聖뫼신 자취를 잃을 것입니다. 子孫의 祖先信奉이 나날이 엷어저 감을 여기에 憑藉하여서도 알겟습니다.

방바닥에는 木枕 두어개가 굴려 잇고 떨어진 돗자리와 남비가 잇습니다. 아직 七八月이 아니니 삼묓군이 왓을 것도 아니고 아마 피나무 겁질 벗기는 사람들의 자취인 모양입니다.

「아 못살고 가난한 子孫들이 이 山中에 와 나무겁질을 벗기다가 밤이 되면 여기와서 자는 것은 저절로 님의 품 속에 안기는 것이로다」하고 생각하니 더욱더 늣겁습니다.(中略)

그리고 우리는 우물을 찾아가 거기 놓인 박아지로 물을 떠먹은 뒤에「고맙습니다. 목마른 길손에게 물을 떠먹게 하신 은헤 고맙습니다.」라고 조이에 써서 박아지로 눌러 놓고 다시 右便 松林 속으로 들어 岩石의 덩성이를 넘어

갑니다.

길도 없는 곧을 그저 헤매면서 갑니다. 다만 東日和尙만 믿고 따라갑니다. 벼래를 돌아가며 千丈萬丈 떨어진 앞을 내려다보니 손발과 가슴이 그냥 잇지를 아니합니다.

絶壁에 붙은 채 떨고 섯을 때에「아이고 내가 구트나 여기와서 죽는구나」하고 생각하니 발 앞이 더 캄캄해집니다.

겨우 한 고비 지나 놓고 보니 또 그런된붙재를 넘게 되고 이러케 하기를 몣 十번이나 하엿습니다. 과연 남의 生命과 작난하는 곧입니다.(中略)

이리하여 山을 四五개나 넘고 나니 危岩峭壁이 쌓이고 모여서 하늘 닿게 높은 한 峰을 이루니 이것이 우리가 찾아온 香爐峰입니다.

「어허! 香爐, 香爐, 당신을 뵈오려고 저런 險을 지나왓습니다.」
하고 香爐峰을 向하여 아뢰고 나니 반갑기도 하고 밉기도 한 것이 마치 어린 애기가 울며 기대리든 엄마를 본 것 같앗습니다.

峰 우에 기어오르니 一望無際! 香山의 모든 山峰이 모조리 이 香爐峰의 발 밑에 업대어 혹은 誦念도 하는 것 같고 혹은 祈禱도 하는 것 같으며 혹은 재롱도 부리는 것 같고 또 혹은 아양도 피우는 것 같앗습니다.

果然 西山禪師로 하여곰

萬國都城皆蟻垤 千家豪傑等醯鷄
一窓明月淸虛枕 無限松風韻不齊

라는 大詩를 읊게 하엿음적합니다.

所謂 香山 八萬四千峰이 다 脚下에 깔렷을 뿐 아니라 渭原, 楚山, 昌城, 熙川, 雲山, 北鎭, 泰川, 定州, 博川, 寧邊, 安州, 价川 等地가 屛風 두르듯 아득한 하늘가를 둘럿습니다.

「어허! 壯濶한 天地로다」 하고 峰頭에 펄석 주저 앉으니 눈물도 웃음도 깃븜도 슬픔도 괴로움도 편안함도 아무 것도 없이 다만 無言無想의 등신이 되어 버리고 마는 것 같앗습니다.(中略)

나는 한참 후에 다시 눈을 뜰때 참으로 浩然한 氣分을 막을 수가 없음을 더욱더 强烈히 늣겻습니다.

懸崖 千萬丈이기 昇天한 줄만 여럿드니
다시금 우러보니 하늘이 상긔 九萬里라.
마음도 天地를 본받아 절로 浩蕩하더라.

그리고 나는 다시 西山의 詩로 不足함을 깨달앗습니다. 萬國都城을 개암이 둑이라 하고 千家 豪傑을 좃벌레라 본 西山의 詩에 抗議하고 싶습니다.

보이도 않는 都城 개암이 둑이라곤 웨하든고
허허 豪傑이 어대잇어 좃벌레론들 웨비긴고
乾坤이 아득할 뿐이니 없다한들 어떠리.

나는 香爐峰 우에서 이같이 豪氣를 부렷습니다. 그러나 이것은 豪氣 부릴 무엇이 잇어 그런 것이 아니오. 九霄에 솟아오른 香爐 그것의 힘일 것 뿐임을 다시 한번 證言함으로써 香爐의 거룩하고 크고 높고 壯함을 알리는 것입니다.

(下略)(「香山遊記」에서)

松濤園과 海金剛

東方清

《신여성》 7권 7호, 1933년 7월

松濤園을 모르는 이는 아마 업슬 것외다. 京城에서 갓갑고 또 有利한 自然의 造化를 가진 海水浴場으로 너무도 元山 松濤園은 有名함으로서 이외다.

交通이 便利하지요. 東北의 大都市 元山에 連接되여 잇지요. 海邊은 白沙蒼松으로 둘려 잇서 서늘한 그늘 깨끗한 자리를 얼마든지 차지할 수가 잇지요. 물은 맑고 또 여터서(所謂 遠淺) 서투른 水泳家라도 危險업고 氣分조케 놀 수 잇지요. 게다가 潮汐의 干滿이 적으니 아모때나 휘염을 치고 놀 수 잇지요- 무어 이루이루 海水浴場으로서의 有利한 條件을 셈길 수 업슬 만큼 松濤園은 惠澤을 가지고 잇는 곳이외다.

松濤園- 그 곳은 靑春의 여름 行樂地외다. 늙은이 어린애들의 노리터가 아니라 靑春과 健康이 어울려서 뛰여 노는 싱싱한 기운 넘치는 行樂地외다.

그 넓은 물 우에 머리들이 동동 써돌아 단니고 海邊에서 터저 나오는 哄笑와 외마소듸리가 끌어나오는 그 곳 텀부덩. 텀부덩. 물 속으로 뛰여드는 跳躍의 아름다움- 모다가 움직이는 것이요. 모다가 기운 넘치는 靑春의 자랑밧게는 업소이다.

그러니까 松濤園의 여름은 喧譁합니다. 靜的이 아니라 動的의 行樂地외다. 그래서 그 어쩐 사람들은 그것을 가지고 松濤園을 남을하기도 합니다. 샌님이라는 것을 자랑하는 드시 그네들은 입을 셋죽댑니다.

그러나 나는 생각합니다. 졂어서 고요한 곳을 찾는 人間은 活動性업고 厭世症을 가진 비트러진 人間들이라고. 좀더 씩씩하고 좀더 自由로운 氣象을 갓자면 殷盛한 곳에서 大膽하다고 할 만큼 쒸여단이고 써들고 노는 것이 아조 必要한 營養素가 될 것이라고 생각하는 것입니다.

松濤園을 차자가는 길은 아주 쉽습니다. 驛에서 나려 十錢쌔-스를 타면 곱다케 당신을 그곳까지 실어다 주는 것입니다. 그리고 그곳과 그 이웃동리에 잇는 旅館과 여염집들은 그대들을「웨ㄹ컴」합니다.

언제나 텁텁한 옷 속에다 감추어만 두든 肉體에 水泳服 한 겹을 덥고 쓱어운 太陽 아래에서 쒸여놀고 푸른 물 속에 鍛鍊을 식힘으로 여름을 닛는다는 것은 新時代女性들의 榮光이요. 또 자랑일 것입니다. 세 동무 또는 다섯 동무가 손을 잡고 그 곳으로 가서 넉넉한 資本이면 旅館에 그러치 안으면 넘어동리 松下里나 松中里에 방 한 간을 엇고 自炊를 해가면서 얼마든지 여름과 靑春을 享樂할 수 잇습니다.

저녁에는 松林에서 달빗과 노닐 수 잇스며 논두렁 밧둑길로의 散策도 또한 조흐며 좀더 거름을 내처서 元山市街를 漫步해 보는 것도 심심치 안코 자미잇슬 것이외다.

고푸場까지는 몰나도 公設運動場에서 나켓을 쥐고 쏠을 처보는 것도 유쾌할 것이요. 모래바테 드러누어 포-타불을 트러노코 귀를 기우리는 것도 亦是 情趣잇는 것이겟습니다.

저녁 기슭에 고기잽이 그믈 쓰는 데가서 생선 몃 마리 사들고 들어와서 저녁반찬 맨드는 것도 자미잇는 것이외다.

海金剛은 여름 行樂地로는 조용한 곳입니다. 그러나 이름업는 곳은 아니외다만은 아직까지 閑暇한 漁村이 잇슬싸름 싸로 그러한 行樂地다운 施設은 갓지 안은 곳입니다.

그러나 이곳 亦是 充分한 素質을 가진 곳이라고 생각합니다.

水浴場도 넓지는 못하나 흘늉한 것이 잇고 고기낙기, 자개줍지 等 海邊으로서 자미나는 行樂이 모다 가추어 잇는 곳입니다.

下宿旅館의 施設은 엄스나 高城이나 溫井里에 머물면서 여름의 하로 낫을 보내기에는 더우에 갈 곳이 업슬 것입니다.

赤壁江으로 배타고 오르나리는 것도 쏘는 海金剛으로 바위 섬 사이에서 배노리 하는 것도 行樂中에 닛지 못할 것이며 아울러 각금 外金剛 골짝이를 더듬어 놀 수도 잇스니 여름 行樂地로서는 아직 째뭇지 안읏 늣김을 가지고 고요히 지낼 수 잇슬 것입니다.

家族이 同伴하야서 쏘는 여러 동무가 손을 連하야 차자가 질겁게 여름을 보낼 수 잇는 곳이외다. 다만 松濤園처럼 人爲의 便利가 적은 것이 험이라면 험이될지는 모르겟습니다.

短時日에 단여 오기로 한다드라도 두 곳이 모다 交通과 連絡이 便하니까 往復 三日로 充分한 海邊情操를 滿喫할 수도 잇슬 것입니다.

압흐로 海金剛은 東海線이 開通되엿스니까 長足의 發展이 눈 압헤 잇슬 것입니다. (숫)

貊國古都春川行

鷺山

《신동아》, 1933년 8-9월

나는 春川行 自動車에 올랏습니다.

東으로 東으로 山谷으로 혹은 곳 문어질 듯한 峭壁 밑을 땀쥐고 지나가며 혹은 곳 떨어질 것 같은 斷崖 위를 눈감고 돌아갑니다.

新廷橋! 이것이 京春間에서는 第一 큰 橋梁이어니와 이 다리의 이름이 新廷인 것을 혹은 말하되 옛날 新官삿도 오실 적에 郡民이 여기까지 마중나오는데기 때문에 이름한 것이라고도 하나 다시 記錄을 상고하면 輿地勝覽에 「府四十五里 昭陽江下流有新淵津」이라고 하여 「廷」字가 아니라 「淵」字로 적혀 잇으니 실상 이 다리의 이름字도 新淵橋라 쓰는 것이 바를 것이오. 또 新官삿또의 마중이라는 것은 後에 廷字와 같이 생겨난 傳言일 것입니다.

그는 如何間 新淵橋를 지나서 부터는 서로 붙들고 놓지 않든 그 山과 山, 그 山과 물, 그 山과 길이 차츰 떨어지자 몇山모루를 채 못돌아 멀리 雲霄에 호올로 빼어솟은 鳳儀山의 거룩한 尊容이 보이는 알에로 넓은 들판이 열려지고야 말앗습니다.

어허 長濶한 지고.

어허 거룩한 지고.

이 곧을 열어 놓으려고 그 重重한 山峽을 가로세로 疊疊이 막앗든가. 이렇게도 여기가 造化主의 알틀살틀한 寵愛를 받는 곧인가하고 생각하며 먼저 黙拜를 올리지 않을 수가 없엇습니다.

여기가 우리 先民의 처음 사시든 옛 터전이오, 방울방울 純潔한 피를 가지고 살든 그 때의 그들, 우리 本流의 文化를 세우고 裝飾하든 그 거룩한 香徒의 발자취가 이곧 저곧에 놓인 데로다 하고 깨달을 때에 다시 몇 번이나 頂禮하기를 禁할 수가 없엇습니다.

오! 光明! 저 山이 물이 다 우리님의 숨ㅅ김을 받아 간직하여 二千年後 오늘 이 期約없이 ●參오는 後孫에게 光明의 沐浴을 시키는 것은 진실로 느꺼운 일이엇습니다.

넓으신 이 터전을 여오신 우리님이
거룩한 그 발자욱 어데어데 끼치신고
흙마다 그윽한 香氣 뿜어아니 주시는가

山밖은 해지는데 어두운 곧이오나
님주신 밝은 빛이 이 벌에 펴게시어
뵈오려 오는 者에겐 더욱 밝아 집내다.

지금 이 늣거운 마음 무엇으로 보이리까
웃을지 울지몰라 멍하니 드옵건만
사랑에 벅찬 가슴이 갓븐 줄을 아옵내다.

그렇습니다. 光明! 光明 그 것은 곳 그대로 香氣요. 또 그대로 사랑입니다. 우리 文化의 本源이든 光明 그것을 우리 生活의 理想이든 光明 그것을 다시금 늣기고 쏘이고 날 때 나는 마음 속으로 지금도 무엇인지는 꼬집어 말할 수 없는 그 어떤 盟誓를 거듭하엿습니다.

春川! 오래 그리든 곧입니다. 壇民의 뻗으신 한 갈래가 이리로 흘러 江陵을 中心으로 한 濊가 생기고 春川을 根據로 한 貊이 열렷든 것을 아득히 그릴 때에 나는 늦게 늦게야 故鄕길을 찾아드는 遊子의 맘 속갈아 설음과 깃븜이 아울러 복바침을 깨닯엇읍니다.

孤苦의 窮子로부터 慈母의 그 따뜻하고 거룩하고 悲愍으로 가득찬 그 生命의 품 속으로 돌아오는 것 같앗습니다.

얼른 생각하면 이것이 한 개의 素撲한 感情같으되 다시 씹어보면 玄妙하고도 明快한 哲學도들이 잇는 것입니다.

그러나 나는 여기서 論理를 通하여 내 마음을 傳코저 아니하고 오히려 文字 밖에 잇는 그 久遠한 信念을 告白할 다름입니다.

× ×

밤! 古都에 밤이 깊엇습니다. 나는 이 곧 北쪽에 直面해 잇는 뒷 山 鳳儀山 언덕으로 올랏습니다.

鳳儀山은 이 곧의 鎭山으로 가장 神聖한 歷史를 간직한 山입니다. 나는 不安과 孤苦를 이 山 언덕에 올라 우리 先民의 일을 생각하므로써 다 씻을 수가 잇엇습니다.

鳳儀山에는 옛날 鳳儀樓란 것이 잇엇든 모양이나 지금은 그 어덴지를 자취조차 알 길이 없고 또 山名으로도 記錄에는 鳳山이라고만 적힌 데가 잇읍니다마는 지금은 鳳儀山이라고들 합니다.

그러나 이 山을 鳳山이라고 하든지 또는 鳳儀山이라고 하든지 間에 그 原名「부리뫼」또는「불뫼」라고 하엿든 것임에는 相違가 없는 것이라고 생각합니다.

다른 곧의 地名같은 데서도「날부리」란 것을「飛鳳」이라고 譯한 것이 많거니와「鳳」의 우리말이「부리」이엇든 것이매, 그것을「鳳」으로 譯하여 鳳山이라고 하엿든 것이오. 또 吏讀의 通例대로「부리」를「鳳儀」라고 하여「부리」의 끝에 音「이」를 漢字의「儀」에 비겨 쓴 것임도 明確한 일인줄 생각합니다.

또한 同時에 이「부리」란 것의 語源은「불」이란 것에 잇고 그 語義는「光明」을 이름인 것이니. 이것이 우리 先民의 文化乃至生活의 根本要素요. 究竟歸依이엇든 것이며, 이 거룩한 우리 말을 구태어 飜譯해 놓은 者들도 聖人에 비기는 瑞鳥요. 또 火精으로 생겻다 하여「불새」의 異稱이 잇는「鳳」字로써 對譯한 것임이 昭然하다 하겟습니다.

朝鮮의 山岳名中에 이「鳳」字로써 譯稱된 者가 甚히 많음을 보거니와 그 山들이 다 各各 그 地域에서는 가장 끔찍한 尊崇을 받는 山임도 毋論이니 이것이 다 그 까닭입니다.

혹은 飛鳳이라 혹은 鳳凰이라 하는 것이 本是는「불뫼」라는 같은 이름이겟거니와 白頭大幹을 더듬어 내리며 보면 爲先 이곧 近處에서도 楊口, 旌善等에 다 같은 飛鳳山이 잇으며 그 밖에 順興, 淸風, 晉州, 竹山에 다 飛鳳으로 이름띤 山이 잇고 또는 榮川, 尙州, 三峰, 長連에는 鳳凰으로 이름 얻은 山들이 잇고, 또 그 밖에도 甲山에 天鳳山, 三登에 鳳頭山, 忠州에 金鳳山, 昆陽에 鳴鳳山, 求體에 鳳城山, 槐山에 鳳鶴山, 振威에 舞鳳山, 萬頃에 道鳳山 等이로 헬 수 없는 中에 錦南正脈으로 高山에 鳳山이 잇어 이를 一名 鳳衣山이라 함은 正히 그「衣」字가 이 곧 鳳儀山의「儀」字와 조곰도 다를 것 없는 原名「부리」의 末音「이」의 借字인 것이 確實합니다.

그러므로 이 鳳儀山이란 것은 우리 옛 先民들이「불뫼」라고 부르든 것을 漢字로 譯해 놓앗을 따름이라 믿습니다.

× ×

이와 같이 이 山은 거룩한 山입니다. 光明으로써 民生을 敎化하고 指導의 原理를 삼든 그날 그들이 가는 곧곧이 山마다 江마다 오직 光明 한 가지로만 이름짓든 것이 어서 이곧 이 山도 그 이름을 불뫼라고 하엿든 것이므로 스스로 생각할 때 비록 乾坤이 밤의 어둠 속에 잠겻을 지라도 여기만은 굳이 환하고 밝으며 그 가르치는 목소리 그 啓示하는 精神이 嚴肅且明朗한 줄을 느꼇습니다.

더구나 옛적엔 여기 이 山에 城隍祠가 잇어 오랜 傳承의 民族的 精神 乃至 信念을 宗敎的 形式으로 表現하든 것임을 알 때에 이 山의 彌高하고 尊貴하고 感謝함을 稱頌하지 않을 수 없습니다.

본시 우리 歷史에서도 이 穢와 貊으로 말하면 山岳文化를 中心으로 하되 이 光明으로써 最高最善한 標幟를 삼아서 대개 自然崇拜가 盛行하엿으며 그리하여 漸次 人文이 發達함을 따라 體系 整然한 偉大한 一信仰을 形成하고서도 오히려 그 根本的이오 要軸的인 光明一事만은 一貫한 顯示가 되어 왓습니다.

이와 같은 全民族 乃至 東北亞細亞의 全民族이 「하늘」을 最高存在로 하고 「해」를 最高表現으로 한 光明의 敎義 알에서 그 精神을 支配받든 것임과 아울러 山을 神聖히 보고 山을 尊嚴히 여기는 그것도 畢竟은 거기가 人間 자긔들의 生活하는 곧인 同時에 거기가 그 精神을 薰陶하고 涵養하는 곧이기 때문이엇습니다.

그리하여 三國時代에 와서도 特히 저 新羅의 花郎들이 이 精神의 繼承者가 되어 山岳을 巡禮하면서 數多한 方法으로 그네들의 理想을 實現하여 마침내 한 獨特한 文化流 自別한 文化相을 이루어 놓은 것임니다.

× ×

이튼 날 아츰? 나는 鳳儀山 後麓에 잇는 昭陽亭을 찾앗습니다.

昭陽亭은 昭陽江岸에 잇는 春川에서는 가장 有名한 亭子인데 李朝 初에는 한동안 二樂樓라고도 한 적이 잇엇으나 지금은 다시 古稱대로 昭陽亭이라고 합니다.

樓壁에 걸려잇는 懸板을 보니 일즉 三韓時代로부터 이곧에 이 亭子가 잇엇다고 적혀잇습니다.

毋論 지금 이 모양대로의 亭子가 그때부터 잇엇을 것임은 아닐지로되 自然崇拜로써 宗敎的 儀式을 삼든 先民들의 일이라.

이 좋은 江에 무슨 方法으로든지 致誠하는 靈場을 만들엇을 것이 事實이오. 그것이 次次 變轉하여 單純히 遊興處로의 亭子가 되엇을 것입니다.

그는 如何間 이 江이 이 亭子가 勝景 아닐 수 없고 지금 綠肥紅瘦의 이 時節이 맞추어 兼하엿으매 나는 이러한 塵寰속에 또한 이러한 一區一刻이 잇음을 스스로 疑心하도록 마음이 깃벗습니다.

그리고 옛날 高麗朝의 人 姜淮伯이 여기 앉아「江天漠漠倚樓閣, 落花飛絮春風前」이라 읊엇든 그 詩句를 생각하며「正히 이 때이엇든구나」하고 感嘆하자 亭子 안으로 날아들어오는 落花二三片이 더한 충남의 情을 뒤지어 놓는 것 같앗습니다.

昭陽亭 봄바람에 지는 꽃 두세닢이
날려 날려서 어느 곧에 못 떨어저
구태어 亭 안으로 들어 남의 애를 끊나니.

나는 昭陽亭 欄干에 걸어앉아 흘러가는 昭陽江 긴 물을 굽어 보앗습니다. 그리고 다시 고개를 들어 江 건너 넓은 白沙場 또 그 넘어 牛首山 푸른 숲을 바라보앗습니다.

春川벌을 에둘러 東으로 汝每岬山이라고 一名하는 大龍山이며 그 넘어 高麗 李資玄이 息菴을 짖고 幽居하든 淸平山이며 北으로 구름 밖에 龍華山

이 솟고 西으로 席破峴과 그 넘어 멀리 華岳山이 잇어 그윽한 생각이 고개를 들 적마다 스스로 일거니와 이 昭陽江 건너 牛首ㅅ벌넘어 牛首山이 놓인 것이야말로 없으면 안될 곧에 놓인 값잇는 山입니다.

이 牛首山은 혹 牛頭山이라고도 하고 우리 本名으로는「소시머리」라 하거니와 이 곧 貊國을 新羅 善德王 六年에 牛首州라 일클은 일이 잇엇으니 실상 朔州니 春州니 하다가 李朝 太宗 十三年에 春川이라고 부르게 된 이 春川에서는 牛首山이 가장 重要한 興起點이라고 할 것입니다.

더욱이 저 牛首山에는 壇君의 臣下 彭吳의 碑가 서잇는 것은 諸種 文獻에도 적혀잇는 바와 같이 이 牛首山의 重要性을 證據하는 一事라 할 것입니다.

나는 여기서 이러한 모든 古蹟과 古事를 보고 생각하는 남아에 다만 우리 全民族이 光明 한가지로만 生活理想을 삼아야 할 것임을 다시금 믿어말지 않습니다.

泰對國古都鐵原

珠北山人

《신동아》, 1933년 8-9월

(一)

「築鹿不如弓裔恨. 夕陽江畔謾優遊.」
라 함은 一千年前 故國의 遺墟인 鐵原 荒野에서 夕陽 暮烟의 凄凉한 物色을 보면서 불으지진 詩人 李深源의 懷古的 警句이다. 鐵原! 鐵原은 一千年前 繁華의 大都市엇다. 眇目 英雄 弓裔王의 二十三年間- 天下를 號令하던 泰封國의 首府이엇섯다. 만은 只今은 麥秀가 漸漸하고 荒草가 離離할 뿐.

「宮女如花滿春殿. 只今唯有鷓鴣花.」
라 할만한 楓川原의 廢墟가 남어잇슬 뿐이다. 이 廢墟를 像想하면서 그에서 演湊하던 歷史劇의 一幕을 簡單이 써보랴 한다.

(二)

鐵原은 本來- 高句麗時代에 鐵圓郡으로서 三國史記 地理誌에「鐵原郡 一云毛乙冬非」라 하얏다. 三國時代에 잇서서는 人名과 地名이 다 朝鮮말로

읽고 그의 音義를 딸어서 漢字로 譯載하얏슬 뿐이엇섯다.

그럼으로 同一한 人名地名으로도 그의 發音과 意義를 딸어 數三種의 各異한 漢字로 譯載한 수가 잇섯다.

例를 들으면 淵盖金 도는 淵盖蘇文이라 함은「이리갓쇠」라 하는 原語를 漢字로 換譯함이오. 苔宗 또는 異斯夫는「잇보」의 漢譯이며「서울」곧「섭울」의 古語는 徐伐, 徐菀, 金城, 新羅, 鷄林 等의 種種의 漢字로 化現되얏고「글씨바위」를 文峴 또는 斤尸波衣라 하고「오삼달」을 烏閃達 또는 兎山이라 하얏섯다.

그와 갖이 鐵圓이라 함은 곧 原語의 意譯이오. 毛乙冬非라 함은 곧 原語의 音譯이라 할 만하다. 그를 吏讀文式으로 읽어보면「毛」는「털 모」字로서「털」을 取하고「乙」은「새 을」字로서「ㄹ」을 取하고「冬」은「겨울 동」字로서 發音의「동」을 取하고「非」는「그릇 비」字로서「긋」을 取하야 그를 通讀하면 곧「털동긋」으로 읽을 수 잇는 바이다.

同時에「鐵」의 發音은「텰」로서「털」과 近似하야「텰」과「털」을 通用할 수 잇는 바이며「圓」은「둥글 원」또는「둥긋 원」字로서「둥긋」과「동긋」이 類似하야 그를 通用할 수 잇는 바이다. 그럼으로 그를 通讀하면 鐵圓도 또한「털동긋」이라 읽을 만한 同時에「毛乙冬非」와「鐵原」이 다「털동긋」이라 하는 同音異譯으로 化現이 되얏슬 뿐. 各異한 音義가 잇는 것이 안이다.

얻어한 文士는 鐵圓을「쇠두레」라고 쓰신 곧이 잇섯스나 그는 考據上 錯誤라 하지 안이할 수 업는 바이다.

(三)

위에 말한 바와 갖이 高句麗時代에 잇서서는「털동긋」을 鐵圓 또는 毛乙冬非라 譯用하다가 新羅 眞興王 十二年(西紀 五五一年 辛未)에 勇將 居柒夫의 征服으로 붙어 新羅의 領土가 되얏고 漢化的 文明이 最高 絶頂에 到達한

景德王 十六年(西紀 七五七年 丁酉) 十二月에 全國의 地名을 漢字化 식히는 同時에 鐵城郡이라 改稱하야 漢州에 附屬케 하얏고 眞聖女王 十年(西紀 八九六年 丙辰)에 新起한 後高句麗國 太祖 弓裔王이 松岳郡으로 붙허 國都를 그에 移定하얏다가 翌年(丁巳)에 다시 松岳郡에 還都하더니 그로 붙허 十八年을 지내서 國號를 泰封國이라 改稱하고 國都를 다시 鐵城에 옴기게 되얏섯다. 그레서 그로붙허 五個年間에 窮奢極侈의 豪華한 生活을 누리다가 맞임내 그의 臣下 王建의 革命으로 붙허 建國 後 二十四年의 歷史를 가젓던 泰封 王朝가 一朝에 覆滅이 되고 高麗 王朝가 新設(西紀 九一八年 戊寅 六月)이 되자 翌年에 國都를 松岳에 옴기면서 鐵城을 東州라 改稱하얏고 高麗 忠宣王 二年(西紀 一三一〇年 庚戌)에 鐵原府라 改稱하얏고 오랫동안 京畿道에 隸屬하얏던 本郡을 李朝 世宗 十六年(西紀 一四三四年 甲寅)江原道에 移屬케 하얏섯다.

(四)

끝흐로 鐵原에 定都하얏던 弓裔王朝의 歷史 中에 二三의 疑點을 들어 뒤를 맺이고 말어보랴 한다. 그 王朝의 運命이 短促하얏슴으로 當時에 記錄이 남어잇지 못하얏고 高麗人의 利己的 敍述로 붙허 그의 眞面目이 抹殺되고 말엇섯다. 高句麗 遺民의 精神을 化現식힌 後 高麗 또는 後高句麗라 한 國號까지도 겨우 帝王韻紀 三國遺事 東文選 等 記錄에 붙허 남어잇슬 뿐. 所謂 正史이라 하는 三國史記에는 抹殺이 되고 말엇다. 더욱이나 그의 末年 곧 革命 前의 記錄은 王建의 革命을 辯護키 爲하야 窮極의 罪名을 弓裔王에게 씨우기 爲하야 歷史的 事實을 變造한 點이 多大한 듯 하다. 그럼으로 三國史記 中에 그 部分의 記錄을 읽으시는 이는 먼저 그 點에 注意치 안하야서는 안될ㅅ 것이다. 三國史記 本傳에 보면 弓裔는 本來- 新羅 憲安王 或은 景文王의 王子로서 五月 五日에 誕生하야 父王에게 有害하다는 迷信的 理由로

殺害코자 함으로 그의 乳母가 업고 逃避하야 民家에 長養하얏다가 中年에 太白山 世達寺의 僧侶가 되야 自號를 善宗이라 하더니 新羅 眞聖女王 四年(西紀 八九〇年 庚戌)에 國家의 騷亂함을 보고 竹州賊箕萱에게 몸을 던저 起兵하얏다 한다. 만은 그가 本來- 新羅王子이라 함도 一種의 遺族이 地閥을 憑藉하야 人心을 收拾하랴는 政策的 假說이 안인가?한다. 다시 말하면「自稱扶蘇項燕」이라 하던 陳勝吳廣의 故智를 본받은 듯하다.

그러고 眞聖女王 十一年(西紀 八九六年 丙辰)에 鐵圓에 建國하고 國號를 (後) 高句麗(三國遺事稱 高麗)라 하얏다. 그는 高句麗의 亡國 後 二百餘年을 지냇스나 아즉도 故國을 憧憬하는 北方民의 歡心을 買收하랴는 方便인 듯하다. 甄萱이 百濟 遺民의 精神을 迎合키 爲하야 國號를 後百濟라 함과 同一한 手段이다. 다시 말하면 二百餘年間-地下層으로 暗流하야오던 高句麗 民族的 精神의 再現으로서 그가 곧 新羅王子라 함보다는 高句麗人의 血統을 받어난 平民的 偉人인 듯하다. 말은 三國史記에는 高句麗 또는 高麗라 한 國號까지 刪去하야 그의 遺蹟을 차저내기 어렵게 되얏섯다.

그러고 三國史記 本傳에「多行非法」이라 하야 弓裔王이 그의 夫人 康氏와 兩兒와 無辜한 臣民을 殺戮하얏다. 列擧하야 弓裔王의 罪惡을 指摘하는 同時에 天意人心이 제절로 王建에게 도라간다하야 革命의 理由가 正當함을 辯護하얏다. 만은 그는 幾部分 高麗人의 利己的 敍述로서 그의 眞狀을 차저내이기 어려울 한 記錄이라 할 만하다.

이 바긔로 弓裔王朝의 史蹟은 讀者諸位가 스사로 三國史記, 三國遺事, 高麗史에서 차저 보시기를 바라옵고 이만 긏이오며 鐵原 廢墟에 存在한 그 時代의 古蹟的 遺物을 紹介하여야 올을 것이오나 그는 筆者가 아즉 가보지 못하얏슴으로 評論치 못하는 바외다.

바다의 金剛「東海의 松田」

李軒求
《신동아》, 1934년 7월

胡地에는 永遠히 봄이 없다고 합니다. 봄 없는 나라의 荒漠한 生活도 대로는 經驗하고 싶은 衝動을 느끼는데 人間情意의 無軌道的 發現이 잇습니다. 그러나 때로는 여름만을 기달리기 위하야 一年을 犧牲하는 분이 있습니다. 그이의 말을 빌면 오직 여름의 단 한달 동안 이 現實의 모든 것을 저바리고 오로지 바다와 싸흐고 바다를 사랑하며 또는 바다와 노래하는 것이 自己生活의 가장 渴望하고 憧憬하는 唯一의 人間的 生活이요. 藝術創造의 別世界라고 합니다.

나는 그이와 같이 여름의 바다를 自己의 모든 生命, 愛人, 藝術 以上으로 愛慕한다고 自矜할 수는 없읍니다마는 내 感情만은 그이에 지지 않을 만한 바다의 禮讚者입니다. 禮讚이라는 말이 내가 바다에 對해서 가지는 모든 感情을 表現하기에는 너무도 形式的 誇張같이 느껴집니다.

나는 여름의 바다를 꽤 많이 親해 보습니다. 釜山, 馬山, 淸津 等地의 暫

滯는 勿論이요. 元山의 明沙十里와 咸南文坪의 바다는 한해 여름식 지낸 곳입니다. 그러나 나의 가장 좋와하는 處所의 決定的 讚辭는 드디여「東海의 松田」으로 다름질 치지 않을 수 없는 한 運命에 遭遇되고 있습니다.

나는 여기서 松田이 어떻게 좋으냐?하는 公式的 文句를 쓸 수는 없습니다. 맞이 누구더러 어머님 사랑이 어떠트냐?하는 說明. 네가 生命을 바처 사랑하는 愛人의 感情이 어떠트냐?하는 解答이 實로 偉大한 藝術的 創造 以上으로 困難을 느끼는 것과 同一합니다. 孔子의 德은 바다와 같이 測量할 수 없다는 것은 그의 高弟의 스승에 對한 定評입니다.

松田은 가장 좋은 地域에 놓여있습니다. 어찌보면 山으로서 가지는 金剛山의 地位를 松田은 바다로서 가저도 부끄러움이 없을 줄 압니다. 松田 獨自가 가지는 地域的 優越性은 바닷물의 멀리 푸르고 맑다는 것이라거나 그보담도 바다까로 느러선 松林이라거나 좀더 들어가 욱어진 老松의 鬱蒼은 오히려 松濤園의 松林以上으로 淸雅하고도 幽雅한 詩趣가 있는 것 갔습니다. 더욱 西便의 七星岩에 부디치는 波濤, 東便의 五昧里라는 적은 漁村. 그러나 이 松田에는 漁村이 가지는 그러한 醜雜이 없다는 것은 明沙十里와 같이 한 개의 자랑일 것입니다.

그러나 이 松田만이 가지는 또한 個의 優越은 저 有名한 通川의 叢石亭이 二十里밖에 안되어 海邊을 끼고 거러도 갈 수 있지만 汽車로도 不足 二十分입니다.

그리고 이 바다의 나날의 海風이 실증이 나면 外金剛, 海金剛은 두 時間에 갈 수 있고 元山의 繁昌도 二三時間에 直行할 수 있습니다.

나는 다시 松田의 海邊 거긔에서 나날이 느낄 수 있는 實感- 松林 사이의 逍遙, 月夜의 海邊 散步, 東海의 旭日, 暴風 前後의 狂亂하는 怒濤! 이렇게 쓰는 내 붓끝은 다시 叢石亭의 달밤도 한 대 쓰지 않고는 못 견디게 합니다. 그러나 나의「海邊雜記」에 쓰일 隨想은 끝없이 길어질 것 같어서 오직 이만한

程度의 松田을 追憶하고 다시 이 여름을 松田과 더브러 지낼 수 있기를 그 機會의 再來를 마음 깊이 기다리고 있겠습니다.

-一九三四. 六. 一日.

밤바다의 血月

李軒求

《신동아》, 1934년 9월

멀리 바다에 떠오르는 아츰 해의 燦爛에 누구나 恍惚하지 않는 사람이 없다. 實로 거기에는 無限한 希望과 生命의 거룩함이 용소슴치고 있으며 이 大自然의 偉大에 宇宙는 暫時 青春의 怯悅에 雀躍한다. 커다란 天聲의 健康스러운 生命의 멜로듸가 空間에 차고 넘침을 느낀다. 그러나 이것은 한때에 燦爛이요, 恍惚이요, 怯悅이다. 마치 커가는 아기의 건강한 肉身에 넘치는 우슴과 노래와 아름다움이다.

그러나 바다의 보름달- 海月에 醉하는 青春男女의 로맨스를 우리는 많이 알고 있다. 그들은 밤늦게까지 그윽한 松林을 찾어 또는 떠러진 조용한 砂場에 月夜密語의 숨은 곳을 찾는다. 그들은 海月이라는 女神의 가득찬 慈愛에 青春의 血潮는 저저지는 것이요, 타오르는 것이다.

나는 여러번 바다의 旭日과 바다의 望月을 어린이와 같은 狂悅과 青年的頌讚으로서 바라본 經驗이 있다. 그래서 내가 東海의 崇潔한 日月의 아름다움을 禮讚할 때 西海落日의 無限한 莊嚴과 虛無境을 感激으로써 이야기하는

親友도 있다.

그러나 東海의 旭日도 西海의 落日도 또 東海의 三五夜月도 그도 한갓 우리의 平凡한 注意로써 觀賞할 수 있는 것이다. 그 時間 그 場所에 있으면 흔히 無意識中에 目睹할 수도 있는 普遍된 事實이다.

사람에게는 남이 보지 못한 未知의 境地에 對한 憧憬을 本能的으로 갖이고 있다. 이것이 人類向上에의 唯一의 메디엄이다.

나는 여기 實로 보름달도 아니요. 초생달도 아닌 스므사흘달을 기다리든 記憶을 쓰랴 한다.

여름밤은 짧다. 그리고 여름달은 몹시도 늦게 뜬다. 그래서 스므날 달뜨는 것을 기달리는 데도 子正이 가깝게 모기안래 뜻겨가면서 어둠 속에 웅크리고 앉어잇지 않으면 안된다. 더군다나 여름을 享樂하랴는 사람으로서 무엇이 그렇게 애가 타서 조을니는 것을 참어가면서 그렇게 크다란 利害도 없이 바다까에 우득하니 앉어잇을 무슨 必要가 있느냐?하나 왼일인지 나는 스므사흘달에 한 個의 로멘스 한 개의 神秘를 가지고 있다. 그래서 나는 어떠케던지 여름 아니 바다에 뜨는-스므사흘 달을 기달리기로 하였다.

海邊의 八月도 열흘이 지나 밤이면 꽤 쌀쌀하다. 나는 이날 저녁도 松田海邊에 S兄과 함께 나갔섰다. 어둠 속에 드러누어 별들을 헤여가면서 노래도 불느고 黙想에 잠기였다. 그러다 차차 잠긔가 와서 도루 컴컴한 旅舍로 도라와 드러 누엇다. 그러나 이 날이 陰曆으로 스므사흘이라 어떠케던지 한밤 中에 뜨는 이 쪼각달을 보리라는 好奇心에 S兄을 꾀였으나 困한 잠에 醉한 그는 날다러 혼자 갔다 오라고 한다.

나는 굽으러진 집행이를 집고 鐵路 線路 위를 뚜벅뚜벅 거렀다. 불도 없이 조용한 이 깊은 밤의 靜寞은 一時에 내 몸 周圍에 暗黑의 恐怖를 퍼부어 준다. 나는 숨을 죽여가면서 左右 松林 사이의 좁은 길을 거렀다. 나는 바다까로 나왔다. 밤물결 소리는 차고도 陰酸하게 뼈 속에 숨여든다. 얼마를 기달려야

달이 뜰넌지도 모르는 이 待望은 정말 어리석기도 하고 안타깝기도 하다. 옆에 개 한 마리라도 있다면 좀 慰勞라도 될 것이지만 周圍에는 그러케도 冷情한 自然의 包圍가 있을 뿐이다. 나는 잠자코 서서 내 呼吸을 죽여가며 脈搏을 헤기로 하였다. 七十을 一分으로 하야 열 번을 헤고 다시 스므번까지 헤랴다가 고만 머리가 뒤숭숭하고 갑갑해저서 그도 귀찮어 이저바리고 마렀다. 그 다음에는 무엇을 해가면서 이 無聊한 時間을 기달리는가? 이러케 혼자 겁내고 짜증내고 하는 瞬間 分明코 저 바다- 컴컴한 바다의 한 點을 向하야 조금히멀금한 빛이 보이더니 새빨간 귤쪽꿀같은 形狀이 뾰죽하게 내밀엇다.

同時에 내 心藏은 鼓動을 끈친 듯하다. 기뻐야할 내 心情은 알 수 없는 戰慄에 威壓되고 있었다. 한 分 한 分式 이 무서운 形體는 바다 위로 떠올나온다. 아니 極히 느린 步調로 이 편을 노리고 떠오른 것 같다.

나의 느끼는 威壓은 숨이 막킬 것 같다. 아! 나는 마조막 갈퀴가 떠올나온 것을 본 그 瞬間 왼 몸에 소름이 끼침을 느끼였다.

오, 여름 바다의 스므사흘달! 處女의 새빨안 心藏이 寃恨을 품고 고대로 얼어붙은 듯한 핏빛 片月에 내 가슴을 콱 찔리고 만 것이다. 나는 이 달의 神秘를 느끼랴 한 것이다. 또는 沈黙 속의 그 孤影을 혼자 사랑하랴든 것이였다. 그러나 이러한 나의 企待는 完全히 豹變하고 마렀다.

寃恨의 눈물이 철철 흘을 듯하는 그러면서 哀寃 가득찬 이 달을 단 五分동안 直視하는 것은 非常한 勇氣를 要求하였다. 여기에는 아마 小心하고도 臆病的인 내 性情의 所以도 있으리라! 그러나 이렇게까지 나를 戰慄케 하고 恐怖에 무치게 할 줄은 꿈에도 생각지 못했다.

달없는 밤 處女의 寃魂이 머리를 풀고 歔欷한다는 이야기는 어려서부터 많이 드렀다. 그러나 그것은 너무도 傳說的이요, 架空的이다하나 이 스므사흘달의 주는 바 이 畏感은 實로 한 개의 神秘的 處女魂의 凝結이다. 나는 눈을 가리우고 발길을 돌렸다. 내 등뒤로 어떤 處女의 寃魂이 선듯 내 목덜미를 스치고 숨여들 듯 하였다. 나는 될 수 있는대로 달을 보고 微笑하랴하였다. 그러나 달은 그도저도 모르는 듯 천천히 바다 우로 떠오른다.

海邊의 보름달 그는 平凡한 浪漫的 詩情에 充溢된 情趣다. 그러나 밤 中에 떠오르는 바다의 下弦 지낸 달은 實로 神秘의 戰慄을 顚感식히는 處女魂의 핏빛 結晶이다. 만일 이것을 믿지 안는 이거든 바다의 한밤 中 나와같은 待望과 實感을 體驗해 보라.

關東八景禮讚

李熙昇

《신동아》 46호, 1935년 8월

一. 머리말

우리는 어느때 自然과 가장 親할 수 있을까「花爛春城하고 萬和方暢이라. 때 좋다. 벗님네야 山川景概 구경 가세……」는 봄철의 自然을 探訪하자는 노래요.「어젯밤 부든 바람 金風이 宛然하다…….」라든지「秋江落月에 江風은 凄凄하고 滿山紅葉은 錦繡帳 둘렀는데……」는 가을의 自然을 울어 마지않은 咏嘆이다. 그뿐만 아니라.「嵬嵬한 岩石下에 雪風이 凄凉한대 玉樹珠簾이 處處에 걸렸으니 素淡한 雪景 中에 梅香이 무르녹고…….」云云은 겨울의 勝地를 찾는 이의 입에서 不知中 흘러 나오든 自然頌이었다. 이와 같이 自然은 철을 따라 各各 色다른 景趣를 가지고 우리를 부르고 있다. 그러나 여름처럼 自然과 親하고 自然과 和하고 自然과 溶融하고 自然에 沒入할 時期는 다시 없다고 아니할 수 없다. 더군다나 現代人으로서 現代의 機構 속에서 生活하는 大多數의 民衆으로서는 여름이 아니고는 機會가 없다. 그리고 春秋冬節의 探勝은 한낱 遊興的 消遣的 閑事에 지나지 않지마는 夏期의 自然探訪

은 心身을 鍛鍊하기 爲한 冒險이요. 知識을 널리기 爲한 課業이다. 崇高한 精氣에도 接할 수 있는 同時에 神秘한 靈感도 받을수 있다. 審美의 心琴을 가다듬을 時機도 이때요. 大自然의 縕奧를 哲學할 機會도 이때가 가장 適當하다. 우리는 이 機會를 어떻게 利用할까? 어떻게 自然을 찾을까?

高麗의 安軸이 嶺東山水를 讚嘆하야 關東別曲이란 노래를 읊었고 李朝의 鄭澈(號는 松江)도 같은 이름의 노래로 關東風景을 기리었다. 近年에 唱歌로 된 關東八景歌

萬古東方 造化神功 어대어대 施設했노
竹杖芒鞋 大濶步로 關東八景 찾어가세

가 아즉도 우리 입에 膾炙되지 안는가.

이 모든 것이 우리의 마음을 끌어 關東行脚을 재촉한다. 이 여름에 機會있는 분은 오름지기 關東八景을 찾으라.

二. 叢石亭

元山에서 東海岸을 끼고 南으로 내려가면 첫 고을이 通川郡이요. 이 고을의 叢石亭이 처음으로 만나게되는 八景 中의 하나다.

庫底港 東便에 浦項山이 솟아있고 그 落脉이 주춤하야 바다가으로 뻗힌 곳에 叢石은 形成되었다. 浦項山 南麓을 돌아 그 落脉의 허리를 밟고 넘어스자 海中으로 突出한 叢石의 一部는 눈 앞에 展開한다. 발 아래는 臥叢石이라 하야 石柱 터미가 비슷비슷 누어있고 맞은 便에는 立叢石이라. 빈틈 없이 石柱를 부처 세우고 그 우에 몇 層을 垂直으로 포개 놓은 듯한 絶壁이 屛風같이 둘려있다. 絶壁과는 따로 떠러저 돌 기둥을 묶어 세운 듯이 물 속에 屹然히 솟은 네 個의 峰이 있으니 이 이른바 四仙峰이다. 新羅 때에 永郎, 述郎, 安

祥, 南石의 四仙이 그 우에서 바둑 두든 터라 한다. 그러나 凡人으로는 그 峰에 발을 붙여 볼 수가 없다. 石柱들은 모다 六角柱로 되어 있는 玄武岩이라 한다. 그 몇 萬 몇 千의 돌기둥이 깎아지른 듯이 서있는 바로 발 밑은 맑고도 푸른 물결이 콸콸 출렁출렁 부디친다. 부디치면 치는대로 玉城이 부서지는 듯 雪山이 문어지는 듯 물결이 石柱를 박차는지 石柱가 물결을 물리치는지 푸른 바다에 힌 飛沫을 뿌려 던진다.

그리하야 萬古以前으로부터(아마 萬古以後까지도) 悠久한 海潮曲을 아뢰고 있다. 아! 그 壯觀이야. 참으로 言語에 絶한다. 우리는 이 光景을 表現할 아무 機能도 가지지 못한 것을 恨할 따름이다.

여기서 다시 이러나 돌 險한 언덕 길을 더듬어 四仙峰 옆을 지나서 石壁直上에 올라서면 적이 평평한 곳에 한 채의 亭子가 날아갈 듯이 서있으니 이것이 곧 新叢石亭이다. 그 옆에 있든 喚仙亭이 頹落된 後에 새로 지은 것이라 한다.

이 亭子에 올라 四圍를 바라보면 眺望의 雄大함이 實로 名狀키 어렵다. 絶海의 風景이 더욱이 그러하다.

三. 三日浦

高城郡으로 드러서서 長箭港을 지나면 金剛入口 三街里(現 溫井里驛)가 나선다. 바른 便으로 金剛山을 바라보며 三十里 假量 더 내려가다가 큰 길을 버리고 왼손편으로 접어들면 三日浦에 이르게 된다.

三日浦는 周圍가 約 二十里나 되는 湖水로서 西北은 崎嶇險峻한 山岳으로 돌리고 東南에는 低平한 丘陵과 平野가 즐편한다. 山 밑으로는 湖汀의 變谷이 甚히 많아서 더욱 그 妙를 더하였다. 湖心에 네 個의 적은 섬이 紺碧淸淨한 水面에 떠있고 그 中에도 아담하게 보이는 섬 우에 四仙亭址가 있다. 옛날에 永郎 等 四仙이 三日을 逗留하며 놀았다 하야 三日浦의 이름이 있다. 西으로 검푸른 山影을 물 속에 잠그고 東으로 赤黃色의 丘陵이 水面에 反射

하야 幽邃絶妙한 韻致는 참으로 俗人이 그릇 仙境에 드러온 感이 있다. 一葉小舟가 고요한 湖面을 어즈러이 흔들며 悠悠히 미끄러저 지나니 이것이 그림이 아니고 무엇이랴. 에다가 美麗한 落照를 더지고 雄大한 太陽을 물드릴 때야 다시 일러 무엇하랴. 西湖는 杭州之眉目이란 글句가 있거니와 三日浦는 分明히 關東之眉目이다.

四. 淸澗亭

襄陽의 勝地는 淸澗亭이다. 山줄기가 바다를 向하고 뻐처 드러가다가 불끈솟아 兀然한 小峰을 이룬 것이 萬景臺요. 臺下의 발고랑에는 길이 넘는 礎石 八個가 間隔을 맞추어 우뚝우뚝 서있으니 이것이 곧 淸澗亭의 옛 터라 한다. 亭閣은 간데 없고 廢墟만 남었으나 그 礎石만 보아도 當時의 建物이 얼마나 宏壯하였을 것을 미루어 알겠다. 그러나 이 빈터도 中間에 移築하였든 곳이오. 정작 最初의 淸景亭은 萬景臺 우에 있었다 한다. 峰上에 올라가 보면 亦是 矩形으로 列 지어 있는 礎石이 잔디 우에 베어저 있다. 北方을 바라보니 맞은 便 山줄기가 海角에 끊어진 곳에 滔滔한 波浪이 悠久한 싸움을 쉬지 않고 南으로는 울멍줄멍한 丘陵이 參差하야 바다와 함께 南天에 다았으나 그 끝은 아득하야 아지 못할테다. 뒤로는 金剛으로부터 五臺로 땉는 脊梁山脉이 山腹以上을 雲霧로 감둘러서 자못 森嚴하기 그지 없으며 앞으로 溶溶한 海面에는 蒼松을 이고 있는 적은 섬이 閑暇히 떠있다. 멀리 滄海萬里의 天際에는 어느 것이 뭍인지 어느 것이 하늘인지 다만 아드막하야 사람으로 하야금 悽悵한 感을 일으키게 한다. 이곳에서는 古人의 詩句 하나 얻어 볼 수 없으니 더욱 愴然하다.

松亭의 創建은 歲月이 아득하야 그 어느때인지 모르며 그 後 몇 번을 重修하였는지 約 四十年前까지는 殘存하였다 한다. 지금 있는 亭閣은 그 村民들이 古人의 遺跡을 잊지 않기 爲하야 옛 터 앞에 지은 것이라 하며 그 後面에

도라가면 옛 柱礎가 남아있는 것을 볼 수 있다. 그 밖으로 얕으막한 돌城이 들렸으니 이는 鬱陵島를 監視하기 爲하야 이 곳에 萬戶를 두었든 까닭이라 하며 軍器廠과 萬戶官舍도 三十餘年 前까지 있었다한다. 南으로 南大川을 隔하야 上, 中, 下 南山의 세 峰이 俊秀하게 섰고 北으로 들 가 데 兀立한 軍舞峰 아레는 錦江이 圓繞하야 霽月을 玩賞하기에 알맞다. 西方 日出峰에는 修眞寺가 있었으니 晩鐘이 또한 一興이었을 것이요. 東으로 數百步를 나가면 明沙十里에 海棠의 芳香이 郁郁하고 滄海歸帆이 여기저기 點在하니 또한 諸想이 저절로 배부를 것이다. 더욱이 예전에는 亭子 앞 水田 一帶가 큰 湖水였다 하며 언덕 위 修竹에는 夜雨가 蕭蕭하였다 하니 이 八景의 甲이 아니고 무엇이랴. 七景의 大部는 그 生命을 바다에 붙였으나 이 月松은 山野의 眺望이 佳麗하야 一新한 異趣가 遊山子로 하야금 발을 머무르게 한다.

東海에 숨겨진 옛 記憶

韓仁澤

《신동아》 46호, 1935년 8월

M兄!

香蘇丸 닻감는 소리를 나는 지금도 記憶하고 있습니다.

그때도 只今과 같은 여름! 오리온 星座가 금시에 쏘다저 나릴 듯한 東海의 밤하날을 바라보며 元山港을 떠나던 그때가 벌서 十年이라는 歲月이 흘너갔습니다.

그러나 나는 지금도 그날 밤을 잊지 않고 있습니다.

그런 까닭으로「初戀하던 사람을 追憶함」이라는 주신 題目을 받아 곧 머리 속에 떠오른 것이 그날 밤이었던 것입니다.

M兄!

「初戀」이라는 그 限界線이 어떠한지 알 수는 없읍니다마는 내게는 그렇게 特記할 만한「初戀」이 없는 까닭으로 내가 愛의 衝動을 받어 부질 없이 한동안 苦悶하였고 지금도 記憶에서 사러지지 않는 東海上에 흐러진 옛날을 더듬어 보려고 합니다.

M兄!

그때 나는 P高普四學年이었던 것입니다. 하로는 學校에 갔다 東崇洞에 있는 下宿으로 돌아오니까 우리 방 바로 곗 방에 손님이 새로 옮아왔던 것이입니다. 그날이 바로 二月 六日인 내 生日이었던 까닭으로 日字까지 잘 記憶하고 있습니다.

나는 마루에 놓인 구두를 보고 그것이 主人이 몇을 전부터 이야기하던 主人일가되는 C保育學校를 다니는 K孃과 그 동무 B孃이라는 것을 곧 알았습니다.

K孃이 온 뒤로 갑자기 조심성이 생기며 매사에 침착하여졌습니다. 그 理由를 말하라면 그때는 勿論 只今도 이렇다는 理由를 말할 수 없습니다. 억지로 말하라면 벽 하나 사이에 두고 女子들이 있으니 말과 체신에 操心하여야 되겠다는 것 밖에는- 그러나 그 외에도 나로도 말할 수 없는 어떤 理由가 있는 듯 하면서 그 實은 없는 듯도 하였습니다.

K孃은 그때 나보다 三四歲 이상이었던 것입니다. 하로 이틀 지나는 사이 나는 마음 속에서 알지 못할「움」이 머리를 들기 시작하는 것을 깨다랐습니다.

M兄!

솔직하게 말하면 나는 마음 속으로 끝이 없이 그를 사랑하였던 것입니다. 석달 동안이나 한 下宿에 있으면서도 한 마디 말도 하여보지 못하고 마음 속으로 혼자 苦悶하였던 것입니다. 지금 생각하면 우습기도 하나 오히려 그때의 마음이 순진하였다고 생각합니다.

K孃은 그때 나이로 보아 나를 勿論 어린 애 取扱을 하였을 것입니다. 그러나 나는 그와 얼굴이 마조칠 때마다 가슴이 떨니고 낮이 붉어갔던 것입니다.

M兄!

이것이 世上에서 말하는 짝사랑이라는 것이겠지요. 그러나 그때의 나에게는 K孃에게 對한 온갖 空想으로 마음의 全部를 占領하였던 것입니다.

五月 어느 날인가 K孃은 다른 下宿으로 옮아갔습니다. 그때의 마음 속의야 더 이야기하지 않어도 아실 것입니다. 말 한마디도 하여보지 못한 K孃이 나아가자 下宿이 갑자기 슬슬하여 진 것 같으며 마음 속이 텅 비인 듯 하야 며칠 동안은 모든 것이 마음에 붙지 않어 부질 없이 苦悶하였던 것입니다.

M兄!

한번간 K孃을 다시 發見한 것이 그해 여름 元山港 香蘇丸 船上이였던 것입니다.

『오래간만이올시다. 지금도 그저 東崇洞에 게십니까?』

추렁크를 들고 배에 오르는 나를 보고 K孃은 나에게 이렇게 인사를 하여주는 것입니다. 『마음의 戀人』이라고 혼자 부르며 憧憬하던 K孃을 우연이 만난 것은 반가웠지만 인사까지 하여주는 까닭으로 끝없이 기뻐던 것입니다.

웬일인지 K孃은 그날 밤 나를 퍽 親切하게 對하여 주었습니다. 그것이 동생을 사랑하는 의미의 친절일런지는 알 수 없으나…….

그날 밤 K孃과 나는 東海의 도요한 물결을 뻬기고 다름질치는 香蘇丸 船上 란간에 의지하야 날이 새도록 이야기를 하였던 것입니다.

그와의 作別도 香蘇丸에서 그 후에는 十年이라는 歲月이 흘너갔으나 消息 좇아 알바 길이 없습니다.

M兄!

이것이 내가 처음 愛의 衝動을 받게 된 이야기입니다.

靑山白雲帖(二)

月灘

《삼천리》 제7권 제9호, 1935년 10월

눈을 떠보니 車는 寶蓋山脈을 거슬려 끼고 다름질친다. 寶蓋山은 이 근처의 큰 山으로 여름에 靑松白溪와 가을에 불타는 듯한 丹楓도 좋커니와 白雪이 흣날려 山이마에 그득히 싸이고 北風이 싸늘하게 귀를 어일 때 몽둥이든 모리꾼떼와 함께 깊은 골 험한재로 山도야지와 노루를 몰고 쪼치며 生血을 마시고 고기를 씹는 맛이 여간 씩〻한 짓이 않이다.

大光里驛을 지나니 일로부터 江原道地方, 汽車는 楸哥嶺의 地溝帶라는 低陷한 地帶를 뚤코 올나간다. 갈수록〈 하눌을 볼 수 없는 산골이다. 몹시도 무더웁다. 다만 汽車가 뚤코나가는 높다란 두 언덕엔 高尙한 보라빗갈 웃음을 방실방실 웃스며 하느적어리는 도라지꽃들이 나렷한 旅愁를 위로해준다.

곧〻이 玄武岩 부스럭이가 넘처쌓엿스니 이 근처가 熔岩臺地됨이 분명하고 엇던 산 꼭댁이에는 噴火口도 잇슬법하다. 玄武岩이 分解된 흙은 콩이 가장 잘된다하니 鐵原 福溪가 大豆의 大産地요 漣川은 大豆의 集散地로 온

朝鮮에 일홈이 높으니 써 그 까닭을 알 것이다.

鐵原을 지나 月井里에 다다르니 月井里는 泰封 당시에 城안이엿고 驛에서 西편으로 約三키로 米突을 거러가면 古闕洞이란 대궐터가 잇다. 千年蒼苔에 옛얼골을 자랑하는 石燈籠이 있으며 驛에서 東편 一키로米突가량을 가면 當時에 龜趺이 依然이 남어잇다한다.

답々한 地溝帶를 버서나 平康에 다으니 海跋 五百米突의 高原이다. 一望蕩蕩 四山이 멀즉이 물너슨 平濶한 高原, 실로 平康이란 일홈을 어느때부터 불너왓는지 잘 지은 일홈이다. 훗々하든 가슴이 활적 열리며 시원하다.

東으로 主山인가 明媚하고 아담하고 秀靈한 一座靑山이 구름밖으로 날을 듯 벌여진 곳에 田園이 기름지고 크고 적은 집이 櫛批點綴하야 탐탁한 都市를 일우었다. 山腹에 十字針을 머리에 인 카토릭教堂의 붉은 집이 聖스런 옵게 兀然이, 높이를 靑山과 다토니 바로 곳 一幅絶妙한 風景畵여니와 은연중 이 地方의 民智와 富力을 짐작할 수 잇다.

이로부터 마져주는 山 감도는 물이 볼사록 明朗하고 對할사록 玲瓏하다. 天下의 名山 金剛이 갓가운 탓이냐, 山河의 靈氣- 함싹 이곧에 모힌 것 갓다.

山勢- 왼편으를 豪氣롭게 뻐칫는가 하면 바른편으로 충々거러나니는 듯 주츰하고 업드렷다. 압山이 붙으는가하면 뒷산은 應하는 듯 하다. 처다보니 英氣어리워 精神이 飄爽한 듯하고 구버보니 우줄우줄 그 기상이 萬인가 千인듯 싶다.

近畿와 南鮮의 뫼와 물이 漢陽의 그것을 딸을 수 없음은 일즉이 안바여니와 이제 江原과 咸鏡의 山容水光을 接하니 일즉이 보지못하든 秀麗한 맵시다.

三角 仁旺의 峻峭한 英姿와 冠岳連峯의 遒勁한 맛은 石山이오 火星이라. 스스로 그 部類-다르거니와 金星인 南山의 아담하고도 多情한 맑은 기운을 除한 外에 어듸 이러타할 明嵋하고 큰 맵시를 들기가 어렵다.

이들을 除한 南鮮의 近畿와 無名 有名의 크고 적은 모든 山은 토피가 벗기고 屈曲이 적다. 토피는 사람의 無識으로 국가의 衰頹로 일어난 人爲라 하려니와 屈曲이 적은 山容은 平凡하고 鈍濁하고 멋이 없다. 따런서 밝은 기운 秀麗한 기상이 적다.

山은 굴르고 박귀여 함싹 때를 버서 剝換된 것이 귀한 것이오. 물은 구비치고 감돌아 九曲된 것이 格이다. 剝換이 되니 明嵋하고, 갓다가 되오고 흘으다 다시 도니 有情한 것이다.

일즉이 江原道는 山川이 무무하야 그 山河의 情氣를 밧고 태여난 사람들은 鈍濁하냥으로 들엇다. 春香傳 비두 八道山川타령에도 이런한 意味로 씨워진 듯 記憶이 난다. 그러나 나는 이번에 이 山河를 對하고 그 그른 觀察임을 알었다. 옛날엔 交通이 不便하든 山峽地帶라 아모리 山河의 靈氣 鍾集하드라도 文化의 中心地인 서울과 出入이 갓지 못하얏슴에 民智의 發達이 다른 곧에 比하야 떠러젓든 것이요. 결코 山川의 罪는 않인 것이다. 땅은 넓고 사람은 희소하니 大門만 나서면 산이요 밧이다. 平野가 없으니 禾穀을 심을 생의도 않한다. 쌀밥을 않이 먹으니 반찬도 그리 필요치 않다. 감자를 심고 콩을 거두어 감자밥에 山菜를 씹으니 소곰 한가지면 고만이다. 가끔가다 노루를 잡고 사슴을 쏘니 고기에도 그리 주리지 않는다. 日出而耕하고 鑿井而飮하니 帝力이 何有於我哉다. 이것이 옛날 그들의 淳厚 寬大한 長者風의 生活이다. 물논 지금에야 어듸 이것을 꿈에나 생각하랴. 汽車가 달니고 輕便車가 굴느고 自働車가 쏘치니 쓰고 신 어지러운 세상물결이 도리혀 이 天民의 子孫들을 괴롭힐 것이다.

福溪서 점심을 먹는 동안 汽車는 저 有名한 劒拂浪을 향하야 간다. 푹 푹 푹, 푸 푸 푸 車는 죽을 힘을 다하야 올나가기 시작한다. 그러나 그것은 사람의 거름만도 못한 것이엿다. 大自然과 文明, 自然앞에 蠢動하고 잇는 조고마한 사람의 힘, 그것은 마치 어린애의 작난과 갓다. 푸 푸 푸 헷김빠진 소리만 저절로 터저나온다. 만일 이것이 動物이라면 全身엔 함빡 땀으로 물초를 하얏슬 것이다. 七顚八倒. 그 기어올나가는 꼴이 마음에 마치 知覺을 가진 動物을 타고 가는 양 안타까운 錯覺을 갓금〱 늣기며 홀로 가만한 苦笑를 날려버렷다.

劒拂浪, 칼을 써서 물결에 후리친다. 三防古戰場과 그럴 듯 무슨 因緣이 잇는 것 가튼 일홈이다.

車가 가지 않이하니 『征馬不前人不語』! 幻想은 별안간 이 글귀를 불러 일으켯다. 三防幽峽으로 쪼긴 善宗(弓裔가 草土에 무처 僧으로 잇슬 때 일홈)이 주름잡힌 이맡살과 醜해진 애꾸눈을 부릅뜨며 어이없는 기막힘을 直面하야 厲聲一喝 叛臣王建을 목통이 터져라 하고 호령하다가 날으는 毒矢에 외눈을 마져맛고 馬上에서 떠러저 蹉跎하는 꼴이 보인다.

十萬大兵이 물결에 휩싸인 듯 阿鼻呌喚 갈길을 일코 三防幽峽에 生地獄을 벌닌 모양이 눈앞에 뵈인다. 「分水嶺六十三米突」허연 나무에 墨痕이 지르르 흐르게 이러케 씨워잇다. 汽車는 지금 朝鮮의 背梁을 넘고 잇는 것이다.

洗浦驛을 지나니 이곧은 牧場地帶, 緬羊을 길으고 말을 치기에 適合한 곧이다. 어즈러히 피인 野花 싱々하게 푸른 雜草, 空氣는 깨끗하고 산골물 맑다. 이 가운데 말은 살지고 羊은 기름지다. 그림가튼 放牧의 情景이 또한 塵世의 것이 않인 것 갓다. 李王職의 말을 치는 牧場과 蘭谷農場의 放牧들이 잇다는 데다.

다시 車는 山峽을 끼고 돈다. 일즉이 보지 못하든 天下의 絶景이다. 한 山을 지나면 한물이 흐르고 한물이 구비치면 한窟이 나온다. 캄々한 窟속이 지리한가하면 어느듯 明朗한 푸른 山이 仙女의 치마폭인 듯 주름잡아 감돌아 돌고 물이 인제 다햇는가 생각하면 千길이나 되는 다리아래엔 살진 여울이 용소슴치니 돌은 뛰여솟고 물은 부서져 눈(雪)을 뿜는 양 (白龍이 어우러져 싸오는 듯 슬어진 언덕을 휩쓸어 어마〱한 큰 소리를 지르고 내를 일우어 달아난다.

아회들은 拍掌하고, 나는 淸興에 醉하엿다. 反復無常 이러케 三防幽峽에 다으니 山이 감돌기 스무번 뭍여울이 咆哮하기 열아홉번 턴넬의 어둠이 열네번 天下의 奇勝을 한곧에 몰아노앗다. 만일 十五夜 月光을 타고 이곧을 지난다면 달이 부서지고 金이 용소슴치는 偉觀奇景을 한가지더 볼 수 잇을 것이다.

이로부터 咸鏡道地方이니 半日에 三道를 踏破하는 세음이다. 다시 두어 時間 동안만에 여듧 停車場을 지나 元山驛에 나리니 午後 세시가 넘엇다. 바로 목적지인 松濤園行의 빠스를 탓다.

市街地를 버서나 달리기 한참 白沙地위 靑松이 욱어진 곧에 車를 멈추니 一望無際쪽을 푸러논 듯한 蕩漾한 바다가 먼저 遊子의 마음을 설레게 한다. 조고마한 貰房을 얻고 우선 行李를 나려놓니 旅舘은 두어곳 잇스나 各處로부터 海水浴을 하러온 사람들도 滿員이 되엿든 까닭이다.

집에서 한 五十보 나가면 바로 바다라 아희들을 다리고 바다에 들엇다.

蒼波萬里 굼실거리는 물결에 몸을 던젓다. 물결이 와서 가슴을 스치고 다라난다. 또한 물결이 와서 허리를 껴안고 넘실거리고 다러난다. 한물결이 지나가니 또 한물결이 오고 이 물결이 고개를 숙이고 물너가면 또다른 물결이 고개를 들고 달겨든다. 一波纔動 萬波隨는 가장 잘 지은 줄 알엇더니 이 浩浩蕩蕩한 바다물결을 對하고 보니 拙劣하기 짝없는 句이다.

바다는 어머니의 품속과 갓다. 無限大의 바다 無限大의 慈愛! 가마니 눈감으니 나는 마치 어머니의 품속에 안기여 폭은이 적꼭지를 빨고 잇는 듯한 어렷슬 때에 아렴픗한 늦김이 머리위로 떠올랏다.

이 寬大의 情 이 憂撫의 맛은 어머니의 품속이 안이고야 웃지 다른 곳에서 바라기나 하랴.

찰석〱 東海바다가 언제 나를 아럿는가. 반가운 듯 씩〱하고 너그러운 물결을 보내여 왼몸둥아리를 쓰다듬어주고 어르만저준다. 땀을 씩겨주고 겨드

랑이를 간지려 준다. 하로이 疲勞을 위로해주는 어머니의 聖스런 손가티 千사람이 와도 조타 萬아들이 와도 조타. 바다는 이들을 拒絶하지 않는다. 쌈도 들고 때도 떨렷다. 서늘한 맛이 全身에 돌앗다.

아희들은 질거운 듯 무서운 듯 浮帶를 껴안고 물결을 희롱하얏다.

넓고 넓은 바다가에는 발가숭이로 가득찻다. 산아희 시악시 늙은이 젊은이 어린이 젓먹이 宛然히 元時적 太古時代로 도라갓다. 이 바다 이 너그러운 품속에 안긴 동안은 모도다 聖스런 天民이리라. 物慾을 떠나서 鬪爭을 떠나서 無邪를 써나서 다만 바다에 안기는 赤子니 毫釐의 거짓과 꿈임이 없는 발가숭이의 天眞이리라.

그러나 한거름 물밖을 나오면 蠱惑的인 海濱의 風景이 펼처져 잇다. 파러코 빨거코 노라코 달룩한 世紀末的인 强烈한 彩色 터질듯한 乳房과 볼기, 굼틀거려 흐르는 曲線, 病든 官能을 흔드는 頹廢的인 近代文明의 豪華版이다. 이 곧에 벌서 猜忌가 잇다. 情慾이 잇다. 鬪爭이 잇다. 咀呪의 불길이 오른다. 바다에서 나와 저녁을 먹으량으로 朝鮮사람의 唯一無二의 經營인 食堂으로 드러가 장국밥을 식혓다. 猥褻 低劣한 空氣가 왼食堂안에 가득찻다. 아희들을 다리고 두 번 다시 오지 못할 곧이다. 얼른 먹는둥 마는 둥하고 貰집으로 도라왓다.

해가 써러지니 서늘한 바다바람이 松林에 가득히 찻다. 金氣가 움직이는 듯 마치 淸秋와 갓다.

서울은 지금 末伏을 넘으랴는 더위의 고뷔다. 到底히 이맛을 想像키도 어렵다. 이 凉味를 한싹 그대로 새임이 없이 왼기여 父母님게 드리고 싶다.

밤이 깊엇다. 다다미방이 몹시도 차다. 여름이 않이라 바로 곳 陰曆으로 八九月 氣溫이다. 담뇨 한아도 두 아희를 깔고 덥게하고나니 포개는 다시 없엇다. 지지미 內衣만으로 누어서 버틔기는 난감하다. 洋服을 떼여입고 다시 잠을 청하니 길에서 遊樂氣分에 씌워 써드는 소리에 다시 잠을 일을 수가 없다. 低卑한 노래, 술주정꾼의 너털우슴 노는 계짓의 潮淫蕩한 쇠된 목소리 繼續하는 自働車의 芳姿한 싸이렌이 深夜의 靜寂을 깨트리는 얼크러진 잡된 騷동이 낫보다도 明亮하야 고단한 길손의 들려는 단꿈을 여지없이 짓밟아 놋는다. 멧시나 되엿는가하고 불을 켜 시계를 보니 엇지 않이 놀라리. 새벽 세시, 외국사람이 허다하건만 그네들의 소리는 일부러 귀를 기우려 들을래야 들을수 없다. 모도다 朝鮮말소리요 朝鮮사람이다. 悚懼한 생각이 돈다. 민망한 탄식이 나온다. 修養을 몰으는 朝鮮사람이다. 程度를 몰으는 朝鮮사람이다. 規律이 없고 反省이 없다. 豫算이 없고 來頭를 몰은다. 다만 解弛가 잇고 頹廢만 있을 뿐이다. 언제부터 朝鮮사람이 이 꼴이 되엿는가 이대도록 頹廢되엿든가 생각하니 한심한 눈물이 벼개에 潸然하다. 우리에게는 다만 克己克復이 잇서야 할것이다. 남보다 열곱절 스무곱절 백곱절 이러케 目標를 잡고 나아가야 할 것이다. 스사로 나를 깨우치고 가다듬고 잠들다.

이튼날 五時 起床. 아희들을 다리고 바다로 가다.

東海의 日出! 우리가 지금 슨곧은 三千里朝鮮地圖을 가장 맵시잇게 멋있게 맨드러논 잘눅한 허리 永興灣이다. 마주보이는 對岸은 松田이요 南으로 비스듬이 들어온 것은 葛麻半島다. 北쪽에 범섬이 딱 버틔여 水口에 羅星을 일우고 밖으로 大島, 薪島, 麗島, 高島들의 조고만한 섬들이 東海바다를 가로 막고 있다. 滿潮干潮의 差異가 없으니 바다는 맑고 깊어 한량없이 깨끗하고 雄船巨艫이 숨을만한 곳이니 東海 第一의 港口로 寫眞과 그림을 맘대로 못 그리는 海軍要塞地帶다.

才童王勃의 글을 앳써 빌려함이 않이언마는 하눌과 물빛이 그대로 連해 버렷다.

東天이 붉으레하다. 해가 뜬다. 씻벍것 旭日이 불숙 소삿다. 물결이 가물〱 蒼波萬頃엔 다홍물감이 끌어 용소슴친다. 壯인지 快인지 무어라 형용하야 말할 수 없다.

얼른 배를 져어 東海바다 한복판에 둥々실 써보고 싶다. 우두머니 海濱에 스다.

食堂에서 된장국으로 배를 불니고 第二線에는 朝鮮사람은 部落 松下里를 돌아 다시 바다에 들다.

낮에 조고만 蒸氣船을 타고 물결을 희롱하며 元山埠頭로 향하니 한 時間 동안 배놀이가 서울 江河의 뱃노리에 비할배 안이다. 서늘한 浩然의 기운도 가슴을 널즉허게 해주려니와 붉고 훈 燈臺를 끼고 도는 情調가 마드로스의 설음을 일으켜 흔들어 준다.

溪船이 늘어슨 稅關을 본다음 市街地를 한박휘도니 朝鮮商店의 零星이 눈에 띄울 쌘 답답한 가슴을 안고 다시 뱃길로 松濤園에 도라와 潮湯에 들엇다.

潮湯食堂에서 저녁을 마치고 十萬株가 넘을 長松이 落々한 넓은 松林을 한박휘도니 清澄한 空氣가 사람을 살지게 할 것 갓다. 四五十채가 더 넘을 셋 別莊(松濤園海水浴場의 經營으로 한여름철 六七十圓을 받고 세를 준다.)은 뷔인 집이 별로 없다. 군데〱 레코트의 小夜曲이 清風을 타고와서 솔밭사이로 흐트러진다. 채々이 한여름철은 내짓인양 家族들을 다리고 살림을 하며 運動도 하고 讀書도 한다. 地上仙이 않이고 무엇이냐. 참으로 修養을 잘아는 國民이다. 그러나 섭々한 일이다. 이틈에 朝鮮사람은 하나도 없다. 조곰, 몃 거름 遊樂場인 카페와 술집과 게집이 잇는곳엘 나아가 보면 밤이 새도록 써들고 짓거리고 술주정하고 야단이다. 조흔 對照가 않이고 무엇이냐. 산 教訓이 않이고 무엇이냐. 이러케도 悲慘한 히닉구가 또 다시 잇겟는가. 물론 없기도 없다. 精神의 餘裕 經濟의 餘裕 教養의 餘裕. 그러나 그러타고 이러케 無節操하고 이러케 低級하고 이러케 頹廢만 한 대서야 될 수가 잇스랴. 來頭을 보랴고 발버둥질처야 할 것이 않이냐. 너희의 자식을 보고 손자를 보고 曾孫 高孫을 생각하라. 그리고 남과 견주어 對照해 보라.

스피카(角星)가 번쩍어리는 西天에 거문 구름이 일기 시작한다. 바람이 사너웁게 일어난다. 손밧에 안져 담배를 한 대 태우는 동안 黑雲은 삽시간에 南北으로 퍼젓다. 날은 完全이 어두엇다. 바다도 향하다.

바다는 섯낫다. 캄캄한 海濱은 성난 波濤의 咆哮소리로 가득찻다. 철석〈 식커먼 山덤이 갓흔 물결이 雄壯한 큰 소리를 질으면 埠頭를 따리고 허연 눈 갓흔 飛沫을 空中에 뿜으며 슬어진다. 刻一刻 물결소리는 높고 자저진다. 사나웁게 뛰는 검푸른 물결이 사뭇 陸地를 뭇질을 意氣다. 魚龍은 놀래고 燈臺는 감실〈 써는 것 갈다. 굿센 海風이 옷작락을 날려 힘차게 갈기니 찬기운과 송구한 마음이 왼몸에 가득하다. 어느곳인가 風浪을 타고 드러오는 汽船의 피리소리가 더욱이 이 바다의 밤을 悽絶케 한다.

하눌과 바다는 그대로 잇대여 暗黑 그것인데 굴고 성긴 비ㅅ발이 우둥〈 써러진다. 왼宇宙가 무슨 큰 일을 저즈르고야 말 것 갓다.

그러케 仁慈하고 그러케 상양하든 바다가 삽시간에 風雲造化를 가저 한울을 흔들고 땅을 밋그러트리듯키 밋칠뜻 뛰니 새삼스레 커다란 自然의 큰 變化를 嗟嘆하거니와 이 위람한 自然의 큰힘에 견주어 조그만한 사람의 微力을 붓그러 않할수 없다.

貰집으로 도라와 行李를 묵으라고 아희들에게 일으니 險惡한 天氣가 내일 海水浴하지 못하게 할 것을 짐작함이라. 밝는날 松濤園을 써나려는 意圖엿다.

자는둥 마는둥 새벽 세시에 깨여 문을 열고 한울을 처다보니 싯커먼 하늘에 별한아 어더볼 수가 없다. 네시에 아이들을 일으켜 세수를 하게 하고 어정버정하는 동안 어제 마추어 두엇든 자동차가 문앞에 와서 싸이렌을 울닌다.

바다가를 빙그르 돌아 驛으로 달리다.

시원한 아츰 精氣를 담북안은 바람을 車窓으로 마시며 굼틀거려 주름진 雲峰山의 芙姿을 바라보니 五百해전일이 눈앞에 보이는 듯 다시 옛을 늣기는

感懷가 스르르일어난다. 龍潛썩인 李太祖가 負椽夢을 가슴속에 고이 간즉하고 深山窮谷 줄기를 타고 골재기를 감돌아 타박〱 無學을 차저가는 모양이 뵈인다. 바람과 비를 겨우 가릴둥 말둥한 다쓰러진 草幕에 襤褸를 걸친 異僧이 「貧道- 무었을 알리잇가」 하는 無學의 謙辭하는 장면이 보인다. 俯仰乾坤, 모도다 흐트진 한조각 꿈이 않이고 무엇이냐.

釋王寺驛에서 다시 自動車를 砂器里에 몰아 旅舍에 짐을 두니 겨우 여듧시, 아직도 아츰밥이 머릿다한다.

아희들을 다리고 바로 산으로 올나 『花飛終有實』『鏡落豈無聲』을 이약이 해주는 동안 지금으로부터 七十年前에 故死되얏다하는 太祖의 手植松을 발라보니 偶合이냐 有意냐 자못 괴이한 노릇이다.

斷俗門을 드러서니 松林은 蒼翠하도록 탁 어울리고 시내는 소리처 十里를 몰아오니 胸中에 塵埃-다 씻기워 모든 煩惱- 흐터진 듯 하다.

不貳門에 드러서니 골은 더욱 深邃할대로 으스름하고 물을 다시 맑은채로 질펀하다. 山嘆樓에 올나 쌈을 드리고 泛鍾樓에 鍾을 어르만지며 大雄寶殿을 울어러보니 규모의 宏大함이 京山모든 절에 비할바 않이다. 東廡에 부친 珠聯의 筆致- 淸秀하고 奇逕하기로 老僧 한아를 붓드러 누구의 글시임을 물으니 恩穎 金炳魚冀의 글시라한다. 安東金氏로 哲宗朝의 國戚으로 一世를 風靡하든 權門勢家로 그 일홈은 익히 드럿거니와 이러틋 達筆인 숨은 재주를 가젓든줄은 전혀 몰랏다.

한참동안이나 字劃을 어르만젓다.

나려오는 길에 藥泉에 들너 물을 마시니 淸冽하고도 비릿하고 찝찔하야 그 맛을 五味中에 뭇엇이다 形言하기 어렵다. 消化器病에 좋고 婦人病에 效力이 많다한다. 먹기 실혀하는 아희들을 억지로 붓들어다 두어 표주박식 먹이고 旅舍로 도라왓다. 午後에 소낙비가 몹시 쏘다지니 압개울에 물이 제법 살저 밤새도록 졸〻 거리고 나려간다. 서울서 나려온 두세친구를 만나 밤이 늦도록 이약이하다 자다.

이튼날 午後에 절에서 어든 고비나물 한뭉치를 안ᄉᆞᆫ 驛으로 나오니 밤 열점이면 京城着이다.

이것으로 이 旅行의 끝을 막었다.

(乙亥 八月 末伏)

東海岸一千里(紀行)

春城

《조광》22호, 1937년

東海를 보라

黃龍山頭를 감도는 白羊떼같은 구름덩이를 바라보며 安邊驛에서 遲滯하기 두 時間— 車는 午後 네時 五十分에야 겨우 安邊驛을 떠나게 되었다. 東海로 가는 汽車! 꿈에조차 그립든 東海岸을 이제 간다고 생각하니 心頭에 떠올으는 凉味는 살진 六月의 綠陰보다 더 시원하다.

車는 南川江을 건느기 시작한다. 三防狹谷과 釋王寺의 고흔 精氣를 모다싯고 둘레를 치고 구비를 돌아 悠悠히 흘러오는 이 江水- 이 고흔 물결은 安邊大水田에 生命水가 되어 年産 十三萬石이라는 큰 收穫을 주지 안는가? 車는 南川江을 건느고 梧溪驛을 지나 다라나기 시작한다. 車窓으로 내다보니 멀리 山峽을 隔하여 하늘의 銀河같이 허옇게 가루막킨 것은 東海의 遠景이다.

꿈조차 그립든 東海의 푸른 물이
저 멀리 하늘까에 그림같이 빗겨있네
이 맘도 힌 새가 되어 저 물 우에 날고저

여기서부터는 東海岸 地域이다. 그러나 車는 迂廻를 避하여 山中 溪邊으로 疾走한다. 찔네꽃이 눈송이같이 피여있고 松林 사이에서는 노랑 꾀꼬리가 푸두둥 뛰여 나온다. 초롱같은 하얀 패래꽃 뻡국草 모다 볼 수가 있었다. 그러나 車가 어느듯 溪谷을 넘어서니 茫茫한 東海가 하늘과 함께 眼界에 버려진다. 어느듯 桑陰驛— 여기는 要塞地帶다. 撮影不可라고 看板이 부터있다. 앞으로는 가도 없고 끝도 없는듯한 大海의 展開— 옆으로는 一小島가 半身을 海中에 파뭇고 고요히 있지 안는가.

桑陰驛을 떠난 車가 턴넬을 두어곳 넘어서드니 東海를 발 밑에 끼고 平行線을 그리기 시작한다. 車窓으로 손을 내밀면 東海水를 한 줌 쥐여올 듯. 아 그립다 파란 물결이여! 作曲家「요한웨슬레」가「따늅」江을 보고「뿔류, 리애」라고 讚美하였으나 事實 그 江을 가본 사람들은 그 江이 黃土빛이라고 疾色을 한다. 그러나「리보네」풀보다 맑고 靑島의 날개 보다 더 파란 이 물결은 뭐라고 讚辭를 드릴 것인가? 하늘의 銀河와 合水인듯 구슬을 갈아논 듯한 이 東海는 永遠의 靑水鏡이라고나 할까?

金剛山 이 물결을 비치고 이 물결 金剛山을 비처 언제나 맑은 姿態는 天下의 한 幅 그림이리라. 더구나 磯邊에 부더치는 고흔 물결— 바위에 부더치며 철석하고 허터지는 허연 물결은 하얀 찔레꽃이 바람에 지듯 고흔 구술이 空中에 날듯 그 고흔 動作을 머칠 때가 없다. 黃海岸은 干潮의 差가 二十餘尺이나 되지만은 東海岸은 干潮의 差가 別로 없다. 그래서 물결은 언제나 한 모양으로 철석 그린다. 人形의 바위 우에 白眞珠를 彫刻한 듯 고흔 水泡— 그 넘어로 白帆이 조는 듯이 떠있다. 漁村을 지나고 海灣을 돌고 怪岩의 磯邊으로 平行

線을 그리고 車는 언제나 머칠 줄을 몰은다.

손을 잠그고 발을 넣을 듯한 東海邊— 사람들은 地中海가 맑고「나포리」가 좋다고 한다. 伊太利 사람들은

> 나포리 아름다운 나포리!
>
> 죽기 前 나포리를 보라.

하고 말한다. 그러나 東海의 고흔 물은 地中海에 比할 바이 아니다. 언제나 흐릴 줄을 몰으고 언제나 붉을 줄을 몰으는 常碧의 바다! 아 東海岸은 하느님의 사랑하시는 湖水이리라. 伊太利 사람들은 나포리의 바다를 보고 죽으라 하지만은 나는 東海의 고흔 바다를 보고 죽으라 하고 싶다.

東海의 푸른 바다는 당신의 가진 거울보다 더 맑고 磯邊에 부더치는 물결은 당신의 손에 게신 眞珠보다 더 고으리라. 人魚가 암사슴에 대신으로 바다에 헤염을 치고 珊瑚가 三月花보다 더 곱게 피엿으리라. 東海를 아니보고 어찌 天下의 바다를 말한 것인가?

車는 左右로 靑松白砂를 끼고 다라난다. 여기는 慈東驛이다. 別하게도 소나무가 많다. 턴넬을 지나고 나오고 또 드러가고— 車는 턴넬 속으로 숨박곡질을 여러번 한다. 그러나 옆에는 언제나 소나무들이 靑靑한 머리채로써 시원한 그늘을 드리우고 있다. 그리고 한편으로는 눈같은 모래가 님의 발자욱이나 기다리는 듯이 곱게 펴있지 아니한가?

東海岸을 보고 죽자. 文豪「또레」는 北海의 고래가 되고 싶다고 하였다. 그러나 나는 東海의 고래가 되고 싶다. 常碧의 東海를 나의 遊場삼어 金剛山에 빛긴 달을 언제나 바라본다면 이에 더한 기쁨이 없을 것이다. 내 맘은 노래를 잊은 카나리아였다. 그러나 오늘 저녁만은 다시금 한 마리 새가 되어 이 海邊에 날 듯 하다.

노래를 잊은 카나리아

慈東驛은 숫(木炭)의 産地이다. 숫이 山갈이 쌓여서 손을 불으는 듯. 慈東驛을 떠나 얼마 지나니「小洞庭湖」라고 牌木이 부터있다. 그리고 周圍 十二키로라고 附書까지 하였다. 楕圓形의 左右前後에는 處女의 머리갈은 기름진 松林이 자욱하고 앞으로 적은 섬이 바위같이 한 點 風景을 더하였다. 그리고 灣口는 적고 물결은 潺潺하야 한번 배노리 하기에 아깝지 안은 곳으로 달밤이면 더욱 좋을 듯. 그 湖水 옆에 낙시질하는 老人까지 있다. 고흔 湖心, 파란 물새, 하느님 才操 좋아 東海岸은 모다 이런 勝景으로써 구슬꼠이 갈이 께여 노았다.

歙谷驛을 지나니 한편으로 高山峻峰이 巨軀을 빼들고 東海를 俯瞰하고 있다. 검은 안개가 뭉쿨둥쿨 소돔 고무라 城의 烟氣갈이 山頂을 뒤덮어 그 속은 바라볼 수 조차 없다. 車는 暫間 바다를 떠나 舞臺를 變한다. 山谷 松林속으로 호젓한 거름을 하지 안는가? 찔레꽃, 밀밭, 적은 溪谷, 그리고 靑草가 욱어진 언덕에는 종달새 나는 그림자까지 볼 수가 있었다. 田園의 저녁— 뽀른손의 小說에서 보는 듯한 風景이었다.

沛川驛을 지나니 山谷의 파란물이 銀빛 배암갈이 꼬불꼬불 흘러온다. 하얀 조각돌을 굽이굽이 임마초며 흘러오는 시내— 그는 金剛山의 고흔 꽃과 푸른 잎을 모다 핥고 모다 임마추고 바다로 오는 浪漫者라 할까.

이 東海線은 어데나 山안이면 물이오, 樹林이오, 바다이다. 더구나 머리성 좋은 女子갈이 여기는 어데든지 松林이 蒼盃하다. 車는 海灣이 꾸부러저 드러온 곳으로 다리를 건너 左右에 바다를 끼고 突進하지 안는가! 凉味萬斛! 스티분손의「寶島」로 가는 듯한 즐거운 心情! 아 내 마음의 새여! 너는 푸두둥 날개를 치며 잊었든 옛 노래를 다시나 불우자.

車는 어느듯 솔밭새로 疾走한다. 十里 松田에 白砂가 곱게 깔려 님의 자욱 기다리는 듯 여기가 海水浴場으로 有名한 松田이라고 한다. 솔밭새에 집들이 있어서 房에 누어서도 소나무 가지를 잡아 흔들 수 있을 듯하고 솨솨 하는 松風에 조름까지 절로 올 듯 하다. 松林을 께뚤러 海濱으로 나가면 帆船들이 夕陽에 돗대를 빛내고 있고 잔잔한 파란물이 여름의 人魚들을 불으고 있다.

松田驛을 지나고 庫底港을 지나 叢石亭을 보고저 하였으나 車에서는 그 림자조차 볼 수가 없었다. 다시 山峽을 지나며 沿路를 바라보니 線路를 改良 하는데 十三四歲 少女들이 머리에 함박을 이고 자각돌을 運搬하고 있다. 아, 少女勞動群! 그들은 日給 三十錢을 받고 하로동안 땀을 뺀다고 하나 그들의 建鬪에 머리가 自然히 숙어지거니와 이렇게 二等車를 타고 豪華럽게 능청그 리며 지나는 나 自身이 어쩐지 붓그러운 듯 하였다.

通川驛을 지나고 濂城驛을 지나니 다시 시원한 海岸이 버려지며 奇巖怪石 사이로 갈메기가 날고 있다.

갈메기

갈메기는 바다의 處女이다. 獅子같이 머리를 내민 奇岩에 暫間 앉었다가 다시 풍등 바다 속으로 드러간다. 그리고 물결에 제멋대로 흘러가지 안는가?

님의 품을 바다같다고 누가 말하였습니까?
별들이 나리고 珊瑚가 가지치는
그 넓은 바다 그 푸른 바다!

님의 품은 情熱과 매력의 珊瑚가 그늘진
장밋빛 바다 靑玉의 바다!
그 품을 누가 바다같다고 말하였습니까?

바다를 못잊어 떠도는 갈메기!

아 나도 바다같은 님의 품이 그리워

애닯게 헤매고 떠도는 한 마리 갈메기입니다.

東海 바다를 내 집이라고 헤매는 갈메기는 이 바다의 女王이다. 물 속에 풍둥 빠졌다 다시 날개를 치며 海灣을 向하여 날아가는 갈메기— 물결조차 기름같이 부드럽지 않은가?

海岸峰巒이 울툭불툭 數없이 連續된 一帶에는 奇形萬相의 石壁들이 구슬꼠이 같이 노려 있고 그 우에는 갈메기떼들의 소리가 擾亂하다. 물 속에 발을 잠그고 東海를 뛰여 넘을 듯한 白馬形의 奇岩, 或은 龍, 或은 새, 或은 屛風같은 岩石이 海濱 一帶에 줄줄이 列을 지어 머리로 或은 가슴으로 달려오는 飛沫을 反擊하고 있다.

一葉小舟를 타고 낙시질하는 사람, 또는 소를 끌고 海邊草原에서 한가러히 노는 사람들. 저녁의 海岸은 매우 아름답다.

車는 長箭港의 林立한 帆船들을 본 체도 아니하고 金剛山 入口인 外金剛으로 숨찬 걸음을 하기 시작한다. 예서부터는 山마다 모다 奇山怪峰이다. 紫金色 山봉오리 夕陽을 받어 무지개같이 빛나고 그 우로 이따금 銀蛇의 꼬리같이 구분그리는 것은 저녁날의 한줌 白雲이다. 屛風같이 깎아내려온 山과 또는 얼기설기 바둑돌같이 物形을 彫刻한 石壁— 하느님 마음있어 이 仙境 만드시다. 車가 달리고 새로운 風景이 展開될 때마다 고흔 羊 머리숙이고, 빛난 수리 날개 버리고, 石屛風 가루 둘리고, 聖僧이 자리에 누어 默想하는 듯한 萬相奇岩이 自然의 作品展을 열고 있다. 어느 것이나 그 雄大壯麗에 있어서 하느님의 傑作品이 아니면 아니다. 金剛山 關門이 이렇거든 속속이 아름다운 金剛山 內部야 얼마나 아름다울 것이냐? 所謂 中國人들이 『願生高麗國, 一見金剛山』이라는 말도 그리 誇張이 아닌 듯 하다.

해는 벌서지고 四方에는 포도色 저녁빛이 차츰차츰 짙어진다. 車는 外金剛驛을 지나고 다시 關東八景의 하나인 三日浦驛을 지난다. 忽忽한 길손이 아니면 三日浦의 勝景을 한번 보련마는 驛에서 五里 밖에 아니된다는 三日浦을 그만 지나게 되는 것은 여간 섭섭한 일이 아니다. 車는 高城驛에서 스톱을 한다. 筆者는 驛에 나려 高城서 하루 밤을 지내게 되었다.

海金剛遠景

高城邑은 한번 살만한 곳이다. 海金剛과 三日浦를 옆에 끼고 멀리 金剛山을 向하여있는 風景도 좋거니와 이곳에 人心조차 좋은 듯하다. 물맛 좋고 밥맛 좋은 여기서 하루 밤을 지내고 아침 여돌시 五十分에 다시 杆城行汽車를 탔다.

멀리 海岸을 바라보니 灰色의 航空母艦같은 海岸이 바다에 둥실떠서 이리로 몰려오는 듯 하다. 그러나 汽車가 次次 가까이 감을 따라 온갖 物形의 海岩이 바다 一面에 奇形陣을 치고 있다. 하얀 오리 물 속에 헤염치는 듯 오리같은 바위. 다람쥐 물 속에 조름 조는 듯 다람쥐같은 해암. 獅子같고 石佛같은 온갖 海岩에 바우 一面에 고흔 彫刻을 하고 있지 않은가? 고흔 屛風— 당신방에 둘린 屛風보다 더 고흔 屛風 海金剛에 둘려 있는 듯. 당신 뜰 앞에 노는 비달기보다 더 이쁜 海岩이 海金剛에 헤염치는 듯. 당신 房에 버려놓은 온갖 珍品보다 더 妙한 奇岩이 파란 물 우에서 늠실 그립니다.

海金剛— 靑水鏡 앞에 놓고 오래동안 곱게 꾸민 그 얼굴이 보는 사람에게 이다지도 맘을 빼앗기게 하는가! 하늘 높고 바다 깊어 久遠한 네 王宮에 달과 별만이 호올로 네 벗이리라.

筆者가 海金剛 遠景에 넋을 잃고 바라보는 동안에 車는 어느듯 山谷을 넘어 海岸을 옆에 끼고 다라난다. 언제나 시원하고 밤낮보아 싫지 안는 東海岸의 물빛- 바위에 부딕치는 銀絲같은 물결— 실실이 珍珠 방울 방울마다 纁

가 되어 海岸을 곱게 꾸미는 물결이 이 몸을 네실로 매여 東海바다 珊瑚 가지 우에 매여 주려나?

아침이라 고기잡이 나가는 白帆들. 白帆이 움직이는 天際에는 안개가 자욱하여 하눌인가 바다인가 그야말로 水天一色이 아닌가? 그러나 다시 海岸이 쪽으로 松林이 綠陰傘을 드리우고 灣口가 할등같이 꾸부러저 드러와 적은 洞庭湖를 군데군데 버려놓았다.

車는 巨津港을 지난다. 沿路를 바라보니 요기는 지금이 移秧의 한철이다. 男女가 모다 다리를 걷고 논 속에 들어서서 모심기에 분주하다. 줄을 차고 一字로 버려서서 한모 한모 심어나가는 光景은 보기에도 眞實하지 않은가? 머리를 지지고 분을 발으고 낮잠을 하고 손톱에 물을 튀기면서 男女同權을 主張하는「모껄」보다는 도리여 男子와 같이 다리를 걷고 무엇이나 모다 해내는 시골 부인들이 한번 男女同權을 主張함직하다.

車는 어느듯 杆城驛에 到着하였다. 여기서부터는 自動車에 乘換하여야 한다. 江陵行「빼스」에 荷物같이 조려 앉이니 때는 오전 열시 半! 오늘밤까지 이 車에 달려가야 三陟을 간다하니 只今껏 愉快하든 記憶은 간 곳 조차 없다. 시골 망아지처럼 빽빽 그리며 初出發을 하는 보로車? 더구나 이 車 안에 드러앉인 사람이 都合 十八名. 그 中에는 罪囚에 고랑을 채워가지고 가는 巡査도 있고, 박아지 나부랭이를 앞에 안은 村婦人들도 있고, 金이에 기름을 발은 所謂 시골 하이칼라도 있다. 江陵行 보로車는 이 많은 사람들을 한 몸에 담어 가지고 괴로운 걸음을 하기 시작한다.

杆城을 떠난 車는 언제나 東海岸과 平行線을 그리며 松林새로 혹은 溪谷 사이로 몬지를 날리며 달어난다.

關東八景을 꿈에 그리며

杆城서 襄陽까지는 只今 鐵道線路를 完成하는 中으로 그 中에 橋脚架設

에 매우 분주하다. 여기는 군데군데 碧溪가 흘러서 東海로 간다. 바다요, 砂場이요, 松林이오, 溪谷이다. 松風齋月이란 이런 곳을 말함인가? 筆者는 東海岸을 背景삼아 一大 映畵를 製作했으면 하는 생각을 하였다. 그리고 京城의 모든 生活을 清算하고 이런 곳에서 閑寂한 生活을 했으면 하고 엉터리 없는 忘想도 하여 보았다.

車가 天津을 지나고 몇 漁村을 지나자 車掌은 멀리 海岸 언덕을 가라치며 『저기가 關東八景의 하나인 淸澗亭입니다』하고 고흔 목소리로 외친다. 바라보니 蒼海가 하늘 밑에 버러지고 絶壁 우에 退落한 亭子가 늙은 몸을 겨우 간우고 있다. 車窓으로 바라보니 한번 올라 浩氣의 氣를 뺄만한 곳이었다. 車는 大浦니 뭐니하는 적은 漁港을 지나 東草港에 到着하였다. 여기서는 五分間 停車! 집 앞 海濱에는 물결이 널뛰듯이 철석 그리고 물결을 따라 메역이 떠들어 온다. 少女들이 海濱에서 波濤가 밀려올 때마다 손으로 그 메역을 건진다. 처음 보는 아름다운 風景이었다. 손으로 건지고 발로 줍고― 하루동안 메역을 건지면 一二十錢어치를 주을 수 있다고 하니 보기에 그럴듯한 작란이었다. 記者도 발을 벗고 한 묵검 줍고 싶었으나 총총한 時間이 許諾지 않었다.

車는 다시 떠나려고 목멘 소리를 한다. 그러나 몇 걸음 나아가 나룻배를 타지 아니하는가? 自動車가 배를 타고 나루를 건느는 것도 처음보는 風光이었다. 더구나 나루 使工이 딴 배와 마주처가지고 漁村 獨特의 욕설을 주서 올리는 것도 한번 볼만한 場面이었다.

車가 五分間 바다 旅行을 하고 다시 陸地에 올으자 또 소리를 치며 재빨은 걸음을 하기 시작한다. 바다 一面으로 낙시질 배가 七八十隻 죽 느러있고, 다시 한편으로 정어리 기름짜는 工場이 수두룩하다. 비린내, 기름내, 海草내 ― 온갖 바다의 냄새를 지나가는 사람에게 펴붓는다.

東草港을 뒤로 두고 지루하리만치 다러나든 車는 襄陽을 거처 오후 네시에야 江陵邑에 到着하였다. 關東勝景인 襄陽 樂山寺를 보지 못한 것도 섭섭하거니와 무릅이 쏘고 허리가 앞어 죽을 지경이다. 더구나 江陵 鏡浦臺도 눈앞에 두고 다시 五六時間을 더가야 三陟邑을 찾게 된다니 한숨이 절로 나온다. 그러나 아니갈 수 없는 내 몸이다. 江陵邑 朝鮮日報 支局을 찾어보려 하였으나 時間도 없고 찾어볼 氣運조차 없었다.

압흔 다리를 끌며 三陟行 뻐쓰에 가라탓다. 다시 바구니 속에 고양이 색기갈이 수만흔 사람들 새에 한데 뭉치여 이리 복기고 저리 복기며 江陵을 뒤로 두고 숨찬 거름을 하게 되었다.

栗嶺山谷

江陵을 뒤로 두고 벌로 山으로 다름질을 하든 車는 겨우 二十分이 못되여 安仁渡船場에 到達하였다. 여기서 車는 또 배를 타는 것이었다. 뻥하고 소리를 치자 앞에 섯든 개 한 마리가 헤염을 처서 그 물을 건느고 소 한 마리도 헤염을 치고 村 영감이 몰고오든 도야지까지 헤염을 처서 나루를 건너간다. 그 뒤에야 우리 自動車는 그 江을 건넛다. 動物들은 해염을 배운 적 없으련만 水泳選手임에는 모다 놀랏다. 『도야지君이 더 잘치누만…….』 하고 어떤 乘客은 손벽까지 첫다. 말이 없든 乘客들은 이 즘생들의 水泳競技에 한번 웃고 또 旅行을 繼續하였다. 車는 스피트를 내여 한참 다라나드니 다시 海岸 絶壁으로 숨찬 거름을 한다. 우에도 千丈絶壁 아레도 千丈絶壁- 絶壁 아레는 蒼海가 白馬떼갈이 몰려와서 철석철석하며 飛沫을 날리고 있다. 運轉手가 「헨드」를 조곰만 잘못 틀면 絶壁으로 떠러저 東海에 물鬼神이 되기는 그리 어렵지 않다. 羊腸曲道갈이 꼬불꼬불 카-쁘를 돌고 올으고 나리는 絶壁의 길- 一便으로 危險은 하나 시원하고 莊快하기 짝이 없다. 同行하는 乘客의 『저것이 百頭岩이오』 하는 곳을 바라보니 海岸絶壁에 怪岩이 人頭모양으로 百 머리를 가지고 있다. 實로 怪物이엇다. 東海를 지키든 鬼神이 天罰을 받어 그가치 바위가 되었다고 同乘人은 說明하여준다. 그리고 새, 즘생, 사람, 구름— 온갖 物形을 가진 岩石이 바다의 波浪을 발로 부비며 조는 듯이 서고 있다. 東海는 어데든지 이런 怪岩奇石으로 꾸며 노앗다. 朝鮮의 모던 뽀이들은 누구나 이 絶壁中 툭으로「드라이앤」를 해봄직한 노릇이다. 더구나 山에는 봄이 오면 철죽꽃이 만히 핀다고 하니 손으로 철죽꽃을 따며 絶壁의「드라이앤」를 하는 것은 東海 구비의 한 마리 새가 된 듯하여 여간 愉快한 일이 안이다. 事實 될 수만 있다면 이 맘이 東海의 한 마리 물새가 되어 東海의 한 구비도 남기지 말고 바위마다 구비마다 돌고 돌며 이 勝景을 모다 찾어보고 싶다.

二十分 동안이나 絶壁으로 닷든 車는 이번에는 코쓰를 變하여 山谷으로 드러간다. 이 山谷이 有名한 栗嶺山谷이다. 빨은 自動車도 約約 一間이 안이면 빠저 나갈 수 없는 깊은 山谷이다. 前에는 이 山谷에 호랑이가 많어서 지나가는 사람을 모다 잡어먹엇고 또는 혼자는 단일 수 조차 없는 幽谷이었다고 한다.

山谷 길까에는 盤石에 삭인 바둑이 있는데 傳하는 말이 호랑이가 중으로 化身하여가지고 지나가는 사람이 있을 때에는 바둑을 뚜자고 하여 바둑을 뚜다가 홀딱 잡아먹엇다고 한다. 그리고 이 山谷으로 自動車길이 처음 났을 때에 어느날 밤이었는데 호랑이 한 놈이 自動車를 처음 보고 무삼 즘생인 줄 알고 一大 싸움을 하려고 길까에 버티고 있어서 困難을 당한 일이 한 두 번이 안이라고 同乘者는 말을 한다. 또는 이 山谷에 九九塚이라는 무덤이 있는데 昨年 八月에 어떤 사람이 省墓를 갓다가 호랑이를 맛나 술병, 닭다리, 도야지 고기 모다 내던지고 다라왓는데 아마 그 놈이 닭의 다리, 도야지 고기는 모다 먹었으리라고 同乘者는 웃는 것이다. 左右間 여기가 前에는 호랑이 王國이 엇든 모양이다.

車는 栗嶺山을 넘어 다라나기 시작한다. 同乘客은 또 한편을 가라치며『저기가 花飛嶺이라는 곳이오』하고 말한다. 바라보니 깍가진 山봉우리 옆으로 톱날같은 봉우리가 뵈인다. 그의 말을 들어보면 그 山에는 딴 나무는 없고 모다 진달래만 있어서 봄이면 千紫萬紅으로 붉게 피는 꽃이 滿地紅, 滿地赤으로 온 山을 뒤덥는다고 한다. 멀리서 보면 불이 붓는 듯 불덩이가 날아나는 듯, 참말 勝景이라고 칭찬하는 것이다.

栗嶺山을 넘어스면 三陟땅이다. 옛날부터 나는 새도 三陟에 오면 다시 가지 못하고 또는 하눌 아레 첫 洞里가 三陟이라고 한다. 어쩐지 나 亦 먼 곳에 온 듯 하였다.

三陟의 竹西樓

栗嶺山을 넘어 다시 길고 긴 山谷을 빙빙 돌아 玉溪라는 곳에 到着하였다. 여기서 비로소 人間世上을 본 듯 하였다. 다시 墨湖를 지나고 北票를 지나 밤 아홉시에야 三陟邑에 到着하였다. 하루 終日 乘合車에 달려오니 그만 녹초가 되고 말엇다. 아모 정신이 없고 그저 누울 생각밖에 없다. 旅館을 찾어 하루밤을 지내였다.

아침에 일으나니 비가 부실부실 나린다. 앞 山 허리에는 안개조차 자욱하다. 雨傘을 받고 竹西樓를 찾기로 하였다. 竹西樓는 關東八景의 하나이다. 앞에 五十川을 끼고 멀리 竹峙山의 遠景을 바라보고 있다. 巨大한 樓閣ㅡ丹靑은 임이 낡았으나 構造나 材木이 雄壯하다.

樓上에는「海仙遊戲之所」라고 큰 懸板이 부터있다. 事實 樓下에는 十餘尺이나 되는 斷崖가 있고 그 아레는 五十川의 洶洶한 물이 구비를 돌아 五里 밖에 汀羅津이라는 바다를 隔하고 있으니 東海의 神仙이 五十川의 구비를 타고 와서 한번 놀만한 곳이다.

멀리뵈는 竹峙産에는 봉우리 봉우리 奇峯이 疊疊하여 다못 안개가 왓다 갓다 할 뿐이오. 그 山에서 나려오는 물이 五十 구비를 굽이굽이 돌아 가진 深山의 情調를 싯고 오기 때문에 五十川이라고 한다. 竹西樓에 안고 있으면 三伏炎天에도 더위를 몰을 뿐 아니라 五十川의 맑은 涼味와 건너편 ●嶺의

綠陰으로 因하여 몸이 塵世에 있음을 잊게 한다.

이 竹西樓는 高麗 忠烈王(只今으로부터 六百六十年前) 때 諫官 李承休의 創建할 갓으로 그 後 數次 修築하였는데, 竹西樓란 말은 옛날 그 엽에「竹藏寺」가 있어서 竹藏寺 西便에 있는 樓閣이라고 竹西樓라고 하였다고 한다. 「斷崖十尺 五十川急流 天下名勝之處」라고 적은 看板이 붓터 있다. 그리고 栗谷의 詩도 있고, 其他 이곳을 찾었든 名流들의 읕음이 數없이 부터있다.

× ×

旅館에 돌아와 朝飯을 먹은 후 三陟 支局長 林允鳳氏의 來訪을 받어 이곳 형편을 大綱 알게 되었다. 三陟邑은 將次 江原의 工業都市가 될 곳으로써 只今은 그 創設期에 있다고 한다. 不遠間 三陟鐵道會社가 되어 道溪의 無煙炭(三百年間 採掘할 수 있는 無盡藏한 炭抗)이 黑湖港으로 吐出되게 되고 세멘工場과 石炭窯業工場이 建設 中에 있고 다시 寧越의 水力電氣가 三陟으로 오게 되고 汀羅津이 크게 築港이 되어 三陟邑은 不遠한 將來에 東海岸에 一大 都市가 되리라고 말한다. 筆者는 다시 草谷津 燈臺를 보고저 忽忽히 길을 떠나게 되었다.

(六月 十五日)

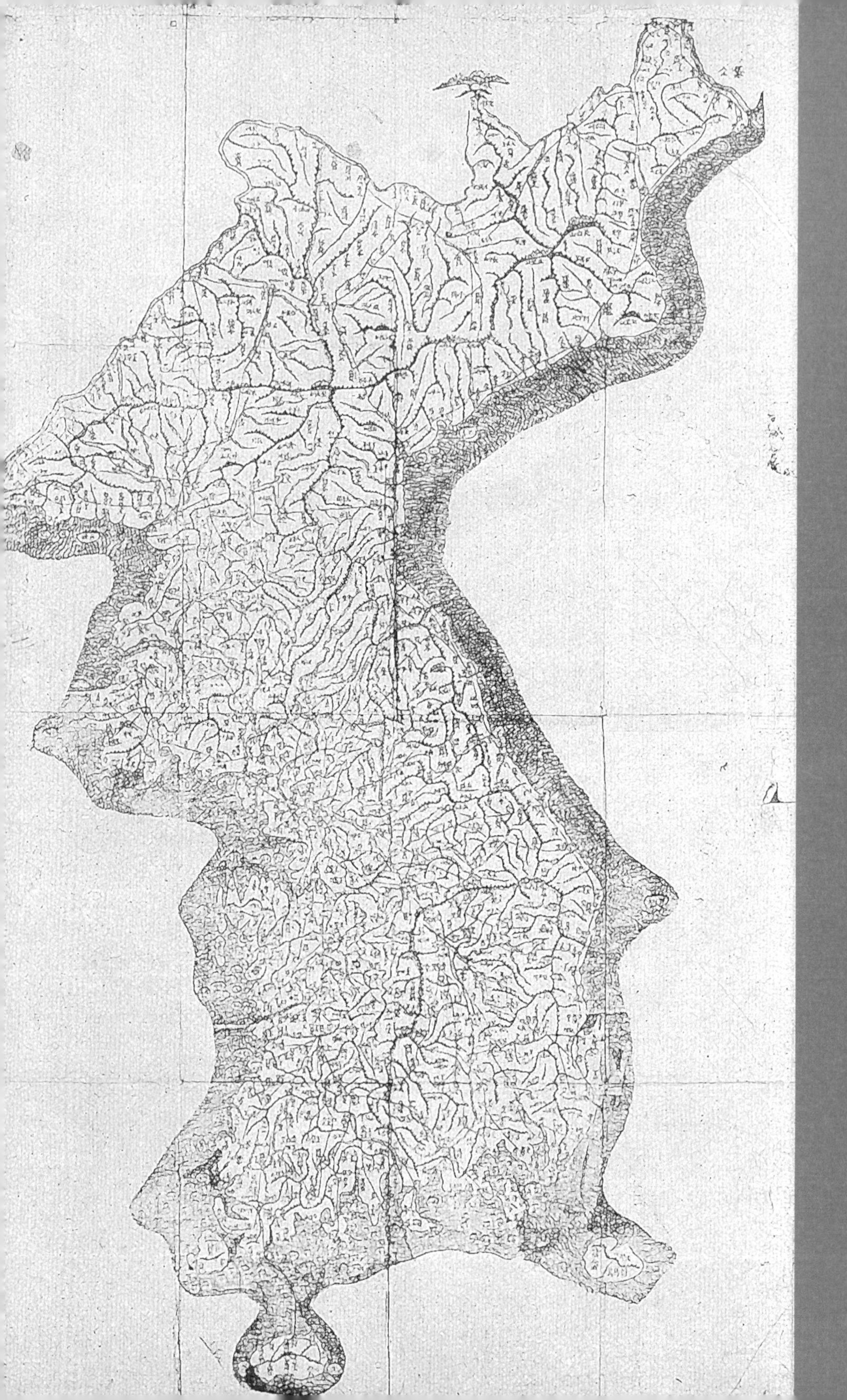

02

전라도

全羅道

해제

전통의 기억과 근대의 기록
전라도 편

한국 근대 기행문에서 전라도를 여행한 글들을 모았다. 출발부터 도착까지 여행의 세세한 사항들을 놓치지 않고 기록한 글도 있고 여행 중에 경험한 인상적인 한 토막의 사건을 이야기로 옮긴 글도 있다. 다른 지역과 비교하며 분석적이고 장황하게 설명하는 글도 있고 과거를 회상하며 소회를 밝히는 정감어린 글도 있다. 이 지역의 강산과 유적을 찾아 '우리 것'에 대해 들려주려는 글도 있고 교육과 교화와 개량의 이름으로 '근대화'의 현장을 보여주려는 글도 있다.

최소월崔素月의 「남조선의 신부新婦」(『학지광』 3호, 1914년 12월)는 전남 흥양반도 풍남포를 여행하면서 쓴 글로 남쪽 지방의 산천, 풍속을 구경하던 중에 작성한 것으로 보인다. 국한문 혼용이지만 한글 비율이 높은 편이다. 글쓴이의 본명은 최승구崔承九이며 1910년대 시사詩史에서 주목할 만한 시인으로 나혜석과의 사랑으로도 유명하다.

글의 내용은 글쓴이의 여행 기분이나 여행지에 대한 느낌보다 우연히 만난 한 여인에 대한 인상이 주를 이룬다. 글쓴이는 순천호順天號라는 기선을 타고 풍남포에 도착해 가형의 마중을 받아 상륙하기 위해 종선으로 바꿔 탄다. 갈아타기 직전 종선을 타고 와 기선에 오르는 젊은 여인을 만나는데, 그 차림새가 시골에서는 보기 어려운 성장盛裝인 것에 흥미를 느낀다. 여인은 본선에서 한 노파와 작별하고 또다른 부인과 함께 다시 종선으로 옮겨타고 육지로 돌아가려는데, 배가 본선과 멀어지자 갑자기 통곡하기 시작한다. 배 안에서 글쓴이는 여인이 얼마 전 나라도奈羅島에서 풍남 인근 금리錦里로 시집온 신부이고, 본선에서 작별한 노파는 친정어머니, 상륙선을 함께 탄 부인은 시어머니인 것을 알게 된다.

글쓴이는 여인의 통곡이 단순히 친정을 잊지 못해서도 아니고 시집살이의 어려움을 걱정해서도 아니라고 생각한다. 그는 여인이 부두에서 '종선 타는 맛'을 아는 여인, 육지에서 수면으로 나와 '전송하는 맛'을 아는 신부라고 생각한다. 시집을 떠나 부두까지 나오는 것으로 부족해 종선을 타고 기선에 직접 올라서야 친모를 전별하는 용기, 그리고 돌아가는 배에서 다시 친정과 고향을 그리면서 통곡하는 기세가 자신에게 깊은 인상을 주었다는 내용이다. 여행 중에 체험한 짧지만 인상적인 한 토막의 이야기다.

춘원春園의 「남유잡감南遊雜感」(『청춘』 14호, 1918년 6월)은 서북 출신의 글쓴이가 영호남 지방을 돌아다니면서 느낀 감상들을 정리하고 있는 글이다. 특히 영호남의 지역적 특색을 서로 비교하면서 서북지역과의 차이도 함께 들려주고 있다는 점에서 나름의 가치를 갖는다. 여행 중에 그가 경험했던 문제점으로 우선 제기하는 것은 여관과 음식점의 불결과 시설 부족이다. 설비가 낙후하고 비위생적임을 지적하면서 시급히 개량하고 싶다는 마음을 드러낸다. 그러면서 영호남의 특성을 나열하는데, 충청 이남에서 객수집의 음식은 대체로 머슴이 맡아 하는데 이는 남자로서 수치라는 점, 서북지방에는 소주나 메밀국수가 많은 데 비해 충청 이남에는 막걸리와 밀국수가 많고 특히 맥주와 일본주가 유행이라는 점, 전라도의 산은 부드럽고 둥글며 우아하고 여성적인데 반해 경상도의 산은 거칠고 삐죽삐죽하며 장엄하고 남성적이라는 점, 호남인은 얌전하고 부드럽고 교제가 능한 대신에 영남인은 억세고 무뚝뚝하다는 점, 호남에는 광대가 많고 영남에는 기생이 많다는 점, 평안도의 대표소리는 수심가인데 남도에서는 육자백이라는 점 등 지역의 풍토와 문화적 차이를 흥미롭게 제시한다.

그러면서 글쓴이는 이러한 지역 간의 차이를 역사와 관련지으면서, 조선청년들의 조국에 대한 지식의 부족을 지적한다. "조선인이면서 조선의 지리를 모르고 역사를 모르고 인정풍속人情風俗을 모른다."는 것인데, 가만히 혼자 상상하는 것과 실제로 여행하며 목도하는 것에는 커다란 차이가 있음을 강조한다. 또한 인정풍속이나 자연의 미관을 충실하게 전하고 소개하기 위한 문학의 임무와 사명에 대해서도 덧붙이고 있다.

청오생靑吾生(차상찬)의 「여행지에서 본 여자의 인상」(『별건곤』 9호, 1927년 1월)은 글쓴이가 3년 전 지리산 천은사泉隱寺에 왔다가 우연히 만났던 한 여자에 대한 추억담이다. 회사의 일로 호남 일대를 순례하던 중 장마를 만나 천은사에서 고립되다시피 지내고 있었는데 잠깐 사찰을 찾았다는 한 젊은 여자를 만나 많은 얘기를 나눈 뒤 구례읍까지 먼 길을 걸으며 인사를 나누고는 헤어진다. 그런데 그 뒤 글쓴이가 병을 얻어 병원에 입원하게 되었는데 그 소식을 어떻게 알게 되었는지 그녀가 전혀 뜻밖의 문병을 찾아온다는 이야기다. 이제는 서로 연락이 끊기고 말았지만 도저히 잊을 수 없는 추억이 되었음을 전하고 있다. 최소월의 「남조선의 신부」처럼 여행이 가져다준 잊지 못할 이야기의 한 사례가 된다.

하산霞山의 「영암행靈岩行」(『신민』 25호, 1927년 5월)은 전남 일대의 강연회를 위한 여행 중 영암읍에서의 기록문이다. 고승 도선道詵의 출생지인 구림鳩林 지방의 설화와 그에 얽힌 유적지들을 소개하고 있다. 특히 도갑사道岬寺에서 도선 스님의 여러 자취들을 만나며 한 인물의 유적지로서의 도갑사의 유래에 대해 소개하고 있다. 동행한 김주지住持의 말솜씨와 지식에 감탄하기도 하다가 김주지 자신의 이야기를 듣고는 기구한 조선 근세의 운명을 되돌아보기도 한다. 구림리의 자치적 진흥을 위해 오래전에 만들어진 대동계와 '회사정'이 예전에는 남녀노소 없이 회동하여 노력하였을 것이나 이제는 노소합치老少合致 자치진흥의 근본정신을 볼 수 없고 노인들만 있으며 단체활동이나 시설이 미비하고 부족하다는 점 등을 언급하면서 애석해 하는 내용이다.

류순근柳順根의 「호남답사기湖南踏査記 칠백리잡관七百里雜觀」(『신민』 43호, 1928년 11월)은 우선 전라도에 도착하기까지의 과정을 글의 머리에서 민첩하게 소개하고 있다는 점에서 인상적이다. 당해 10월 6일 경성역을 떠나 용산, 수원, 천안, 대전에 이르러 호남선으로 갈아타고 논산, 강경, 김제, 송정리에 다다라 자동차로 광주에 이르기까지의 전 과정이 글의 앞부분에서 순발력 있고 경쾌하게 그려지고 있다. 이어 전라도 일대 각 지역에서 체험한 글쓴이의 본격적인 여행 경험을 찬찬히 들려준다. 짧은 소제목들과 함께 제법 많은 이야기들이 묶음별로 이어지고 있다.

광주는 다른 지방에 비해 착한 사람과 악한 사람의 구분이 뚜렷하며 은근히 인면수심의 인간이 많음을 비꼬고, 영암행으로 가는 자동차 안에서 차를 구경하는 흰저고리 검정치마의 부녀자들을 도시의 신여성과 비교하기도 한다. 영암읍내에서는 예전에는 사람이 살지 못할 것 같던 적막한 읍내가 반듯한 도로와 신식 가옥, 상점들을 갖춰 문화도시로 탈바꿈하고 있음을 목격한다. 강진군에서는 군내 여러 곳에 초등교육기관이 들어서고 실업학교 개교 등의 육영사업이 활발하며 군민들이 점차 생활안정 정책에 힘쓰고 있음을 소개한다. 특히 '모범부락' 도림리桃林里를 소개하면서 주민 모두가 공동경작과 공동판매, 저축운동을 전개하고 산업증진 개량사업에 노력하는 등 경제적이고 조직적인 생활을 한다는 이야기를 전한다. 해남군 금호도錦湖島에서는 면작棉作 사업과 근검역행勤儉力行의 생활로 외지인에 빼앗겼던 토지들을 되찾기 시작하고, 민풍民風진흥회를 조직하고 도민 육영을 위한 학원을 세우는 모습 등을 소개한다. 목포에서는 소유권을 빼앗긴 농장과 정미소 등을 보면서, 일본인들에게 머리 숙이고 겨우 품을 팔아 지내는 조선민의 가련한 생활 형편을 한탄한다. 그러면서 비참한 생활을 벗어나기 위해서는 오래된 폐습을 버리고 근면분투해야 할 것임을 다시 강조한다. 그곳에서 유일한 조선인 은행인 호남은행에서 자긍과 기쁨을 느끼기도 하고, 목포의 유지들을 만나 농사 개량과 생활 개선을 위한 이야기들을 나눈다. 무안군에서는 예전에 부랑자 많던 상신기리上新基里가 지방개량사업과 문맹퇴치, 생산증식, 생활개선 등의 부단한 노력으로 모범부락으로 탈바꿈되었음을 본다. 이처럼 글은 20년대 말 호남 지방의 경제적 실상을 소개하는 데 집중하면서 조선민의 의식 변화와 현실적 개조의 필요성을 드러내는 데 주력한다. 날씨탓에 제주행을 포기하고 함평군 엄다면 해정리海亭里로 가 그곳의 근검절약상을 확인한 뒤 열흘 이상의 여정을 마치는 것으로 끝맺는다.

김농아金聾啞의 「남순구법南巡求法 - 조선불교중흥지 조계산曹溪山을 찾아서」(『불교』 76호, 1930년 10월)는 서울 종로 각황사覺皇寺를 떠나 전남 순천 송광사松廣寺에 이르기까지의 여로와 그 사이의 이야기들을 보여준다. '조계산의 동경', '추천명월하秋天明月下에 철마순례행鐵馬巡禮行' 등의 소제목들이 있고 그에 해당하는 이야기들이 경로를 따라 묶음별로 이어지고 있다.

글의 시작은 여행의 배경에 대한 것인데, 오랫동안 조계산을 동경하던 글쓴이가 삼보三寶 사찰 중 통도사와 해인사는 보았으나 조계산 송광사만을 보지 못하고 있다가 마침 선암사仙岩寺 노승을 만나야 할 일이 생겨 김해은金海隱과 함께 가게 되었다는 것이다. 종로를 떠나 경성역으로 향하는 전차 안에서 보게 된 모던 보이와 모던 걸을 영화의 촬영배우나 지방 순회하는 가극단에 견주는 비유와 그들의 "짓이 모다 극적이며 말하는 태도 눈뜨는 태도가 모다 예술적"이라는 등의 표현은 반어적이면서도 신선하게 읽힌다. 목포행 기차 안에서 경찰부의 아는 이를 만난다거나 대전역에서 차표를 분실할 뻔한 에피소드가 이어지고, 무등산, 극락강 등 불교적 이름과 관련되는 대화의 장면들이 나오는데, 주로 글쓴이의 질문과 김해은의 대답 형식으로 불교 이야기들을 전한다. 목적지에 도착한 뒤 송광사 동구洞口에서부터 사찰 경내에 들어가기까지 고요하고 평화로운 풍경을 담담하면서도 입체적으로 묘사하고 있어 인상적이다. 이 글의 후속편, 즉 송광사 도착 이후의 글은 찾을 수 없지만 이 글만으로도 서울에서 순천까지 이르는 당대의 여행 경로를 비교적 상세하게 보여주고 있다는 점에서 흥미를 준다.

이윤재李允宰의 「지리산의 추상追想」(『신여성』 7권 6호, 1933년 6월)은 기획특집 '명사들의 여행 추억' 중 하나로 짧은 소품이다. 제목대로 글쓴이는 지리산 여행을 "일생에 가장 추억되는 것"으로 꼽아 1911년 경남 마산 창신昌信학교 시절의 수학여행을 떠올리며 쓴 글이다. 학교를 출발하여 사흘 만에 지리산에 도착하지만 첫날은 폭우 때문에 오르지 못하고, 둘째 날은 몸이 안 좋아 포기하려다가 용기를 내어 마침내 정상에 오르게 되었다는 이야기다. 정상에서 글쓴이는 지리산이 우리의 상고시대와 신라 백제 시대, 고려와 조선시대를 엄중히 지켜왔고, 금강산, 한라산과 함께 삼신산三神山에 속하는 신령한 산임을 강조한다.

비록 짧은 글이지만 눈길을 끄는 대목들이 꽤 있다. 1911년에 이미 수학여행은 "학교에서 의례히 있는" 행사였다거나 당시 지리산은 "전조선으로도 유명한 산이언마는 찾는 이가 극히 적음"을 지적하는 대목, 지리산 사찰의 한 스님을 "현대의 과학에도 대단히 능통하였다."고 소개하면서 당대 과학에 대한 일반인의 관심을 보여주는 대목 등이 그렇다. 또한 '지리산 원정대'라는 이름으로 군대처럼 행진하며 "나폴레온이 알프스의 험준한 고개를 넘는 것같이" 지리산을 향한다는 비유도 흥미롭지만, 지리산 등정의 목적을 "나약하고 무기력한 조선청년에게 용감쾌활한 기풍을 한번 훈련시켜” 보기 위해서라는 대목도 이 시기 조선의 억눌린 분위기를 보여준다는 점에서 눈길을 끈다.

이병기李秉岐의 「월출산의 회고」(『신여성』 7권 6호, 1933년 6월) 역시 윗글과 더불어 기획특집 ‘명사들의 여행 추억’ 중 하나다. 전남 영암의 월출산을 오르며 보았던 추억을 전하고 있다. 산 주변에서 잠을 자고 새벽에 일어나 “서울 같으면 아직도 이불속에서 기재개나 쓰고 누웠을” 시간에 일어나 일하는 시골 사람들의 부지런함을 생각한다. 산을 오르는 과정에서는 주변의 바위들에 얽힌 이야기를 주로 전하는데, 아들을 둔다는 바위, 물이 넘쳐흐르는 바위, 기괴한 모양의 바위, 영암 읍내를 한눈에 내려다보는 바위 등에 대해 소개한다. 하지만 산에서도 좋은 곳들은 이미 일인의 소유가 되어 있음도 전한다. 일행은 월출산 물로 만든 술을 밥 대신 먹기도 하고 별안간 짙은 운무雲霧 속에서 고생을 겪기도 한다. 겨우 천왕봉에 이르지만 지척도 분간할 수 없는 안개가 걷힐 때까지 한참을 기다리기도 한다. 풀렸다가 엉기기를 거듭하는 안개 속에서 주변의 풍경과 영암 읍내가 서서히 드러나는 모습이 생생하게 묘사되어 있다. 이때의 감동을 시조시인답게 한 편의 시조로 옮기며 글은 마무리되고 있다.

김재석金在石의 「다산茶山의 유적遺跡을 강진康津에 찾어」(『카톨릭청년』 4권 4호, 1936년 4월)은 어느 신부神父에게 보내는 편지 형식의 글로 신부의 이름은 밝혀 있지 않다. 영암을 거쳐 강진에 이르러 만덕동萬德洞을 찾아, 그곳의 옛이름이 ‘귤동橘洞’이었음과 다산茶山이란 명칭의 유래, 정다산의 친필 시조집을 소개하고 있다. 글쓴이는 강진 일대 다산과 관련된 유적과 흔적들을 돌아보며 17년 동안의 다산의 유배생활을 회상한다. 편지 말미의 내용으로 보아 편지의 수신인 신부는 다산 유적 관련 사진들을 구하고 있음을 알 수 있다. 여행 중에 독감에 걸리고 교통편도 여의치 않아 더 많은 자료를 보내지 못해 미안해 한다는 인사로 글은 끝난다.

정확한 필자를 알 수 없는 일기자一記者의 「호남의 성궁순례聖宮巡禮」(『카톨릭청년』 4권 6호, 1936년 6월)는 '알뜰한 포도밭의 일꾼들을 찾아서'라는 부제가 달린 글로, 같은 잡지 4권 8호와 9호에 이어진다. 호남지방의 주요 성당들을 돌아보며 성당의 규모와 활동, 당시 호남지방의 정황과 변화를 전하고 있다. 중간중간 소제목들과 함께 묶음별로 이야기가 전개되고, 글쓴이의 소감을 옮긴 시조 여러 편이 삽입되어 있다. 글의 중간에는 이 기획물에 대한 글쓴이의 생각을 드러내는 대목들이 있는데, 이를테면 "나의 이 글이 일시순방의 기행문에 그칠 것인 만큼 어느 교회의 계통적 역사나 연혁을 적으려는 것이 아니오, 또 일방 각 지방의 현상적 실정은 일반의 여론과 물의物議에서 구할지언정 겸양과 과장이 아울러 숨어들 수 있는 몇몇 개인의 직접 문답에서 찾을 것이 아님"이라는 소신을 밝히고 있다.

먼저 글쓴이는 2월 초 호남 성지 순방기를 써달라는 갑작스런 부탁을 받게 되어 한동안 거절하다가 마지못해 시작하게 되었음을 밝힌다. 한겨울인데도 강경으로 내려가 나암羅岩성당을 방문하여 그곳을 지킨 예전의 여러 신부들을 생각하면서 그 업적을 기리고 특히 성당이 경영하는 육영 기관과 교육 사업에 깊은 관심을 보낸다. 청년회, 부인회 등 여러 관련 단체들이 있음에도 그 역할이나 기능이 미비한 것들이 많아 유감을 느낀다. 군산에서는 도시화의 모습과 함께 더해가는 빈민들의 삶을 걱정하고, 군산본당 신부와의 대화를 빌어 진리와 신앙의 가치를 강조하면서 지방 당국의 탄압과 난관難關을 드러낸다.

「호남의 성궁순례 (2)」(『카톨릭청년』 4권 8호, 1936년 8월)는 '전주편'이다. 여러 행사로 잠시 쉬었다가 4월 초 다시 예전의 순례길을 떠난 이야기다. 전주성당의 화려함과 웅장함에 감탄하면서 글쓴이는 "가신 일꾼들의 피땀의 결정"임을 강조한다. 특히 이국땅에서 필사의 노력과 헌신을 다한 외국 신부들의 정신을 기린다. 어렵게 진행되고 있는 교회의 자치 준비에 대해 기대와 희망을 보내고, 신부들로부터 전주 지방의 카톨릭 운동단체들의 조직과 규모 등의 소식을 듣는다.

「호남의 성궁순례 (3)」(『카톨릭청년』 4권 9호, 1936년 9월)는 앞선 '전주편'에 이어지는 내용이다. 당시 전주 지역 내의 활발하고 왕성한 종교 활동과 행사들을 전하고 있다. 활동 자금을 마련하기 위한 공장 운영, 카톨릭 청년 운동과 그 지도교육의 어려움 등이 글쓴이가 만나는 신부들의 이야기를 통해 전해진다. 이어 전주의 카톨릭 순교지와 명승지 한벽정寒碧亭과 다가공원多佳公園의 행락인파를 보면서 글쓴이가 갖는 여러 기분과 생각들을 보여주고 있다.

김중철

文苑 南游紀行 游智異山 (一)

晩醒 朴致馥

《대한자강회월보》 1호, 1906년 7월

禹貢에 冀州 東北境은 曰 幽州니 漢所置也라 其鎭曰 醫無閭니 東爲不咸ᄒᆞ고 又 東爲長白ᄒᆞ니 長白의 一名은 白頭라 白頭之脉이 東迤北折ᄒᆞ야 爲磨天嶺ᄒᆞ고 又 東走爲黃龍山ᄒᆞ고 又 東馳爲大關嶺ᄒᆞ고 並海千里에 爲楸池嶺ᄒᆞ고 聳爲皆骨萬二千峰ᄒᆞ며 又 轉身差南ᄒᆞ야 作五臺山ᄒᆞ고 遇東海而折ᄒᆞ야 旋向西南ᄒᆞ야 爲大小白ᄒᆞ고 西爲竹嶺ᄒᆞ고 又 西爲主屹鷄立嶺ᄒᆞ고 又 西南爲三道峰ᄒᆞ고 又 南下爲德裕金猿ᄒᆞ고 又 西南爲般若峰ᄒᆞ고 般若가 過峽而東ᄒᆞ야 雄蟠持秀ᄒᆞ야 爲智異山ᄒᆞ니 天王이 其最高峰也라 山脉而自白頭而流故로 或曰 頭流라ᄒᆞ니 湖之十三邑과 嶺之七邑이 實區焉이라 其形이 方故로 列禦寇一以方壺로 配圓嶠ᄒᆞ고 馬遷始皇紀와 孟堅郊祀志에 皆以方丈으로 臚蓬萊瀛洲ᄒᆞ니 皆天下名山也라 余之居一距玆山이 無百里리 起居飮食을 與之相接而塵韁所羈에 屨未及焉이러니 今秋에 約同志ᄒᆞ야 期以八月初一日로 啓行이라가 旋以家故로 落後ᄒᆞᆷ이 望前行을 如霄漢高松ᄒᆞ야 懊惱不已러니 八月十七日에 寒洲李上舍가 匹馬南爲

ᄒᆞ야 訪許聖勳南暨余ᄒᆞ니 其志在天王絶頂也라 余ㅡ리 然意沕ᄒᆞ야 遂定行計ᄒᆞᆯ새 約寒洲會于南沙ᄒᆞ고 裁書郭友鳴遠(鍾錫)ᄒᆞ야 俾爲之周章ᄒᆞ니 盖上山에 必經宿일새 儲具盖藏을 不可無定算故也라

文苑 南游紀行 游智異山 (二)

晩醒 朴致馥

《대한자강회월보》 2호, 1906년 8월

○二十五日에 約尹友孝一發行홀ᄉᆡ 南黎는 送至五里亭ᄒᆞ야 黯黯無以爲心ᄒᆞ니 盖南黎與嗚遠은 皆宿□而歸ᄒᆞ야 未幾日이라 勢難再動이오 且恐不知者ㅡ以爲屑屑也라 余ㅡ授以鄧艾陰平之計ᄒᆞ야 自黃梅右峽으로 直趣山陰尋寂庵ᄒᆞ야 繞絶頂而南達于洪界則去大源이 無幾武라 會于此可乎아 南黎曰 唯唯라 余又曰 鄭原允이 有奮飛之志호ᄃᆡ 拘掣未能ᄒᆞ니 相機而與之偕可乎아 南黎曰 唯唯라 余觀南黎ᄒᆞ니 其容이 俯ᄒᆞ고 其色이 沮ᄒᆞ야 沉吟若有所思어ᄂᆞᆯ 因戱之曰 剛而必不來矣로다 遂悵然分袂ᄒᆞ고 午抵剡溪ᄒᆞ니 盖權聖擧金聖符ㅡ皆有約而金兄이 騎馬先發ᄒᆞ고 權은 以家憂로 趦趄不決이라 强而後可어ᄂᆞᆯ 遂聯袂到太ᄒᆞ니 日 已曛矣라 訪朴氏齋舍ᄒᆞ니 有人이 冉冉自山腰撞來ᄒᆞᆫ데 乃朴友光遠也라 光遠이 家在溪上ᄒᆞ야 訪之而不遇러니 今忽邂逅ᄒᆞ니 喜可知也라 因與同宿ᄒᆞ고 明日에 四人이 序齒前行홀ᄉᆡ 午抵南沙ᄒᆞ니 嗚遠이 出里門等候多時라 肅而入ᄒᆞ니 寒洲ㅡ來留已二日이어ᄂᆞᆯ 相視而笑ᄒᆞ고 因問明日行計ᄒᆞᆫᄃᆡ 嗚遠이 拱手而前曰 此中諸

君子ㅡ以長德之來臨과 名碩之多會로 欲講鄕飮禮ᄒᆞ야 儀物이 已具ᄒᆞ니 願寬一日暇ᄒᆞ라 余曰 盛擧也라 敢辞리오 遂書分榜ᄒᆞᆯᄉᆡ 寒洲爲賓이오 全爲主오 權爲介오 金河兩人은 爲僎이오 其餘三賓司正諸位가 皆以齒爲序라 明日에 鋪席于沙場ᄒᆞ고 畫地爲門ᄒᆞ며 陳門碑ᄒᆞ고 日禺中에 始行ᄒᆞ야 至晨乃罷ᄒᆞ니 肅而不譁오 靜而孔嘉라 諸生이 設講席ᄒᆞ고 講太極圖說未究에 日曛遂罷하니라

明日에 發向入德門ᄒᆞᆯᄉᆡ 鳴遠及河君殷巨從焉이라 行十餘里에 踰嶺夾左巨川登陶丘臺ᄒᆞ야 彷徨寄想ᄒᆞ니 陶丘ᄂᆞᆫ 故處士李濟臣의 号니 爲人이 落拓奇曠ᄒᆞ야 人無賞識이로ᄃᆡ 獨曹南冥이 沕然忘形ᄒᆞ야 遠將而不覺이러라 行數里에 得瀶纓岩ᄒᆞ니 川水自陶臺至此에 皆鋪以白石ᄒᆞ며 間以靑苔ᄒᆞ야 泓澄瀅澈에 紺碧異常ᄒᆞ야 冷然有怡神洗心之樂ᄒᆞ니 卸衣槃礴에 不知日之昳也라 轉向山川齋ᄒᆞ니 曹生舜亨이 候於路左어ᄂᆞᆯ 入洞에 望見院宇가 圮毁ᄒᆞ고 頹垣이 峗嶫ᄒᆞ야 不覺興吁釀涙라 覽神道碑(南冥處士曹植故里)訖에 還入山天齋ᄒᆞ야 謁孔子周濂溪程伯子朱子四聖賢遺像ᄒᆞ고 翌日에 發向大源寺ᄒᆞ니 寺在三十里而遠이라 促武用壯ᄒᆞ야 日仄에 度獐項嶺ᄒᆞ고 昏黑에 到上方ᄒᆞ니 惱甚昏仆라가 而已오 少啗多飯ᄒᆞ고 枕藉而臥ᄒᆞ니 房舍雖軒敞이나 涴壁來風ᄒᆞ고 宿突生溫ᄒᆞ야 惺惺無睡意오 且以佛像在로 禁不吸烟ᄒᆞᄆᆡ 起坐無聊라가 翌日風氣猝緊ᄒᆞ고 天宇陰慼ᄒᆞᆫ데 此去絶頂이 尙六十里라 瞻仰脅息에 如隔天上이라 寺ᄂᆞᆫ 山의 東麓에 在ᄒᆞ니 谷頗窈나 世不稱深ᄒᆞ고 景甚佳나 人不叫奇ᄒᆞᆷ은 盖於大方之海에 爲水ᄒᆞᆷ과 聖人之門에 爲人ᄒᆞᆷ과 如ᄒᆞ야 其難이 若是로다 塔殿이 上頭에 在ᄒᆞ니 凡十二層이라 雖不侈大ᄒᆞ나 極精緻ᄒᆞ야 圍以粉墻ᄒᆞ고 鋪以細石ᄒᆞ야 潔不容唾ᄒᆞᆫ데 橫竹과 着履를 並禁ᄒᆞᄂᆞᆫ지라 問之ᄒᆞᆫᄃᆡ 曰 佛齒所臧이라ᄒᆞ거ᄂᆞᆯ 余曰 佛國도 亦尙齒ᄒᆞᄂᆞᆫ가 吾聞爾佛은 以全軀로 爲幻妄커던 而况於一齒乎아 恨無羚羊以觸之로다 壁上에 有巨跡이 長尺餘어ᄂᆞᆯ 問之ᄒᆞᆫᄃᆡ 曰 如來足

跡이라ᄒᆞ거ᄂᆞᆯ 余大笑曰 我孔子ᄂᆞᆫ 無跡ᄒᆞ고 顔子ᄂᆞᆫ 微有跡이어ᄂᆞᆯ 汝如來ᄂᆞᆫ 跡大如此耶아ᄒᆞᆫᄃᆡ 其徒識字者ㅡ亦絶倒러라 龍湫ᄂᆞᆫ 在數弓許ᄒᆞ니 溪身이 與巨石으로 相終始ᄒᆞ야 緩則被而爲簾ᄒᆞ고 急則束而爲瀑ᄒᆞ니 大窪小窪가 隨科渟滀ᄒᆞ야 深者ᄂᆞᆫ 眩不可俯오 淺者ᄂᆞᆫ 藍靑黛綠ᄒᆞ야 若有神物이 藏焉이오 其下에 又 石瓮이 有ᄒᆞ니 大石이 直穿三穴ᄒᆞ야 隘其口寬其中이라 可히 數石穀을 實ᄒᆞᆯ지라 寺僧이 用以淹菜ᄒᆞ면 經春夏不敗云이러라 還寺ᄒᆞ니 鳴遠及同行殿後者이 次第來到ᄒᆞᆫ지라 日晡에 風霾漸劇ᄒᆞ더니 僧言山頭에 積雪이 皚皚라ᄒᆞᆫᄃᆡ 於是小闍梨와 及從行少年이 交謁更諫ᄒᆞ고 儕朋도 皆苦口阻擋ᄒᆞ되 余與寒洲ᄂᆞᆫ 强項不撓ᄒᆞ야 謬爲大言曰 吾輩ㅡ潛心默禱가 久矣라 曾謂方丈이 不如衡山乎아 以下次号

文苑 南游紀行 (續)

朴致馥

《대한자강회월보》 3호, 1906년 9월

○行五里餘에 蟻附直上ᄒᆞ니 上頂은 如禿鬜ᄒᆞ야 絶無艸木ᄒᆞ고 叢生細毳가 皆衰爛鬖髿ᄒᆞ고 石皮ᄂᆞᆫ 焦騷瘴日ᄒᆞ야 如帶太始之雪ᄒᆞ며 剛飇勝背에 兩袂僊擧라 跟級躐登에 飄不可住ᄒᆞ고 羣山之在眼底者ᄂᆞᆫ 瞥瞥剗伏이라 岡陵焉培摟焉卷石焉饅飽焉ᄒᆞ야 隨步改觀ᄒᆞ니 盖到極高에 爭毫末尺寸은 勢也라 忽岩回路窮에 泊然而止ᄒᆞ니 眼花閃墮ᄒᆞ고 腦髓眩轉일ᄉᆡ 遂劄脚疑(音얼)立ᄒᆞ니 我已登天王峯이라 開眼憑眺ᄒᆞ니 世間에 空無一物ᄒᆞ야 其漫如滾沙와 翕如聚漚가 茫無垠際者ᄂᆞᆫ 地勢也오 經緯轇葛에 交媾絪縕ᄒᆞ야 渾圓如圈套者ᄂᆞᆫ 游氣也오 下爲地軸所籍ᄒᆞ고 上爲游氣所占ᄒᆞ야 青蒼如穹笠者ᄂᆞᆫ 天形也라

三界摺疊에 六合均圓이어ᄂᆞᆯ 我處其中ᄒᆞ니 孟子所謂居天下之廣居ᄒᆞ며 立天下之正位者一其類是耶아 因念孔子登東山而小魯ᄒᆞ시고 登泰山而小天下ᄒᆞ시니 泰山이 雖高나 其頂은 其不觸泰山이오 天下雖廣이나 猶是六合之內則此聖道에 猶有介量也니 故로 贊其極則曰 如天之不可階而升也

며 如日月之不可踰也라 ᄒᆞ나니 吾輩ᄂᆞᆫ 學道而未至ᄒᆞ며 望道而未見故로 今乃呿口吐舌於玆山之峻ᄒᆞ야 謂天下至高라ᄒᆞ니 無亦見笑於大方之家者乎아

沈吟覓句ᄒᆞ다가 忽見曜雪이 西匿에 萬象이 嚮晦ᄒᆞ고 急爲下臺就水ᄒᆞ야 料理經宿ᄒᆞ니 時에 久旱ᄒᆞ야 乳淙이 已絶이라 錯愕不知所爲러니 有二人이 撞面前過어ᄂᆞᆯ 且喜且恠ᄒᆞ야 問誰也오 ᄒᆞᆫᄃᆡ 曰 採藥人이라 日暮矣어ᄂᆞᆯ 那裏오 曰 去處去로라 泉源이 在甚麼오 在此下幾弓許某岩下라ᄒᆞ고 指示甚詳이러니 言訖에 便不見이라 如其言果尋ᄒᆞ니 一行이 雀躍相慶ᄒᆞ고 一邊은 安鍋造飯ᄒᆞ며 一邊은 採取薪木이러니 斧未及斫ᄒᆞ며 鎌未及刈ᄒᆞ야셔 黑窣口不辨咫尺ᄒᆞ니 岩竇谽谺ᄒᆞ고 石劒兼劌ᄒᆞ야 齧足傷脰者ㅣ相繼라 僅取傍近數株ᄒᆞ야 析爲燎楢ᄒᆞ고 連條帶葉을 倚岩結搆ᄒᆞ니 四無遮障이오 惟盖覆頭面而已라 風氣漸冽에 徹口生寒일ᄉᆡ 上頂飮紅露數盃ᄒᆞᆷ이 賴以爲力이러니 潮醺이 已退에 身戰如痲ᄒᆞ야 御重裘複褌血無溫ᄒᆞ고 飽熱飯湯水而不定일ᄉᆡ 余與寒洲端溪로 蒙被逼臥ᄒᆞ야 縮如龜蛇ᄒᆞ고 餘人은 列坐火邊ᄒᆞ야 窘兢姑息에 波波咤咤ᄒᆞ며 了無生意라 僉曰 甁罄矣오 薪盡矣라 夜深寒總至ᄒᆞ면 恐無術以禦之ᄒᆞ니 吾輩ㅣ其全軍而渰矣로다 因說湖南十三人이 遇雨騈命事어ᄂᆞᆯ 聞來不覺氣短이라 因念管幼安이 乘舟遇風에 自訟愆尤ᄒᆞ야 質海神曰 吾ㅣ平生에 無他罪오 惟三朝晏起와 一日不科頭라ᄒᆞ니 吾輩ᄂᆞᆫ 白首口狂에 悔尤山積이라 將何辞以自解리오ᄒᆞ고 又 自恕曰 今行에 若有陰相者在ᄒᆞ야 浹旬陰曀風雪之餘에 假以一日淸和ᄒᆞ고 俄又遣藥師指水處ᄒᆞ야 旣使我로 免枯魚之肆케ᄒᆞ니 寧忍使我로 爲左伯桃羊夷乎아 必不然矣리라 以下次号

文苑 南游紀行 (續)

朴致馥

《대한자강회월보》 4호, 1906년 10월

○是時에 萬念이 俱灰ᄒᆞ고 精白一縷가 只是丐活而已러니 忽覺四體微舒에 欠伸入睡라가 多時而悟ᄒᆞ야 除去面被ᄒᆞ니 瀜瀜與疇曩으로 異라 進餠湯頓飽ᄒᆞ니 背汗이 浹洽이라 余喜如泉湧ᄒᆞ며 氣如山聳ᄒᆞ야 朗誦韓文公拜衡岳廟詩ᄒᆞ고 曼聲高吟에 山谷이 響喨이라 寒洲端溪가 皆驚悟起坐어ᄂᆞᆯ 因足成上山五言四律ᄒᆞ고 又 詠宿上頂一絶ᄒᆞ니 其曰 明日題詩下碧巒은 盖慶之也라 促膝酬唱에 驩然相樂ᄒᆞ니 傭僕姓蘇者一前賀曰 鄙人이 陪此行이 凡十三次에 日候淸明則或有之나 而不火而溫은 惟今也爲然이라 實荷列位洪福이로다 余曰 千里排太行雲ᄒᆞ고 十月乞海市觀이 非君家事乎아 今行에 賴有君耳라 一座皆大笑러라 至宇遙廊에 時有漫霧가 乍羃旋掇터니 夜向分에 斗柄이 低垂ᄒᆞ고 銀河가 曬曬ᄒᆞ며 東天이 瀏灕微白에 紅暈이 漸隮ᄒᆞ니 知其爲日候라 急掇熱粥ᄒᆞ고 攝衣登頂ᄒᆞ니 巖逕이 黑暗ᄒᆞ야 手足幷行이라 端溪寒洲曁余가 爲先茅ᄒᆞ고 諸人이 鱗次繼登絶頂ᄒᆞ니 晨候一溫如密室이 亦異事也로다 大地昏沉에 群品이 蒙昧터니 紅光罩處에 認是東方이라

焜黃이 徹地에 無微不獨ᄒᆞ야 天根海際之遠과 邱陵原濕之細를 歷歷可筭이러니 俄而紅深赤ᄒᆞ고 赤變而紫ᄒᆞ야 晃晃漾漾에 不可名狀이라 餘暈이 自東而北ᄒᆞ며 自北而南ᄒᆞ야 兩下漸長에 相合如環ᄒᆞ고 其下ᄂᆞᆫ 白氣環之ᄒᆞ고 雲瑞靄一紛輪動盪ᄒᆞ야 橫者如隧道ᄒᆞ고 立者如牙纛ᄒᆞ고 或飄如徹盖ᄒᆞ고 或圍如步幛ᄒᆞ며 銀臺金闕이 觚稜稠疊ᄒᆞ며 鑾旗屬車가 儀衛絡繹ᄒᆞ야 皆湊向一處라 少焉에 一炬先登ᄒᆞ고 萬炬繼熾ᄒᆞ니 炎炎爀爀에 列爲火城ᄒᆞ고 城城中折에 圓輪出焉ᄒᆞ니 下有銀盤이 奉之ᄒᆞ야 滄滄凉凉에 若無晶光이라 其身鬢長은 若石繝動浮屠塔ᄒᆞ야 漸次低平就衺ᄒᆞ고 如臥佛如橫舟ᄒᆞ다가 復翕聚爲瓮盎罇罍盂鉢鉦鼓之形ᄒᆞ야 方圓無定ᄒᆞ고 長廣互換ᄒᆞ니 瞬不可正視라 離海尺許에 傍氣漸消ᄒᆞ며 火光漸微터니 赫赫太陽이 宛在天東ᄒᆞ야 朝曦滿地라 忽顧背後則有巨影이 全據大地三分之一ᄒᆞ야 尖殺而上ᄒᆞ야 直到西天盡處ᄒᆞ니 乃山之勢也오 嶺之森森林立者ᄂᆞᆫ 人影也라 自顧吾生이 貼在塵土ᄒᆞ야 偶旅而動ᄒᆞ고 諶踔而行ᄒᆞ야 去楡枋之鷃과 陷井之蛙가 無幾而今忽超身ᄒᆞ야 直上萬仞頂頭群之表ᄒᆞ야 浮遊兩儀之間ᄒᆞ니 斯已奇矣라 而今에 又橫驀方驤幾萬里外ᄒᆞ야 踰麗農歷甌羅ᄒᆞ야 蔭若木而流憩ᄒᆞ며 濯虞淵而自潔ᄒᆞ니 吾未知列子馭風之遊와 張騫窮源之行이 其能彷彿於此乎아 相顧嗟嘆에 傾壺中餘瀝ᄒᆞ야 各飮一杯ᄒᆞ니 新啷이 撞題에 四體融釋이라 呼韻賦絶句ᄒᆞ고 又次程伯子東憁韻ᄒᆞ니라 饔人이 以炊熟告下어ᄂᆞᆯ 吃已에 理歸裝復路更登則天宇晦昧ᄒᆞ고 大霧漫空ᄒᆞ야 非復疇昔光景이라 頂廣可坐百許人이오 圍以短墻ᄒᆞ니 前監司尹光顔의 所築云이러라 下有題名ᄒᆞ고 其餘ᄂᆞᆫ 墨石崖刻ᄒᆞ야 石無空隙이라 行中이 賚小鑿五六事라가 方始役이나 手生ᄒᆞ야 未易就功이라 余因念前刻者一皆磨滅不知誰某ᄒᆞ고 縱知나 亦不知誰某之爲何人者一多ᄒᆞ니 然則刻石之何益이리오 南冥이 稱智異ᄂᆞᆫ 韓鄭趙之山也라ᄒᆞ니 此三君子曷當留名於岩石哉아 吾先君子一過紅流瀏ᄒᆞ다가 題名岩에 有時曰 士可名於竹이라 煩名石上爲아 山中多刼雨

ᄒᆞ니 一洗有誰知오 吾輩ㅡ患無三不朽可傳於竹帛ᄒᆞ니 刻石何爲오 遂罷ᄒᆞ니라 傍有巨石이 飣飣相疊ᄒᆞ니 曰 日月臺오 其下에 危岩叙攢ᄒᆞ니 曰 文章臺오 上頂之傍에 有石室ᄒᆞ고 中安塑像일ᄉᆡ 意其爲嶽祠ᄒᆞ야 獨往拜之ᄒᆞ니 盖謝其冥佑也라 有謝山靈詩ᄒᆞ니라 或日此ᄂᆞᆫ 世尊母摩耶夫人也니 子何拜爲오 余曰 我自拜山靈이오 摩耶ᄂᆞᆫ 非所知也라 鬼神之道ᄂᆞᆫ 在思成ᄒᆞ나니 拜山靈則山靈이 與我感通이니 彼塑像을 何拘焉가 遂尋故蹊ᄒᆞ니 林霏가 次第褰開라 但興盡體弛에 疲憊倍昨일셔 午點于前炊處ᄒᆞ고 至柳坪ᄒᆞ니 曛黑路澁이라 使擔夫로 先行ᄒᆞ고 殷巨與金君은 乞火於村家ᄒᆞ야 把而前導ᄒᆞ야 至寺門ᄒᆞ니 先入者ㅡ 又持炬出迎ᄒᆞ야 入禪房ᄒᆞ니 見鳴遠의 瘇勢頗谽이라 診問數語ᄒᆞ고 歸卸衣帶ᄒᆞ야 貼席如泥ᄒᆞ야 納納不省人事라 明朝에 鳴遠이 舁疾而歸ᄒᆞ고 一行이 亦下山ᄒᆞ고 余則宿于竹林族人家ᄒᆞ고 寒州端溪ᄂᆞᆫ 與諸人擬宿臺下村ᄒᆞ야 踰獐項ᄒᆞ니라 次河謙齋韻ᄒᆞ고 途中에 有有懷韓錄事玉寶高絶句ᄒᆞ고 又 次一蠹柔字韻과 南冥高懷萬丈掛之難韻ᄒᆞ니 皆在軸中ᄒᆞ니라 平地에 回看ᄒᆞ니 揷天碓巒이 似非人力可到라 孟子曰 志一則動氣라ᄒᆞ니 吾輩ㅡ 俱以耆艾로 能躐險攉剛ᄒᆞ며 力努向上ᄒᆞ야 不終日에 蹴到上頂은 志一故也라 若移之於此學ᄒᆞ야 奮沉船之誓ᄒᆞ며 賈歷塽之勇ᄒᆞ야 乾乾孼孳에 死而後已則何患不到聖賢地位리오 嗚乎立志ᄂᆞᆫ 由己라 而由人乎哉아 撫躬自掉에 只切上蔡鸕鷀之欲而已로다 又 念文人之語가 類多爽實ᄒᆞ야 如孫綽天台賦ᄂᆞᆫ 世稱有金石聲而余甞疑藉萋萋之芳草ᄒᆞ며 蔭落落之長松이 非絶頂景色이러니 今行에 果口其與上林盧橘이 悶歸虛妄이로다 松木畏寒故로 此山에 亦絶無其長靑者ᄒᆞ고 推松栢山榧而已나 長無尋尺ᄒᆞ니 焉有落落者乎며 萋萋字ᄂᆞᆫ 在御溝鸕鷀洲則可커니와 絶頂則太不著題니 文不載道則雖尋常詞賦之作이라로 其沒趣如此가 可戒也로다

南遊雜感

春園

《청춘》 14호, 1918년 6월

이믜 雜感이라 하엿스니 旅行記를 쓸 必要는 업다. 水陸四千里를 돌아다니는 中에 여긔저긔서 特別히 感想된 것—그것도 系統的으로 된 것말고 斷片斷片으로 된 것을 몃가지 쓸란다.

旅館과 飮食店의 不備는 참 甚하더라. 現代式 旅館이 되랴면 적어도 客每名에 房 한間과, 그 房에는 冊床, 筆墨硯, 方席은 잇서야 할 것이오, 속껍데기를 客마다 갈아주는 衾枕과 자리옷과, 녀름 갓흐면 모긔장 하나는 잇서야 할 것이다. 그러나 꽤 큰 都會에도 이만한 設備를 가진 旅館은 하나도 업다. 或 衾枕을 주는데가 잇서도 一年에 한번이나 洗濯을 하는지, 數十名 數百名의 때무든 것을 주니 이것은 찰하로 안 주는 것만도 갓지 못하다. 萬一 傳染病患者가 덥고 자던 것이면 엇지 할는지, 생각만 해도 진저리가 난다.

또 洗首터의 設備가 업서서 툇마루나 마당이나 되는대로 쑥 둘러안저서 하얀 齒磨粉 석근 침을 퉤퉤 뱃고 方今 밥床을 對하엿는데 바로 그 압헤서 왈괄왈괄 양츄질하는 소리를 듣고는 嘔逆이 나서 밥이 넘어가지를 아니

한다. 從此로는 旅館에는 반다시 浴室과 洗首터는 設備해야 하겟더라.

다음에는 飮食 엿후는 부억과 사람이다. 그 烟氣에 깜아케 걸고, 몬지가 켜켜히 안진 부억, 때무든 치마에 주먹으로 킹킹 코를 문대는 食母, 全羅南北道, 慶尙南北道 等地로 가면 웃동 벍어벗고 손톱 길게둔 머슴, 그러한 사람의 손으로 여튼 飮食을 된장과 젓국이 치덕치덕 무든 소반에 바쳐다 줄 때에는 當初에 匙箸를 들 생각이 아니난다. 아모리 하여서라도 旅館과 飮食店은 速히 改良하고 십다.

○ 머슴말이 낫스니 말이지 湖嶺南地方의 飮食은 ― 적어도 客主집 飮食은 大概 머슴이라 일컷는 男子가 하는데, 主人아씨는 깨끗이 차리고(대개는 아마 행내기는 아니오 前무엇이라는 職●가 잇는듯) 길다란 담뱃대를 물고 머슴이라는 男子를 담뱃대 끗흐로 指揮하면, 그 男子가 아궁지 煙氣에 눈물을 흘리면서 이 단지 저 단지 반찬단지에 筋骨發達된 팔뚝을 들여미는 꼴은 果然 男子의 羞恥일러라.

○ 忠淸道 以南으로 가면 술에는 막걸리가 만코 燒酒가 적으며 국수라 하면 밀국수를 意味하고 漢北에서 보는 모밀국수는 全無하다. 西北地方에는 술이라면 燒酒요 국수라면 모밀국수인 것과 비겨보면 未嘗不 재미잇는 일이다. 아마 막걸리와 밀국수는 三國적부터 잇는 純粹한 朝鮮飮食이오 燒酒와 모밀국수는 比較的 近代에 들어온 支那式 飮食인 듯하다. 길을 가다가 酒幕에 들어안저서 冷水에 채어노흔ㅇ 막걸리와 칼로 썰은 밀국수를 먹을 때에는 千年前에 돌아간 듯하더라.

○ 술말이 낫스니 말이어니와, 三南地方에 麥酒와 日本酒의 流行은 참 놀납다. 村사람들이라도 술이라 하면 依例히 「삐루」나 「마사무네」를 찾는다. 西北地方에 가면 아직도 「삐루」나 「마사무네」는 그다지 普及이 되지 못하엿다. 燒酒는 鴨綠江을 건너오기 때문에 西北地方에 몬저 퍼지고 麥酒는 東海를 건너오기 때문에 嶺湖南地方에 몬저 퍼진 것이다. 여긔서도 우리는 地理

關係의 재미를 깨닷겟더라.

○누구나 다 하는 말이지마는 全羅道와 慶尙道는 그 地勢가 隣接해 잇는데 反하야 山水와 人心에 判然한 差異가 잇다. 全羅道의 山은 부드러운 맛이 잇고 둥근 맛이 잇고, 美하다면 優美하며 女性的인데 慶尙道의 山은 꺼칠꺼칠하고 쌰죽쌰죽하고 美하다면 壯美오 男性的이다. 扶餘는 忠淸道지마는 泗沘水가에 곱다랏케 얌전히 안젓는 扶蘇山은 대개 全羅道 山川의 代表일 것이다. 人心도 이와 갓하서 湖南人은 얌전하고 부드럽고 敏捷하고 交際가 能한 代身에 嶺南인은 뚝뚝하고 억세고 무겁고 接人에 좀 冷淡한 맛이 잇다. 그러나 여러사람의 말을 듯건대 湖南人은 多情한 듯한 代身에 좀 엿고 嶺南人은 뚝뚝한 듯한 代身에 속이 깁허서 交情이 깁고 굿기로 말하면 後者가 前者에 勝한다 한다. 아모러나 「湖南」이라는 글字, 「嶺南」이라는 글字부텀이 무슨 特色을 表하는 것 갓지 아니하냐. 湖와 嶺!

○ 湖南을 國土로 하는 百濟人과 嶺南을 國土로 하는 新羅人이 서로 犬猿不相容하엿슬 것은 只今서도 想像이 된다. 千年間이나 同一한 主觀下에서 살아옴으로 性情과 習尙이 퍽 만히 融化도 되엇스련마는 아즉도 百濟人 心情, 新羅人 心情의 特色은 鮮明하게 남아잇서서 只今도 서로 嘲弄거리를 삼는다.

○ 畿湖나 西北地方에는 湖南人, 嶺南人의 子孫이 雜居하기 째문에 純粹한 血統이 업서지고 一種 羅濟混血이오 西北의 氣候風土에 感化된 싼 種族이 생겻다. 그러나 百濟人은 新羅人의 被征服者오 只今 朝鮮文明의 直系가 新羅에서 나려왓슴으로 西北人은 言語나 習尙이 嶺南人다운 點이 만타. 싼소리지마는 高句麗人의 子孫은 다 어듸로 갓는지, 平生에 疑問이다.

○ 소리(歌)에 南北의 差異가 分明히 들어난다. 나는 咸鏡道소리를 들어볼 機會가 업섯거니와 平安道의 代表的 소리되는 愁心歌와 南道의 代表的 소리되는 六字백이에는 그 音調에 아주 調和될 수 업는 截然한 區別이 잇다.

愁心歌는 噪하고 急하고 壯하고, 六字백이는 절断하고 緩하고 軟한 맛이 잇다. 다가치 一種 슯흔 빗히 잇지마는 愁心歌의 슯흠은 「悲」의 슯흠, 哭의 슯흠이오 六字백이의 슯흠은 「哀」의 슯흠, 「泣」의 슯흠이다. 樂器로 비기면 愁心歌는 秋夜의 쥬라나 피리오 六字백이는 春夜의 玉笛이나 거믄고일 것이다.

○그런데 平安道사람은 소리를 내면 自然 愁心歌調가 되고 南道사람들은 自然 六字백이調가 되며 平安도사람으로 六字백이 배호기나 南道사람으로 愁心歌 배호기는 至極히 어렵다고 한다. 아모리 잘 배홧다 하더라도 그 소리에는 自然 제地方 音調가 씨운다고 한다.

○ 平安道 婦人네의 哭하는 소리를 들으면 꼭 愁心歌 가락인데 南道 婦人네의 哭하는 소리를 들으면 꼭 六字백이 가락이다. 血統과 風土의 자최는 到底히 버서나지 못하는 것인가 보다.

○ 嶺南의 兩班勢力은 참 宏壯하다. 嶺南 兩班의 印이 깁히 백힌 것은 理由가 잇다. 百濟를 滅하고 高句麗를 合하야 新羅人은 二百餘年間 勝者治者의 地位에 잇섯고 主權이 或은 松都로 或은 漢陽으로 옮은 뒤에도 國家의 中心勢力은 實로 新羅의 故疆되는 慶尙道를 써나지 아니하엿다. 朝鮮歷史의 主流(비록 不美한 것이지는)되는 東西이니 老少니 하는 黨派싸홈도 其實은 慶尙道가 그 源泉이엇섯다. 高句麗兩班 百濟兩班이 다 슬어지는 동안에 오즉 新羅兩班이 二千年의 榮華를 누렷스닛가 그 印이 깁히 백혓슬 것은 自然한 理다. 그러나 今日에 와서는 新羅兩班도 다 썩어진 것을 自覺하여야 할 것이다. 그 兩班님네가 엇더케나 頑固한고 하니 四書五經에 업는 것이라하야 飛行機의 存在를 否認할 地境이다.

○ 그러나 兩班이 甚한 代身에, 선비를 貴重히 녀기는 생각은 참 模範할만하다. 西北人들이 선비의 貴重할 바를 모르고 黃金이나 權力만 崇拜하는 것에 비기면 嶺南人은 果然 兩班이다. 그네는 선비가 社會의 生命인 줄을 理解한다.

○ 扶餘에 갓슬 때에 山에서 어덧다는 石器時代의 遺物을 보앗다. 아직 農耕의 術이 發達되지 못하고 漁獵으로 生業을 作하던그네는 平地에 살 必要가 업슴으로 向陽하고 물 조코 外敵을 防備하기에 便한 山谷에 羣居하엿다. 그 遺物의 大部分은 도끼와 살촉과 그것을 가는 숫돌 等이엇다. 그네는 그것으로 食物을 求하고 外敵을 防禦하엿다. 그네의 唯一한 必要品은 實로 武器엿슬 것이다. 냇가으로 돌아다니면서 粘板巖 가튼 돌을 주어다가 깨트리고 갈고 밤낫 武器만 만드는 것이 그네의 日常生活이엇고 각금 사냥하기와 이우한 部落과 戰爭하기가 그네의 □業이엇다. 살촉을 半쯤 갈다가 내버린 것이 잇다. 아마 中途에 戰爭이 낫던 것이지. 精神 업시 숫돌에 살촉을 갈고 안젓다가 푸르륵하고 날아오는 돌팔매와 화살에 깜작 놀라 뛰어 닐어나는 양이 보이는 듯하다. 第一 재미잇는 것은 숫돌에 갈던 자국이 分明히 남아잇는 것이다 그러고 독긔도 아니오 살촉도 아닌 무엇에 쓰는 것인지 十字形으로 갈아노흔 石片이 잇다. 아마 自己싼에 썩 妙한 것을 만드노라고 한 모양이니 이것이 實로 美術의 始初오 만일 그것을 갈면서 興에 게워 나오는대로 노래를 불럿다 하면 그것이 音樂의 始初일 것이니 藝術은 實로 이리하야서 생긴 것이다. 아마 四五千年일이라는데 가만히 생각하면 그 亦是 내 祖先으로 나와 가튼 사람이라 情답게 생각되더라.

○ 慶州서 築山과 王陵을 보고 나는 우리의 退化한 것을 哭하지 아니치 못하엿다. 그 山덤이 가튼 무덤! 그것에 무슨 뜻이 잇스랴마는 그 氣像이 참 雄大하지 아니하냐. 二三千年前의 그 큰 무덤을 싸턴 사람과 只今 우리가 보는듯한 그 주먹가튼 무덤을 쌋는 사람과는 全혀 氣像이 다르다. 그네는 東海와 가튼 바다를 파지 못하는 것을 恨하야 雁鴨池를 팟다. 臨海殿이라는 일홈을 보아도 알 것이 아니냐. 文藝復興이 西洋新文明의 曙光임과 가치 朝鮮人에게는 氣象復興이 잇서야 하겟고 엇던 意味로는 精神復古가 잇서야 하겟다. 諸君이라도 古蹟을 구경해 보아라, 꼭 나와 가튼 생각이 날 것이니.

○ 여러가지 感想이 만흔 中에 가장 큰 感想은 우리 青年들에게 朝鮮에 關한 知識이 缺乏함이다. 우리는 朝鮮人이면서 朝鮮의 地理를 모르고 歷史를 모르고 人情風俗을 모른다. 나는 이번 旅行에 더욱이 無識을 懇切히 깨달앗다. 내가 혼자 想像하던 朝鮮과 實地로 目睹하는 朝鮮과는 千里의 差가 잇다. 아니 萬里의 差가 잇다.

○ 人情風俗이나 그 國土의 自然의 美觀은 오즉 그 文學으로야만 알 것인데 우리는 이러한 文學을 가지지 못하엿다. 그러닛가 모르는 것이 當然하다. 만일 알려할진댄 實地로 구경다니는 수 밧게 업지마는 저마다 구경을 다닐 수도 업고 또 다닌다 하더라도 眼識이 업서서는 보아도 모른다. 나는 우리들 中에서 文學者만히 생기기를 이 意味로 또 한번 바라며, 그네들이 各其 自己의 鄕土의 風物과 人情習俗을 자미잇게 그러고도 忠實하게 世上에 紹介하여 주기를 바란다.

○ 엇잿스나 朝鮮이 무엇인지를 아는 것은 우리에게는 絶對로 必要한 것이다.

○ 이번 길에 民謠와 傳說도 될 수 잇는대로 蒐集하여 볼가 하엿더니 旅程이 넘어 倥偬하여서 失敗하고 말앗다. 學生이든지 官吏든지, 누구든지 鎖閒삼아 그 地方의 民謠, 傳說, 奇風, 異俗, 風景 갓흔 것을 蒐集하야 글을 만들면 自己도 자미잇고 世上에도 裨益할 바가 만흘 것이다. 더구나 京城이라든지, 平壤, 大邱 等 大都會며, 慶州 扶餘 갓흔 歷史的으로 有名한 곳이며 釜山 義州와 가치 自古로 對外交通 頻繁한 곳의 民謠傳說은 極히 價値잇는 것일 것이다.

○ 湖南에는 광대가 만코 嶺南에는 妓生이 만타. 광대에는 사내광대 계집광대가 잇스되 妓生에는 毋論 사내는 업다. 湖南 各 都會에는 광대 업는데가 업는 것과 가치 嶺南 各 都會에는 妓生 업는 데가 업스며, 그 代身에 湖南에는 別로 妓生이 업고, 잇다하여도 嶺南産이 만흐며, 嶺南에는 광대라면 대개 湖

南產인듯 하다. 서울서도 光武臺 等地에서 써드는 광대는 거의 다 湖南사람인 것을 보아도, 또 宋 누구니 李 누구니하는 名唱名琴이 대개 湖南사람인 것을 보아도 湖南은 광대의 本土인 줄을 알 것이다.

○ 파리보다 妓生數爻가 셋이 더 만타는 晉州를 비롯하야 大邱, 昌原 等地는 妓生의 產地로 有名하다. 京城도 무슨 組合 무슨 組合하고 嶺南妓生專門의 貿易所가 잇스며 七八年前 平安道 等地에도 數千名 嶺南產이 跋□하엿다. 엇지 해서 湖南에는 特別히 광대가 만히 나고 嶺南에는 特別히 妓生이 만히 나는지, 거긔도 무슨 歷史的 關係가 잇는지는 알 수 업스나 아모러나 무슨 理由는 잇는 듯하다. 春香의 본을 밧고 말앗는지.

○ 平壤妓生이라면 平壤兵丁과 함께 서울서도 名聲이 錚錚하지마는 平安道에는 現今에는 妓生 잇는데가 平壤 外에는 數三處에 不過하다는 말을 들엇다. 二十餘年前에는 내 故鄕되는 定州에도 三四十名 妓生이 잇다 하엿고 劍舞로 有名한 宣川妓生, 무엇무엇으로 有名한 成川妓生, 安州妓生하고 쐐 만턴 모양이나 日淸, 日露 兩戰役에 平安道는 大打擊바다서 繁昌하던 여러 都會가 衰殘함을 따라 妓生도 絶種이 되고 말앗다. 이것으로 보더라도 嶺南은 西北보다 아즉도 生活이 裕足하야 富者階級, 노는사람階級이 잇는 모양이다.

○ 아모러나 妓生制度의 始初는 新羅의 俱樂部制度에서 發生한 것이닛다 이는 兩班으로 더부러 嶺南의 二大特產이 될 것이다.

○ 비록 雜感이라고는 하엿스나 넘어 秩序 업시 짓거려서 罪悚하기 그지업다. 明年에 萬一 機會가 조와서 西北地方의 旅行을 마초게 되면 無識한 내 눈으로 본 것이나마 系統잇는 見聞記를 하나 쓰려하고 그만 그친다. (丁巳九月)

旅行地에서 본 女子의 印象, 方丈山中의 女先生

靑吾生

《별건곤》 9호, 1927년 1월

그 일 벌서 3년 동안이나 되엿다.

재작년 7월 바로 서울에서는 몃 백년래에 츠음으로 잇는 큰 홍수의 란리가 나서 한강이 일시 四十一尺의 增水라는 파텬황의 기록을 내 사람이 죽는다, 집이 문어진다, 뎐등 불이 꺼진다, 수도가 깨어진다, 긔차 뎐차가 다 안진뱅이 모양으로 꼼작 달삭을 못하고 二村洞, 永登浦는 전부 물 속으로 장사지내든 그 무시무시한 큰 변란이 이러나든 그때이엿다.

나는 社의 일로 호남일대를 순례하는 중에 마츰 智異山 泉隱寺에서 그 장마를 치르게 되엿다. 누구나 다 아는 바와 가티 智異山은 남한의 명산인 동시에 泉隱寺도 역시 전남에서 유수한 명찰로 華嚴寺사와 백중이 되는 큰 절이엿다.

泉石이 幽邃함은 물론이고 고적도 만코 주인승려들도 퍽은 친절하엿섯다. 다른 때가트면 몃날을 그곳에서 지낸다 할지라도 객고를 다 이저버릴만한 터이나 원래에 장마가 지리하고, 사방에 교통이 두절된 까닭에 인간 소식이라고는 신문 한 장 편지 한 장을 바더볼 수가 업고 사람이라고는 날마다 보는 男僧사람 이외에는 더 볼수가 업섯다.

더욱히 경성일대가 홍수에 전멸 되엿다는 풍문만 듯고 자서한 소식을 듯지 못하는데는 무엇보다도 각갑하고 궁금하얏다. 맛치 전쟁중에 적군의 진중에 석겨서 본국 소식을 모르는 것과 가텃다. 진소위 극락세계도 마음이 편해야 극락세계라고 아모리히 한적한 줄을 알지 못하고 날마다 孤寂만 늣길 따름이엿다.

어느날인지 기억은 잘 안이 된다. (아마 7월 19일인 듯) 그 날도 비는 여전히 그치지 안이하고 아츰으로부터 오정까지 네리 계속하엿다. 나는 심심 破寂으로 華嚴經을 읽다가 머리가 또한, 압퍼서 책을 덥허두고 법당 압헤서 산보를 하엿섯다. 한참 잇너라닛가 뜻밧게 엇던 트레머리 한 젊은 여자 한 분이 寺門으로 드러오는데 검정치마와 힌저고리가 함삭 다 젓고 머리털은 비와 바람에 시달녀서 가을 구름가티 흐트젓스며 발은 버선도 구두도 다 버서버리고 정강이까지 거더부친 맨발이엿다. 얼골은 그저 六分美人이나 되는데 혈색이 매우 조와서 두 뺨에는 때안인 紅桃花가 만반한 듯하고 두 눈은 맑고도 어글어글 한 것이 맛치 새벽 하늘에 비치우는 별과 가텃다. 그는 어듸로 보든지, 미인이라는 것보다 여장부엿다. 나는 그를 언제 알엇든 것은 안이엿지만은, 적적한 산중 - 지리한 그 장마속에 그를 만나보니 그 때에 반가운 말이야 엇지다 형언할 수 잇스랴. 더구나 그가 하고 나에게 향하야「이 절이 泉隱寺임닛가.」하고 말을 무를때에 다정한 평양 사투리를 쓰는데는 평양을 아는 나로서는 더욱 반가웟서 맛치 고향의 친구를 만난 것과 가텃다. 그도 나를 서울사람인 줄 짐작하고 퍽이나 반가워하는 듯 하얏다. 及其也 신분을 알고보니 그는 원래 평양 여자로서 當地모보통학교에 훈도로잇는 중 하긔방학을 하고 일간 고향으로 갈터인데 다른 때에는 泉隱寺구경을 할 여가가 업슴으로 그 우중인데도 불구하고 山間 흠로를 발섭하야 온 터이라고 한다. 나는 그의 용감하고 활발스러운데 감복하야 속으로 혼자 층찬하기를 올치 평양녀자이기에 이 우중에 저와 가티하고 산간 흠로를 왓지 다른 곳 녀자 가트면 어림도 업다하고 떠러서 나눟 업든 용긔가 저절로 나고 여러 날 동안 장마에 피곤하든 권태의 긔분이 다 소멸되얏다. 나는 그만하야도 그곳 디리나 력사에 익은 까닭에 智異山에 관한 이약이로부터 泉隱寺, 華嚴寺의 내력담을 자서이 하야 주고 또 이곳 저곳의 볼만한 것을 다 소개하야 주엇다. 그도 매우 감사히 녁이는 모양이엿다. 점심을 가티 먹은 뒤에 그와 나는 가티 求禮邑으로 드러가기로 하얏다. 나도 그와 가티 발을 벗고 의복을 둘둘 마러 꿍처든 다음에 그 절을 떠나서 나왓섯다. 그 때에는 다행히 큰 비는 기치엿스나 원래 산로가 흠한 중에 장마로 인하야 도로가 모도 파괴가 되고 개울물은 곳곳마다 폭포수 혹은 깁흔 소(沼)를 이르러서 여간 용긔로서는 녀자는 고사하고 남자라도 감히 행보를 내놋치 못할 디경이엿다. 그러나 그는 조곰도 관계치 안이하고 태연이 행보를 잘하엿다. 그럿치만은 원래에 녀자가 녀자이요, 피부가 약한 까닭에 발이 상해서 피가 줄줄 흘넛다.

나는 그를 보기에 너무나 애석하야, 촌가에 드러가서 집신 한 켤레를 사다 주엇섯다. 인류의 사랑이란 참으로 우서운 것이다. 그와 내가 피차에 인사는 츠음 하얏슬지라도 그날의 정다운 것은 엇든 청춘 남녀의 여러 해 동안 친한 정분보다 몃 배나 더 한 것가텃다. 泉隱寺에서 求禮邑까지 약 20리가량이나 되는 거리를 오는 동안에 잠시도 두 사람의 이약이가 끄치지 안엇다. 혹은 교육문뎨 혹은 정치문제, 혹은 여자해방문제, 심지어 연애문제까지 별 토론을 다 하얏다. 그도 평양에서 온 뒤로는 그러한 이약이를 하야본 긔회가 츠음이라하고 나도 디방에 와서 이성과 이러한 이약이를 하야보기는 츠음이엿다. 엇지하엿든 그때의 인상은 퍽도 깁헛섯다.

그날 밤에도 그는 몸의 피곤함을 불구하고 학생 한 사람과 가티 려관까지 차저와서 자미스러운 담화를 하야주고 그 이튼날 아츰에 내가 順天으로 떠날 때에는 자동차 정류장까지 와서 전송을 하야주엇다. 그리고 그 뒤 사흘만이엿다. 나는 順天에서 우연히 泄瀉病을 만나서 一夜에 34회나 설사를 하는 위험한 상태에 이르러서 當地 梅山病院에 입원까지 하얏섯는데 사고무친한 객지에서 입원까지 하고보니 그때에 적적한 마음이야 엇지 다 말할 수 잇섯스랴. 나는 그에게 김사의ㅅ편지겸 입원한 사실의 편지를 하얏섯다. 그때에 나는 물론 그가 발서 평양으로 것거니 알엇지만은 서울에 편지를 하자니 홍수로 통신이 두절되고 혼자 하두 적적한 까닭에 그가 바더보든지 못 보든지 무심길로 한 편지엿다. 더구나 그가 그 편지를 혹 보다하야도 거리의 초원한 順天까지 차저줄 주는 꿈에도 생각지 안엇다. 그러나, 천만 뜻밧게 그는 서울의 교통이 두절된 관계로 아직까지 求禮邑에 잇다가 나의 편지를 보고는 光州로 가는 길에 나 잇는 병원까지 일부러 차저 주엇섯다. 그때의 감사하고 반가운 말은 참으로 형언할 수 업섯다. 그러나 光州로 갈 시간이 밧뿐 까닭에 장시간 잇지는 못하고 잠간 담화를 하다가 떠낫섯다. 그 뒤로는 피차 반가운 보다도 섭섭한 편이 더 만 헛섯다. 서로 일이 분망하야 그리 되얏든지 무심하야 그리 되얏든지는 남북이 아주 落落하야 편지 한 장도 잘 못하고 만나볼 긔회가 도모지 업섯다. 지금에 그는 아즉까지 그 곳에서 백묵생활을 그대로 하는지 혹은 다른 곳으로 전근을 하얏는지 소식 좃차 묘연하다. 비록 3년이 된 오날이라도 그때의 그의 긔억은 아즉까지 머리 속에 살아지지 안는다. 가을바람이 새로 들고 희구름이 놉히 날으는 이때에 그는 행여나 신상무양이 지내고 녯 생각을 잇지나 안는지 다시금 南天을 향하야 멀니멀니 바라볼 때에 望美人兮天一方이라는 녯 사람의 노래를 스사로 금치 못하겟다.

靈岩行

霞山

《신민》 25호, 1927년 5월

暮入靈岩

夕陽에 羅州를 써나 榮山浦에서 自働車를 타고 吳永□君의 同途로 約東한 靈岩을 向하엿다 自働車는 져녁빗츨 등지고 쌀々한 들바람을 헷치면서 東으로 다라나니 雲空에 소슨 月出山은 거의 이마에 다을듯한데 暮烟이 蒼茫하고 져녁불이 반짝이는 靈岩邑內를 當到하니 太守 金永近氏를 비롯하야 某々有志가 情다히 나를 마치하엿다 旅舍에 드러 夕飯을 먹은 後에 金郡守와 밋 그곳 有志들은 나를 爲하야 靈岩事情을 니야기하여 들녀준다 席上에서 左周右旋하여 鞠躬盡瘁하는 吳永□과 通古今達事理에 逸話續出하는 朴扃昱君 談論風發에 志士의 □이 넘치는 崔炫君은 가장 客人의 旅情을 慰勞하기에 足하엿스며 雍容士夫의 風格이 잇눈 金郡守의 沈默은 確實히 地方의 責任者로서의 忠實한 品位를 가초와 사람으로 하여금 스사로 敬意를 품게 한다

月出山遠望

月出山느진구름 無心이니러나서

天皇놉 □峰을 一時에다덥헛다

두어라 仁風이 불어오면 구름안이거드랴

이것은 國初名□□□□先生이 □□를 □하랴고 爵□을 辭하고 退하야 木□永□村에 隱居하야 □사로 그 心事를 吟한 詩調로 有名한 것이다 果然 月出山은 史的으로 詩的으로 그 일홈이 놉흘샏 안이라 그 自然의 光景이 實로 可□의 것이 만타 山이 湖南에 이르러서는 넘어나 平凡無味한데 □症이 나든 남어지에 最南端 月出山에 이르러서는 奇巧를 부려 限씃 奇觀恠相을 다하엿다 海拔 三千尺이라는 天皇峰은 그다지 놀날 것은 업지마는 九井峰의 九個所 天作의 大岩盤에 各々 一大井戶가 파인 것은 實로 壯觀中 奇勝이라 하겟스며 磵松岑樹間에 奇岩이 恠立하야 或老虎熟睡의 相과 或歸僧飛錫의 相과 其他 鳳舞兎走猿顧牛伏갓흔 千態萬象이 羅列하야 한번 登臨함에 造化의 妙를 驚歎치 안이할 수 업다 한다 그러나 나는 山中一步를 밟아보지 못하고 다못 山下旅室에서 이를 望見할 샏이로대 그 奇勝味를 感得하기에 오히려 充分하엿다 안이 奇勝의 全幅을 領有하기에는 遠望이 오히려 登臨에 나흔 것이 잇다

王仁과 道詵

翌日에 講演會를 맛치고 鳩林을 向하엿다 鳩林은 靈光邑에서 木浦를 通하는 要路에 當한 一大平原이며 高僧道詵의 出生地로 가장 神秘한 傳說만흔 地方이라 東으로 月出山 巍々한 그림자를 밧고 南으로 海潮를 잡아다려 西北으로 平野를 開하야 間々에 松林竹藪가 猗々하니 그 明朗한 氣分과 淸麗한 地味가 자못 尋常치 안이하다 同是全羅道地方이라도 金萬頃『갯쌍쇠』

에는 比할 수 업게 말근 맛이 잇다 이 地理가 道詵이라는 人物을 낫키에 얼마나한 因果關係가 잇는지는 알수가 업거니와 鳩林이라는 地名만은 道詵의 出生을 因하야 緣起된 것이 明確하다 한하 傳說에 依하면 옛날 이곳 崔氏家에 處女가 聖基山下川邊에서 쌀내를 하다가 上流에서 흘너나리는 참외 한개를 건저먹고 아희를 배여 道詵을 나흐닛가 그집에서는 不祥之兆라 하야 이것을 野外에 버리게 하엿더니 衆鳩가 모혀드러 幼兒를 保護하야 數日을 生存케 하엿슴으로 洞人이 異常히 녁여 다려다가 다시 길느게 하니 이가 後日 漢唐의 國師 道詵이라 한다

그리고 이 道詵에 關한 傳說과 共히 俗傳하는 것은 百濟의 博士로 日本에 건너가 文字를 傳하든 王仁이 또한 此地에서 出生하엿다는 것이다 그러나 이것은 다못 傳說섇임으로 文獻이 無攷하고 또 道詵에 關한 古寺遺記가 잇는 것만한 遺跡조차 차즐 수가 업섯다 歷史上의 王仁이 本籍住所가 不明한 一種迷兒가 되여잇는 것은 遺憾이라 하겟지만은 나는 鳩林으로써 곳 그의 出生地라고 斷定할 勇氣는 업섯다

道岬寺의 一夜

鳩林里에서 自働車를 나려 東으로 山行 一里에 道岬寺로 드러갓다 金剛山 萬物相의 溪谷의 一部를 縮寫한듯한 奇岩恠石의 連峰을 望裡에 指點하면서 鳩林平野를 지나 松林竹林의 錯綜한 곳으로 드러가니 斷橋流水에 武陵桃源을 聯想할만한 一村落이 낫타나고 夕陽을 등지고 다시 一谷을 回折하니 鷄鳴犬吠에 다시 兩三家가 낫타난다『山重水複疑無路 柳暗花明又一村』이라든 陸放翁의 古詩를 그대로 實見하는듯 하엿다

此地 道岬寺는 道詵의 開基인 것만콤 山中에는 道詵을 追憶할만한 遺跡傳說이 만타 집도 오래된 집은 道詵이 工夫하든 집 나무도 古木은 道詵이 심은 나무 岩石도 古恠한 것은 道詵이 놀든 바위 물도 말근 것은 道詵이 沐浴하

든 물 오목한 곳은 道詵의 발자취 웃둑한 것은 道詵이 시운 자취 城壁도 道詵이 싸은 것 石逕도 道詵이 改□한 것! 이러케 치면『頭々物々이 皆是佛』이라든가? 山中萬物이 皆是道詵化하고 말앗다 勿論 이제야 그 眞否를 詮索할 必要도 업시 總括的으로 道詵이라는 神化한 人物의 遺跡地로만 觀察하면 그만이다

一行은 金郡守를 爲始하야 吳永鍵, 崔炫 兩君이 同行하엿다 이러케 話說間에 山門을 當到하니 金住持는 우리 一行을 欵接하야 月前에 平壤妓生이 와서 留하든 곳이라는 싸듯한 房으로 引導하여준다 道詵이 놀다간 遺跡이라기보다 妓生이 놀다갓다는 遺跡이 俗客에게는 얼마나 慰勞가 되는지 몰낫다 金住持는 爲先 이러케 사람의 好奇心을 끄으러 놋코 차々 本寺의 來歷을 니야기한다 道詵國師는 本是 本面 鳩林里 胎生으로 날때부터 非凡한 故로 聖基山古寺僧에게 收養되엿더니 이때 맛참 漢皇이 先君의 墓地를 求하랴고 天下에 異人을 索할세 하로는 夢中에 金人이 와서 海東朝鮮國 全羅道 聖基山 古寺에 當年 十三歲의 □僧이 잇스니 이는 곳 知德圓滿 二十八相을 具한 神童이니 이를 불너 求하면 明堂을 可得하리라 하엿답니다 翌日에 皇帝夢事를 생각함에 이는 神人이 朕의 孝誠에 感應하여 異人을 가라처준 것이로다 하시고 곳 使臣을 派遣하여 本郡 德津浦에 上陸하여 어린 道詵을 담삭 안아뫼서 갓드랍니다 道詵이 皇城에 이르러 來日은 將차 皇帝를 뵈오라할세 그날밤 宮中에 드러 잠을 자랴하니 그곳에 클 때는 老僕 한사람이 慇懃히 道詵에게 告하되 明日에 貴公子가 皇上을 뵈거든 반다시 皇上이 사랑하시는 白馬를 請求하라 이 말을 타고가다가 말이 마조막 긋치는 곳이 明堂이 되리라 하거늘 道詵이 凡常치 안은 老人으로 알고 明日에 御前에 進謁하엿더니 皇帝는 果然「朕을 爲하야 先皇을 葬할 一位 明堂之地를 選定하여 달나』고 勅敎가 나리는지라 道詵이 서슴지 안코 그러면 御廐에 잇는 白馬와 및 從者 數人을 줍시사 하고 白馬를 타고 文武百官이 隨從하여

말이 向하는대로 가다가 말이 暫間 쉬는지라 道詵이 채쪽을 드러 말을 재촉하니 白馬는 다시 數步를 가다가 스는지라 道詵이 곳 下馬하여 曰 이곳이 天下明堂이라 指定하니 諸大官들도 그곳에서 西方山川을 바라보고 놀내여 曰 東國異人이 果然 明鑑이 잇다 稱賛하고 皇帝도 大喜하사 厚히 賞을 주시고 國師의 尊號를 주엇답니다 道詵이 이로부터 그곳 一行禪師의게 就하야 佛法을 만이 배혼 後 本國 鳩林里로 도라와서 이곳에 道岬寺를 創建한 것이 本寺의 始初랍니다

이러케 이약이에 이약이를 다라나오는 金住持의 說明은 어듸까지가 事實인지는 알 수가 업스나 一行은 옛날의 道詵이보다 今日의 金住持가 더욱 客의 好奇心을 끄으럿다 말솜시 좃코 구수하고 人情을 알고 世俗에 발기는 『僧님』이라하기보다 『先達님』이라하기가 쉬운 金住持! 져사람은 참으로 僧인가 俗인가 前身이 무엇인고 궁금할만치 問題거리가 되엿다 閱人에 익숙한 筆者로도 그가 單純한 道詵의 後學으로만은 보기를 躊躇하엿다

問題의 住持는 一行이 이러케 궁금히 생각하고 있는 동안에 夕飯을 準備하여가지고 들어와서 먹기를 勸하며 엇더케 눈치를 채엿든지 스사로 自己의 履歷을 말한다

小僧은 일즉 慶尙道 閑良으로 옛날 우리 大韓軍人이 되여 訓練院 봄바람 龍山들 가을달에 軍樂隊 長短에 밧드러 총하고 지나다가 별안간에 軍隊解散이야 典洞營門에 총질이야 하는 바람에 튀여나와 함참 도라다니기도 하엿스나 엇지할 수 잇슴드닛까 에ㅡ라 머리는 깍근 김에 중이나 되쟈 하고 金剛山 長安寺로 드러가 잇다가 이리저리하여 只今은 이곳 住持가 되엿습니다

숫긔좃케 吐情을 한다 一行은 於是乎疑問이 풀녀 「올크니」 하고 道詵이가큰 佛道나 開悟한듯기 깨다랏다 나는 이곳에도 崎嶇한 朝鮮近世의 運命의 一波를 차자보게 된 것을 果常히 늣기게 되엿다

平壤이라면 말만 들어도 반가운 吳永鍵君 鼻下三尺長이 되는 吳君은 또

月前에 왓드라는 平壤妓生을 問題를 삼는다

「그래 平壤서 왓다는 아희는 어듸로 갓나요 좀 붓잡아두질 안쿠」

「나으리가 쏙 오실줄만 알앗스면 어더케든지 보내질 안햇겟지요만은 이러케 졸지에 行次가 되실줄이야 알앗습닛까 언제 또 오지요 좀 긔다러보시요」

이번에는 吳君이 붓잡힌 모양이다

花歌鬪와 佛供

이약이는 이러케 滋味잇는 곳으로 드러갈제 모처름 淸夜一席을 그대로 보내기는 원통하여 나는 行囊에서 「花歌鬪」를 쓰어내여 나는 퉁소잡이가 되고 一行은 四君子가 되야

『간밤에부든바람 滿庭桃花다지것다

아희는비를들고 쓰르랴하는구나

두어라 洛花인들쏫이안이랴 쓰러무삼』

『두어라 洛花………낫소』

하고 더듬~하면서 花片을 집어가지고 凱旋將軍갓흔 豪氣에 一同으로 허리를 두 도막에 내게하는 崔炫君『하이낫소』하고 가만이 살짝 집어가지고 捷徑의 勝利를 자랑하는 잔재미잇는 吳君 詩調의 一片을 집어가지고 大學之道를 닑는듯한 목소래로

『뭇노라 汨羅水야 屈原이 어디 죽다드니 讒訴에 더러힌 몸 □어 뭇칠 싸이 엄서. 滄波에 骨肉을 씻어 魚腹에 葬하니라.』

이러케 低聲一唱하는 金郡守 서투르든 花歌鬪는 一回二回로 차々 佳境에 드러감에 □□을 싸라 滋味가 나서 各々 個性을 發揮하여간다 그中에 엉둥한 싼쪽을 집어가지고 得意하엿다가 罰쪽을 밧아가지고 뒤통수를 치고 임맛을 썩々 다시는 것은 더욱 우숩고 滋味나는 娛樂이엿다 一同은 이러케 朝鮮

古文化의 趣味的 精華에 一夜가 將차 깁퍼감을 모르게 되엿다

그러나 나는 一方으로 千古의 淨域을 더럽힌 것을 佛前에 詑謝코저 金一封을 내여 住持에 付托하여 佛供을 請하엿더니 半夜空山寂寞한 法堂 속에 鍾聲을 울니고 佛經소리가 놋파진다 나는 째를 기다려 袈裟를 비러입고 佛前에 나아가서 金住持□ 조흔 목쳥으로 月出山을 울니는 佛經소리에 맛쳐 몃번 拜禮를 하고 而已오 달은 西天에 기우러지고 별은 北으로 헛터진 뒤에 佛堂을 나와 寢所에 드러가서 一行과 함긔 淸凉한 꿈을 맷게 되엿다

山中의 아츰날은 一層 淸新한 맛이 잇다 이마에 닷는 月出山 奇峰이 이실에 저저 앗참햇살에 피여올나오는듯 日照香爐(峰名)生紫烟이 이러한 景勝이런가 생각된다 一行은 朝飯을 먹은 後에 金住持의 指路로 後岡에 올나 道詵國師 遺蹟碑를 보고 下山하엿다

會社亭과 大同契

鳩林里를 나려온 一行은 그곳 大同契의 大會에 招待를 밧아 出席하게 되엿다 村落의 道路로는 鐘路通大路나 질바 업슬만한 坦々大途 左右에 櫛比한 人家를 지나 龍川溪를 건너서니 蒼松竹林 욱어지고 溪流 말근 곳에 翼然히 선 亭子 會社亭이 잇다 이는 株式會社나 合資會社라는 現代式 會社가 안이라 洞社의 古風으로 社□에 群賢이 會遊하는 곳이라 한다 會社亭 압흘 지나 一行은 大同契 □家로 들러갓다 이날은 맛참 大同契의 群賢이 모처름 行次하는 金郡守令監과 우리 一行을 歡迎하기 爲하야 總會日字를 다거서 일부러 이곳에 會集하엿다 그中에도 엇던 이는 轎軍을 타고「叟ㅡ不遠二十里而來」하신 老人도 계시다 한다 席上에 모힌 群賢님네는 大槪가 老人이시다 長方形의 溫突에는 四壁을 둘너 方席이 깔니고 그 우에는 商山□皓圖에서 만나□든 顔面잇는 老人들이 □席하엿다 엇든 老人은 壁을 등지고 三발長竹을 물고 안저잇고 쏘 엇던 老人은 너른 소매를 썰트리고 니러서서 두팔노

뒷짐을 집고 房中을 거닐고 잇고 또 한老人은 房子를 불너 □□을 드려 바지춤 속에 넛고 먼산을 보고 안저잇고 또 엇던 老人은 □直을 불너 망배를 드려라 술상을 올녀라 分付頻々하고 잇다 그 座席의 光景으로 보와서는 사람은 老人이 原則이고 老人이 안인 者는 未成品 갓고 머리는 白髮이 本色이고 黑髮은 病身것치 보인다 말하자면 이곳은 老人의 世界이다

大同契總匯의 光景이 이러타하면 世人은 或은 大同契로써 老人인가 裝布契로 認定할넌지 모른다 그러나 大同契의 本來의 性質은 그런 것이 안이라 옛날 이곳 儒賢 曺行立 朴省吾 兩公의 創設한 바로 白鹿洞 □□約에 依□하야 洞憲을 定하야 洞里의 自治的 振興을 圖하든 것이라 한다 金郡守의 調査한 바에 依하면 曺行立先生은 會社亭에서 鄕士를 會同하여 講學論道하야 民風을 振興함이 多하엿스며 曺先生의 會社亭詩는

桃李粧村夾水來, 崔嵬高閣何雄哉.
南橫駕鶴仙蹤近, 北接駐龍漁艇回.
九井鎭臨蒼壁上, 二帆孤出白雲隈.
年々社日群賢集, 盡意歡娛倒百盃.

只今씃 人口에 膾炙한다 얼마나 平氣分이 橫溢한가 이갓흔 昇平을 馴致하기에는 이곳 會社亭에서 講學論道도 잇섯슬 것이며 勤儉貯蓄도 잇섯슬 것이며 其他 地方自治上 必要한 施設이 多하엿슬 것이다 그리고 大同契에는 蒼顔白髮과 黃口赤衫과 男婦上下가 업시 一致團結하야 努力하엿슬 것이다 그리한 結果가 가장 昇平한 天地를 出現케 한 것이다 그러나 幾百年을 經한 今日에 그 老少合致 自治振興의 根本精神은 볼 수가 업고 「년々社日群翁集盡日歡娛倒百盃」만 남아잇는 모양이다 그 中에도 傳來의 基本財産 二百餘石落의 土地를 그대로 잘 保存하여가지고 收入支出을 比較的 正確히 하여온

것은 年條가 久한 契로는 一大特色이라 하겟스나 그 收入은 契員의 喪布扶助와 年次會飮 以外에 何等의 團體活動과 施設이 無한 것은 幸中의 遺憾이라 하겟다 會社亭 녯기둥에 曺行立, 朴省吾 兩先生의 눈이 걸녀 古今의 變遷으로 今日의 現狀을 보앗스면 그 感想이 엇더할고 一行은 그 契所에서 契員과 盃盤의 欵待를 밧은 後에 그곳 鳩林普通學校講堂에서 契員과 里中靑年을 爲하야 講話를 試하고 이 沿革이 깁흔 大同契가 將來 地方을 爲하야 더한層 有用한 效果가 잇도록 活動하기를 祈願하여두고 도라왓다

幸히 士林에 信望이 厚한 金郡守가 잇고 鄕黨에 風力이 잇는 崔面長이 잇는 터이닛가 將來 大同契를 爲하야는 조흔 發展을 期할 수 잇슴을 밋을 샏이라 한다

湖南踏査記 七百里雜觀

柳順根

《신민》 43호, 1928년 11월

二等室 一隅에 몸을 실은 나는 汽笛一聲에 京城驛을 등지니 째가 十月 六日 午前七時三十分 疾風갓흔 汽車는 어늬덧 저네들이 □拓한 新龍山지나 江上에 빗긴 쇠다리 건너나오니 이곳부터 以南이 始興郡 永登浦에 다다르니 仁川行 □換으로 한바탕 수선을 피우다 다시 써나 始興 安養 軍浦場을 次例로 지나 朝鮮의 名勝地로 有名한 水原에 이르니 左右窓外로 멀니 뵈히는 長松樹林裏에 雲霧갓흔 山景도 다시 업시□커니와 半島의 前日文化를 자랑하는듯 水原驛의 朝鮮式 새로운 建築物이 더욱 눈을 놀나게 한다 이곳이야말로 前日 우리나라 留守道이니 아직도 그의 자최될만한 것이 城壁樓閣쑨이고 저와 갓치 山빗탈에 色다른 집은 어늬 째보러 누가 지은 집덜인가 보기만 하야도 鬱々之心이 가슴에 넘친다 일흠놉흔 大皇橋와 隆陵을 바라보며 餠店지나 烏山에 다으니 엽헤 뵈는 普通學校에서 쒸며노는 數만흔 學生들의 遊戲□ 그의 活潑한 氣象이 將來우리 社會人材되기에 足하다 精神업시 이생각 저생각 하는 틈에 車는 □□지나 □□에 다앗다 三十年前

日清戰爭 생각해보니 여기옴에 녯일이 더욱 새로워 日本사람들은 □□□□셔 그째일이 快하다 셔로□□□ 日本男子는 大和魂 자랑을 하며 東便山上에 松□大□□石을 追憶하는 態란 일 업시 나의 망므을 動케한다 그 다음 京南鐵道의 基點인 天安과 數만흔 모든 停車場을 □次로 것처 芙江에 오니 前□에는 쌀소□□ 場垈로 有名한데요 □十里를 □□한 公州고을은 忠淸南道의 行政中心地이니 山水가 佳麗하야 一次 누구나 가셔 볼만한 곳이라 한다 말게 흘너나리는 錦江을 건너 얼마만에 太田오니 木浦가는 길이 예셔부터 始初□라 簡單한 行裝 손에 들고 徐々히 나려 二十分만에 湖南車 밧귀타고 佳水院 豆溪 지나 하날에 닷듯한 鷄龍山을 멀니 바라다보니 저곳에는 五百年前 我太祖高皇帝 집지으신 古蹟잇는 곳이다 두어군데 턴넬을 살갓치 지나 連山 論山 兩□을 것처 江景와셔는 플랏포-ㅁ에 大混雜으로 車室에 빡々히 탓든 사람 거의 다-나리며 짓거리는 소리를 드르니 全鮮穀物商人大會가 開催되엿다하야 求景가는 사람들이다 驛前에 놉즉히 세워잇는 綠門□ 보와 그 얼마나 同大會가 盛況임을 짐작할 째 一次 내려볼 생각 懇切하엿스나 旅程의 關係로 젯쳐놋코 江景平野의 黃穀만을 깁븜으로 바라보며 全州 群山가는 길인 裡里에 暫間 것처 全北寶庫라 할만한 一望無際인 金堤 너른들 長城턴넬을 번개갓치 싸저나 한참만에 松汀里 當到하야 맛침 기다리고 잇는 自働車로 나는듯 光州에 이르러 旅窓에 드러가니 한時間이 채 못되야 해는 어늬덧 西山을 넘어가며 疲困에 못 익이여 房 안에 비스듬이 □러누으니 고요히 멀니 들니는 歌曲이 나의 精神을 적지 안케 慰로도읍는다.

◇ 光州의 名物

光州에 名物이 잇다하면 모르는 사람은 무삼 特産物인것 갓치 알겟지만 내가 일느는 名物은 이것이 안히고 사람을 人物이라고도 함으로 그 中에도

獨特한 兩班네들을 名物로 看做하야 들츄워보자 光州사람 쁜만 안니라 朝鮮 어나 곳에를 莫論하고 누구나 모를 사람이 업는 우리 社會本位로 적지 안케 精神으로나 物質로 貢獻하야온—當地繁榮會長 玄俊鎬氏갓흔 이가 잇고 君子風彩로 與人交際 잘하며 如此한 不景氣인 時에도 百折不屈하야 實業界의 名聲을 자아내는 崔善鎭氏가 잇고 졀의 부처님 모양으로 말하기 실허하며 天性이 穩健하야 平和로만 爲主로 日常和氣滿面히 道評議員中에도 一層當局으로서 信任밧는 吳憲昌氏가 잇고 當地百萬長者로 自處하며 一流財產家인 地位에 處한 黃金의 힘으로 나 업시는 光州社會일이 안될 것이라 하야 붓그럼 손톱만치도 업시 筆者正面에셔 自稱한체 아는체 쏙々한체 써버리는 崔○○氏가 잇고 낼만한 것 쁜만 안이라 오히려 남이 안 내는 寄附갓흔 것에 一層 만히 내고 交際術이 不是하야 空然히 남들한테 도야지란 別名을 듯는 鄭○○氏가 잇고 社會를 本位로 信論의 使命을 帶하고 訪問을 하면 일업시 단이는 浮浪者갓치 看做하야 쓸데업는 말노 道知事를 하오 當身과 갓흔 훌륭한 資格으로 그가짓 記者生活을 한단 말이요 하며 戲弄도 안닌 暴言을 發하야 人格無視 잘하기로 有名한 池○○氏가 잇고 되나 안되나 처음 맛나면 人事對答좃차 하기를 避하여 무슨 말을 옷기도 前에 내가 늙은 사람이니만 아모것도 모르오란 말노 爲始하여 몸이 압흐니 어서 가시요 社會니 우엇이니 하는 것은 듯기도 실소 朝鮮이 亡할나니 □別々일이 마ㄴ타하야 高喝大聲으로 門□에 記者 잘 내쏫는 朴○○氏가 잇고 어늬 學校를 卒業하엿는지 光州社會에서 아직 仔細히 모르는 그의 爲人으로 무삼 大學校를 卒業한 學士인체하야 天上天下唯我獨尊의 흉내를 내며 女學生의 뒤를 잘 밟으며 妙齡女子誘引 잘하야 色으로 一平生 業을 삼으랴는 ○○○이가 잇서 光州社會야말노 他地方에 比하야 善者越□히 善하며 悖者形言할 길이 업시 惡하야 人面獸心者 만키로 全鮮에 屈指할 名所이다.

◇ 不順한 天睺에 靈岩行

近來의 日氣란 참으로 대중할 슈가 업다 晴明하던 날이 今時에 흐리며 주먹갓흔 비를 뿌리니 쏘다시 개엿다 힘차게 猛□□는 十月八日□□날 光州를 떠나니 쌔가 午前 十一時三十分 二等室에 혼자서 심々하게 안저 黃金물 걸치는 水田 사히로 빠르게 다러나는 車窓에 머리만 내여밀고 압뒤로 살피며 얼마만에 松汀里 이르러 다시 南行車로 羅州 榮山浦 暫間 나려 近況 몟々有志에게 무러보고 榮山面長 李圭逢氏의 親切한 餞送下에 自働車로 平澹한 길을 爽快히 달니엿다 비록 暫時일망정 旅行의 興味가 여긔에 잇는듯 路邊에 서서 흰저고리 검정치마 □□村婦女의 自働車 求景하는 □□한 態度를 都市에서 발뿌리에 툭々 채이는 所謂 新女性들과 比較하여 그 淨醜를 想像하엿다 雲間에 聳立한 靈岩 月出山景 눈압헤 얼넝거리니 瞬息間에 自働車는 靈岩 城內에 다앗다 自働車 停留場인 그 엽헤 新築한 二層집 朝日旅館이 잇서 그날의 旅裝 풀다.

◇ 光棉產地로 有名한 靈岩郡

靈岩郡이란 곳은 엇더한 고을인가 이─고을이야말노 三國時代인 當時 百濟쌔는 月奈郡이라 하엿다가 新羅쌔 靈岩이라 하엿스며 高麗 成宗王 쌔 朗州郡이라 하야 三南都護府를 置하엿다가 顯宗王 쌔 靈岩郡으로 하여 至於今日인바 同郡의 內容을 紹介하면 十一面 一百二十一洞里로 戶數가 一萬五千餘戶 人口가 七萬八千餘人 耕作面積이 一萬六千餘町步 年產米가 十二萬餘石 年產麥이 五萬五千餘石 年產豆類가 九千餘石 其他雜穀이 二千餘石式 產出된다 그런데 棉產 眞梳는 同郡의 特產物로 年產棉이 二百五十餘萬斤 眞梳年產額이 二十萬餘圓 產出되야 金郡守의 熱誠으로 말미암아 前途益々增產되리라 한다.

記者가 靈岩邑을 보기는 이것이 두番제인데 昨年 春節에 와서 솔 쌔는 볼만한 집 한채가 업시 寂寂索寞하야 사람 못살 곳이라는 感이 업지 안하엿섯는데 오날々 靈岩邑은 그럿치가 안타 第一 첫제로 눈듸우는 것 모래흙으로 반듯하게 된 平滄한 道路 이것이며 이곳저곳에 새로히 建築된 家屋들이며 街路左右에 櫛枇한 商店과 老松으로 城壁을 일운 평퍼짐한 그 밋헤 一萬二千餘圓의 工費로 새로히 建築中인 多岩郡廳舍가 더욱 色彩를 도와 實로 文化的 感興이 깁다 또한 이곳은 方今 許可를 기다리는 電燈事業도 얼마 안가 實現될 터임으로 數年後에는 隣郡에 遜色이 無할만한 文化都市가 될 것이다.

◇ 靈岩產業組合과 功績

理事 李元雨氏. 靈岩郡廳員 朴珉浩 朴年圭 兩氏의 親切한 紹介로 내가 靈岩產業組合을 訪問한 째는 十月十一日 午後二時頃이다 조곰만한 함석집 안에 一行 三人이 서슴지 안코 드러서서 名刺로 人事를 하며 반가운 態로 恭遜히 椅子를 내여밀고 안지라하는 氏의 말을 듯고 次々로 應對하야 알고보이 이분이 到處에셔 稱頌을 듯는 產業組合의 理事 李元雨氏이다『貴組合의 過去와 現在가 若何오』一問을 發하니 듯던 말과 如히 沈□□고도 英敏한듯 恭遜한 態로 나지막한 音鮮으로 條理잇게 對答한다 靈岩의 眞梳라 하면 距今 約三百年前브터 創作하여 이것을 다시 업난 副業으로 靈岩 城內 城外에 居住하는 農家에서 男女老少를 分別할 것 업시 이 眞梳製造에 從事안한 사람이 업섯습니다 그러나 當時야말노 요만한 眞梳製作엘지라도 技術이 여간 幼稚들 안하여 品質좃차 良好타 할슈가 업셧슴으로 該生產品은 地方的으로 隣近 몟고을에 輸出이 될 쏜이고 이것을 엇지하면 改良하여 良品을 生產케 할가 研究하는 사람좃차 업서 그럭저럭 數百年을 지내왓다 안할 수 업섯습니다 그러던 것을 제 稱讚하는 것이 되야 말삼을 하기가 實노 어렵습니다만 不肖한 제가 擴張之策을 講究할 道理가 업슬가 하야 自信한 그 무엇도 잇슴으로 비로셔 大正十年頃에야 眞梳 生產者 數百名을 모와놋코 □見을 吐하야

組合組織의 必要을 力說하며 組合을 結局 形成케는 되엿지요 이째에 組合의 理解가 업는 大部分의 生産者는 나를 무삼 物慾的 野心이나 업는가 또는 生産權을 獨占하랴는 것인줄노만 誤解하야 그들의 猛烈한 反對로 一時는 大段히 困難하엿섯습니다 그것치만 自信이 잇는 저의 決心도 그다지 弱하지를 안하엿섯슴으로 모든 攻擊을 참고 참어 行하여 왓더니 幸히 生産者側으로셔 漸次 理解를 하여쥬어 마츰내 그들과 一致協力으로 昨年 即昭和 二年三月에 至하여는 社團法人으로 形成하야 이제는 土臺가 完全케 된 모양임니다 本組合은 年々 經費가 九千八百圓假量이 要케 되는데 여긔에 所要되는 이만한 經費는 이러한 收入에서 支出케 됩니다 道地方費 補助로서 六百圓 直輸販賣品에서 五步를 밧게 되는 組合費 四千圓 委託販賣品 手數料 約二千圓 □買事業에서 生하는 利益 約壹千圓 原料貸付利子收入이 約二千餘圓이지요 그러하고 오늘에는 組合員數가 八百九十名 一年生産額이 二十萬圓에 達합니다 販路는 朝鮮全道 日本各地 支那滿洲方面까지라도 잇서 品質이 漸次로 良好케 됨을 짜러 商賈들의 申込이란 生産品을 提供키에 눈뜰 사히가 업습니다 品質을 보시면 아시겟지요마는 靈岩의 眞梳와 改良빗이라면 누구나 堅固하고도 모양다운 良品이라 안할수 업겟지요 何如턴지 이만한 成績에 이름은 모든 生産者의 뜻마저 一致的으로 生産品 向上에 勞力하여온 結果임니다 그러나 압흐로 우리 朝鮮의 産物인만큼 여러분의 後援을 기다리지 안하면 안될터임으로 先生도 만흔 聲援을 쥬십쇼 微笑를 씌며 이어셔 쌘만 안히라 本組合에셔는 무엇에던지 生産者에게 利益이 될만한 일이면 하려는 中이며 便宜를 도웁기로 主張하는데 一般生産者에게 이러한 일을 또한 副業으로 奬勵를 하여 매우 조흔 成績을 웃엇습니다 竹□製作을 하게하야 年産二十萬本에 이르며 一本에 十二三錢에 時價로 販賣되니 이것의 販賣高가 二萬三千圓 海苔生産額이 全南道에셔 約二百萬圓 以上에 達하는데 여긔에 缺치 못한 海苔採取器具를 製作케 하야 採取者에게 器具를 販賣하는 金額

이 約四萬餘圓 온갓 竹細工을 더욱 奬勵하여 여긔에셔 販賣되는 額이 年三萬圓 以上이 됨으로 이 地方사람들은 다시 업는 唯一의 業으로 생각하야 一層 生産에 誠意를 다하는 中이지요 나는 自働車 써나는 時間이 臨迫하엿다는 警告가 氏의 이야기에 醉한 나의 귀를 울닌다. (寫眞은 李元雨氏)

◇ 車中 遇逢 金信錫氏

十年逢古友가 안이지마는 自働車上에서 金信錫氏와 갓치 西面景槪玩賞하며 驄□□橫 疾風갓치 □雲千峰 月出山麓을 돌고돌아 數十里의 太嶺을 넘어 金빗이 燦爛한 平野사히로 南行할 이쌔 腦胸이 爽快하다 金氏는 湖南銀行 支配人으로 天性柔活한데 兼하여 交際가 明敏하여 對하는 사람에게 好感을 준다 길가에는 自働車를 빗켜서노라고 無敬한 사람들이 列을 지어 느러셧스니 오날이 康津장날도 안인데 엇더한 사람들이 이렇케 만흘가 異常히 生覺한야 알어본즉 全南 一流富豪로 돈 잘 직히는 金永準君의 葬禮가 來日이라 거긔의 葬式參席하러 가는 守錢奴 金丞旨宅 小作人들이라 한다 만흔 사람 틈으로 싸져나서 한참만에 康津邑에 이르러 金氏 一行과 갓치 康津館이란 旅窓에 차저가니 葬式 參會者 등살에 旅館에 滿員이엿다 肖々한 旅客인 記者의 一夜를 드새기에도 困難이 만엇다 前日브터 面識이 잇는 康津郡守 金東坤氏 官舍를 訪問하야 來郡한 用務를 槪略 說明한 後 다시 발을 도룻키여 旅舍로 도라와 夕飯 맛치며 몟시間만에 親切히 나를 차져쥬는 金郡守와 갓치 數年陽懷를 叙하다가 밤이 이슥함에 셔로 갈니여 寢床에 두러누으니 쌔가 午後 十一時二十分이엿다.

◇ 育英機關이 完備되는 康津郡

全南 最南端에 險峻한 月出山을 西北에 城갓치 둘너안치고 南海에 臨한 康津郡은 엇더한 고을인가 同郡의 內容 槪要를 紹介하면 戶數가 一萬四千

餘戶 人口가 七萬餘人 年産米가 十一萬餘石 年産麥이 三萬四千餘石 年産棉이 一百五十餘萬斤 蠶□이 年産 二千五百餘石 水産額이 年二十萬餘圓에 達한데 同郡에는 育英機關이 完備되려는 것은 特筆할 價値가 잇다 初等敎育機關은 郡內에나 面에를 가던지 업는 곳이 업서 一面一校制로 되여잇스며 只今브터 計畫中에 잇는 實業補習學校가 育英事業에 一層 全力하는 金郡守의 運動으로 因하야 希望이 업지 안하니 그럿케 實現되는 날에는 鄕村으로서 얼마동안 不便의 感을 닛게될 모양이다 또한 同郡々民은 經濟的 思想이 發達하야 生活安定之策에만 휨을 쓰는 것은 밋임즉한 일이다.

◇ 模範部落 桃林里

康津邑에서 西北便으로 二十里쯤 가면 新作路가 이에 都市도 안히며 僻村도 안힌 市場垈의 感이 업지 안은 一部落이 잇스며 여긔서 찻츰々々 거러 西北으로 얼마 안 가면 보긔에도 그럴듯한 理想的 部落이 잇스니 이곳이 桃林里라는 洞里이다 이 洞里의 洞民이 一致協力하야 行하여 나아가는 일을 都市사람들일지라도 듯고보면 敬意를 表치 안을 수 업게 될 것이며 붓그러움을 免할 길이 업슬 것이다 첫재로 이곳에 사는 男女老少 數百餘名은 産業增通改良向上民風振興 等에 硏究를 하기 爲하야 月例會라는 會를 組織하여 男子側은 每月 十五日밤 女子側은 每月 十六日밤에 한사람 빠지는 일 업시 參席하여 意見을 相通하는 일이엇 술마시고 담배 안피우는 盟約이 잇서 節約하는 것 셋제로는 正月初에 各自이 도라단히며 歲拜하는 것은 時間의 不經濟라 하야 洞里民風振興會館에 모도 다 參席하야가지고 合同交禮를 하는 것 都市의 사람들中에 나 兩班네 婦人모양이나 시골 어늬 萬石軍의 집 아씨모양으로 긴一치마자락만 쓸고단이며 遊□□食하는 寄生人虫을 사람답게 할 슈가 업슬가 하며 그네들에게 模範을 뵈기로 이곳의 婦女는 아모리 貴한 집의 婦女일지라도 다一갓치 들에 나아가 男子와 갓치 일을 하는 것 넷재로는

夏節 以外에는 누구나 黑衣를 着服하여 衣服좃차 統一히 된것 다섯재는 二町八反步나 되는 沓을 共同□□地로 하야 共同耕作하고 實地硏究에 勞力하는 것 여섯제는 養蠶을 하여 年々 他地方에 比하여 良品의 蠶□ 四十餘斤式 生産식히는 것 일곱제는 叺製造講習會 또한 競技會를 開催하여 製造品은 共同販賣하는 것 여달제는 貯蓄奬勵를 서로셔로 하여 稧의 形式을 取하여가지고 分々錢々 貯金을 하는 것 等이라.

◇ 都市風의 海南

十二日 午後四時에 謙遊히도 나를 餞送하야 쥬는 金東坤氏 其他 멧々분을 作別하고 自働車上에 몸을 던지여 三更의 高嶺넘어 三年前 一次 面白이 잇는 海南邑에 드러온 나는 小童에게 쓸니여 □屋이라는 旅舍에 들엇다 그날 밤은 安郡守와 갓치 朝鮮農村振興策에 對한 意見을 交한 後 한잔술노 彼此의 精神을 慰로하며 安郡守로부터 同郡의 內容을 드르니 總戶數가 一萬八千餘戶 人口가 十萬餘人 耕作地面積이 二萬五千餘町步 年産米가 十一萬餘石 年産麥이 九萬餘石 年産豆類가 一萬餘石인데 棉産은 同郡의 特産物로 年五百餘萬斤이나 産出된다하며 安郡守의 熱誠잇는 指導로 말매암아 前途 더욱 擴張되리라 한다.

◇ 晴朝에 錦湖島行

翌朝 □屋出發 自働車로 翠松을 헤치고 한참만에 海邊가에 이르러 停車하니 여기가 海南郡 山二面 相公里라는 곳으로 錦湖島가는 나루턱이다 海邊가의 외로운 茅屋 차자들어가 半百이 넘은듯한 老婆에게 錦湖島라는 섬을 무르니 老婆 微笑後에『그兩班이 朝鮮말을 썩 잘하네』한다 洋裝한 團旅을 日人으로 아는 老婆의 擧動이 우서워 나도 微笑하엿다 砂島丸이라는 發動機船에 몸을 시럿다 船長의 親切한 案內로 山川面目이 새로운 一孤島에 上陸

하여 무겁지안한 行具들고 淸雅한 山빗탈길노 거름을 옴기는 것은 行程의 밧븜을 이저바리기에 足하엿다 洞中에 이르러 八九歲쯤 되야보히는 小童에게 길뭇고 집차저 맛나랴는 사람을 門밧게 셔々 불너내엿다 朴致星이라는 이곳 錦湖島의 開拓者이라할만한 有功者이다 元來는 海南郡 花源面사람이엿스며 그다지 推導할만한 學識도 업스나 天性이 英特하여 兒童時로부터 稱頌이 잇셧다는 분이다 氏의 案內로 淸潔한 一屋에 들어가 行具풀고 □時 동안에 갓다쥬는 夕飯을 맛치며 氏가 請함으로 不得已 民風振興會館內外에 모힌 男女四百餘名 席上에 나아간즉 氏는 簡單한 語調로 나를 紹介한 後 무삼 有益이 될 말을 하라고 한다 이러한 講演에 專門家가 안힌 나이지만 엇지 한는 슈 업셔 約二時間半假量 現下朝鮮人된 자 取할 길이 엇더한 것이라는 것으로 此拙辨을 吐하엿다 近十名이나 되는 洞中有力家의 뒤를 싸러 밤이 이숙하도록 □□하다가 자리에 두러눗게 되니 고요한 밤다만 멀니들니는 소래는 이 여차라는 말노 노을 저어가는 뱃사람 노래이엿슬 쑨이엇다.

◇ 農民의 勤儉節約

世態가 한번 달너진 後 朝鮮社會는 어나 곳에를 가던지 大部分 同族이 衣食住問題 이것을 解決할 道理가 無하여 男負女戴로 道路에 彷徨을 하며 或은 北滿洲寒野 西伯利亞不毛之地로 向하여 衣食을 求코자 길을 써나 其慘狀이 形言할 슈가 업고 우리에만이 홀노 밧는 煩悶이 업슬 슈 업는 이러한 中에도 남에게 일헛던 짱을 다시 찻고 誼좃케 滋味스럽게 理想的 生活을 하여가는 곳이 잇다 이곳은 錦湖島라는 셤으로 全羅南道 海南郡 山二面에 所屬된 一孤島인데 山二半島와 花源半島 中間에 在하야 東西二十六町 南北 十八町 面積 ○,三七六方里 戶數가 一百二十八戶 人口가 七百七十三名 總面積이 □百十町步 밧게 안되는 곳이다 이곳이 距今 十八年前부터 勿論 島民의 잘못이엿지만 一斗落이 남지를 안코 擧皆 他地方外國人의 所有地로

變하여 여기에서 살던 사람들은 모도 다 草食과 海邊가의 石花 等을 採取 此로써 糊口를 僅々하여 지내가는 慘狀을 呈하엿섯스며 一年農費圣차 도모지 變通할 道理가 無하야 交通이 不便한 곳인만큼 어나곳에를 단히며 求乞할 길까지 업기에 이르러 當時 島民의 지내가는 形便이 實로 寒心하엿슬 샏이엿섯다 한다 이럿턴 곳이 同島民들노 그 무삼 것에 感動이엿던지 次々로 自覺이 됨에 遊衣遊食만 하며 이와 갓치 落望만한다는 것은 압흐로 더욱더욱 貧을 招來케 할 샏이라 하야 島民中에도 그中 有力한 朴致星氏 海南郡當局에 慘況을 陳述하고 郡當局의 엇더한 指導가 잇기을 바란다는 여기에 相應이 되야 錦湖島의 振興策으로 棉作副業을 獨特히 奬勵케 되얏다 在來式을 取치 안코 郡當局으로 指示하는 改良法에 依하야 島民全體가 決心하고 改良耕作品質向上에 勞力하며 勤儉力行을 爲主로 하니 날이 가고 달이 지냇칠사록 이곳에는 次々로 棉花販賣한 收入額이 멧倍로 增加케 되며 惡衣惡食하며 分々錢々이 集積에만 힘을 쓰게되야 該勞力을 數年之間에 黃金과 밧구게 되며 멧해前에 賣渡하엿던 土地를 島民의 所有地로 다시 사도록 運動하자는 소리가 놉게 되자 木浦 福田農事株式會社 其他 멧々군데의 土地를 大正十一年頃브터 찻차로 사드리니 其間 島民共同貯金으로 因하여 回買한 쌍이 五十五町餘步며 該價格이 三萬圓餘에 達한다 팔엇던 土地를 이와 갓치 도로 사듸리게 된 것이야말노 자랑할만한 일이다 現海南郡守 安秉春氏와 飛浦木浦府尹의 勞도 謝함에 足한바 잇다 한다 只今 同島에는 海南郡 黃山面 牛谷里 李載亮氏의 所有地 一百八十斗落을 除하고는 全部 島民의 所有地로 되야 이의 百八十斗落圣차 마져 사듸릴 準備가 되여잇는 全國에서 다시 업는 節約勤勉農民만 사는 前途有望之地이다 同島의 今日에 行하고잇는 內容멧가지를 紹介하면 島民 七百餘名으로 民風振興會를 組織하여 農事改良品質向上을 圖謀하며 春秋雨期에 米麥等屬으로 一致的 共同貯金을 하는 것이며 普通學校 四學年程度을 標準하여 島民育英事業을 目的하고 錦城學

院을 設立하여 年々 一千餘圓의 經費를 異義업시 各自 負擔하는 것 警鐘을 一日三次을 니여 時間觀念을 鼓吹하며 共同的으로 일을 하며 쉬는 이것 男女가 區別업시 山에 오르고 들에 나아가 勞作을 하는 것 民風振興會에서 三町步의 共同民有地에다가 竹林事業을 하고자 하는 것 養□組合을 組織하여 同島 特産品으로 만흔 生産에 勞力中인 이것이며 新聞雜誌갓흔 것을 □□하야 常識을 涵養하는 것 等이다.

◇ 船上時間

十月十四日 午前九時半 錦湖島民代表 朴致星氏外 六七人士의 餞送을 밧으며 다시 發動機船客이 되여 北으로 向하여 航海하는 배甲板에 올나셔니 兩岸에 奇々妙々한 島□가 數업시 羅列하야 잇스며 섬 우해 빈틈업시 青松蒼鬱한 이것이 쌔긋히 뵈힘으로 더욱 興味다웁다 木浦 들어가는 於□에 高下島잇는 距今도 百餘年前 닛지못할 李忠武公 起功碑石 멀니 바라보며 石山으로 하날에 다은듯 中天에 聳出한 儒達山 밋헤 風景이 佳麗한 木浦에 上陸하여 福山町木浦호텔에 行具푸니 日上中天正午時러라.

◇ 南國貿易地로 著名한 木浦港

朝鮮의 이 半島 最南端으로 儒達山 麓山에 내로라하는 듯키 傾斜之地에 자리를 잡은 華麗한 우리의 木浦는 엇더한 곳인가 回顧하면 이곳이 李忠武公의 訓令을 기다려 國防을 하던 水兵의 根據地이엿스며 自古로 온갖 南鮮의 物産集中하야 數만흔 風帆船이 압바다에 翩翩하고 中國과 日本으로 □□々々실허내던 곳 여기서 一葉片舟에 流刑을 밧은 文武大官 멀니 실어내여 눈물만히 흘너나리게 한 곳 明治二十二年頃 近□眞□代理公使가 通商港을 韓國政府에 交涉타가 日淸國制 □味스럽지 못함을 짜라 혼구녁을 당하고 朝鮮總稅務司부라□이라는 英人의 □□으로야 겨우 明治三十年 十月一日

開港의 便을 엇게되자 日本의 領事館이 비로서 設置되게되고 저네들이 오기를 始作한 곳이다 그래 날노 □하는 □態에 明治三十八年에 統監府가 京城에 設置되고 쏘한 同四十三年에는 日韓併合이 되며 同時에 施政의 모든 制度가 달너지니 幸運□□□□에 들먹을 콩갓치의 것갓치 한번에 집어 샘킬듯한 意氣로는 □□ 크게 궁구리며 一層 移住를 하는 者 增加하야 오날〻에는 萬餘名의 저네들이 살어가게 되엿다 이곳에 會社 銀行 大□가 업는 것 업고 海岸通으로 交通便利한 街路左右 □□한 □□□만흔 農場 精米所 모도 다 저네들 機關이며 정작 主人公이 될 우리네 사람들은 아□東天 해돗을 째로브터 저들에게 머리숙이고 품을 팔어지내가는 被使用者의 可憐한 生活을 하야 가는 形便이다 어늰 째나 이와 갓흔 悲慘한 生活을 免케될는지 이날까지 우리사람들의 行하여온 弊習을 버리고 取其長하야 저네들 몟倍 以上 勤勉奮鬪하여야 될 것이다 木浦 우리사람 살어나아가는 洞中 살펴보면 布木□과 雜貨商 몟집을 除하고는 大部分 旅館 飮食店으로 판을 싸고 좁피좁은 골목으로 來往하는 술주정군만 흠을 發見케 될 째 할 事業이 만흔 우리 社會로셔 이게 될 즛이냐 생각이 십헛다.

◇ 湖南銀行 木浦支店

微弱하나마 우리의 實業界를 爲하여 만흔 金融策을 주는 湖南銀行 木浦支店을 訪問하니 째가 十月十五日 正午이엿다 하날에 단듯한 붉은 벽돌집 正門 안에 들어스며 名刺로 支配人 具宗泰氏 面會을 請한즉 具氏는 點心時間임으로 食事中이라 하야 代理로 副支配人이 繁忙中임도 不拘하고 곰마웁게 반가히 마저준다 氏는 崔健洪이라는 분으로 日前 靈岩에셔 갓치 自働車타고 康津까지 간一일이 잇셔 一面이엇던 분이다 狀況을 살피니 十數名되는 行員으로 規律다움이 大銀行의 感이 잇다 째마침 點心을 맛치고 나아오는 具支配人에게 二十分동안 金融狀況을 默〻히 드른 後 나로셔 支店近況을 물어보니 이곳에는 鮮銀 殖銀 十八銀이 잇서 우리사람의 銀行이라고는 아심과 如히 이 湖南銀行인바 金融貸付로나 預金으로나 他銀行에 比하여 遜色은 毫도 無합니다 쌘만 안히라 우리 支店의 行員間에 第一誼가 남달리 조흠으로 모든 煩悶이 잇다할지라도 自然씻게되야 支配人된 저도 이 以上 깁붐이 업습니다 하엿다.

◇ 前途有望한 木浦電燈株式會

社木浦인이 當地에셔 힘이 잇고 精神이 좃고 手腕잇스며 남에게 不平안듯고 日鮮人間에 그럭저럭 지내가든 日本人 누구냐하면 木浦電燈株式會社의 專務取締役인 松井邑次郎氏이다 氏가 朝鮮이란 쌍에 발을 듸려놋케 된지는 距今 四十年前 即明治二十年頃이엿다 한다 最初 釜山에 어린째 와셔其後 元山 金剛山中으로 平壤에 이르기까지 近十年동안 萬雄中에서 受苦타가 明治三十年頃 當地 移居後 商業에 從事하여 今日成功者로 된 이다 元來 與人交際術 非凡하야 木浦社會에 업지 못할 中心人物로 待遇를 밧는다 現在 木浦府協議員 商業會議所 特別評議員 學校評議員 等의 公職에 잇서 社會的 事業에 度外視를 않나다고

◇ 木浦有志訪問

原稿도 쓸것 다 맛쳣고 濟州道 行船便만 기다리게 되는 筆者는 十月十六日인 一日에 閑暇을 利用하여 木浦有志나 訪問하야볼가하고 午前 十時가 훨신 지나 木浦호텔 門前을 나셔 前日브터 一面識잇것든 東拓會社 木浦支店長 矢野康氏를 第一 먼져 訪問하니 紅顔의 武態가 □々한 氏는 밧분 中이엿스나 親切히 마져준다 今般는 南鮮地方巡講임닛가 그럿치 안하면 農村情況探查임닛가 新民社가 생겨난 以後 이와 갓치 農村振興을 本位로 社員諸氏가 盡力하여 주심은 心中으로 無限感謝히 생각하는 바임니다 하고 구수하

게 인사를 한다 氏와 告別하고 다음에는 實業會社란 農營會社를 尋問키로 하여 十分이 채 못되야 同社 事務室 玄關 이르러 多賀榮吉氏를 차지니 氏는 點心도 다 먹지 못하고 內室노부터 쌀니 쒸여나와 應接室로 迎接을 하며 웃는말 小作人的 保護施設에 對한 一長說明을 한다 本社로서 萬般獨特한 施設이야 무엇 잇겟슴닛가마는 地主 小作人間 親善을 圖謀하며 農事改良發達 生活改善을 目標로 共榮會를 組織 이것이 參考上 한 말삼이나 하게될는지요 이 共榮會는 本創立始初로브터 組織되여 同會基本金만 하야도 오늘 五萬圓 이란 巨額에 達하엿습니다 그럼으로 今般 貧民救濟的으로 總督府에서 正々 一百二十萬圓式 振出勸農共濟組合을 設定하고 該組合員에게 二十圓 三十圓의 標準으로 貸付하는 여기의 힘을 빌지 안하여도 共榮會의 五萬圓 基本金으로 不便업시 險通케 되야 本社 小作人으로는 一分一厘를 남에게 依賴치 안케 되엿습니다 여기에셔도 이날노만 地主側 意見을 듯기로 하고 이러셔々 多賀氏가 親切히도 電話로 紹介하여쥬는 엽헤집 □田產業株式會社 木浦支店長의 職을 띄인 農事方面에 經驗이 豐富한 豪活한 男子이다 對하여 約三十分동안 이말저말노 換談하여보니 同社의 方針은 亦是 實業會社의 主旨와 毫도 다름이 無하며 다시 더 뭇지 안코 해도 거의 다一夕陽이엿슴으로 旅窓으로 向하다.

◇ 東西護模工業株式會社

同社가 創設된지 距今 三年前 即大正四十年 二月卄八日이다 資本金 參拾萬圓을 形成하야 年々 四十萬足의 生產을 식히는데 이 方面에 經驗이 豐富한 支配人 平松理太郎氏의 힘으로 말매암아 前途有望케 되리라 한다.

◇ 木浦의 穀物商組合

木浦의 穀物商組合은 大正十年 十二月부터 設立되엿다 爾來筒理事의

敏活한 勞力으로 因하여 매우 양호로도 有望하리라는데 市場取扱高가 玄米로 年八萬石이요 籾로 年十萬石이며 輸出이 五十三萬石이라 한다.

◇ 務安郡은 棉產地

내가 務安郡을 訪問한 때는 十月十六日 午後二時頃이엿다 郡守 吳錫裕氏를 차지니 氏는 公務로 因하야 地方에 出張中이라 하며 代理로 庶務主任이 마져쥬는데 人事를 하야 알고보니 氏 亦道□地方□을 訪問하엿슬 昨年어늬때 一面이 잇는 吉丸清平氏란 분이다 氏에게 同郡內容을 무러보니 槪要를 紹介하며 同郡은 全羅南道 西端에 在하여 無數한 島嶼를 抱擁하여 山多野少로 風景이 佳麗하며 郡內의 總戶數가 三萬一千餘戶 人口가 十六萬七千女人 耕地面積이 二萬八千餘町步 年產米가 十四萬五千餘石 年產麥類가 十萬一千餘石 年產豆類가 二萬餘石인데 棉產은 同郡의 特產物로 每年 一千二百餘萬斤이 產出되야 郡守 吳錫裕氏는 一層 增產에 努力한다고.

◇ 模範部落 上新基里

翌日十七日 早朝旅舍를 나서니 秋日澄清 街路左右便 櫛比한 商店 사히로 徐々히 거리 木浦 停車場에 이르니 車가 써날 時間 二十分前으로 模範部落을 갓치가게된 郡廳員을 기다렷스나 넘우나 繁雜함으로 누가 廳員인지 分別할 수가 업셧다 한참 뒤에 驛員의 외이는 驛名을 듯고나서 一商店을 차져들어가 三鄕公立普通學校는 어데이며 新上基里을 가랴면 어데로 가는가을 무를지음 엽헤 洋服입은 一紳士가 나에게 脫帽을 하며 敬禮를 하더니 新民社에서 오셧슴닛가 저는 務安郡廳員인데 模範村가스길 案內하여듸리라 出張한 바임니다 하고 낫 하나는 것이 地方改良事業을 擔任한 金天洙氏이엿다 氏의 案內로 一老面 公普校를 暫間들어다보고 다시 一老面事務所에 이르러 반가히 마져쥬는 面吏員 高光綠씨氏와 普通學校 敎員 二人과 갓치 四人一

行이 되야 車길 沿路로 十餘里를 거러 綿路를 건느니 여기셔부터는 거러가는 길도 자못 平擔하여 左右便에 豐盛한 棉作成熱한 秋穀 빈틈업시 널녀잇셔 一洞中을 向하고 들어갈 째의 感想이야말노 鄕村良彩가 여기잇는듯 깁븜이 自然 생긴다 이곳이 듯던 말과 如히 務安全郡에서 다시 업는 模範部落으로 民風振興會가 잇셔 洞民一致的勤勉節約한다는 곳이다 民風振興會長 徐元明氏는 이날 南鮮六道畜産共□會에 出他를 하고 代理로 副會長 高光律氏며 同會委員 文在三 徐允三 其他 數名의 洞中 有力家가 마져드려 珍羞盛饌으로 우리 一行의 點心을 낸다 辭讓쓴헤 그들의 優待를 밧고 얼는 이러서 民風振興會館에 나가가보니 官內外로는 無慮 二三百名의 男女老少가 雲集을 하야 나의 말허기를 기다렷다 郡廳員 金天洙氏의 簡單하고도 意味深長한 紹介로 農村振興이란 演題下에 勞力만 잇스면 行考常成하리라는 結論으로 二時間餘를 說明하고 이곳을 써날 臨時洞中에서 行하는 內容을 물어보니 이 上新里로 말하면 三年前까지는 諸博軍 만코 浮浪者 만키로 隣近의 惡評이 잇던 地方입니다 이러한 地方이 오날々 務安郡的 模範村으로 된 것은 모도 다 本面의 有志諸氏와 民風振興會長인 徐元明氏의 勞力하신 바입니다 여기에셔 行하는 일은 한두가지가 안히요 夜學會를 設置하여 男女老少를 勿論하고 普校四學年程度를 目標로 文盲退治하는 것 牛□를 組織하여 每月二回式 參拾一錢式 振出식혀 抽籤을 하야 當籤된 이에게 農牛를 給與하야 □員 全部에게 農牛가 均配될 째까지 힘을 쓰는 巡□團을 組織하는 것 棉作改良事業에 盡力하야 生産增殖之策에 硏究하는 것 敬老會을 組織하여 一般老人에게 敬意를 表토록 盡力하며 每年 々末 一次式 牛肉一苞式을 分配하여 至誠것 慰安을 하는 것 斷髮을 勵行하야 理髮機械를 買入하야가지고 各自의 便을 셔로 도읍는 것 黑衣를 着服하는 것 每年 數次式 講習會를 組織하여 常議을 涵養하는 것 稚蠶共同飼育所를 設置하여 養蠶奬勵를 篤히 하는 것 養豚組合을 組織하는 것 綠肥栽培奬勵를 하야 金肥退治을 하며 一般

農民의 經濟을 圖謀하는 것 婦人會를 組織하야 生活改良에 研究를 하며 義務貯金을 奬勵하는 것 養鷄을 奬勵하는 것 國庫費로 하지 안하면 안될 砂防工事 갓흔 것을 自發的 民風振興會員들이 하야 國庫補助金 七千圓 地方費補助 三千圓 森林組合에셔 □千貳百圓이란 額을 읏어 爲政當局者의 가삼을 놀나게 하는 것 等의 일이다.

◇ 旅程을 變更하야 咸平郡에

今般 旅行을 機會로 될 슈 잇스면 멀니 써러진 濟州에 가려하엿셧는데 日氣가 滋味스럽지 못함으로 이곳의 旅行은 뒷날노 물리치고 十月十六日 午後四時四十分 木浦써나는 車로 말성만흔 咸平을 向하엿다 旅程을 變更하엿다 左便으로 맑게 보이는 榮山江을 내다보며 鶴橋停車場에 한참만에 이르러 執道의 모양 업는 □便車로 目的地에 當到하니 해가 써러진지 임이 오래이며 旅館차져 行裝푸럿다 民風振興之策에 執中하는 咸平郡 嚴多面 海亭里 十月十九日 아참 咸平郡廳에 이르러 郡守 趙□滿氏 庶務主任 鄭國采 兩氏를 訪問하고 模範部落의 內容概要를 무른 後 郡廳員 趙鍾煥氏의 親切한 案內로 午前九時五十分에 咸平邑을 써나 嚴多面事務所에 이르러 海亭里振興之策에 汨沒하는 金太一氏와 갓치 暫間동안 海亭里의 近況을 論하며 氏의 條理잇는 說明을 드르니 海亭里라는 곳은 이러한 곳이엿다 距今 五十餘年前에는 一百八十餘戶의 大村落으로 各自의 生活이 모도다 裕是하엿셧든 이 어늬 못된 官吏의 奸計로 大部分의 民有地는 明禮宮畓으로 되야바리고 朝鮮實業株式會社 其他 五六個所의 他人의 짱으로 된 以後 買收한 價格標準으로 因하야 小作料가 年年太過케 됨에 海亭里의 農民은 빗싼 小作料를 물고 지내가는 그의 慘狀이 形言할 수 업던 中 大八正年頃 이곳에 民風振興會가 組織되자 手腕잇고 敏活한 金太一氏의 盡力으로 오날々에는 그의 效果가 한두가지가 안일만큼 成績이 優良타 한다 그의 成績보면 寸土가 업서

乞人에 지나지 못하던 五十一戶의 이곳이 大正十二年 一月브터 昭和二年末 現在로 洞民勤儉節約하야 共同貯金高가 一千二百餘圓 不動産이 額으로 換算하야도 百圓의 價値가 되는 것 桑園이 五反步를 所有케 되얏다하며 間食制度를 업시하고 禁酒까지 □行하야 참으로 規模잇는 生活을 하여 日用物品은 共同으로 購入하며 農産物販賣도 共同으로 하야 各自의 利益을 圖하고 잇다 定刻이 됨에 海亭里 農民에게 一場勸勉하면 成功하리라는 말노 二時間餘 所謂 講話하고 趙鍾煥氏와 갓치 二十里나 되는 咸平邑을 徒步로 오게되니 갓이 업는 넓은 들에 豊盛한 秋穀이며 때々로 오고가는 馬車 구루마 樹林裏에 멀니 佳景다웁게 뵈히는 鄕校村이다 것는 거름 둘이 다 速하지를 못하엿스나 쉬지 안코 거러온 이의 거름 두어時間만에 咸平邑 無事히 當到하야 旅窓玉屋이란 곳에셔 夕飯맛치고 靈光 向하여 趙鍾煥氏 親切한 餞送裡에 셥々히 써나니 때가 十月十九日 午後八時頃이엿다.

松廣寺에서 (色塵聲塵의 二)

晩悟生

《불교》 54호, 1928년 12월

新聞을 通하야 全南 順天 附近에 水害가 若干 잇슴을 아랏스나 지내온 谷城郡境은 그 被害의 跡을 볼 수 업섯고 松廣面 洛水橋을 근너면서부터 橋梁이 破壞되고 道路가 缺潰하야 限一里距離에서 行路難의 늣김을 備嘗하엿다.

그러나 寺境을 드러섬으로부터 아즉까지 新式의 治道는 되지 안엇스나 그래도 直線으로 平坦하고 林木은 左右로 茂盛한데 山下 洞人이 밤(生栗)망테를 질머진데다가 竹竿을 끄을고 鎌子(낫)를 손에 든체 길을 연하엿스니 當地가 舊時쩍 栗木封山으로 밤남기欝密한데 方今 摘取期을 當한 까닭이라 한다. 나려오는 사람을 左右로 避하면서 限數武地를 드러가니 縹緲한 一閣이 虹蜺橋上에 翼然히 나타난다. 그곳을 當到하야 行李를 나려노코 十餘尺이나 되는 溪流도 나려보며 淸涼閣이라는 扁額과 天井中央에 잇는 經藏 二字와 其他 題詩 等을 차레로 둘러봄에 終日 行路의 困憊는 언의듯 업서지고 羽化登仙의 快感을 늣기엿다. 거게서 신발과 衣服 等을 整頓하고 다시 드러

오느라니 어느 동무 한 분이 우리 압흐로 急走를 하여온다. 여보게 鳳儀― 저가 누구관대 저와 같이 急히 오는가? 왜―白羊寺에 와서 先生님께 法華經 한 秩을 차리든 金得善 君이 아님잇가 아―그런가 말을 마치지 못하여서 金君이 닥처오며 日前 편지를 보와 오늘 사이나 到着하실 뜻 하여서 散步 兼 나왓습니다. 人事를 마치고는 行李를 받아들고 曹溪門을 드러서서 다시 왼켠으로 羽化閣과 天王門 等 五重關을 지내고 法王門을 正面으로 치어다보면서 바른 손짝으로 다시 꺽거 門 하나를 드러서니 이 곳은 事務所와 接賓室로 꿈여노흔 龍華堂이라 한다. 마츰 여러분이 新聞을 보다가 金君의 紹介로 彼此 初見禮을 마치고 宿所에 나아가 夕供을 應하엿다. 不多時 當寺에 學識으로 中堅이 되는 林錫珍氏가 來訪하야 當寺의 過去現在와 近頃日本視察의 □末 等 滔滔數百言에 心醉하야 數時間이 지내감을 渾忘하엿다. 今日은 路困이 잇슬 테니 편히 休息하라 한 말슴을 남겨두고 自己 處所로 도라간 後 茶童이 □具를 가저왓다. 家室의 結構로부터 宏壯하려니와 □具에 對하여도 그 훌륭한 것은 諸各寺에 볼 수 업는 準備이다. 凡節이 全鮮 三寶寺刹 中 一數됨을 자랑할 수 잇다. 驚嘆함을 말지 안엇다

二

翌日은 住持 猊下를 事務室로 訪問하고 任員 한 분을 案內로 交涉하야 各殿恭拜로 나섯다. 第一着으로 大雄殿에 드러가 東便으로 施設되여잇는 寶物 各項을 觀覽하엿다. 普照國師의 受用하시든 袈裟, 신발能見難思, 搖鈴, 如來齒牙, 鯨鬚, 象牙等牌 其他 各點을 차레로 拜觀하고 그 뒤로 잇는 石階 三十餘層을 발바올라 說法殿에 드러섯다. 이 집은 普照國師꺼서 常住說法하시든 곳이라 中央卓子가 제물로 說法床이 듸여잇는데 十六國師의 談禪法會가 儼然未散인 듯 늣기엿다. 그 웃층 三面으로는 李太王 己亥에 海印寺 化主 梵雲 스님을 命하야 藏經 네秩을 印出한 後 一秩은 諸山勝地에 分奉

하고 其外는 三寶寺刹에 各 一秩式 奉安하엿다는 것인데 그—粧置의 嚴整함은 또한 사람으로 하야곰 不知不識間에 起敬케 한다. 다시 上海로 온 頻伽精舍의 것 日本으로 온 大正新修의 것 東洋三國藏經은 모다 이 說法殿 內에 가치 모실 經綸이라 한다.「若不傳法度衆生, 畢竟無能報恩者」라는 頌句를 暗誦하면서 누가 子期의 知音이 되어 저 만흔 經卷을 모조리 閱覽을 하여볼꼬 하는 感이 油然히 湧出된다.

그 다음에 臺上七殿과 臺下各房이며 三日水의 眞景과 普照塔의 靈場을 順序로 拜觀하고 短墻을 도라 眞樂臺대에 올라서니 道場 全景이 掌珠와 如히 나타난다. 年前에 通度 海印 兩寺를 恭拜하엿스나 佛殿僧寮의 模範으로 짜여잇기는 當寺로 一指를 屈할 수 밧게 업다하엿다.

三

案內員을 向하야 三十年前까지는 貴寺이 建築稠密이 비가 오드래도 道場一周에는 雨具準備가 업섯다는대 只今으로 볼 것 가트면 조금 비인 곳이 間間 잇는 듯 합니다. 예—그것은 中年에 一大修繕을 加할 적에 日後不虞의 變이 잇슬 것 가트면 連簷接室이 도리혀 걱정거리라는 觀念 下에 不緊한 집들은 多數毁撤한 까닭임니다. 그리고 西쪽 한편으로는 年前火變을 격근 後 아즉 再建을 못하여서 恒常 經營中에 잇담니다 함으로 結果를 보기까지는 한쪽이 허성한 듯한 생각이 끈어지지 안습니다 한다. 거게서는 바로 華嚴殿을 건너가서 各種 經板을 拜觀하엿다. 學人時代에 無用集 一卷式을 박혀가든 일이 其然未然인 듯 三十年 光陰도 그리 갓갑다고는 할 수 업다. 溪流를 끼고도라 普照國師의 手植香樹 附近에 到着하엿다. 國師가 이 香樹를 슴으시면서「此樹與吾同死生」이라 하섯다는 傳說이 잇는데 國師涅槃 當時에 枯死됨으로부터 于今七百餘年을 저 모양으로 서서잇다 한다. 枝條 한 개가 업고 다만 白色을 呈하는 數十丈의 香木이 멀리 바라보면 電幹木과 類似하기도 할 듯 하다. 거게서 一柱門을 바른편으로 끼고 諸祖師의 竪碑處에 드러섯다. 當寺 近代事業으로 浮休 默庵 斗月 奇峯 幻海 霽雲 离峰 龍雲 碧潭 等 九位高僧의 行狀을 記錄한 碑를 죄—다 藍寶石을 輸入하야 宏壯하게 樹立하엿다. 다른 곳은 寺蹟碑 一座가 업는 寺院이 車載斗量인데 當寺는 諸祖師의 德行까지 永遠토록 紀念하게 되는 偉大事業을 樹立케 됨은 그 누가 놀래지 아니하랴.

道場을 一週하고는 다시 宿所로 도라와서 當寺의 位置沿革 等을 略抄하니 曰

當寺는 朝鮮 南端 順天 西六十里 曺溪山 中에 位하니 山脉은 即小白山系로 德裕 蘆領을 經하야 그 東一支가 潭陽秋月山 光州無等山 長興天冠山 綾州中條山 寶城馬峙山이 되야 得粮灣에 이르러 止하고 다시 中條山으로부터 馬峙에 未及하야 그—東北의 一支가 樂安金華山을 經하야 蜿蜒起伏의 勢로 本曹溪山을 成하니 海拔 二千九百四十八尺이오 面積은 一千五百六十町 一反三畝步를 有하엿스며 東南北 三面으로는 連峯이 重疊되고 오즉 西쪽으로 洞天이 豁開하엿다. 當地에 新羅高僧 慧璘이 小庵을 開創하고 山名은 松廣이라 寺號는 吉祥이라 하엿든 바 高麗仁廟朝에 至하야 釋熙大師가 大刹을 經營코저 材木을 鳩聚하고 良工을 招集하야 着手未幾에 不幸히 逝世함에 寺宇는 百間에 지내지 못하고 居僧은 겨우 三四十에 達하엿다 한다. 其後 五十餘年을 經하야 普照國師—公山에 崛起함에 定慧社額을 揭한 居祖寺는 人衆地狹하야 容衆이 甚難한지라 上足守愚를 江南으로 派遣하야 安禪處를 廣求하엿다. 愚師—此山에 到着함애 境勝地肥하고 泉甘林茂하야 結社處가 適當함을 覺悟하고 距今 七百三十一年前 即 明宗 二十七年 丁巳에 天眞, 廓照 二人으로 더부러 大刹을 經始하야 不眠不休의 功績으로 九個星霜을 經하야 熙宗 元年 己丑에 竣工하니 金碧이 炳煥하고 妙像이 尊嚴한지라 先是에 普照國師는 神宗 元年 戊午 春을 卜하야 公山으로부터 禪

衆을 領率하고 智異山, 上無住庵에 이르러 掛搭을 하섯다가 同三年 庚申에 비롯오 當時에 到着하야 定慧雙修의 素志를 實行하니 四方學者一導場에 雲集하야 道風이 再扇되고 佛日이 復明한지라 熙宗이 此를 嘉聞하시고 山名은 曹溪(國師一六助壇經으로 師를 爲함에 依홈)라 社號는 修禪이라 御筆로 特褒하시고 寺名을 松廣이라 함은 山의 舊號를 仍用하니 此가 慧璘開山後 第一創이라 한다.

其後 熙宗 六年 庚午歲에 國師入寂하시고 高足慧諶이 後를 이어 開堂하니 學者一雲奔에 社宇一甚狹한지라 翌年 辛未에 康宗이 登極하자 有司에게 當寺增搆를 命하시고 中使를 遣하야 建築을 監督하섯나니 此가 當寺의 第二創이 되엿스며

다시 李太祖 四年 乙亥에 高峯和尙이 慶尙道로부터 南方을 遊歷하다가 樂安郡 金薪里라는 旅店에서 一夜宿泊을 하게 되엿다. 夜夢에 一大梵刹의 景概絶勝함을 보왓는대 翌日에 偶然히 當寺에 드러와서 徘徊四顧한즉 前夜夢境과 毫釐의 差가 업는지라 師一慨然히 着手하면서 我의 私力으로 獨辦不能이라하고 定宗 元年 己卯 秋에 詣京伏奏曰 臣僧이 願을 세워 先師普照 普濟 等 諸祖道場을 重創코저 하옵나이다. 上이 優答하시고 翌年 庚辰 七月에 王旨로써 書雲觀에 命하야 當寺를 再興할새 運庇, 尙濟 等 三十餘人을 召集하야 長短濶狹을 前과 差異업게 하고 佛殿僧寮를 一新重建하며 다시 世宗 二年 庚子에 中印禪師一住持에 任함으로부터 高峯의 未盡한 志願을 續하야 門徒 二十餘名으로 寺宇를 增築하고 同十年 戊申에 이르러 訖工하니 高峯, 中印 兩師의 重建을 並하야 當寺의 第三創이라 하며

其後 百餘年을 經한 丁酉年間에 火亂을 遭하야 全寺가 刼灰場을 成함애 時住持應禪和尙이 宣祖王 三十四年 辛丑 春으로 始하야 臨鏡堂 普照庵 天子庵 等을 次第로 重建하나 僧殘寺敗한 其時 狀態로는 修補의 力이 不及한지라 光海主 元年 己酉 秋에 이르러 智異山 華嚴寺 浮休宗主를 奉邀함에 禪

師는 上足碧巖 等 四百餘名을 董率하고 惠然來建하니 寺宇一新에 山水增光이라 應禪, 浮休 兩師의 重建으로 當寺 第四創이 되얏스며

다시 憲宗 八年 壬寅 三月에 至하야 倐然火起로 道場西半部 即二千二百五十二間이 또 刼灰로 化함에 奇峯, 龍雲 兩寺가 事由를 禮曹에 呈하야 勸善文과 空名帖 七百餘張을 得하야 煥然重創하니 現今 冥府殿 以下 寺宇는 모다 그 때 重建한 者이라 此로써 當寺의 第五創이 되엿고

距今六年前 大正 十一年度에 住持 雪月和尙이 寺宇重新을 倡謀하야 森林伐採願을 當局에 提出하엿스나 任期滿了로써 願을 畢하지 못하엿고 現住持 栗庵和尙이 繼續 斡旋한 結果 翌年 癸卯 五月에 認可를 得하야 材木 或은 製炭으로 數萬圓을 收入하야 重建 或은 修繕하며 必要인 것은 增建도 하고 不必要한 것은 毁撤도 하며 飜瓦, 築階, 佛事 等을 次第 進行하야 今日 輪奐의 美를 畢露케 하니 此가 當寺 第六創이 되엿다 한다.

沿革의 顚末은 이에 마치고 當寺의 宗統이 어찌나 된 것을 적어볼까 한다. 新羅 慧璘禪師가 吉祥寺를 刱하고 華嚴宗旨를 闡揚하엿스나 普照國師가 占有한 以後로는 그만 禪風에 薰陶되야 그 宗統을 失하엿다. 普照國師는 九山一派로 即 江陵郡 闍崛山 梵日國師의 宗統을 承하야 禪風이 大振함에 國家의 待遇가 特殊하고 士庶의 歸依가 輻輳할 뿐더러 普照國師 以下에 眞覺 淸眞 眞明 圓悟 圓鑑 慈靜 慈覺 湛堂 慧鑑 慈圓 慧覺 覺眞 淨慧 弘眞 幻庵 等 十五國師가 繼出되고 其外에 懶翁 無學 兩大王師가 勅旨를 奉하야 來住하엿스니 此를 曹溪宗 全盛時代라 할 수 잇다. 그리다가 浮休禪師가 重建의 役을 마치고 智異山으로 還錫할 時 門徒 若干名을 命留하엿는대 其後로는 浮休法派가 漸次 牛耳를 執하게 되자 曹溪宗徒는 또 系統을 失하고 休派에게 薰化하엿슬 뿐이며 休門으로부터 翠微 栢庵 無用 影海 楓巖 等 高僧碩德이 輩出하엿스며 楓巖의 後에 十八門徒가 星羅하엿스나 現存者는 即 維岳 默庵 霽雲 碧潭 友溪 斗月 等 六大門庭이 團欒集住하야 臨濟宗風을 紹隆하

엿다 云이다.

此를 記抄하고는 조금 懶症이 생기여서 기지게를 한번 켜노라니 林綺山氏가 드러오면서 여보—무엇을 쓰기만 하오 나하고 眞樂堂에 올라가 散步나 합시다 한다. 예—좃습니다. 그만 뒤를 따라 그 臺를 두 번째 올라가서는 限 三十分동안이나 問答이 잇섯든 것이다.

여보시오 저—西便으로 이 曹溪山의 水口를 멀리 막아잇는 크다란 山은 名稱이 무엇인가요 그는 同福維摩山입니다. 그런데 當寺에 무슨 傳說이나 업는가요? 別것이 업습지요 記者가 드른대로 몃가지 이약이를 할터이니 그—眞假이나 評定을 하여줄까요—

一, 最初 松廣山이라 일홈을 지은 것은 十八國師가 廣度衆生하리라는 未來를 보와 豫定한 것이니 松字를 十八松으로 解釋된 까닭이라 그런데 十六國師가 나고 아즉 두 분이 아니 낫다하며 或은 懶翁無學 兩王師가 內住하엿스니 그 數爻를 채웟다기도 하고

二, 湛堂國師는 元나라 順帝의 太子인데 慈覺國師가 다리고 나올 적에 鴨綠江에 到着하야 배에 오르니 太子의 福이 殊勝하야 배가 여러 번 가라안고저 함에 다시 下陸하야 보선을 벗겨서 머리에 三日을 이게하야 減福을 시킨 結果 乘船의 障이 업다하며 또 入定한지 三日만에 見性을 하엿다 하야 或은 三日國師라 名稱하며 三日庵과 三日水도 그 때로부터 일흠이 잇다하며

一, 當寺開山 以前에 賊類가 雄據한 것을 普照國師가 此를 逐黜하고 절을 지엇는데 當寺는 賊類의 行爲를 조곰하여야 防災가 된다고 一年一次式 寺有沓에 나아가서 小作人에게 此를 豫通하고 나락 몃단식을 暗夜秘密裡에 비여오는데 中年까지 그러한 風俗이 잇섯다는 말입니다.

그는 다 外界에 風聞이지요 當寺는 그러한 말이 업습니다. 다만 三日庵 三日水 等은 그를 듯도 하지요 또 當寺가 最初 賊窟이라 함은 이런 말이 訛傳된 듯도 합니다. 最初 慧璘禪師가 開山하고 그 門徒가 절을 직혀오는대 意外

에 普照國師가 禪衆을 領率하고 鵲巢鳩居의 格으로 占領을 遂行하니 누가 조타할 理가 잇슴잇가 그만 反抗을 하자니 自然的 是非가 되엿든갑듸다. 그러나 寡不適中이고 또 勢力에 눌리게되니 在來衆은 그 꼴을 아니 보겟다고 他山으로 移去도 하며 처저잇는 사람은 하는 수 업시 禪宗에 薰和되고만 것이며 또 나락을 비여왓다함은 近古에 小作人이 頑强하여서 小作料를 잘 바치지 안는 까닭에 其時 青年들은 此를 憤慨하야 寺有地에 나아가 半分式을 비여온 일이 잇답니다.

그런데 오늘은 山內末寺이나 恭拜하여 볼까요—東庵, 普照 兩庵은 年前 兵火에 燒燼되고 其外는 別로 볼 것이 업습니다. 그러면 天子庵 香樹나 拜觀하겟습니다. 그는 한 번 봄즉 하지요. 그러나 오늘은 틀렷습니다 東便山中으로 十里나 올라가야 할터이닛까— 明日로 미루지요 昨日 臺上臺下에 잇는 佛殿僧寮를 다—보왓지요마는 그 名稱은 죄다 이젓슴니다. 다시 드를 수가 잇슬까요 그는 어려울 것이 업슴니다 하고 한손을 드러 一一히 指示한다. 저—曹溪門을 드러와서 개울을 걸처지은 것은 羽化閣이고 그 안으로 잇는 것은 天王門 그 안으로 解脫門 그 안으로 大藏殿 그 안으로 泛鐘樓 그 안으로 法王門 法王門 드러서는 大雄殿이 아님잇가 또 天王門 東便으로 잇는 것은 枕溪樓 그 樓에서 北便으로 단겨잇는 것은 法性寮인데 只今 講院입니다. 法性寮 北으로 佛閣 두 채가 나라니 잇스니 東은 靈山殿 西는 藥山殿입니다. 靈山殿을 連簷한 집은 海雲□이고 鐘閣과 法王門을 案對로 한 집은 龍華堂인데 只今 教務所와 應接室로 使用하는 곳이요 그 집 우에 側面으로 보이는 곳은 行解堂이고 大雄殿을 西으로 案한 것은 冥府殿입니다. 또 天王門 西으로 잇는 집은 六鑑亭이고 그 안으로 臨鏡堂이 잇고 臨鏡堂 西편으로 잇는 것□ □□입니다. 다시 鏡閣 西便으로 잇는 것은 普濟堂 그 □으로 相對한 집은 凝香閣 그 엽흐로는 觀音殿 그 우으로 聖壽殿 그 엽흐로는 文殊殿임니다 臺下建物은 아마 그만하면 다 되엿지요 또 臺上各殿도 적어보랴잇가 大雄殿 뒤 正面

으로 說法殿이고 그 東으로 白雪堂 그 東으로 祖師殿 그 東으로 遮眼堂 그 東으로 國師殿 그 東으로 眞影堂이고 다시 說法殿 西으로 羅漢殿 그 西으로 靑雲堂 그 西으로 下舍堂 그 우으로 上舍堂 그 우으로 三角殿 그 엽흐로 沐浴閣입니다. 그만하면 臺上臺下가 죄다 記錄이 된 듯 합니다 예—넘어 勤念하셧습니다. 그만 나려 갑시다. 宿所로 도라와서 또 一夜를 經過하고 翌朝는 金得善과 崔鳳儀를 帶同하고 天子庵 拜觀의 길을 떠낫다. 東으로 華嚴殿을 바른 편으로 끼고 學生運動場을 들여다보면서 五里假量의 嶺上에 올라서니 南으로 筏橋 四十五里 東으로 天子庵 五里라 씨여잇는 指導標가 고개를 번쩍 들고 人事를 하는 듯 한다. 東으로 山허리를 끼고 몃굽이나 도라 該庵에 當到하니 家屋은 舊時代에 修繕한 것이라 一覽할 價値가 업는 듯 하고 그 뒤로 잇는 香樹 二株는 世界에 다시 볼 수 업는 國寶이다. 傳說에 慈覺, 湛堂 두 분 國師가 집행이 한 개 式을 슴어둔 것이라는데 우리 아람으로는 두 아람 以上이 되고 꼬불꼬불 트러올라가서 數十丈이 되어보이는 두 株 香樹가 우의로 일산을 밧친 듯 하엿는대 年前에 家屋 一棟을 넘어 갓갑게 세운 까닥에 조그마한 가지 하나히 煙氣에 쏘여 죽엇슴으로 그 집을 毁撤하엿다 한다. 金君이 先生님 이것 보셔요 손을 대일만한데 왼나무 全體가 흔들립니다 그려 여보 迷信의 소리 그만두오 여간 손을 대인다고 뭐 아람도리남기 흔들리겟소 아마 바람이 부는게지 지금 무슨 바람이 잇슴잇가 한번 試驗을 하여보셔요 한다. 記者도 疑信相半으로. 어데 試驗하여 보자하고 右手를 드러 한번 문지르니 果然 香樹가 가지마다 흔들흔들한다. 이것도 不思議의 한 記錄이라하고 主人의게 作別한 後 그만 도라섯다. 樓閣 下로 조금 나려오다가 鳳儀君을 對하야 明日이 秋夕 即 嘉緋節이 아닌가 筏橋가 예서 四十里라 旣是覲親을 할테이면 오늘로 發程하여서 父母兄弟의 깁분 얼골로 名日을 가치 쉬고 限 三日 後 仙巖寺로 차차 오게 「一年明月今宵多」로 오늘가치 조흔 佳節에 故鄕을 차자가서 父母兄弟로 더부러 倚閭看雲之懷를 잇게하고 一席에 깃버하면

孟氏三樂에 第一됨이 그 아닌가— 우리가튼 사람은 父母兄弟 俱沒하고 思家步月할 곳도 업시 되니 자네가튼 時代를 얼마나 부러운줄 모르겟네 父母님께 空手로 가는 法이 아니라 내가 돈양을 補助할테니 부대 失期말고 잘 단여오게 이와 가치 또 한번 作別한 後 金君과 落謝塵을 이약이하면서 큰 절로 도라왓다. 이 날은 佛教報에 對한 視務를 了畢하고 夕供 後 심심푸리로 羽化閣을 라섯든 것이다. 偶然히 懸板을 치어다보느라니 順天 現代文章 金孝燦氏의 四律 一首가 붓허잇다

「琳宮貝葉午陰遲 坐說南宗雨法時 心鏡涵虛三日水 春光不老兩節枝 吐魚應器留陳跡 寶口靈牙證後期 寄語人間善男女 樂邦捨此更何之」

어렷슬 때 字모듬하든 習慣이 闖發함에 識法者懼는 생각지도 안코 되나 안되나 次韻을 하여보왓다.

「登臨緩步夕陽遲 遙憶芳年過此時 百道流泉鳴有曲 一株香樹淨無枝 滿樓鐘響懷孫順 溢閣經藏待子期 境是人非秋色暮 遠望塵界獨憐之」

이것을 글이라고 獨子와 가치 사랑을 못 익여서 입으로 중얼중얼 宿所로 도라오니 京城 理事會에 出張하섯든 當寺 講主 金海隱氏가 薄暮에 還錫하야 龍華堂까지 辱臨하엿다. 彼此 반가히 人事한 後 久阻의 懷를 잠관 펴고 一晝夜이나 격근 汽車, 自働車의 餘困을 休息하러 도라가게한 後 翌朝京城 이약이를 仔細히 듯고 同講伯의 內外書籍을 만히 모와둔 白雪堂에 드러가서 大概를 閱覽하고 小使 一人에게 行李를 지어 十五日 午後 四點頃에 仙巖寺로 到着하엿다.

仙巖寺에서 (色塵聲塵의 其三)

晩悟生

《불교》 55호, 1929월 1월

二紀前學人時代에는 目的이 修學에 잇는 故로 當寺를 到着하엿슬 대에 四代講伯이 世居하시든 南庵부터 차자가서 우으로 善知識을 奉觀하고 알로는 教友 諸氏와 握手하야 幾日間 留連타가 큰 절은 暫時 恭拜만 하고 떠낫지마는 今回는 目的이 正反對가 되야 宗務所 役員부터 訪問할 事情임에 南庵은 바른 손 편으로 건너다보면서 큰 절로 直向하엿다. 講院前 廣場 入口로 드러가노라니 該寺 小使가 나오면서 事務所 一隅에 잇는 조그마한 客室로 引導한다. 行李를 整頓한 後 松廣서 다리고 온 사람은 旅舘으로 보내여 쉬게 하고 仲秋佳節의 月色도 그만두어라 피곤한 몸으로 寒燈을 벗을 삼아 그날 밤은 덤덤하게도 經過하엿다. 翌朝에 일어나서 爲先 當寺에 知面者가 몃분인 것을 屈指하여 보왓다. 崔鍾山氏는 年前 覺皇寺에서 黃河石氏는 今春 開運寺에서 그러닛가 아는 이는 不過 두 분 밧게 업구나 一邊으로 兩氏에게 面會를 交涉하고 住持 猊下를 訪問하기로 나섯것다. 前面 築臺를 나려서 노라니 鍾山和尙이 마침 나오시면서 아—이 스님이 왼일이시오 그래 얼마만이요 반가히 마즈면서 住持室까지 案內하고 또 擎雲老丈님께서 이 房舍에 계시니 鱗次問候하자 함에 筆者 亦是 財童子와 雲泥의 差가 잇지마는 今回 南詢에 善知識 恭禮의 誠은 再見文殊의 感이 업지 안타 이 老丈님은 어떠하신 重望이 계섯든가? 全鮮에 名譽가 赫赫한 講師로서는 그 老丈님의 薰陶를 아니 받은 이가 別로 업슬뿐더러 年前 通度寺에서 泥金으로 法華經을 쓰실 적에 相當한 淨筆이 업습을 걱정하섯더니 六花가 繽粉한 嚴冬임에 不拘하고 난대 업는 쪽제비(鼬) 한 마리가 方丈室로 드러옴에 그 털을 利用하여서 七口法華를 遺憾업시 淨寫하엿고 近年 順天敎堂에서 說敎를 하실 때에는 前에 업든 白蓮花가 池面에 聳出되야 滿城人士의 耳目을 驚動케 하엿다. 다른 것은 다 그만두고 이 두가지 機緣을 聯想할지라도 누가 渴仰의 誠이 油然興起치 아니하랴.

後院門을 고히 열고 入定하여 계신 法席에 나아가 五體를 投地하엿다. 그대가 누구시며 어듸로 조차 왓느냐고 하심에 네—三十年前 己亥 秋에 南庵으로 覲問하엿든 아모올시다. 지금 白羊寺에 잇다가 臨時 休學을 因하야 나왓습니다. 아—그럿소 나의 年光이 只今 七十七歲이닛가 現時代에 잇서 隆老의 待遇를 받을 수는 업지마는 自然目昡神昧가 되야 近者에 본 사람이라도 記憶이 鮮明치 못하오 그려 그저 후유—후유—하는 횟대가 몰란결에 몃번 식이나 나오니 이것이 아마 衰狀을 재촉하는 듯 허오.

그리고 내가 只今 敎授할 年紀겟소 一條拄杖이거나 或은 念誦 等으로 餘光을 消遣할 터인데 우리 절은 敎授식힐 사람이 업서서 지내간 여름까지 내가 敎鞭을 쥐고 잇섯소 그러나 이즘 性도 만코 衰狀에 堪耐키 어려워서 斷然 退講을 하엿드니 寺中에서 海印寺 卞雪醐和尙을 請狀하엿는대 來日로 該地에서 發程한다고 回答이 왓다한즉 아마 數日間 드러오겟소 하신다. 그 말습을 듯고서 壁上을 치여다보니 退講韻까지 一首가 부터잇다.

花滿長空雪滿頭, 堪慚浮世瞎人眸, 祖醫佛病難知祟, 雨是風非未決尤, 掛塵閒窓秋寂寂, 點燈小搨夜悠悠, 晩來欲嚼雲門餠 始覺身形亦一疣

라 하엿다. 다시 와서 븨옵겟슴니다 하고. 辭退하야 下處로 도라왓더니 下午三時頃은 되야 老丈께서 작지를 집흐시고 筆者의 住所까지 光臨하서서 律詩一首로 뵈여주시니 白羊寺 雙溪樓韻을 用하섯다.

入山先枉老痾僧, 舊面追思愧未能, 地把虞衡隨境隔, 天將歲月向人增, 衰門退守講壇滓, 高錫行從教海澄, 何日雙溪樓上月, 佩壺拈韻與君登,

이라 하섯다 吾敎에 現狀과 箇人의 今古를 津津談話하시다가 딴 房으로 도라가시면서『今日 夕供은 내가 準備할 터이니 雖 鹽飯일지라도 情으로 와서 供養허소』하신다. 녜―그리하겟슴니다 뜰에 나려 祗送하고 그 길로 松廣 사람에게 편지 주어 回送한 後 前記 退講韻을 次하야 一首時를 지어가지고 夕供에 應하엿다.

法力猶能石點頭, 一霑薰炙盡淸眸, 蓮生池面驚人眼, 貂入山房決世尤, 禀戒爲師身自健, 以文會友韻常悠, 雖緣公道無他意, 其奈瀛寰摠是疣

라 하엿다 此를 老丈님 榻下에 드리고 그만 香蔬珍味에 實腸而歸하엿다.

天에 不測風雲이 잇슴을 따라 人은 朝夕禍福이 잇는 듯도 하다. 數日前부터 氣候가 卒寒이 되엿스나 衣服은 그대로 薄着된 關係이든지 처음은 배가 조금 압흐드니 나종에는 泄瀉로 化하여서 如干 苦痛이 아니든 것을 여러분의 藥周旋으로 그날 밤은 겨우 鎭靜되엿다 第三日이 되든 即 舊八月 十七日에 일어안자 鍾山和尙을 請하야 當寺 沿革이 어찌됨과 古蹟觀覽 等을 交涉하엿든 바 即時 事務所로 드러가더니 當寺 遺跡에 關한 것을 한 아람 안ㅅ고 도라왓다. 此를 바다 冊床에 모서노코 次第로 貝葉經 二本 繡卓衣 佛名袈裟 金字法華經 大覺國師開創時山圖 等을 一一히 拜觀하고 次에 沿革 大綱이라는 것을 記抄하니 그 年代 · 創者距今年數는 左와 갓다.

開山初創 箕子朝鮮 貞敬王時 曼殊大士 距今 二千六百三十二年(昭和 二年까지) 下同
第一創 新羅 法興王 十六年 庚戌 阿度和尙 距今 一千三百九十八年
第二創 新羅 景德王 元年 癸未 道詵國師 距今 一千一百八十五年
第三創 高麗 宣宗王 九年 壬申 大覺國師 距今 八百三十六年
第四創 朝鮮 顯宗王 元年 庚子 敬岑 敬俊 文正三大禪師 距今 二百六十八年
第五創 朝鮮 肅宗王 二十四年 戊寅 護巖禪師 距今 二百三十年
第六創 朝鮮 英宗王 三十六年 庚辰 霜月 西岳兩大禪師 距今 一百六十八年
第七創 同 純祖王 二十四年 甲申 海鵬 訥庵 益宗 三大禪師 距今 一百○四年

此를 記抄하고 그 開山이라는 것을 다시 한번 생각하여 보왓다. 鐵牛翁의 所著雲林筆記에 하엿스되 箕子朝鮮 貞敬王闕의 時에 曼殊大士ㅡ東土末法에 大乘을 丕彰할 땅이 잇슴을 遠觀하시고 身에 金□을 두□□ 手에는 金佛을 모시고 金毛獅子를 乘하야 大光明을 放하시고 空中으로 조차 降臨하시니 朝鮮南度武平의 西라 山氣를 周相하신 後 荊榛을 伐하야 蘭若를 建하시고 毘盧金像을 壇上에 奉安하시며 曰 未來 五百歲에 邪外刼火가 東方을 焚爇하리니 其時에 大乘知識이 從此輩出하야 慈雲法雨가 熱惱를 淸凉하리라 하시고 이에 淸凉으로 그 山을 名하며 毘盧로 그 庵을 號하엿다」한다. 그러나 距今年度에 二千六百三十二年이라는 것을 살펴보면 世尊降生 二九五四年보다. 三百二十三年의 差를 보게 됨에 支那流通明帝永平보다. 七百餘年이

先하엿고 새로 流行하는 衆聖點記說을 依하면 世尊降生이 二千四百九十三年 밧게 아니되니 然하면 當寺 開山은 佛陀降生보다 一百四十年을 前期하엿다. 新說을 主張하는 者는 어찌 佛陀께서 出現하기 前에 그 弟子이신 文殊가 他方國土에 寺院부터 建設하엿슬가?할 듯도 하지마는 應化大聖의 隨意受生은 空間時間이 斯絶이라 具縛境界로 測度할 수 업슬 것이며 또 文殊菩薩은 七佛의 祖師이신즉 現實로 말할지라도 驚怪할 것은 아니겟고 다만 우리 朝鮮은 久來부터 佛緣이 廣大함을 慶讃할 다름이며 오즉 梁武帝 天監 十三年 甲午가 新羅 法興王 即位 元年인즉 그 十六年은 己酉이고 庚戌이 아니며 唐玄宗 天寶 元年 壬午가 亦是 新羅 景德王 元年인즉 壬午라 아니 쓰고 癸未라 記載함에 對하야 各各 一年의 差가 生케 하는 것은 筆鋒을 躕躇하지 안을 수 업다. 且置是事하고 開山 以來 六七回에 이르기까지 諸大創主의 應化機緣은 希有難思議가 無量無邊일지라 香海墨·妙高筆이라도 摹寫不能이겟스나 다만 第五創主 護巖和尙의 略歷에 對한 逸話이나 조금 記載하려 한다.

和尙은 肅宗 二年 乙卯에 當寺 敬俊長老에게 投하야 出家하니 時年이 十二歲이라 及長에 爲人이 豪邁하고 果敢하야 釋門英傑이란 稱譽를 드럿다 한다. 其時寺例가 公私賓客을 勿論하고 신발이 업슴에 對하야 麻鞋 一緉式을 주게하니 此는 佛門에 平等慈悲를 表한 것이엿다. 그러나 그것이 漸次惡化가 됨에 一種痼弊를 形成하니 吏民은 勿論 신발이 떠러질 만하면 寺刹로 차저와서 依例件强討하엿다. 和尙이 三甫의 任으로 잇슬 때에는 麻鞋 二緉만을 準備하되 한 켜레는 크게 하야 一尺五寸의 長으로 하고 한 켜레는 적게 하야 二寸五分의 長으로 하엿다. 客이 와서 밥만 어더먹고나면 신발을 달라하것다. 和尙이 即時 큰 신을 갓다주면 아—이것은 넘어 커서 발에 맞지 안흐니 다른 것을 가저오라 한다 그 다음에는 또 적은 것을 갓다 주면 아—요것은 넘어 적어서 될 수 잇느냐 相當한 것을 가저오라 和尙은 對答하기를 不大不小한 것은 다시 업스니 無可奈何이라 하면 客이 發怒를 한다. 和尙은 이에

正色하며『客의 발을 중이 맨든 것이 아닌데 어찌 치수까지 準備하여 두엇겟느냐』하면 客은 아조 노발대발하는 자도 잇고 或은 기가 막혀서 픽 웃고 말기도 하니 一年間에 數千 켜레를 使用하든 것이 三年동안에 신 한짝도 虛費하지 안케 되니 일로부터 신발주는 風俗이 업서젓고 또 그 때는 屈僧强拜의 風이 熾盤되야 樵童牧竪가 會合한 곳일지라도 그저 지내가기가 어렵게 되얏거든 況吏屬 가튼 것들은 僧侶를 맛내는 同時면 곱사등이라도 허리를 펴고 절(寺)은 절(拜) 받는 곳인줄로 알게 되엇다. 和尙은 그 때 또 首僧(今監院)으로 行公하자 邑에 드러가 吏房을 보고 人事를 할제 어떠케 밧삭 드러섯든지 삿각 꼭댁이로 吏房의 코를 콱 질넛다. 吏房이 怒하여『이 중아 어찌 먼데서 절을 안느냐』한다. 녜-此後는 말슴대로 하오리다 그 다음부터는 보는대로 절을 아니한다.『아-이 중은 도무지 無禮하드라만』녜-前日에 近拜타가 見責이 되엿슴에 其後는 風峙(距邑十三里)上에서 미리 절을 하엿습니다. 上詔(其時 吏房의 尊稱)께서는 恒常 보지 못하섯슴잇가 吏房도 和尙의 故意인줄은 짐작하나 다사 詰責을 못하게 되니 拜吏의 風도 끈허젓다 또한 가지는 山下洞民이 小作을 하건마는 절로 小作料 갓다주기를 昌皮하게 생각하여서 穀賭收納에 支障이 不少하며 春窮에 寺穀을 貸去하면 秋成 後에 잘 갑지 안흐니 亦是 痼弊를 이루웟다. 和尙은 同志를 募集하야 義火稧라는 것을 設立하고 누구든지 民衆의 害蟲寺院의 蟊賊이 될만한 者의게는 밤으로 그 집에 몰려가서 冲火沒燒하야 懲一勵百을 하게하니 글로부터 土豪가 畏懼하야 藏頭縮尾하고 惡習이 업서지며 때마츰 和尙 妹家에도 亦是 小作料에 困難이 잇게하는 지라 和尙이 여러번 曉諭하여도 주지 안흠으로 하로ㅅ밤은 和尙이 炬火具를 가지고 妹家 집웅에 올라가서 날이 밝도록 씨러저 누워잇다. 妹家에서는 새벽에 집웅을 치어다보고 大驚하여 나려오기를 請하니 和尙은 거짓술이 취하엿다가 일어나는 것처럼 하며『절을 害롭게 하는 집은 沒燒하고 말갯다 하엿더니 공교히 술이 넘어 취하여서 뜻대로 못된 것이 恨嘆이라

성한 마음으로야 할 수 잇다구! 來日 밤에 또 한번 와야 하겟군 혼자 중얼중얼 하면서 부르는 말은 대답지도 안코 即時 절로 도라왓더니 妹家에서는 그만 혼이 나서 그날로 數年 穀賭不足까지 畢納하엿다 한다. 이 몃 가지는 寺乘에 昭載된 것이지만 其他 傳說美談도 한두가지가 아니엿다. 例하면 客의 飯饌에 對하야 취(香蔬) 한 입사귀 或은 靑角 한 포기로 접시굽에다 구멍을 뚤고 단단히 꼬자두어 客床에 노케 되면 客은 그것이 上味라고 첫 숫가락에 시험을 한다 저가락으로 드러올리면 접시채로 들먹들먹 하는 수 업서 그대로 버려두면 그것으로 數十名 式을 격게 한다는 것. 順天通引(今郡守小使)이 넘어 跋扈하닛가 和尙은 지게군에게 흙흘 뭉치어 질머지이고 邑內 집집마다 도라다니면서 이 집에 通引나왓소 그 놈에 자식 나온 구멍을 막으로 다닌다 한 것. 한번은 和順邑에 잡혀가서 매를 몹시 맛고 나오면서 돍자갈밧흐로 나아가서는 近處 아히들에게 돈을 주며『큰 고을 大師가 小邑 밋츤 개에게 물린 모양이다하며 너희들이 내 다리를 이 돍자갈밧흐로 내려 끄으라』한다. 아희들은 시키는대로 施行을 한 즉 刑杖을 몹시 當한 곳에서 流血이 淋漓하나 마치 關公이 華陀의게 팔을 오려 毒箭을 빼게 하고 馬良으로 더부러 바둑만 自若히 두는 것처럼 조곰도 압흔 氣色이 업섯다 하는 等이다. 어찌 逆化에만 功이 잇섯스랴 肅宗 二十四年 戊寅에 圓通閣을 지어 觀音像을 모시고 翌年에 佛祖殿을 지어 五十三佛의 梅檀像을 모시고 其他 佛殿 僧寮와 雙虹蜺昇仙橋 等을 次第建設하야 曹溪一山으로 偉觀을 形成하엿스며 어찌 當寺에만 有功하엿스랴 道內 僧風이 懈弛함을 痛歎하야 同二十九年 癸未에 上京하야 禮曹에 建白하고 金溝 金山寺는 右道糾正所로 光陽 玉龍寺는 左道糾正所로 仙巖은 首班宗刹로 되게 한 後 和尙은 道內都僧統이 되야 每年 上下半期로 巡察 糾正을 하엿스며 어찌 湖南 一省만 惠澤을 입혓스랴 同三十三年 丙辰에 朝家로서 八道都總攝兼 僧大將을 拜하심에 和尙은 北漢으로 赴任하야 中興寺의 判局을 一新케 하엿고 當時 南北 兩鎭에 僧軍 入番으로 各

地 僧侶가 不勝其苦함으로 和尙은 朝廷에 建議하야 僧侶의 身役을 革罷하고 番錢을 磨鍊하야 全國僧侶로 하야곰 感慕의 聲이 如雷케 하엿스니 和尙은 其時 半島 佛教界에 轟烈한 重鎭이 되엿도다.

護岩翙主에 對한 略歷은 이만 하여두고 다음은 佛教通史에 恭考件이 잇서 鍾山和尙의 딴 房을 차자갓든 것이다.

大概 僧侶의 住所를 一口할 적에 통짝과 괴짝이 燦爛하게 陳列하엿슬지라도 그를 所有한 主人은 그다지 價値잇게 보히지 안치마는 그와 反對로 농짝 가튼 것은 한개가 업드라도 相當한 書籍이 싸혀 잇스면 허-이 사람은 人物의 特色이라 仰視하지 안을 수 업다. 能愛人이 所愛人의 손묵이라도 한번 만저보고 십다는 格으로 冊主人의 人格을 仰視할 뿐 外라 冊까지 한번 만저보고 십흔 것은 亦是 筆者의 特性이다. 그러면 和尙 房中에는 무슨 冊子가 그리 만헛든가 事實 만흔 것도 아니고 佛家에 第一 緊要한 冊子가 冊欌에 갓득하엿다. 緊要의 種目을 대강 말하자면 우리 僧侶는 義務로 責任으로 布教로 交際로 價値로 修行으로 다시 叅考에도 禦侮에도 權威에도 歷史에도 더욱 生活 又는 消遣까지 그 속에 自在함을 따라 아니 볼 수 업는 冊子이다. 大關節 冊 일홈은 무엇인가 통터러 佛教雜誌라 하면 大差가 업슬 것이다. 順序에 依하면

「가」 朝鮮佛教月報 十九卷을 二冊으로

「나」 海東佛報 八卷을 一冊으로

「다」 佛教振興會月報 九卷을 一冊으로

「라」 朝鮮佛教界 三卷을 一冊으로

「마」 朝鮮佛教叢報 二十二卷을 二冊으로

「바」 佛教(月刊) 五十一卷을 十卷式 一冊으로

調製編綴하고 다시 仙巖寺에 關한 文句가 씨여잇는 곳은 卷頭마다 標紙를 부처두어 一覽 易見케 하엿스니 和尙은 謂達觀이며 正徧知이다. 或은 이러케 말을 하리라 讀物에 價値이니 布敎이니 떠드러대기에 무슨 하늘에서 뚝 떠러진 別 것인가 하엿지! 即 不過 佛敎雜誌冊인 것을 가지고 그리 야단이야 하리라 그럼 우리 佛敎人의 自體에 잇서서 거게 지내는 것이 무엇인가 言言句句가 佛陀敎理中으로 流出하지 안은 것이 잇는가? 派에서 源으로 葉에서 根으로 詳細히 차자보면 天人이 奉行하는 金口所說이라 하여도 過言이 아닐 것이니 佛子가 佛陀를 不信하는데야 言語道斷이 그 아닌가 우리 사람 中에도 言必稱 局外 雜誌가 조트라고 거게는 무엇이 잇든가 記者의 본 바로는 即 不過 男女戀愛에 關한 것 普通生活의 것 千年未滿의 歷史 等 그 몃 가지 外에는 무엇이 잇섯든가 그것이 조타고 半圓金을 앗기지 안는 同時에 神妙章句가 滿載되도고 半額인 우리 것을 彼岸火로 볼 것 가트면 그 下愚不移를 慈眼으로 굽어볼 때에 누가 불상하다 아니하랴 筆者가 和尙을 加一層 仰視하는 點은 自己 것을 그러케 얌전토록 하여 둘 적에는 寺中 것도 同一히 取扱하엿슬테니 當寺 將來 恭考에 얼마나한 寶物이 될까함일세라 雖尋常新聞이라도 開城 엇든 사람이 創刊號로부터 今日까지 모와두기로 繼續하는데 外人이 五千圓에 사자 하여도 此를 不應하엿다니 그 사람은 宅中 寶藏을 잘—料理한다 할 수 잇다. 姑捨是하고 筏橋 親家에 갓든 崔鳳儀君도 今夕에 還訪하엿스니 來日은 일즉아니 泰安寺로 出發하리라 하엿다 그러나 學校 又는 面所에까지 祝賀金을 募集하야 우리 月報에 義務를 다하든 徐丙武氏가 出張하엿다가 方今 回寺하엿는대 雷逢電別이 섭섭할 뿐 外라 海印寺서 赴任次로 온다는 雪醐講伯도 年前 顔面이 잇섯슨즉 一次 邂逅도 亦是 奇遇라 하야 十八日은 申漢用氏의 案內로 各殿叅拜을 하게 되엿다 道場을 一周라고 事蹟碑 所在 附近에서 暫時 歇脚하는데 當寺基址는 참으로 훌륭합니다. 山勢가 雄壯하고 眼界가 廣濶함은 松廣보다도 幾倍임니다. 네—그러탑니다. 曾前부터

青島家가 仙岩운 將軍大坐形이고 松廣은 風吹羅帶形이라고요 자-나선 김에 昇仙橋까지 나려가 봅시다. 네-조슴니다. 漸次 一柱門을 지내 蓮池 附近을 當到한즉 크다른 金融組合 標杭이 나타난다. 當寺에 三萬餘圓의 貯蓄이 잇다더니 그것이 組合이 되엿나요 네-그러탐이다 우리 雙岩面 一帶는 費用, 手續 等 困難을 避키 爲하야 官廳 設立의 組合金을 아니쓰고 우리 절돈을 利用하기로 되엿담니다. 利子만 하여도 不少할테니 幾年을 不過하야 매우 有望하겟슴니다. 네-그 돈의 大多數가 森林으로 成立되엿는대 지금도 森林所出은 죄다 그리 부치지요 그리고 筏橋 近處에 湖南鐵道終點이 將次 된다닛가 交通設備가 完成되면 우리 절 所有의 一草一木이 그 價值에 對하야 金枝玉葉이라 할 수 잇슴니다 한다. 두 곤대에 碑浮圖와 護岩和尙 遺蹟인 雙虹橋를 보고 回程하야 올라오면서 二百年前 當寺 漢日同知가 筏橋에다 大規模로 亦是 虹蜺式에 依하야 浮槎橋라는 것은 架設하야 阿僧祇民衆의 便利를 주엇슴에 今日까지 六十年 一甲마다 建設者 追遠式을 該地에서 宏壯히 實行한다는 것을 聯想하면서 當寺는 自古로 崇拜할 人物이 多數輩出하니 이것이 모다 文殊大士開山時에 懸記인가 하엿다. 日暮가 되엿스나 講主及出迎者 一行은 消息이 渺然하다. 擎雲老丈님은 말삼하시기를 今日이 十八日인 까닭에 所謂 人動日이라는 俗忌를 注意하는 듯 십소 네-아마 그런가 봅니다 하고 翌日까지 기다려 보왓는대 出迎하엿든 學生諸君은 一夜를 俗家에서 經過하면서 苦待하엿스나 입맙만 다시 空回하게 됨에 우리도 더 기다릴 必要가 업다 하야 떠나기를 작정하는데 松廣寺例로 次韻이나 한 수 하엿드면 하엿더니 監務和尙이 얼는 가서 鐘閣에 잇는 韻字만 抄來하엿다. 본 글을 못 본 것이 滋味가 적다하야 擎雲和尙의 墻壁에 記載한 詩를 次韻하엿다.

創起仙岩問幾年 乘獅妙德自西天 臨溪畵閣危而壯 出口閒雲斷復連 靜案究心能聖聖 明窓硏敎即賢賢 地靈人傑多奇蹟 却向孤庵訪老禪

이라 하엿다. 臨發을 當하야 黃河石 · 崔法晶 · 徐丙奎 三氏는 急傾斜인 高峻山路임도 不拘하고 當寺 山林境界區域까지 餞送하여 줌은 무엇보다 感謝하엿다 (未完)

泰安寺에서 (色塵聲塵의 其四)

晩悟生

《불교》 57호, 1929년 3월

仙巖寺로서 桐裡山下에 이를 때는 발서 下午 四點頃이나 되엿다. 그 곳에서 寺의 入口로 도라가자면 限 三十分 遲着이 된다는 말을 드럿슴으로 그만 山골짝이로 드러서서 寺의 南山 마루턱이에 올라서니 큰 절 道場은 一目瞭然이다. 그곳에서 暫時 歇脚하고 다시 急傾斜인 山路로 나려조차 鳳瑞庵 入口에서 신발을 가라신고 큰 절로 드러가니 마츰 石工이 法堂 前面石築에 汨沒하며 任員은 監督하느라고 이곳저곳에서 指揮하고 잇는 모양이다. 지내온 寺刹에는 아모 役事도 업스려니와 知面者 몇 분 식이 계시는 까닭에 行李取扱에는 何等 故障이 업섯든 것이다. 當寺는 正反對로 熟面親交는 한분도 업슬 뿐더러 役事가 方張임에 交涉하기도 어렵게 되엿고 鐘閣에는 木炭의 類가 갓득 싸여잇스니 暫時 休息할 곳도 변변치 못하엿다 同行 崔鳳儀를 庭園에서 잠관 기다리라고 하고 右邊에 잇는 房舍로 드러가니 마츰 젊은 동무 한분이 各地에서 온 新聞을 모와보다가 人事에 應하는대 姓名은 金永贊이라 한다. 要求할 것도 업고 압길이 밧부지 안는 普通叅拜者 가트면 舊式에 依하야 住

所나 가르처줄 뿐이요 區區히 交涉할 것이 업겟스나 社員募集에 만흔 希望이 잇고 巡回할 方面은 여러 곳이 남아잇슴에 누구든지 나의 外様을 보고는 依例히 尋常看過할지라 조그마한 看板이라도 자랑을 하여야 되겟다는 생각에 「저는 名剌가 이럿습니다 또는 白羊講院에서 秋期放學을 宣言하고 佛敎社員募集할 次로 特別巡禮中임니다」 푸석한 소리로 大綱을 일러주고 드러안즐 곳을 請하엿다 金은 即時 건네편 應接室로 引導하자 그럭저럭 저녁밥상이 드러왓다. 茶話時間을 利用하야 住持 宋基榮 猊下와 其他 任員을 面會하고 來意를 說明한 後 當寺의 位置 沿革 等의 書類를 請하야 叅考로 略記하니 左와 如하다

當寺는 谷城君 東南方 五里許 桐裡山中에 在하니 그 山勢의 來脉은 松廣寺와 同一하되 但綾州中緣山으로부터 馬峙에 未及하여서 그 東北의 一支가 樂安 金華山 · 順天 曹溪山을 經하야 蜿蜿起伏의 勢로 西쪽을 向하다가 圓通峙에 至하야 兩分하면서 그 西支는 本郡 飛來山이 되야 當寺의 外案山을 形成하고 그 東支는 鳳頭山이 되야 當寺의 主峯으로 湧出하니 海拔은 二千四百八十五尺이라 位形도 松廣과 가티 東南北 三面은 山岳이 峻成되고 오즉 西便으로만 展開하엿다. 位置는 대강 이에 마치고 그 다음 沿革을 叅考하니 左記와 如하다

新羅 景德王 元年 壬午 二月에 何來神僧 三人이 荊榛을 開拓하야 寺를 刱하고 山은 桐裡(山形이 鳳頭와 如함에 應함)과 寺는 大安(泰安은 近古改稱)이라 名하니 距今 一千一百八十七年이라 此가 當寺 開山 第一刱이요

同 文聖王 九年 丁卯 二月에 惠哲(或은 慧徹)國師ㅡ來此敎化함에 本居大衆이 極力 反抗을 하엿스나 畢竟 薰陶되엿고 文聖王은 右禪師가 佛陀의 化身이라하야 賜書問慰하고 각금 吏를 遣하야 理國의 要를 問하심에 禪師께서는 그 肝要를 드러 畢陳無餘하시니 왕은 嘉讃하시고 優恩을 奉表하기 爲하야 國力으로 梵宇를 大刱하니 距今 一千○八十二年이라 此가 當寺 第二

刱이요

高麗 太祖 初年에 惠哲國師의 孫弟資인 廣慈(諱 允多)大師를 請邀하야 國事를 咨問하고 興王寺 黃州院에 命住하엿다가 後에 故山의 還錫을 許하고 田結과 奴婢를 優數劃給하며 寺宇를 重新하니 距今 九百八十餘年이라 此가 當寺 第三刱이요

同 高□ □□에 至하야 相國 崔瑀가 慨然發心하야 私財로써 □□□□를 設하고 國家의 安寧을 祈禱하엿더니 同十五年에 □□야 王은 崔□ 施政의 忠을 軫□□□□ 寺院을 一新再□하니 此가 當寺 第四刱이라.

前記四刱 以後로 今日에 至하기까지 重建重修가 六七次를 經하엿스나 그 記載하여 잇는 存案이 넘어 亂筆이 되야 抄寫不得이고 그 精書한 原本은 恭考上 他處에서 暫時 借去하엿다 함에 遺憾이나마 四刱 以後의 記事는 後日로 미루워두고 再刱 以來의 一時的 盛況이나 略干 記載하려 한다.

惠哲國師 當時는 田畓垈並六百四十三結에 對한 穀賭 收入이 二千九百三十九石 四斗零이라 하고

廣慈大師 末年부터 麗太祖의 劃給은 如左하니

一, 晉州區內 永善縣地 九十四結 十三負 七束

一, 宜寧區內 百十結 二十九負 三束

一, 靈光區內 森溪縣地 十八結 七十負 二束

一, 同 牟平縣地 二十九結 八十五負

一, 羅州區內 艅艎縣地 九十七結 十八負

一, 寶城區內 五果縣地 六十一結 五十五負

一, 昇州區內 富有縣地 二十二結 九十八負 八束

一, 陜州區內 加祚縣地 六十結 三十負 二束

一, 昇平縣內 阿今島 · 小□島 · 用老島의 □田 九結 九十九負 八束이며 其外

荳原縣地 鹽盆 一所와 奴十口 婢十三口를 부처주엇는데 李朝 初로부터 漸次 官署에 被奪云이다.

그리고 距今 一千〇六十七年前 新羅 景文王 元年 辛巳 二月 六日에 惠哲國師께서 入寂하섯는대 同 八年 戊子 六月에 王이 旨를 降하사 諡號를 寂忍이라 塔號를 照輪淸淨이라 하섯스며 距今 九百八十四年前 高麗 惠宗王 二年 乙巳 二月 二日에 廣慈大師가 入寂하섯스며 前記 景文王 十二年 壬辰 八月十四日에 中舍人臣克一이 教를 奉하야 國師의 碑碣을 樹하고 麗朝에서도 廣慈大師의 碑를 立하엿는대 李朝 宣廟 壬辰亂을 際하야 近村에 散在한 寺奴輩가 自己네의 缺點이 碑面에 完全한즉 寺院의 羈絆은 永遠히 解脫할 수 업다하고 그만 碑를 擊碎하야 地中에 埋沒하엿슴으로 特히 惠哲國師의 碑를 再樹하엿다가 今年에 至하야 二千餘圓의 巨額을 드려 三回째 樹立云이다.

右와 如한 各項을 略抄하고는 夜深도 하려니와 路困을 不勝하야 그만 누어자고 翌日은 일직안이 鳳瑞庵을 차자가서 金靑雲 講伯을 訪問하고 다시 宿所로 도라와서 任員의 案內로 道場 各殿에 叅拜하기로 하엿다. 大雄殿을 거쳐 國師碑工役所에 드러간즉 四五人이 釘을 가지고 둘러안저 刻字에 眼鼻莫開이다. 工價는 얼마로 決定이냐 한즉 每字에 二十錢으로 總計 五百餘圓이라 한다. 그 다음 祖師影堂을 叅拜하고 그 엽헤 잇는 寶物을 觀覽할 적에 全鮮寺刹現在로는 第一 크겟다는 것을 하나 보왓는대 그것은 李朝 端宗 二年 甲戌歲에 孝寧大君이 施納하엿다는 鈸鑼이다 그것을 만일 세울 것 갓흐면 十餘歲되는 아희의 키와 相似하겟다 하엿다. 다시 大雄殿 엽흐로 나려오는데 이것 보시요 先生님 하면서 同行 鳳儀는 法堂 後面 갓기동을 가르친다. 거게 무엇이 잇나 하면서 자세히 살펴본즉 蜜蜂 數十마리가 花英을 질머지고 들락날락 야단이다. 흥—저것을 보고 아모 感想이 업섯는가? 예—그 벌이는 별 걱정이 업슬 듯 합니다. 글세 나도 그 생각일세. 動物 中에도 依賴性이 업스리만치 義理잇고 團體力이 旺盛하기는 蜜蜂 가튼 것이 업슬 것일세 그러나 智慧가 不足하고 强弱이 懸殊한 까닭에 年 一度로 食糧의 七八割이 掠奪되고 無數한 生命까지 犧牲을 식히지 안는가 그러기에「採得百花成密後 未知幸苦爲誰甛」이라는 詩句가 잇는 것일세 그러치마는「一日得地形」으로 處所만 잘 選擇하던 그러한 掠奪과 그 만흔 犧牲을 다 면하고 永遠토록 安樂한 生活을 느리는 것일세. 蜜蜂은 衣食住 세 가지에 衣服은 最初부터 걱정이 업는 것이요 다만 住宅食物 두 가지 뿐인데다가 住宅은 法堂이 잇는 동안에 언제든지 완전한 것이고 食物도 掠奪만 업고보면 無盡藏으로 貯蓄이 될 것이며 또 病苦도 업슬 터이지 生淸은 萬病을 痛治하는 藥이라 그것으로 糧食을 삼는 以上에 무슨 感氣 한번이나 알켓는가 當寺에 잇는 벌이를 가저 우리 人類에 比較할 것 가트면 佛敎專門生이 그와 갓다는 點이 만흘 것일세 눈을 번쩍 들어 野外를 한번 둘러보게 全鮮에 八九割이 點領하는 農家에서 一年동안 얼마나한 苦痛을 격고 잇는가? 그러치마는 半數 以上이 稅納의 義務와 地主의 搾取와 債鬼의 苛酷과 其他 衣食住의 煩劇을 죄다 酬應하고 보면 무엇이 餘裕가 잇겟는가 生利者가 그러할진대 分利者야 더 말할 것이 무엇인가 그 範圍를 버서난 우리 佛敎學生이야말로 何等의 걱정이 잇겟는가 普通으로 住宅念慮가 업스니 蜜蜂의 衣服關係 업는 거와 同一하고 衣食은 師傳 或은 法人으로 대여주는 동안에 知識 뿐만 培養을 하여가니 糧食에만 專力하여는 蜜蜂보다 超越한 點이 얼마인가 그리고 우리가 무슨 病이 그리 만흔가 新鮮한 空氣를 吸受하고 잇슬 뿐 아니라 心生則種種病이 隨生하는 原則인데 우리는 無生의 理를 研究하니 마치 蜜蜂이 藥으로써 糧食을 삼는 것과 갓지 안는가 君이 旣是都序를 읽고 잇는 中인즉 어서어서 佛陀의 一代時敎를 卒業하고 講師가 되야 後昆의 眼目을 여러주며 布敎師가 되야 有衆의 苦惱를 벗겨주게 그리고보면 二利行을 잘 닭는 同時에 衣食 가튼 것은 一生 安樂을 느릴 것일세.

閒話는 그만 두고 압길이 밧부닛가 前後에 잇는 各庵子를 다 볼 수는 업고 또 이 산 넘에 大興寺라는 宏壯한 基址가 잇는 □唐元和初에 亦是 惠哲國師所占道場이라 只今은 水流雲空할 다름이고 該寺에 原韻 一首를 記載한 懸板이 當寺 大雄殿 內에 갓다두엇는대 曰

> 登臨桐岳洞天虛 玉□奇巖雨霽初 淸磬遠傳眞佛界 白雲深鎖道流居 風殘夜壑松聲細 月入空庭桂影踈 世外仙區今可許 十年塵夢一霄除
>
> 行住持 ○○ 自雙峯移錫時謹題

라 하엿다. 그러한 古址에 敎史材料가 업지 안켓스나 冥搜博訪을 後日로 미루워두고 當寺 役員의 厚餞을 받으면서 벼름빡으로 올라가는 듯한 압산을 넘어 華嚴寺의 길을 떠낫다.

南巡求法

朝鮮佛敎中興地 曹溪山을 차저서

金聾啞

《불교》 76호, 1930년 10월

曹溪山의 憧憬

曹溪山을 내가 보고저하야 憧憬한지는 퍽 오래前 붙어이다. 내가 열세살인가 열네살붙어 講堂에 나아가서 初發心自警이라는 책을 배워 읽을 때 붙어이다. 누구든지 初心을 보면 牧牛子述이라고 씨여있음을 보거니와 이 牧牛子는 다른 이가 아니라 곳 普照知訥禪師이다. 그래서 그 初心을 가르처주시는 이는 牧牛子를 紹介할 때에 이 어룬은 曹溪山 松廣寺에 게시든 어룬이요 松廣寺는 이 어룬이 創建하섯는데 이 어룬으로붙어 十六國師가 나섯다고 한다. 이런 이약이를 듯고 四集四敎를 맞이고 大敎를 볼 때에 일으러서는 더욱이 曹溪山 松廣寺가 佛法僧 三寶寺刹 內에 僧寶寺刹에 들어있음을 알게 되엿다. 그럼으로 學人으로 단길 때에 三寶寺刹을 보아야하겟다는 信仰으로 佛寶寺刹 通度寺를 拜觀하고 法寶寺刹 海印寺를 拜觀하엿다. 그러나 僧寶寺刹인 松廣寺를 보려고 智異山의 華嚴寺까지 가가지고도 보지 못하고 돌아온 일이 있섯다. 그 後라도 가서 拜觀한다고 벼르고 별렷스나 日本으로 어데로 돌아단이게 되여서 朝鮮땅에 오래 있지를 못하게 되였음으로 인해 宿志를 이루지 못하고 말앗다. 이러하든 차에 今年에는 金海隱 和尙이 京城에 來住케 되는 바 師와 나와는 隔壁之間인 一房에 있게 됨으로 師의게 曹溪山을 더욱히 더 잘 듯게 되며 甚하게는 같이 한번 가자고까지 約束한 일도 있섯다. 그러나 無事奔走의 格으로 이러타 할만한 일도 없시 東奔西走하는 나로서는 좀처럼 몸을 빼여나기가 어려운지라 「네—갑시다」 하고 얼는 이러서기가 어려웟다.

× ×

그러든 판에 우리 敎堂의 大功德主요 院主로 化主까지 兼한 李瓊湖 和尙이 今年에는 十八年前에 印度 高僧 達摩婆羅師가 持來傳授한 世尊의 舍利塔을 期於히 建塔하여야한다 하며 信男信女의게 淨財喜捨를 乞하며 東奔西馳에 坐不暖席하고 建塔佛事를 始作이엿다. 그리하여서 不遠間에 回向까지 하게됨으로 回向時에는 老德法師 스님네를 모서노코 設戒會라도 여러보는게 조켓다고 한다. 그래서 나 역시 讚成하는 배라 하고 同一線上에서 努力코자 하든 끝에 信徒方面에서 이 말을 누구의게 들엇든지 여러 老信徒의 말이 「만약 老德스님네를 請해 모실 것 같으면 仙岩寺에 게신 擎雲 老스님을 모시는게 좃슴니다」 하며 老師를 渴仰하야 마지 아니한다. 그러나 그 때가 閏月인 바 閏月이 조타하여 老師의게로 數三次를 上書하엿스나 三伏 中에 起動이 어려우시다하야 오지 못하시겟다고 하는 回答이 왓다. 그럼으로 中止하엿다가 白衆을 前後하야 모시자는 信徒方面의 景仰이 간절함으로 百種前 四五日을 압서서 院主和尙은 俗離山의 龍虛律師를 모시러 떠나고 나는 仙岩寺의 擎雲老禪師를 모시러 떠나게 되엿다. 出發하게되자 海隱和尙도 白衆齋를 보기 兼하야 本寺인 松廣으로 간다함으로 나는 師와 같이 千里遠程을 떠나게 되엿다.

秋天明月下에 鐵馬巡禮行

潦水盡而寒潭淸하야 天高月小한 九月一日 밤에 海隱和尙과 나는 三十年來 初有라는 여름동안의 苦熱을 넷말로 이약이하며 覺皇寺를 떠나서 鐘路를 向하엿다. 鐘路에서 京城驛行의 電車를 잡아타고 京城署을 向하야 臥行千里의 鐵馬에 올라안저 深秋巡禮의 첫 거름을 내노려고 京城驛行의 電車를 기다리고 섯다. 그러나 아모리 기다려도 京城驛行은 오지를 아니하고 西大門行만 올 뿐이다. 그래서 「아무게나 타고 갑시다」 하고 西大門行 電車를 타기로 하고 運轉臺에 올라서서 車室로 들어갓다 그런데 우리 一行의 뒤로 붙어 모단 뽀이와 모단 껄로 組織된 靑春男女 二十餘名 一行이 뒤조차 오르더니 혹은 안끼도 하며 혹은 서기도 한다. 처음 보기에는 어느 敎會堂의 讚揚隊員인 것 갈더니 차츰차츰 모양을 본즉 어느 키네마의 撮影俳優거나 不然하면 어느 地方巡回의 歌劇團인 것이 分明하다. 다리 짓팔 짓이 모다 劇的이며 말하는 態度 눈뜨는 態度가 모다 藝術的이다. 젊은 시절에는 저런 것도 한번하여 볼 것이라고 생각하고 그네들의 訓練된 無意識的의 動作을 有心히 보며 혼자 웃기도 하고 눈 거슬려 하기도 하는 동안에 京城驛을 當到하엿다. 京城驛에서 木浦行 車를 타려고 풀라토홈을 드러간즉 徐元出君이 털털거리고 왓다갓다한다. 나는 반가히 붇들고 어듸로 가느냐고 한즉 本宅있는 蔚山을 向하야 간다고 한다. 한 가지 車를 타고 이런 이약이 저런 이약이 하다가 밤이 깊음으로 徐君은 자긔 자리로 가고 海隱和尙과 나와 두 사람만 남아 안저서 秋風이 건들거리는 野原을 바라보며 어둑컴컴한 秋夜의 帳幕을 橫斷하면서 說話三昧에 드럿다. 그러다가 睡眠의 安樂國을 찾어서 他方世界에 노는 동안에 此方의 汽車는 南으로 南으로 멀리멀리 가는 모양이엿다.

× ×

얼마ㅅ동안을 자다깨서 본즉 나 안진데서 멀지 안은 한 곳에 얼골익은 사람이 있다. 그가 누군가하고 자서히 보고 안젓자닛가 그가 먼저 目禮를 한다.

그래서 나도 아지도 못하며 答禮하엿다. 그리한즉 그는 우리있는 자리로 갓가히 온다 서로 얼골을 마주 對하고 본즉 그는 종로서에 있다가 道警察部로 영전한 ××氏엿다. 爲先 그는 우리를 向하야 뭇는다.

「어데로 가심닛가」

「네— 光州까지 감니다」

「光州는 무엇하러 가심닛가」

「光州까지 무엇을 하러 가는게 아니라 順天 松廣寺를 가는 길임니다」

「太平洋會議에 갓든 都鎭鎬氏는 나오섯슴닛가」

「네— 나오섯슴니다」

「거게서 會議는 무슨 會議를 하엿나요」

「東洋佛敎를 世界佛敎로 擴張코저 한 것이람니다」

나는 그가 뭇는대로 대답을 하엿다. 그리한즉 그는 더 뭇지도 아니하고 大端이 苦心하는 듯 잠도 없이 黑色의 가죽가방을 들고 어찌할 줄을 모르는 듯 이짝으로 옴겨 노타가 저짝으로 옴겨 노타가하며 잠시도 부지를 못하는 모양이다. 나는 그의게 무럿다

「당신은 어데까지 가시요」

한즉

「네— 나요 나는 全州까지 감니다」

한다. 그리고 눈을 스르르 감으며 무엇을 생각하면서 자는 체 한다. 나는 생각

하되 全州에 무슨 事件이 또 생긴 것이로구나 하고 睡眠世界로 또 들어갓다.

忘票失車코 抱腹絶倒

얼마ㅅ동안을 자다가 눈을 뜨니 大田을 當到하얏다 海隱화상은 나를 보고 懷中時計를 끄내들더니 이 곳에서 한 時間이나 停車가 될 모양인즉 바람도 쏘일 兼하여서 車室 밧으로 나아가자고 한다. 그리고 돈네루갈은 堀 속門을 버서나서 改札口 近方으로 引導한다. 그리더니 여게 서서 저一改札口를 버서나서 停車場食堂에 올라가서 療飢를 할 모양인데 車票를 가지고 나왓느냐고 한다. 나는 本來 생각지 아니한 터이라 車票를 손가방 속에 느어노코 가지고 나오지를 아니하엿다. 그럼으로「나는 車票를 가지고 나오지를 아니하엿습니다. 지금이라도 얼른 가서 가지고 나올까요」한즉 師는「우리 탓든 車室이 六二五號인즉 얼는 가서 가지고 나오시요」한다. 나는 다름박질을 처서 타고온 木浦行의 車室을 차즌즉 車室은 어데로 갓는지 影子도 볼 수가 없다. 이리저리 허둥지둥하며 차저 단이다가 驛夫의게 木浦行의 車가 어데로 다라갓느냐고 무른즉「저짝으로 갓소」하며 改札口便을 가르친다. 急히 쪼차나와본즉 果然 木浦行의 車가 노혀있다. 그러나 우리가 탓든 六二五號의 車室은 어데로 갓는지 간데가 없다. 이것이 어찌된 일이냐 하고 차저 단이다가 할 수 업시 改札口에서 서있는 海隱和尙께로 가서「여보 이런 일도 있소 우리가 타고 오든 車室이 어데로 가버리고 마랏스니 世上에 別일도 다一만쿠려」하엿다. 그리한즉 隱師는 拍掌大笑 抱腹絶倒하며「그래 車가 어데로 가고 없습딍까 그것 큰일낫구려」하드니「釜山行車에 木浦行을 달고 가든 것인데 여게서 方面을 밧구게 됨으로 띄여가지고 간 모양이닛가 조금 있스면 이리로 옵닌다」한다. 그럼으로 저윽히 安心하고 車의 接續을 기다려서 車票를 끄내가지고 食堂에 드러가서 나 亦是 抱腹絶倒로 우서가며 맛도 업는 飮食을 돈만 만이 주고 사먹고 도라오니 어느듯 午後 四時가 되엿다.

萬緣을 都罷코 信仰生活

車室에 안저서 다시 자보려고 하엿스나 잘 수도 없고 그럭저럭 안저 修養雜誌를 보는 동안에 汽車는 連山과 論山을 지내간다 나는 窓 밖으로 江景의 넓은 들을 바라보며 이른 아침의 新鮮한 空氣를 드려마시엿다. ××氏도 無心히 넓은 들을 바라보더니 내가 布教師임을 아라차린듯 군데군데 있는 논뺌이에서 새를 쫓느라고 조고마케 안질 자리를 만드러논 것을 가르치며

「저게는 어린 아히들이 새를 쫓고 안저있는 자리겟지요 天眞爛漫한 아히들이 안저서 후여후여하며 새를 쫓고 안진 모양을 보면 그 안진 그대로가 부처님이요 神靈님 같은 늣김이 있소이다. 세상에서 이런 것을 늣기는 자가 몃 사람이 될는지요」

하며 宗教信仰에 갓가운 부드러운 感話를 이약이한다. 나는 異常히 녁이며 그렁저렁 이와 같이 문답이엿섯다.

「당신은 무슨 宗教를 믿습니까」

「네— 나는 佛教를 믿습니다」

「佛教이면 무슨 宗인가요」

「眞言宗이올시다」

「더러 寺院 같은 데를 자주자주 가십닛가」

「그러케 자주는 가지 못하나 무슨 때이면 꼭 감니다」

「佛經 같은 것을 더러 보십닛가」

「글세요 그것이 問題임니다. 생각에는 꼭 佛教를 篤信하려고 하지만서도 여러가지 公務에 몸이 매이고 精神이 얼키기 때문에 眞實한 佛子로서 讀經拜佛의 信仰生活에 들지를 못함니다. 그러나 畢竟은 萬事를 都廢하고 專門으로 佛

教를 研究하고 修行하는 信仰生活에 돌고저 합니다. 나같은 사람의게 信仰生活이 아니면 暫時도 마음을 노코 안질 수가 없읍니다. 지금은 한 나히라도 늙어가닛가 더욱이 深刻하게 늣겨지며 하로밧비 信仰生活에 들고자하는 생각밖에 없소이다」

하며 염나대왕같이 무섭든 그의 얼골도 우슴을 띄어 菩薩의 얼골로 變하며 事件研究에 내川字로 찝흐렷든 그의 이마ㅅ살도 信仰談話에 펴지는 듯하엿다 나는 이런 일을 볼 때마다 宗教는 人生心理의 구김살을 펴주는 다리미와 같다고 생각하엿다.

無等山과 極樂江

裡里驛에서 ××氏를 餞別하고 다시 떠나서 芙蓉, 金堤의 萬頃 벌판을 지내간다. 그런데 이곳은 언제붙어 장마가 젓는지 이곳저곳 할 것 없시 흙탕물이 콸콸 흘러간다. 長城과 林谷을 지나서 松汀里에 下車하야 潭陽行 車를 타게됨에 金世麟君를 邂逅하엿다. 그래서 그와 같이 乘車하야 光州를 向하고 다라나는데 極樂江이라는 驛을 지나게 되엿다. 극락江이라는 이름이 나는 하도 異常하야 隱和尚을 보고 極樂江의 出處를 무르니

「그런 것을 넘어 캐지 마시요 朝鮮古代에 있어서는 다—佛教의 世上이엿스닛가 그런 江名까지라도 佛教文字로 지은게 아니겟소 저게 저—구름을 이고 웃둑 셔있는 山이 무슨 山인지 아시요 저게 無等山인데 그 밑에는 澄心寺라는 절이 있담니다」

「無等山의 出處는 무엇인가요 그 山名에 對해세 무슨 滋味있는 이약이가 없슬가요」

「허— 그 出處病도 적은 病이 아니구려 내둥 말하지 아니하엿소 모도 佛教全盛

時代에 命名된 것이라고요 無等山인들 무슨 出處가 잇겟소 佛敎心經에 無等等呪라는 말과 같은 無等等의 意味를 따서 山名을 지은게 아니겟소 所謂 講師法師가 듸여가지고 이런 잔 細目까지 무러서야 어듸 귀찬아 살겟소」

하며 師는 나를 對하야 諧謔한다. 그러나 亦 隱師가 說明하는 程度까지는 모르는 배가 아니다. 거게셔 좀 더 仔細한 逸話가 없는가하는 佛敎野史探究의 欲心에서 나온 것이다. 그래서 나는 隱和尙을 원망하는 듯

「和尙은 어찌 그러케 滋味가 없소 그런 名詞야 누가 몰라서 뭇는 줄 아시요 그보다 傳說的의 무엇을 알냐함이니 아는대로 滋味있게 說明을 좀 하시구려」
「世上에 키 큰 사람치고 무슨 滋味있는 사람이 있답딋까 나는 本來붙어 滋味가 없는 사람으로 判明한 사람이니 나한테 滋味는 求 하지 마시요」

하며 허허 웃더니 그러나 無等山과 極樂에 對하야 滋味있는 글句를 하나 들려주릿가 하며 재치있는 古人四律의 聯句 하나를 일러준다

무등山이 놉다헤도
하날밑에 서서있고
極樂江이 깊다해도
모래우에 흘러가네
(無等山高天下立 極樂江深沙上流)

× ×

祖師誕生의 和順邑

隱師와 같이 光州邑에 나려서 筏橋行의 自働車를 타고 曲川이라는 데를

向하야 가는데 어떠케도 自働車가 破車인지 매□뒤칸에 안저있는 우리는 정갱이가 앞아서 넷날의 형문을맛는 以上의 졸경을 치며 다라나는 中 어느듯 和順邑을 지내간다. 이곳에서 隱師는 손가락으로 가르치며『여게는 和順邑이라는 곳인데 우리 佛敎와 因緣이 깊은 곳입니다. 이곳은 松廣寺의 十六國師 中 第二祖師인 眞覺國師가 誕生하시고 蓮潭講伯이 誕生하시고 仙岩寺 四大講師의 始祖인 涵溟講伯이 誕生하신 곳입니다 하며 意味깁게 滋味있는 이약이를 듯겨준다. 그리고「山明水麗古和州 五百年前國師誕」이라는 蓮潭스님의 글까지 일러준다. 이런 이약이를 드르며 오는 동안에 碧松里라는 곳을 이르럿는데 隱師는 대밧 속의 洞里를 가르치며「저곳이 나의 出生地입니다」하며 싱긋 우서버린다. 나는 無意識하게『아 그럿슴닛가』하고 自働車가 달리는대로 오다가 어느 酒幕을 지내며 酒店의 門牌를 보니 이곳도 和順이다. 그러면 隱師의 出生地도 亦是 和順이 分明하다. 그럼으로 나는 師의게 말하되『師의 責任도 未嘗不 적지 아니하오 眞覺國師는 모르려니와 蓮潭大師나 涵溟大師의게는 不下하도록 敎學을 爲하야 努力이 있어야 하겟구려』하니 師는 싱긋 우서버리고 만다. 勿論 賢明한 우리 隱和尙이닛가 그만한 覺悟야 있을 것이며 師의 一生을 判斷한 어떤 四柱判斷家가 말하기를「文墨從事七十年」이라고 하엿다 한즉 或은 今日의 震應講伯이나 暎湖講伯의 後를 이여서 敎學再興의 礎石이 될는지도 모르리라고 생각하엿다.

江上蕭蕭雨에 曹溪山을 차저

隱和尙과 여러가지 이약이를 하는 동안에 自働車는 淸江一曲抱村流의 江즐기를 끼고 돌며 山 밑으로 얼마ㅅ동안을 달리더니 배를 건는다. 그리고 다시 前行하야 曲川이라는 데를 當到해서 下車하니 그곳 酒幕에는 佛專에 있는 金鍾出과 劉龍淳 兩君이 나와섯다. 나는 생각하기를 저분네들이 어떠케 우리 오는 줄을 알고 나려왓는가 하엿더니 實相은 우리 一行을 마저주기

爲하야 온 것이 아니라 開學時期가 되닛가 서울로 올라가느라고 나려온 것이다. 이곳에서 서로 섭섭하게 作別하고 우리 一行은 洛水江을 끼고 曹溪山을 차저들어가는데 실없이 始作한 秋雨는 근칠 새 없이 나려 퍼붓는다. 琴坪을 지나고 坪村을 지내서 松廣寺의 洞口를 들어서려 하는데 京垈라고 돎에 삭인 票石이 서서있다. 出處 뭇기 조와하는 나이라 隱師의게 박을 맞어가면서도 아니 무를 수가 없었다.

「이보시요 이 京垈라는 票石은 무슨 까닭으로 이곳에 서서 있나요」

「허허 出處가 이제는 까닭으로 變하엿구려 이것은 다른게 아니다. 普照國師當時에 國王으로붙어 寺奴를 下賜한 일이 있는데 그들으 머무르게 하느라고 터를 잡아준 바 그 터를 京垈라고 한 것이랍니다. 말하자면 서울서 나려온 寺奴의게 垈地를 빌려주엇다해서 京垈겟지요」

한다. 줄줄이 나리는 비빨 속에서 木長丞이 서있는 곳을 지나서 樹木이 鬱蒼한 洞口를 들어감애 훌륭하게 닥가노은 길이라든지 쿵쿵쿵 좔좔하며 소리를 치고 흘으는 水石이라든지 어느 것을 勿論하고 僧刹大本山 松廣寺 洞口되기에 붓그럽지 안케 되엿다.

三千間의 松廣寺 臨鏡堂과 六鑑亭

萬樹千草가 욱어진 곳에 바람없는 비까지 加味하니 松廣 洞口의 雨中景은 古畵山水에서 보든 雨中 景致를 그대로 옴겨노은 格이다. 비를 맞어도 비 맞는 줄을 이저버리고 이것을 살피는 동안에 淸涼閣이라고 써붙인 極樂橋를 건너게 되엿다. 이 다리는 門樓와 다리를 合한 것인데 그 建物의 構造라든지 位置라든지 모두가 藝術的으로 되여 있다. 이 다리에 暫時間을 休息하고 비를 멈추어서 몃 步를 들어가 畵樓寶殿의 殿角이 보히며 엽으로는 重重疊疊의

無數한 碑碣이 보히는데 佛日 普照國師 甘露之碑를 비롯하야 离峰大師 奇峰大師 斗月大師 龍雲大師 幻海大師 霽雲大師 默庵大師 浮休大師 碧源大師 等의 石碑가 雄壯하게 서있다. 이런 碑石을 次第로 보아 지내며 羽化閣을 들어서니 三千間의 松廣寺가 曹溪洞天을 次持하야 無數한 房舍를 벌려있다. 그러나 三千間의 넓은 松廣寺이지마는 우리가 드러가는 곳은 臨鏡堂의 六鑑亭이엿다. 이곳은 羽化閣 밑으로 흘으는 淸川 우에 돍기동을 세우고 宣化堂 같이 지은 집인데 松廣寺의 景致로는 唯一無二한 絶景이엿다. 넷날에는 守令縣監과 監使御史가 끈일 새가 없섯다 한다 그런데 이곳은 隱和尙의 恩法師 故 龍巖禪師의 居하든 곳이며 또는 隱師가 어려서붙어 자라난 房舍인 까닭으로 師는 어느 곳보다도 이곳을 먼저 차저든다. 그래서 師을 따라간 나도 이곳에서 洗足하고 長衫입지 아니할 수 없엇다. 小休 後 다시 四天王門을 지내고 解脫門을 지내고 大藏殿을 지내고 法王門을 지내서 龍華堂에 붙은 宗務所를 찾어가서 住持大禪師 雪月和尙을 뵈이고 人事를 드려며 次第로 林綺山朱龍隱和尙을 邂逅하게 되엿다. 오래간만에 맛낫든 積懷를 푸느라고 이런 이약이 저런 이약이 하다가 밤이 깊음으로 夢拜普照의 聖夢을 얻으려고 그륵한 睡眠世界로 들어가고 말앗다. (未完)

五聖落潮

蔡萬植

《신동아》, 1932년 9월

風景과 古적이 보잘 것 업기로 朝鮮서 첫지 가는 全라北道……에서도 더욱 아모 것도 업는 臨陂가 내 故향임니다.

어쩌케도 궁벽하고 보잘 것이 업든지 臨陂 산다고 하면 臨陂가 어데냐고 뭇는 이가 허구만히 잇습니다.

그 샌인가요 陂字를 坡字나 波字로 언뜻 보고「임파」라고 하는 이도 잇는데요.

◇

민수룸한 野山과 죽 펴진 들 밧게는 아모 것도 업습니다.

萬頃江과 錦江이 바로 갓갑지만 沿岸에 亦是 그럼직한 風景이나 歷史의 자국이 백힌 亭子 하나도 업고 奇怪한 바위 하나도 업습니다.

그러면서도 놀나지 마시요 臨陂 八景이 잇스니! 曰 長堤柳絮 曰 新滄眼鷗니 曰 寶村暮鐘이니 曰 翰林丹楓이니 曰 龍池落鴈이니 曰 西湖歸帆이니 曰 五聖落潮니 曰 錦城半輪이니………

이 터문이 업는 八景 가운데 그래도 내가 보고 그럼직하다고 녁인 것은 아마 五聖落潮일 것임니다.

勿論 옹색하니ᄭᅡ 그대로 내세우는 것이 진짬 風景으로 내세우기를 들면 참아 못할 노릇임니다. 大自然이 江原道에 金剛山을 비저노흐면서 千里가 다 못 隔한 臨陂에 겨우 五聖落潮 하나를 ᄭᅵ처주다니 넘우 야속한 일이지요.

◇

시골가서 지내든 한해 여름 동무 두 사람과 한가지로 五聖山을 向하야 ᄯᅥ낫습니다.

邑에서 西北으로 二十五里쯤 되는 길.

午後 두시 가량 ᄯᅥ나 山 밋 절에 다달으니 놀면놀면 온 것이 아직도 여섯시 前이엇습니다.

절에서 해가 지기 한 時間 압흘 남겨노코 山을 올나 ᄭᅩᆨ대이에 올나서서 落潮가 보이기에는 조곰 동안이 남어잇습니다

五聖山은 近處에서 雄峰(?)입니다.

南으로 바라보면 개미집 가튼 臨陂邑과 南山을 넘어 그야말로 一望無際한 金萬頃平野가 萬頃江의 좁다란 ᄯᅴ를 ᄯᅴ고 바라보입니다 이 平野가 다달은 곳은 그림 속의 병風 갓치 암암한 全州 南原 等地의 峰巒들이고요.

北으로는 忠南 一파이 눈에 들어옵니다. 더욱히 韓山舒川은 거짓말을 조곰만 보탠다면 農家에서 저녁을 먹는 보리밥그릇에 쌀이가 멧알 석겻는지 보일만큼 바로 발 아레로 내려다 보입니다.

그리고는 西쪽으로 群山 압헤서 입이 확 퍼진 錦江의 江어구가 茫茫한 바다처럼 나려다 보입니다. 五聖落潮의 파노라마는 여긔서 버러집니다.

넘어가는 붉은 해ㅅ덩이가 한치한치 기울어지다가 문득 江面 一帶는 壯麗한 黃金 구비로 變하여 바립니다.

지금갓치 왼 世上이 통틀어

「金! 金!」하고 金에 주린 悲鳴을 지르는 날 그런 사람들에게 이것이나마 보여주엇스면 저윽히 시장ㅅ기라도 免할 걸요

落潮을 別로 만히 구경하지못한 나에게는 그것이 世上 제一가는 眞ㅅ것인듯만 십허 미상불 퍽 됴앗습니다.

글세 멧 分 前까지도 고요(遠景으로)하든 水面에서 보기에도 찬란한 싯누런 黃金波도가 굼실굼실 뛰놀고 잇스니…….

뜻 아니한 別有天地에 온 듯이나 십허 황홀한 정신으로 바라보고 잇는 동안에 金波는 더욱더욱 홀난스러워감니다.

그리하다가 해가 점점 더 기울어저 감애 金波도 조곰씩 조곰씩 고요하여지고 日沒이 되고나서는 아슴푸레―한 재ㅅ빗 暮이 江 위로 덥히기 시작함니다.

이 변사가 게속되는 것이 겨우 三十分쯤.

동안이 짧은 만큼 神奇한 품은 더하엿습니다.

月出山의 回顧

李秉岐

《신여성》 7권 6호, 1933년 6월

그 날 오전 네신가 하여 일어낫다. 동저고리ㅅ바람에 모자만 쓰고 아주 갓든하게 차리고 가치 한 여관에 유숙하든 민군을 데불고 나섯다. 어둠침침한 속으로 좁고 지덕 사나운 고삿길을 더듬더듬하고 가다가 간간 물 질러나오는 안악네도 맛나보고 듯기실은 쌜래ㅅ소리도 들어보고 서산에 힘업시 넘어가는 달도 바라보며 섬밧 최군의 집을 찻젓다.

민군만 안으로 들여보내고 나는 문 밧게 서서 기다리고 잇섯더니 최군이 나와서 손을 잡고 끈다. 조고마한 방으로 들안젓섯다. 그 부인이 쓰는 방인 듯 하다. 농짝도 잇고 바느질 그릇도 뇌어 잇다. 조곰 잇다가 상 하나가 들어온다. 별미로 햇다는 찰밥이 넘우나 질엇다. 최군의 자당은 그 여페 방에서 만히 먹으라고 권하며 그 아드님에게도 무에라고 지재지삼 이른다.

일행은 거의 다 모엿다. 모다 십삼인. 길게 일렬을 지어 그 압 논츨ㅅ길로 들엇다. 달은 넘어가고 먼동이 트고 노을이 붉어케 인다.

들 하나를 건너서니 곳 월출산(月出山) 기슭이다. 산 언덕에 낡은 기와집

한 채가 보인다. 녯날 어느 서원ㅅ집이라고 한다. 불을 때는 이 마당을 쓰는 이 물을 깃는 이—퍽 부즈런한 이들이 사는 모양이다. 서울 가트면 아즉도「이 불 속에서 기지개나 쓰고 누웟슬 때인데」하는 생각도 하면서 애소나무ㅅ사이로 들어 다만 산으로 산으로 오른다.

혹은 즐즐이는 물도 건느고 혹은 큰 바위도 안고돌다가 그 중에 한 이상스럽게 생긴 바위 하나를 어더 보앗다. 그는 두를바위라 하는 바위인데 그 형상은 쏙 나체미인화에나 조각품에서 볼 수 잇는 것처럼 되어 잇다. 여긔ㅅ 사람들은 이 바위에 와서 빌어가지고 아들은 둔다고 밋는 이도 잇다 한다. 그래서 이 바위를 차저오는 부인들이 항상 끈히지 안는다는데 동행 중에는 이 바위에 빌어 난 이도 잇다 하고 서로 농담을 하는 이도 잇다.

그리고 또 한 바위가 나서는데 천연문턱처럼 되어 잇고 그 위로는 물이 넘처 흐른다. 물이 더 만핫스면 조켓다. 홍수나 날 때 가트면 그야말로 수정렵을 드리운 듯 폭포가 쏘다질 것 갓다. 예는 산성별장(山城別將)이라는 곳이다. 녯날 이 산에 팔만구암자가 잇섯슬 때 영암읍내(靈岩邑內)에서 관 아페 문을 할 때마다 경ㅅ쇠소리와 맞추어 또한 페문을 하엿다는 곳이다. 왼편으로 돌아올라 넓은 바위에 안저보면 영암읍내가 바든 밥상처럼 나려다 보인다. 게딱지가튼 집들이 듬성듬성 잇고 올막졸막한 산들이 얼기설기해 잇고 수림이 검읏검읏 깃어잇고 그리고 그 넘어로 덕진(德津), 해창(海倉)의 바닷물이 번번하고 장흥 · 영산포 · 구림으로 통한 길이 하얀 선들을 그어잇다. 하나 이 조흔 곳도 지금은 어느 일인의 소유가 되어 벗지나무 묘목을 심어버렷다. 그 묘목은 노란하게 오갈들린 것이 자래지도 못하엿다.

다시 나도 바위를 더위잡고 일행과는 짠 길을 잡아 알에로는 무시무시한 골짜기를 나려다보며 절벽 위로 돌아가다가 좀 노픈 곳에 올라선즉 좌우로는 깁숙한 골이고 아프로는 긔이한 봉오리들이 날카롭게 쑥쑥 솟아잇고 또는 어대선가 물ㅅ소리는 요란스럽게도 들린다.

산말랑이로 가다는 비탈길로 들어섯다. 허분허분한 황토흙이 잔소나무 사이사이에 볽어케 들어낫는데 방금 멧도야지 한 마리가 걸어간 발자ㅅ옥이 잇다. 속히 쪼츠면 그놈을 잡겟다고 일행은 새용긔를 내어 달어갓다. 얼마 아니가서 그 발ㅅ자옥도 아니뵈고 기만 점점 험하다.

한골짜기 시내ㅅ가에 이르러 일행은 가지고 온 점심꾸럼이들을 내노핫다. 질어빠진 찰밥이 한범벅이 저서 떼어낼 수도 업시 되엿다. 마츰 일행 중에 황천(皇泉·月出山 물로 만들은 술) 한병을 가존 이가 잇서 나는 그걸로 밥을 대신하엿다. 그리고 시내에 발도 담그고 바위에 안저 이 내 한번 상상도 못해 보든 청아한 적한 맛을 늣겻다.

한데 알 수 업는 것은 운무(雲霧)의 변화이다. 앗가까지도 벼치 반작반작 하고 봉오리들이 쏘렷쏘렷하더니 갑자기 운무가 일어 컴컴하게 더퍼 나려온다. 금시에 비라도 쏘다질 것 갓다. 가슴이 퍽 우울해진다. 무슨 큰 걱정이나 만난 듯이.

일행은 그 운무ㅅ 속으로 들어갓다. 아페서 가는 이나 뒤에서 오는 이도 아니 뵈고 바위나 나무 풀이나 어느 것 할 것 업시 후줄군하게 저저 번질번질 물ㅅ긔가 흐른다. 길ㅅ바닥은 미끌미끌하여 한걸음한걸음 조심ㅅ성잇게 발을 떼어노아야 하겟다. 마치 소경이 험한 길이나 가는 모양으로. 실상 산ㅅ길로서는 그러케 험한 길도 아니다. 명랑한 날이나 가트면 그저 맘노코 휠휠 갈 길이다. 그런 길을 이 운무ㅅ 속에서 오노라고 이러케 고생을 하는가—하는 생각도 난다. 얼마나 왓는지 또 얼마나 더 가야할는지도 모르고 끗나는 곳까지 가보고저 잠시 멈추지도 아넛다. 또는 그 주위에 보이는 것이 넘우나 단순하고 지질하여 어서어서 아프로 나가보자는 것이다.

그리하여 바위도 돌고 비소리도 헤치며 가노라면 더욱 구배(勾配)가 급하고 긔괴한 암석이 만흔 곳이 나타난다. 나는 더욱 호긔심과 용긔를 내어 그 무거워진 발을 더욱 부즈런이 떼어 노핫다. 그리다가는 마츰내 울퉁불퉁한 바위 서리를 긔어올라서니 절정이다. 쐐 넓고 판판한데 여긔저긔 큰 반석도 깔려잇고 다북쑥이 욱어저잇다. 이것이 천왕봉(天王峯)이다. 해발이 팔백구메돌이나 된다.

> 월출산 덥더니마는 미운 것이 안개로다.
> 천왕 제일봉을 일시에 가리왜라.
> 두어라, 해 퍼진 후면 안개 아니 거드랴.

하든 윤고산(尹孤山)의 노래가 새삼스러이 생각이 나며 「이것이 천왕제일봉」인가 하고 나는 한편 반석 위에 안젓섯다. 일행이 다 왓다. 시도 읇조리는 이 노래도 부르는 이 춤도 추는 이 그리고 혹은 모든 것이 다 귀찬스러운 듯이 아무 말도 업시 바위에 펄처누은 이 참선이나 하는 것처럼 잠자코 잇는 이도 잇다. 안개는 여전히 씨엇다. 지척도 분간할 수 업다. 때는 오전 팔시. 아무 보잘 것이 업스니 그냥 나려가자는 이 모처럼 왓스니 기다리어 안개 거치는 것을 보고 가자는 이—두 가지의 논이 잇서 서로 분분하다가 보고가자는 편이 승하여 두어시간이나 기다리게 되엇다. 해ㅅ살이 퍼지며 안개는 풀리기 시작한다. 검어튼 것이 갑자기 허연 비츠로 변해지면서 옥을 깍거 세운듯한 봉오리들이 쭝긋쭝긋 솟아나고 한조각 두조각 파란 한울이 내다 보인다. 일행은 누구나 깃버하지 안는 이 업다. 엇개와 다리들은 저절로 웃줄웃줄하여진다. 안개는 금시에 다 벗어질 듯 하다가도 돌아엉기어든다. 엉기여들다가는 쏘다시 풀리고 한다. 그리다는 살짝이 버서진다.

「보소 저긔가 우리 영암읍내가 아닌가」

하고 웨치는 소리가 누구의 입에선가 나자 안개는 어느 곳으로 슬어저버렷다. 그리고 봉오리란 봉오리 골짜기란 골짜기 들 바다 마을 도로—모두가 선명하게 통창하게 바라다보인다. 동으로는 지리산과 무등산 서남으로는 유달산과 한계산과 천관산들이 마주서잇고 강진 해남 병영 싸위는 바루 그 압헤 뇌어잇다. 과연「천왕봉에서 장고ㅅ소리가 나면 월남색시가 보ㅅ짐을 싼다」하는 말로 그럴 듯 하다. 참 조흔 곳이다. 암만 보아도 조흔 곳이다.

해ㅅ살이 퍼지는가 안개가 더욱 엷어지고
한조각 두조각 파란 한울 내보이며
월출산 봉오리마다 예서제서 나오네

들은 푸르르고 바다ㅅ물 번번한데
예는 어대며 제는 또한 어대메오
손들어 가리치는 곳에 다시 명산보이러라.

智異山의 追想

李允宰

《신여성》 7권 6호, 1933년 6월

지금으로부터 한 二十二년 전인가한다. 一九一一년(신해)에 내가 경남 마산항(馬山港)에 잇는 창신학교(昌信學校)에서 가르치고 잇섯슬 때엇다.

학교에서 의레히 잇는 수학여행의 문제가 낫다. 신라의 녯 도읍 경주로 갈가 이충무공(李忠武公)의 유적이 잇는 한산도(閒山島)로 갈가 여행 써나기 사흘을 압헤 두고 오히려 갈 곳을 작정하지 못하엿다. 경주이고 한산도이고 다 우리가 한번씩은 꼭 가야할 곳이지마는 이번에는 특별히 지이산(智異山)으로 가자고 내가 주장하야 그러케 작정되엇다. 이는 지이산이 경상도에서는 제일 큰 산이요 전조선으로도 유명한 산이언마는 찻는 이가 극히 적음으로써이다. 출발하든 때가 꼭 어느 날이엇든지는 기억할 수 업스나 녹음이 바야으로 우거지려하는 첫여름 곳 오월달인 듯 하다. 일행이 六十여명 직원 및 학부형이 十여명 모두 七十여명이며 단 하로의 준비로 수백리의 장도여행(長途旅行)을 하게 됨을 지금 생각하면 도저히 어림도 못할 것 갓다. 그러고 지이산원정대(智異山遠征隊)라는 이름을 붓처가지고 군대식 행진을 하엿다. 대원 전부를 일소대로 편성하고 사령관 참모부로부터 척후 보초까지 부서를 정하야 호남(湖南)에 잇는 가상 적을 진격(進擊)하는 모양을 하며 나폴레온이 알프스의 험준한 고개를 넘는 것 갓치 지이산을 향하고 가는 것이엇다. 이것이 심상의 한 유희적에 불과하나 원체 나약하고 무기력한 조선청년에게 용감쾌활한 기풍을 한번 훈련시켜보자 함이엇다.

함안 · 의령 · 진주 · 산청 등 여러고을을 거처 써난지 사흘만에 대원사(大院寺)란 절에 당도하엿다. 이 절은 지이산 여러 절 가운대 하나로 그리 크든 아니하지만 상당히 오랜 고찰이엇다.

너무 오래여서 이름은 기억되지 아니하나 그 절에 잇는 중으로 썩 훌륭한 이가 한 분 잇섯다. 그는 불교의 교리를 능통한 것은 물론이요 현대의 과학에도 대단히 능통하엿다. 우리가 사흘이나 거기 머물고 잇는 동안 밤마다 강연회를 열고 철학과 과학에 관한 문제로 우리에게 강화를 하여주어 만흔 흥미를 일으킨 일이 잇섯다.

첫날은 우리 일행이 지이산 상봉을 향하고 중턱쯤 오르다가 갑작이 대폭우를 만나 지척을 분별하기 어려우므로 할 수 업시 도루 내려오고 말엇다. 그 익일은 하늘이 활짝 개이므로 다시 오르기로 하엿다 나는 이 째 신체의 불건강으로 갓치 가지 못하고 썰어저잇다가 곰곰 생각하기를 머처럼 여기까지 왓다가 상봉까지 못 오르는 것이 얼마나 유감된 일인가 하고 간신히 용기를 내어 두시간 뒤에야 혼자 터덕터덕 걸어서 삼림 속으로 헤매며 층암절벽을 더듬어 그들의 뒤를 싸랏다. 그리하야 필경 지이산의 상봉인 천왕봉(天王峰)에 올랏다.

여기 오르고보니 나는 우화(羽化)란 사람처럼 완연히 천계(天界)에 오른 것 갓다. 그 아름다운 경게는 엇지 말과 붓으로써 형용할 수 잇섯으랴 중첩한 청산은 모두 발 아래 깔려잇고 창망한 대해는 멀리 눈 압헤 펴어잇다. 과연 놉흔 산이다. 나는 이와 갓치 놉흔 산에 오르는 것이 이번이 처음이다.

여기가 우리의 상고시대에 마한(馬韓)과 진한(辰韓) 두 나라의 국경이엇스며 그 뒤로 신라(新羅)와 백제(百濟)가 서로 맛서서 수백년동안 엄중히 서로 지켜가든 곳이다. 이 천왕봉에 추성(楸城)이라고도 하고 박서성(朴西城)이라고도 하는 녯성터가 잇는데 이것이 백제에서 싸흔 것으로 신라를 방어하기에 쓰든 큰 요색이라 한 것을 보아도 알 것이다. 고려말년(高麗末年)에 왜구(倭寇)를 크게 무찔르고 이태조(李太祖)로 득의케한 운봉(雲峯)과 임진란에 이충무공(李忠武公)이 대기(待機)하고 잇든 전라좌수영(全羅左水營)이든 여수(麗水)를 전후로 바라볼 수가 잇섯다.

지이산은 녯 이름이 지리산(地理山)이요 또 두류산(頭流山)이며 방장산(方丈山)이란 별명이 잇다. 방장산이라 함은 삼신산(三神山) 가운대 하나로 금강산을 봉래(蓬萊)라 하고 한나산(漢拏山)을 영주(瀛洲)라 하고 지이산을 방장이라 하는 것이다. 이 삼신산에는 장생불사하는 신선이 잇고 불사약과 불로초가 잇다하야 녯적에 진시황(秦始皇)이 불사약을 구하려고 동남동녀 오백인을 삼신산으로 보냇다는 것이 곳 여기다. 지이산은 이러케 신령한 산이다.

이와 갓치 이름난 산이 다 녯사람의 자취인들 업슬 것인가. 신라의 음악대가(大家) 옥보고(玉寶高)가 여기에 들어와 오십년이란 장구한 세월을 오로지 악리(樂理) 연구를 한 긋에 대성(大成)하게 되엇다는 것이 가장 두드러진 것이요 신라의 대문장가인 최고운(崔孤雲)과 근대의 대학자 조남명(曺南冥)이며 최근에 지사(志士)요 시인(詩人)으로 이름이 놉흔 황매천(黃梅泉) 갓흔 이의 일즉 지나간 자취가 잇섯스며 또 원효(元曉) 의상(義湘) 도선(道詵) 이하 수업는 고승(高僧)들의 순석(巡錫)이 긋치지 아니하엿다.

나는 이 때 할수만 잇섯스면 가락국시대에 창건하엿다는 쌍게사(雙溪寺)를 찻고 화게(花開)에 들러 섬진강(蟾津江)을 끼고 나려 바다에 써서 우리 충무공의 당년에 크게 활동하든 명량(鳴梁) 노량(露梁) 한산양(閒山洋)의 전적(戰跡)을 두루두루 살펴보고 십헛다. 그러나 나는 그 때 그리한 시간을 가지지 못한 것을 한하엿다. 아아 이 지의등산(智異登山)이야말로 나의 일생에 가장 추억(追憶)되는 것이다.

鳶子樓의 印象

車靑吾

《신여성》 7권 6호, 1933년 6월

강남이라면 세상사람들은 의례히 중국의 양자강 이남(中國 楊子江 以南) 소위 강남가려지 금능제왕주(江南佳麗地, 金陵帝王州)라는 금능 등지로만 안다. 그러나 강남은 중국에만 잇는 것이 안이라 우리 조선에도 잇다. 전라남도 순천군(全南 順天君)은 자래로 산수가 가려하고 긔후가 싸듯하야 여러 가지가 중국의 강남과 비슷함으로 자래로 조선의 강남이라고 하엿다. 그 성남(城南)에는 벽옥과 가티 푸른 내물이 동을 향하야 구비구비 흐르고 그 물을 임하야는 몃해 전짜지 고색창연한 이층의 루각이 반공에 웃둑이 소사 잇섯스니 이것은 곳 전남의 명루인 연자루(鳶子樓)다.

溝水東西碧玉流 七分明月古徐州.

酒醒今夜知何處 腸斷城南鳶子樓.

동쪽서쪽 개천물이

벽옥가티 흘너가니

칠분의 밝은 달이
옛 서주와 비슷하다.
오늘밤 술이 깨면
어듸메로 간단말가
성남의 연자루가
애만 슨어줄 섄일세.

이 다락(樓)의 이름을 연자루라고 한 것은 물론 강남의 제비가 잇는 것을 의미한 것이어니와 그 루의 경치가 엇더한 것과 정한(情恨)이 만흔 것은 우에 긔록한 옛날 사람의 시(上記한 詩는 松京詩人 韓在濂이 順天에 謫居할 때에 지은 것이다)를 보와도 짐작할 것이다.

이 연자루는 옛날 고려 때에 손억(高麗 孫億)이라하는 사람이 순천부사로 잇슬 때에 순천의 명긔 호호(名妓 好好)와 놀던 곳이니 전설에 드르면 손억은 볼내 풍류남자로 젊멋슬 때에 일즉이 순천군수를 하얏섯는데 그 곳에 잇는 명긔 호호와 사랑을 하게 되야 날마다 연자루에서 정답게 놀다가 만긔가 되야 도라가게 되매 두 사람은 피차에 연연한 정을 익이지 못하고 눈물을 흘리며 뒷날을 긔약하고 이별하얏더니 그 뒤에 손씨가 다시 순천부사를 하야 전날 가티 조와하던 호호를 불너본 즉 사람은 비록 그날의 사람이나 벌서 백발이 홋날여서 춘화로골이 다 되엿다.

두 사람은 서로 반가워하는 일방으로 또한 그동안 세월의 빠른 것과 인생의 허무한 것을 한탄하게되며 좌객들도 그 사실을 알고 역시 감개가 무량하얏섯다. 그 때 통판(通判)으로 잇던 장일(張鎰)은 시 한편을 지여 그 사실을 노래하엿스니

霜月凄凉鷰子樓 郎官一去夢悠悠.

當時座客休嫌老 樓上佳人亦白頭.

텅비힌 연자루에

달빗만 처량한데

님가고 안이오니

밤마다 꿈뿐일세

당시의 손님들은

늙엇다 한탄마오

꼿갓던 미인도

지금 역시 백발일세

이 시는 짓기도 잘 지엿거니와 사실 이 재자가인의 정화(情話)를 그려낸 것이기 때문에 그 뒤의 사람들이 모도 회자하야 전하고 그 곳을 지내는 사람마다 또한 그 시를 화작(和作)하여 따러서 연자루의 이름이 놉하젓다. 경남 김해의 연자루(金海 鷰子樓)와 경북 안동의 연자루(慶北 安東 鷰子樓)가 경치의 조흔 것과 건축의 웅려한 것은 도로혀 이 연자루를 압두할만하지만은 그보다도 이 연자루의 이름이 더 놉고 여러 사람에게 인상을 만히 주게된 것은 경치와 건축물보다도 재자가인의 자미잇는 정화가 잇는 까닭이다. 나는 멧해 전에 그곳을 한번 지냇는대 비록 손억 모양으로 호호와 가튼 미인과 노라본 일은 업섯스나 이지봉선생(李芝峯晬光)의 편술한 승주지(昇州誌 昇州는 順天 古號니 李芝峯이 順天府使로 잇슬 때에 그 州誌를 編述하얏다)에서 그 사실의 긔록한 것과 력대신인들의 연자루 시를 만히 읽어본 까닭에 그 루의 인상이 항상 깁허서 순천이라하면 의례히 먼저 연자루 생각을 하게 되고 그 루 압흐로 옥가튼 시내물이 서출동류로 권권이 흘르는 것과 그 루 압다리 건너 잇는 옛날 고려의 청백리 최석의 팔마비(崔碩 八馬碑)와 남으로 멀리 뵈히는 벽파만경의 녀자만(汝自灣)과 서남으로 일망무제한 순천낙안(順天樂安)의 평야가 안전에 완연이 뵈히는 것 가터서 언제나 동경을 하게 된다.

그러나 시대변천의 결과로 도로확장을 하는 바람에 그 재자가인의 정화를 실은 연자루도 몃해 전에 파괴의 비운을 당하고 마럿다. 가려한 강남 쌍에 춘三月이 도라오면 연자는 의구히 나라들지만은 이 연자루는 언제나 다시 재흥할고.

南國의 行樂地

鷺棲山人

《신여성》 7권 7호, 1933년 7월

南國佳人을 쐬여내는 쌀긔名產地 通度寺

密陽江의 銀魚떼가 장마물을 반겨라고 굼실 구굼실 춤을 추고 勿禁驛의 百日紅꼿(木百日紅)이 뜨거운 볏을 한끗 쐬여진 한臙脂보다도 더 붉게 피게 될 때이면 慶南의 名刹인 梁山 通度寺 附近에는 이 골짜기 저 골짜기에 山딸기가 쌀긋쌀긋 잇기 시작한다 한덤불 두덤불 乃至 몃十몃百의 덤불이 일시에 익게 되면 맛치 千朶의 金剛珠를 힌구름 속에 펴여논 것도 갓고 五百의 羅漢이 술취한 얼골로 간들거리는 것도 갓다 그 時期를 當하면 通度의 僧侶들은 所謂 念佛에는 정성이 업고 잿밥에만 정성이 잇다는 格으로 佛前의 念佛보다도 엇지하면 쌀기 먹으러 오는 손님을 한사람이라도 더 쓰러서 돈을 더 터러낼가 하고 려관준비 음식준비에 분주하고 東, 釜, 梁, 蔚의 慶南 一帶와 慶北大邱 附近의 사람들은 제절로 몸이 간질간질하야 그 機會를 일치 안으랴고『쌀』—(慶南道에서는 쌀기를 쌀이라 한다—) 노래를 불으며 그곳으로 모혀든다

쌀짜러가세 쌀짜러가세

梁山通度寺 쌀짜러가세

쌀도짜고 님도보고

님이정영 가시거던

만단심회를 다풀어보세

◇

위절(寺)에잇는老僧님아

압절에잇는少僧님아

念佛木鐸은 다더지고

쌀이나 한박짜주랴모

잘짜주면 極樂가고

못짜주면 地獄간다

그 여러사람이 모힌 중에는 勿論 各樣各層의 人物이 잇다 戀愛病에 걸린 靑春男女도 잇다 獨宿空房에 孤寂을 익이여 화찜에 쒸여나오는 靑孀寡婦도 잇고 돈푼이나 잇는 집 浮浪者로 妓生갈보에게 善心쓰너라고 오는 者도 잇고 一時消暢이나 避暑로 오는 사람도 잇다 紳士 淑女 詩人 歌客 妓生 갈보 쑤정이 거지 문둥이 온갓 人物이 다 한번식은 거처가는 것 갓다 한해 여름에 쌀기갑으로 그곳에 써러지는 돈이 적어도 몃백원 그外 밥갑 술갑 등으로 써러지는 돈이 또 자그만치 몃千圓식 된다면 그곳이 어써한 곳인 것을 대강 짐작할 것이다.

× ×

그러나 通度寺가 그러케 男女의 狂舞場이요 娛樂地 쑨으로 存在가 잇다면 나는 우리 一般의 善男善女에게 그곳을 紹介하느니보다는 찰아리 그곳을 가지 말나고 警戒하고 십다 하지만은 연못에 濁泥가 잇다고 엇지 淸溪한

蓮꽃을 버리며 荊山에 틔가 잇기로 엇지 그 □朗한 碧玉까지 버릴 수 잇스랴. 여름철의 通度寺는 一方으로 그러케 □化不淨한 便이 잇지만은 그곳에는 歷史가 잇고 藝術이 잇고 山水의 雄偉와 佛蹟의 神秘가 잇다 그 절은 慶南의 名山인 鷲棲山麓에 잇스니 陜川의 海印과 東萊의 □魚와 아울너서 慶南의 三大名刹이다 처음으로 開基하기는 녯적 新羅의 第二十七歲 善德王 때에 慈□法師라 하는 道僧이 하얏스니 佛家의 傳史에 依하면 그는 天竺國에 가서 釋迦如來의 舍利와 袈裟를 가지고 와서 鷲棲山 밋해 奉安하고 그곳에 塔을 세워서 처음으로 開基하엿다고 한다 現在에 잇는 六房十二菴은 다 歷史가 오랜 建物로 金碧 찬란한 堂宇殿閣이 堂堂한 巨刹의 雄姿를 保有하고 鬱密한 樹林과 淸淨한 水石이 自然의 道界를 이루웟는데 특히 寺門을 안고도는 靈溪水의 數尺飛瀑은 보기에도 爽快하야 누구나 三伏의 더위를 이질만하니 여름한철에 休養을 하는 사람이나 避暑客으로서는 반듯시 한번 갈만한 곳이다.

往路로 말한면 京釜線 梁山勿禁驛에서 東北으로 略二五키로 되고 驛에서 절 압까지는 또 自働車便이 잇스니 누구나 그곳을 가고 십흔 사람은 勿禁驛에서 汽車에 나려 自動車를 박구어타면 그만이요 절에는 旅館 其他 모든 設備가 잇고 食費도 一泊 普通 六七十錢 乃至 一圓인즉 그다지 高價가 안이며 반찬으로는 그곳의 特産인 고비 고사리 취도랒 버섯 등이고 特産으로는 우에 말한 딸긔가 제일 有名한 것이다 그러나 百聞이 不如一見이라고 누구나 더 자서이 알고십거던 直接으로 한번 가서 볼 일이다.

溫泉과 海水浴場을 一所兼有한 海雲臺

慶南에서 海水浴場의 名所를 말하랴면 누구나 먼저 釜山의 松島와 馬山의 月影臺를 가르치고 溫泉의 名所를 말하랴면 依例히 東萊溫川을 가르칠 것이다 그러나 海水浴場과 溫泉場을 한곳에 兼有한 名所는 東萊海雲臺다 그런 곳은 慶南 섇 안이라 아마 全朝鮮에도 稀有한 곳일 것이다.

海雲臺! 이름만 드러도 그 얼마나 爽快하고 시원스러우냐. 안인게 안이라 海雲臺는 참으로 시원한 곳이다 그것은 내가 特別히 紹介를 하거나 누가 가보지 안코서라도 녯사람의 海雲臺詩만 읽고도 넉넉히 짐작할 수 잇다.

이곳에올나와서
찬바람이 필요업다
쌜갓튼 해빗까지
다씨처 버렷구나
취중에산샛해도
홍안이 업서지니
다시부는 통소소리
하눌까지 들인다.
登成不必御冷風. 拂畫東華舊日紅
醉踏金□哈不已. 紫簫吹徹海雲中
—李朝 崔恒—
◇
對馬青山孤鴈外. 扶桑紅日瑞雲端
抬邀笙鶴天風冷. 驚起魚龍鐵笛寒
—姜渾詩聯句抄—

이 海雲臺는 東萊郡 南面 佐里에 잇스니 釜山에서 東北으로 一五기로 되는 距離에 잇서서 自動車로 가면 略四十分동안에 넉넉히 到着할 수 잇고 그럿치 안으면 釜山鎭이나 또는 釜山驛에서 電車를 타고 東萊邑까지 가면 東萊邑에서는 그곳이 東南으로 不過 一〇키로 박게 안이되니 거긔 自動車를 타고 水營江의 沿岸을 거처가면 山色水光의 경치도 조거니와 時間도 亦是 二十五分 乃至 三十分에 지나지 안는다.

이 海雲臺는 녯날 新羅때에 文章으로 有名하던 崔致遠이 처음으로 臺를 짓고 隱棲하던 곳이니 致遠의 一名이 海雲인 까닭에 그 이름과 景致를 綜合하야 海雲臺라 仍稱한 것이다 그 臺의 附近에는 古邑의 城址가 잇고 또 前面에는 澄碧한 바다를 臨하야 長江曲浦가 天然의 海水浴場을 形成하고 白沙青松이 掩暎하 海濱에는 溫泉이 소사나와서 녯날부터 浴場으로 著名하게 되엿다 이 溫泉은 溫度가 四五一五〇度로 溫質은 無色透名 含알카리土의 單純食鹽泉으로 腸病 梅毒 子宮病 諸症에 有效하다 한다 그리고 이곳은 東萊溫川 梵魚寺 釜山海水浴場 梁山通度寺 等과 距離가 서로 가찹고 또한 交通이 便利한 삭닭에 구경가는 사람들이 이곳저곳으로 마음대로 옴겨댕기기가 편하고 조와서 얼마동안을 잇더라도 그리 倦怠와 실증이 생기지 안는다 여름철의 歡樂地로는 아주 理想的으로 된 곳이다 그러나 놀기좃타고 樂而忘返을 하고 世事를 不顧한다면 海雲臺가 變하야 害運大가 될터이니 그 亦注意할 일이다.

忠北의 神秘鄉 俗離山과 法住寺

東西南北一四面에 바다라고는 꿈에도 한번 바라볼 수가 업고 달팽이(蝸牛)딱지처럼 重疊한 山岳으로만 全境을 에워싼 忠清北道는 여름에 歡樂境을 찻는다하야도 도로아미타불格으로 山속 박게 차질 곳이 엄다 그나마 華陽洞의 水石은 自來 著名한 곳이지만은 그놈의 눈쏘리를 틀인 假明仁의 무리들이 所謂「華陽洞水石, 大明乾坤」의 여덟글자와 明神宗의「王藻水壺」毅宗의「非禮不動」八字 等等의 奇怪한 文字로 自然을 드럽힌 뒤로는 아모리 □中湯을 長服하는 속편한 사람이라도 벌이 꿈틀거려서 가볼수가 업고 丹陽八景이 조키는 좃치만은 交通이 極히 不便하며 其外 忠州彈琴臺 清州炭酸泉

場도 時娛遊之地는 된다할지라도 오래 머무를 곳은 못된다 그 中에 忠北에서 第一 名勝地요 第一 神秘鄕을 찻자면 그래도 報恩의 俗離山일 것이다 이 俗離山을 가는데는 京釜線 沃川驛을 通하야 가는 것이 第一 順路니 報恩까지 三四키로 距離行의 自動車는 아츰에 沃川에서 써나면 錦江의 峽流끼고 音峙의 險한 고개를 넘어서 午前中 報恩까지 到着하고 또 한길은 淸州에서 가는 것이니 淸州서 報恩까지는 五四키로 報恩에서 俗離山까지는 一六기로다 道路는 前보다 改修가 되엿스나 定期의 自動車가 업고 所謂 九十九曲의 島峙란 險路가 잇기 때문에 通行하기 매우 困難하다.

俗離山은 小白山脉에 屬한 巨山으로 九個의 羣峯으로 形成하얏스니 그 中 獄子峯은 臺上에 三千人을 可容할만 廣場이 잇고 最高峯되는 天皇峯은 一, ○五七米突의 標高를 示하야 極히 危峻한데 福泉 上□ 上庫 中獄子峯 等 諸□의 堂宇가 곳곳에 散在하고 蒼□한 森林과 奇怪한 瀑布 金剛山과 彷佛함으로 自來 小金剛의 稱號가 잇섯스며 新羅 眞平王을 爲始하야 高麗의 肅宗 忠肅 恭愍, 李朝의 太祖 世祖 等 歷代君王이 行啓한 故로 그 이름이 더욱 著名하얏다 山名을 俗離라 한것은 新羅詩人 崔致遠의 詩에「道不遠人人遠道, 山非離俗俗離山」이란 句에서 取하얏다는 說이 잇스니 新羅 當時에는 俗離岳이라 稱하얏고 尙且 그 山은 錦江 漢江 等 큰물의 發源地이다.

法住寺는 距今 一千三百七十餘年前=新羅 眞興王 癸酉에 義信祖師가 創建하얏스니 그는 天竺國에서 佛經을 白騾에 실고와서 이곳에다 절을 짓고 비소로 法住寺라고 이름지엿다 한다 그 뒤 惠恭王 때에는 表律大師 麗朝에는 證國國師 李朝에는 信眉大師 碧巖大師 等이 重修하야 今日까지 나려왓는데 그 中에 大雄殿 圓通殿 捌相殿 能仁殿 天王門은 가장 雄健한 建物이요 또 石蓮池 四天王 燈石獅子形灯籠 石□ 石槽鐵錢 等은 擧皆 千餘年의 遺物로 古刹의 聲價를 足히 證明할만하다.

總히 言는하면 俗離山은 山도 名山이지만은 이 法住寺가 잇슴으로 글자 그대로 野俗되지 안코 法住寺는 또 俗離山으로 하야 그 聲價를 維持한다 누구나 忠北地方에서 여름의 歡樂地 아니 四時의 神秘鄕이요 또 修練場을 찻자면 반듯이 이 俗離山을 찻고 이 俗離山을 찻는 살마은 또한 法住所를 차지라고 勸하고 십다.

全南人의 歡樂場 白鶴山과 白羊寺

이때까지 쓰고보니 全羅道가 몽창 싸젓다 全羅道는 水陸의 面積이 가장 넓은이만치 勝地가 또한 만타 海女의 나라 濟州島를 爲始하야 多島海의 許多한 島嶼며 麗水港의 明媚한 風光 智異山은 神秘한 巖谷 그外 어느 곳 勝地가 안인 것이 업고 順天의 松廣과 求禮의 華巖 泉隱 井邑의 內藏 高敞의 禪雲사 金堤의 金山寺가튼 名寺古刹도 퍽 만흐며 南原의 廣寒樓 全州의 萬景臺 寒壁亭 順天의 燕子樓(今廢) 等等 名樓勝亭도 또한 만타 그러나 여긔에는 그것을 다 紹介할 겨를도 업고 紙面도 업다 그중에서 제일 山水가 조코 가장 交通이 便利하고 누구나 갈 수 잇는 長城의 白鶴山 白羊寺를 塞責삼아 한곳 紹介하기로 하다—여긔에 갈 수 잇다는 것은 勿論 全南地方에서 하는 말이다—

近來 세상에서 소위 車天子의 都邑터니 昊天金闕의 新建築地니 하고 써드는 全北의 井邑驛을 通過하야 南으로 南으로 向해 가는 湖南線車가 숨이 맥히는 듯이 허덕허덕하며 하늘에서 나러오면 첫洞里의 大돈넬이라 할만한 長城갈재(□嶺)의 大돈넬을 넘어서 다시 근두박질하덧이 全南地境으로 直行하면 最初의 着驛이 長城驛이요 이 驛에서 東으로 略十餘키로 地域에 樹木이 鬱密하고 風光이 秀麗하야 엇지보면 一隻의 白鶴이 두 날개를 버리고 구름 속에서 춤을 추는 것과 가튼 形像의 山이 屹然이 소사잇스니 그 山은 全南의 名山인 白鶴山이요 그 山中에는 白羊寺 雲門菴 藥師菴 靈泉菴 白蓮菴 天眞菴 等 여러 寺刹이 잇스니 그중 白羊寺는 朝鮮 三十一大本山의 한아

로 古來著名한 大刹이다 이 절은 距今 一千三百餘年前一百濟 武王 三十三年에 新羅의 高僧 如幻禪師가 創建한 것이니 殿堂의 雄健함과 古蹟의 遺存한 것이 다른 곳 大刹에 遜色이 업슬 샌 아니라 境內에 溪谷이 幽수하고 北朝鮮에서는 볼 수 업는 椿木 유자 茶 竹 百日紅 等 珍奇의 樹木이 만코 山의 南麓에 잇는 藥水亭은 河西 金麟厚先生의 出生地로 著名하고 藥水亭의 東便에 에는 百病을 痛治한다는 冷泉과 또 瀑布水가 잇기 때문에 여름철에 물먹으로 오는 사람이 퍽 만코 그곳에서 생겨나는 靑年男女들의 로맨스도 만타 그리고 가을에는 丹楓이 極히 조와서 井邑의 內藏과 가티 伯仲을 닷툰다 전날 그곳말에 長城府使는 갈여갈 때에 白羊寺를 못이저서 갈재(蘆嶺)를 넘어가도록 눈물을 흘린다는 말까지 잇다 그만하면 그곳이 얼마나 勝地인 것을 장황이 說明치 안어도 대강 짐작할 것이다. 全南사람은 勿論이고 다른곳 사람이라도 時間과 旅費의 餘裕만 잇다면 여름철에 한번 가보는 것도 매우 조흔 일이다.

最高峰登陟記 (其五) 智異山 天王峰의 偉容

石顚沙門

《신동아》, 1933년 7월

北山의 盤據는 嶺湖間에 九郡의 地域이 想沿하엿고 特히 雲峰의 六面되는 一郡이 山內에 藏點하엿다 然한데 山內의 水는 般若峰과 天王峰 底에 源出하야 漸流愈汎하야 山淸의 換鵝亭을 들너 丹城赤壁인 白馬江을 滙成하고 西谷의 德山과 新川이 合流하야 晋陽眞石樓를 衝激하야 藍江 卽 南江이 되야 三川浦로 가서 入海한다 外山의 水는 老姑檀 底와 文殊洞과 泉隱寺와 華嚴寺 四洞을 것서 南原 烟波汀水와 合流하야 長興 天冠山 밋테서 發源以東逆流江數百里하는 河東 蟾津江으로 入流하야 岳陽의 瀟湘과 洞庭을 經由하고 河東灣으로 入하야 光陽 大人島에 抵하는 同時에 南海大洋으로 變化하엿다

此山의 範圍는 朝鮮 里數로 八百餘里라 하니 濟州 一島에 倍廣하고 椒頂의 高가 海拔 六千二百餘尺이라한즉 白頭山高 九千〇五十四尺과 妙香山高 七千餘尺과 漢拏山高 六千七百餘尺에 比하면 稍低하고 金剛山 毘盧峰高 五千九百餘尺에 比하면 얼마큼 高峻하다 그러한데 天王峰과 般若峰과의 相

距 數十里間에 其高가 相等하것만은 天王峰의 峰□이 더욱 峻偉하야 下峰과 中峰과 上峰과의 次第階級이 잇고 究竟은 天門바위를 通出하야 日月臺에 臨하면 卽 天王峰임으로 누구던지 此山의 上峰 首位는 天王峰이 可하다 하다 此山 뿐 아니라 最上峰의 相當한 法度로 構造의 完成을 選品한다 하면 六大名山 中에 天王峰이 最長하다 하겟다

此山의 名稱은 亦名 地理山이라 記하엿스니 智異와 地理와는 엇던 것이 訛傳인지 不知하며 二名의 義意는 多說이 雖在하나 아즉도 不分明에 付하고 말엇다 一名 方丈은 前說과 如하고 一名 頭流는 白頭山 正幹이 此에 流하얏는 意旨로 輿誌에 見하엿스니 그러면 海南의 頭輪山의 名도 白頭山의 終點이란 一□이라 한다

此山도 金剛山과 一例로 內外山의 限界가 有하니 東으로 蓬田寺를 限하며 南으로 碧霄嶺을 限하며 西으로 九曲嶺을 限하며 北으로 女院峴을 限하야 其內로는 內山이라하고 其外는 外山이라 한다. 然則 嶺南의 咸陽域과 湖南의 雲峰域은 모다 內山에 屬하고 其外 七郡 域은 모다 外山에 屬하엿다 山의 最勝處는 內山에 天王峰의 日月臺와 中峰의 帝釋堂과 般若峰의 上佛墓下佛墓와 妙香臺 특기재와 雲峰 모듬이와 外山에 細石坪田과 靑鶴峰 白鶴峰과 老姑檀 等地가 絶勝하고 川瀑의 有名地는 百巫洞上의 가내소와 雙溪石門 佛日瀑沛와 神興溪의 洗耳巖과 深源달궁沿溪와 山內馬川淸溪와 □水江以東蟾津江치들이다 傳說에 有하되 中國 四川省 內巫峽建平에 所産인 猿猴를 活致하야 靑邱의 名山大川에 周遊식키되 猿猴가 緘口不鳴하다가 東으로 斗湄月溪峽路에 入한즉 一鳴하고 南으로 岳陽 花開間에 入한즉 又鳴하엿다 하니 猿鳴의 與否는 確知키 不能하나 兩處가 俱是絶勝江峽이 觸中川峽과 伯仲間인만 것은 實境이다 寺菴의 屈指할 곳은 內山의 上無住庵은 高麗 普照國師가 讚曰 申天下名所라 하엿고 其後를 嗣한 覺雲禪師의 拈頌說話落稿하는 筆端에서 舍利가 現出하얏다하야 數層塔이 至今 庭□□ □□

□□ □□ □□□□□□□□니 靈源, 碧松, 金臺, 安國이 羅列하야 至今에 모다 稱寺라 하지만은 古代에는 땅 벌안에 君子寺에 屬한 菴子라 한다 君子寺의 遺墟만 麥穗離하다 黃溪渡頭에 實相寺 浮屠庵은 壽哲國師의 道場이다 背山臨流에 午鍾이 淸聽한다 外山에 雄剝은 華嚴寺 泉隱寺 燕谷寺와 河東雙溪寺와 國師菴 六祖頂相塔下의 東方丈, 西方丈과 二十里를 上去하면 七佛菴 亞字房은 東國 第一禪院이 될만하다 七佛의 名稱은 傳說에 云호대 迦洛國 首露王의 十子 中에 長子는 國統을 繼承하고 二子는 許氏로 蒙姓하고 其餘 七子는 此處에서 得道하얏다하야 七佛庵이라 한다 雙溪寺에서 東南으로 去하면 昆陽 多率寺의 北菴이 最勝하고 中間에 彌勒庵이 奇絶하고 大源寺觀 드러가면 廣厦數百間에 塔殿이 宏偉하고 松□이 □翠 中에 金碧이 交曜한 傑閣天光殿은 朝鮮寺刹 中에서 房舍偉□은 一指를 首屈한다 天王峰背景 下에 巨川이 雲影樓를 싸고 도라가는대 水島는 涎々하고 錦鱗은 自躍한다 數十年 前에 石人이 講友數十輩로 더부러 竹林方丈에 論道講說이 昨日과 갓지만은 其時 同遊者를 回想하면 발서 先天에 屬한 것이라 自己의 星々鬓髮이 硯池에 照映함을 不覺하고 此山游記를 쓰□□□ □□□□□□□□□□□□ □墟한 後에 花林과 深寂과의 兩剎의 猶在하고 深寂上方의 羅漢庵이 奇古하다 栗谷寺 正趣寺는 不見하야도 無妨하고 嚴川溪邊에 嚴川寺 古址는 昔日에 嚴川和尙의 法會가 盛旺할제 千棟의 寺宇를 廣造하엿다 此和尙에 對한 傳說은 省略하랴 한다 노픈 고개를 더우 잡어 法華寺를 上觀하니 泉聲이 涼活하고 걱의서 登龜재 高磴을 올나보면 彼岸의 보이는 것 天王峰 頂數千□에 笙鶴이 □然하고 人間煙火를 回顧한즉 蟻垤蠢蟻에 不過한 厭世想이 忽生한다 咸陽 上谷으로 드러가면 默契와 靈隱寺의 別洞天을 開하얏고 上白雪 노픈 곳에 白雲은 無心히 出□하니 只可自怡悅이란 詩句나 □唫이 可하다 한다

王子安이 有曰 人傑은 地靈이라한즉 超世의 名士와 方外의 高僧이 此山

中에 맛당히 輩出하엿슬 것이다 □誌上登載한 것을 倉卒間에 記憶할 수 不能한 故 余의 平素 記誦者만 列擧하려한다 傳說에 新羅時 玉寶高라는 仙人이 雲上寺 卽 七佛庵에서 玄琴의 松風 三十曲을 彈奏하엿더니 丹山玄鶴이 □然飛來하엿다 하며 其後에 貴金이 玉寶高의 琴術을 傳受하야 智異山에 深山不見하엿거늘 羅王이 琴道斷絶할가 憂慮하야 允興이란 名臣으로 南原公事를 委任케 □□ 貴金을 物色學琴하라한대 允興이 到官 後에 여러가지 方便으로 貴金에게 맛츰내 飄風寺 三曲만 傳受하얏다 한다

新羅 末葉에 孤雲先生 崔致遠은 雙溪寺에 晩居하야 雙溪石門 四字의 筆蹟이 尙存하며 □源上人에 奇韵詩가 傳在하엿는대 末聯에 有曰 吟魂은 對景에 無羈絆이어늘 四海深機는 憶道安이라 하엿다 是故로 近古에 姜秋琴雙溪寺吟에 有云호대 雙溪水活孤雲墨이오 二鶴峰青六祖心이라 써스니 眞景을 善監한 것이다 高麗人 韓惟漢은 崔忠獻의 □政賣官을 見하고 國難將作을 恐惧하야 妻子를 다리고 智異山에 入하야 苦節을 淸修하거늘 時王이 聞之하고 遣使迎之한대 閉戶不出커늘 使者拜戶以見한즉 壁上에 一聯을 書하야 曰 一片絲綸이 來入洞하야 始知名字落人間이로다 하고 北□로서 遙去하얏다 하니 宋人載復古絶句에 曰 萬事無心只一竿인데 三公不換此江山이로다 平生에 誤識劉文叔키로 惹起處名滿世間이로다 함과 逸趣가 一般이다 우리나라 一蠹先生 鄭汝昌은 咸陽 嘉坪 鄭氏의 先祖인데 戊午士禍로 慘死하엿다 其後에 伸寃되야 文廟에 從祀한 先正으로 文獻可徵할 것슨 一絶 詩 뿐이라 한다. 風浦獵々弄輕柔하니 四月花開에 麥已秋로다

看盡頭流千萬疊하고 孤舟又下大江流로다 비록 絶句이나 氣象이 超遠하야 聖賢域의 優入할 것이 보인다 한다. 鄭先生과 次前인가 얼주 同時일까 曺南冥先生은 天王峰下 德山谷에 卜居修道하엿다 한다 至今에도 山泉精舍와 古碑石이 可考할 만하다 幽居詩에 有曰 春風底處에 無芳草하랴만은 爲愛天王이 近帝居로다 白首歸來에 何物食고 銀河 十里喫有餘라 하엿다 鄭

詩에 相對하면 優劣을 難分이라 한다

方外高僧으로는 新羅의 眞鑑國師는 入唐學禪하야 曹溪祖師의 玄孫이 된 까닭에 六祖影堂을 雙溪寺에 建設하고 魚山梵樂을 倣傚하야 朝鮮僧侶의 梵音開祖가 되얏다 孤雲撰碑字가 尙存하얏다 南岳의 洪陟國師는 道義禪師와 同時 入唐하야 監官禪을 傳受 以還하야 陟은 實相道場에 開山하엿고 義는 伽智山林에 普說하엿스니 東國 曹溪宗의 濫觴이라 稱한다 松廣의 普照國師는 八公山으로 杖錫來此하야 上無住에서 無住法門을 領悟하고 仙山에 移錫하야 曹溪宗의 中興祖가 되엇다 한다. 西山大師 卽 淸虛祖師는 安州 □纓家의 崔氏子로서 上舍庠에 登第한 後에 江湖에 南遊하얏다가 山水絶勝에 奪□하야 此山의 黃嶺寺 崇仁長老에게 落髮得度하얏다가 다시 禪科選에 登階하엿다 中古에 泉隱寺 座主인 龍潭大師와 靈源에 當主인 雪坡長老는 法門의 龍象이오 人天의 眼目으로서 佛法殘秋에 際遇하야 己意를 莫伸하고 名稱이 普聞치 못하엿다 近古에 至하야 禪匠講伯이 代不乏人하엿다 그럼으로 漢陽末葉에 一種名言이 流行하엿다 人種은 兩白에 求하고 穀種은 兩豐에 求하라는 것과 갓트여 佛種을 求하랴면 智異山 中에 必去하리라 하게 되엿다 至今에 佛法의 現狀을 볼진대 智異山이 또한 荒蕪하엿다 格外詩僧으로 五百年 끗장 먹으니는 草廳上人이 最秀라 한다 晉州 玉泉寺에서 得度하엿고 靈源과 碧松間에 多居하엿다 其文은 三嘉 朴晩惺에게 博學하엿고 其詩는 古懽 姜緯에게 開聞하엿다 一生에 書淫이란 綽號를 밧고 世上凡百은 糊塗하다는 보다 아주 □忘하엿다 한다 統制使 申觀浩가 有用의 人材로 誤解하야 賈長江을 만들여고도 하여 보앗다 然이나 天下國家에는 無用일 것이다 自述한 三花子傳을 閱覽한즉 圓覺經에 徹悟한 것이다 萬境에 浮沆하야 無着無碍하엿고 詩 三昧에는 登地巳上의 地位를 得하엿스니 唐의 皎然貫休와 宋의 參寥惠洪과 比肩相磨할 것이다 一絶句를 紹介하려 한다. 紅梅深院綠蕉傍에 委地輕陰取次長이라 細雨欲飛人抑短하니 盧山一碧佛軀凉이라 하엿다

名物로는 百果가 玲瓏하고 香草가 蔚美한 것은 南中諸山에 普通이거니와 靑玉菜 紫玉菜와 香□ 石□ 松□이 此山中에 特産이라 한다 造經刊板의 利用할 樺木(俗居鉅梓)이 만코 鉢盂作成하는 檀木(俗名 烏理木)이 層生한다 쏘한 光潤의 紫漆木이 全鮮의 居甲이라 한다 巳上 鉅梓木에 穀雨節에 맛추어 甘露汁이 瀉出하는 故로 遠近士女가 雲會霧集하야 한등 안에는 內外山中이 熱閙成市가 可憎이라 한다.

智異山의 十餘日 遊行을 逐日 述記가 안이라 追想으로 五六年前의 所見聞의 種子를 藏識中含藏하얏다가 東林寺 松窓 下에 一椀茶를 마시고 閉睛一時에 影像境을 摸得하야 毛錐를 命寫하니 一時積次第出이라 先後倒謬가 宜乎不免이라 한다 近日 一老先生이 理想楓岳만 詠詩한다 禪□佛地本無形키로 纔動思內己舊境을 何用覔尋眞面目가 自家胸裏萬峰靑이라 하엿거늘 石顚沙門은 其意를 反하야 實地 楓岳을 頌하야 曰 鍾籥何僧似日形가 行人이 每笑坐談經을 披藤踏破毘盧頂하야샤 倒海群峰이 跟底靑을 하얏다 然則 此遊山記를 愛讀하거든 竹杖芒鞋로써 一步식 一步를 前進하야 智異山 天王峰頂日月臺에 依杖以立하야 扶桑의 日出을 俯觀을 敬告한다

東林寺 松窓 下에서

古都古蹟巡禮 (其三) 馬韓古都益山

가람

《신동아》, 1933년 8월

古都의 판국

湖南線 裡里에서 東北쪽으로 여내 잔등을 타고 잔솔밭 속으로 한 三十里쯤 나아가면 우뚝하게 두 山이 서잇고 그 앞에 조고마한 山들이 올목졸목 놓여잇고 그리고는 丘陵과 들로만 된 큰 판국이 南向하여 열렷으니 이 곧은 馬韓의 古都엇든 舊益山邑이다

馬韓은 二千年前의 일이요 그 뒤 變遷이 퍽 많으므로 그 모든 것을 다 잘 傳할 수도 없으려니와 종래 우리의 무심과 범연함으로 말미암아 일부러 없인 것도 또한 적지 않은지라 지금 남은 것은 다만 그 山川과 그 뒤의 것이 나 若干 잇을 뿐이다. 과연 古蹟으로서 볼만한 것은 얼마가 아니된다

王宮塔

邑에서 南으로 한 五里쯤에 큰 石塔이 서잇으니 이를 王儉塔이라 하고 이곧을 王宮이라, 또는 옛날 宮闕터라 한다, 그러하여 宮坪이니 王宮面이니

하는 이름이 그대로 남어잇는 것이다.

한데 이 塔은 彌勒□과 扶餘의 平濟塔과 꼭같은 式으로 百濟時代에 되엇든 것이다.

報德城

報德城은 邑의 西편 一里쯤에 잇엇다는데 지금은 그 자최도 모르게 되엇다.

본대 이곧은 高句麗가 唐나라에게 亡한 뒤에 그 遺臣 劍牟岑이 반란을 일으키어 唐의 官員을 죽이고 高句麗 貴族 安勝으로서 님금을 삼엇더니 新羅에서 이를 金馬渚에 두고 報德王을 封하엿든 곧이다. 그러나 그것이 겨우 十餘年만에 없어지게 되엇은즉 실상 그 遺蹟이 그다지 많지도 못하엿을 것이다.

五金寺와 雙陵

五金寺는 報德城터의 南쪽에 잇다. 지금 五金山 어름이 그 遺址다. 이곧에서는 마동이라는 이가 그 어머니를 지성으로 섬기는데 한번은 마를 캐다가 뜻밖에 五金을 얻엇고 그 뒤 그가 님금이 되매 그곧에 절을 짓고 이렇게 이름을 한 것이라 한다. 이것이 新羅 眞平王의 第三公主 善花를 꾀어내든 마동의 일이다 이런 有名한 로만스가 잇든 곧이다.

雙陵은 五金山 한쪽에 잇다. 전하는 말에는 이는 武康王 箕準의 陵이라 하기도 하고 또는 末通大王陵이라기도 하여 위에 말한 마를 캐다가 五金을 얻엇다는 마동이는 百濟 武王의 兒名인데 말통(末通)은 마동과 꼭 같은 말인즉 末通大王은 곧 百濟 武王이라 한다.

한 二十餘年 前에 朝鮮總督府에서 이 陵을 파보고 調査한 結果—이 陵은 그 規模가 扶餘의 百濟 王陵과 同一한 것이고 그 남어잇는 副葬品의 破片본을 대도 百濟의 王陵임은 틀림이 없다고 한다.

과연 이 陵이 百濟 武王의 것인지는 모르나 武康王 箕準의 것은 아니다. 워낙 武康王이 이곧으로 왓다는 말부터 從來 여러 學者들은 믿지 않는 바이다. 古山子의 大東地志에는 益山은 百濟 武王 때에 別都를 두엇든 곳이라 한다.

箕準城

그 近處에서 가장 높고 큰 山이 龍華山과 彌勒山. 龍華山은 겹산이고 彌勒山은 홋山인데 이 두 山이 쌍으로 나란이 서서 東北으로는 高山, 珍山, 錦山, 龍潭의 高峰峻嶺을 등지고 西南으로는 金提, 萬頃, 全州의 平原 廣野를 나려다본다.

龍華山에는 百濟 武王이 善花夫人을 더불고 노든 곧이라 하고 彌勒山에는 三千九百尺의 周圍나 되는 石築의 山城이 잇는데 그 안엔 맑은 샘이 잇서 즐즐이는 소리도 난다. 이 城은 箕準城이라 하나 이것도 전연 百濟式으로서 扶餘의 青馬山城이나 仁川의 文鶴山城과 同一한 築造法임을 보아 百濟時代에 된 것이 分明하다고 한다.

獅子庵

의 南쪽 彌勒山 중터리에 바람ㅅ벽 같은 두 石壁이 펵 무시무시하게 되엇는데 그 틈에 마치 제비집 모양으로 붙어잇는 것이 獅子庵이다. 이 암자에는 유명한 知命法師가 居住하든 곧이고 지금도 遊山客이나 閑養하러오는 이가 끊이지 않는다. 그 앞으로 바라다 보이는 風景만으로도 한번 예를 오르고 보면 돌우 나려갈 줄을 모르게 될 것이다.

彌勒寺 獅子庵 알에는 彌勒寺라는 큰 절이 잇엇다하나 지금은 아무 痕迹도 없고 다만 문어저가는 石塔만 남엇을 뿐.

彌勒寺도 百濟時代에 세운 것인듯 하다.

金馬山

邑의 뒤ㅅ산은 마치 말 形像처럼 되엇다하여 이름을 金馬山이라 한다고 하나 금마라 함은 꼭 그런건 아니다. 금마는 우리 조선의 옛말(古語)이다. 그걸 漢文ㅅ字로는 今痲, 또는 金馬로 적어놓은 것이다. 그러자 三國 때부터 風水說이 流行하며 이따위를 馬形이니 무엇이니 하고 더 떠들게 된 것이다.

雙石佛

邑의 앞 들 가운대에 두 돌이 우둑하게 마주 서서 잇으니 이는 水門을 防慮하기 위한 것인 雙石佛이길라한다.

唐山

唐山은 邑에서 裡里로 나가는 十餘里쯤 되는 ㅅ가에 잇는 野山인데 이걸 또 三栗山이라고 한다. 그 文字의 뜻과 같이 이 山에는 밤나무가 잇어 한해에 세번 꽃피고 세번 열매가 연다한다.

이 밖에도 浮石, 筆松, 黑石部曲, 石墻洞, 蛇橋院, 腰橋堤 等의 말함즉한 것이 더 없는건 아니나 이루 다 들을 수 없다.

古都古蹟巡禮 (其十) 後百濟古都全州

李秉岐

《신동아》, 1933년 8월

德律과 乾止山

德律은 全州의 入口다 新作路나 鐵道도 무론 이리 通過한다. 예전에는 가래내(楸川)를 건너서 可連山 모롱이로 하여 숲정이로 드는 길이 正路이엇지마는 지금은 그렇지 않다. 숲정이는 몇개 古木이나 또는 이지러지고 이끼찐 碑石이나 남어 잇을 뿐이다.

德律에는 周圍가 九千七十三尺이나 되는 큰 못이 잇다. 이 못은 蓮꽃, 붕어, 물놀이터로 유명하다. 여름이나 되면 물놀이하러 붕어 낙그러 蓮꽃 보러 오는 이가 여간 많은 것이 아니다.

그리고 이 못의 東편 언덕으로부터는 乾止山이다. 이 山은 李朝 先代의 墳墓가 잇다는 곧이라 하여 自來 禁養하여 數十里ㅅ벌이나 되는 울밀한 松林이 잇고 그 속에는 疑塚이니 花樹閣이니 하는 것이 잇다

盤臺山

全州監獄이 잇는 밧대미라는 대가 곧 盤臺山의 한 部分인데 그 엽에 연대어 도막도막 좀 도도록한 것이 잇으니 이것을 後百濟의 城址라 한다.

全州는 본시 百濟의 땅으로서 此 斯伐, 또는 自火라 하더니 新羅 眞興王 十六年에 完山州가 되고 景德王 十六年에 全州라 하고 孝恭王 四年에 甄萱이 武州(光州)로서 이리 移都를 하여 後百濟라 하다가 高麗 太祖 十九年에 亡하엿으니 後百濟의 都城으로는 겨우 三十六年ㅅ동안쯤 되고 그동안이나마 波瀾이 많은지라 그 施設과 守備가 그리 끔찍할 수도 없엇을 것이다.「故土城, 在全州五里, 甄萱所築」이라 하는 輿地勝覽의 이르는 그것을 보드라도 알 것이다.

梧木臺

梧木臺는 全州 東편에 엄연히 서잇는 麒麟峰과 바리山의 一脈으로 와서 한 丘陵처럼 된 조고마한 山이다. 그 기슭으로는 樹木이 무성하고 그 위로는 금잔듸가 쪽 깔리고 기둥 글하고도 반반한 것이 퍽 아름답고 사랑스럽다.

예서 또 全州의 全景이 鳥瞰圖처럼 나려다보인다. 四十餘里나 되는 萬馬關 골짜기에서 흘러나리는 비단ㅅ결 같은 내ㅅ믈이 그 南에서 西으로 西에서 北으로 에둘러 잇고 그 우뚝한 舊南門 안팟으로 나붓나붓한 기아집 혹은 草家집들이 다닥다닥 붙어잇고 그 사이사이에는 꽃나무나 其他 雜木이 수두룩하게 들어섯다. 그러하여 봄에는 꽃밭, 여름에는 綠陰, 가을에는 단풍과 黃葉이 된다「黃葉繽粉百濟城」이라는 옛 詩를 보아도 이 風景 만은 예전이 시방과 같엇든 것이다.

그리고 그 등 뒤에는 穆祖의 사든 墓址가 잇고 한복판에는 太祖가 阿只拔都를 치고 오다, 大風歌를 불럿다는 駐驛碑閣이 서잇고 또는 穆祖의 어렷을 때 호랑이를 맞나 살어나왓다는 줄도 이 어데메쯤 잇을 것이다.

慶基殿, 肇慶廟

梧木臺 알에는 이른바 앞殿이라는 慶基殿과 뒷殿이라는 肇慶廟가 잇으며 慶基殿에는 太祖의 晬容과 칼을 奉安하여 잇고 그 東편 담 안에는 本朝의 實錄을 貯藏하든 實錄閣이 잇엇든 것이다.

寒碧堂

萬馬關에서 흘러오는 一條清溪가 바리山의 한 모롱이를 돌아가다가 가장 깊은 소를 일우고 그 위에는 層岩絶壁이고 絶壁 위에는 우뚝 서잇는 亭子 하나이 잇으니 이것이 月塘이라는 이로부터 여러 百年을 전해오는 崔氏의 □業인 寒碧堂이다.「寒山碧流」라 하든 그 이름의 뜻이나「寒碧晴烟」이라 하든 그 風景의 美는 지금 와서는 正反對일 것이다. 南原으로 가는 鐵道가 그 뒤ㅅ덜미를 눌르고 잇다금 火車가 시껌은 石炭烟氣를 품고 지내는 것이다. 崔氏의 別業이나 全州의 風景도 하는 수 없이 文字 그대로나 남엇을 뿐이다.

李蒼岩宅址

寒碧堂에서 그 내ㅅ물을 따라 좀 나려오다보면 그 한편 山기슭에 幽邃한 竹林이 잇고 竹林 속에는 두어간 第室이 잇으니 이는 書道와 淸閒으로 一生을 보내든 李處士 蒼岩의 사든 곧이라 한다.

萬化樓

또 그 길로 오다 鄕校를 지내고 보면 바루 그 앞의 구수내를 굽어다 볼만한 萬化樓가 서 잇엇다. 이 집은 金佔畢齋의 詩와 李晩庵의 傳說로 유명하엿든 것이지마는 벌서 十七八年 前에 헐어버리고 그 後身은 지금 全州 第二公普의 校舍이다.

六一亭

굽이처 흘르는 南川의 물ㅅ결을 이아처보려는 듯이 홍두깨처럼 내밀고 잇는 조고마한 山 하나이 잇으니 이는 곧 坤止山 그리고 이 山 밑에는 數百年 묵은 느틔나무들이 數十株 들어섯고 그 속에는 六一亭이라는 射亭이 잇어 射風이 성하든 옛날에는 무론 한 名勝地이엇으나 지금은 예가 第二公普의 校地가 되고 그 亭子도 七十年 전쯤하여 回祿을 당해버렷다.

完山

完山은 全州의 西南으로 놓여잇는 山인데 이 골의 이름도 이 山이름을 그대로 쓰든 것이고 松林도 울창하고 그 솟아잇는 일곱 봉오리는 곱게 묘하게 아담스럽게 되어 보는 때마다 항상 好感을 가지게 하는 것이다.

그리고 그 줄읍 많고 너을진 기슭에는 구석구석이 으늑하고 안옥한 곧을 일우어 君子亭이니 黃鶴臺니 하는 이름난 대도 잇지마는 그 외에도 볼만한 곧이 적지 않은 터이다.

多佳亭

多佳山도 完山의 한줄기로서 니려오다 뚝 끊저 깍아세운 듯한 絶壁이 되고 그 밑에로는 시퍼런 내ㅅ물이 흐른다. 그리고 또 그 한 모롱이에는 古木이 깃어잇고 多佳亭이라는 亭子가 잇어 예도 한 射亭터로 이름난 곧이엇더니 시방은 어린애 작난감 같은 瀑布며 噴水池를 맨들어놓고 한편에는 社務所가 잇고 多佳山 머리에는 도리이와 神社가 서잇을 뿐이다

萬景臺

全州서 南쪽으로 처다보이는 높고도 험□은 山이 南固山城. 예를 오르자면 萬馬關으로 가는 길로 좀 나아가다 조고마한 山 하나를 돌아 좁은 골짜기

로 들어 左편 山비탈ㅅ길로 요리조리 오른다. 점점 勾配가 급해지고 바위서리가 나선다. 거의 중터리나 왓는가하고 휴유하고 돌아다보면 全州의 市街가 보이기 시작할 것이다. 그 때부터는 갓브든 숨도 두군거리든 가슴도 차첨 안정이 되며 그 앞으로 얼마 아니가서 문어저가는 城壁과 城門이 나설 것이다

이 城門으로 들어가면 한쪽에는 李蒼岩의 글씨로 새긴 事蹟碑가 풀 속에 묻혀잇고 頹落하는 절집이 쓸々하게도 서잇고 터만 남은 將臺가 그 절에서 마주뵈는 좀 높즉한 곧이 잇다. 이 將臺에 올라서보면 지금도 風景만은 좋다. 그러나 이보다도 더 좋은 곧은 萬景臺다. 將臺에서 좀 나오다 홈처럼 된 바위와 바위의 틈으로 더위잡고 긔어올르면 數十人이 앉어 놀만한 반반한 곧이 萬景臺다. 그 近處 山들의 봉오리, 골짜기며 全州의 市街쯤이야 무론이고 西으로 群山島며 北으로는 彌勒山城까지도 대번 보이게 된다. 그야말로 氣象千萬이 한눈에다. 모여드는 것이 다 과연 예를 못 올라보고는 全州의 勝地을 보앗다고 못할 것이다.

한데 한편 石壁에는「九月高風愁客子, 百年豪氣誤書生」하든 鄭圃隱先生의 詩가 새겨잇다. 先生도 여북하여 예서 이러한 詩를 읊으셧으리 全州라 하면 노생각나는 것은 그 萬景臺와 圃隱先生이다.

扶安의 邊山으로

李大容

《신동아》, 1934년 7월

나는 山을 좋와합니다

山도 깊은 山 人跡이 잘 이르지 않는 곳을 좋와합니다

그것은 늘 너무도 수선스러운 環境 속에서 헐떡이고 있는 까닭이 아닌가 합니다

여름의 하로 그 짧은 동안이나마 고요한 山에서 지내보고 싶읍니다

아모도 없는 곳에서 숲香氣 새소리 속에 온 몸과 마음이 파묻히고 싶읍니다 그리고 人生을 思索하고 싶읍니다

나의 가장 좋와하는 곳은 扶安(全北) 邊山이라고 할가요 아즉까지 그리 넓이 다니지 못하여서 여러 곳을 알지 못하오나 山이 크고 變化가 많고 숲이 그윽하고 展望이 대단 좋게 생각하였읍니다

山麓인 來蘇寺에서 하로밤을 지내고 翌朝 일즉 이 日月庵까지 기여올라 가든 맛(味)은 잊(忘)기 어렶읍니다

강파로운 숲길을 가느다란 물소래를 띄고 기어오르느라면 아득히 사다리

처럼 겹질너 올라간 石徑에 그대로 雜木이 층층이 프르고 온 길을 나려다보면 連錦한 樹林이 골(谷)을 타고 엷은 안개에 잠겨 한 줄기 浦口의 이어나려간 眺望이 아지 못하게 情趣에 느껴 快哉를 부르게 합니다

山上에 올나가 적은 庵子에 白晝에 靜寂에 沈潛함도 좋고 더욱이 萬若 해겨워 소낙비라도 퍼부으면 樹海의 어지러운 群綠의 波紋이 豪壯하며 개인 뒤 斜陽을 받고 나무닙새에 앉은 물방울들이 가지가지 □笑를 여우고 숲과 숲 언저리에 붉게 브프른 遮層이 흐뭇이 鮮明한 느낌을 가지고 가슴에 브듸칠 것입니다

무엇인지 모르게 抱擁의 迫力이 있고 어덴지 모르게 眞理의 □義가 숨여 생각에 괴롭힐 때 나는 山 속을 거닐곤 합니다

더욱이 여름에는 山을 좋와합니다

落書 (一) 布教의 첫 出發

啞牛

《카톨릭청년》 3권 9호

大邱를 떠나며

×先生님에게

장장하일(長長夏日)도 길 떠나는 사람에게는 그리 바쁘더이다.

나의 젊음의 반생을 살아오던 고향을 떠난다는 것 쯤이야 그 무슨 섭섭할 것 있겠오이가.

「故鄕의 惜別」

「그리운 옛맛을!」 등등의 문자는 이미 낡아진 詩人들의 붓작난일 뿐 오늘의 젊음이들은 고향을 떠난다는 것을 오직 하나인 자기네들의 이상으로 알지요 부모의 눈을 피하야 선조의 해골이 자라난 고향을 탈출한다는 것은 이 시대의 젊은 사람들은 모름즉 해야할 일대용단의 거사로 입에 춤이 마르게 자랑하질 않습니가 「고향을 떠날 수 있는 이의 행복이여!」 하는 것이 오늘의 젊은이들의 입버릇 같이 부르는 고향탈출의 행복禮讚이올세다.

그러나 나는 그러한 유의 젊은이는 아니올세다!

몸은 젊으나 맘은 늙지요! 이번에 이 걸음이 大邱를 떠난다기보다 조선을 살리려는 것인지라 그 무슨 감정충돌으로의 슲음이랄 것이 있겠오이가.

그러나 오직 한지! 춘풍추우 십삼년의 짧잖은 그동안 뛰고 놀며 크고 자라던 배움의 등산! 성운에 젖은 그대로 울리는 종소리에 목숨을 빌던 학교를 두고 오기만은 상당이 거북하더이다.

大邱역을 나서니 아들을 보내시는 늙으신 부모님의 애닲아 하시는 양도 눈물겨웠거니와 커가고 자라가는 大大邱의 모습도 이제는 나의 기억에서조차 살아지고 말 것인가를 생각할 제.

「人生은 나그네! 世間은 눈물의 여막」이라던 그 누군가 詩人의 말이 무뚝 생각나더이다.

정말 인생은 넓으나 넓은 사막을 헤매이는 고닲은 나그네이지요 나는 문득 생각없이 이 노래를 불렀나이다.

떠나는 길손은 고닲은 신세로다
옛꿈 사라지면 새희망 품고서
두둥실 잘도 가누나 희망찬 저나라로

선생님! 선생님은 늘! 나더러 교회에 충실한 일꾼이 되어달라고 하셨지요 그나마 우리에게는 일군이 없는 것을 나는 무엇보다도 섭섭히 생각한다고!

그러나 오늘의 이땅엔 글군인들 무엇을 할 것 같나요? 죽어가는 조선을 살리고 침체한 교회를 빛내이는데는 모르는 수작이라고 하실는지 모르겠지마는 대영단(大英斷)의 민활한 활동가가 제일인 것 같나이다 조선은 이렇나 사람을 구하고 조선교회는 이러한 인재를 要望한다고 나는 부르짖고 싶소이다.

「天才는 약자」라고 함을 언젠가 나는 누구에게 들었는 듯 하외다 現實의 自家無能을 인―끼 속에다 하소연하는 어리석은 그네들! 오히려 음침한 방구

석에서 하늘을 부르짖고 땅을 굴린들 눈어둡고 귀먹은 세도인심(世道人心)에 무슨 하욤이 있을줄 아나요 아직까지의 조선현실은 오로지 붓으로만 구해질 것 같지 않습니다 하믈며 어찌 눈물어린 현실을 애닯게 그림만으로 만족하겠나이까?

기차바퀴 굴르는 그 때로부터 멀어저가는 大邱는 아름아름 구름 속에 싸이어지더이다 다시금 아득한 장래의 생각못할 앞길을 머리 속에 그리면서 TJ신부를 비나리는 어두운 밤 속에 사명의 일터로 보내드리면서 지었다고 선생님께 말슴드린 묵은 가락을 다시 읊었나이다.

가시라 저벗이여 포도밭에 일하시라
복음의 알맹이를 간곳마다 뿌리시라
열성의 피땀흘려서 끝내가주 오시라

金泉서 하루밤

기차는 두바퀴로 잘도 가는데 이 몸은 외로이 어디로 가나! 기적의 한소리를 남기고 떠나는 기차는 어느듯 늘! 놀러다니던 날뫼ㅅ성당을 옆으로 지고 北으로 멀리 잘도 가더이다 차창에 기대어 명상에 잠긴 체 생각은 높아 어디로 가는지 갈피모를 저 언덕을 헤매더이다.

倭館을 단숨 지나니 오른편으로 보이는 벽돌양옥의 까름직한 건물이 경북에서 이름높은 왜관성당이랍니다 수녀사택 학교까지 새로 짓고 수녀선생님을 기두르고 있다나요.

아직 농촌에선 비가 부족하야 모내기에 그리 바뿌지 아니한 모양이나 뷘들에 갸웃그리는 농부들의 씩씩한 기상에는 누구나 가져야할 활동의 성훈이 풍기어 있는 듯 특히 主의 일터에서 한생을 보낼려는 자들로의 능히 가져야할 갸륵한 힌트가 숨은 듯 하더이다.

大邱서 떠난 차가 한숨에 달리어 金泉서 노독을 푸니 나도 나리어 미리 내약이 있던 神父 金東彦氏와 神生 劉再鳳君이 맞아줌으로 金泉성당에서 지나가는 길손으로 하루밤의 긴치 아니한 나그네의 어려운 신세를 지게 되었나이다.

金泉성당은 다년간 大邱 신학교에서 근무하시던 神父 金承淵氏가 공비 二萬七千圓으로 작년부터 공사에 착수하야 금년 봄에 비로소 준공을 보게된 새 성당이외다 삐쭉한 종탑에 화려한 성당의 그 意匠 그 구형의 아름다움이야 이루 다 말슴할 수 업삽고 오직 선생님의 한번 래참을 권하는 동시에 우리의 손으로도 이처름 아름다운 성전이 지어질 수 있었다는 □을 자랑해 두려 할 뿐이외다.

傳說의 金泉

金泉에 金烏山이 있고 甘川내가 흐른다는 것은 우리가 일즉부터 듯던 이야기고 여기서 멀리 보이는 星州 伽倻山의 舞鶴峰 등 오늘의 金泉을 만들어 내는데 상당한 역활을 하는 名山들이라나요.

金烏山 金가마귀 날아갈줄 모르듯고
甘川에 물마시고 靑鶴마조 춤을출제
예보던 성전안에는 기도소리 높았더라

金東彦 神父와 神生 劉再鳳君의 안내로 金泉邑을 구경하면서 그곳 사람들의 입에 오르나리는 미신에 가까운 전설을 들었나이다.

사모바위와 할미바위

이 두 바위가 가지고 있는 전설은 金剛山 玉女峰이나 普德屈이 가진 전설에 방불한 로맨즈에 젖은 이야기외다.

사실인지 아닌지 그러한 전설의 유래는 물론 오랜 것이었으리라고 생각됩니다 그의 이상스러운 현상이 나타나기는 바루 二三년 前이라고 하는데 내용은 읍내ㅅ 일본사람 하나가 그 사모바위를 넘어트리고 집을 날라가게 지었겠지요 그런데 야로하게 그 일본사람이 우연히 병을 얻어 몇일이 못 가서 피를 토하고 죽었다나요 그래 그 뿐이겠읍니가 그 맞은편에 있는 할미바위가 金泉읍 몇몇 일본내지 사람들에게 꿈에 나타나서

「이놈들 이 대가리 깎고 발 벗은 여호같은 놈들! 내가 누구하고 언감생신 우리 영감을 죽이다니!」하고 살아졌다는데 그런데 그것이 일이 버러지노라고 그 해 여름에 일본사람 六七人이 이름모를 병을 얻어 주고보니 이른바 「가마귀 날자 배 떨어지는」 격이지마는 두려움에 놀랜 인간들은 이것을 할미바위의 소행이라고 거기다 祠堂을 짓고 해마다「살려줍시사」 빈다고요 사실이□ 이렇고 보니 믿기 잘하고 미신에 깊은 무지들의 공포는 여간이 아니라고들!

과거는 한갖 이 두 바위를 사모바위 할미바위로만 알렸던 것이 오늘 와서는 그 두 바위는 전새에 인연깊은 두 내외의 화신으로 이는 저를 그리고 저는 이를 사모하고만 있던 것을 일본사람이 사모바위를 없애버리니 할미바위는 극도로 화가 나서 일본사람 몇을 별미로 잡아죽인 것이라고 한다나요.

우스운 이야기지요 과학이 발달된 오늘에도 미신이 있고 일본사람들도 그러한 미신에 속는답니다.

黃金町天主敎會에

金承淵 神父

어차피 들었던 붓 끝이 조선 가톨릭의 老將인 씨의 인상기라니 행여 그의 초인적인 천성을 상우지나 아니할거 저어하나이다.

씨는 아으심과 같이 비낭유학의 일인으로 조선 천주교회의 초대 성직원 중에 일인이지요 씨의 가톨릭적 활동은 당시로부터 三千里를 풍미하였나이다. 北으로 白頭山 밑으로부터 南으로 濟州道의 漢拏山 밑뚱까지 복음 전하는 그의 발길은 디디는 곳마다 향기를 남겼나이다 거츠른 조선을 개척하시던 당시는 응당 괴로웠을 것이며 응당 많이 눈물겨웠을 것이외다.

한때는 일꾼없는 이 땅 포도밭에 인재를 가꾸려 大邱 신학교에서 가톨릭 건아(健兒)를 양성하는데 오로지 心血을 바쳤읍니다 필자도 씨의 성훈에 젖은 몸이외다.

그리하야 많은 신진 성직을 길러내여 布教 三千里에 흩어보내기 무려 八九年동안 극도로 약해져가는 정신 피로가 마침내 건강까지 상하게 되어 그만 신학교를 그만두고 金泉教會를 담임하시게 되었오이다.

金泉教會를 담임한 이후로 晝思夜度가 미신에 잠기고 신화적 전설에 풍긴 신설 도회지에 적당한 아니 그보다도 더 화려한 主의 성전을 이룩하실려는 갸륵한 뜻이었더랍니다. 그리던 것이 생각은 마침내 뜻을 일우어 피땀이 방울방울 쌓이고 맺히어 전선을 통하야 굴지의 화려 굉대한 대성전을 건설하였으니 어진 어머니로의 크나큰 진통에 그는 아마 무척 괴로웠을 것이외다.

과거는 개책의 앞잡이로 오늘은 건설의 제일인이요 어제 홍안이 오늘 백발! 묘령의 청년사제로 포교전의 육란열우 속에 좌충우돌하던 억세던 그 힘도 찾을 길 없이 살아진 그대로 옛날 모습을 그리는 영채 도는 눈까지 백발이 성성한 영특한 노장이외다. 그에게 사랑이 있었다면 그의 사랑은 교회만을 위한 채 늙어져 버렸고 그의 청춘은 조선을 건지려다가 씨들어 버렸나이다.

꽃은 떨어지면 향기를 걷우고 玉은 깨어지면 소리를 감춘다오 그러나 그러나 사람은 죽어도 이름은 남는 법이요 영웅은 가셔도 사업은 빛나느니 백발노옹의 줄기찬 업적인 이 성전을 京釜線으로 달리는 뜻있는 길손은 눈겨웁게 아니 볼 수 없을 것이외다.

二十六日에 金泉을 떠나며 「일 많은 이 땅에서 할 일은 다 못하고 몸만 먼저 늙었구나」 이렇게 겸손되히 그의 사업에 對한 칭찬에 대답하시는 말슴을 듣고 한두 곡의 노래를 지어 늙으신 심경에 위안으로 드렸나이다.

한소리 고함치니 산천이 들석들석
將軍은 일이없어 큰칼닦아 집에넣고
聖恩을 갚기도전에 몸이먼저 늙었구려

먼산바라보니 구름만 뭉게뭉게
闕門엔 눈이덮어 옛소식 그리운데
老翁은 술을기우려 晩時歎을 하더라

덧없는 세파(世波)에 청춘을 씨들어 꾸기어진 채 빛바래진 채 실주름 잡혀든 어진 얼굴에는 언제나 남을 열복시키고야 말 성스러운 모습이 떠오르나니 나는 이에 두번 절하고 불러나와 金泉역에서 京釜線 特急列車 ノゾミ를 집어타고 또다시 北으로 달리었나이다.

湖南線을 갈아타고

세상을 빠르더이다 어끄제 大邱에 있던 몸이 오늘엔 群山서 머리통만 긁고 하눌을 하라보니! 아침에 大邱서 타면 저녁에는 群山서 반듯이 나리고 마니까요.

말성많은 鄭鑑錄에 벌서 이런 말이 있다나요 「鐵馬嘶來漢水邊이면 千里之程도 一日行止」라고 나—역시 세상이 빨라진 덕분에 한밭(大田)서 鐵馬를 바꿔타고 영영 생면부지이었던 湖南의 넓은 들판을 꾀뚫고 사뭇 남으로 남으로 달리었나이다. 경상도 태생으로 산만 보던 눈으론 정말 신면목이었나이다.

올해는 간 곳마다 비가 귀한지라 여기도 아직 모를 옴기지 못한 곳이 많더이다 그러나 언제나 바쁜 것은 농부들인지라 물품기 모내기 논매기에 한창인 것을 보니 하일에 인사망(夏日人事忙)이란 옛말슴이 생각나더이다.

그들 농부들의 부르는 모내기 노래는 얼핏 차창으로 새어들어오나 굴러가는 기차소리에 조당이 되어 아무런 이미의 대중을 못잡아 기여히 여기는 옴겨적지 못함이 유감이외다. 그러나 그 대신 俗謠 비슷한 서투른 솜씨의 감상에만 젖은 것 하나를 드리겠나이다.

얼널리리 상사되야
어어 널리리 상사되야
×
이 들판에 옴긴 모야
잘도 크거라
이삭 욱어 누러진
가을철이면
피땀흘린 그 값이
남아있으리
얼널리리 상사되야
×
부자집 창고 속에
채워질 나락
우리는 성스럽게
남만 위하고
×
에해라 설구나

상사되야

論山도 얼핏

고향에서 이쪽 친구들의 이야기에 湖南線에 들어서는 철도연선에서도 잘 보이는 성당이 두 곳이겠지요 그 하나는 論山성당이요 또 하나는 華山성당이라고 하기로 차창을 나서 기여히 보고적 하였더니 화산성당은 구름에 싸여 서투른 눈에 보이지 않고 다만 논산성당 만이 손에 잡힐 듯 잘 보이더이다. 어디나 인간의 위로자 성주가 계시는 성당은 보기만 하여도 갸륵하더이다 바쁘게 지나가는 길손의 멀리서 드리는 묵례만 받고 그도 뒤로 살아지고 마니 「나는 눌 위해 모두를 두고 가는 바쁜 몸이냐?」 하는 생각에 문득 알 수 없는 哀愁에 외로운 마음이 들더이다.

이제로 바랄 것은 기두릴 것도 없이 다만 내가 나리고 최종점인 솜리정거장일 따름 못 보고 그리는 애인의 마음과도 같이

마침내 솜리

마침내 솜리는 왔나이다 아니 솜리가 온 것이 아니라 내가 솜리에 다았나이다 정거장에 나리며 두고온 옛 마슬을 돌아보니 구름만 뭉게뭉게할 뿐 나는 오직 차디찬 미소를 부쳤나이다.

돌아보니 살던마슬 구름도는데
일터에는 메기소리 구슬프구나
거츤들에 자갈돌 주어치우고
게다가 복음씨를 뿌려볼까나

교우들의 역두출영이 대개 二三十名 群山본당 베드루 金신부님도 기두

리시더이다.

덕분에 자동차를 몰아 성당으로 가니 사다만 두었다는 종이 엉엉 울지요 난 후 첨으로 당하는 감상은 퍽으나 이상스럽더이다.

묻노라 종소리야 환희의 웃음이냐
슬픔의 울음이냐 임자맞는 기쁨이냐
귀먹은 三萬大衆의 잠깨우려 함이오

성당 구내에도 많은 교우들의 운집을 보았나이다 당일에 모인 교우들이 아이들까지 합하야 대개 二百에 가까웠겠지요.

하루밤을 거기서 묵고 다음날 아침엔 저의 사명의 곳에서 첫 미사를 드리자 신부의 처소를 준비하지 못하야 자기네들을 위하야 온 신부를 갖지 못하고 다른 지방으로 보낸다고 자기네들의 가난한 처지를 원망하면서 울부뜨는 교우들은 간신히 얼려놓고 教務에 실진 훈화를 듣기 위하야 먼저 全州로 갔나이다. 건들그리는 차창에 기댄 몸은 또 새로운 명상에 깊어졌나이다.

「솜리는 새 지방이다 우리는 가난하다 그러나 나는 믿는다 모두자 천주의 안배로만 될 것이라고」 교회는 가난한 터 우에 설 것이다 열성의 꽃은 언제나 그 아름다운 결과를 볼지언정 교회는 황금 우에 서질 않는 것이 정측인 것이외다 오직 성스러운 믿음의 무리가 될지어다 열성에 열매 맺는 새로운 지방이!

全州에 쓸쓸히

全州역에서 미카엘 朴신부의 아릭수 徐신부 등 두 분의 동창 신부의 출영으로 全北교회의 중추지 오늘의 자치준비교구 앞으로의 본방주교좌의 당々한 자격이 있는 全州교회의 첫 상봉은 나의 가슴 속에 많은 느낌과 새로운 강동을 주더이다.

이틀을 거기서 묵는 동안 감목대리신부님의 거룩한 가르침에 젖어 교회 형편과 앞으로의 우리의 활동에 알뜰한 지도와 암시를 받아가며 우리의 치명 선조들의 역사적 참조와 한 가지로 유적에의 직접 참배는 없었어도 많은 감동을 받았나이다.

다음 기회에 모두를 참관하기로 밀우고 예정의 二十九日은 나의 당분간 우접할 群山을 목표로 그 쪽행 열차에 몸을 실고 미지(未知)에 신세계로 길을 떠났나이다.

群山에 臥甘夢

열시 반에 群山에 다달으니 그 본당 유지교우들의 맞아줌으로 성당에 이르니 이 날은 마침 본당 김신부주의 본명주보축일이었으므로 의외로 성대한 환영이 있었나이다.

오래동안 고닯은 몸이 오늘도 열한시가 넘어 침상에 몸을 마끼니 세파의 거츠른 물결은 모두 다 가고 안온한 성모님의 품에 단품을 주었나이다.

선생님 용서하십시요 오늘은 오직 꺼끄러운 이 것 하나로 나의 이번 첫 出發의 감상에 대한 원고독촉에 책임을 발라 붙이고 群山지방 특색이라든지 사투리 등 풍속에 대하연 전부 다음 기회에 밀우고 한짝의 노래로 이 글의 끝을 막겠나이다.

黃海바다 누른물 구비치는데
밤숲속에 웃뚝이 솟은종탑은
많은인생 잠깨울 우리의생전
아침저녁 길소리 은은도하네

全州 크리스마스 祝賀會를 보고

일기자

《카톨릭청년》 4권 3호

구세하신 은혜는 창세하신 은혜보다 중하다. 과연 인류와의 관계상 크리스마스 이상의 경절이 있을 수도 없다 이를 응 물고 눈물을 마시는 찬류의 골작엔 에와 후예의 곡읍성도 이미 몇천년간 높을 때로 높아졌든 것이다. 물환성이에 따라 땅덩이를 싸고 도는 참상이야 더할 나위 없게된 그 때에 지성의 함성에 천주의 마음도 느낀 바 되어 그 독생 성자를 보내시니 멸망을 저주하는 이 동산에 잎과 꽃이 새로이 들어났다 그 은혜를 맛갈게 하레할 자 없을 줄을 미리 보시고 천신으로써 복음을 전하니 이야말로 말라진 인류에게 신생의 힘을 주실 동맥 곧 메씨아시다 때의 옮에 따라 금년도 성탄은 차첨~찾아왔다 삼천리를 귀밥처 도는 이 길손은 이번 성탄을 전주서 보기로 했다 드러 당장 위선 그 굉대한 성탄 백여척 종탑에 놀라고 불야성을 이룬 전광 수백천의 색등수 놓듯이 만든 깃줄에 눈이 둥그래졌다 다음으로 주임신부 주를 찾아 인사를 드리고 근 백명 견진과 수십명 영세가 있다는 말은 귀에도 들리지 않고 저녁에 나갈 행렬군과 현대 어느 극장에 비하야 못지 않는 무대설비에로 눈이 갔다.

대재 저녁을 먹은둥 만은둥 쫓아와보니 발서 몇천명이 몽였다 육시 정각이 되대 그리 크도 적도 않게 골른 아이 五백명만 악대 뒤를 따라 전주「천주교회」라 박은 등을 질머지고 구내를 돌기 싯가하야 六시 반부터 주요 시가를 도라 오목대란 데를 올라서는 빛날 이 교회의 만세를 삼창할 젠 잠든 듯한 이 도시는 눈을 긁고 주검의 그늘을 노려보든 멸망의 군대는 풀이 죽고 맥이 풀리고도 남았을 것이다.

소리없이 나시든 예수영해 약한 듯 강하신 주께서는 순정으로 영접하는 어린이들의 마음에 달큼한 아소를 가리섰을 것이다.

행렬이 끝나자 천명 남짓 수용할 강당 내에는 정각 전부터 초만원이다 여기선 세시 반이란 시간을 지리한 줄 모르고 성극을 구경하게 되었다 제는 신앙을 위하야 싸우는 가톨릭 청년의「최후의 승리」란 것이다.

몹시도 추운 이 밤에 문 밖에 더 많이 슨 손님을 볼 때에 한 삼천명을 수용할 강당을 지으라고 권고하고 싶었다 극은 대성공이었다. 감수성에 복받힌 자가 아니라도 울음과 웃음의 본능을 가지는 이라면 보따리 채 안터러 놓고는 못백였다 이 날 저녁의 나의 소감은 말한다면 제등 행렬에 아동만 五백여명! 많기도 하지만 단합과 정숙함이 더 놀랍다 옛날에나 오늘에나 저주받을 무대가 많다 응당! 까닭은 극이란 선전에 빠르고 감상에 예리한 칼이기 때문이겠지! 이에서 신앙과 종교심을 색여주는 성극의 힘이 얼마인줄 짐작할 수 있다 문서전도나 가두에 뽑내는 사자소리도 좋거니와 가톨릭 예술계에 성극도 가진 정성을 다하야 선전하자! 전주교회 청년들아 자라고 힘차거라 그리고 성절을 축하하는 나머지에 선전의 기회를 얻어라.

하늘엔 천주께 영광이요 땅에선 마음좋은 사람에게 평화로다.

(一九三四・十二・三十一)

茶山의 遺跡을 康津에 찾아

金在石

《카톨릭청년》 4권 4호

讚美耶蘇

恭敬하올 神父님 오래동안 기다렸었지오.

못난 것이 重大한 使命을 띠고 길은 떠나기는 하였으나 偉大한 使命을 撤底히 實行치 못하야 悚懼함을 말할 수 없읍니다.

去 火曜日에 靈岩을 輕由하야 康津을 가서 朴郡守出地로 面會치 못하고 旅館에 一泊하고 翌日 郡守를 暫間 面會하야 이야기를 仔細히 듣고 丁先生의 十七年 配所 道岩面長과 職員들께로 보내는 郡守紹介狀을 들고 水曜日에 自動車로 康津邑에서 三十里 相距인 道岩面으로(註, 이 面의 그 本洞名은 저 유명한 耽羅村이니 바루 丁先生의 □귀양村으로 지정된 대라 함) 갔더니 面長도 出張가고 職員 하나를 다리고 面에서 十里 가량 隔한 萬德洞(舊名 橘洞)으로 갔지오. 日氣는 몹시 차고 눈은 나리는데 나보다도 事務를 제쳐놓고 案內役으로 떠난 面書記 崔炳琦氏가 참으로 큰 고생했지오. 萬德洞은 舊名으로「귤동」이라 하는데 이 洞里 깊숙한 골작 茶山이란 山 밑에 丁先生이

十七年間 流配生活하셨다는 자리가 있는대 現在 遺跡이라고는 奇岩 前面에 「丁石」이라 兩字를 뚜렷하게 삭였는대 이것은 요안氏의 親히 쓰고 自手로 삭인 것이라 합니다.

바로 이 바위 앞에는 十五六坪의 平地가 있는대 여기가 丁요안氏의 草堂 지었던 자리라는데 지금은 雜木이 울밀하야 옛적 자최를 찾을 수 없읍데다. 그 바로 조금 나려오면 丁先生의 弟子 尹進士의 碑石이 있는데 이 양반은 그 弟子로서 先生의 寵愛를 많이 받았고 進士까지 하였답니다. 그 近方에는 先生님의 親手로 심은 동백나무와 親手로 開墾한 田圃가 있는데 지금은 平坦하다는 것 뿐이지 나무가 자리를 잡았읍데다.

이 萬德洞에는 現在 七十에 가까운 尹柱彩란 漢學者가 生存하였는대 □이 이가 그 尹進士의 高孫이라는대 丁先生 歷史를 大概는 알던군요. 그래서 이 사람 집에 寄宿하야 茶山이란 일홈의 由來도 알았읍니다. 요안氏의 그 前 시호는 丁籜翁이었는데 이리로 귀양온 후로 茶山이라고 改號를 하였는데 이 山에는 그 前부터 茶木이 滿山하야 옛적부터 茶山이라 하였는데 先生이 이 山 아래 집을 짓고 살았기 때문에 茶山이라 하였다나요. 또 그리고 이 丁先生님이 이 茶木을 近處 여러 山에 移植을 하야 至今은 近方 어대든지 茶木이 많고 有名합니다

尹氏宅에는 별々 寶物이 많은데 그 中에 나의 눈을 끄은 것은 丁先生의 親筆時調集이었읍니다. 비단에다 쓴 것인데 한편은 丁茶山 親筆詩가 있고 한편에는 丁酉山氏의 詩가 있는데 참으로 해석을 들으니 一大傑作品이었읍니다. 그래서 丁先生의 詩와 酉山先生의 詩와 冊 끝에 酉山先生의 讀後感等을 抄出하였는데 참으로 글씨도 아름다웠읍니다. 尹氏에게 아무리 달라고 빌었으나 주지 않고 다른대 求하야 다른 것 하나 보내준다고만 하였어요. 그리고 그 詩集은 必要하다면 그대로 벳길 수는 있읍니다.

康津에 묻혀있는 茶山의 記憶은 누구부다도 神父님이 알뜰하게 보존하

셨을 줄 아옵니다. 茶山이 여기에 오시던 그 翌年에 四子農祥의 夭折의 悲報를 接하시고 五年 만에는 長子 學淵(酉山)의 來觀을 받으시고 八年 만에는 茶山書室에 移居하신 後 十一年만에는 季父 稼亭의 訃를 承하시고 十六年 만에는 三兄 巽菴(若銓)의 訃音을 받으시니 이는 辛酉年 十月에 가치 떠나 羅州 밤나무 정이에서 서로 손길을 끊고 갈리어 黑山島로 귀양갔다가 거기서 不歸의 客이 되었답니다. 바루 내가 밟고 섰는 이 땅에 流配의 몸이 되어 肉體的, 精神的 二重三重의 煩苦를 당하신 先生의 외로운 신세를 回想하면 뜨거운 눈물을 禁할 수 없나이다.

그 翌日 木曜日은 萬德寺를 訪問하였는데 萬德寺는 萬德洞에서 三十分 가량 徒步로 가면 景槪絶勝한 곳에 있는데 丁先生이 恒常 이 절에 와서 工夫하시 詩 지었다고 합니다. 이 古刹은 歷史가 七百年이라 하면서도 丁先生의 유적은 하나도 없고 동백나무와 차나무로 무성하였읍니다. 그 날 萬德洞을 떠나 面事務所로 와서 面長을 만났는데 面에서 五里 밖에 丁先生의 外曾孫이 산다고 하며(註, 先生의 外家는 지 유명한 善道(尹孤山)의 後孫인 斗緖(恭齊) 집안이고 우리 첫 치명자 尹바오로 尹持忠의 겨레임) 그 집 족보가 아주 有名하다구요. 그리고 그 사람은 서울사람인데 일홈은 尹光莘이라고요. 그래서 거기 갈 時間이 없어서 面長에게 그 家族寫眞 하나 박아달라고 부탁하고 하도 바뻐서 떠나왔는데 面長에게도 丁氏 親筆書簡이 많이 있다고요.

神父님이 附託하신 寫眞은 村으로 寫眞師를 다리고 갈 수 없어 機械를 하나 빌여서 材料를 사가지고 나섰는데 「丁石」이란 것과 「草堂터」와 「萬德寺」와 그 弟子의 高孫 「尹柱彩」의 사진은 곧 보내겠읍니다. 다른 것도 많이 박았는데 技術이 서툴어 많이 바렸옵니다………….

先生의 遺跡이 있다는 海南 大興寺까지 가려하였는데 몇일 여관에서 치워 잠 못자고 毒感에 걸려 客地에서 臥病할 危險이 있고 한편으로 主日이 앞섰고 大興寺까지 定期車가 없다고 하야 하는 수 없이 金曜日 午後에 도라왔읍니다.

어쩌튼 神父님이 求하시려든 遺跡을 드리는지 못 드리는지 마음이 不安합니다 그러나 정성끗은 해보려는 것이 이 꼴이 되었으니 용서하시옵소서.

＝一月十四日＝

湖南의 聖宮巡訪

알뜰한 포도밭의 일꾼들을 찾아서

一記者

《카톨릭청년》 4권 6호

머리ㅅ말

이월 구일! 잠시의 휴가(休暇)로 大邱에 들렸을 때 그곳『가톨릭청년』 출판위원으로부터 호남성지순방기(湖南聖地巡訪記)를 써달라는 생판 부탁이 있었다.

사실은 금년 六月號를 남조선 천주교 교구 설정 二十五주년 기렴 특대호로 내인다니 부탁 만은 의미있는 말슴이겠다만 글솜씨 서투른 내게는 너무나 엄청난 주문이다 고로 되도록 사양은 하고 내 고장으로 돌아왔지만 추군추군한 그 양반은 오늘까지도 독촉이 비짱이 이상! 허는 수가 없어 보ㅅ짐을 싸지고 가는 곳마다 손님의 신세를 저가며 몽당붓 끝에 묵은『잉크!』를 찍게 된 것이 이 글을 쓰게 된 동기의 전부라고 할가?

雲霄에 솟은 羅岩聖堂

우리의 이세민을 기르고저!

교육열에 철저한 신부 李若瑟씨

치위도 최후의 발악인지? 이월 맞은 날세가 너무나 차겨웁고 아직도 산에 들에 눈이 덮였다.

강경역에 나려 논보라를 헤치고 찾아든 곳이 바루 나바위ㅅ성당! 기자가 이 순방의 길을 떠나 처음으로 발을 멈춘 성전이다! 작도 크고 않게 금강(錦江) 평야에 알맞게 솟은 산 우에 마치 용마루처럼 □리로 누은 집이 선양식(鮮洋式)의 아담한 주의 성전이다.

이 성당은 지금 대구에서 노래에 정양하시는 불란서인 요셉장 신부님이 필사(必死)의 정력을 다하야 지으셨다고 한다 귀 신부는 이국(異國)의 예안으로 거츠른 들판을 개척하시며 이 집을 지으시느라고 머리가 히었고 머리털이 빠졌다고 한다.

이 땅 이 성전을 위하야 젊음을 바치고 사랑을 히생하신 그의 갸륵함이여! 하눌을 찌를듯 높다란 종각이 찾아 가는 기자더러 말하는 듯! 웨치는 듯!

이 성당ㅅ주인이 몇 번 갈리고 또 시대가 덜없이 변하야 사십여년을 지난 오늘이로되 오히려 이 터 이 성당만은 예나 이제나 같고 종각 위 십자가는 무슨 뜻을 감추신지? 금강 이 쪽의 넓은 들을 지키니 그더러 고금(古今) 일을 묻고 싶으되 말이 없고 귀가 없으되 듣는 듯도 하고요!

묻노라 저종탑아 고금일을 너—아는가
가시고 찾어오신 네주인이 몇몇분고?
보내고 맞이하던정(情) 너만알가 하노라

고은님 여이읍고 몇차레나 울었던고
현신짝 되신후에 백골만 뭉지시니
님그린 상사정념에 눈물만 짓노메라

이 터를 개척하시다가 혹은 포교전에서 거룩히 넘어지고 혹은 새 곳을 찾아 새 밭을 달우고 혹은 이미 묵은 도구가 되어 이젠 그만 만추(晩秋)의 갈날을 기다리는 분들은

첫재로 요셉신부 베르모렐씨. 씨는 오늘 대구에서 주름 쌓인 백발을 이고 거룩한 정양의 그날그날을 계속 하신다. 다음으로 힙볼레도 신부 소세씨. 씨는 전사하신 젊은 전사로 백골로 오히려 이 곳에 묻지었거니와 위대한 그의 정신만은 때가 갈수록 더욱 아름답게 살고 있나니 순직(殉職)의 거룩한 그의 영혼은 오늘 천당에 높이 상을 받으시리라.

셋재가 청춘에 왔던 곳을 병 실고 떠나가서 오늘은 그리던 고토에서 정양하시는 테오필로 신부 빠르트네 씨요 네재가 오늘 경상도 경주 불국사 절담을 헐어 새로히 주의 선전을 이룩하시려는 요셉 신부 카다르스씨. 씨의 뒤를 이어 이 터를 맡으신 분이 이른바 요셉신부 李若瑟씨 정력의 활동가이시다.

『과거는 개척의 시대이었다면 오늘은 건설의 시절이랄가요…?』『과거를 건설의 초기이란다면 오늘은 완성의 과정(過程)이라고 함이 옳을 것입니다!』 간단하면서도 뜻있는 이 말슴은 성당에서 경영하는 사립 계명학교(私立 啓明學校) 교원 중 가장 인상이 깊어보이는 선생님의 찬사(讚辭)이다.

『여하간 우리 신부님은 이 학교를 유지하시느라고 모든 정력을 다 드리십니다! 말하자면 알뜰한 교육가이시지요』이러한 신부님의 육영에 대한 위대한 찬사를 듣고 밖으로 나와 성당ㅅ외네(外內)부를 대강 살핀 후 신부 사무실의 문을 뚜디리니 이 신부님이 맞어주신다. 작년 여름에 부임하셨다는 임신부 仁敎씨는 출타이신가? 병환으로 대구 가섰다는 말슴이시다.

씨의 첫인상은 평범하면서도 고결한 성격에 어딘지 손대일 수 없는 위엄성이 흐르며 언제나 말슴이 적고 철저한 실행가이시오 판에 밖은 듯한 동양적이시며 유현(幽玄)한 명상가(瞑想家)이시다.

그러나 나는 씨에게 온 뜻을 말슴하지 아니하였다 다만 지나가는 길이라고

말하였을 뿐이다 그리고 또 말슴 적은 어룬에게 여러가지로 묻기도 싫여하였으니 그는 씨가 기자의 묻는 말에 대답을 잘 아니하시니는 연고이라기보다도 듣는대로 알고 보는대로 느끼려는 것이 나의 성질임으로써이다.

뒤ㅅ산에 대구 안주교 각하가 지으섰다는 망금정(望錦亭)에 오르니 그 옆에 수세신부의 무덤이 부활을 기두리고 사방을 바라보니 모두가 은세계! 차겨운 눈파람이 여수(旅愁)가 깃드린 여윈 뺨을 사정없이 몰아친다 치운 줄도 모르고 설경(雪景)을 바라보니 설원(雪原)의 경치도 그럴 듯도 하거니와 봄에는 꽃! 여름에는 녹음! 가을에는 넓은 들에 금물결! 사시의 어느 한 철이 아름답지가 아닐 것이 없건만은 앞으로 달리는 기자와 뒤로 금강에 떠있는 힌돛은 언제나 봄바람에 꽃을 실고 평화로은 새 살림을 히망하고 올려는지? 내 고장 떠나는 길손만을 실고 실고 가누나!

이천여의 신도들 일동(一洞)에 포옹한 이 성전! 교도 일반의 성질 점고란 도저히 짧은 하로에 철저히 알 수는 없는 것이어니와 듣는 바에 의하면 늙은이들은 상당히 완고하고 젊은이들의 머리는 좀 지나치게 고상한 듯 하다하니 노청(老靑) 양자 간의 거리가 너무 먼 것이 험! 그러나 이것이 正評일가? 어디나 다름없이 여기도 세상인 점으로 보아 혹은 사실일지 모르거니와 여하간 경장천소(敬長賤少)의 고풍만 숭배할 것이 아니라 상당한 자리에서는 다소 노소동락으로 절충의 화흥제를 씀이 어떨가? 나는 이 모든 드른 풍월을 종합하야 오직 불문에 부침이 기자로의 양심에 가책이 없을 줄로 믿는다.

이 성당의 사업관으로는 첫재이면서 마지막인 어린이들의 육영을 위한 교육기관으로 사립 계명학교가 상당한 자태를 나타내고 있으니 이 학교만은 아마 이 쪽 전라도 교회에서 경영하는 교육기관 중에 굴지의 기관일 것이다 유지로는 전답 한섬지기와 또 다른 형식의 유지회와 전지다소가 있는 듯 하며 지금 한창 교사(校舍) 확장기성회를 조직하고 맹렬한 활동을 촉진하는 중이다.

단체기관으로는 청년회와 부인회 소년소녀회가 있다 다소 침체한 듯 하나 앞으로의 발전을 빌어 마지 않는다.

교회 경제기관으로는 첫재 평의회가 있고 자치준비기성회라는 것이 있으나 각자의 역활은 무엇인지 모르겠고 준비기성회는 다른 활동보다 한갓 회비 증식에만 시간과 못 정력을 소모하고 있는 듯한 것이 좀 유감이다. 무엇보다도 그의 힘찬 활동을 빌며 오늘의 자치준비회가 래일부터라도 자치촉진회가 되어 아까운 때를 잃고 만세지판을 면하기를 바란다. 오후는 黃山 고적을 찾기로 하고 우선 체면을 무릅쓰고 식탁에 올랐다.

黃山나루

黃山 고터는 옛날 백제장군 계백(堦, 또는 階伯)의 피뿌린 싸움터이다 강경포 한 어구에 이름없는 황산나루는 옛모습 살아진 체 화강석 장둑을 깨무는 물소리만 출렁그릴 뿐이다 여기가 바루 우리 안드레아 김신부님의 처음으로 닻을 나린 곳! 쇠국주의 철통같은 경계망을 뚫코 고주교 안신부를 뫼서드린 성웅의 위업도 여기서 그 힘찬 첫 출발을 시작하였던 것이다.

성자의 가신지 이미 九十여년이매 옛 얼굴은 찾을 길 없고 허수룩한 장둑 눈어름 석긴 검푸른 물이 길손의 눈물을 재촉할 따름!

님떠난 나루터를 찾아드는 외론길손
옛기억 뒤지면서 애닯은 한숨뿐을
님그린 서른눈물에 옷소메만 젖노메라

속절없이 가신님을 내어이 홀로찾아
黃山에 뜬배보고 심사만 도두는고
배뜬곳 고처바라니 가마아득 하외라

개ㅅ가 모래텁에 맥없이 섯는길손
황혼이 짙었건만 돌아갈줄 모른다
크신님 거룩한뜻을 삼가배워 가지라

역사적 실머리에 여러가지 애닯은 추억을 일장가에 부치면서 후ㅅ날을 기약두고 群山으로 흐를지 全州를 찾을 것인지 정처없이 이 곳을 또 떠나게 되었다.

全州가 우리 가톨릭교회로 보아 단연 중앙지인만큼 먼저 그 곳으로부터 비롯할 것이나 기자의 여행의 편의상 나바위를 먼저 찾게 된 관계로 여기서부터 쓰게 된 뜻을 삼가 말하야둔다.

이 원고를 정리하면서 드르니 나바위 본당 이신부님이 대구신학교로 영전되셨다 하니 원통한 일이다 그러나 나바위 한 지방으로 보아 다대한 손실이라고 하겠지마는 사회에서 학교경영과 육영에 알뜰한 수완을 기르신 어른으로 우리 교회의 최고학부인 신학교에서 앞으로 시대가 한 가지로 기다리는 새로운 교육자들을 많이 길러낼 것임에 오늘의 손실은 앞날의 더 큰 이익으로 보상될 줄을 믿는다.

群山篇

四萬餘의 府民을 지키는
아담한 群山聖堂
오늘의 이 성전이 되기까지
時代的 手腕家 신부 金榮九씨

나바위 이신부 댁에서 하루밤을 묵고 익일 아침 여듧시 반 강경읍에서 오는 군산행 정기자동차를 타고 군산으로 몰았다.

둔률정(屯栗町) 천주당에 신부 김영구씨를 찾아 가는 길이다.

이 곳은 기자가 사오개월 체재의 첫인상을 벅차게 받은 곳이라 첫거름은 아니나 붓 끝에 잉크를 찌어들고 찾아가기는 이것이 첫길이다.

군산! 군산은 호남의 웅도다 그러나 빈민굴의 도시(都市)로 이름이 높다 도회지로 웅집 많기론 실로 삼남에 첫재일 것이다 빈민 그들의 고등식료는 싸락이다. 사만의 부민 중에 정미(正米) 상식(常食)이 삼활이 못 된다고 한다. 매인당 일일식비 삼전이 못되는 이가 오활 이상은 되리라.

이것이 모다 시체바람의 죄일 것이다! 도회지 동경통에 내 고장 바린 탓인 것이다.

×

언제 보아도 견고무비한 쇠종각! 불종과도 같고 까치집과도 같은 군산성당 종탑을 뜻있게 바라보며 장래의 아름다운 발전을 정성끝 빌었다.

경내를 들어서니 마담 본당 김신부와 몇몇 유지교우들이 반갑게 맞아주신다 작년 가을 된서리칠제 떠난 이 곳을 봄맞이 눈헤치며 매화 옛 등걸에 암향(暗香) 따라 찾아오니 오래동안 적막하든 나의 마음도 즐겁다.

실로 금년은 괴후(怪候)다. 청명(淸明) 한식(寒食)이 다 지내도 설분분(雪紛々)이니 청명에 시절우(淸明 時節雨)는 언제나 올 것이며 한식 동풍에 어류(寒食 東風 御柳)는 언제 비질 것인가?

봄철성둑에 육화(六花)가 분분커늘!

작년가을 서리칠제 나버리고 가신벗이
무삼일 한식절에 눈헤치며 오신다
봄맞이 이술한잔을 난호고저 함이오

나를 늘— 사랑해 주시고 언제나 충고와 직간을 아까지 아니하시던 본당 김신부 주금 교우 몇분이 약간의 주호를 준비하야 나더라 권하며 금년에 늦게 오는 봄을 속히 맞으려는 의미의 술이라고 많이 마시기를 권한다 그러나 졸자! 李白의 문장은 고사하고 그의 주량인들 따를 줄이 있으랴? 몇잔 술을 주고 받으면서 여러가지로 이야기하는 중 되도록 이 교회에 관한 사담(史譚)이 나오기를 힘썼다 그렇면서도 나의 이번 길의 이유도 말치 아니할 뿐 역시 교회의 역사나 연혁조차 직접 묻기도 즐기지 아니하였으니 연고는 나의 이 글이 일시 순방의 기행문에 끄칠 것인만큼 어느 교회의 계통적 역사나 연혁을 적으려는 것이 아니오 또 일방 각 지방의 현상적 실정은 일반의 여론과 물의(物議)에서 구할지언정 겸양과 과장이 아울너 숨어들 수 있는 몇々 개인의 직접 문답에서 찾을 것이 아님이란 것이 애초부터의 나의 심산이었음으로써이다.

×

드르니 군산본당 김신부님은 一九二九년에 승픔하시여 지금 나바위성당 보좌신부로 二개년 동안 근무하시다가 一九三一년경에 군산을 담임하야 개척의 첫수완을 두루셨다고 한다.

『나의 첫 출발은 실로 눈물겨웠오이다!』

『군산 개척의 과거 六개년을 회고한다면 정말 감개무량이올시다!』

『자못 힘드렀지오! 그러나 천주의 위대한 힘은 우리를 떠나지 아니함을 절실이 느꼈읍지오! 매일같이 체험하는 바이니까!』

『일시의 로마가 아니오 우연의 파리가 아니란 말이 있기도 하지마는 이곳에 오늘 요만한 성당도 실로 천주의 힘이 크지오』

말슴을 멈추고 천정을 바라보며 과거의 쓰디쓴 경험에 고소(苦笑)를 띠우신다.

씨의 첫인상은! 강론에 능하신지 모르겠지만은 상당한 웅변가의 타입이다. 어글어글하면서도 매력있는 눈매! 알맞은 체격에 믿음성있는 실력가의 틀이다 띠엄— 띠엄— 하면서도 구성스런 말슴이 아주 능변(能辯)의 웅이 있음직도 하다.

처음엔 百五十명도 못되던 본당이 오늘엔 六百여의 신도를 헤아린다니 실로 장족의 발전이라 아니할 수 없다.

『애초에 내가 처음 들던 성당은 여기가 아니였읍니다 지금 정거장 옆 설레란 곳에 있던 공소집이었지오 성당 한 간 제의방이 자는 방이고 사무실이고 사무실이 식당이고 식당이 곳 손님대합실이었지오』

『간얇이 세운 십자고상 앞에 밤낮 얼마나 울었던지오?』

『지금 이 터를 사게 되어 大邱 관리소로부터 千圓의 원조를 받게 되었지오! 지금 그 일을 생각하면 통쾌하면서도 웃읍습니다!』

『그 후로 요만치라도 주의 성전답게 다투어 올려고 육년동안 집 안지은 해가 없었지た!』

절절이 뼈에 맺힌 경험담을 멈추시고 한가락 노래소리를 시조 비슷하게 읊으신다.

지내보니 짧은시간 생각은 멀고머오
六년의 겪은고생 기억조차 막연하니
앞으로 또몇춘추를 두고두고 당할꼬?

내 역시 화답의 일수를 부처 왈!

明月山 마루턱에 새성전 지으시고
初생달 하눌가에 은파가 춤을추니
다음날 구중천상에 높이상을 받으리다

이야기가 연방 변하야 시국담(時國談)이 되고 또 다시 꼬리를 돌려 대의(大義)를 논하니 과연 장설(長舌)의 능변이시다.

曰!『우리에게 남은 것이 무엇 있오만! 남았다면 大義와 節介일 것입니다!

아니 나는 무엇보담도 진리와 신앙이라고 하고 싶소이다!』

『충신의 푸른 피가 흐른지 수천년에 신앙의 붉은 피가 적신지 二百년이 아닙니까? 모름직이 진리의 사람은 진리를 위하야 죽음을 각오하는 것임으로써외다!』

마지막 말슴은 추상열일 같다. 얼굴엔 앞을 위한 무서운 각오의 빛이 떠돈다.

신앙을 위하야 칼알에 죽으나 교회를 위하야 일하다가 죽으나 히생은 매일반이니 씨에게 크게 굳은 결심이 있어지이다.

또 드르니 지금은 쌍방의 타협이 매우 아름답지마는 처음 와서는 당국과의 관계가 퍽 힘드렀다고 한다.

유독 종교에 대한 상식없는 맥물순사들의 힐난은 여간이 아니었더란다.

『이것쯤이야 새 지방 맡어가는 신부로서는 의례히 한번 겪고야마는 신기한 난관(難關)이지오!』

『심지어 종각을 세우고 매일 삼종 치는데 대하야 말성이 부터서 내가 경찰서 고등계 수십차레나 단였지오!』

내가 『신부님! 신학교 계실제 종교에 관한 법령 전부! 말하자면 전교 신부로 세상에 나오시는 그날부터 죽으시는 날까지 날마다 당코야 말 오늘 요즘에 종교에 대한 현행 경찰법! 즉 말하면 포교집단에 관한 건이랄지 포교소 계출 여부에 관한 건이랄지 선교사 이동에 대하야 당국의 수속이랄지 우리가 직힐 법규와 당국이 삼갈 태도에 관하야 경찰관보에 기재되는 지령 등에 대하야 다소 상식적으로만이라도 배우시고 또 학교에서도 부과적(付課的)으로 가르치시겠지오?』

『천만에요』

『우리가 학교에 있을 적에는 아니 가르칠 뿐 아니라 그 어려운 육법전서를 사가지고 스스로 참고하려는 것도 엄금했읍니다 지금도 드르니 그런 것은 안 가르치는 모양입니다!』『이것보십시오!』

수첩을 끄내여 보이는데 거기는 첫장부터 끝장까지 종교에 관한 법령과 관보에 난 지령 전부를 친필로 복사해 두신 것이다.

『전교 신부로서는 (말슴은 과하지마는)『하늘에 계신 응응』은 잊어버려도 이것만은 꼭 적어가지고 외여 단여야 합니다!』… 말슴을 좀 머뭇~하시다가 어색한 듯이 웃으면서『내가 당국의 탄압으로 욕본대 대하야 과거 신학교 지도자들의 책임이 적지 아니할 것을 나는 믿습니다!』

『지낸 일을 탄한들 무엇하오리까만은 앞으로는 물론 그렇게 되겠지오 신부님께서 적어두신 이것만이라도 좀 계통이 있게 정리하야 등서해서 각처 신부님들이 난화 가지시면 다소 비익이 있지 않겠읍니까?』

『무얼요? 이것이야 나 개인을 위해서 적어둔 것 뿐이지오!』

『지금부터는 그런 말은 그만하기로 합시다 이 따위 말을 하게 되면 자연 감정이 흥분되니까!』

과연 그는 무던히 열정적이다 이상(理想)은 고상하고 실행은 철저하시다.

교회ㅅ기관으로는 아직 다른 사업은 없고 단체론 청년회와 부인회가 있으나 청년회는 그야말로 유명무실이오 부인회의 활동이 다소 나흔 듯하다 새로히 정신적 진작과 큰 활동이 있기를 바란다. 기타 평의회는 일반교회 경제운용에 당하고 자치기성회는 아직 회비등록에 끄칠 뿐 이 교회에서는 다른 교회에서 보지 못하는 본당 각 구역회장 회의가 있어 가급적 신부를 보좌한다고 한다.

일반의 특점은 외모는 도회풍이 있어 상당히 말숙하고 말씨는 개성과 평양풍이 많아 참으로 칼클하다 그러나 시대와 성직을 이해(理解) 못하는 완고붕자가 없질 아니하고 상업지대라 이해(利害)관염이 높다.

군산 물색(物色) 경치는 볼만한 것이 없고 다만 노리터로는 공원 하나이 있을 따름이다 매년 봄철이면 뻣꽂 大會로 사람을 부른다고 한다.

제일 안 됬는 것이 해안풍경이다. 백사장 하나 없고 물이 추해 안 좋다. 해수욕장 같은 것은 수만원의 경비로 저 인천 월미도(仁川 月尾島) 같이 설비하기 전에는 될 수가 없다 조선 동해안이나 남해안 모양으로 천연적 해수욕장은 있을 수 없으니까.

시가지 정리는 상당히 아름다우나 바다 낀 항구론 매마르기 짝이 없는 곳이다 이 시가지 개혁통에 쪼겨난 세궁민들은 오늘 개복정(開福町) 둔률정(屯栗町) 미정(米町) 등 산기슬에서 움집을 지킨다.

둔률 개북 높은 메에 올라 사방을 한박휘 돌고오는 길에 바다 위 수평선을 바라보니 높짓이 흰 돛 들은 봄치 위에 얼어 갈길 몰나 하는 듯!

신부댁 사무실에 찾아드니 아직 북풍이 유리창문을 멋대로 흔든다.

화산(華山) 천주교회

SU生

《카톨릭청년》 4권 7호

누구나 호남선 기차에 몸을 실코 강경역을 출발하야 남으로 一분간 쯤…… 서편 창을 열고 바라보면 거기에는 한줌 집어노은 듯한 돌올한 청산이 아담하게도 노혀잇고 이 산기슭 중터리에는 하늘을 찌를듯한 종탑이 위연히 놉히 반공에 솟아있는 코딕式 一좌건물을 발견할 수 잇나니 이 건물이야말노 「화산천주교회」 알기 쉽게 「강경나바위」 성당이다. 지금 대구주교댁에서 정양하시고 게시는 노장신부께서 一八九六년 정유 四十年 전에 창설하시고 당신 심혈을 경주하시와 二十五년간 배양하신 교회이며 공경하올 안주교 각하 승픔하신 후 대구교에 소속된 이래 비교적 안온한 중에서 성장발전한 카나안 복지이니 어느 신부 어느 교우를 물논하고 「북선은 몰라도 남선에서는 제일 성경의 교회」라는 미명을 불석하는 곳 그러니 말이지 작년 「마렐라 교황대사」께서 역시 차창으로의 위관을 묘망하시고 「천하제일」의 찬사를 주신 일까지 있다.

원래 「나바위」라 하면 이 호남지방에서는 별반 모를 자이 업슬만큼 공연한 명예를 가지고 잇는 곳이니 현상으로 보아 산업적으로나 역사적으로나 혹은 풍경 혹은 시설노 아모 것도 없고 다만 소조적막한 一농촌에 불과하지만은 그래도 자래로「여산(勵山) 나바위」라 하면 꽤 유명하다. 아마도 지금은 화산에서 북편으로 一킬노나 떨어저 흘으지만 三백년전까지도 즉접 나바위를 감도라 흘릿다는 금강(錦江)의 덕분인가 추측된다. 그도 그럴 것이니 五十년전까지만 해도 나바위에는 아직도 세창(稅밧는 倉)이 있고 그에 따른 관리가 주거하였으며 또한 선척(船隻) 출입이 자젓으니 다소 도회적 색채도 있었든 모양이다「나바위」라는 일홈도 필자의 추측에는「나루바위」라는 뜻일 듯하다. 원래「나바위」 일홈이 생기기는 어구 강변에 있는 바위가「나바위」임으로 인해「나바위」라 부르게 된 것으로서 바위 일홈이 나바위일진대 한참 나바위 전승시대에 나바위에 반드시 나루(津)가 있었을 것이니 나루턱이 되던「나루바위」가 와전되어「나바위」로 부르게 된 것이 아닌가 생각한다 (신채호씨 조선사에 의하면 우리 고어에 나루를「나ᄅ」라 하엿다하니「나라바위」가 줄어서「나바위」로 된 듯 함) 하여커나 여산 나바위라 하면 천하모산지배가 모혀사는 곳 껄 듯 하면 민란(民亂)이나 이르키고 지나가는 관원 행차나 떨어먹기 이러케 불양하기로 유명한 순전한 상놈촌이었었다 한다.

그러나 천주의 안배는 지공하시와 여기에도 복음의 씨는 뿌려젓나니 실노 지금부터 六十여년전 병인년 대원군 난리통에 최첨지(최첨지는 그 후 갑오동난 시에 고향 용인지방으로 도루갓는대 필자 그에 대하야 본명과 이력을 조사하고 저 년전에 용인 박신부님께 의뢰하엿더니 곳 조사회답할 것을 승낙하여 왔었으나 그렇나 지금까지 하등의 회답없다)라 하는 교우 一명이 피란래주하게 되엿으니 필자의 조사한 바로는 아마도 이 지방에서는 (강경제외) 이 최첨지로써 교우의 효시를 삼으며 감히 그에게「화산교회」 베드루의 영예를 드리고저 한다. 당시 나바위에는 갑오동난시 전봉준씨를 총살한 김원숙(나바위 출생)이 시임 여산군수로 세력을 드날리고 있든 때라 一개

피난민 최첨지는 한낫 원두(참외)첨지의 쓸々하고 고요한 행색으로 세상을 숨어지나는 중 그 후 최첨지의 발련으로 현 강경공소회장 김성보씨 집안 현 화산 본당 회장 강한태씨 집안 등 경기 방면에서 쫓겨오는 교우들이 모이게 되어 남모르는 가운대에서 오직 천주께 생사를 의탁하고 서로서로 위로하여 지나는 동앎에 우순 풍조 그대로 복음의 종자는 자랄대로 자라고 매즐대로 매저 우혜 말한 바와 같이 四十년전 정유년에 장요셉신부께서 본당을 설치하고 이어 一九〇八년에 현 성당을 건축하였으니 화산교회야말노 장신부의 소사(所賜)라 할 수 있다. 금일 백여호 천여명 순전한 공교촌은 아마 전조선적으로 볼지라도 드믈은 존재일까 한다.

그런데 화산교회 연혁을 서술함에 화산교회와 인연이 깊고 또 우리교회적으로 보아 보담 유명한「강경」을 들지 아니할 수 없으니 강경—야 말노 고주교 · 안주교(당시 신부) 또 우리 김안드리아 신부께서 一八四五년 十월 十二일에 비밀이 상육하신 곳이며 이상주교신부를 영접하고 또 제반 일을 준비하신 구순오(具春五)씨(대구신학교 주신부께 드름)의 고향이 이곳이니 당시의 교우 구(具) 정(鄭) 조(趙) 서(徐)씨 등 집안의 자손은 지금 전부 냉담하였을 뿐만 아니라 또 삼지사방으로 헤터저 가고(可考)할 길이 업스나 그러나, 필자가 조사한 바로는 당시 상당이 번영하였던 모양이며 어느 정도까지 사실인지는 모르겠으나 구순오씨는 병인년에 치명까지 하였다 한다 (구순오는 민간에선 구선화라 하는 이니 이 구선화씨가 공주개명출포에게 교우인 것이 발각된 바 당시 구씨 문중은 혁々하였던 고로 일가들이 출포에게 뇌물을 만히 주고 양해를 구하야 겨우 구선화씨만 배교한다는 선언만 하면 묵서(默恕)하겠다는 승낙을 얻은 후 동씨에게 여시 권고하나 종내 듯지 아니하고 필경 공주로 압송되어 그 후 치명하였다 함)

대개 一백 二十여년 전부터 병인년까지 그저 미미하나마 공소를 경영하여 오던 터이러니 이상 구선화씨 사건을 게기(契機)로 교우는 전부 냉담 그러치 않으면 타지방으로 피신하야 一시는 교우가 끈치게 되었었다. 그러나 천주의 안배는 미묘하시와 우헤 말한「나바위」최첨지를 원인하야 현재 회장 김성보씨 또 강광주(姜廣州) 영감 등이 차々 래주하게 되는동안 처음에는 공소도 경영치 못하고 고산달이실 게시는 백주교(당시 신부)께 단이며 성사보앗다 한다. 그 후 시세도 차々 변천하고 또 이상 교우들이 점々 지반(地盤)을 잡게 되어 공소를 설치하고 신부를 영접하게 되니 강경에 전교하신 신부는「웍돌최신부」를 위시로 정・류・윤・남・진・우・장 등 여러 위신부라 한다. 백주교께서 함열용왕골 게실 때에는 특별히 강경 교우 중 박치삼(현주용왕골) 등 수三인이 백주교의 지시에 의하야 새로히 입국하시는 서양인 신부를 영접차로 四, 五차 청국 래왕까지 한 일이 있었으며 정신부 고산(高山) 먹방이에서 전교하실 때에 충남 보령에서 치명하신 신부 세위와 황안드리아씨의 四인 시체를 강경에로 이장하였다가 二년 후에 다시 경성으로 개장(改葬)한 일까지 있었다 한다. 그 외도 여러가지로 활동을 게속하야 실노 공헌이 만헛섯나니 정유년에 장신부께서 나바위로 오시게 된 것도 실상인즉 강경교우들이 당시 민주교께 수십차 진정한 결과 최초 강경신부로 차정되어 오시게 된 것이었다. 그러나 여러가지 형편상 부득이 신부는 나바위에 게시게 되고 이래 나바위교회에 소속되여 오더니 남북지방이 갈릴 때 경성교구에 속하야 지금은 론산 지방으로 안한 한가운대에 성장발전하는 현상이다.

一九一四년 구주대전난 소집에 불리여 안주교각하 본국에 도라가시매 나바위 장신부께서 부주교직무상 부득이 남선교회사무를 전임하시게 되고 이어 차차 그 후 대구본당으로 전임하섯다. 화산의 반석이 화산을 떠나시매 떠나시는 이나 보내는 이나 마음이 어떠하리오 아닌게 아니라 장신부께서는 오늘날 지금까지도 오직 아르시는 일이 나바위일이오 오직 생각하시는 것이 나바위라고 황송하게도 배문된다. 년전까지도「나바위」에 와서 여년을 마치시겠다고 나바위 교우에게 당신 거처하실 집을 청구하신 일까지 있었다고 그래서 당시 적극으로 운동해보고저 하였지만? 일인지 교회당국에서 허가하지 아니할 모양이므로 이래 애닯은 중에 있다. 장신부 떠나신 후 소신부께서 二년간 전교하시다가 불행병몰하시고 (성당 뒤에 신부묘소가 잇슴) 박신부께서 一년 강신부(지금 경주)께서 八년 전교하신 후 一九二八年 리요셉(금년 봄에 대구신학교 々수로 전임하신)신부께서 부임하신 이래 九개년에 실노 화산교회는 획시 기적장족(長足)의 발전을 하였나니 여러가지로 침체 미급하던 교회사업은 활동가 수완가이신 리신부를 대(待)하여서만 비로소 갱생의 활기를 띠고 진군라팔을 명낭이 불게 되였다.

우선 대내적으로 신덕작흥(信德作興)과 자치교구 준비에 치중하야 부임초두에 전지방「회장」「평의원」을 망라하야 (평의원제도도 리신부께서 창설하심)「화산천주교협회」를 창설하시고 본교에「청년회」「부인회」「소년회」를 설립하며 기여가 급한 공소에 지회를 설치하고 호상 연락을 취하야 활동하신 결과 부임 이전 냉담 미々의 상태에서 휴지(休止)되었던 四, 五처 공소가 갱생하였음은 물논 신설공소도 상당한 수를 게산하게 되던 중 一九三一년에 군산(群山) 지방을 분할식히고 작년에 안대동(공소 일홈)에 새로히 성당을 건축하야 미구에 또 지방을 분활케 되어 임의 신부까지 내정되였다 한다.

또 한가지 특필대서할 것은 교육사업이니 본교회 소속 사립 계명학교(私立 啓明學校)는 멀리 융희(隆熙) 二년에 노장신부와 지방유지 현 동성상업학교 々장 박준호 · 김두한 · 강인수 · 박제원 제씨의 발기로 설립되어 이래 교회에서 경영하여 오든 중 불행이 중도에 四, 五개년이나 림시 휴교를 미면케 되었더니 리신부 부임 즉시 개교한 후 오로지 전심전력을 다하야 경영하시와 현재 四학급 남녀 二백二十여명 사립학교로서의 어데다 내노흘지라도 손색이 없을만큼 화산지방 유一한 교육기관으로서 지방문화를 전담하여 오는 현상의다 (작년 겨을에도 二천여원의 공비로 四十여평 二교실을 증축함) 대외적으로 볼지라도 종래 서양인 신부만이 게속 주재하시게 된 결과 자연 지방인사와 교회의 간에 다소 소격(疏隔)한 감(感)이 불무하던 중 리신부 々임하신 후로 당국 방면은 물논 지방사업단체나 유지인사와의 원만교제를 고려하신 결과 화산교회는 사회적으로 충분선양되였다 볼 수 있다. 금번 전임하 실시에 송별회와 기렴품 진정에 의교인 지방인사가 솔선발기한 것만 볼지라도 넉々히 차가의 정도를 짐작할 수 있는 일이다. 다음 화산교회 一반을 간단이 소개함으로써 끗흘 막음한다.

一, 공소수 二〇처

二, 교우총수

(이하 五一頁에 속)

湖南의 聖宮巡訪 (二)

알뜰한 포도밭의 일꾼들을 찾아서

一記者

《카톨릭청년》 4권 8호

【全州篇】

全州 가톨릭 大本原

이천만의 모여피는 치명의 꽃밭

사월 십육일에 재출발! 잠시동안의 독감과 앞에 당하게 되었던 부활성제의 준비로 순방의 길은 일시 중단이 되었던 셈이다.

이제는 부활도 지났다! "알넬누야"를 부르든 사람의 입과 얼굴에는 사십일 회오(悔悟)의 거륵한 애수(哀愁)가 걷히고 오주의 부활로 인하야 희망의 멜로디! 새로운 삶의 기쁨이 넘친다.

춘색이 바야흐로 농후한 이 때에 기자 역시 이 기쁨 저 즐거움의 자연곡을 찾아 다시 봇짐을 쌓지고 순방의 길을 떠났다.

곡성행 열차는 전주를 중심으로 하고 달린다 가자! 가자! 전주로 가자 전북가톨릭 본원 성전의 큰 문을 뚜디리며 숩정이에 모여피는 치명의 꽃을 꺾으러 — 다시 좁은 목 상말낭이에 유요안과 리누갈다의 분묘를 찾아 썩어지는 이

시대에 人間의 도덕률의 원리를 묻고 이 땅을 개척하고 이 성전을 다스리다가 가신 두 숨은 영웅의 위업을 드르며 이 시대에 알맞은 현대 포교의 비법을 묻자!

華麗한 全州성당
완성을 기두리는 자치구역
體驗的 실행가 신부 金洋洪氏

기적일성에 떠났던 기차가 어느듯 또 일성에 전주역에 다았다. 개찰구를 버서난 몸을 지나가는 빠스에 마끼고 불난서 교회당을 찾으니 南門 앞 네거리에 나려놓는다.

호남의 관문인 전주 남문은 고색창연한 그대로 기구천만의 옛이야기를 혼자 진인채 변천많은 이 시대에 연출되는 히비의 가진 추태를 말없이 보고 있을 뿐! 과거는 응당 이름 높은 관문이었으리라 전주 감영의 육방관속 나졸 채사는 얼마나 다녔으며 시인 목객은 얼마나 지났는고! 나는 그 보담 붉은 오라를 죄없이 지고 가신 치명 선조들의 피흘린 자취를 행여 찾으려 하였으나 찾을 줄이 있으랴!

오늘은 "湖南 第一城"이란 간판을 걸고 다락 우의 인경이 오직 밤 열시와 아침 여섯시를 은은히 알일 따름 문은 닫힌 채 사람의 통행을 몰라준다.

잠간 아득한 추억에 잠기어 갈줄 모르고 서있다가 "德律驛"을 지나서부터 그의 웅자를 보게된 전주대성당을 숩사리 찾아갔다.

전북 초대의 감목대리 신부 金洋洪氏를 찾기는 오전 열시쯤! 씨는 매우 선들~하시면서도 놀납게 침착하시다. 대화(對話)에 자상하실 뿐 아니라 상대자에게 친절미를 주시는 특성이 계시며 체험과 수완을 한가지로 갖후신 원노이시다 실로 이곳 자치준비의 기초공작을 능히 성공하실만한 위대한 일꾼이시다.

전주는 늘! 듣는 말이지마는 호남의 제일도회일뿐 아니라 가톨릭 史上에서도 단연 그 수위를 점령하고 잇는 곳이라고 한다.

성당은 실로 굉장한 종탑에 안팎 전부가 놀랄만큼 아름답다. 십여척의 화강석 돌기동 수십개에 조각적 미를 다하야 지은 이러한 성당은 정말 드믈 것이다. 설비는 실로 이만하면 상당하다고도 할 만하리라. 신부주택 · 강당 · 학교 · 수녀실까지 모두 연와제의 웅장한 건물 그의 유지를 위해서도 빈약하나마 얼마큼식 있다고 한다. 이것이 모두 가신 일꾼들의 피땀의 결정이다. 성당은 사십년전에 윤신부 사베리오 보드네씨가 지으시고 신부 사택은 구신부 마르첼노 나크루씨 그리고 성당의 벽돌담과 상당과 학교며 수녀사택 등은 지금 감목대리 김신부님이 필사적 노력으로 이룩하신 것이라고 한다.

나는 성당 경내의 모든 설비를 둘너보고 나오면서 이 보배를 우리들에게 끼쳐주고 가신 고 윤신부와 구신부 두 분의 영전에 한짝의 이름모를 시를 드린다.

옛성돌 헐어다가 이성전 지으실제
몇번이나 돌을베고 곤한잠 드셨으리
오늘에 돌한낱에도 님의피땀 고여라

듣건대 옛날 전주성터가 시대의 변천에 딸아 헐리어질제 그 돌을 얻어다가 손수 깎아 이 성당의 주초와 기동을 만드셨다고 하며 또 씨의 무덤은 전주 쫍은 목상말낭에 있어 생전에 당신들의 활무대이었던 이 시가지를 나려다보시며 기약 모를 부활을 기두린다고 한다.

내나라 버리시고 남의흙 되실생각
거룩한 일남기고 초로변에 누신님아

위대한 그정신을랑 끝내살아 계소서

감목대리 김신부님은 서거하신 고 말첼노 구신부 나크루씨의 뒤를 이어 이 성당을 담임하야 일년이 못 되어 자치준비의 사명을 수하야 감목대리로 피임되사 이래 꾸준한 노력을 쌓으시기 므릇 六년이라고 한다.

신부님은 자치운동을 크게 이르켜 도처에 준비기성회를 조직하고 안팎으로 공헌이 많으신 모양이나 어떠한 사업이든지 일이란 일반으로 몇몇 분자들의 불평과 비난이 없지 아니하다고 하신다.

"그러나 나는 이것을 히망이라기보다도 임무이라고 봅니다. 자치준비라는 것을 무슨 일시 유희격으로 오늘엔 무취미하니까 말 수는 없는 것이지요?"

대기는 만성(大器晩成)이니까 늦다고 비난할 것도 없지요 우리는 대의(大義)를 위하야 일할 사람이외다. 장차 깨여진 도구(道具)가 되어 내어 버림을 받을 때까지 신부님은 비난분자 중에 삼부족(三不足)을 말한다고 한다. 인부족(人不足) 위대한 지도자가 없다는 것 재부족(財不足) 돈이 없다는 것 권부족(權不足) 우리네 환경이 환경인만큼 이것도 큰 문제이라고 한다.

이러한 말슴을 드르면서 나는 스스로 생각하였다. 한나라 한지방의 교회자치를 위하야 그리 큰 세계적 대웅(世界的大雄)을 기두릴 바 못되는 것이다. 아니할 말로 방 보아서 똥싼다는 격으로 그 때 그 곳에 알맞은 실력성망가(實力聲望家)이면 넉넉할 줄을 믿는다. 또 그러고 일반의 각성이 크게 떨치어 열가지 백가지의 부족을 넘어서 직접 실행의 묘리를 연구함이 있으면 타당할 것이 아닐가 우리네게 부족을 찾는다면 세 가지 부족뿐 아닐 것이요 하나로부터 열까지 부족한 우리네가 아닐랴! 그러나 하나의 부족이 없이 완전무결의 설비는 인간세계에는 없으리라 사람의 욕심은 밑빠진 독이 아니뇨? 얻으면 얻을수록 허기만 지는 것이다.

이 교회의 자치준비 선상에 서서 활약하시는 저 언의 크게 깨다름을 삼가노니 이미 시작한 일이니 내친 거름에 서울은 못 가도 수원이라도 갈 붕지(鵬志)를 기르소서 사방의 기대와 동경이 쌓인 이 때를 잃으면 장차의 만세지탄을 피치 못하리다.

여기가 바루 자치준비의 본부인만큼 준비기성회의 적입금도 千원 이상이라고 한다. 신부님의 이야기는 무진장으로 많으시나 시간이 없는 관계로 오후에 치명터 등지를 구경하기로 하고 다음 두 분의 보좌신부 요셉 朴三世씨와 아릭수 徐延壽씨를 만나기로 하고 감목대리 김신부 주의 방문을 나왔다.

크시다 天主의 全能이여
그리운 학창시대의 옛추억
人氣 선교사 요셉신부 朴三世氏

감목대리 신부님의 옆방문을 뚜드리니 동안소구(童顔小軀)의 신부 박삼세씨가 반갑게 맞아주신다.

전주는 지방이 큰만큼 신부 세 분이 삼위일체 격으로 계신다. 金신부 · 朴신부 · 徐신부 이 세 분이다. 세 갈네의 솟발과 같이 민활한 활동가이시다.

씨는 영남 태생의 변치않는 엄격한 태도로 삼년을 하로같이 지방공소를 맡으신 일방 본당 중임을 보좌하신다고 한다.

"신부된 후 절실이 느낀 것은 천주의 전능이올세다. 변천많은 인생심리의 요모조모를 대할적마다 그리운 것은 학창시절이올세다!"

나는 곧 말슴을 받아

"신부님은 그대도록 학생시절을 원하신다면 지금이라도 과거와 같은 규률 하에 신학교에 가서 공부하시기를 원하십니까?"

"냉정히 생각하면 왈칵 그럴리도 없건마는!"

하신다.

씨의 인상은 퍽 청초하시다. 강론은 드러보지 못했으나 말슴이 고결하고

요령이 잘 서서 듣는 사람에게 아름다운 감명을 준다고 한다. 갈얍핀 체격에 野스럽지 아니한 몸가짐 게다가 맑은 인상에 불굴의 입지! 이 모두가 씨의 오늘의 인기를 쌓아올렸다고 한다.

씨의 말슴을 드르니 이곳에 여러가지 단체가 있다고 한다. 자모회 경신회 미사회 회자이정회 소년소녀회 청년회 등등…. 부인들의 모임인 자모회는 김신부님이 지도하시고 소년소녀회는 박신부가 맡으시고 청년회는 서신부의 지도 하에 새로 조직되었다고 한다.

이 모두 알뜰한 기톨릭의 운동단체! 크게 앞으로 위대한 활동이 있어지기를 빈다.

湖南의 聖宮巡訪 (三)

一記者

《카톨릭청년》 4권 9호

全州篇續

사업으로는 훌륭한 교사 남녀강습소가 있으니 이것은 이곳 가톨릭 특지가 리춘화씨가 설립한 것이라고 한다. 장차 지정보통학교가 되기까지 씨의 헌신적 활동은 크기를 바란다.

또 한가지는 가난한 교우들의 작업을 위하야 양말공장이 있다 그도 장자잘 발전되면 일확천금보담 가난한 가톨릭 대중에게 미처질 혜택이 클 줄을 믿는다.

신부님 감사합니다! 그리고 또 많이 활동해주십시요 모두를 교회 배경에서 가톨릭운동을 적극적으로 이르켜 주십시요 금번 자치준비시험에 낙선이 된다면 우리 가톨릭 면목은 영원히 도루 살리지 못할 것입니다.

"천만에요! 우리는 사회상식과 시대적 교양이 부족하야 시대인들에게 만족을 못줄가가 걱정이지요 대관절 테모스테네스의 웅변이라도 하나 있었으면! 무엇이 있어야 일을 해먹지요…"

나는 이 말슴을 듣고 "야! 정말 웅변가인만큼 웅변을 탐내는구나" 하였다.

"그도 다소 수양하면 되는 것이지요 그러나 설교와 웅변이란 좀 다르나 여하간 열변가 될려면 첫재가 내용이고 둘재가 태도이고 셋재가 표정이고 넷재가 음성이랍니다마는 이 모두를 앞서서 사상저축, 인격수양, 변혈의 단련 등이 연설가의 근본요소이라고 한다지요"

몰나도 아는 것 같이 여러가지로 말을 하고 있는동안 문 밖에서 녹크하는 소리가 들린다 문을 여니 수많은 성사군들이다 기자는 신부님의 간단한 대화에 간곡한 친절을 깊이 감사하고 물너나와 아릭수신부 徐延壽씨의 사무실 문을 여니 씨는 급한 사무를 중지하시고 이러나 마저주신다

時代遲 時代速은 썩어진 옛문자
거츠른 포교전에 일꾼이 없어 탈이외다
理想的 靑年指導者 신부 徐延壽씨

씨는 작년 一九三五년 六월 十五일에 승품되신 신진 인물이시다. 승품되신 후 직시로 전주본당 보좌로 임망되사 다대한 히명과 포부로 젊은이들의 종교교양을 목적하고 가톨릭 청년운동에 헌신적 노력을 하신다고 전한다

태생은 김제이시고 좌담에 능하시고 사색(思索)에 알뜰하시며 전문은 철학과 법률에 많은 취미를 가지시는 모양이요 상대자에게 만족을 주시러 자기의 수고는 아끼지 않으시는 성격이시며 감수성이 많고 관찰력이 예민하시다

"신인물 지도교양에 자미가 어떻습니까?"고 무르니 "그저 그렇지요! 원체 무자격자인지라 고루~만족을 못 주는 것 같지요!" 하신다 겸양이 과하신 모양 드르니 과거에 유야무야로 침체해졌던 청년회를 부흥시켜 악기(樂器)를 사드리는 일변 여러가지로 활동한 결과 오늘은 다소 청년운동이 갱생의 활기를 띄었으나 처음은 회원 단합에 역나 고생이 아니었었다고 한다.

"人間심리도 천태만상이더군요! 과거에 내가 청년을 지도한다면 어떠한

방법으로 하리라던 것은 학생시대의 꿈이었었고! 세상은 그리 단순한 것도 아니요. 운동 중에도 청년운동이 제일 복잡하더군요!"

씨는 이제 첫시험의 쓴 경험을 절실히 느끼시며 앞으로 위대한 업적을 남기시려 본격적으로 활동하실 의도이시란다.

청소년 지도에 제일 필요한 것이 순정과 친절이라고 하신다. 한때엔 속음이 있을지라도 그들을 위하야 순정으로 자기 모두를 히생해준다는 신념만 갖게 되면 넉넉하게 하신다.

학문에는 죄 아닌 것은 다 알아 해로울 것이 없을 것 같으나 특별히 사회상식과 젊은이들의 심리지도원리이라고 하면서 "옛날 大邱신학교 제일대 교장 송신부 사르제법씨가 말하거늘 '너이들은 죄와 여자만은 제하고 다 알아두라'는 말슴으로 방학 때마다 학생들에게 훈화하셨다고 하는 전설이 있더니 경험해 본 오늘엔 그것이 참말인 것을 가히 알겠오이다" 하신다.

"조선사람에게 단체훈련이란 여간 어려운 것이 아닌듯 하외다. …거기 대한 정신도 없을 뿐 아니라 하등 교양도 없으면서 머리만 고상한 듯 하지요!"

"이것이 다 사상혼란을 버서나지 못한 탓임을 말하는 바 이외다 정신적 과도기라고할가? 여하간 극도로 낙오해버린 모양이지요 스스로 자기에 눈뜸이 없어 그 정신을 조종시키지 못하고 무슨 일이나 일시 취미와 순간순간의 재미나 찾다가 없으면 물너가 버리는 폐단이 많으니 이것 실로 의지가 굳세지 못한 탓임을 어찌하리오! 吾族의 잘못을 내가 타매함에 내 스스로 수치감이 없는 바가 아니외다" 하신다.

짧은 동안에 많은 체험을 쌓으신 신부! 지금은 사회학과 사회심리학을 연구하신다고 한다 로마 교황 비오 十一世 성하의 회칙 "과드라 제시모안노에는 신학교에 공부하고 신부될 이들은 반드시 오늘 요즘에 절대로 필요한 사회학 등 여하~한 과목은 배워야 한다는 말슴이 있으나 신부는 학창시절에 배우시지 아니하셨고 또 그 시절에는 가르치지 않는 학과이었더라고 한다.

시계를 보이 正午 十二時가 다 되어간다 나는 귀 신부님께 많은 감사와 한가지로 사과를 여쭙고 아니 물너날 수 없는 입장이다. 나는 오종 소리와 한가지로 문 밖으로 물러나오며 충심으로 신부님의 건강을 축복하고 앞으로 그의 관계하시는 청년운동이 바삐 한도 내 넘치고 바삐 한 교구에 흘르고 바삐 전조선적으로 되어 널리 세계 가톨릭운동 사상에 위대한 공헌이 있어지이다!" 하고 빌었다.

사람은 때가 지면 배고 곺은 법이뇨? 아니 배는 안 곺아도 시간제한에 있는 자로서 다른 시간은 그만두더라도 이 시간만은 절대로 어기지 못한다는 것이 폭식단(暴食團) 헌법 제일조인 것이다.

나는 배가 아니 곺으다 귀 신부도 배는 아직 안 곺으다 고하신다 명치 밑에 "쪼르럭" 소리도 空山의 두견이 소리로 알아들을 수 있다면 배도 안 곺은데 먹을 필요가 무엇인고? 옛날에 어느 놀고먹는 호강스런 양이 좀 덜 생각하고 복잡한 인생에게 "하루 세끼"라는 변치않는 엄청난 규률을 정하야 자유로운 사람을 구복의 종놈을 만드러 노았는고!

인간에 사치못할 그의 죄악은 지옥에 가서도 벌받을 자리가 없으리라! 그러나 여사한 말슴을 보고 독자는 기자를 이제는 없어진지 오랜 스토익 철학자로 잘못 간주하면 병통이다 스토익 철학파이기 때문이 아니라 밥시간 통에 신부님의 좋은 말슴을 못 듣게 된 것이 분함으로써이다.

숩정이(昭和町) 치명터

숩정이 어디메뇨 발이요 논일러라
십자가 돌비석이 옛일을 말하는듯
나그네 옷소메들어 진정못해 하누나

×

오후 두시! 감목대리 김신부님과 한가지로 "숩정이" 치명터를 찾아갔었다.

옛날에는 전주감영의 유일한 사형장이 오늘에는 전주부 외에 있는 거츠른 들이요 논(沓)이다.

여기가 조선 가톨릭의 첫 치명터다. 김도마(範禹)가 치명자라고 하기는 하나 정착 치명의 피는 여기서 먼저 쏟지었다는 것이다.

윤바오로(持忠) 권야고버(尙然) 등 여러분이 全州南門 밖에서 먼저 치명하시고 류아오스딩(恒儉)의 일가족이 이곳에서 또한 피를 쏟으시고 조선의 영광인 동정부부 순교자인 류요완과 리누갈다 역시 치명의 면류를 받으신 곳이다.

오늘은 天主教人殉教之地란 돌비석이 옛일을 말한다 이 기렴 적돌비석 역시 리촌화씨의 특지로 된 것이라고 한다.

여기서 치명하신 조상들 중 일곱분이 이미 복자조사계에 올나있다.

잠간 피비린내 가시잖은 조선 가톨릭의 치명사적을 뒤지면서 명상과 감격에 남몰리 잠겼다가 아직도 아뜰한 조성의 기념물을 남기지 못함을 못내 슬펴하면서 순교자 영전에 한토막의 이 글을!

예가신 치명선조 진리에 목이말나
손수 찾으시고 애써 기르기에
자기네 생명바치어 선혈뿌려 주나니

진흙에 구얼어도 제홀로 빛난구실
잡초진 바위틈에 수집은듯 웃는꽃을
이토록 모른척함은 어뉘분의 탓일런고!

상처진 옛기억은 아믄체로 아픈지고
피비린내 가시잖은 옛말슴 묻지마소

감격에 겨운눈앞이 더욱붉읏 하외라

×

숩정이를 떠나 화강석 장둑 쌓은 시내가를 더듬어 전주에 명승지 한벽정(寒碧亭)과 다가공원(多佳公園)을 찾으니 금잔디는 바야흐로 파릇~! 버들꽃 날리는 공원 속으로 봄소식 찾는 행락(行樂)의 인파는 자못 발끝을 잇는다.

두어라! 어리석은 인생들아! 시들고 말 봄을 찾아 무엇하리 인생의 봄은 잃은지 이미 오래가 아닌가? 우리는 잠간 땀을 씻고 다시 길을 떠났다 고은 자연의 모독인 물들을 그대로 바리고 —향낙 찾는 인간들아— 향낙의 그늘 밑에 눈물이 없을가! 인생은 결국 없어질 자연의 봄을 찾고 봄을 더럽이다가 아까운 청춘만 늙키고 만다 가자! 좁은 목으로! 한벽정(寒碧亭)은 시간의 여유가 없이 못 보고 전주다리 초록바위를 지나서 길목에도 자전거를 내여던지고 송림을 헤치고 높은 목을 더듬어 올났다.

가보니 별천지요! 아름다운 경치다 중턱에 고 윤신부 구신부의 분묘가 있고 높다란 웃목에는 우리의 보배 부부 동정치명 류요안과 리누갈다의 한쌍의 무덤이 있다.

여러가지 눈물경누 이야기를 난우다가 이미 햇빛이 기움을 보고 떠나오면서 어찌 한 장의 시를 아끼리오 봄은 일즉은 봄! 높은 뫼 우에는 아직 눈어름이 녹지를 아니했구나!

무궁화 꽃밭속에 곱게피는 백합한쌍
봄은아직 멀었건만 향기는 맑은지고
눈덮인 금수강산에 봄풍경이 넘노는듯

바람찬 송림속에 입담은 꽃두폭이
수집은듯 웃는양이 말진인듯 하건마는

진세에 드를이없으니 담은체로 겹소서

×

뒤돌아 성당에 와서 하루를 묵고 익일은 승시리(升峙里) 일명 되재성당을 방문키로 여행코스를 돌려주었다.

덕진(德律) 저쪽! 건지산(乾智山) 아레 리화(李花)에 봄이 들제 태조(太祖)의 고토라는 그 곳에는 국보인 고적이 많다 하나 바쁜 몸이라 시간의 여유도 없을 뿐 아니라 나의 이 길에는 찾을 목적물의 범위를 버서난 것인 관계상 모두를 다음날 좋은 기회가 또 오기를 기다리고 래일 떠날 길을 준비하면서 하루밤의 꿈을 빌었다. (완)

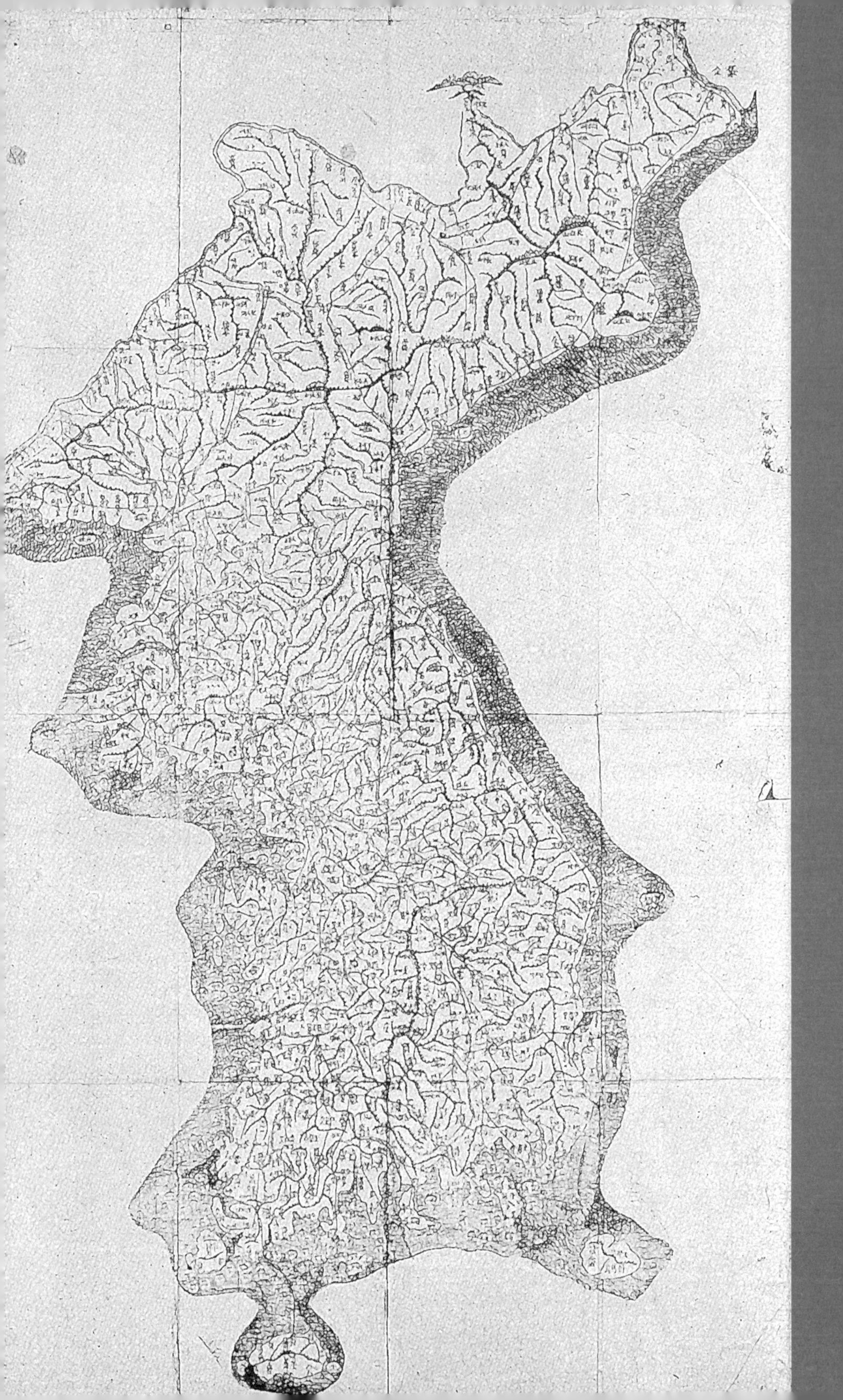

03

제주도

濟州島

濟州島와 築港期成 |

濟州行(一) | 權悳奎

濟州ㅅ길에 | 가람 李秉岐

瀛洲紀行 | 龜山人(《불교》 4호, 1924년 10월)

瀛洲紀行 | 龜山人(《불교》 6호, 1924년 12월)

濟州島를 眺望하면서 上海 가는 길에 | 金丹冶

約二千年前의 耽羅王國 濟州島 其二 |

無盡藏의 寶庫 |

海女의 나라 濟州島의 녀름 | 金章煥

漢拏山巡禮記(續) | 白桓陽氏(《불교》 71호, 1930년 5월)

漢拏山巡禮記(續) | 白桓陽氏(《불교》 72호, 1930년 6월)

漢拏山巡禮記(續) | 白桓陽氏(《불교》 75호, 1930년 9월)

漢拏山巡禮記(續) | 白桓陽氏(《불교》 76호, 1930년 10월)

漢拏山巡禮記(續) | 白桓陽氏(《불교》 77호, 1930년 11월)

西歸浦의 天池淵瀑布 | 權悳奎

濟州島行 | 金陵人

涼味萬斛의 濟州島 | 權悳奎

꿈속의 나라 濟州島를 찾아서 | 李無影

女子天下의 濟州島 | 李無影

濟州漢拏山 白鹿潭의 하로밤 | 都逢涉

제고장서 듯는 民謠 情調, 濟州道 멜로디 | 金陵人

濟州島紀行 | 朴燦一

新刊評 李殷相著『漢拏山』| 朱耀燮

濟州島紀行 | 金聖七

耽羅의 漢拏山 | 李殷相

未發見의 寶庫 濟州島를 보고 | 太玄生

濟州島 | 文仁柱

해제

바다 너머, 근대의 변방을 찾다
제주도 편

한국 근대 기행문 중 제주와 관련된 글들을 모았다. 1920년대 중반부터 1940년대까지의 기록들이다. 실제 당시 제주의 여행 체험을 생생히 담은 글도 있고 여행 뒤의 후일담 형식으로 제주에 관한 소식을 담담히 전하고 있는 글도 있다. 글의 편수에 비해 글의 길이도 다양하고 글쓴이들의 이력도 독립운동가, 학자, 문인, 작사가 등 다채롭다.

지금과는 비교할 수 없이 열악했을 당시의 교통편을 생각한다면 그때만 해도 제주 여행은 상당한 용기와 시간을 필요로 했을지 모른다. 무엇보다 멀고 거친 바다를 건너야 한다는 두려움은 제주와 거리를 더 두게 만들어 놓았을 것이다. 많은 기행문에서 제주를 향하는 이들의 마음은 낯선 곳에 대한 설렘과 함께 바다가 주는 공포가 뒤섞인 모습으로 그려진다. 그들은 대체로 도시와 문명의 눈으로 제주를 둘러보았고, 그래서 근대의 풍경을 닮아가는 변화와 변질의 조짐들도 함께 찾아낸다. 여기의 글들은 무엇보다 근대의 관광여행지로서 제주가 새롭게 구성되는 모습들을 보여주고 있다는 점에서 흥미롭다.

김단야金丹冶의 「제주도를 조망眺望하면서 상해 가는 길에」(『조선일보』, 1925년 1월 26일)는 상해로 가는 배 위에서 멀리 보이는 제주도와 한라산의 모습, 그리고 이를 보며 글쓴이가 품는 감회를 전하고 있는 비교적 짧은 글이다. 김단야는 일제 강점기에 해외에서 주로 활동한 사회주의 독립운동가다. 국내에서의 사회주의 운동이 탄압을 받자 몸을 피해 상해로 가는 중에 쓴 글로 보인다. 나라 잃은 자의 설움과 비통함, 조국에 대한 애틋함이 글 전반에 배어 있다.

푸른 물결 너머 제주도의 한라산을 보면서 그는 고향 산천에 대한 애절한 그리움을 품는다. 비록 고향 조국이 "눈물과 설움만이 가득한 땅"이지만 "반드시 안아주어야 할 땅", 다시 돌아가야 할, 그립고 보고 싶은 곳임을 사무치게 느낀다. 배 안에서 그는 굳이 조선인임을 밝히지 않고 남들도 그를 일본인으로 알고 대하지만 그 자신은 속으로 "조선 사람은 조선 사람이다. 죽은 뒤 시체까지도 조선 사람으로서의 시체"라며 결의를 품는 장면은 그의 면모를 잘 보여준다. 말미에 "남의 피땀을 짜서 제 살을 비대케 하는 종류의 사람도 있고, 남에게 피땀을 빨리고 짓밟혀 우는 자도 있는 것"이라며 일본인과 조선인을 비유와 대비를 통해 드러내고 있는데, 이러한 대목 역시 독립운동가로서의 그의 모습을 잘 보여준다.

김장환金章煥의 「해녀의 나라 제주도의 여름」(『별건곤』 4권 5호, 1929년 8월)은 제목이 주는 인상처럼 다분히 피서지로서의 제주를 안내하고 제주 여행을 독려하는 목적의 글이다. 글쓴이는 제주 출신으로 서울 유학 중에 독립선언서를 품고 귀향하여 제주의 만세운동(1919년 3월 21일)을 일으켰던 인물이다. 제주가 고향인 그에게는 그곳이 여행지일 수 없었던 까닭인지 이 글은 제주에 관한 소상한 정보들을 제공하고 있음에도 글쓴이의 실제적인 제주 여행을 보여주고 있지는 않다.

글의 전반부는 주로 제주의 바다에 대해, 후반부는 한라산에 대해 서술하고 있는데, 우선 제주의 여름이 더울 것이라는 일반적인 생각과는 달리 오히려 고요하고 시원하다고 전한다. 시원한 해풍이 불어올 때면 청풍淸風이 천금에 비할 만큼 상쾌하다면서 제주의 평균온도를 7, 8, 9월로 나눠 상세히 설명한다. 지하암석 사이의 맑은 물은 가뭄에도 마르지 않고 사이다로도 바꾸지 않을 만큼 독특하고 시원하다는 점, 남녀노소 막론하고 수영 못하는 이 없고 해녀조합원만도 6천 명에 이른다는 점, 해변에서 용출하는 차가운 물에 돌담을 쌓고 생수욕을 즐기는 풍속 등을 전하면서 제주인의 휴식과 생활의 터전인 바다에 대해 상세히 설명한다.

빈대는 없지만 모기가 많아 잠을 방해하고 기생창녀는 없으나 서양요리집이 성내城內에 생겨났음도 말한다. 도회지에서는 볼 수 없는 달빛 고요한 대지와 시적 감흥을 일으키는 낭만적인 제주의 밤바다 풍경을 감상적으로 소개하기도 하고 맷돌 돌리며 부르는 제주 민요를 상세히 옮겨놓기도 한다.

한라산을 조선에서 백두산 다음 높은 산으로 잘못 소개하고 있는 점이 눈에 띈다. 한라산은 제주의 어느 곳에서도 보이며 웅위雄偉하고 평화로우며 아무리 봐도 싫증이 안 난다고 소개한다. 한라산의 성판봉城坂峰과 어승봉御乘峰은 병을 치료하기 위한 물맞이 장소로 유명하며, 높은 산치고는 경사가 완만하여 서귀포에서는 당일로 등정이 가능하다는 점 등을 얘기하면서 한라산의 수천 종의 식물과 정상에서 내다보는 웅대한 조망도 상세히 전한다.

글쓴이 자신의 경험에서인 듯, 제주 사람은 제주의 여름이 얼마나 시원한지 모를 것이며 외지에 나가서야 그 시원함과 소중함을 알 수 있다고 하면서, "피한지避寒地로 최양호最良好한 곳이지만 피서지로도 다시 구하기 어려운 곳"이라며 제주의 여름 여행을 권한다. 항일운동을 펼친 글쓴이의 활동이나 이력의 흔적은 전혀 볼 수 없는, 1920년대 말 관광지로서의 제주의 면모를 잘 보여주는 글이다.

권덕규權悳奎의 「서귀포의 천지연폭포」(『개벽』 신간1호, 1934년 11월)는 한라산 영실靈室 계곡의 오백장군 바위와 천지연폭포, 정방폭포가 있는 서귀포 지방을 짧게 소개하고 있는 글이다. 먼저 오백장군 형상을 금강산 만물상과 비교하면서 마치 오백장수들이 행렬을 이루어 장군의 명령을 기다리고 있는 듯한 모습이라 하여 붙인 이름임을 설명한다. 그러면서 모양과 이름은 서로 맞지 않은 경우가 많고 사물의 이름은 대개 그 사물을 멀리서 보았을 때 만들어지곤 한다고 말하는데, 이런 대목에서는 언어를 연구하는 국어학자다운 모습을 얼핏 내비치기도 한다.

글은, 이 오백장군상이 위치하는 영실의 물줄기가 서귀포 쪽으로 내려가다가 천지연폭포를 이루고 있다고 설명하면서, 제목답게 천지연폭포의 아름다움과 그 주변의 풍경을 묘사하는 데 주력한다. 천지연폭포를 정방폭포와 비교하면서는 정방폭포가 별다른 특징 없이도 천지연보다 더 유명한 이유는 정방폭포가 바다에 인접해 있어 배타고 가는 사람들에게 먼저 눈에 띄기 때문일 것이라고 짐작한다. 천지연폭포와 정방폭포를 비교하면서 글쓴이가 정작 전하고 싶어 하는 것은 사람들의 눈에 잘 띄어야만 주목받고 인정받을 수 있는 세상사에 대한 안타까움이다. 이 글은 주로 천지연폭포를 중심으로 서귀포 일대의 이야기를 전하고 있지만 글쓴이의 실제 여행 이동의 장면을 보여주고 있지는 않아 본격 기행문으로서의 성격은 약하다.

권덕규의 또다른 제주도 기행문인 「양미만곡凉味萬斛의 제주도」(『삼천리』, 1935년 7월) 역시 일정 기간 동안의 여행의 경로나 여행의 생생한 체험을 그리고 있지는 않다. 하지만 1930년대 중반의 제주도에 대한 다양한 정보들을 전하고 있다는 점에서 의의가 적지 않다. 글쓴이가 짐작해 왔던 것과는 다른 제주도의 모습을 상세히 전하면서 주로 제주도의 어렵고 낙후된 실정을 드러낸다. 예를 들어 산이 높고 골이 깊어 물이 부족하지 않으리라는 예상과는 달리 수목도 모자라고 돌도 단단하지 않아 물이 고일 수 없는 까닭에 물과 소금이 부족하다는 것이다. 제주의 사무四無(물, 벼, 과실, 소금의 부족)와 삼재三災(바람,

가뭄, 물의 재해)를 설명하는 대목에서 생활을 위한 기초적인 것들이 없음을 크게 걱정한다. 더욱이 제주의 미신 풍속에 대해서는 "무서울 정도"라고 하면서 강하게 거부감을 보인다. 영주십경瀛州十景에 대한 이야기와 다양한 품종의 귤에 대해서도 소개하지만, 대체로 여러모로 부족한 제주도의 열악한 환경과 일상생활의 불편함에 대해 글쓴이의 실망이 역력히 배어 있는 글이다. 그만큼 제주도에 대한 글쓴이의 기대와 설렘이 컸었다고도 볼 수 있다. 글의 마지막 문장이 미완인 상태로 남아 있다.

김능인金陵人의 「제주도행」(『조선문단』, 1935년 5월)은 지인에게 보내는 서간문 형식의 글이다. 글쓴이의 본명은 승응순昇應順이며 필명은 추엽생秋葉生으로 대중가요 「타향살이」, 「오빠는 풍각쟁이」 등의 작사가이다. 편지의 형태라, 여행을 떠나는 출발에서부터 여행의 현지에서 느끼는 글쓴이의 흥분과 즐거움이 직접적이고 생생하게 전해진다.

글쓴이는 우선, 자신이 원래 방랑을 좋아하고 낯선 곳을 즐기던 터에 마침 레코드 회사의 일로 민요와 전설 수집차 제주도로 출장가게 된 것이 대단한 기쁨이었음을 말한다. 그러면서도 제주행이 예전 귀양살이를 떠올리는 탓에 "죽음의 구렁에 채찍질하는 인상"의 공포도 함께 느꼈음을 솔직히 고백한다. 그의 다른 글 「제고장서 듣는 민요 정조, 제주도 멜로디」는 이때 수집한 제주 민요에 대한 것이다.

목포발 제주행 배의 갑판 위에서 보는 바다의 낙일落日, 월출, 달밤의 감동과 함께, 별안간 폭풍우가 몰아치는 바다에서 느끼는 공포감도 여실하게 그려진다. 고생 끝에 제주에 도착한 그는 친구들에게 "나갈 길이 막연하고 이곳에서 아들딸 낳고 살게 될까 본다. 다니러 들오지 말라. 갇히고 말 것이다."는 편지를 쓸 정도다.

글의 후반부는 전설과 신비의 고장 제주가 주는 이국적 풍경을 주로 보여주는데, 말로만 듣던 삼다三多의 면모를 실감하는 내용들이다. 방목하며 자유롭게 키우는 목마牧馬, 오렌지 나무 아래 초가의 처녀, 그리고 사나운 짐승이 없다는 것에도 깊은 인상을 받는다. 제주 여자에 대해 "체격이 굴강屈强하고 씩씩하고 활발하며 한 마디도 알아들을 수 없는 대화를 주고받으며 몰려갈 때에는 어떤 위압감을 느낀다."고 술회하는 대목은 당차고 억척스런 제주 여성의 삶과 제주 사투리의 특유한 면모를 보여주고 있어 흥미롭다.

글쓴이는 이국적인 제주의 풍경과 풍속을 찬미하면서도 한편으로는 홍로紅爐의 여자를 보고서는 육지의 나쁜 습관과 풍속이 전파되어 제주의 타락을 가져왔음을 애석해 한다. 전등이나 전화도 제주에서는 차라리 실망을 주는 것들이라는 푸념은 다소 과장스럽긴 하지만 제주 풍속의 변질에 대한 글쓴이의 안타까움을 보여준다.

그의 「제고장서 듣는 민요 정조, 제주도 멜로디」(『삼천리』 8권 8호, 1936년 8월)는 앞선 글에 이어지는 성격의 글이다. 본격적인 기행문은 아니나 민요를 통해 제주의 생활과 풍속 등을 비교적 자세히 전하고 있다. 한과 원망이 많은 민요의 배경으로 천애의 고도에서 겪을 수밖에 없었던 잦은 별리와 열악한 환경 조건에 대한 이야기가 주를 이룬다.

대표 민요들을 소개하고 있는데, 예를 들어 먼 바다 장사길을 떠나는 남편이 이어도를 넘어 무사히 돌아오기를 바라는 기원의 민요, 남자를 차지하려는 욕심이 노골적으로 드러나 글쓴이를 놀라게 만든 아낙들의 민요, 바다로 노역을 나간 아낙 대신 집에 있으면서 아내를 기다리는 남편들의 마음이 표현된 민요 등이다. 글쓴이는 제주의 민요와 전설에 옛날 섬 아낙네들의 한과 피가 맺혀 있음을 느끼고 몸부림치지 않을 수 없다고 말한다. 그러면서도, 젊은 제주인들은 실상 섬의 민요를 별로 기억하지 못하고 있음을 지적하면서 제주도 민요가 소멸될 운명이 멀지 않음을 안타까워한다. 교통이 편해지고 레코드 라디오가 섬에 들어오면서 섬의 노래는 차차 사라지고 주민들도 고유 민요보다 육지의 노래를 더 좋아하고 있음을 개탄할 현상이라 지적한다. 1930년대 우리 민족의 애환을 담은 노랫말을 많이 썼던 음악인으로서의 글쓴이의 모습을 엿볼 수 있는 글이다.

이무영李無影의 「꿈속의 나라 제주도를 찾아서」(『신동아』 26호, 1935년 8월)는 지인에게 보내는 편지 형식의 장문의 글로, 제주도의 일주 여행을 담고 있다. 제주도의 동에서 서로 여행하면서 만나는 수려한 풍경에 대한 매료와 감탄이 글의 중심을 이루는데, "제주 같은 자연을 본 적이 없고, 제주에 따르는 인정을 본 적이 없다."는 말로 요약된다. 제목에서 보이듯 제주도를 '나라'로 표현하는 대목들이 많은데, 의아스러우면서도 인상적이다.

글은 서두에서, 흔히 제주도는 외국보다 더 먼 나라처럼 인식되는데 그것은 그만큼 우리가 '자기 것'에 대한 관심이 적음을 보여주는 것이라고 지적한다. 그러면서 제주도가 멀게 느껴졌던 이유를, 항해술이 발달하지 못한 상황에서 섬에 대한 이질감이나 과거 죄인 유배지로서의 편견 등의 탓으로 설명한다.

이후의 글은 글쓴이의 구체적인 여행을 보여주는데, 우선 목포를 거쳐 제주행 배를 타고 갈 때의 설렘과 흥분이 실감 있게 묘사된다. 배 안에서의 모습들과 배가 침몰하는 꿈의 내용이 흥미를 준다. 열한 시간 만에 제주 산지포山池浦에 도착하지만 날이 흐려 한라산 등정을 하지 못하고 제주지국의 지인과 함께 사라봉, 삼성혈, 신촌연新村淵, 김녕사굴, 성산포, 세화, 모슬포, 협재리 등을 둘러보면서 동에서 서로 일주한다. 제주에 도둑이 없음과 말[馬]이 많음에 놀라면서 특히 말들이 빗속을 달리다가도 주인의 목소리를 알고는 집으로 돌아온다는 것에 신통해 한다. 한편으로는 점차 양옥이 늘어가고 비행장이 두 곳이나 있는 사실을 지적하면서 앞으로의 제주를 걱정하기도 한다.

글 전반에 걸쳐 문명과 자연에 대한 글쓴이의 인식을 살펴보게 되는데, 제주를 "꿈의 나라, 자유와 미와 부의 나라"라 찬탄하면서 서울을 '교활하고 거친' 곳으로 생각하는 대목은 이를 잘 보여준다. 글은 비 때문에 끝내 한라산 등정을 하지 못한 것에 대한 원망과 안타까움으로 마무리된다. 꽤 적지 않은 부분에서 탈자들이 보이지만, 1930년대 제주도의 인구, 교통, 지리, 경제 등을 살펴볼 수 있는 의미 있는 자료이다.

그의 다른 글인 「여자천하의 제주도」(『신가정』, 1936년)는 앞선 글의 후일담 성격을 갖는다. 폭우 속에 나흘 동안 다녀온 제주도에 대한 인상을 정리하고 있는 짧은 글로, 이 자체로 기행문이라 보기는 힘들다. 제주도를 앞선 글의 제목에서처럼 지금까지의 인상을 새롭게 한 감탄과 경이의 '꿈속의 나라'라고 칭한다. 제주도의 전체 형상과 역사, 자연 풍광과 인심 등을 설명하고, 말이 많음에도 그 관리는 어렵지 않고, 대문이나 도둑이 없다는 점 등을 소개하고 있다. 특히 글의 제목에서 알 수 있듯 제주 여성에 대한 인상을 주로 전하고 있는데 제주에는 여자가 남자보다 많고 '생산권生産權'도 강하게 쥐고 있음을 설명한다. 체격이나 성격도 남자와 비슷하며 의지력이나 단결력도 남자에 굴하지 않음을 인상적으로 서술하고 있다.

도봉섭都逢涉의 「제주한라산 백록담의 하로밤」(『조광』, 1936년 7월)은 식물학자로서 한라산 식물 조사를 위해 백록담에서 천막 치고 지낸 하룻밤의 짧은 기록이다. 조선 본토와 매우 다른 제주의 기후 풍속 등을 오래 전부터 그리워하고 계획하던 여행이었던 모양이다. 글쓴이는 보름을 갓 지난 밝은 달이 백록담에 비추고 청천 하늘에 가득한 별들을 구경하며 밤을 샌다. 백록담에서 목포행 기선의 기적소리를 듣는다거나 서귀포 쪽에서 상해행 기선의 검은 연기가 보인다는 등의 과장스런 표현들이 재미를 준다.

박찬일朴燦一의 「제주도기행」(『호남평론』 2권 9호, 1936년 9월)은 석파石坡 형에게 보내는 서간 형식의 글이다. 글의 중간중간 감상과 소회를 시문으로 표현하고 있다. 글은 제주도를 "꿈속의 나라, 가까우면서도 먼 나라"라고 하면서 일생에 한 번 가볼 수 있을지 궁금했던 제주도 기행을 나서는 그의 설렘과 기대감으로 시작한다. 그러나 한번 가면 돌아오지 못하는 유배지 이미지가 큰 탓에 글쓴이는 두려움을 상당히 느낀다. 목포 부두에서 타고 가는 배 위에서 보는 낙일落日의 장엄함에 글쓴이는 낭만과 감상이 솟구친다. 열다섯 시간 만에 도착한 제주의 첫인상은 글쓴이에게 무릉도원이나 이국의 풍경이 아니라 가벼운 실망을 안겨준다. 삼다三多에 우마牛馬를 넣어 '사다四多의 나라'라 부르고 싶을 정도로 이색적인 인상을 받으며 평화로움과 자유를 느낀다. 동백꽃, 귤나무에 둘러싸인 초가집, 녹음 아래 일하는 처녀의 아름다운 모습을 찬탄한다. 삼성혈, 용연, 한라산, 산지포구의 밤 풍경 등을 경험하지만 결국 비 때문에 한라산 등정은 실패하여 마치 애인을 만나지 못한 듯한 아쉬운 심정을 토로한다.

이 글은 앞의 이무영의 「꿈속의 나라 제주도를 찾아서」와 아주 흡사하다. 지인에게 보내는 서간 형식이라는 점, 제주를 '꿈속의 나라, 가까우면서도 먼 나라'라 부르며 글을 시작하고 있다는 점, 과거 유배지로서의 인상을 강하게 갖고 있다는 점, 비 때문에 한라산 등정을 하지 못한다는 점, 제주를 둘러보는 구체적인 여행지와 순서가 비슷하다는 점, 또한 제주를 '자유의 나라, 미의 나라, 부의 나라'라고 칭하는 표현이나 유사한 문구가 공통적으로 발견된다는 점에서다. 그러나 앞선 이무영의 글에서는 글쓴이 혼자 여행한 것으로 드러나 있고 두 글의 게재 시기 역시 일 년가량의 차이가 있다.

김성칠金聖七의 「제주도기행」(『인문평론』 2권 8호, 1940년 8월)은 서정적인 문장과 감상적인 표현으로 1940년대 제주의 풍경을 정묘하게 보여주는 글이다. 제주 풍경의 운치와 시적 감흥을 낭만적으로 펼쳐놓으면서도 당대의 제주 정보를 소상히 전하고 있다.

먼저, 사월의 대양을 호흡하고픈 마음에 제주를 찾아 나선 것에서부터 목포행 기차에서 바라보는 화폭 같은 풍경과 목포발 제주행 기선에서 보는 수많은 섬들의 아름다운 정경을 찬찬히 담아내고 있다. 남해의 바다 위에서 글쓴이는 장보고, 이순신 장군의 위엄을 되새기며 선인들의 자취를 찾기도 한다. 시설 미비로 여객선이 닿지 못해 종선으로 갈아타야 하는 40년대 제주 산지항의 모습이나 항에서 바라보는 한라산의 "신운표사神韻漂砂한 기상이 전도全島를 위압하는 듯"한 풍경의 전달이 흥미롭다. 또한 다른 제주기행문과 달리 사투리에 대한 소개가 인상적으로 이어지는데 구체적인 발음과 대화의 예들을 그대로 기술하고 있어 이채롭다.

애월, 한림, 모슬포, 서귀포, 성산, 구좌 식으로 서에서 동으로 여행하는데 제주의 돌 많고 여자 많음을 실감한다. 끊임없이 이어지는 돌담을 보며 제주인의 '취석축원聚石築垣' 솜씨에 감탄하면서 "탐라의 만리장성"이라 비유하기도 한다.

제주여성에 대한 소상하고 구체적인 설명도 흥미롭다. 제주여성의 생활상이나 모습, 말투가 함경도 관북여성과 비슷하다는 점, 남성에 비해 활발하고 건강하며 낙천적이라는 점, 얼굴 윤곽이나 표정이 신선하다는 점 등을 강조한다. 반면 남자는 첩을 많이 두면서도 첩들이 벌어오는 돈으로 살아가는 "똥물에 튀해도 시원치 않을" 자들이라 평하면서 이를 탐라의 누습陋習이라 지적한다.

글은 또한 40년대 제주의 낙후된 생활을 보여주는데, 비가 많으나 땅 속으로 금세 스며들어 정작 식수에 곤란을 겪는다거나 혹독한 바람과 거센 바다에 맞서 싸울 수밖에 없는 고단한 삶을 이야기한다. 그러면서도 해안 가까이 집을 짓고 살아가는 제주인들을 "바다의 아들과 딸들"이라 부르며 고삐도 주인도 없이 돌아다니는 섬의 마소를 "축복받는 족속"이라 평하기도 한다.

모슬포 인근에서는 생계를 위해 조선 동해안과 일본 해안까지 나가 일을 한다는 해녀들의 억세고 '용장勇壯한' 생활을 목격하면서 "탐라의 보배"라 감탄하면서도 육지부에 비해 아직 생활 수준은 훨씬 낮은 제주의 삶을 실감한다. 대정의 추사 유적지에서는 옛날 위인들의 유배 생활과 추사의 고통을 상상해보고, 화순을 지나 서귀포에 다다라서는 온화한 날씨에 "천성天成의 파라다이스"임을 느낀다. 정방과 천지연 폭포를 구경하고 다음날 성산포를 향하지만 억센 비로 일출봉을 구경하지 못하고 도로에 길게 심어진 비 맞은 나무들을 보며 을씨년스러움을 느낀다. 제주의 동쪽 구좌면에 들어서면서는 갑자기 날씨가 맑아 제주도가 크고 넓음을 알게 되었다고 한다.

글은 제주의 서에서 동으로 해안을 따라 옮겨가는 글쓴이의 움직임을 좇아 찬찬하고 풍부하게 제주 곳곳을 기록하고 있다. 국학을 연구한 사학자로서 영민하면서도 엄정한 시선이 글의 곳곳에 배어 있고 당시의 제주 풍경과 정황들을 놀랍도록 치밀하고 섬세하게 그려내고 있다.

김종철

濟州島와 築港期成

《조선일보》 1923.10.4.

濟州島 城內는 濟州島 第一인 都會地나 港口인 山池浦口가 不完全하야 潮水가 甚하면 小船ᄭ지 出入치 못함으로 汽船이 荷港碇泊하나 浮船은 一二口間後에야 木船에 와서 船客과 荷物을 下陸하게 됨으로 乘降客의 不便이 莫大한 同時에 城內 發展上에도 莫大한 關係가 있서셔 一般市民은 遺憾으로 녁이던 中 昨年에 一般有志의 發起로 築港期成會를 組織하야 島當局과 協議한 後 道當局과 總督府 當局에 交涉하던 中 去 九月二十六日 午後二時부터 濟州公立普通學校 內에셔 官民有志가 會合하야 小坂義口氏의 司會下에 築港期成에 對하야 具體的 協議가 有하얏는ᄃᆡ 五萬六千圓의 豫算으로 小規模의 港灣을 築港하야 浮船 出入을 完全하도록 하는ᄃᆡ 五萬六千圓의 資金出處는 二萬圓은 地方費 補助를 밧고 一萬五千圓은 朝鮮郵船會社, 五千圓은 濟州商船會社와 尼口會社 一萬圓은 濟州面民 負擔, 六千圓은 其他의 補助를 엇고자 交涉中이며 道當局과 總督府 當局의 諒解를 엇고저 陳情委員 四人을 選定하얏는바 朝鮮人側에는 洪鍾口, 崔允源, 兩氏이며 日

本人側에는 아직 選定치 안이 하얏다는딕 一般市民은 一日이라도 速히 築港期成을 熱□中이라더라 濟州)

濟州行(一)

權悳奎

《동아일보》 1924.8.12.

그믐밤의 鷄龍山

언제든가 夕陽이 山에 걸려 누엇々々 다하려 할 즈음에 笑昔이라 號하고 姓은 毒하기로 有名한 그 姓이지만 사람은 淳々하기로 그만콤 有名한 그 분을 맛나 웃으며 어느 집을 들어섯다 이야기 이야기 하다가 올녀름에는『三神山이 어드메냐 方丈 蓬萊 瀛洲로다』하는 맨쓰 고장을 구경하련다는 소리가 낫섯다 그저 그럴듯하게 듯고 언제쯤 가겟다하고 헤여진 뒤에 나의 南行이 決定되는 同時에 나는 當치 안흔 곳 堪當치 못할 付託을 밧게 되엿다 이러틋 뜻아니한 무서운 責任을 질머진 나는 木浦行을 타고안저서 쑤벅쑤벅하면서 걱정걱정하엿다

漢陽이 생긴 적도 벌서 五百年이다 王家의 偉業을 李氏가 니어서 億萬斯年에 變改될 줄이업스리라 생각하는 李氏의 功臣이오 王氏의 □□인 물이들이 五百年 都邑地 松京을 지나면서『夕陽에 지나는 客 눈물겨워하노라』한지가 엇그제께에 그 소리를 다시 漢京이 되뒤집어쓰게된 것은 누구나 생각하여

도 하염업는 일이다

일이란 始作될 때에 끗이 나는 것이니까 李氏의 나라이 될 때에 또한 그 끈허짐이 決定된 것이지만은 아무커나 휘우 한숨에 웃음을 낼 수 밧게 업다

革命이 될 때에 어는 王朝가 끔직한 禍를 當하지 아니하며 어는 朝廷이 換新된 後기로 다시 革命이 업기를 바라랴만은 李朝가 생길 때에처럼 滅亡을 속에 싸아 準備한 王朝는 업슬가한다 죽죽 늘어가는 생각은 뿌리처부터 초를 치고 옹태부리 깜직한 생각의 에네루기를 助長하여서 五百年 동안의 事大思想 곳 自己를 업새는 主義와 十餘次의 자긋자긋한 士禍들은 다 이에 비저진 것이다

車가 停車場에 멈쳣다 써낫다 하는 족々 손이 오르고나리고 하는 것은 車탄 적마다 變치 안는 구경인데 나는 처음 써나는 車를 탄 사람이라 오르고 나리고 하는 無數한 모르는 손님을 送迎한지 모릇 몃번이런가 한밧이라는 곳에서 湖南線으로 썩거 나려가게 되엇다 캄캄한 그믐밤이라 咫尺을 分辨하기 어려우나 어림컨대 車는 萬古名將 階伯이 最後의 勇猛을 부려 亡하는 百濟를 끗다이 粧飾한 黃山原을 지나는 듯 하다 바른편으로 멀리 指点되는 鷄龍山은 字山의 妖氣로운 긔운을 죄다 글어안하둘도 업는 魔窟을 形成한듯 하다 아이구 보기 실혀 저 鷄龍山 어중이쯔중이 別別 形形色色의 것이 그 魔鬼의 것들이 들끌허서 안된 말로 사람으로도 살 수 업시 된 鷄龍山의 冠詞를 가진 新都 안, 나는 正말 보기 실혀 견딜 수 업다 朝鮮사람이 大陸에서 失勢를 하면 나라 쫏기고 쫏기고 하야 몰려드는 半島朝鮮에도 南部朝鮮의 鷄龍山, 네님자가 正말 鄭哥라 하드라도 그 鄭哥가 今時로 나온다 하드라도 나는 正말로 네가 밉다 어써케든지 朝鮮사람은 北으로 北으로 發展하여야 하겟다 만일 그러치 아니하면 발우 鎭海灣에다 都邑을 하고 世界를 統一한다하면 모르거니와 그러치 못하야 鷄龍山에 都邑을 한다하면 그 때의 朝鮮은 李氏朝鮮보다도 말못되는 朝鮮이다 이 鷄龍山 定都說도 李氏가 王朝를 앗을 때

에 鄭圃隱 가튼 良臣을 하도 □抑히 업신 까닭에 王朝의 遺臣들이 鄭氏君臨說을 創하야 그 都邑地는 李氏가 처음 都邑하려하든 鷄龍山에다 끌어부치어 李氏의 不長하기를 意味하고 말로나마 鄭氏로 李氏를 덥허누르게 한 것이다 그리하야 저러케 魔鬼의 窟을 맨들게 한 것이다 그리하면 李朝는 未來朝鮮의 發展에도 퍽 障礙를 준 것이라 볼 수 잇다 에어라 鄭가니 李가니 할 것 무엇 잇나 모두가 꿈이지 내가 여긔를 지날 臨時에 正말 꿈으로 들어갓다 눈을 번쩍 뜨니 車는 咸悅 못 미처의 忠淸南道 全羅北道라 쓴 標木이 선 들판을 지나간다

濟州ㅅ길에

가람 李秉岐

《동아일보》 1924.8.25.

◇ 木浦

榮山江을 쌀어 西海에 다々르니 儈達山 儒達山은 半空에 솟아잇고 碧波에 서로 빗최는 船樓와 旅閣일러라

◇ 多島海

蒼波를 스처오는 서늘바람 마지하고 白帆을 훗날리어 이리저리 돌아들제 胸中에 이는 淸興을 내 못니겨하노라 바다란 江이요 섬이란 山이로다 江잇고 山 잇스니 淸風明月 업슬소냐 一生을 淸風明月 벗삼고 이 중에서 놀과저가도록 靑山이오 가도록 綠水로다 靑山綠水가 가도록 조탄말가 이 아니 蓬萊 方丈이면 瀛洲인가 하노라

◇ 鳴梁

이곳이 어데멘지 아는다 저 沙工아 水軍실고 드날치든 거복선 어이가고

無心한 漁舟子들만 오락가락 하더라 王梅山 고운 들에 夕陽이 빗최이고 右水營 낡은 城에 가마귀 날어들제 어데서 漁笛數聲은 구슬프게 들리는고

물ㅅ결은 출렁출렁 배ㅅ머리 빙빙돌제 李將軍 큰 칼 두루고 敵軍을 號令함이 눈 압헤 번적거리어 보이는듯 하여라

바다로만 알엇더니 山이 또한 막어잇다 敵船이 어인 일로 이곳에 드단말가 하믈며 龜船에 쫏겻스니 달어날길 업서라

◇ 濟州

城山에 해가 돗고 山浦에 潮水들제 어엿분 海女들이 풍덩실 몸을 던저 滄海를 휘밀고감도 적이 볼만 하여라

◇ 觀音寺

오라리 아라리로 觀音寺 차저드니 蓬廬觀菩薩님은 念佛만 하옵시고 淸風閣 主人公은 졸음만 졸고 잇다 두어라 世上萬事를 南無阿彌陀佛 觀世音菩薩

◇ 漢拏山

가시나무 덤블헤처 돌담블길을 찾고 오르고 오르도록 바드롭고 바드론데 잇다금 부룩소 명각소리만 어데로서 들리오네

놉흔 봉 깁흔 골에 구름이 자젓는데 東벼로 西벼로 휘돌고 감돌으니 소리처 맑은 시내만 굽이굽이 흐르더라

水菊花 엉겅퀴를 다복이 만저보고 山딸기 실어미를 한웅큼 싸아들어 이윽고 老香木 알레에서 말을음을 들엇노라

봉 우에 부는 바람 옷깃을 날리는데 바위잡고 기어나려 白鹿潭 다々르니 四面에 구름이 자욱하며 이드런줄 모를러라

白鹿潭 저 언덕에 白鹿은 어데가고 白鹿潭 깁흔 물만 저절로 맑어잇다 아마도 瀛洲仙境은 이곳인가 하노라

群仙을 차즈랴고 靈室을 向하다가 사나온 비바람에 西歸浦로 돌아가니 아마도 瀛洲仙緣은 바이 업는가 하노라

漢拏山 우는 소리 □海에 나는 소리 마주처 웅웅거려 俗客을 놀래이니 仙境을 드레일가바 神仙이 怒함인듯 하여라

◇ 西歸浦

범섬에 안개것고 天池에 해 빗최니 烘爐가 쪼이는듯 날이 몹시 더웁거늘 海邊에 나서 거닐으니 서늘바람 일더라

◇ □海

어드런게 한울이고 어드러케 바달느뇨 이 중의 해와 달은 밤낫에 써잇도다 호을로 배 우에 올라 갈 바를 몰라 하노라

◇ 涯月浦

한 족악 밝은 달은 바다로 들어가고 南極老人星은 天涯에 드렷는데 어느듯 涯月浦 지나감이 쑴ㅅ결인듯 하여리 (끗)

瀛洲紀行

龜山人

《불교》4호, 1924년 10월

瀛洲란 것은 瀛洲島 漢拏山이라 한다 三神山中에 이것이 하나인가는 斷案키 어려우다 大抵 아득한 上古로부터 其山ㅅ絶頂에 잇는 늡흘 白鹿潭이라 하고 其山ㅅ西南嶝에 잇서서 森列한 바위를 靈室奇岩이라 한다 印度에 楞伽山을 難可往이라 稱하여 나려오더니 即今錫蘭島가 그것이라는 것과 相似한데 모다 瀛海中에 藐然한 一丸에 不過함으로 景物이 絶勝한 以外에 靈秘함 感想을 부처 笙鶴仙人이 碧雲縹緲中에 往來하리라 하며 新通을 得한 阿羅漢들이 其곳에 留住說法하리라 하엿다 山高月小하고 水落石出하게 된 現時代에 當하야는 難可往이라는 錫蘭島도 凡人이 可往일 샌 아니라 東西艦舶이 交萃하는 한 要塞繁華地가 되얏다 瀛洲라 하는 것은 湖南線終點인 木浦로부터 瀛洲島에 出帆하게 된 境遇에는 朝發하면 夕至하는 것이 아닌가 그럼으로 瀛洲의 배를 타고 西風斜日과 明月烟波에 往來가 繽紛한 旅行者는 各히 趣懷를 짜라 作爲의 作動은 差別할찌언정 頂天立地한 形式으로는 무릇 사람면 모다 瀛洲를 行할 수 잇다 쏘한 行할 섄만 아니다 絶頂의 白鹿潭水도

瓢子를 긔우려 可飮할 것이며 靈室의 五百奇巖도 帽子에 聯하야 可摩하겟다 한다 昨夏雨中에 東海 第一 蓬萊山을 兩三, 知己로 더부러 一覽涉盡하얏다 今年에도 江山을 歷覽할 興이 更發하기로 權崕溜와 李柯南君과 함씨 瀛洲仙山을 更訪하게 되얏다 그러하나 此行이야말로 同床異夢의 感想이 잇다

아一二君은 歷史家이며 語學家이다 그럼으로 所見所聞을 짜라 筆記하는 바ㅡ가 風土와 語音과의 對境에 有用參考가 必多할 것이다 吾人은 方外散人인 까닭으로 簡言하면 自愛名山入剡中이란 句語가 可當하겟다 瀰漫한 萬里滄溟中의 一葉片舟에 三人이 甲板上에 올나 蕭蕭短髮이 沉唫良久할 째에 몬저 聯想되는 것은 寄蜉蝣於天地하니 渺滄海之一粟일다 瀛洲는 어대런고 四顧無涯烟雲外에 一髮靑山이 浮翠色한 것이다 月色인지 燈光인지 沿洲한 漁戶와 商港은 또한 人間이 갓갑다만은 吾人은 丁寧히 修煉工夫가 淺薄하야 뵈이는 것이 아즉 顚倒한 이것이다 만일 聞復翳根除하고 塵銷覺圓淨할 지경에는 白銀宮闕이 現前하고 天童天女가 雲鶴을 타고 天衣가 翩翩하야 우리를 來迎하게도 될 것이라 생각하엿다 瀛洲에 드는 날에 海穩無波하야 無事登岸한 것도 人間性으로 말하면 幸福이 될까 한번 一笑하엿다 瀛洲는 仙山이지마는 吾人은 아즉 凡骨인 까닭으로 이번 紀行을 訪仙의 風流는 姑置하고 課日紀實과 風土所聞과 偶感의 述이란 三回로 적어보려한다

一, 課日紀實

八月一日 正午에 木浦에 在한 濟州回漕部에서 慶興丸이란 汽船을 搭乘하엿다 三分天下에 益州가 疲弊하다는 말과 가치 三人이 同行하는 中에 吾人은 水疾이 偏甚함으로 從前부터 배 잘못타기는 有名한 하나이다 水疾을 을 防備하기 爲하야 배타기 以前에 藥舖에 가서 高麗人蔘 半斤을 買受하야 行李中에 收置하얏다 當日 正午에 拔錨出帆한다 南商北客의 帆檣은

港口에 들며 나는 汽笛聲은 萬柳陰中에 매암이 소래와 雜出한다

新舊家屋 數千棟은 유달山 중허리로 조차 蓮房子와 가치 돌려박혓다 東으로 尖翠하야 멀리 波光에 上下하는 것은 靈巖月出山이라 한다 一灣을 지내자 南으로 三峯이 撑翠한 것슨 海陽頭輪山일다 十餘年前에 大興寺道場에 一往來하엿슴으로 그 山은 大興寺 主山이다 아―儼然히 吾人에게 慣面을 遠照한다 四面八方으로 森列한 多島海은 應接不暇하게 되얏다 엇지 千百億의 化身이나 낫투엇스면 낫낫한 峯오리에 올나서서 無限한 烟景을 拈拜할 것이다 아―凡骨의 詩觀으로 一鱗과 一爪와 가치 東閃西沒하는 景象을 記取한다하면 妄想이다 遙濶하든 滄波가 夾湍이 되야 雷轟이 中作하며 流沫이 數里許에 쌔친 것은 前日 右水營鳴梁목이라 한다 巫峽建平을 지내여 瞿塘灩澦가 奇嶮하다는 말삼만 들엇지마는 이곳 鳴梁은 南鮮의 瞿塘이라 한다 兩岸이 陡絶한 곳에 燈臺가 明立하엿다 아―方外行色이지마는 無限한 嗚咽波聲은 李忠武를 吊상하는 것 갓다 三百年前 龍蛇變에 千艘萬船이 이곳에서 모다 魚腹으로 葬사할제, 當夜景光은 列峯의 觀戰하든 數萬의 士女는 醉歌相慶하든 것은(강강수월래)란 謠曲이 南郡에 猶唱하는 것이다 아―輕輕히 經過하면서 山光波聲을 倏忽히 經過할제는 古今이 不相及하다는 長吁를 不禁하엿다 그 목을 지내려할제 靑年生徒 高在允 金達俊 兩君이 우리 處所에 來訪하야 殷勤히 請女한다 兩君은 濟州鄕第로 歸寧하러가는 길인데 우리가 入瀛하얏단 消息을 東亞報에 보고 온 것이라 허다한 生徒언마는 冥海舟中인 故로 來訪의 同情이 緊重하다 일은다 碧波津의 물빗이 더욱히 蒼碧한 것은 潦濁한 陸水光이 漸盡하고 純全히 大洋빗을 씌엿슴으로 그러한 것인가 한다 海路를 左轉하야 所安島에 停泊하얏다 右轉稍進하면 楸子島로 가는 것이라 한다 此島에서 써날제는 落日이 拖紅하야 萬頃波를 謝禮한다 煙海는 漸濶하야 靑黯然한 一道中에 東南天으로 放帆한다 星斗를 標準한즉 우리는 星斗를 등지고 나가는 것이다 風聲인지

波聲인지 耳邊에서만 우루루하는 것 뿐일다 吾人은 水疾을 驚□하야 人蔘數斤을 啖盡하고 船窓中에 偃臥不起하엿다 數點鍾을 지내되 水疾이 不來하얏다 波中에 夜向闌하니 陸山村을 견주면 雞三唱은 하얏것다 엇던 一人이 甲板에서 나려오며 웃스며 하는 말이다 濟州洋의 如此히 穩靜無浪한 것은 近年 以來에 希有한 事이라 한다 나도 如睡覺覺하야 其人의 말을 듯고 喜甚하야 船窓에 나서본즉 彼岸에 燈光이 星列한 것이 濟州島山池浦가 分明하고 燈光 뒤으로 蔚然히 暗翠한 것은 아마—漢拏山色인가 십흐다 그러나 아즉 心裡山色이다 아즉 夜海가 蒼茫한 中에 漢拏山이 엇지 뵈일싸? 汽笛이 忽鳴하더니 蒼茫한 一邊에서 咿咿軋軋하는 櫓聲이 甚近하면서 一葉舟가 汽船頭에 來著하거늘 그배에 나려 山池浦頭에 下陸한즉 生徒 金達俊君이 우리를 接引하야 全州旅館에 紹介하얏다 東亞日報 支局長 某君도 來訪叙話하얏다

八月二日 山池浦란 것은 濟州城 北門 外일다 全州旅館은 錦山井近地인 故로 井水가 寒冽하다 今日은 全島 少年蹴球大會를 三姓祠 松林 中에서 開催라 한다 是以로 曉頭에 北水口虹門上에 登臨하야 汲水女의 光景을 初觀하얏다 一層을 更上하면 卽今 測候臺인데 그곳이 錦山ㅅ磴이라 한다 그 磴에 立望한즉 州城 西北面 一帶는 無隱俯瞰하겟다 位置와 風土의 槪略은 다음 回에 적으려하고 詩觀의 句作도 別紙에 筆錄하겟고 다만 今回는 紀實이다 朝飯后에 旅館의 老主人으로 前導를 삼아 三姓祠 松林 中에 馳進한즉 果然 蹴球大會일다 俊麗한 男女靑年의 儀範을 大略獵視하얏다 達俊君의 紹介로 毛興穴을 본즉 芳草는 郁郁한 郊原中에 三土穴이 隱然하다 松檟榕樟이 掩映한 사이에 三姓祠를 參觀하고 退步하야 大廳樓에 納涼하면서 峨冠布衫의 兩班風이 猶存한 祠員數君을 接見하고 瀛洲十景의 畧干을 問明하얏다 炎景이 甚爍커날 龍淵夜泛이란 名所를 先訪하엿다 龍淵이란 것은 州城西門外 三里許에 在한 것이다 우리가 避暑하기 爲하야 龍淵을

차젓다 南水口虹門으로 드러 金沖庵謫廬遺墟碑를 보앗다 其로조차 西折한 十字街를 向하야 數里를 行한즉 濟州島廳前街이다 當日은 濟州市인데 林海史의 詩語와 가치(白魚春市女商多)일다 觀德亭에 暫登한즉 昔日牧使의 鍊戎治兵하든 處所이라 한다 西門外를 出하야 龍淵村逕을 經由하야 一老農의 殷勤한 指示를 因하야 龍淵이란 늡흘 차젓다 此淵은 両岸의 石巖가 逶迤한 崛한 것이 數里의 灣이 되얏스니 果然 名不虛得이다 石逕으로 나려가서 脫衣沐浴하얏다 寒風深潭이 令人膽寒하다 洗浴已하고 登岸即時에 金達俊君은 新右面으로 分岐하야가고 우리는 濟州鄕校前 松林間으로 左折하야 도라오는데 夕照天原上에 구름가티 몰려오는 것은 馬陣牛隊일다 數十牝牡가 쎄를 지어 行列이 區區하게 드러오는데 牧子는 多分히 더벙머리兒童일다 長鞭을 르루면서 緩緩唱叱하는 그 소래는 屈曲한 海岸上에 한번 드를만한 藝術일다 江原道 淮金城을 드러가면 絶壁靑山허리로 煙田을 가는 驅牛聲이 山有花曲調와 비슷하야 日暮行人의 疲勞를 忘却하게 하더니 即今에 唱馬歌로써 第一聲이라 하겟다 黃昏에 歸館하야 兒女의 叱鬪聲도 異調의 第二聲이라 한다

八月三日 測候臺 놉흔 旗ㅅ발은 雨色이 分明하고 其榜에 뚱그럿케 달인 것은 暴風雨警報라 한다 거리살마들이 面面想覷하면서 이번 暴風雨에 몃사람을 놀래일가 그 소래를 드른 우리는 日色이 淸齋하여야 漢拏山을 善觀할터인데 風雨가 作戯하면 우리의 入瀛한 鵠的이 狼貝이로다 憂心忡忡한 中에 다시 본즉 山雨는 벌서 蕭蕭하고 風色이 翩翾하다 그러한데 耽羅紀年에 題序한 高性柱氏가 우리를 委訪하엿다 高君은 城內에 圖書館主人을 하고 잇는 모양인데 年光은 임의 靑年이 已過하엿스나 文化運動에 熱誠이 有餘하여 뵈인다 濟州의 典故를 만히 問明하엿다 다른 史話와 神話와의 여러 말삼을 聽罷한즉 이것이 談話의 第三聲이라 한다 簷角의 雨聲이 琅琅하니 山景은 可望이 업고 崖溜와 柯南과의 二君은 冒雨赤脚으로 海岸에

逕往하야 海女의 全鰒따는 光景을 보고와서 盛說하는데 靑娥와 中姥와가 柿色衣裳을 團束하고 橢圓形 一句되는 壺子를 차고 潮退한 岩角에서 三三五五가 紫裳을 解脫하고 碧波深處에 紛然히 投沉할 時는 花容月膚는 어대가고 다만 風濤上에 泛泛한 것은 壺子뿐이엇다 이윽고 點點翠黛가 壺子上에 걸엿다 아아 구경시럽다 하겟지마는 朱戶綠窓에서 十指不動하고 淸風明月中에 一生奇夢을 보내는 佳人과 比較하면 不幸與多幸을 엇지 解析할지 不知로되 油然한 感想을 不禁하엿다 한다

八月四日 淸朝에 山雨乍晴을 稍喜하야 水口虹門에 更登한즉 京城中央學校 生徒 三郡이 權師를 訪問한다 그 學君과 偕出하야 城內圖書館主人 高君을 尋訪하는 同時에 輿地勝覽을 一借하야 濟州의 風土와 山川과 人物과를 更考하고 小華文鑑이란 冊子를 어더가지고 高君과는 相別하엿다 橘林書院 舊誌와 鄕賢祠碑를 구경하는데 橘柚梔桃는 四面籬落에 靑垂扶踈하다마는 書院과 鄕賢祠라든지는 至今 廢墟上에 農林學校란 古屋廣塲이 버려잇다

當時 橘林을 盛培할제는 色香이 滿城하얏다 瀛洲의 絶勝景은 一馬二橘이라 하갯다 至今도 殘景이 되얏지만 踈密間垂한 橘柑諸樹는 椹把可愛할만하다 城南으로 나서며 學君을 告別하고 觀音寺 來往人을 맛나 前導로 하야 觀音寺를 차저간다 距城 二十里라 한다 十餘里를 올라 山川堂을 차저 寒泉을 掬飮하얏다 山川堂이란 것은 舊例에 本州牧師가 漢拏山 絶頂에 親往하야 春秋에 山川祭를 지내는 法인데 風雨에 驚魂한 牧師들이 絶頂에 往祭키 危難하다하야 山川祭堂을 此地에다 權設한 것이 元祭堂이 된것이라 한다 屈峙를 지내다가 穹林懸瀑을 구경한즉 島外名瀑에 比較하면 價値가 無하다 하겟지만 溪水와 瀑水가 絶少한 此地인 故로 瀑水의 第四聲이라 한다 靑山一曲을 더우잡아 一路가 稍平하면서 叢木과 行樹와가 夕照에 蔚映하고 石泉이 琮琮하야 池塘이 盈盈한 그곳에 丹漆한 新屋이 重重한 것이 곳 觀音寺

라 한다 溫水浴室을 新築하엿거늘 到寺 初에 沐浴已하고 夕飯이 甚好하엿다 蚊蟻가 殊多는 此島의 特徵인데 아一此寺는 道場이 潤함인지 蚊聲을 不聞하겟다

八月五日 無雨多風함으로 上山은 不敢하다하야 其곳 一人에게 四面에 列翠한 峯名을 聽取하는데 峯오리는 갈오대 오름이라 한다 여러 오름을 指點하는 中에 西南편의 聳翠한 오름을 가르치면서 그것은 어시오름인대 虛應스님과 喚醒스님이 入寂한 곳이라 한다 至今은 또한 七月七日이 近한 故로 나 혼자 感悲를 不勝하엿다 午茶後에 姜老人을 指導로 하야 瀛丘春花란 名所를 처저간다 寺扉로부터 三陽오름을 右로 두고 西便 十餘里를 가서 一溪一丘를 得한바 即龍淵의 上流일다 溪潭이 曲成한 上頭에 石門과 石室이 𨻶然하야 溪潭을 跨覆함으로 瀛丘라 稱하고 石門口에 訪仙門이라 刻하얏다 春間에 左右巖畔의 杜鵑躑躅映紅 等 花枝가 드리웟슬제는 州城士女가 雲集冶遊한다 그럼으로 瀛丘春花라 得名하엿다 至今은 春花만 一夢에 歸할섄 아니라 石面에 題名題詩한 詩人까지 雲變烟化한 것이다 우리는 沐髮濯足하고 登丘高嘯할섄이다 落日林間에 馬鳴牛鳴의 第五聲이라 한다

八月六日 山寺主人 安道月과 蓬廬觀과의 二上人이 十餘年前부터 創寺에 努力한 結果로 空山絶俗한 此島此境에 化城이 儼然한 大伽藍이 崢嶸한 것은 其人의 志願도 可頌할만하다 今日은 淸霽한 山光을 可觀할듯하기로 主人에게 指導者를 請求하엿더니 信男信女 兩人이 偕往하게되얏다 其一은 行具를 擔荷하고 其二는 山中에 露宿할 境遇一면 炊飯一具를 지녓다 그 섄 아니라 白鹿潭과 靈室奇巖을 目的하는데 하나는 白鹿潭의 길을 잘 알고 하나는 靈室奇巖의 길을 잘 안다한다 平月에 써날제는 開霽할 것 갓다 우리 三人과 指導者 二人과 併하면 五人이 上山한다 平蕪를 거처 石川을 것너 개목밧슬 오를적에 絶壁古路에 攀登이 甚艱하엿다 개목밧이란 長磴十餘里에 短篁□亂石과가 결리고 間間히 芳草가 욱어젓섯다 싸로 詩作을 別錄하엿지마

는 此에 一聯이 稍可한 것이다 鹿跡岩斑香草合이오 馬鳴谷應碧雲重이라 하엿다 靑犉의 우름과 驄馬의 우름소래에 가든 구룸이 웃둑웃둑 머무는구나 점점 오를수록 北溟의 列島는 歷歷可數하겟고 건넷嶝에 葱蘢한 雲樹는 滄波가 翻光한다 此磴이다 하자 岩嶂이 奇秀하고 磵流가 雙峽間으로 潺湲하게 흐르는 곳은 獐口목이라 한다 磵流의 第六聲이라 한다 此處에 至하야는 雲陰이 解駁하고 白石靑峯이 楓岳洞天과 恰似하다 여긔서 靈室로 直往하려하면 西南으로 分岐라 한다 우리는 白鹿潭이 先着眼處임으로 東南路로 攀登하야 絶頂上으으로 進履하엿다 最高峯의 가는데 시름이 即女貞實이 滿結하엿다 시름이를 摘食하느라고 行役을 渾忘하게된다 長磴을 타고 五里許를 오를적에 槃結한 香木이 四面으로 連蔓하야 步屧하기 最難하다 此에 至하야는 馬牛鳴聲이 阻하엿다 絶頂에 達한즉 四峯이 두루 擺列하야 城壁에 標櫓갓고 其中에 淸潭은 白鹿潭이라 한다 水深은 不可測이라 하고 周圍는 十餘里나 되암즉하다 長白山頂에 八十餘里되는 天池潭에 比하면 一割씀된다 하지마는 峯高가 海拔 千餘尺은 長白山頂과 不相上下라 한다 우리는 南瀛中의 最高臺에 올라 午飯을 먹고 石崖에 轉下하야 白鹿潭水로 洗面한즉 淸冷한 心神은 御風駕鶴한것 갓다 是時에 四溟에 雲合하고 天風은 怒號한다 一身은 날개업서도 半空에 날려갈듯하다 南峯窟下에 避風하랴한즉 雲飛雨下하면서 風氣가 益尖하다 南峯下 絶壁으로 逶迤南下하기를 數里나 經過하엿다 咫尺不辨한 風雲地에 靈室奇岩가는 길을 指導者가 渾迷하얏다 然이나 人家在한 곳이나 차지려 彷徨할제 馬牛를 牧養하는 一人를 幸逢하야 靈室을 무른즉 此處에서 다섯참이라 한다 一참은 五里를 일으는 말이다 日勢는 午后一點內外인즉 風雨만 업스면 靈室을 보고도 엇더한 山幕을 차즈련만 雲雨가 黑合하고 山風은 益急하다 靈室을 보려하면 拚命三郎이 아니고는 엇지할수 업다 옛 小說中에 神仙을 차지러 가랴한즉 엇더한 樵子가 騎牛吹笛하면서 雲甚不知處를 嘲笑하는 것과 彷彿하다 白雲深處에서 斜風細雨 언덕 우에 우뚝서서 우리에 뭇는 말삼을 對答하고 芳草渡頭에 다시 보려한즉 岩嶂만 黯碧하고 風雨聲뿐인즉 이것이 風雨의 第七聲이라 한다 熱中하게 보려하든 靈室奇岩은 風伯雨師의 猜忌를 被하야 西으로 가든 작지를 南으로 向하고본즉 두가지 모다 妄想이로구나 風雨를 무릅쓰고 우뚝한 바위선 것을 好奇想으로 期於히 보려고 하는 것은 무엇이며 또한 畏首畏尻하야 此身을 圖生하기 爲하야 烟火人間을 찾는 것은 무엇인가 허허? 沉唫良久도 하야보앗다 그러치만으로 人間으로 偏向하게되야 平蕪를 지내여 나려온즉 雲間日光에 照眼하는 것이 西歸浦가 코 밋헤 잇서 長足으로는 뛸 것갓다 다시 본즉 蒼黯한 櫟林이 橫前하엿는데 그 十餘里를 穿過하야 平原에 至하며 平原에서 十餘里를 더 가야만 西歸浦에 可達할 것이다 指道者의 迷한 것은 우리에서 一部나 더하다 욱어진 櫟林 속에 荊棘은 相蔓하엿다 漸進할스록 咫尺不辨할 風雨相吹 뿐이다 一直南路로 披出이 올타한들 雲木蒼黯中에 南北을 엇지알고 五人이 一字長蛇陣으로 散合이 無常하다 엇지하야보면 二三人은 下落不知이다 우구소래를 지르다 못하야 목이 다 쉬엇다 多幸한 것은 虎熊과 蛇蝎이 업다 엇더한 水草近處에는 틈틈이 牛鳴馬色일다 소와 말과만 보아도 적이 慰安이 된다 絶處逢生은 薪木伐處를 맛난 것이다 이것도 盲龜遇木의 感想이 난다 依幕한 人間은 차즐수 不得하되 伐木處를 싸라 往來하는 小路가 생긴 것이다 五人이 僅僅相會하야 인제야 살엇다 긴숨을 내여쉬엿다 그러치마는 五六里를 더 나아가야 淸溪原頭일다 潰圍南出의 勇力을 다하야 櫟林 一坂을 나고본즉 出林一笑淸溪新이란 詩句를 唱出하엿다 이제야 風雨聲은 漸遠하여가고 殘暘이 빗추어 西歸浦가 不遠間에 잇다 落日이 玄黃하거늘 指道者 二人은 洪爐村으로 드러 宿食하기로 하고 우리 三人만 黃昏이 된 後에 西歸浦旅館에 드러간즉 主人이 厚待하야 비마즌 衣衫을 벳기고 自己의 衣件을 내어노앗다 山程八十餘里에 風雨에 困乏하야 萬死一生으로 乾淨地逆旅에 一宿하는데 夜雨가 甚大한 것을 不覺하고 눈을 써본즉 東窗에 日紅한 것이

上午 六七時頃이엇다 허허? 小㤼風雨를 閱盡한 세음인가 長㤼風雨도 이러한 것이다

八月七日 淸朝에 일어나는 即時에 天池淵瀑布로 나간다 東北으로 一里쯤 된다 雨后瀑도 구경하겟지마는 어제비마즌 衣件을 天池淵에 洗濯하러갓다가는 길에 西歸浦의 背面景致를 돌아본즉 前洋으로 列置한 小島四箇가 별과 相似하다 遠背의 漢拏山은 遙翠揷天하엿다 左浦의 正方沛와 右浦의 天池淵이 映臺하얏는대 秔稻蒼翠한 것도 入瀛의 初觀일다 쏘한 地形이 全島를 南北直徑하면 中道가 되는 것으로 瀛洲島支廳이 잇고 光州地方法院出張所까지 두엇다 風氣가 溫和하야 停泊이 最便한 곳이라 한다 그리고 曲浦晴川에 漁舟와 蜑戶는 江湖의 氣象을 씌웟다 天池瀑水에 紫烟이 자욱하고 十餘丈 絶壁에 懸波가 白飛하지마는 써러진 澄潭畔에 雜草가 욱어젓스니 瀑布의 格值가 減損하엿다 然이나 濟州島에는 第一名瀑이다 朝飯后에도 左轉數里하야 大小正方瀑布를 다 보앗지마는 그것은 엇지하야 瀛洲十景에 드럿는지는 不知로되 天池淵도 比較할 수 不得한 殘瀑이다 그럼으로 女子가 물맛는 名所라 한다 夕陽煙景을 구경하고 東回汽船을 企待하야 바로 出瀛하기로 議論하얏다

八月八日 風浪이 尙多하야 出瀛에 근심된다 朝日이 乍晴커늘 天池淵源頭를 重觀한즉 漢拏山西南麓으로 흐르는 川溪는 모다 合하야 澄潭上下가 되야 瀑水가 되얏슴으로 更着할 風味가 雋永하다 午后 一時에 東回하엿든 慶興丸이 來着하면서 吹笛이 瀏亮하다 殘裝을 收拾하야 上船한즉 此日의 景況이야말로 亂石은 穿空하고 驚濤는 拍岸하야 捲起千堆雪이로다 風景은 奇勝하다마는 乘船 잘못하는 吾人은 眼眩膽轉하엿구나 午后四時頃에 拔錨轉輪하기 始作한다 高浪이 翻空하는 까닭으로 摹瑟浦 七十里灣을 未及하야서 水疾이 侵入하야 嘔吐를 한바탕하고나니 조흔 구경이 원수만 십흐다 黃昏에 摹瑟浦를 지나서 翰林浦에 蹔淀할 쌔부터 風浪이 穩伏하고

月星이 照耀하다 漢拏山을 바라보니 雲嵐은 버서지고 突兀撑空한 眞面이 偃蹇하다 神情이 更新하야 海岳의 煙景을 바라보고 甲板上에 孤坐하얏다 愛月浦에 當到한즉 上弦落月은 三更이 分明하다 玆遊奇絶冠平生이란 詩句를 외우고 瀛海四面을 살펴보니 月光인지 水色인지 또한 하늘과 짱이 업서지고 말엇다 藐然한 身世는 蒼蒼凉凉하야 一段落霞와 有若無하엿다 汽船은 쑹쑹거리더니 벌서 山池浦에 停泊하얏는대 밤은 임의 새벽이다 도로 東南으로 向하야 南極老人星에게 遙禮하고 말엇다

八月九日 上午二時頃에 山池浦를 써나 楸子島로 還向하는데 浪翻船動한즉 水疾이 다시 왓다 困瘁 一身이 苦痛을 鎖受하다보니 東日이 通紅하엿다 風靜波穩한 곳은 即楸子灣일다 精神을 차려 살펴보니 三峯이 秀開한 것이 蓮花가 半開함과 相似하다 漁子와 村婦의 儀表를 본즉 濟州島와는 懸殊하고 語音도 靈巖과 海南과 恰似하다 只今은 濟州島에 隸屬하얏스나 其前에는 靈巖郡에 屬地로 經過한 一時도 잇섯다 한다 人家는 左右로 排置한 것이 數百戶인것 갓다 此島로부터 回帆한즉 珍島青山이 點點히 環繞하엿다 一帆順風으로 木浦埠頭에 下陸한즉 下午四時頃이다 다시 南橋洞佛教堂에 投宿하얏다 只待天明야 各自飛란 詩語와 一般으로 우리 三人도 明朝이면 所懷를 싸라 分岐하게 된다 崖溜君은 壺山鄕第로 吾人은 大興寺로 入去하게 되얏다 一日만 清凉道場에서 歇惺하자하야 再明日에 分飛하게 되얏다 課日紀實은 此에 止하얏다

瀛洲紀行

龜山人

《불교》 6호, 1924년 12월

二, 風土所聞

瀛洲도 또한 人間이다 天上에 잇지 안한 까닭에 一筇一履으로 十日光陰이 다 못하야 大略은 行脚周覽하엿다 그러한데 至今부터는 風土所聞을 記錄하려한다 三友가 同行하는 中에도 石人은 호올로 史學者가 아님으로 所好의 程度를 따라 精詳히 傾聽치 아니한다 또한 구타여 張皇히 記錄하려도 아니한다 瀛洲란 上古에 在하야는 耽羅國이라 일카럿다 南海中에 잇는 藐爾한 一丸인데 周圍가 四百餘里에 不過하다 古來로 神話가 사람의 耳目을 聳動케 함으로 瀛洲山이 三神山의 하나라 하는 서슬에 아주 □異한 山川이거니 想像하게되야 石人도 渺漠한 風波中에 이러케 間□來訪한 것이다 然이나 우리 理想으로 夢寐間에 往來하든 瀛洲는 果然 아니다 그러치마는 韻勝한 곳이라던지 靈異한 所聞이라던지 몃가지를 大世에 紹介할 것도 不無하다 먼저 漢拏山의 位置부터 말하겟다 漢拏山은 全體가 特別하게 된 것이다 雄秀한 智異山 即方丈과 峭秀한 金剛山 即蓬萊와 懸殊하되 그 最絶頂이 海拔

九千餘尺이나 되야 長白山 最高峰과 伯仲間이라 한다 그 絶頂이 城郭의 標櫓와 가치 列開하고 白鹿潭이란 늡히 잇서 周回가 十餘里가 되얏스니 이것이 長白山頂에 잇는 天池와 相似한데 그것은 周回가 八十餘里나 된다하니 大小만 잇슬뿐이다 科學者는 말하기를 一種火山이 터저서 頂上에 有潭하게 된 것이라 ᄒᆞ나다 그러함으로 潭壁에 잇는 石片이 모다 刼灰中에서 금방 나온 것 갓다 紫黑色을 씌인 것이 換言하면 蒸麻坑에서 파낸 것 갓다 그리고 漢拏山이 中心이 되야 一島의 形止를 作成한 것인데 重巒疊谷도 바이 업고 그만 單獨한 一麓이 南溟으로 向하야 亭亭聳立한 것이다 이것이 東西는 百餘里나 延袤하엿고 南北은 五六十里나 亘綿하엿다 조곰 遙遠한데서 瞻眺하게 되면 마치 엇더한 仙人이 拂袖張舞하는 것과 恰似하다 山北으로는 濟州域이 되고 山南으로는 旌口와 大靜域이 된 것이다 厥初에는 洲城南 三里許나 되는 毛興穴에서 良乙那, 高乙那, 夫乙那의 三人이 誕生하야 마츰 碧浪國使者가 護送한 三仙女와 相配하야 第一徒里, 第二徒里, 第三徒里인 疆域에 分居하야 五穀을 始播하고 部落을 成하엿다 한다 그 后에 高厚, 高清 等 三昆弟가 新羅에 來朝하야 耽羅國이란 國名을 得하고 星主 · 王子 · 徒上이란 爵號를 타왓다 한다 그後 高麗末葉에 至하기ᄭᅡ지 高, 梁, 夫, 三族長이 (良改爲梁) 그 三爵을 襲來하얏다 한다 高麗忠烈王 二十一年에 耽羅를 革하야 濟州라 하고 牧使와 判官을 設置하엿스나 星主와 王子의 爵號와 國名은 그대로 維持하엿더니 李朝太宗 二年에 비롯오 爵號와 國名을 除하엿다 한다 그리고 ㅣ六年에 至하야 安撫使 吳湜의 啓請을 因하야 山南 二百里地에 兩縣을 分置하얏스니 東은 旌義로 하고 西는 大靜으로 하야 各各 縣監을 두어서 分治하엿고 今에는 市朝가 改革하야 全島에다 濟州島 司一官으로 하야곰 管理케 되엿다 前日은 外冦를 防護하기 爲하야 十二防護所와 十個水戰所의 關防을 建設하엿다 한다 그러한즉 山北州城界에는

朝天館, 金寧浦, 都近川, 涯月浦, 明月浦

에 잇고 山南兩縣界에는

大水山, 西歸浦, 吾召浦, 遮歸浦, 東海浦, 口浦, 毛瑟浦

等에 在하엿다 韻人口氣의 所稱으로는 瀛洲十景이 잇스니

一曰 白鹿潭晩雪, 二曰 古岩牧馬, 三曰 靈室奇岩, 四曰 正方瀑布, 五曰 瀛丘春花, 六曰 橘林秋色, 七曰 城山日出, 八曰 紗峰落照, 九曰 山房堀寺, 十曰 龍淵夜泛

이라 하엿다 形勝으로는 輿地勝覽에 云한 바와 가치

北枕巨海 南對崇岳 家家橘柚 處處騮驊 溟渤渺茫 功戰所不及 中極寬敝

이라 한 것이다 前人佳句에는 有曰

深冬橘柚霜垂屋 幾處蒹葭滿船 俗似朱陳民易使 地如幽冀馬多良

이라 한 것들이며 高麗 慧日上人은 山房堀寺에 有吟曰

梅塢方殘臘 霜枝忽發春 冷香雖可愛 地僻少遊人

이라 하엿다

近古의 名賢으로 左遷이나 或은 島配된 先賢은 冲庵 金淨과 圭庵 宋麟壽와 桐溪 鄭蘊과 淸陰 金尙憲과 尤庵 宋時烈과의 五先生인데 모다 橘林書院에 說享하엿고 老村 李約東公은 淸白吏로 有名하고 晩悟 李禬公은 興學右文으로 有功하다하야 永惠祠에 別享하엿다 한다 阮堂 金正喜公은 憲宗 戊戌에 大靜縣에 編管하엿다가 九個年만에 放還하엿고 虛應 普雨大師는 禪敎兩宗科를 復設하고 佛敎를 重興하랴더니 時局과 相左하야 濟州島配한 바 되얏다가 牧使 邊協의 毒手를 맛나 嗚呼結果하엿고 喚惺 志安老師는 金山寺에서 大法會를 普開하엿다가 細人의 誣揑로 因하야 英宗 己酉에 島配한 바 되야 七日만에 어시오름 알에서 趺坐入寂하엿고 仁祖 十五年에 光海主를 政治革命으로 因하야 喬桐으로부터 이곳으로 放黜되엿다가 秋七月에 薨逝한즉 牧使 李時昉은 素服으로 島中諸官을 거느리고 擧哀하엿다 한다

大抵 風俗을 말하면 冲庵子의 風土錄에 詳言하얏다 그것은 煩冗함으로 다 옴길수 不能하다 要領을 드러 말하면 三多地라 稱한다 이것은 扶桑國에 三無라 稱하는 傳說과 名對가 될만하다 三多는 무엇인가 風多 石多 女多라 한다 그러치마는 吾人은 一을 加하야 馬多라 하면 四多라 함이 엇더할가 다른 것은 無疑하지마는 石多라 하면 金剛山과 如하야 奇岩恠石이 重重한줄 알며 砥平넘은 어을과 가치 白石細礫이 만흔줄로 알어서는 아니된다 이것은 漢拏山頂으로부터 海澨平原까지 모다 썩음썩음한 醜惡한 돍맹인데 그런중에 黃土와 찰진 흙은 藥에 쓰랴하야도 하낫도 업다 석벌의 집 가튼 바우에 自然히 억새와 우둥풀을 더퍼서 靑蒼하케된 故로 一望無際가 靑草坡이지마는 其實은 石原, 石川이다 然함으로 淸溪와 鳴澗은 可望도 업거니와 飮料에 適當한 우물도 쉽지 안타 州城이 可量二千餘戶가 居留하는 都會地에 南水口虹門內에 錦山泉 하나히 잇는데 城市 中心에서 距하기 五里는 잘되여보인다 淸晨오로부터 薄暮까지 老媼과 靑娥들이 호박(水桶)을 지고 絡繹往來하는 것이 또한 一女市일다 그런데 男子는 하낫도 不見하겟다 들밧헤 지음매는 者를

보아도 女子요 牧牛하고 다니는 것을 보아도 女子요 海岸에 나가서 全鰒짜는 것을 보아도 女子쑨이다 晩潮는 써러지고 斜日은 礁臺에 비첫슬 째에 三三五五가 쎄를 지어 碧波風浪에 泛泛한 壺子들은 全鰒짜는 海女로다 夕陽十里芳草岸에 紫騮靑驄을 催歸하는 牧子들은 緩緩淸唱이 悠悠한 行旅의 가는 집행이를 머물게 한다 이것도 名對가 잇다 淮陽 金城山ㅅ골을 드러가면 비탈 우에 石田가는 農夫들은 자라—, 마라—, 하고 耕牛를 모는 소리가 淸歌一曲이더니 여게와서 牧子의 唱馬聲도 쏘한 名唱일다 쏘한 絶倒할 事는 四面海中에서 煑鹽함을 不得하야 白鹽이 썩 貴하다 엇지하야 그러할싸? 鹽田을 起墾할 곳이 업고 北海水와 相等한 醎分이 不足한 싸닭이다 只今은 交通이 便利하엿지마는 前日에는 水路로 九百餘里를 나와서 海南, 珍島 等地에서 輸運하랴즉 얼마나 困難하얏슬가! 柴樵가 極貴하고 海魚도 全鰒, 海蔘, 刀魚 等 以外에는 産出이 極少하고 稻田은 旌義, 大靜 몃들에 千餘石직이 쑨이오 牟麥, 甘藷, 豆太 그것 쑨인대 海風이 殊甚함으로 大陸에 相較하면 歉年이 最多하다 그런데 全島의 家戶는 三萬五千 以上이오 人口는 二十一萬三千餘名이라 한다 土瘠人多함으로 生活이 極儉하고 家屋制度는 內外堂奧가 不別한 故로 舍廊이 잇서서 賓客을 應接하는 집이라고는 州城 二千餘戶中 三四戶에 不過하다 한다 僥幸이 猛獸와 毒蝎은 全無하고 原隰에는 靑牛紫馬가 如雲하고 山谷에 鹿獐이 呦呦한다 쏘한 士女가 宗敎崇拜하는 마음이 偏多한 故로 數百年前싸지는 佛寺와 神社가 相望하엿더니 어느 牧使가 闢佛하는 風氣를 가지고 島內에 잇는 寺刹을 撤廢하얏다 그래서 近古二百年來에는 寺鍾이 自寂하고 僧影이 不見하엿다 그러치마는 漢拏山 靈室奇岩을 世人들은 五百將軍 又는 五百仙人이라 稱하지마는 佛者는 五百羅漢의 天眞相이라 한다 그럼으로 最近 數年前부터 蓬廬觀이라는 尼姑와 萬下禪師와 道月上人이 弘誓를 發하야 三陽오름 東南 一里許에 觀音寺를 創建하고 쏘한 信者들이 今年春에 朝天近處 願堂오름 밋헤 白蓮寺를 創建하고 모다

空山 몃百年來에 寂寞하엿든 黃花의 香과 伽陵의 소리를 다시 人間에 徧布하야 알리려 한다

輿地勝覽에는 往古의 寺名이 十二가 有하니

尊者庵, 月溪寺, 水精寺, 文殊庵. 海輪寺, 妙蓮寺, 江臨寺, 普門寺, 逝川庵, 小林寺, 觀音寺, 法華寺,

이다 그 所在地들은 紹介하려한즉 煩絮하기 쌔문에 다만 妙蓮寺에 題詠한 慧日上人의 一首詩만을 稱道한다

南荒天氣喜頻陰 此夕新晴洗客心 一夢人生榮與悴 中秋月色古猶今 逈臨渺渺烟汀潤 斜映沈沈竹屋深 賞到夜闌淸入思 不動頭側動微吟

이라 하엿다 쏘한 可敬可讃할 것은 新敎育程度가 發展日新하야 本島에 建設한 小學校 數爻가 數十곳이나 되고 高等普通科 以上으로 하야 京城, 東京, 其他 各地에 留學生이 二千餘人에 達한다 한다 至今 全島生徒蹴球大會에 男女學君의 無慮 千百人이 濟濟同聚하엿는데 聰俊健雅한 儀範이 可觀인 中에도 女强男弱한 것이 뵈인다 石人은 此에 至하야 觀風을 止한다

三, 偶感의 述 熱鬧한 此岸에서 火宅諸子의 呌苦함을 忍聞하다가 淸凉한 彼岸을 直到하엿다 하는 思想도 不無하엿다 허—이 생각이 오래엇스면 太上一着이다마는 그러치 아니하야 多島海 方面을 周視하면서 鳴梁목을 지날적에 同行 三友와 學君 몃몃치 돌아서서 往昔龍蛇의 故事를 指點하고 面面相覷하며 悲感한 빗을 씌울 쌔에는 我心匪石이라 河山이 鼎革함애 鳴咽한 鳴波는 無限한 苦衷을 冲動한다 아서라 烟海舟中에서 屈三閭를 想像하면 무엇하랴! 渺渺한 滄海를 건너니 人間이 다시 뵝니다 허! 「내가 人間이면 天堂

佛國을 가도 거게도 人間이란」 말삼이 果然우리를 不誣한 格言이로다 그래서 濟州城에 得達하고본즉 瀛洲仙子는 어데를 가고 此岸과 一夢인 烟火色이며 啼喜聲쏜일다 千仞岡頭에 臨하야 罡風一輪을 비기고 烟蒼雲白한 大界를 俯觀한즉 藐然한 一島地에서 所謂 興亡沿革은 다 무엇이냐 蒼茫한 一烟中에서 蠢動한 것들이 權利競爭과 地位相奪을 因하야 遷客騷人이 서로 寃呼하며 忠臣義士가 서로 扼腕하얏다 一時에는 熱椀鳴聲과 갓다가 彼此가 모다 無消息하구나 마치「泥牛가 相鬪하야 海底로 드러가더니 直至如今에 消息이 茫然하다」는 그것이다 그럼으로 絶頂에서 淸嘯一聲을 萬壑松風에 傳하야보앗다 二友는 無論, 石人의 一嘯하는 意味을 領略할는지 모르거니와 그네의 皮裏春秋는 무엇이든지 잇슬 것이다

허! 그러치마는 엇지할 수 업시 深感되는 것이 잇다 明宗 乙丑에 虛應大師가 佛敎를 中興하려다가 儒林에 被黜한 바로 牧使 邊協에게 遇害한 것과 英宗 乙酉에 喚醒老師가 金山法會에서 講法이 甚盛한 것을 士類의 羅織으로 秋七月一日에 渡海하야 母岳下에 安置한지 七日만에 奄然 入寂하게 된 境遇에는 灰死하엿든 遺恨이 勃然히 更燃하게 된다 虛應, 喚醒 兩大師는 모다 菩薩이 重來한 影響인즉 適然히 爲法以去하엿스니 其來에 一片白雲이오 其法에 萬里長空이다마는 塗割에 兩無心하는 平等性地에 入하야는 上疏하고 誣捏하든 士林 그것을 憐愍先度할 願心도 必有할 것이다 허! 水流雲空한 今日에서 前塵을 回顧하면 衆生을 건지랴는 善知識을 有自無覩한저 人生이 自眼을 엇지 自矐하엿슬가? 孟浪한 程伊川 朱晦庵輩가 屋外靑天을 못보고서 自己範疇外에는 모다 異端이라하야 辭闢함이 爲是하다 하고 壁壘를 一立한 流毒이 가장 深熏하기는 李朝士林이라 云謂치 아니치 못하겟다「彌近理而大亂眞」을 朱晦庵이 主唱하야 佛學者를 批評하얏지마는 出乎, 反乎, 格으로 自家에서 自言을 遂踐한 것이다 自家의 語必稱은 天理를 存하며 人欲을 抑除한다한즉 더욱 近理하겟지마는 黨同伐異하는 人欲이 熾然하야 向上眞

人의 大道를 害하며 그뿐 不已라 自家派中에 滄洲와 象山의 相嫉이며 江門과 姚江의 紛爭에 殺風景이 얼마나 뵈엿는가 이것이 大亂眞이 아니고 무엇인가? 그와 가튼 宋儒明學의 陋風이 鴨江에 건너 松山에 물들고 漢樹에 病侵하야 五百年동안에 儒學이 發展이라 하지마는 君子小人의 黨禍와 忠臣逆賊의 諍論이 實際를 窺破하면 모다 朝三暮四의 理論이다 엇더한 儒者는 雙是와 雙非의 徹底한 公論을 主唱하엿다 한다 果然 雙是는 무엇이며 雙非는 무엇일가? 只今와서 翻天覆地하는 大氣가 宇宙間에 彌滿하고본즉 儒라는 佛이라는 道라는 門戶가 어대 各立할가? 圓同太虛하야 無欠無餘한 至道가 現前할뿐 아닌가? 그리하고 본즉 石人은 佛門의 見이 猶存한 것 갓다 그럼으로 一嘯하엿다

허! 然中에 同病相憐의 感을 不禁할 것은 山房堀寺에 嘗住하든 慧日上人이다 古記에 所載한 것을 본즉 山房法僧 慧日이 西遊中國하야 名震道場하고 尤工於詩하야 其所題詠이 多見輿誌라 하엿다 果然 上述한 바에도 慧日上人의 詩偈가 數首이나 寫傳하얏다 淸麗蘊藉하야 凡臼에 超然한 風韻이 뵈인다 千載下에 在하야 淸風을 可挹하겟다 여러千百年 已來에 道俗法侶도 瀛洲山寺에 多居하엿슬 것이다마는 浮雲流水에서 모다 泡沫되야 업서지고 다만 詩僧 慧日上人의 詩性이 淸眞한 까닭으로 陳牘敗草間에 態態한 光燄의 不滅한 것이 往往히 遊人詞客의 心胸을 盪開케 하는 故로 瀛洲烟害中에 潛輝한 佛光을 어느 곳에서 차저볼가? 遮頭片瓦의 殘迹이 잇다한들 靑山落日에 杜字聲뿐이지마는 慧日上人의 詩偈는 種種 한慧光이 暗雲黑雨中에서 나타나게 되니 白香山의 이른바「文字로 佛事를 作하야 來世에 法輪을 轉한다」함이 이것인가? 石人도 萬慮가 都盡한 斜日西風에 一種佳習이 無何有中에 往來하야 殘篇荒詞를 잇다금 露出한즉 慧日上人의 詩偈에 對하야 無限한 同情이 油然하겟다

허! 阮堂尺牘을 前日에 愛讀하엿다 其中에 權□齋相公에게 瀛洲風土를

槪載한 書札이 如左한 것이다

「此中風土人物은 天荒이 尙未闢破하니 椎魯無知가 卽何異於魚蠻蝦夷리오 其中에 亦有秀拔超倫之奇호대 其所讀은 不過 通鑑, 孟子, 兩種而已라 雖此両種이나 亦何往而碍완대 何如是責備耶아마는 但賦가 無南北이어늘 特無導揚開發하니 導師—悲憫하야 爲爾輩歎者는 政爲此地道니라 然이나 環漢拏四百里之間에 柑橙橘柚之佳珍은 人所共知者어니와 外此奇木名卉가 葱蒨交翠호대 擧皆冬青하고 皆不能知名이라 樵牧이 無禁하니 甚可惜하도다 若使一笻一屐으로 處處에 探訪하면 必有奇觀異聞이언마는 顧此籬底生活이 何以及此耶아? 楚南之多石少人은 自昔已然이라 漢拏의 靈異磅軋之氣가 鍾於草木而已耶아? 豈鍾於物而不鍾於人也—리오! 水仙花는 果是天下大觀이라 江浙以南은 未知如何로대 此中之里里村村과 寸土尺地에 無非水仙花라 花品이 絶大하야 一朶에 多至十數花八九萼, 五六萼하야 無不皆然이라 其開는 在正晦二初로 至於三月하니 山野田壠之際에 漫漫如白雲하며 浩浩如白雪이라 累居之門東門西가 無不皆然이라 顧玆坎窞憔悴컨대 何可及此리오 若閉眼則已어니와 開眼則便滿眼而來하니 何以遮眼截住耶아 土人則不知貴焉하야 牛馬가 食齕하며 又從以踐踏之하니라 又其多生於麥田之間故로 村丁里童은 一以鋤去하고 鋤而猶生故로 又仇視之하나니 物之不得其所가 有如是夫인뎌 又有一種千葉者하니 初開苞之時에 如菊花之青龍鬚하야 與京雒之所見千葉으로 大異하니 卽一奇品矣로다 秋末冬初에 竊擬擇其大根者하야 送呈이로대 未知其時에 便値가 無晼晩矣랏다 屈子所云不及故人이면 誰與玩芳者오 함이 不幸近之로다 觸境感悽하야 尤不禁汪然也—로다

此中에 有甘露樹하니 樹身이 大口一握이며 或二三握이라 截其本則樹汁이 湧如瀑泉이라 一木에 可得一大瓶하니 水如乳泉하며 味甘이 如石蜜之上品호대 淸例有香하니 他蜜之甘은 不如也—라 儘奇品異産矣로다 仙家之環漿玉液이

라도 恐不多於如是리라 樹在深山하야 或有遇之而不多見하니 此中人이 亦不知也—러라 年前에 有一行脚如道人者가 渡海而來라가 入山渴甚하야 取其樹하야 截而飮之어늘 其時에 樵夫一人이 旁見之하야 能道其事라 今從樵夫得之로대 恐其傳播而爲此島大患故로 亦秘而不發하니라 若三四日程則可以傳達而百計籌量호대 無遠致之道하야 不得仰呈하니 極可歎耳라」

如此한 風神이 飄逸한 文字를 볼 때에 悠然神達하엿다 今回에 瀛洲島를 遠訪하게된 動機로 말하면 三神山에 하나이라는 風韻에 牢落한 詩情이 聳動하엿고 또 增上緣으로 因風吹火를 시키기는 阮堂書尺의 韻語로 된 것이다 그러한데 實地脚踏하고본즉「書不可盡信이라 盡信댄 不如無書」라 함을 果信하겟다 허! 허 阮堂先生은 光風三昧中에서 麗藻淸言을 發揮한 것이다 石人은 凡骨이라 그러한지? 奇木名卉가 葱蒨交翠한 것을 何處에 尋見할는지? 蒼樾櫟林이 他山所見과 一般이다 水仙花를 盛稱하야「環瀛一島四百餘里가 都是水仙世界라 漫漫如白雲하고 浩浩如白雪이라」하엿지마는 開花時節이 不是라 그러한지? 山野田壠의 間에 一朶水仙花도 不見하겟슨즉 節物이 隨時變遷하야 古有今無한 것인가? 此에 對하야 黯然함을 不覺하엿다 뜻밧게 漢拏山 歷路에서 水菊花는 五六處에 滿發하엿다 甘露樹라 美稱한 것은 智異山 穀雨 前後를 當하면 巨梓水로 因하야 蹄輪이 雜遝한 그것인즉 貴重하다하면 그것도 貴重하겟지마는 瓊漿玉液에 견주어서 사람의 風神을 艶動할 것은 아니다 然則 水仙花와 甘露樹와 漢拏山의 其他 靈木은 阮堂의 文字 三昧中에서 想像으로 四方極樂世界와 가치 찻는 것이 爲是라 하겟다 然則 金剛山가튼 探勝도 如此할가? 不然하다 原來로 그山은 景勝으로 因하야 詩文間에 傑作이 只今까지 稀少하다 한다 是故로 金剛山에 對하야는 他人에게 뭇지말고 제가 自往見하리 하엿다 然이나 漢拏山 絶頂에서 南極老人星을 俯觀하면서 李靑蓮의 云한 바「雲垂大鵬翻이오 波動巨鰲沒」을 읇허 心胸

이 盪碧할제는 四海가 無山하다 엇지 金剛山가튼 것이 眼前에 突兀할가! 放筆一笑하엿다 (숫)

濟州島를 眺望하면서 上海 가는 길에

金丹冶

《조선일보》 1925.1.26.

조끔식 흔들리던 船體는 아조 자는 듯이 沈着하여졋다 둥그란 『가라스』 □ □通하야 멀리 푸른 물결 저便에 뫼 갓기도 하고 구름 갓기도 한 것이 겨우 困한 잠을 채 깨지못한 나의 視線을 물드린다 나는 精神을 차려 한참 注目視하엿다 그것은 確實히 山이엿다 섬(島)이엿다 나는 버서노흔 洋服을 들추어 時計를 끄내여 보앗다 午前 十一時 三十七分을 가르치고 잇다 지금은 □一九二四年의 마즈막되는 十二月三十一日의 二十三分이 못된 正午이다 내가 이 배를 탄지가 二十二時間 조금 못된 때이다 나는 일즉 P君에게서 萬 一晝夜만에 上海에 到着한다는 말을 드른 것이 記憶된다 그것이 事實이라하면 아마 셤산은 吳松어구에 나타나는 中國의 山川일 것이 分明하다 그러나 어적게 내가 船夫에게 무를 때에 그의 對答은 一日 새벽 三時頃에 上海에 着航한다고 하엿다 그러타고 하면□□□□□□山일 理가 萬無하다 배는 只今 門司로부터 上海에 이르기까지의 約三分二를 조금 못온 세음인데 여기 陸地가 나타날 까닭이 업다 여기는 곳 茫茫한 黃海 복판일 것이다 아모리 생각을 하여도 알 수가 업다 그래서 『섄이』를 불럿다 『섄이』의 對答은 『濟州島요』 하엿다 나는 얼른 속으로 『야 이 바보야— 그게 엇재 濟州島란 말이냐』 하얏다 『섄이』는 다시 『그러면 저 다른 日本사람 船夫들에게 물어보시요』 하얏다 (그 『섄이』는 中國 上海 地方人이엇섯다 말하는 것이) 그래 나는 벌덕 이러나서 甲板우에 쒸여 올라갓다 日本船夫 하나를 불러 『저긔 저 셤은 어듸인가』 하엿다 그도 亦是 『濟州島』요 하엿다 그래도 亦是 疑心이 풀어지지 안는다 그러나 그 셤산은 果然 濟州島인 것 갓기도 하엿다 글로 읽고 말로 듯던 濟州島와 꼭 갓햇다 그러나 時間關係로 보아서 濟州島일 理가 萬無하다 濟州島는 門司와 上海 사이에 그 距離가 門司便이 조금 갓가운 터인대 時間上으로 보와서 벌서 着航한다는 時間에 三分二가 조금 못되는 地點에 배가 왓슬터이니 到底히 濟州島일 것 갓지 안엇다 다시 機關手를 차저가서 上海 到着時間을 물엇다 『一日 午後 三時頃입니다』라고 하엿다 나는 다시 새벽이 아니고 午後란 말이냐고 물엇다 그는 실은듯이 그러타고 말하엿다 나는 도라서서 『올타 그러면 저것이 確實이 濟州島이고나』 하엿다 아직 반씀을 못왓다 門司서 上海를 滿二□夜하고 一時間이 걸리는 모양이엇다 나는 무엇보다 하로를 더 긔다릴 생각을 하고 몹시 지리할 것을 豫感하얏다 果然 큰 셤이엇다 그러나 크고 놉흔 山이엇다 그 섬이 □山이오 그 山이 □山이요 漢拏山인 濟州島이엇다 日氣는 씃업시 淸明하고 氣候는 海風이 쉴새 업시 부러오건만 그저 『산듯산듯』 한 맛만 좀 잇는 것만치 싸뜻하얏다 그러나 저 漢拏山 머리에는 白雪이 둘러잇다 마치 여름날에 日本 富士山을 보는 것 가탯섯다 이러케 싸뜻한 째에 싸인 눈은 그 산머리는 얼마나 치운 것을 證明하는 同時에 얼마나 놉흐다는 것도 말하여준다 아! 저것이 果然 濟州島이다 나의 故國의 山川이다 나는 저 쌍에서 발을 옴겨 노흔지가 不過 三日이 못된다 그러나 그 쌍이 새삼스럽게 그리웁고 보고 십헛다 그러다가 이제 쯧 밧게 蒼波를 사이에 두고 물끄럼이 건너다보기만 하는 나에게는 한層 더 애끗는 늣김이 소사낫다 저긔는 눈물과 설음만이 가득찬 짱이다 거기 잇는 우리 兄弟는 모다 눈물에서 살고 설음에서 지낸다 일즉 내가 흘리고 헤친 눈물과 설음도 거기에 찻다 내가 반드시 써나지 못할 그 짱이오 반드시 안어주어야 할 그 짱이다 그러기 째문에 주어야 할 그 짱이다 그러기 째문에 몃칠이 지나면 다시 도라갈 그 짱이 그러케 그리웁고 보고십헛던 것이다 나는 마치 해수아비모양으로 조금도 움직이지 안코 한자리에 서서 거긔를 건너다보기만 하엿다 나의 視力을 다하야 或 무슨 人家나 人形이 보일가하여 애를 썻다 그러나 나의 眼力은 거긔의 무엇을 보기에 넘우나 □하엿고 그 사이의 距離는 거긔에 무엇을 나타내기에 너무나 멀엇섯다 마츰 中國人 한사람이 望遠鏡을 가지고 나왓다 나는『上海말』노 좀 빌려주기를 請하엿다 그는 모른다는 對答을 하는대 廣東말을 한다 그래서 나는 그제야 廣東人인줄 알고 다시 廣東말로 빌리기를 請하엿다 그는 고개와 허리를 열번이나 굽슬거리면서 나의 손으로 넘겻다 나는 이제는 정말 보고십흔 흰옷입은 사람을 쏘 보겟고나하고 벗적 들어 눈에다가 대이고 度數를 들엇다 아! 望遠鏡이 나즌 것인지 距離가 너무 먼지 結局 그것도 失敗엿다 할 수 업시 감사하다는 말을 부처서 돌려주엇다 비러쓴 나보다 더 깃버하면서 밧는 그의 心思는 쏘 모르겟다 언제싸지나 지나가야할는지 아직 섬의 저便가가 깜아케 보인다 오직 푸른 하늘과 푸른 바다는 한데 아울러 아모 境界線이 업는 푸른 장막을 이루고 잇는 그 가운대 뚜렷이 나타나잇는 漢拏山의 輪廓만은 한폭 靑紙에 밤(栗)을 그려노흔 것 가탯다 각금 가다가 쎄죽쎄죽 나온 奇巖怪石은 快然히 쌧대로 닥처오는 어지러운 물결을 막고서서 大自然의 壯嚴한 節介를 굿게 자랑하는 것 갓다 멀리 西北便에 가무스레한 연긔가 水平線 우헤 피여오른다 거긔에도 무슨 汽船이 오는지 或 가는지 하는가보다 하고 볼 째에『섄이』가 와서『캐판라』(開飯了)한다 이것은 밥먹으라란 말이다 나려와서 밥을 들엇다 이 食卓에 나오는 사람은 나 外에 日本人 三名과 中國人 十餘名이엇다 여기에도 □□인지 便利를 조침인지는 모르나 日本人의 食事와

中國人의 食事를 달리하여준다 日本人에게는 먼저 주고 쏘 □도 다른 것을 준다 두 가지의 갑이 비슷한 것 갓다마는 엇잿던 다르기는 다르다 나는 日本人과 가티 取扱을 한다 그래서 다른 中國人들은 나를 日本人으로 알고 잇다 나는 그들에게 朝鮮人이라고 말하고 십지도 안엇고 말할 必要도 업섯다 勿論 洋服을 입고 日本人과 가티 日語로 이야기를 하고 中國人을 볼 때는 中國말로 이말저말을 하닛가(中國人이 아닌 것은 알지만) 中國가서 오래 잇던 日本人인줄로 안다 日本人은 나를 朝鮮人이라고 中國人에게 말해줄리가 업다 그래서 나는 아주 日本人이 되고 말앗다 朝鮮사람이 票가 날리가 업는 것이다 보다도 朝鮮人인 票가 나는 것이 不必要한 때가 만타아! 그러나 朝鮮사람은 朝鮮사람이다 언제나 죽은 후 시톄까지도 朝鮮사람으로서의 시톄일 것이다 더욱 우수운 것은 日本人 하나이 슬그먼이나 다려 中國人이 아니냐고 하면서 가티 장사 좀 해보자는 것이다 朝鮮人이나 日本人이나 中國人이나 사람이기는 마찬가지다 아—그러나 人間에 모든 눈물과 설음은 사람과 사람으로 말미암아서 흘러나오는 것이다 남의 피땀을 짜서 제 살을 肥大케하는 種類의 사람도 잇고 남에게 피땀을 쌀리고 마르고 짓밟혀 우는 자도 잇는 것이다

一九二四, 一二, 三一, 正午에 六甲丸 甲板上에서

約二千年前의 耽羅王國 濟州島 其二

《조선일보》 1927.2.4.

工業으로 본 濟州

漢拏山엔 野生牛馬

海□엔 □추材無□

工業=釜□□造所와 貝□工場(단추)이 數個所 잇스며 □□工場이 잇고 洋□織造所와 海松細工所가 잇습니다 釜鼎의 □造는 近年에 이를어 發動機를 使用하야 大規模를 하고 잇스나 島內의 供給에도 오히려 不足을 告하니 그 補充으는는 木浦와 釜山 及 大阪 等地에서 輸入됩니다 原始的 手工業인 宕巾, 網巾, 凉豪 및 月梳 等의 製造가 重要한 地位를 차지하고 잇스니 宕巾, 網巾, 凉豪는 全部 婦女의 內職임니다 濟州島 總의 調査에 依하면 濟州物産의 産高는 普通 □産이 一千一百萬圓이오 棉花가 二百五十萬斤에 □業이 四萬圓이며 □茸(버섯)이 十六萬圓이람니다 그러고 水産이 八十萬圓 工業이 二百七十萬圓이오 畜産으로는 牛가 七萬頭에 馬가 二萬首이며 豚이 四萬頭 鷄가 五萬首임니다 이 外에 漢拏山에는 野生의 牛馬가 만히 잇스며 노

루와 山도야지가 발호하니 狩獵도 또한 職業이 될 수 잇습니다

昔日엔 魚腹葬

風□□으로 往來하든 녯일 새롭은 文化程度

商業=金融機關으로는 殖銀支店과 金融組合이 두 곳 잇스며 會社로는 棉花株式會社와 電氣會社와 商船株式會社가 잇습니다 城內는 各種 物産의 集散地임니다 各 商店이 櫛比하야 아름다운 看板은 各各 그 長處와 特徵을 나타내엇스며 또 公設市場이 잇서서 食料品의 賣買를 低廉하려함니다 濟州 物産의 大部分은 朝鮮內地와 日本으로 輸出되며 白米와 布木 及 麥粉 等 內外 雜貨는 他處로부터 輸入됨니다 그러나 이 輸出額이 輸入額을 超過함니다 日用雜貨 等은 直接 大阪으로부터 輸入되는 까닭으로 木浦나 다른 朝鮮 內地보다 比較的 싸게 供給됨으로 生活하기가 매우 조흔 地方임니다

交通=交通은 近年에 面目을 一新케 되엇스니 城內를 基點으로 한 넓은 大路가 輪□을 지어 自働車의 便이 잇스며 바다에는 □船商船이 定期와 隨時로 連□不絶함니다 通信電話는 勿論이오 無線電信局도 잇습니다 數十年前 風帆船으로 往來하게 되어 危險이 적지 안헛스니 □船으로 魚腹에 葬한 同胞가 그 數를 헤일 수 업습니다 그럼으로 不得已 外地로 나가랴면 미리 죽을 覺悟를 하고 全家族이 눈물을 먹음고 生離別을 □하는 이러한 狀態이엇습니다 이것을 追愁하면 몸서리치게 感慨無量합니다

『高梁夫』傳說

大函 속 女子 세名과 五穀과 牛馬의 傳說

지금으로부터 約二千年前에 三姓穴이라고 하는 곳에서 高梁夫 三姓이 낫스니 三姓穴은 城內에서 十六丁 가량 됨니다 늙은 소나무가 鬱鬱蒼蒼한 가운대 丹靑한 □堂이 잇스니 이것은 三姓祠라고 하야 春秋에 祭祀를 行함니

다 처음에 三姓은 □을 □소아서 高梁夫의 順序로 兄弟의 義를 맺고 各各 乙那라고 하엿습니다 그리하야 어느날 漢拏山에 올라서 바바의 木函이 써오는 것을 發見하고 그 木函을 주서서 열어보니 아름다운 女子 세사람과 五穀의 種子며 牛馬의 색기가 들어잇섯습니다 그 三姓은 그케 깃버하야 女子를 各各 妻로 삼ㅅ고 農業과 牧畜으로 生活을 하엿습니다 그런데 그 女子에 對하야는 滋味잇는 神話가 잇습니다 그 때에 日本 九州地方에는 碧浪國이라는 나라가 잇섯는데 그 國王이 西南方에 王星이 빗최인 것을 보고 西南方에는 반드시 神三人이 잇다고하야 王女 三兄弟를 보내엇다고 하는데 지금 九州地方에는『高梁薦』(カハラフア)라는 苗字가 잇다하니 高梁夫와 高梁薦은 엇더한 因緣이 잇는지 자못 研究할 바 임니다 그리하야 三姓의 子孫이 점점 繁殖하야 一部落이 되고 部落이 커서 一□體를 일우엇스니 共同生活의 秩序를 維持시키기 爲하야 國家의 建設을 切實히 늣기고 高乙那는 王位에 나아가 第一徒에 도읍하고 國號를 耽羅國이라하고 梁乙那는 臣下가 되어 第二徒에 夫乙那는 庶民이 되어 第三徒 □□□하습니다 (寫眞은 三姓穴祠)

無盡藏의 寶庫

《조선일보》 1927.2.6.

天然의 公園

濟州島 其四

濟州島의 一名은 溫州라고 하야 景槪가 絶勝한데 인제 溫州의 十景을 紹介하려 합니다

一, 城山이라고 하는 곳에서는 新鮮한 空氣를 마시며 鮮明한 朝日이 써오르는 勇姿를 볼 수가 잇는데 이것을 가르처 城山日出이라고 하며

二, 紗羅峰에 올라가면 夕陽이 水平線에 써지는 것을 금방 손으로 붓잡을 듯 하니 이곳을 가르처 紗羅峰 落照라 이르며

三, 山地港에 다다러서 帽子 버서 石壁에 걸고『□頂□海風』하며 먼바다를 바라보면 軍艦과 汽船은 □單 엄시 往來하며 近來에는 一葉片舟가 □風에 돗을 달고 欸乃曲을 부르면서 悠悠히 往來하는 光景을 보면 胸襟이 爽快하니 이것을 遠浦歸帆이라고 합니다

四, 萬頃蒼波 넓은 바다에 낙시ㅅ대를 드리우면 銀鱗玉尺이 펄펄 쒸는

光景은 그야말로 날가는 줄 모르게하니 이것이 山浦□魚이며

五, 春三月 好時節 萬花가 方□한 째 溫邱의 訪□樓에 赤松子를 訪問하야 兩人이 □酌하되 一盃一盃復一盃하며 浩然之氣를 養하는 것도 閑士들의 할 일이니 이것을 溫邱春花라고 하며

六, 六月炎天 더운날에 漢拏山에 올라가서 天然의 어름도 마음것 먹을 수 잇스니 이것을 가르처 鹿潭滿雪이라고 하며

七, 西歸浦의 天地淵은 中國人의 形容詞를 引用하면『飛流直下三千尺, 疑是銀河落九天』이라 하여도 過言은 아니니 이것을 가르처 正房瀑布라 함니다

八, 秋七月 旣望日에 술(酒)과 안주(肴)와 一等 美人 가득 실고 龍淵의 中流에서 船遊하며 달求景하는 것은 녯날의 蘇東坡가 부럽지 안흐니 이것은 龍淵夜泛이라하며

九, □子城에 올라서 그 周圍를 살펴보면 各色柑橘이 金色을 □웟스니 이것을 가르처서 橘林秋色이라하며

十, 넓고 넓은 牧場에 數千頭의 牛馬가 사람의 命令대로 이리저리 動作하는 것은 自然히 練兵場을 聯想케 되나니 이것이 □□牧場이외다

이와 가티 濟州島는 天然의 公園임이다 氣候가 쌋쯧하니 四時가 不寒不熱하야 □暑□寒에 適□하며 海陸物産이 豐富하니 無盡藏의 寶庫이라고 할 수 잇슴니다 (씃)

◇……寫眞은 □鏡橋

投稿繼續受理

海女의 나라 濟州島의 녀름

金章煥

《별건곤》 4권5호, 1929년 8월

濟州島의 녀름은 果然 엇더한가? 南쪽으로 내려갈사록, 氣候가 쏫뜻하여짐애 朝鮮의 最南端에 處한 濟州島의 녀름은 오즉이나 찌는 뜻하랴? 이러케 생각하는 사람이 만흘 것이다 그러나 事實은 이와 反對로 濟州島의 녀름은 고요하고 시원하고 서늘하다. 茫々한 太平洋 한복판에 외로히 써잇는 섬이니 緯度가 朝鮮에서 第一 南方으로 기우러진만콤 太陽의 熱度가 或은 다른 데보다 더 쓰거울는지도 모르나 맥힘업는 시원한 海風이 섬의 四方 바다ㅅ가를 스처지내갈 쌔에 이야말로 千金에 値할만한 淸風이며 그 爽快한 맛이야 무엇으로 形言할소냐 그러면 얼마나 시원한지 一年中 第一 더운 七, 八, 九 三個月間의 溫度를 示하면 如左하다.

	七月	八月	九月
平均氣溫	二五,六	二九,六	二四,八
	七月	八月	九月
平均最高氣溫	二八,〇	三二,一	二七,八
平均最低氣溫	二〇,五	二四,九	二〇,七

이로써 우리는 京城에서 참말 녀름이 닥처오려는 六月 氣溫이나 다름없슴을 알 수가 잇스니 얼마나 서늘한 섬인가.

그런데 물은 조타 漢拏山쪽에서 岩石과 岩石間을 潺々히 흘러내린 맑은 물은 잇스려니와 旱天이 오래 繼續되어 五穀이 다 枯渴할 地境에라도 滾々히 湧出하야 마지안는 生水가 섬의 海邊到處에 잇다 그러나 濟州島가 第三期 死火山으로 된 것이오 그 地質이 全部 玄武岩인 所以인지는 모르되 움물(井水)은 城內에 겨우 數處가 잇슬 쑨임은 奇現象이라 아니할 수가 업다 그리고 이 生水는 서울의 악박골이나 翠雲亭 藥水와 가티 눈곱처럼 적게 나오는 것이 아니라 無量大로 七百戶나 千戶되는 왼 洞里가 다 먹을 수 잇도록 터저나오나니 地形의 傾斜關係로 乾河만 잇는 濟州島에서 屛門川, 都近川과 가튼 것은 이러한 生水로 常流 河川을 이루고 잇다 쑨만 아니라 그 물은 엇더케 시원한지 濟州島人의 自誇함과 가티 사이다로, 밧구지 아니할 獨特한 맛이 잇스며 生水인만콤 독에 오래노와두면 물이 죽어 맛이 變하고 만다 그리고 이 生水 가운데는 어름과 가티 冷한 것이 잇나니 朝天의 억물 城內西門 밧물과, 山地에 잇는 물은 盛夏에라도 一分間을 몸을 당구고 잇스면, 엇더케도 冷한지 온 썌가 저리는 듯 하며 추어 소름을 씨치게 된다 그럼으로 滄海에 몸을 둥실 씌워 魚□로 더불어 가리, 씌놀려는 者는 힘썻 海水浴을 할 것이며 簡潔하게 때나 밀고 納凉하려는 者는 生水에서 沐浴할 것이니 海水浴에는 靑年少年中에만 하며 生水浴에는 中年과 婦女間에만 한데 人目이 繁多한 곳에는 石墻을 둘러 沐浴場을 맨드럿스며 男子와 女子와 沐浴場이 各々 달리 잇슴은 勿論이다.

海邊에 사는 사람 처노코 水泳을 몰느는 者는 別로 업슬 것이다 四五歲된 애도 녀름엔 바다에서 사니 말할 것 무엇 잇스랴 계집애도 숨박곡질들을 잘한다 이리하야 海女될 素質을 기루게 되는 것이다 海女는 門閥과 家勢가 中流以下에 만흘 것은 自然의 勢이나 濟州島 海女組合員이 六千名에 達하니, 그

數가 얼마나 만한가(組合에 加入치 안흐면 海物을 採取치 못한다) 그리고 漢江과 가튼 河水도 아니고 渺茫한 大海이나, 老幼를 勿論하고 海水浴하다가 死亡하엿다는 말을 아즉 들어본 일이 업스니 水泳을 잘하는 關係람보다도 水中에 旋回하는 處所가 別無한 關係일 것이다.

讀書나 일보다가 머리가 뒤숭숭하여지거나 더운 症이 나면 바다가로 가면 모든 것을 解決하여준다 刻々으로 變하야 마지안는 茫々한 無邊大海는 或時는 눈이 부시게 번적거리며 或時는 성낸 惡魔와 가티 怒濤狂瀾을 이르키고 모든 것을 삼킬 듯하며 或時는 夕陽에 곱게 물드리고 平和럽게 들어누워잇다 그리고 시원한 바람과 鹽分썩 오손이만한 축축한 空氣를 마시면서 閑暇롭게 오락가락하는 고기배와 박이나 써돌아 다니는 것처럼 보히는 멀리 잇는 海女와 갓가히 있는 海水浴者를 봄도 매우 興味잇는 일이라 할 것이다.

녀름엔 온갓 生鮮이 만히 잽힌다 나제도 잡지마는 大槪는 밤에 배를 타고 가서 낙근 다음에 翌日 早朝에 도로 오나니 生鮮은 아츰에 사게 되며 그야말로 펄펄 쒸는 新鮮한 것이니 서울 兩班이 보면 食傷이 되도록 집어삼키려 할 만한 것이다 전복(鮑) 소라(蠑螺) 海苔 等도 녀름에 만히 잡는 것이니 엇잿든 美食家가 酒傑들은 大歡迎할만하다.

밤은 고요하게 새인다 빈대가 무슨 動物인지 모르는 濟州島에서 잠을 妨害할 者는 오즉 모기(蚊)란 놈 섄이니 빈대에 쏘들인 者는 濟州가서 실컨 자볼 일이다 妓生 娼妓가 全無한 濟州島임으로 밤이 고요한만콤 遊興을 조와하는 者에게는, 긴 밤을 보내기가 寂寥할런지 모른다 그러나 城內 가튼 데에는 술집과 料理ㅅ집에 술을 勸하는 아갓시는 잇슬 것이니 좀 섭섭하나마 이로써 참을 수 밧게 업슬 것이다 그리고 城內 가튼 데는 西洋料理屋이 다 생겻스니 遊興조와하는 親舊에게는 그리 不足한 곳은 아니다.

밤에는 바다가 散步할만하다 都會地에서는 볼 수 업는 類달리 鮮明한 月光이 왼 天地를 빗최줄際 고요한 大地는 神秘 그것과 가트며 출렁~물결 니는 샛카만 바다에는 흔들리는 물결에 月光도 쌀하 쪼각~으로 흔늘길제 詩人 아닌 者는 神秘한 늣김을 이르키어 모다 저절로 詩를 조리게 된다 또 달이 업는 컴컴한 深夜에는 엇더한가 멀리 바다가에서 범적번적하는 독개비불인가 疑心할만한 光景을 볼 수 잇스니 이것은 홰불(烽火)을 가지고 낙지(烏賊魚)를 잡는 海女들이다.

朝天, 新興, 咸德, 月汀, 楸子 等地에서는 夜半에 멀리서 써드는 여러사람의 소리에 놀나 깨일 것이다 月光은 西窓에 밝게 비최는데 가만히 귀를 기울이고 잇스면 그것은 엇더한 變事가 發生하야 騷動하는 郡衆聲이 아니라 一定한 調子를 마초어 외치는 소리다 이는 有名한 멜어치(鰯魚) 잡는 것이니 五六十間되는 旋陣網, 防陣網을 使用하야 數百名들이 小舟 或 은 터위(筏)를 타고 數千數萬되는 멜어치를 몰아올 쌔에 皎々한 月光에 燐火와 가티 번적~ 쒸는 光景은 보기드문 現象이라 할 것이다.

또 달밝은 밤 마당에 멍석을 펴노코 婦女 二三名이 맷돌을 가는 것을 봄도 매우 興趣가 잇는 일이다 濟州島의 獨特한 民謠를 주고 밧고 하면서 맷돌을 蓄音機 레코드 모양으로 빙빙 돌릴 쌔에 누구나 발을 멈추고 들을만하며 詩的感興을 이르키게 될 것이다 이 民謠는 古來로 傳하는 것인대 郎君歌, 寡婦歌, 農夫歌, 漁夫歌 等 多種多樣에 互하야 그 曲調 數를 좀처럼 斟酌하기는 어려우나 이제 二三을 紹介하면 이러하다.

×

저리가는 禪師와大師
요내前生 갈리워도라.
本듸前生 구저라하건
머리깍강 절로나가저.

×

내前生은 누룩의前生
누룩달멍 썩으멍살저.
肝臟肝臟 매친肝臟
총배가티 사려진肝臟

어느볏헤 녹앙가리
萬里長城 봄볏헤녹자
肝臟석듯 살석엄시면
내자린들 내아질말가
×
봄철나면 괴던임온다
어서速히 도라나오라
임아말건 곳인때말나
바리거든 입인때말나

곳가불고 입가분後제
임이만늘 내마랑가랴
말고가던 子孫의去來
子息이나 업스면이어

요도손아 情엣말말나
千里뒤에 남되엉가게

이제부터는 山에 對한 것을 말하려한다 濟州島는 섬이니 물에 대한 이약기가 만할 것이나 우에도 좀 말한 바와 가티 濟州島는 第三期 死火山으로 되엇는데 三神山의 一인 漢拏山은 섬의 中央에 놉히 소사잇고 섬 全體는 말하자면 이 漢挐山의 山麓인 셈인데 이 山은 海拔 六千七百八十四呎이나 되어 朝鮮에서는 白頭山을 除하고는 第一 놉흔 山이다 그 山嶺은 釜岳이라하며 그 가온대 一池가 잇서 이를 白鹿潭이라하는데 山勢가 大槪 緩慢하게 四方으로 傾斜지어 村落은 그 山腹 又는 山麓에 생긴 平坦地에 點在한 것이다 高山인만콤 漢挐山은 濟州 어데를 가든지 잘 보히며 陰八月부터 翌年 三月까지는 눈이 내리어 희게 丹裝을 한다, 그럼으로 登山은 盛夏에 만히 하게 된다 섬의 北方인 城內나 朝天에서 이를 眺望하면 白鹿潭邊 釜岳을 中心으로 峰巒이 四方에 퍼지어 그 山峰이 모다 한 모양으로 陽傘을 半開한 形狀으로 되엇는데 뭉게~白雲이 靑山에 걸처 浮動하는 것을 보면 實로 雄偉하고 和平스러워 보고 또 보아도 실症이 안난다 아츰에 일즉 써나도 山嶺에는 저녁에도 到着될가말가하는 먼 距離에 잇스나 森林茂盛한 곳 갈대잇는 곳 牧場等 一一히 指呼할 수 잇스리만콤 鮮明하게 보힌다.

漢挐山의 東便과 西便에 城坂峰과 御乘峰이 잇스니 물맛는 곳으로 元來 有名하다 서늘한 濟州島이니 그런 곳에 避暑갈 必要도 업스련마는, 늘 健康한 사람은 健康의 必要를 잘 모르는 것과 가티 그 서늘한 것도 그리 서늘하게 안 보히는 모양이다 그리하야 돈잇는 사람이 溫泉이나 避暑가는 것과 가티 好奢하는 靑年男女와 風病 脚氣病 等을 治療하려는 사람들은 糧食과 寢具와 特히 濟州에서 녀름에 흔히 別味로 먹는 콩과 보리를 복가 가로맨든「개역」이란 것을 가지고 一週日 或은 二週日 豫定으로 물마즈러간다 그것은 서늘하다함보다 차리리 칩다 할 地境이니 겹옷을 입어도 썰만하게 寒冷한 곳이다 五六丈되는 斷崖에서 帽子통 둘레쯤으로 落下하는 瀑布를 맛는 것이니 病이 有無에 不拘하고 사람에게 有益할 것도 勿論일 것이다 예서도 漢挐山 上峰인 釜岳은 한참 가야되나 旣往 온 김에 求景하고 간다하야 漢挐山을 올르게 되나 山上은 高山인만콤 낫과 밤의 氣溫差가 甚함으로 잘 (밤에 잘 것을) 생각을 하야 大槪는 當日에 下山하고 만다 그러닛가 처음부터 城內 朝天 等

地에서 漢拏山을 가려는 사람은 적을 것이다 그러나 南山인 西歸浦에서는 四五十里밧게 안 되니 南쪽으로 登山하는 것이 安全하다 濟州島를 三區域에 分하야 一日二次式 定期로 連結하는 自働車가 잇스니 山北에서라도 自働車를 利用하야 西歸浦에만 가면 當日에 登山할 수가 잇다 샏만 아니라 傾斜가 緩慢한만콤 登山에 便함은 이러한 高山 처노코는 別로 업는 일일 것이다 그리고 이 山에는 朝鮮에 生育하는 三千種의 植物中 一千五百種의 暖帶, 溫帶, 寒帶의 三帶 植物이 繁茂하야 中腹 以上에만 二萬七千町步의 國有林이 잇다 山峰의 西部 南部는 밧그로 斷崖를 일우고 그 속에 往昔의 噴火口, 白鹿潭이 잇다 山頂에 올나 四方을 두루 살펴보면 멀리 北쪽으로 海南, 麗水, 珍島의 諸山과 東쪽으로 日本 九州의 山이 보히며 屈曲한 섬의 海岸線은 꿈과 가티 脚下에 展開되야 月汀, 咸德 等地의 白沙場은 布帛을 펄처논 것 가트며 傾斜진 牧場의 起伏한 사이에 草綠色 띄와 가티 或은 山谷에 浴하야 슷업시 茂盛한 森林의 美觀 等 그 雄大한 眺望은 天下景勝이 아니면 안 될 것이다 古來 名勝으로 치는 瀛洲十景에는 이 漢拏山上의 眺望은 너무 雄大하야 例外로 看做한 까닭에 漏落되얏는지 모르나 十景 中의 山房窟寺, 古藪牧馬, 橘林秋色. 靈室奇岩, 鹿潭滿雪, 瀛丘春花 等은, 모다 이 漢拏山에 딸흔 景致이다 이 中에서 山房窟寺, 古藪牧馬, 靈室奇石은 녀의에 翫賞할 景致이며 이 外에도 龍淵夜泛은 勿論 城山日出, 紗羅落照도 녀름에 보아둘만한 景致이다 이러한 景致는 濟州島ㅅ사람이라고 모다 아는 것이 아니며 잔득 별러야 한번 求景하게 되나마나하게 되지마는 濟州島 사람으로서 一次 못 보아둔다는 것은 큰 不幸이 아니라 할 수 업다 濟州島ㅅ사람은 濟州島의 녀름이 얼마나 시원한지를 잘 모를 것이다 그러나 外地에 가서 잇는 者는 特히 學生들은, 녀름이 되면 一般人의 通有性인 故鄕을 반가워하는 感情에서 샏만이 아니라 그 서늘한 것과 바다를 그리워 한時라도 速히 쓰거운 客地를 써나려한다 그만콤 濟州島는 서늘한 곳이다 都會에 익어노면 좀 單調로울런지는 모르나…….

엇잿든 濟州島는 烘爐, 甫木里 等 深冬에도 大部分이 綿衣를 안입으며 눈이 무엇인지를 모르는 곳이 잇서 避寒地로 最良好한 곳이지마는 避暑地로도 다시 求하기 어려운 곳이라 할 것이다 交通에 不便한 感이 잇스나 木浦에서 八十八浬, 釜山에서 百七十浬로서 木浦에서는 二百噸假量의 汽船이, 一個月 十八往復으로 十二時間에 航行하게 되는 것이니 서울에서 汽船만 하로 압두고 밤車를 타면 翌日 午後 零時에는 濟州에 내리게 될 것이다 짤하 그리 不足한 곳이라고도 할 수 업슬 것이다 그리고 濟州島는 山川을 비롯하야 家屋制度, 人情 風俗 等이 顯著히 달은 바 잇스니 이것만 가지고도 夏*

* 여기까지만 복사되어 있음.

漢拏山巡禮記(續)

白桓陽氏

《불교》 71호, 1930년 5월

九, 漢拏山 올음

「十月九日晴」天氣常暖함은 當地의 氣候이라 일즉 秋陽이 따끈한 맛은 京城에 比하야 맙이 七月節侯와 相似하다. 오날은 정말 今行의 目的인 漢拏山 登山 準備에 紛走하게 되엿다. 첫재 漢拏山路에 익숙한 사람을 人夫兼案內役으로 道廳 某氏의게 依賴하엿다. 多少의 行具와 밋 食料品까지 人夫의게 지이고 脚絆 고무신으로 變裝하고 바호瓶掛囊을 질머젓다. 人夫 또한 남비와 食粮魚類를 가추어 携帶하엿스니 「路無店舍, 行者裏乾糇」(耽羅志)라는 濟州風俗에 한 例證을 보인다. 그럭저럭하다가 이날 正午에 城內를 떠나게 되여 南으로 멀리 漢拏雲天을 바라보고 竹杖을 던젓다. 本島에 와서 첫 印象으로 눈에 뜨이는 것이 무엇이 가장 만흐냐 하면 女多, 石多, 牛馬多의 三多라고 할 수 잇다. 山野間에 石質은 모다 噴火山 鎔化岩으로서 얼구숨숨한 多孔質로 맙이 海綿과 갈은 玄武岩이 地表에 堆積되여 谿谷은 모다 乾川을 만들고 雨水는 다—地下水가 되여 海岸에 이르러 湧出케 됨으로 住民은

海岸의 水量 만흔 곳으로 集團되여 邑落을 形成한 모양이며 原野의 田圃이나 林園은 모다「聚石築垣」으로 제각기 境界를 區劃하엿스며 牛馬는 모마放牧의 習俗으로 道路山野할 껏 업시 處處에 遍滿하엿다. 여게서 오즉 奇特한 것은 女子勞働의 總出動이다. 漁撨畊作에 무엇이던지 女子가 中心으로活動線上에 서잇슴은 內陸과 正反對이다. 漢拏山□□ 풀을 비어 소게도 한바리 말게도 한바리 실□□□는 또 한짐 잔뜩 질머진 十六七歲의 處子가 따라□□夕陽을 띄고 집으로 도라오는 양은 天眞爛熳한 □□골에 조금도 불평이나 수색이 업시 活潑한 態度를 □지고 勞働神聖을 天職으로 아는 모양 같다. 뿐만 아니라 商業上 賣買도 女子本位이다. 濟州市場으로 들어오는 女子商客은 老年少女를 勿論하고 한짐씩 질머지고 四方으로 雲集하야 日中爲市하는 滿場中이 함박 婦人世界를 이루으며 農作物의 收穫運搬은 더 말할 껏 업시 道路修築하는 데까지 女子出役이다. 女子가 지개를 지고 土石을 運致하는데에 아조 平氣로써 動作하고 잇다. 勞働服은 베(布)이나 무명(木)이 間에 모다감(柹) 물드린 茶褐色으로 비를 마저도 잘 마르고 빠라도 풀 멕일 것도 업시 利便함은 實用經濟的의 耐久性을 가진 것이다. 머리에 首巾을 됭이고 웃단임을 밧작 축켜매고 비사리로 삼은 신을 덤벅 신엇스며 男子도 勞働笠은 댕댕이로 만든 패랭이(蔽陽笠)가 아니면 소털로 만든 毛笠을 自作으로 만드러 쓰고 직삼과 쇠코 중의는 또한 감물 드린 茶褐色으로 모양 如何는 볼 것 업시 오즉 耐久主義만 직힐 뿐이다. 그네들 얼골을 보와 그리 不滿의 빛이 업시 樂天的 氣分을 띄고 勞力하여야만 먹을 수 잇다는 本能을 가지고 잇다. 田多沓少한 本島에는 올해 같은 旱災에도 陸稻와 黍粟 等의 黃雲이 滿野하게 되엿다.

南으로 里餘를 오고보니 部落은 漸漸稀少하여가고 原野의 放牧地帶가 次次 갓가워 온다. 特別進上으로 橘柚를 栽培하든 四十餘 果園은 모다 荒廢한 채로 學校에 歸屬되고 官營으로 牛馬를 牧養하든 十所 牧場은 발서 個人

의 私有가 되고 말앗다 한다. 石逕斜路를 오르고 올라 萬壑千峰을 곰도라들제 발서 梧登里를 떠나 所謂 瀛邱라는 別區에 다다럿다. 漢拏山 北麗으로 흐르는 물은 모다 이 골로 모혀 合流하야 千尺의 斷岩이 左右로 깍가지른 그 가운데 岩石이 天然的 虹霓門을 일우워노코 그 아래는 百人이 可坐할만한 岩臺가 平舖하엿스며 兩岸에는 杜鵑躑躅이 芫然히 成林하엿는데 그 꽂이 피는 날은 門의 上下로 萬紫千紅이 通暎하게되야 騷人墨客들이 四方으로 모혀들어 詩興과 醉興으로 春興을 목익여서 林間에서 자고 도라가지 못하는 佳境이라 한다 그 虹門을 訪仙門이라 하고 그 岩臺를 過仙臺라 하는 石刻이 左右로 宛然히 삭여잇다. 일로붙어 올라가면 漢拏登山의 經路이나 그러나 觀音寺를 宿站으로 豫定한 까닭으로 訪仙門을 비켜노코 小林堂 압흐로 도라들게 된다. 左便山麓으로 落落한 蒼松이 드문드문 둘러선 그 가운데 山神閣 모양으로 된 一小瓦葺이 남아잇서 이것을 小林堂이라 通稱하나 其實인즉 압날 小林寺의 殘骸이다. 아―佛家의 興替가 無常함을 感慨하야 過去를 回想케 된다. 徃昔에는 이 山 안에 大伽藍이 三神山의 그 한아인만콤 金剛山이나 智異山에 버금할만치 隆盛하엿스며 高僧韻釋으로는 志安大師와 慧日禪師 갈은 이가 잇섯다. 그러나 李朝에 드러와서 內陸보담도 더욱 酷禍를 받게 됨은 交通不便한 絶海의 邊陬임에 따라 萬般事爲를 等棄的으로 取扱하는 一面에는 地方官의 專權으로 妄斷하는 弊害가 慘絶하엿다 할 수 잇다. 第一着으로 太宗 六年에 議政府의 啓請으로 全國 中에 可히 留置할만한 寺刹를 制限하고 京外 各寺(三韓 以來 大伽藍)를 革祛하게 되자 明主는 太監 黃儼을 보내어 濟州의 大銅佛을 맞아 自國으로 이사가게 됨이 瀛洲의 아니 朝鮮으로의 莫大한 損失인 만콤 佛家에 잇서서 一大打擊을 마젓다. 第二着으로 肅宗 二十八年에 牧使 李衡祥이 廣壤堂을 毁撤하고 三邑의 淫祠를 불살으고 巫覡 四百名을 笞杖질하여 하야금 各各 歸農케 하는 바람에 佛宇 百三十餘所를 한꺼번에 불살으고 巫覡 四百名 을 笞杖질하여 하야금 各各 歸

農케하는 바람에 佛宇 百三十餘所를 한꺼번에 불살으고 僧侶의 驅逐令을 노왓다. 因하야 本島의 沙門은 空前絶後의 悲絶慘絶한 酷禍를 입엇다. 頭無岳에 彌滿하든 法雲이 漸漸 걷치게 됨에 따라 神秘한 窟宅에 瀛州仙子들은 高飛遠遁한지가 발서 오래이다. 破瓦殘礎에서 殘喘를 僅保하든 本島의 淨區도 오늘날 다시 佛日이 復昇함을 보게됨은 그러한 暴禍를 當한만콤 重興의 爆發이 잇슬 것은 固然의 理諦일 것이다. 압날의 寺址는 到處에 잇슬지나 寺名未詳이 太半이며 文獻에 남은 寺名으로는 大略 左와 같이 二十餘에 지나지 안는다.

「輿覽」尊者庵 月溪寺 水精寺 妙蓮寺 文殊庵 海輪寺 萬壽寺 江臨寺 善門寺 逝川庵 小林寺 觀音寺 安心寺 郭支寺 元堂寺 頓水庵 靈泉寺 成佛庵 法華寺 山房窟庵 尊者庵」

일로부터 全島에 亘하야 實地를 더듬어 寺址의 所在를 對照하여 보랴는 것이다. 三義岳 압을 드러서니 一少溪峯 밑으로 翠烟이 잠긴 속에 數間茅屋이 보인다 이것은 漢拏山 轉地養蜂園이며 採藥師의 幽躅이다 眞淸 한병을 土産品으로 購入하는 同時에 蜜水 한 사발을 드리마시고보니 消化不良하든 俗腸이 快히 洗滌된 듯 하다 白日은 西海에 거진거진 잠기게 되고 洞府는 자못 幽僻한 感이 잇슬 때에 어데서 夕磬소리 隱隱하게 들린다. 案內者의 말이엿다「저—종소리나는 곳이 오늘밤 留宿할 觀音寺이라요」한다. 寺下를 드러서니 左右로 奇花異草가 紅白이 交雜하고 背後에 鬱葱한 樹林은 烟霞가 深鎖하다. 寺門을 들어서자 微笑를 띄운 老長 한 분이 合掌의 禮로 마저준다. 寺는 新建築으로 純全한 茅屋으로 된 淸楚한 新伽藍이다. 釋迦尊像도 新造成한 金佛이다. 나아가 瞻禮드린 後 寺의 沿革을 무러보니 한 靑年和尙이 袈裟法服으로 引導하며 丁寧한 答禮로「住持스님은 城內에 나려가시고 아니 게서라우 이 절은 距今 二十年前에 開倉되엿스며 大興寺에 屬한 末寺이올시다. 다른 일은 小僧이 잘 몰라라우」 한다. 法堂 直前으로 鍾閣이며 左右로 修道室이 整然하고 그 엽흐로 住宅과 客室이 隣接하며 그 중에도 女信徒가 만흔 모양이다. 澗水가 稀貴한 漢拏山麓에 甘泉이 湧出함은 寺院創立의 起因이다. 觀音寺는 압날 朝天浦에 잇섯스나 廢寺가 오래이라 그 名義만을 移動하여 온 것이다.

寺蹟을 簡略히 紹介한다면

일즉 한 比丘尼(俗姓安名蓬廬觀者)가 잇서 距今 二十五年前(前韓 隆熙元年 丁未 十二月 二十八日)에 海南 大興寺에서 剃染하고 越明年 戊申 五月初五日에 本島에 들어와서 小寺를 構하야 佛像을 奉安하고 四月 八日에 設齋慶讃할새 島民의 少見으로 怪異의 感을 가지고 드듸어 亂을 지어 沮戱하며 甚至於蓬廬觀을 加害하려 하엿다. 觀甚은 이에 몸을 避하야 漢拏山 絶頂에 올라 不食한지 七日만에 가다가 한 곳에 일으러 氣力이 업시 그만 업더저 懸崖 우에 걸렷섯다 忽然이 數千의 群鳥가 모혀 衣裳을 물어내여 救護한 것이 한 奇蹟이라 한다. 觀은 그 後로 여게 觀音寺를 刱建하고 化衆에 勤勞하엿다고

얼마 아니 되여서 벌서 漢拏山 고비고사리 藥草에 魚果를 兼한 山中料理가 들어온다. 淨界의 仙味를 달게 먹고 行役에 困憊한 몸으로 고요한 山房에서 잠이 달게 들엇다 佛家의 法式으로 午前 三時 첫새벽부터 석치는 목탁소리에 잠을 깨고보니 다시 잠들기는 발서 헛닐이다. 어제 저녁 그 老長은 발서 와서 이러나십시오 하며 재촉한다. 오늘 가실 길이 덥사오니 일즉 출발치 아니하시면 욕보신다고 豫告하여준다. □明에 이러나서 세수를 하자마자 발서 아침상이 턱 바침을 한다. 공양을 맞인 後에 感謝한 人事로 告別하고 平明이 못되여 發程이다. 그 老長님은 土産으로 短杖 두 개를 고맙게도 紀念提供하

며 寺門 밧까지 나와 經路를 指導하여 줄 뿐 아니라 맞음 同寺에 留宿하든 採藥師 二人까지 同伴하여 따라섯다. 西편으로 迂回하야 다시 登山路를 잡아들어 植木地帶를 거처 天然林地帶를 들어섯다. 佳境을 漸入할사록 발서 人間이 아닌 別天地를 들어섯다. 無名草不知花는 사이사이 滿發하고 珍禽과 沙螽은 任意대로 爭鳴하는 自由世界이다 內陸에서 생각지도 못할 때아닌 春景이다. 山橘橙子 枇杷榧子 厚朴冬栢 靑靑한 闊葉針葉으로 乃至無名한 雜木의 晩翠는 無曆月한 山中에서 春秋를 分別치 못할만콤 不可思議한 時節이다. 奇花瑤草가 욱어진 저 속에는 아마도 三神山의 本種인 不死藥도 잇슬 듯 하다. 뒤에 따르든 採藥師의 말이「山蔘도 間或 發見하압지라우 저의들은 芍藥과 當歸를 캐로 나섯심마우」한다. 온갓 山果는 다 익엇다. 틀, 오미자, 산수유 等 그 밧게도 일홈모를 여름을 案內者의 食用顧問을 받아가며 닥치는 대로 따먹엇다. 입에는 香味가 充滿하고 뱃ㅅ속은 淸快하다 樹陰 속 石逕斜路로 里餘의 森林을 뚤코 올라서니 또다시 無林地帶로서 苦竹이 따에 짝 부튼 笹林地帶가 내닷는다. 山허리 빗두리길로는 一雙獐鹿이 사람소리에 잠을 깨여 모거름으로 뛰다가 도리켜 사람 압흐로 달려들랴한다. 高山地帶에서 자라난 天眞 그대로 가진 動物性이라 할 수 잇다 笹林을 다 지나고 蟻頂이라는 중턱을 올라섯다. 왼편은 千仞萬壑이 下臨함에 따이 업고 오른쪽으로 萬丈絶壁이 각구로 나려질여 奇巖恠石의 사이사이 白檀과 丹楓이 點綴하여 天然活屛을 둘러쳣다. 발서 午前 十時半이 되엿다. 잠간 休憩하며 絶頂을 처다보니 아주 가물가물한 上上峯이 말속하게 드러나 晴天과 한가지로 一點雲霧도 업시 快霽되여잇다. 採藥師는 연해 慰安을 준다「당신님네 仙緣이 잇서 그러마쓰 漢拏山이 저가티 구름업는 날이 별로 업지라우 오늘은 山上의 구름이 말ㅅ장나려와 海面을 덥허심마쓰」採藥師는 여게서 作別하게 되여 各各 헤여젓다. 산비탈길로 數步를 다시 나려가니 그 속으로 潺潺하게 흘으는 石澗水는 淸澈하고도 味甘하다. 數三盃로 喉渴을 治療하고 다시 올라서니 滿山이 함박 躑躅과 眞栢으로 덥헛다. 바람은 몹시 强烈하고 山谷은 寒冷함에 따라 檜松 따위는 모다 枯死風倒로 谿谷을 메워노코 眞伯은 矮圍하여 모다 盆栽用으로 巧妙하게 자라나고 躑躅은 比較的 特秀한 花林이다. 이 高山地帶에 올라와서 案外로 놀랠 것은 제대로 三三五五 떼를 지어 自由로 自生草를 뜯어먹는 굴네벗은 말들이다. 아무래도 漢拏山이 아니고는 얻어볼 수 없는 光景이다. 그 말들이 밤으로는 岩間에 모혀 休息하며 嚴冬에는 間或 얼어서 죽는다고 한다. 또한 이 山中에는 虎態와 鵂鶹이 自來로 업는 것도 그 중에 한 特異한 일이라고 뿐만 아니라 本山은 全體를 通하야 一日에 四季風景을 兼全한 別世界이다. 아참날 산 아래서는 百花爛漫함과 萬壽綠陰을 지나왓고 산중턱을 올라와서는 별안간 林肅한 秋容을 볼 뿐 아니라 陰달에는 어름발이 히끗히끗 서잇다 올라갈사록 急傾斜로써 山路는 아주 긋어젓다. 巉巖을 건너뛰고 眞栢을 후려잡으며 올라가노라니 深景이라 하기보담 곡경이다. 苦行六七里에 비로소 本山의 秘府인 靈室 압헤 이르럿다. 天藏地秘한 山上洞府가 자못 幽邃寬敞하며 神聖한 洞中에 天然立石은 修道의 狀을 지어잇스며 그 압흐로는 바로 尊者庵자리이다. 天尋蒼壁이 左右로 둘러 天然活畵로 屛幃를 일우고 그 우에 列立한 五百有餘의 天然立石은 이른바 五百將軍이라하며 또는 五百石羅漢이라도 한다. 나는 이러케 생각하엿다. 尊者란 「法住記」에 云 六十羅漢各有住處而「(六, 跋蛇羅尊者) 梵語跋蛇羅 華言好賢 此尊者與五百阿羅漢 多分住在耽沒羅洲』라 함에 依하야 耽沒羅洲는 곳 耽羅인 濟州道를 일음이다. 이 漢拏山 中麓의 別有天地인 靈室奇嵓은 五百의 天然立石이 人狀을 지엇슴으로 土人은 將軍石이라 稱하나 尊者庵은 疑心컨대 이 跋蛇羅尊者로 因하야 일홈한 것이며 이른바 五百將軍石은 또한 五百羅漢石의 訛傳일 것이다. 岩間에서 소사나는 天一水는 天奉齋의 御用井이니 萬衆의 生命水이다. 오로지 여게가 瀛洲神山의 本府이다. 나의 巡禮地가 미상불 이곳이며 永遠히 紀念할 곳도 이곳이다. 玲瓏한 佳氣는 海島의

大靈時를 暗示하고 잇다.

「耽羅志」靈室在漢拏山 西南腰 削壁千仞 恠石列立 號五百將軍 或稱石羅漢

「仝上」尊者庵 舊在漢拏山靈室 其洞有石如僧行道狀 諺傳修行洞 今移西麓外十里」

「仝上」金緻靈室詩. 萬壑杉松一逕幽 每逢佳處暫遲留 峰頭恠石羅千佛 岩底清泉到十洲 直入洞府騎白鹿 笑看仙子跨青年 飄然逈出人間表 自此仍成汗漫遊

「仝上」李慶億詩. 尊者知名寺 荒凉半舊墟 千年孤塔在 一室數□餘 海客經過少 蠻僧禮法踈 秋霄望南極 塵慮已全消

「仝上」李元鎭詩. 地圻蒼龍野 天連朱雀墟 海山三島勝 風月九韓餘 咷潤心偏壯 神清夢自踈 况吟仍信宿 耽句癖難除

時間短促으로 오래 遲滯할 수 업슴은 遺憾이나 洞府를 다시 나와 石逕을 遠上할새 洞府의 東南山腰에 또한 石窟은 이곳이 이른바 修行窟이다 住昔에 道僧이 그 속에서 入定修禪하든데로서 아즉 廢堗이 남아잇스며 修行窟로붙어 뒤으로 一里를 올라가서는 祈禱行驗을 目的하는 道人仙客들의 祭天하든 七星臺이다. 나도 今行의 無礙無遮하기를 默禱하면서 臺를 지나 東으로 한참 올라가다가 울어러본즉 깍가지른 石壁이 半空에 天柱를 괴인 듯 한 것이 곧 漢拏山 絶頂이엿다. 危嶝絶壁이 사람으로 하야금 心膽을 서느러케하며 島道鶻巢는 千古의 人跡不通處이라 滿山은 모다 香樹香蔓으로써 岩間石上을 布絡하얏스며 高山임에 長風이 세게 불어 衆草凡花는 그 사이에 托根을 잘못하고 잇는 狀態이다. 뿐만 아니라 天風이 怒吼하고 紫氣가 浮躍하는 千萬氣像은 實로 □生의 境이 아니다. 東經 百二十六度 三十二分 北緯 三十三度 二十二分이며 海拔 三千七百八十五呎의 □高로써 我邦의 第二高山인 絶頂에 올라섯다. 白日이 方午한데 天光은 磨鏡이오 海色은 練紈같다. 上下

가 서로 붙어 際涯와 方位를 찾을 수 업스며 山上山下의 白檀과 眞栢이 交翠함에 바람이 부는대로 異香이 코를 찌른다. 한울은 더욱 놉고 바다는 가이 업서 나의 올라션 이 자리는 虛空淼茫에 떠잇서 飄然히 世上을 기치고 혼자 서서 羽化하여 登仙함과 갈음은 다만 古人의 記錄에서만 볼 것이다. 그 縹渺한 水面과 그 恍惚한 山容은 정말 言語文字로써 形容할 수 업는 別界이다. 絶頂에서 北으로 白頭天山을 멀리 바라 遙拜한 後 다시 漢陽城을 向하야 어마님 患候平復하시기를 祝壽하고 南으로 다시 雲天을 바라보며 행여나 老人星을 보려하엿스나 白晝의 眼力으로 별을 본다는 것붙엄 미련한 일이다. 四面으로 峰巒이 天然城郭갈이 둘러싼 그 안으로 天水滿滿한 大澤이 온통 차지하여 휠신 저 아래로 나려보인다. 이것은 무를 것 업시 白鹿潭이다. 구멍뚜러진 穴望峯을 내다보며 三聖入寂이라 색인 古石佛을 더듬어 보왓스나 所在가 不明하며 人作인지 天作인지 알 수 업는 弓岩을 차자 管絃의 소리를 듯고저 하엿스나 時間은 발서 午正이 지낫섯다. 바람은 猛烈하야 山上에 선 사람이 붓저지할 수 업고 땀찬 몸에 찬 기운이 侵入하야 덜덜 떨며 寒粟이 쪽쪽 기친다. 다리는 정말 압흐고 시장ㅅ긔는 밧삭 든다. 金剛山도 食後景이라니 飢寒붙엄 退治하고 볼 일이다 白鹿潭畔으로 나려서 岩間을 의지하고 햇임을 마조와 따땃한 恩寵 下에 感謝한 禮拜를 드리며 樵蘇後餐客으로 나무를 캐드리여 황투불를 지르며 불 압흐로 밧삭밧삭 대드러 寒粟症을 治療하는 一方으로 밥을 덥힌다 고기를 굽는다 한참동안 岩間生活의 活動劇을 차렷섯다. 點心밥을 먹으려고보니 木箸가 업다 高山地帶이라 땅에 부튼 덤불이 아니면 굽고 봉통마듸진 眞栢 등걸 뿐이다. 힘업는 덤불을 끈어가지고 代用木箸로 겨우 집어올리는 것 도중에 한 滑稽劇을 再演하였다.

奇聞一節

「小乘」曰古有虞人 登漢拏絶頂 射鹿誤以弓鞘 摩擊天腹 上帝大怒 拔去柱峰 陷

爲白鹿潭 移時大靜 名曰山房 (下略)

「耽羅志」漢拏山在州南西十里鎭山 其曰漢拏者以雲漢可拏引也 一云頭無岳 以峯峰皆平也 一云圓山 以穹窿而圓也 一云釜岳者 山頭有池 似貯水器也 其□有大池 人喧則雲霧 咫尺不辨 五月猶雲在 八月乃襲裘」

「風土錄」漢拏絶頂 併看南極老人星

「耽羅志」白鹿潭在漢拏絶頂 諺傳郡仙飮白鹿於此故名 潭底舖白沙 有海蛤殼」

「仝上」穴望峰在白鹿潭南邊 峯有一竅 可以通望故名 稍東又有方岩 其形方正如人鑿成 其下淺草成蹊 香風滿山 如聞管絃聲 世人傳神仙遊息之所

權近「漢拏山」應製詩. 蒼蒼一點漢拏山 遠在洪濤浩渺間 人動星芒來海國 馬生龍種入天閑 地偏民業猶生遂 風便商帆任往還 盛代職方修版籍 此邦雖陋不須刪

金緻 等絶頂詩. 石磴穿雲步步危 雨餘天氣快晴時 山高積雪經春在 海潤長風盡日吹 鶴駕不迷玄圃路 鳳簫留待赤松期 從今欲學滄□術 歸去人間莫恨遲

李慶億 登高詩. 漢拏山作望鄕臺 天下登高獨壯哉 五嶠曉光驚戴出 二湖秋色□□來 分衿即是三年別 落帽休辭九日杯 今夕勝遊應不忘 異時魂夢幾多回

金緻 白鹿潭詩. 石釖撑空鳥路微 捫蘿直上倚西暉 天風嫋嫋香生履 山□霏霏翠滴衣 白鶴巢邊朱樹老 青鸞駐處彩雲飛 回頭弱水三千里 爲問安期何日歸

오늘은 不卜而然으로 때마츰 陰曆 九月九日이다. 一種 奇異한 日錄이라 아니할 수 업다. 李元鎭의 詩와 갈이 漢拏山頂으로 望鄕臺를 삼고 故園을 望拜함은 나의 一生의 紀念일 것이다. 登高하엿스나 送酒할 사람이 업슴은 나의 遺憾이며 逐臣이 아닌 나이지마는 바람은 자조 帽子를 떠르트린다. 絶頂 바로 밑에서 紀念寫眞을 박히니 발서 午後 一時이다. 일즉 歸路를 찻지 안이하면 果然 前程이 危險할 것이다. 潭의 南遊으로 도라 西歸의 路를 取하엿다.

漢拏山巡禮記(續)

白桓陽氏

《불교》 72호, 1930년 6월

一一, 西歸浦로 나려서

漢拏山 南쪽임아로 도라 나려다보며 다시 白鹿潭의 影을 撮하고 急遽히 下山令을 노왓섯다. 一生에 한번 보기를 願하든 이 天山을 다만 片時동안 꿈결같이 본듯만듯 未洽한 그대로 번개같이 仙扃을 拜別하고 도라서기는 못내 섭섭하다 아니할 수 업다. 十步九顧로 回程 方面을 이 山의 南麓으로 틀어 멀리 西歸浦를 바라보며 萬丈雲梯를 나려섯다. 滿山香風으로 佳氣鬱葱한 眞栢地帶는 미상불 車를 停하고 楓林만 坐受할 바 아니라 這間에 들어싸인 千態萬象의 奇石怪木이며 幾百種의 高山植物은 萬紫千紅으로 春外의 春色을 자랑하는 듯 形形色色으로 꼬부라진 天然自成된 盆栽에 最適한 眞栢은 無盡藏의 天然苗圃를 일우엇습에 盆栽用의 經營者들은 山間岩屋에 留宿하면서 眞栢採取를 일삼ㅅ고 잇다. 山南山北이 다 한가지로 眞栢地帶 그 다음은 躑躅地帶의 大花園이다. 直徑 二尺이나 넘는 躑躅樹가 幾百町步를 一望無際하게 들어섯슴은 참 驚嘆할만한 壯觀이다. 三四月지음 登山客으로 滿

開된 大花林를 眼前에 닥치고보면 花興에 및어 眞을 失치 아니할 자 그리 업슬 것이다. 이 地帶를 겨우 뚤고나서니 별안간 參差한 無林岩地帶가 내닷는다. 北쪽을 나오든 길보담 南쪽 나려오는 길이 아조 急峻하고 危險하야 狂奔된 疊石이 山路를 稀微케 하며 遠海의 長風은 사람을 반짝 들어다가 千尺斷岸에 넘어트릴 것 같다. 巉岩을 건너뛰고 蒙茸을 잡아헤치며 千辛萬苦로 刀山險峯을 踏破하야 中部의 森林地帶를 또다시 들어서자 뒤으로 한번 다시 나려온 山上을 치어다보니 가물가물한 漢拏山 絶頂이 雲霄에 놉히 솟아잇스며 나의 몸은 이곳 天上으로 조차나려온 듯 아실아실하여 보인다. 森林初入十里許의 中間部는 樅木地帶이라 濟州의 獨特한 筏船의 材料는 樅의 통자비를 使用하는 特産이다. 그 아래로 數十里를 延袤한 幅圓은 大森林地帶이라 그러나 松栢은 별로 볼 수 업는 雜木成樹에 檀楢櫻楓 等의 大樹鬱蒼으로 낮(晝)이 오히려 컴컴할만콤 島民의 斧鉞이 밋치지 못한 廣大面積이다. 이 地帶 안으로 東南西 三面은 濟州名産인 椎耳(포구) 栽培地로서 世間에 名을 知키된 것이라 現下 日本人資本家 數十名이 椎耳栽培의 經營에 巨資를 던지고 잇슴으로 順路를 利用하여 巡覽하기를 豫定한 것이다. 連抱의 「표구나무」를 비혀 동강동강 잘라 千年不斧의 處女林 속에 질비하게 쓸어뉘엿다. 이 나무동갈이 約 五六年 동안 朽敗되면 거게서 돗아나오는 「버섯」이 이곳 椎耳라는 名物로써 이른바 「一표구, 二態耳, 三松耳」의 第一位를 占하는 그것이다. 이 山中寂寞하고 深邃한 곳에 五六年 동안 이것을 栽培하고 看守하기 爲하야 山莊을 얼ㅅ고 住居하는 日本人家數軒이 淨界의 伽藍처럼 樹林間으로 隱然히 드려다 보인다. 終日토록 人家를 얻어볼 수 업든 차에 목이 타서 견딜 수 업는 喉渴症을 救療하기 兼하야 靜寂한 山門을 두다렷섯다. 看板은 바로 東□社 第三椎耳栽培場이다. 主人은 업는 모양이다 마참 山中에서 보기 어려운 一少雲鬢이 밧비뜰에 나려서며 아릿다운 語調로서 「오이데나사이마세」를 連發하는 품이 言語 動作 모든 것이 그야말로 親切丁寧스럽기도 하다. 人間 그리운 山中에서 塵客이 반가운 모양도 갓다. 案外의 歡迎을 받은 나로서 未安도 스럽지마는 禮를 除하고 들어서자마자 椅子를 나수아 困却를 쉬게하며 湯茶를 나와 渴症을 治療식혀준다. 煩渴을 못 이기든 나의게는 이 보다 盛大한 饗應이 업슬 뜻 이즐 수 업는 신세를 젓다. 時間關係로 오래 遲滯키는 어렵다. 感謝의 禮로써 告別하고 山路를 또다시 무럿다. 그 主娘은 西歸로 가시자면 날이 저물터이오니 오늘밤 이곳에서 그만「오도맛데구다사이마세」愛嬌잇는 飾辭 아니 實情으로 勸하는 모양이다. 그러나 日程順序가 許諾되지 안는다. 다리, 팔 할 것 업시 全身이 아니 압흔데 업시 정말 꼼작달삭하기 실타마는 아즉 西歸浦가 二十里나 느러졋스며 白日은 西海와의 距離가 밧삭 갓가워젓다「一作神仙洞裡遊 問今塵世幾經秋 漢水落日西歸路 遠渚迷烟使客愁」란 一絶을 偶然히 혼자 읍조리기만 하엿다. 멀리 大洋을 바라보며 갓가이 左右山川를 돌아볼제 漢拏山을 둘러잇는 岡巒海岩線을 沿하여 點點이 散在한 幾多의 大小獨立起峯들은 漢拏山을 帝王으로 하야 左右의 群臣百官이 儀仗을 차려 護衛하는 듯 그 중에도 모든 山頂이 한모양으로 되여 大小와 高低는 잇슬지나 모다 摺鉢型으로 凹陷되여 頂點에 小噴火口跡을 追認하게 됨은 漢拏山頂과 相似한 것이 한 特點이다. 이 森林地帶를 버서나고 보니 예전 官營의 大牧場地로서 未來의 大牧野와 森林造營地를 包含한 候補地이다. 일로붙어 海岸線에 이르기까지 全山周圍의 大緩斜面의 大裾野는 幾千年前으로붙어 島民의 勞力에 依하야 開拓된 大沃野로서 灌漑用水의 絶乏으로 水田經營이 難함은 한 遺憾이나 麥粟의 主要作物로 비롯하야 甘藷, 棉花 藥用植物, 柑橘類의 適用한 栽培地로 되여잇스며 오즉 이길로 沿한 이곳 漢拏山 正南인 烘爐里 一帶는 水田이 比較的 豐富하며 左右山岳이 包擁되고 原野가 平舖하며 村樣이 美妙하여보인다 날은 漸漸薄暮로붙어 黃昏에 일으게 되자 아즉 西歸浦는 約 五里 以上이다. 新道路가 平坦하기 시작됨은 安心處이다. 月色을 띄고 萬頃蒼波를 압흐로 展望하면서 波聲이 부드치는 海岸으로 앵도라드러 一聲漁箭이 갓가이 들리는 一小浦口를 다다랏다. 夜中의 景色일지나 제법 市街가 縱橫하고 內外國人商店이 櫛比하며 本島의 要港인만콤 物貨가 集散되며 漁業이 賑盛한 모양이다 이 西歸浦는 本來 旌義縣官內로서 「耽羅誌」에 依하면 「西歸鎭在縣西六十里 本在烘爐川上 宣祖庚寅牧使李沃移建干此 石築周八百二十五尺五寸, 高十尺以上 西南兩門 城中有客舍別倉軍器庫射場 引正房淵上流 穿入東城內作小木池貯水後放出西城外 助防將 一人 雉摠 二人 書記 七人 城丁軍 一百二十人 防軍 二百二十七人 伺候船 一集 兵船 一集 待變粮 三石 射格 並一百五人 船將 一人」이라 하엿다. 오늘날은 桑田의 碧海처럼 島支廳으로 비롯하여 面所 郵便所 學校 等으로 變하고 旅館 料理屋까지 稍稍設備되여 잇서 邊陬의 一邑落으로만 볼 수 업는 程度에 일으렀다. 海上交通으로는 內陸 各港은 勿論 大阪과 서로 定期直航이다. 旅館을 더듬을 사이 업시 한 小童이 親切히 마자 前導한 다음에 旅館門口에 이르자마자 妙齡의 兒女가 나와 案內하는 程度이며 客室製度와 夜具 等屬은 內陸을 凌駕할 뿐 아니라 훨신 優美함을 驚異히 녁엿다. 館主는 女子獨立的 自營인 모양이다. 그 女僕은 名飯을 공순이 나와노코 꿀어안는 同時에 料理製法과 山海珍羞의 美味가 입에 맛삭 들어맛게됨은 全道旅行中 今始初嘗의 感을 가젓섯다. 供待며 衾枕보전은 日本式을 折衷한 新風潮로서 內陸에서는 아즉 미치지 못할 進步이다. 溫突이 업는 濟州인 同時에 다다미 設備에 衾具가 저갈이 豊富함은 땃뜻한 南方에서의 또 한가지 異彩이다. 다리는 우아래가 모다 알이 통통이 배여서 食後에 房 안 散步라도 할 수 업시 그대로 黃粱枕上에여서 黑甜鄕으로 旅行할 豫定이다. 그러나 바로 隣接한 집이 料理業하는 무슨 樓라는 看板을 부친 모양이다. 질탕한 雜歌에 죄 업시 함부로 두다려 맛는 長鼓소리가 밤을 그양 새운다. 아마 여게는 子正 以後의 安眠妨害取締도 勿施하는 모양갈다. 아모리 별러보와야 잠損害를 賠償할 곳이 바이 업다. 困憊한 몸에 선잠을 깨여가지고 어제ㅅ 저녁

한모양으로 供養을 잘 맛치고 압혼 다리를 끄러내여 海岸에 가 서고보니 말속한 海岸에 산산한 空氣를 띄운 一面으로 岩角에 부드치는 波濤가 白雪이 飛散하는 저 鳥島, 鹿島 두 섬이 外洋을 막아 天然의 防波堤로 한 그 안으로 數十船集은 港內에 簇立하여잇다. 本島의 海岸線은 極端으로 屈曲이 적어 天然의 良港이 업슴은 千古의 恨事이라 濟州의 山地港 같은 것은 아조 港灣될 價值조차 업지마는 오즉 別刀, 西歸, 城山, 摹瑟 等 三四浦口는 어느 程度의 人工을 더하면 그대로의 商港 또는 漁港으로 될 希望이 잇다는 바와 같이 實際로 보와 果然 틀림업다. 路毒을 餘地 업시 마진다리로 寸步를 自由할 수 업스나 濟州의 名勝인 天池淵瀑布와 正房瀑布는 西歸浦의 東西에 갈라잇서 各各 五里를 許하여 잇다한다.

「正房瀑」在西歸鎭東五里 水自漢拏南麓 來到海岸斗絶處 直下數十丈 左右皆峭壁 前列三島如畵 諺傳鼓樂於此 水中潰蛟出舞云. (耽羅誌)

金□詩 山爲臺曲海爲淵 擊劍高歌望西邊 更瞻銀瀑從傍下 疑入廬山洞裡天

李源祚詩 水從漢岳隨雲下 人自烘爐帶月還 近海猶存溪意味 一邊林藪一邊山. (同上)

「天池淵」在西歸鎭四五里 淵深不可測 周數百步 雙瀑飛流 長可百尺 距海咫尺 岡巒回抱 窈然有幽奧之趣. (耽羅誌)

轟雲噴雪聲聞數里 若兩道白虹俯飮天釜 形勝實與朴淵伯仲而瀑流高下 洞門寬狹 或有不相及處但慳秘海外 遊觀之所不及 世人罕有知其勝者 地誌亦闕而不載 良可惜也. (南槎錄)

金□詩 懸崖窈曲樹冥冥 界瀑爭流落雪澄 正是蚊龍深窟宅 有時飛躍上雲層. (耽羅誌)

李源祚詩 水抱山□又一灣 西歸東北數帿間 雌黃甲乙休題品 一日能看兩瀑還. (上仝)

이와 같은 探勝의 好奇心를 抑制할 수 업섯다. 먼저 天池淵으로 竹杖을 던저 西歸浦로 도라드는 烘爐川을 치거슬으게 되엿다. 烘爐川은 本島에서 唯一無二한 河川으로 水石이 奇絶하며 銀口魚 鮎鰻 等 魚類의 饒産地이라 한다. 洞門을 迂回하야 一曲川邊을 도라드니 果然 名不虛傳이다. 左右岩壁에 紅葉이 交映하야 山姬의 錦을 織하는듯 그 속에 내리뻐친 白練이 長天에 倒掛하여 幅三丈, 高七十餘尺의 飛流가 떠러저 深淵이 天成되야 潭水淸澄하며 飛沫이 사람으로 하여금 寒栗을 돗치게 할 뿐 아니라 豐富한 水量과 紺碧한 潭底에 神物이 潛在한듯 逼近하기에 自然 恐怖症이 생기며 前後 岩屛에 冬栢秋橘이 畵幅을 展開하고 飛散하는 噴沫은 朝日에 映射되야 虹霓가 뻐치게하야 萬千氣像이 나의 鈍筆로는 實寫할 수 업거니와 時間까지 濫用하고보니 正房瀑布까지 갈 餘裕가 업게 되엿다. (또)

漢拏山巡禮記(續)

白桓陽氏

《불교》 75호, 1930년 9월

一, 大靜高縣으로 나서

白日에 雷霆처럼 내리치는 瀑布聲中에서 耳膜은 아조 封鎖되엿스나 萬斛眞珠를 連貫한 淸流壁下에서 俗腸을 헐신 씨세바렷다. 遊賞에 넘치는 探癖을 抑制하고 갑작이 돌아나와 旅館主人을 찻게 되다. 定期 自働車는 곳 떠나게 되엿다는 急報가 온다. 오늘날 日程은 大靜古邑 方面으로 行次슈이다. 正方瀑布를 못보게된 것이 섭섭하다 아니할 수 업스나 自働車 上의 乘組員이 되여 旅館主人과 한가지 西歸浦를 告別하엿다. 어젯날 山上仙境을 探求하려다가 足不運身이 된 나의 몸으로는 오늘날 疾走하는 車上에서 地上仙으로 化한 感이 없지 아니하다. 途中에서 種種 演出되는 曲藝的 活動劇은 또한 失笑치 아니할 수 없다. 이거슨 정말 말(馬) 만흔 濟州의 曲馬劇이엇다. 쥐방울만큼한 조롱말에 다래鞍粧을 지여타고 옷독옷독 오든 交通巡査는 自働車에 놀랜 말을 탄 채로 오든 길로 도로를 들고 뛰여 한정없이 다라나는 거동이며 二十勢 新婦女가 안장말을 自征馬로 척 걸터타고 암방암방 마조오다가 自働車에 놀랜 말이 기리로 뛰고 가로로 뛰는 바람에 그만 그 婦女는 平地落馬로 말의 배 밑으로 들어끼여 말발굽에 질끈 발핀 채로 아고야 高喊소리가 그리 未安실업기도 하며 질머지기를 잘하는 濟州女子인만콤 어린아히지는 법조차 한 特徵이 있다. 長方形의 대바구니(竹筐)에 기리로 들어눕혀 질빵을 걸어가로질머지고 나드리가는 軆裁는 넘어나 흉하여 보이기도 하다. 가다가 途中에 天帝淵瀑布가 또 壯觀이라 함으로 途中에 下車하기를 豫約하엿다.

> 天帝淵 在大靜縣東二十里塞達川下流 岩壑深邃草木蔚密 淸溪一道噴出石竇 流布百餘步 倒掛成瀑 直下數十丈 有上中下三潭 深不可測 潭東有中文院 牧使巡行點馬處 觀瀑時命武士張帿兩岸 係長索 使藝人 傳矢往來半空 以供遊觀便成邑例云 (耽羅志)

이라는 記錄을 얻어본 나의 好奇心을 잔뜩 도도와가지고 左面 中文里 塞達川邊에 일으러 그만 車를 停하고 瀑布水를 또 차자 들어섯다. 實地는 記錄以上으로 絶勝의 價値를 가젓다. 그러나 먼저 天池淵瀑布에 넘어 治醉되여 이같은 絶景도 그만 視若尋常하게 됨은 마치 배부른 자의 珍羞盛饌이 일업게 됨과 마찬가지이다. 일로붙어 名勝보다 本務인 古蹟을 더듬기로 된다. 途中에서 다시 中面 上猊里를 차자 王子墓와 乇羅國 宮殿址라는 傳說地를 探査케 되엿다.

> 猊來縣在大靜縣東二十五里 耽羅國初爲縣今廢爲村 王子墓在同縣東四十里 三墓階砌尙存 兩隅有白芍藥 加來村裡有宮闕遺址 疑乇羅王所都處也 俗云山房爲工徒 (耽羅志)

이곳 左面 沙源里에는 長八尺 高二尺의 切石으로서 方形을 疊成하고 土를 盛封한 三基의 古墳과 高二尺餘의 石人 二像이 서있다. 古來로 王子墓라 傳하나 어떠한 墳墓인지 疑問이다. 口碑에 依하면 往昔에 內陸의 □王이 그 庶子를 失하기 爲하야 耽羅征討에 보내여서 果然 戰死한 것을 이곳에 禮葬하엿다 云云이며 또한 沙源里 北方里餘의 法井岳下에 法華寺가 멀리 보인다. 그러나 日程과 里程關係로 探訪치 못함은 한 遺憾만 가질 뿐이다.

「耽羅志」 佛宇條에 「法華寺在大靜縣東四十五里」

「同上」「窟庵在大靜縣東十里 即山房窟寺也」

「同上」 山房山在大靜縣東十里 周九里 俗傳漢拏山柱峯 頹而峙于此 其南岸有大石窟 高可數丈濶可容百餘人 石壁剝落 如門閾者三重 水窟自上點滴爲泉 味甚清冽 又有杜冲一樹生第二門內不能直上向外偃塞 半塞窟口 有僧作寺于其間供二佛號窟庵「金自祥」記 所謂石瓦自盖而積雨不能漏 石簟自舖而野火不能焚石壁自立而狂風未能搖 石井自湧而行潦未能污者是也 其南有石穴名暗門 其北有大穴深不可測 絶頂有三丈石上圓下方 人不能登 俗稱仙人榻 南麓走入海中而擧其頭 故號龍頭 兩邊斗削二處中折 一躍可渡中有盤石 或間隔爲房 或穿爲門 如室屋巧粧之狀」

「同上」「僧慧日 麗末山房法僧也 西遊中國 鉢傳梵偈 名震道場 尤工於詩 其所題詠 多見於輿誌」

「同上」 小乘曰 古有虞人登漢拏絶頂射鹿 誤以弓䩨 摩擊天腹 上帝大怒 拔去柱峰 陷爲白鹿潭 移峙大靜 名曰山房 金淸陰南槎錄云 今觀螺數自山麓 至此三十里間 雜石傾側撩亂 宛然有轉山之狀 好事者爲此說而傳會之也 詩曰誰折柱峰揷海傍 流傳異說亦荒唐 果然天腹雖空大 那許虞人乃爾狂 日月爲眸猶薄蝕邱山何罪竟摧傷 從玆更覺皇穹遠 俗累無由許彼蒼」

前記함과 같이 海岸에 儼然獨立한 標高(三九五米)의 石山으로 嶄新奇拔한 石勢는 平地에서 보기 어러울만큼 저—漢拏絶頂의 磊落한 岩峯과 恰如함을 보와 「柱峯頹而峙此」라는 傳會도 그리 無理한 俗信이 아니랄 수도 있다. 오늘날 窟庵은 廢止되고 다만 遺址 뿐으로서 그 속에 湧出하는 石泉은 寒冷함이 膚를 裂할뜻하며 雨朝月夕에 騷客으로 하여금 詩心을 자아낼 뿐 아니라 行驗者의 修道地로는 適宜한 靈畤이다. 山房山 저편으로 보이는 이곳 中面 上倉里 南쪽 倉庫川越便으로 옷독 소슨 (標高 三三四米) 俗稱 軍山은 原名 瑞山이라 한다.

瑞山在大靜縣東二十五里(耽羅志) 高麗穆宗時有山湧出海中 遺太學博士田供之往視之 人言山之始出也 雲霧晦暝 地動如雷 凡七晝夜 始開霽高可百餘丈 周可四十餘里 無草木烟氣冪其上 望之如石硫黃 人恐懼不敢近 拱之躬至山下 圖其形以進云云 (高麗史)

아—山上에서 柱峰이 문허저 날라오고 海上에서 新山이 소사나 烟氣가 자욱하다하면 오늘날로는 잘 고지 듯지 아니할 말이다. 그러나 그때 事實에 있어 그리 荒唐한 說話라고만 볼 수도 없슬 것이다. 그 때의 火山地帶로써 噴火와 地震이 激甚하엿든 時代로 이른바 「中火震盪 海幻陸遷 乃成現象」이라는 種種相이 現出된 것이다.

大靜古縣을 들어섯다. 荒廢한 故墟에 凋殘한 人家가 零星한 가운데 녜전 公廨는 오늘날 面所로 變遷되엿다 暫時 城內를 둘러 다시 面所를 歷訪하고 多少의 參考를 探査하엿다. 本縣城은 石築周四千八百九十尺 高十七尺四寸 東西南三門이 있엇스며 太宗 戊戌 縣監 兪信의 所築으로서 오늘날 太半이나 頹落에 돌아가고 城內는 쓸쓸한 빛이 돈다.

「鄭桐溪詩」大靜東門有弊廬 十年會是逐臣居 寒松四箇應盈丈 叢竹千竿想蔽除 人事浮沉何足問 世間榮辱本來虛 瀛注一曲留殊域 試命歌兒唱酒餘

大靜縣에서 南方 約五里를 許한 摹瑟浦는 摹瑟峯을 背景으로 하고 大海에 俯臨하야 若干 活氣를 띄고 있을 뿐 아니라 漸次 前途有望할 漁港임으로 大靜縣 勢力을 奪取하여간 모양갓다. 딸아 濟州의 名物인 보작이(海女) 作業을 이 浦邊에서 볼 수 있다는 好奇心으로 다시 摹瑟浦로 直走하엿다 古記錄에 依하면「摹瑟城은 石築周三百三十五尺 高十二尺 東門上有譙樓」「城在石島上三面阻海 一面通陸 城中無泉 城外有神靈水云云」이 摹瑟鎭은 肅宗 戊午에 牧使 尹昌亨이 東海所를 撤하야 此에 移設하고 助防將 一人과 雉摠 二人 城丁軍 一百六十九人과 伺候船 一隻을 두엇든 水戰所이다. 오늘날은 一小 漁港으로 된 日本人의 最初移住地이라 한다. 郵便所 駐在所 等 公署와 罐詰 · 貝釦工場이 있으며 近海의 海女들의 海上作業하는 光景과 沿邊養魚池를 구경하엿다.

南쪽으로 감아케 보이는 寡婦灘 東쪽으로 옷독한 加波島는 周回十里이라하며 예전에 國畜을 放牧하든 곳이라 憲宗 庚子에 英國船이 그 아래에 碇泊하고 牛畜을 搶掠하야감으로 그 後에 國畜을 移牧하고 人民의 入居하기를 許하야 一大村落을 形成하게 된 것으로 至今은 住民이 一百戶이라하며 海産物과 甘藷의 多産地이며 此島 附近은 暗礁가 만코 潮流가 急激함으로 自來로 幾多의 船舶이 遭難한 곳이라 이제을 距하기 三十年前에 南洋丸의 沉沒과 二十年前에 英國旗艦「ベットフオルド」(BETFORD)號 九千五百噸의 沉沒 等 航海者를 恐怖케 하는 險海이다 또한 加波島의 南方 約五浬 海上에는 孤立한 小島는 周圍 約 五里이나 되는 摩羅島이라 住民 十二三戶로서 島民의 飮料水가 缺乏할 때에는 高地에서 大篝火를 들어 加波島民에 急을 告하야 그 給水를 受하게 된다 한다. 島中에 學士泉이라 하는

靈泉이 있으나 水量不足이라 하며 島의 一角에 燈臺가 있다. 加波 摩羅 兩島間의 水道는 有名한 難所로서 大潮의 急激할 때에는 마치 一大瀑布와 같이 白波가 奔馳하야 飛沫이 天에 冲하야 霧를 散하는 光景을 일읏는다 한다. 여게서 다시 大靜舊邑을 거처 西으로 舊右面 高山里 참을노 왓섯다. 高山里는 암날 遮歸鎭을 두엇든 곳이라 高麗 末에 元나라 哈赤이 城을 쌋코 養馬의 所를 두엇스나 哈赤이 敗亡한 後에 牧使 李元鎭의 啓請으로 鎭을 設置하케 되니 石築周二千四百六十尺 高二十二尺 東西門譙樓와 軍器庫가 있었고 助防將 以下 雉摠이며 城丁軍 一百三十九人과 防軍 一百六十九人과 伺候船 一隻을 두엇섯든 곳으로써 아즉 城址의 一部가 殘存하야있다. 鎭의 西方으로 高山岳이 소사있고 그 압흐로 臥島 · 竹島가 羅列하엿스니 一名은 遮歸島이다. 竹島는 古戰場으로서 李朝太宗 六年에 倭寇가 來襲함에 安撫使 李元鎭과 判官 陳遵 等이 兵船을 領率하고 此를 驅逐하며 倭寇가 크게 敗亡한 곳이라 全島가 石壁이 高屹한 天險의 地이며 城內에는 또한 遮歸祠가 있엇스니「春秋男女 羣聚廣壞堂遮歸堂 具酒肉祭神 又地多蛇虺蜈蚣 若見灰色蛇則 以爲遮歸之神 禁不殺」(輿覽)이라 함이 그것이다.

(林亨秀詩) 殘樓崩堞介荒邱 瘴雨蠻烟不肯收 客子光陰槐已夏 田家契活麥遲秋
殊方骨肉誰青眼 末路勳名自白頭 多病漸嗟筋力減 此生那復聖恩酬
(金淸陰詩) 西溟無極接昆邱 萬里洪波落日收 青雀未傳仙母語 白雲空憶故園秋
遠遊孤憤頻看劍 多事新毛易換頭 不用詩篇富如許 由來古調唱難酬
(李元鎭詩) 雨後瀛洲氣象新 獨登城上岸綸巾 北望大陸三分水 西隔中原一點塵
田父築垣防馬屹 野翁持酒醬蛇神 即今竹島風波少 無事將軍醉錦茵

遮歸鎭는 本島의 西方 極端이라 일로붙어 路線方向은 漸次 東北方으로 轉換된다. 海岸에 沿한 挾財里冲을 隔하기 十數町에 있는 小島는 곳 飛揚島

이라는데 此島는 예전 漢拏山이 大噴出할 때에 飛來하엿슴으로 名을 得한 것이라 한다. 周回約一里 住民 三十戶가 있으며 예전에 箭竹의 多産地이엿스나 中年에 燒燼하고 民耕을 許하엿슴으로 오늘날 한 漁村을 이루엇스며 島山 中央이 摺鉢狀으로 凹陷됨을 보와 噴火口의 形跡을 멈추고 있다. 此地는 漁業의 根據地이며 挾財里와 中間水道는 汽船避亂地라 한다. 挾財里에는 財岩이 있스니 그 形이 양樑屋과 같아서 그 우에 白沙가 平舖하고 그 아래에 大穴이 있서 그 속의 廣濶함이 八十步 가량으로 石鍾乳가 産하며 그 西北으로 또 二岩이 있스니 名을 小財岩이라 하며 深廣함이 約五十步(輿覽)로 또한 石鍾乳의 産地이다. 挾財의 村名이 此에 由하엿다 하며 그 東쪽으로 明月城址가 있서 아즉 完存하다 當時 石築周三千二十尺 高八尺 東西南門이 있엇스며 麗末 崔瑩이 哈赤을 討할 때에 牧子送里必思 等이 此城에 據하엿슴으로 大軍이 濟進大破하엿다는 곳이라 城內에 아즉 官有建物二三棟이 殘存하며 明月鎭의 西方數里地點에는 예전 月溪寺가 있었다하나 至今은 다만 遺址 뿐이며 本面은 本島의 西部를 點한 漢拏山 大裾野의 終點이라 棉作地로 著名하며 海岸에는 海藻貝類의 饒産地로서 隣接한 翰林瓮浦 等里에는 罐詰工場과 釦工場이 있어 製造에 着實한 모양이다.(未完)

漢拏山巡禮記(續)

白桓陽氏

《불교》76호, 1930년 10월

一三, 都近川上의 古寺址

本島의 地勢는 東西가 길죽하고 南北이 짤막한 一丸土로서 沿岸의 灣과 崎岬이 別로 없어 平面上 周圍形勢로 보와 全島가 마치 鷄子形으로 된 橢圓이다. 다시 말하면 恰似한 甘藷모양으로 되여있다. 濟州 某會社經營인 私設 濟州循環軌道(臺車)는 濟州城內를 基點으로하야 東部線은 東으로 西部線은 西으로붙어 各各 始作하여 맛참내 兩線이 서로 全島 一周를 結合될 豫定이다. 西部線은 발서 狹才里를 終點으로 하고 運輸營業을 開始한 모양이다. 나의 路順은 西으로 西으로 다라나온 方向이 不知中 北으로 轉하야 다시 東으로 틀어서 新右面 郭支里를 바라보게 된다. 저一웃뚝한 郭岳 맡으로 한참 미끈 들어가서는 다만 瓦片이 散亂한 郭支寺 녯터를 더듬다가 도로 돌아 同面 涯月里로 나려섯다. 此地는 高麗末에 三別抄가 叛據하야 城을 쌋코 大膽하게 官軍을 對抗하든 곳으로 此를 討平한 뒤에 涯月鎭을 두게되여 阻防將以下 軍器庫 戰船射砲擊軍을 配置하고 海上警備에 當하든 곳이라 石築한

城壁이 約 四百間 以上이나 아즉 完全히 殘存하여 있스며 오늘날은 汽船寄港地와 漁港根據地로서 郭支里와 한가지 鰮魚場으로 著名함에 딸아 面所駐在所 學校 等 公署가 櫛比하다 다시 高內峯 東便으로 나서 下加里에 있는 蓮池를 觀賞하고 또다시 新右面 古城을 探査하기로하니 이 古城은 이곳 缸坡城이라는 그것이다. 高麗 元宗 때에 金通精이 貴日村에 來據하면서 이 城을 쌋코 제법 官軍을 抗拒하엿스나 金方慶이 들이치는 바람에 餘地없이 陷落된데이다. 다만 古城址라 하는 土壘 約五十間의 形骸만 남아있고 그 옆으로는 高二尺位의 石佛一像이 儼存하여 千古의 녯일을 말하는듯 하다. 일로붙어서는 濟州面 初入이다. 同面에서도 著名한 都坪里를 들어섯다. 隣接한 外都里에는 또한 有名한 都近川이 있으니 一名으로 水精川이며 別名으로 朝貢川이라 한다. 本里의 南方 約三十里를 許한 漢拏山 西北正脈으로 隆起한 御乘生岳에서 源을 發하야 땅 속으로 潛流하기 二十里餘에 光令里에서 다시 湧出하야 左右의 石壁이 削立하고 岩石이 中舖한 그 우으로 내리치는 數十尺의 飛瀑이 淵中에 落下하야 그 飛沫이 雪을 散하고 瀑聲이 雷를 鳴하다가 또다시 地下로 潛流하여가지고 都坪里에 이르러 石澗으로 湧出하여 大川을 이루엇스니 上流는 無愁川 下流는 이곳 都近川이며 海에 入하는 곳은 都近浦이라 한다. 이른바 「御乘岳 其□有池 周百步 諺傳此岳之下 出御乘馬故名」「都近川岸壁高險 瀑布飛流十尺 其下潛入地中 至七八里 湧出石澗 遂成大川 末流稱都近浦 下有深淵 有物如□狗 潛伏變化 視人寶物 □入淵中」(輿覽)이라 함과 같이 深潭이 窈黑한 그 속에는 아마 神物이 있을 법도 하다. 寶物을 가지지 아니한 나로서는 그리 念慮할 것 없어 더듬어 볼 수 있엇다. 이 都近川을 中心으로하야 녜전에는 本島에 著名한 大伽藍이 서로 簷을 連하여 輪奐하엿다는데 저一都近川 西岸에는 水精寺와 逝川庵이 있엇고 無愁川 北岸으로는 妙蓮寺와 文殊庵이 있엇다고 오늘날은 다만 비인 터만 남아 散亂한 瓦礫으로 녜전 礎石을 덥고 있다.

「李齊賢解歌詩」都近川頹制水坊 水精寺裡亦滄浪

「僧慧日逝川庵詩」漢拏高幾仞 絶頂□神淵 派出北流去 下爲朝貢川 懸瀑亂噴沫 走若珠璣圓 驚湍激群石 間作瓮盎穿 安流得數里 澄淨涵青天 道人有宗海 卓庵 向川邊 旣從山水樂 且寄香火緣 凉秋佳月夕 掃石開茗莚 嘗新剝棗栗 談古窮幽 玄 因思仲尼語 頗億小乘禪 由斯無生理 名以期遐傳 如能高看眼 波波皆不遷

「僧慧日妙蓮寺詩」南荒天氣喜頻陰 此夕新晴洗客心 一夢人生榮與悴 中秋月色 古□今 逈臨渺渺烟汀濶 斜影沉沉竹屋深 賞到夜□淸入思 不禁頭側動微吟

이라한 已備한 淸韵佳句는 발서 昔年의 事이다. 다시 道頭峰을 바라보며 漁港으로 著名한 道頭港을 거처 沿海長城의 遺跡을 더듬으며 濟州城內로 들어갓다. 長城은 海를 沿하여 둘러싸은 것이 녜전에 三百餘里를 延褒하엿섯다는 防禦線으로서 高仁朝가 三別抄를 抗拒할 때의 所築이라하나 오늘날은 거진 頹敗에 도라가고 이곳에서만 間間 그 殘骸만을 볼 수 있다.

漢拏山巡禮記(續)

白桓陽氏

《불교》 77호, 1930년 11월

一二, 東廻線으로 다시 旌義까지

翌日 午前 九時에 城內로붙어 다시 東으로 旌義 方面을 出向하기로 하엿다. 東門터를 나서 紗羅峰과 別刀峯을 左便으로 비켜노코 李文京의 陣兵處이든 東濟院遺址를 거처 禾北鎭城址를 踏査하엿다. 禾北浦는 古名으로 別刀라 稱하엿스니 「官吏之送迎 商人之往來 皆由於此故 浦口有銷魂亭 別刀之名盖以此」(邑誌)라 하엿다 鎭城은 高十一尺 周三百三步의 石築으로써 客舍, 軍器庫 等은 勿論 城內의 喚風亭과 北城上의 望洋臺와 城西의 海神祠가 있엇스며 例의 助防將 以下 汲水軍, 城丁軍과 伺候船, 戰船 射砲手를 두엇든 곳이라 別刀港은 道頭港과 匹敵할 著名한 漁港으로 漁船이 輻湊하는 곳이며 紗羅, 禾北 兩峰의 사이에는 또한 □窟이란 形勝이 있스니 「窟形穹窿 南負兒石 北據馬灘 中通大海 高可百尺 深可千尋 能通船舶 左右有盤石 可坐數十人 急浪滔天 見鯨鯢之隱現 危石□臨 任鷹隼之捿息 每於天朗之時 招舟子載簫鼓 歌□動之 其聲□□ 響若白雲中出來 魚鳥亦與人忘機焉」(邑

誌)이라 함과 같이 名不虛傳의 鯨窟이다「東濟院으로붙어 東距 約十餘町을 許한 禾北里 東南方 路左에 本島 最古의 遺蹟인 三射石이 있다「三射石在州東五十里 三神人卜地時所射 至今射痕尙存 年久裂破 州人梁宗昌作石室以口之」(耽羅誌)라 하엿스며 石室正面南側에「三神遺蹟 年久殘缺 今焉補葺加以石室」이라 刻하엿고 그 겯에 중둥이 부러진 三射石碑는 牧使 金𣪍의 建設한 바로서「毛興穴古 矢射石留 神人異跡 交映千秋」라 刻하여 있는데 矢射石은 長二尺의 것 一個, 徑一尺의 것 二個를 石室에 保管되여 있으며 碑는 바로 그 左側에 세운 것인데 中折되여 넘어저 있다 古蹟 保管上 當局者이나 三姓後裔로서는 緊急히 修繼를 要할 貴重한 遺物이다 다시 三陽里 元堂岳에 올라 龜池를 探賞하고 그 아래로 元堂寺를 차자 들어섯다 이른바「元堂岳凡七峯 峰頭有池 其名龜池 有蘋藻龜鱉 大旱不渴 傍有祭天祈雨壇」(耽羅誌)이라 한 그것이다 山下에 元堂古寺는 廣範圍의 殘礎破瓦가 散亂한 가운대 濟州에서 오즉 하나인 三重石塔이 依然히 서있으며 그 앞으로 新構한 草葺數間 안에 新造한 金佛像을 安置하고 一少野僧이 焚修를 일삼고 있으면서 丁寧한 掌拜로 마저준다 大約을 들은즉 約四年前에 蓬盧觀者가 이 땅에 이 집을 세우고 부터님을 모신 後로 信徒 四五十名을 얻엇스며 信徒中으로서 佛享田도 維持할만치 買入하고 大興寺 末寺로 屬하게 되엿다하며 그 南便으로 좀 떠러저있는 草葺數軒도 또한 新創한 伽藍이라는데 看板은 어그뜽하게 白羊寺 布敎所라고 붙처있는 딴 系統이다 石塔의 體裁는 手法으로 보와 高麗式이며 古瓦의 模樣도 麗代의 것으로 推定하게되며 法堂자리로 認定할 수 있는 圓形礎石은 元位置를 不變하고 있는 間隔으로 보와 宏壯한 大伽藍이엿슴을 엿볼 수 있다 다시 일로붙어 新左面 朝天浦참을노왓다 여게도 亦是 朝天鎭의 所在地로써 石築한 鎭城이 있엇스며 城中에 朝天館과 軍器庫이며 東城上에는 戀北亭이 있엇스며 例의 助防將 以下의 機關을 두엇든 곳이다 此地는 在來 朝鮮着笠을 만드는 이른바 濟凉이라는 량태를 만드는 原產地이다 앞으로 港灣이 天成한 形勝地임에 짤아 島人 有資力者는 모다 此地에 集中하엿다 하며 戶口가 無慮 數千戶에 갓가운 村落이다 海産物 農作物 牛馬類 及 鮮帽 等의 大市場이 열리며 또는 帆船으로 此等 商品을 內陸 方面에 移出식히며 日本人이나 支那人으로는 아즉 들어와서 商業을 經營할 수 없을 만콤 自作自給的 商權確執의 精神을 가젓다는 世評까지 잇다 한다 그 앞으로 잇는 金塘浦는 예전 三神人이 開國할 때에 東海로붙어 浮來한 石函이 初泊한 곳이라 하며 그 뒤로는 觀音寺가 잇섯다고 하나 遺址조차 차자볼 수 없엇다 다시 東으로 咸德浦를 넘어 浦口에 江臨寺 古址를 더듬은즉 廢墟에 다만 古非一基만 殘存할 뿐이다 여게서 南方 約二十里餘의 巨文岳「善屹里」下에 普門寺址가 아즉 完全하다 하나 時間關係로 此를 除外하기로 하고 다시 北村里에 殘存한 長城의 一部「高二間 長約百間의 石壘」를 바라보며 舊左面 金寧浦로 向하엿다 金寧里는 東西兩里로 分하야 三千餘戶의 一大邑落을 이루은 人口密度地이다 全鮮 統計上으로 보와 人口密度의 面別로 濟州面 人口 三,五〇一三을 全鮮의 第三位로 舊左面 人口(金寧) 人口 三,〇五〇四를 全鮮의 第五位로 하엿슴을 보아도 金寧의 人口 如何를 大約 짐작할 것이다 짤아서 郵便所, 駐在所, 學校 等은 勿論 漁業地로 著名하며 現下 循環軌道의 終點으로 運輸交通의 賑盛할 뿐 아니라 本土商人은 帆船으로 島內의 生産品을 積載하고 內陸 方面에 移出販賣하여 가지고 다시 島民의 需要品을 買收供給하는 經濟的 要港이라 한다 金寧에서 東으로 約 半里를 許한 路傍에「玄武洞(蛇穴)人口」라 書한 標木이 서잇다 일로붙어 數武를 南進하면 不思議의 大窟이 잇으니 이것이 이른바 金寧窟이다

「耽羅誌」金寧窟在金寧山上 石門高大 中可建五丈旗 穹窿如弓 遠近不可測度而玩賞者燃炬而行 雖欲深入 難過三十里止 諺傳有一蟒 常在窟中 大如五石缸作妖興凶 土人每於歲初 具酒食祭之 以處女代牲 不則風雨終不止 判官徐憐年

少有膽力 吏以故事白 徐曰豈忍以妖物殺 我無辜之民乎 擇郡校數十人 將鎗刀備薪炭焔硝等物 依前設祭 大蟒果出頭 將噉處女 徐手鏟從高刺下 令諸校亂搠□出 置火燒之 腥穢不可近 即單騎馳入城 見背後一道赤氣趕來 幾及之 到□後昏倒不省 竟卒于官 自此蛇妖遂絶」

이것을 미리 觀覽하려는 預定으로 運轉手의게 預託한 것이다 案內에 잇글리어 窟前에를 當到하엿다 窟의 廣大는 事實로 記錄의 誇張이 아닐 쌘 아니라 그 중에도 特異한 것은 天然窟穴이 어찌 저같이 人作 以上으로 形成된 것을 놀낫섯다 天井이나 兩壁이 마치「세멘또」「공구리트」로 만든 것 같으며 地面에는 軟粉 같은 白沙가 깔려 濕氣를 띄고 있다 말하자면 이 露窟된데는 中間 陷落處이다 兩方으로 그러케 되여 있는데 上部로는 漢拏山까지 下部로는 海底까지 通하엿다 하며 地理學者의 鑑定說은 火山爆發時代의 鎔湯水透出線路라 하며 其後에 大蟒이 入居함도 無恠의 說이라 한다 이곳으로붙어 東進하면 이곳 月汀里의 背後이다 海岸으로붙어 軟白沙가 十餘里를 連하여 있어 畊作無望의 不用地로 된 長沙이다「長沙十五里 海浪所淘之沙 乘風飛散 自近及遠 自卑及高 日漸增益 埋草沒樹 成堆作山」(耽羅誌)이란 그것이다 다시 東으로 別防鎭과 牛島를 바라보게 된다「別防鎭中宗庚午牧使張琳以地近半島 賊路要衝 移設防護所于此」(邑誌) 軍倉, 軍器庫 助防將 以下 丁軍, 防軍, 伺候船을 置하엿섯다 아즉 城壁이 完全한 모양이다 半島는「周五十里 人馬喧則有風雨 島之西南□□ 可容一少船 稍進可藏船五六大艘 其上大石如屋 有日光浮耀 星芒燦列 氣甚寒冷 毛髮竦然 俗稱神龍潜處 七八月間 漁舟不可往 往則大風雷雨 拔木損禾 其上多楮木(輿覽)「島中初無人居 特養牛馬 憲宗辛丑 盡出其畜 許民入居 今成洞里」(耽羅誌)라 하엿스며 島는 南北이 橫長하야 마치 臥牛의 形을 일우어 南方 一角에 □족한 燈臺는 아주 소뿔처럼 되여 있으며 島內는 海藻貝와 甘藷의 饒産地라 하며 同島의

사이로 通한 水道는 汽船避亂地로 되여있다

一三, 城山浦의 勝景

本島의 極東端이며 海中斗入地인 旌義面 城山浦에 着하엿다 城山은 「周十里 延袤入大海中 可五里許 勢如蟻腰 石壁削立 周布如屛 高可千餘丈 鑿石成路然後 可登其□ 平廣二百步 雜卉成林 有似城居故名 其下地廣可十里許 仰觀出日扶桑 如左眼前矣(輿覽)「小乘曰 城山如一朶靑蓮 出於海中 其上則 石壁周遭如城郭 其中甚延 草樹生焉 其下岩□奇恠 或如帆檣 或如墓室 或如幢盖 或如禽獸 萬千之狀 不可盡記」(耽羅誌)라 함과 갈이 濟州八景에 그 하나이다 城山은 本島 東端에 半島로 斗入한 崎岬이 左右로 回頭하야 港灣을 內外 二港으로 일우엇스니 外航은 汽船奇港地이며 內港은 水淺하야 巨船의 出入은 能치 못하나 또한 漁業의 根據地로 되여있어 鮮, 日, 支商人이 集中하야 市街를 形成하고 貝釦, 鑵詰, 粗製, 沃土의 工場地로서 世間에 알게된 곳이라 此地에는 稅關出張所, 郵便所, 小學校, 駐在所, 其他의 會社, 商店, 料亭 等 施設이 西歸浦와 能히 匹敵할만콤 꽤 繁榮한 氣分이 있어보인다. 所期의 築港目的을 達케 되면 더욱 賑盛함을 企待할 수 있을 것이다 예전 高麗 元宗 十一年에 金通精 等이 城山에 城을 쌋코 濠를 파고 砦을 만들고 叛旗를 들엇섯다 때에 星主高仁 等이 此를 征服하기 能치 못하야 越三年에 元의 官兵과 聯合하야 겨우 討平하엿다는 要害地이라 그때에 城砦를 다—破壞하야 再據의 憂를 없게하엿스나 城山은 三面으로 海에 臨하고 數百尺의 絶壁이 깍은듯이 屹立하고 中央은 凹陷되엿스니 옛날 噴火口로서 그 周圍의 暗礁의 數는 九十九峰으로 되여있다고 하며 그 안은 屛風 같이 되여 左右物相은 龍이 서린 것 같고 범이 쭈쿨인 것 같고 말이 다라나는 것 같고 성내는 것 웃는 것 자는 것과 같은 等은 실상 千態萬狀의 奇勝이다. 城山 北麓으로 東北海岸의 斗入한 平岡을 龍堂頭라 稱하야 「旱則祈雨有驗 其上平□

民或入田則風雨不止 禾穀受□故 自古禁畊」(耽羅誌)이라 한다 오늘날 금잔듸가 쪽 깔린 別區이라 眺望과 散步의 好適地로서 未來의 城山公園 候補地이다 일로붙어 西方 約十里餘에 있는 古城里와 水山里로 出向하엿다 古城里의 古縣은 元牧子蛤赤이 일즉 本州 萬戶를 殺害한 곳이며 太宗 丙申 安撫使 吳湜이 三邑을 分定할 때에 旌義縣治를 두엇스나 「地近牛島 晨昏皷角大風屢作 禾穀不登 又倭賊迭侵故 世宗癸卯 移縣于晉含城 即今治也」(輿覽)란 것이다. 石築한 城壁은 아즉 大約 完全이 남아있어 周約五百間이나 되며 城內에 民家 八十餘戶가 있으며 面所와 學校의 所在地이다 水山은 北에 大王山 東南으로 水峯을 背景으로 한 濶展平舖한 裾野이라 高麗 忠烈王 때에 元 奇皇后가 羅赤을 보내 牛馬駝驢羊을 실꼬와서 水山坪에 放牧하야 牛馬를 크게 蕃殖하엿섯다 元이 亡한 後에 城을 쌋코 鎭을 두엇ㅅ니 城內에 客舍, 軍器庫와 助防將 以下 丁軍, 防軍을 列置하엿스며 오늘날 石築한 城壁은 約六百間이 完全이 남아있으며 官有建物 二棟이 尙在한 모양이다

「李元鎭詩」古城城上駐征騑 客裡光陰換授衣 渡海已傷迷北望 隔山那忍向西歸 霞開日道扶桑近 霜滿天津析木稀 却憶塔羅初放牧 獨摩長鋏一長晞

여게서 南으로 約十里餘의 地點은 溫平里라 하는 一漁村이 있으니 이곳 昔日의 延婚浦이며 一名은 閱雲里 或은 餘乙溫이라 한다 「耽罪誌」에 「延婚浦」一名 閱雲 在縣東二十里 三乙那開國時 日本使者 陪三神女 來泊于此故名」이라는 그것이다. (續)

西歸浦의 天池淵瀑布

權悳奎

《개벽》 신간1호, 1934년 11월

金剛山에는 萬物肖가 앉고 漢拏山에는 五百將軍이 있다 萬物肖라는 것은 外金剛 溫井嶺 以東의 山봉오리가 하나도 物形으로 되지 아니한 것이 없어 아무케나 뜯어보아도 畢竟은 무엇과 같다하야 니름이요 五百將軍이라는 것은 漢拏山 東南 靈室奇岩이란 골작이의 바위영서리가 大小參差하게 늘어선 것이 마치 千軍士가 行伍를 整齊하야 將軍의 號令을 기다리는 듯 하다하야 니름이다.

모양이 아무리 萬物같다 하드라도 발삭 가서 바위 하나를 딸우 만져보면 같은 것을 모른다 그러함으로 萬物象 구경은 멀리 바라보는 것이 合當하고 아무리 將兵같다 하드라도 또한 가서 當해보면 같은 줄을 모른다 함으로 五百將軍 구경도 저편 山麓에서 저 곰나려보는 것이 合當하다 구경하는 法은 이러하다.

이 五百將軍을 즁들은 五百羅漢이라 하야 滋味있는 니아기를 한다 五百將軍 니아기는 그만하고 이 靈室의 물줄기가 東南으로 나리다가 그 길에 몇군대 沐浴터를 일우어주고 몇군대 늡(沼)을 일우어주고 급기야 西歸浦 西으로 三馬場쯤 큰길가로 淸潭을 하나 일우어주고 그것이 넘처 발우 떨어지는 것이 天池淵瀑布이다 길이는 十餘丈이나 되며 그 일이 또한 깊은 못 곳天池淵)이 되고 못가에는 石壁이 둥구수룸 둘리어 屛風이 되고 그 우로 材木이 드리워 그럴뜻한 景勝을 일우었다 이 물이 다시 흘러 西歸浦가 되고 그만 내달아 滄溟을 일우었다.

天池淵의 景勝을 대개 說明하면 뒤으로 雲霧가 잠긴 漢拏山을 등지고 앞으로 지음이 없는 大洋을 글어안아 瀑布 가운대에 한목을 주리만한 異彩를 가젓다.

西歸浦의 東으로 一里쯤, 瀑布 하나이 또 있다 이거이 瀛洲十景의 하나인 正房瀑布이다 길이는 天池淵의 그 □□밖에 안한□ □□□□□ 가늘게 흐름으로 좀 길□□□□ 보이기도 한다 瀑布가 발우 바다에 떨어지는 밖에 아무것도 特點이 없다 바다에 떨어진다하야도 바다가 바위 영서리에가 □어지고 만다 瀑布의 本色으로나 周圍의 景勝으로나 물의 分量으로나 하나도 天池淵을 當할 것이 없는데 그러나 이웃의 自己보다 낳은 벗을 덮어누ㄹ고 十景에까지 끼워진 것은 다만 하나 배타고 가는 사람에게 얼른 눈뜨임이다 世上일이 다 그런 것과 같이 들어냄으로 니름이 있고 그렇지 아님으로 니름이 나지 못하는 것은 天池淵에서 와서 더욱 앗가운 일이다.

西歸浦는 니름과 같이 浦口이다 濟州에서 景致 좋은 浦口이다. 앞으로 左右에 虎島와 歸島가 門처럼 벌렷고 그 가운대로 蕉島가 원산처럼 박였으며 한쪽으로 天池淵의 景勝을 兼하야 아주 좋은 浦口이다 濟州에서 氣候의 溫暖하기로 第一이요 浦曲이 잘 되어서 船舶이 碇泊하기 좋기도 第一이며 漁場으로도 勿論 適當, 뒤으로 烘爐라는 큰 農村이 끼어서 將來 發展에 가장 有望한 浦口이다 처음에는 數十戶에 지나지 못하든 족으만 漁村이 해마다 人口가 늘며 每年 秋冬에 魚物이 販賣될 때쯤은 매우 □昌하다한다 崔瑩 將

軍이 濟州牧胡의 亂에 이를 펴키 爲하야 明月浦로부터 烘爐를 거쳐 虎島에 들어가 胡□을 □捕하얏다는 地域이 이 西歸浦이다 아—歷史地로도 有名한 西歸浦이다

—甲子 八月 一日 濟州行一節—

濟州島行

金陵人

《조선문단》, 1935년 5월

三巴兄!

젊음이 나를 이렇게 만들었는지는 모르나 나는 본래 곳없이 彷浪을 좋와하는 몸이외다. 낯서른 땅을 밟어 낯서른 물과 산을 대하는 때 한없이 외로움을 느끼면서 젊음의 피가 매음도는 나긋한 異鄕情調를 맛보게 되는 것이였읍다. 이렇게 彷浪을 좋와하는 나에게 내가 關係하는 레코―드會社 首□部로부터 「南쪽 水鄕客地와 濟州島에 出張하야 民謠와 傳說을 캐어오라!」는 命令을 받을 때 나의 피가 얼마나 기쁨에 뛰였으릿가.

三巴兄!

내가 京城驛을 떠나든 그날 밤은 왼종일 나리든 녀름날 구진 비조차 개이고 하날에는 成熟된 안악내 같은 녀름밤 둥근달이 은근히 정을 보내고 있더이다. 그리고 汽車는 푸른 달빛이 흐르는 萬頃벌판을 南으로 南으로 달니고 있더이다.

나는 車窓을 열고 멀니 등불빛 이는 村落을 바라보며 가많이 회파람을 불었나이다. 석유를 반짝이는 산밑 草家집은 곳없는 平和와 □樂에 잠긴듯

합니다. 땀을 팔어 生活하는 그들이니만치 죄없고 正直하게 살어가는 그들이니만치 悅樂의 休息의 時間이 있는듯 하더이다. 아해들이 어버이 무릅에서 재걸거리는 소리까지 들니는 듯 합니다 그려.

그러나 아아 누가 아렀으릿가 몇칠이 안 가서 그곳이 洪水의 魔를 맛나 泥海로 변할 줄을 참으로 어이없는 天罰이외다 그려.

三巴兄!

나는 只今 南□의 큰 港口 木浦埠頭에서 濟州島가는 배를 탓나이다. 大西丸이라는 二百噸자리 커단 배이외다. 제법 一二等室이 있고 二等室에는 라듸오가 裝置되였고 맨우에는 甲板이 번듯합니다. 그러나 나는 生命을 떼여놓고 이 배를 탓습니다. 왜냐하면 녯날에는 濟州島 水路 千里라면 罪나 짓고 귀양살이나 가든 곳이 안입니까 아모리 只今은 交通이 便해졌다 하나 얘기를 들어 멀은 줄만 알고 한번도 가보지 못한 나는 아모리 勇氣를 振作해도 울어오르는 恐怖를 어쩔 길 없읍니다 그려.

그래서 못처럼 埠頭에 나와 정성것 배웅해주는 木浦의 士女들이 나를 죽음의 구렁에 챗죽질하는 인상으로도 생각이 듭니다 그려.

그러나 무사히 來日 아츰 지금으로부터 八九時間 뒤에 濟州島에 닷기만 하면 이렇게 생각할 때 젊음의 浪漫氣分은 다시 용소슴침니다 그려.

傳說의 나라 濟州島 神秘의 고장 濟州島, 그는 얼마나 나의 눈과 귀를 놀래주며 기쁘게 하릿가.

三巴兄!

형은 일즉이 바다의 落日을 본일이 있읍니까? 滄茫한 바다 넘어로 떠러지는 太陽의 그 豪壯함과 □烈함을 그 神秘함과 그 □美함을 나는 只今 甲板에 서서 이 짝할 곳 없는 驚異를 接하며 내 몸의 存在를 嚴然히 自失하고 있나이다.

그리고 형은 바다의 月出에 대한 일이 있읍니까? 잿빛으로 채워진 바다 저편에 별안간 분홍빛 횃불을 올니고 지긋하야 黃金빛 큰 박휘를 붉근 솟칠때 그 神奇함과 □□함을 그 찬란함과 맑음을 나는 두번세번 驚嘆을 맞이안었나이다.

그리고 형은 바다의 달밤을 생각한 일이 있읍니까? 銀빛으로 바다가 美化된 우에 밋그러지는 듯이 배가 달닐때 많은 바람이 천천이 오니 어데선가 海上神化의 퉁소소리조차 들닐듯 합니다 그려.

그러나 형이여! 바다의 日氣같이 변댁쟁이도 없더이다. 이렇게 아름답고 平和하든 바다가별안간 암담한 天地가 되여 暴風雨의 밤이 될 줄을 조곰 전까지 누가 짐작이나 했으릿가?

달빛은 구름에 가리고 바다는 어둠에 잠을 쇠채여지니 멀―니 적은 섬 우에 등대불만이 몹시 흔들닐 뿐! 바람이 呼痛칠 때마다 산같은 물결이 배허리를 사정없이 따립니다 그려. 그럴 때마다 그 큰 배가 하마하마 넘으질 듯 벌서 배 가운데서는 兒女子들의 呼哭이 시작되였읍니다.

나는 覺悟한 배 있는지라 눈을 감고 자리에 들어누어 모든 것을 運命에 맞겻나이다.

뒤에 들으니 이곳은 楸子島 附近으로 녯날부터 몹시 險難한 물곳이랍니다 그려.

三巴兄!

이렇한 난리통에 그래도 잠이 들었엇는지 배에 취해있었는지는 모르나 精神이 昏吨天地에 □□하고 있는 중인데 □이가 흔들어 깨우는 바람에 벌덕 일어나니 濟州道에 다 왔다는 消息 얼마나 반가웠으릿가?

이렇게 되니 濟州島에서 죽는 한이 있을지라도 無亭히 濟州島에 到着은 되었읍니다. 그리하야 神秘의 나라 濟州島는 좌우간 구경을 하게 되었읍니다.

同行하는 音樂家 K君과 같이 정신을 가다듬어 밖그로 나갓습니다. 아직 이른 새벽 하날은 개여 새벽별이 □□□□ 깜박이는데 바다는 여전히 바위채

같은 물결을 이르키고 있읍니다.

이 사나운 바다를 햇치고 적은 木船이 두세개 이곳을 향해오는 것은 우리를 맞이러 오는 듯 우리의 몸이 木船으로 옴겨졌을 때 낯도 모르고 消息만 듯고서 우리들을 마지러나온 濟州島人士들이 퍽 여러분 게신 것을 보고 그 기쁘고 感謝함을 어찌할 길이 없었읍니다.

이렇게 되여 위선 濟州島흙을 밟게 되였읍니다. 나는 旅館으로 와 짐을 푸르는대로 서울 몇몇 친구에게로 다음과 같은 편지를 띄웠읍니다.

『지금 濟州島에 無事到着! 그러나 나갈 길 嚴然 이곧서 아들딸나코 살게될가 봅니다. 다리러 들오지는 마십시요 그러면 兄까지 갓치고 말 것임니다』.

三巴兄!

濟州島에 처음 와서의 感想은 잠□제하고 異國에 온 것 같은 것임니다. 異國이라도 內地이나 西洋같은 文化의 洗禮를 바든 나라가 아니라 支那의 西□같은 武陵桃源 같은 사람들이 別로히 못 가보는 그러한 異地에 온 것 가씀니다.

그리고 濟州 三多에 對하야 기맥힌 實感을 갓겟습니다. 濟州 三多란 녯날붙어 有名한 것으로 其一, 風多 其二, 石多 其三, 女多이니 風多에 관한 것은 앗가 바다에서도 경을 치고 당해보았고 지금도 윙윙 소리를 내이며 집채를 띄워갈듯이 불고 있는 것을 보아 어지간한 것을 알 수 있음니다. 그러기에 미리 방비하느라고 침웅이라든지 울을 그네줄 가치 굴군 바줄로 그물뜨듯 읽어노은 것이 눈에 띄워집니다.

그리고 이곧같이 돌이 많은 곧이 도 있으리있가 길에도 돌산에도 돌집에도 돌집웅에도 돌담도 돌기둥도 돌돌돌돌

朝鮮에 돌이 많은 곧이 여러곧 있지요 海州에도 相當히 돌이 있고 開城도 많고 慶尙南道 彦陽 附近도 꾀 많코

그러나 濟州島의 十分一도 못 따러갈 것임니다. 그런대 하나 반갑지 아는

것은 海州나 開城의 돌같이 빗이 희고 모양이 고은 돌이 못되고 江原道 鐵原에서 볼 수 있는 검고 고석박이인 그 돌임니다 녯날 漢拏山이 火山으로 있을 때에 부스러지온 돌인 모양! 그러나 좌우간 많은 것만은 기가 탁탁 막힐 地境임니다.

그리고 女多! 사람 열을 만나면 六七은 반듯이 女子이외다 장도 女子들이 보고 가게도 女子가 보고 바다의 일도 女子가 보고 이렇게 수요가 많고 그우에 體格이 屈强하고 씩씩하고 活潑한 女子들이 한마듸도 아라들을 수 없는 對話를 주고바드며 몰녀갈 때에는 었던 威壓을 늣기게 되더이다.

三巴兄!

兄이 가장 아름다운 濟州를 想像하시려면 그것은 牧馬의 濟州를 그려주십시요.

陸地에서는 별노 볼 수 없는만큼 雜草 욱어진 훤한 벌판(이곧 많은 陸地와 같이 송곳 꼬질 틈도 없이 밧과 논이 되지는 아나습니다)이나 또는 산중에 이곧저곧 흐터저 풀을 뜨더먹는 망아지들 굴네도 없는 직히는 사람도 없음니다.

꼿없는 自由이요 散이외다. 그러타고 人家를 것츠르거나 穀物을 害하는 법이 絶對로 없읍니다.

이만큼 自由를 許하느니만치 그만콤 善해지는 모양이였습니다. 이 모양대로 하로종일 自己 먹을만한 풀만 뜨더먹고는 해가 저 黃昏이 오면 혼자 어슬넝~ 主人집 외양간을 차저서 들어온답니다.

그리고 그 다음 탱자 꽃숩 속에 오랜지 나무 아래에 적은 草家집에서 혼자 베틀에 앉어있는 濟州島 處女의 모양은 想像해 주시겠습니가.

飽滿한만콤 吸收할 수 있는 南國情調이외다. 며그뇨의 노래에!

그대는 아느냐 南쪽 나라

푸른 닢새 밑에 오렌지가 익고!

하는 것이 있거니와 이 伊太利의 南國情調와 濟州島의 情調가 共通되는 것을 생각할 수 있읍니다.

伊太利 젊은 아씨들이 오렌지나무 아래에 湖水가에서 小夜曲을 켜고 있을 때 우리 濟州島 색씨들은 오렌지나무 아래 탱자 꼿숩 속에 草家집 뜰 베틀에 앉어 아름다운 꿈을 짜고 있는 것이외다.

兄이여! 버들피리 불어 讚美하고 싶지 않습니가? 그리고 濟州島에는 거지와 도적이 없음는 理由는 낫뿐 일을 하고 도망을 갈 곧이 없는 理由도 있겠지만 그만콤 生活에 쫏기지 않고 마음이 惡化한 까닭이겟지요

또 濟州에는 猛獸가 없다합니다. 水路 千里隔에 있는 遠海孤島인지라 陸地의 사나운 잡짐생들이 들어갈 길이 없는 까닭이였읍니다.

모든 점에서 나는 많은 꿈을 어덧섯습니다마는 방이 왔슬 때 常地有志 數十名이 우리를 爲하야 조고마한 歡迎會를 열어수었쓸 때 이 平和에 동산에 사는 줄만 알저든 그곧 사람들 맘 속에 타락된 일면이 있는 것을 보고 검고 취한 생각의 조각이 있는 것을 보고 또다시 烘爐의 그늘에 눈뜰지는 아씨들이 퍽 여럿이 있는 것을 보고 몹시 맘이 언자낫습니다.

어떠튼 꿈을 반이나 잃어버리는 듯 하였습니다. 더욱이 陸地에서 건너가 紅爐에 거리에서 陸地에서 그 낫분 習慣과 風俗과 形像은 傳□시키고 있는 것을 보고 몸서리쳤습니다. 그러고 電燈과 電話가 몹시 미웠습니다.

이곧에만은 이런 것이 없고 싶었습니다. 그리고 서로 方言을 通하지 못하면 國語로 새로 뜻을 通할 때 外國語의 고마움을 늦끼면 서로 그것이 설어웠읍니다.

나는 술잔 든 손을 떨면서 窓 밧글 내다보며 交通이 極히 不便하□ 開化前 옛날을 생각하였습니다. (續)

凉味萬斛의 濟州島

權悳奎

《삼천리》, 1935년 7월

○ 水路千里로

싸로 안저 濟州島 생각을 하야보자 濟州島는 흔히 하는 말로 陸路로 千里 水路로 千里 서울서 近二千里에 잇는 섬이다 四面이 바다로 둘린 周廻四百餘里의 큰 섬이다 그 섬 가운데에 漢拏라는 큰 鎭山이 잇고 그 山ㅅ발이 四面으로 버더 無數한 작은 山이 되엿다 또한 이 모든 山기슭으로 人村이 벌여잇다 이 사람들의 生涯는 地形을 쌀하 山地로는 農業이 主張이요 海邊으로는 漁業이 主張이다 쌀호여 丘原이 만흠으로 山地나 海邊을 勿論하고 牧畜을 兼行한다 그리하야 山에는 果實이 만코 들에는 穀物이 豊産하며 또한 兼하야 온갓 水産이 無盡藏이렷다 사람은 섬사람이라 外人과 接觸이 적음으로 혹 貿々할 법하되 淳々하기 짝이 업슬 것이요 그리하야 女子는 貞信하고 男子는 力作하렷다

그리 큰 漢拏山이 中央으로서 四方으로 뻐쳣스니 山 사이에는 골이 지고 골 가운대는 내가 흘러 혹 瀑布가 되고 혹 澄潭이 되고 혹 激湍이 되어 혹 구경

에 足하며 혹 濯足에 可하며 혹 灌漑에 足하야 물로 하야는 무슨 不滿이 업슬 것이요 □한 바다의 屈曲이 甚하야 혹 港口에 可하며 혹 漁場에 宜하며 혹 船遊에도 宜하야 바다로 하야서도 또한 무슨 不滿이 업스렷다 그나 그뿐이랴 朴燕巖의 貨殖傳이라할만한 許生傳에도 나타나는 말총의 多産地로는 濟州島가 國內에 第一이니 중대가리 世上 지금에는 좀 時勢가 낫바젓다할지라도 綱市 岩市 갓냥의 織作은 한가지 牛馬의 副産으로 □出이 多大한 것이며 또한 氣候로 말하야도 봄에는 百花가 滿發하고 녀름에 萬樹가 陰濃하며 가을에는 五穀百果가 누릿벍엇하며 겨울에도 冬栢 萬病草 常綠樹가 鬱々蒼々하야 溫帶中의 가장 더운 溫帶의 氣候를 온전히 들어내는데 겨울에 칩지 안흘 쑨만 아니라 녀름에도 그리 덥지 아니한 것은 海岸的 氣候를 兼한 것이엇다 果然 氣候가 그러하다 지금 이 三伏의 무서운 녀름이지마는 陸地에서처럼 그리 더운줄은 모르겟다 겨울에는 내가 잇서본 적이 업스니까 말하기 어려우나 本島의 南方에는 겨울에도 솜옷을 안닙어도 □치 안흘만하다 한다

그러한데 생각하는 濟州와 와서보는 濟州는 서로 틀리는 点이 적지 아니하다 爲先 第一 놀라운 것은 사람의 生活로 하야서 必要不可缺할 魚鹽柴水 네가지에 압서의 한가지는 넉넉하야 말할 것이 업거니와 뒤의 세가지는 如干 不足한 것이 아니다 前에는 山林이 鬱蒼하엿다는데 亡하는 나라의 特徵으로 樹木을 죄다 짯가먹어서 지금은 漢拏山 엇개와 日本人의 經營하는 표고밧(椎茸場) 外에는 아주 밝안 野地이다 樹木이 업서진 것은 近來의 일이요 넓은 山陵에 培養 곳 하면 되려니와 물 소곰 두가지는 본래부터 不足한 것이니 이에는 未嘗不 어찌하나하고 니마를 집흘 수 밧게 업다

물이 업다면 말로만 듯는 이는 山이 크것다 山이 커야 골이 깁다고 골이 깁흐면 自然 내가 클 것이니 물이 不足할 理가 업스며 이러한 곳에 샘물인들 여북 조켓느냐 하리라 그러나 이는 濟州島를 보지 안이한 사람의 한 空論일 쑨이요 實際에는 썩 다르다 濟州島라 하는 것이 한덩이 火熔岩으로 엉긔인

섬이니까 돌이라는 것이 마마(天然痘)만히한 울멍줄멍한 얽음박이돌이요 花崗巖 種類는 하나도 업스며 이 돌이 선쩍덩이 부스러지듯 울우를 문허저 놉게 싸힌데가 山이요 낫게 싸인데가 골작이니 如干 큰물이 아니면 죄다 밋흐로 隱伏하야 흐르며 샘이 잇다하야도 如干 큰 샘이 아니면 밋흐로나 소슬는지 우으로 솟기는 참으로 어렵다 그리하야 洞里마다 다 샘이 제법 잇는 것이 아니매 甚하게 말하면 물을 五里쯤에 가 길어오면 오히려 갓갑다 할만한 데가 적지안타

우리가 처음 나린 곳은 濟州城 밧 山底浦라는 대인데 여긔에는 果然 山底물이라는 조흔 물이 잇다 그리하야 이른 아츰이나 저녁나절쯤에 老壯少幼의 女子들이 이 물을 깃노라고 어즐어히 드나드는 것은 참 壯觀이다 소곰으로 말하면 海隅浦邊에서 구어만 내면 바다물이 업서지도록 無盡藏일터인데 浦邊이라는 것이 西海岸모양으로 幾十里씩 延長된 개펄이 아니라 石脚이 斗絶된 海岸인즉 鹽田으로 될만한 位置가 도모지 업다 旌義, 大靜의 若于浦曲에서 얼마씩 구어내는 소곰으로야 二十二萬餘 人口의 需要에 供하기에 可望이나 잇슬 것이냐

○ 濟州島야 잘 잇섯나

濟州島에는 三多라는 말이 잇다 돌이 만코 바람이 만코 女子가 만코 이것을 漢文으로 쓰면 石多 風多 女多이다 만흔 것이야 무슨 험이랴마는 만흔 것도 쓸대업는 것이 만흐면 걱정이어든 허물며 잇슬 것이 업는대야 正말 걱정이 아니랴 나는 三多라는 反對로 四無라는 말을 하얏다 곳 泉無 稻無 果無 鹽無이다 업다하면 아주 그야말로 씨알머리도 업다는 것이 아니라 잇서야 할 比例보다 적다는 말이다 前에 말한 바와 갓치 山野가 崎嶇磽磁하야 □厚하다할 平土는 半畝도 업스니 본래 물이 흔치 아니한대다가 水田으로하야 耕作할만한 面積이 적으며 稻作이라고는 一年農作에 겨우 二萬石, 아야 濟州人口 二

十二萬餘에 對하야 二萬石이라는 말이 얼마나 놀라운 소리냐 또한 안저서 들으면 果實이 썩 흔할 것 갓다 들에는 業하는 果□ 山에는 自開自落하는 山果 생각만 하야도 時期를 쌀하 울긋붉읏 검어누릇한 것이 가지가 축축 늘어지게 줄엉々々 매여달린양 먹기도 前에 속이 느긋하다 그러나 이도 實際와는 大相不同, 栢子는 全無, 梨栗 等 雜種이 絶稀하며 柿木은 間有하나 果肉이 豊濃한 것이 아니요 또한 風俗에 夏衣를 柿漆에 染하야 衣하는 故로 감을 食用에 供하는 일이 매우 드물다 그러하면 果實로도 普通 果實로는 잇다는 便보다 업다는 便이 이긴다 이만큼 쓰고보면 나의 니른바 四無라는 말이 그리 甚한 것은 아니다

이런 말만 작구 쓸 것 가트면 濟州島의 험만 일부러 잡아내는 것 갓지마는 實際가 이미 그러하고 己往 쓰는 슷이니 몇마듸 더 쓰려한다 또한 보시는 이에게도 좃튼 그르든 새로 듯는 말이면 아무튼지 奇聞이 될지라 구태 支離한 것을 避치 아니하고 繼續하야 쓰노니 이 우의 三多라는 말과 가치 또한 山之高地石多故로 돌이 만흐매 山이 놉고 山이 놉흐매 바람이 만흐며 이 바람으로 하야 災殃이 만흔데 濟州島의 바람이야 어써케서든지 陸地 모양으로 草蓋집웅에 거미줄을 늘이는 것이 아니라 닷줄 가튼 동아바로 數□ 쓰듯이 얽어매엇다

濟州島에는 또한 三災가 잇다 山高하매 風災가 만코 土薄하매 旱災가 만타 밧작 말나 물이 업다가도 큰비 곳나리면 물이 어대가 停溜하야 흐르는 것이 아니라 깁흔 골작이로 막우 쏫치는 故로 水災가 甚한 것이다 그리다가 또 날이 번쩍 돌면 바위만 웃득 서고 돌작알만 대글대글하는 故로 또한 旱災가 甚한 것이다 이미 말한 바와 가치 바위가 만흐나 이 바위라는 것이 花崗石가튼 단단한 것이 아니라 푸석푸석할 火熔岩덩이인 故로 또한 어써한 것은 불에 달ㅅ달은 쌤장이 굴쑥흙가튼 故로 濟州島 바위로는 구돌ㅅ장을 쓸 수가 업고 若干 쓴다하드라도 이 돌로 구둘을 노흐면 불이 붓는다 한다 그런

故로 濟州島에는 房에 구들을 놋지 못한다 그리하야 房치고 溫突이라고는 도모지 업다 내가 들엇든 山底浦 旅館에도 主人이 全州사람인 故로 陸地의 손을 치기 爲하야 房이 네個에 溫突은 겨우 한 間을 마련하엿다

그러하면 本島 사람은 겨울에 어찌 지내는고 여긔 사람은 房을 꾸미되 구들돌을 놋는 것이 아니라 돌을 저다 平平히 고르고 알의목쎄에 사람 하나 안즐만치 함실한 張을 언꼬 그 우에 맥질을 하고 粧版을 한 後 불을 쌘다는 것이 나무조차 貴해서 함실ㅅ장 밋헤다 다른 말똥을 피우고 간신간신 지낸다 쏘한 土産으로 업는 것을 치면 山菜에 朮, 人蔘 當歸, 吉更 等이 업스며 海産에 海衣, 絡蹄, 牡礪, 靑魚, 石首魚 等이 업스며 陶器, 沙器, 鍮, 鐵이 업슴은 勿論 먼저 말한 것 갓치 稻作이 적음으로 淸酒가 絶無하다 새로는 鶴鵲 等이 만코 雉, 烏가 第一 만흐며 그 前에는 獐, 鹿 等이 만헛다 하나 이제에는 거의 볼 수가 업스며 狐, 兎, 虎, 熊 等은 본대부터 업스니 陸地사람의 그리 무서워하는 虎患 가튼 것은 아주 念慮가 업는 것이다 쌀하서 호랑이 이야기 몃百種에 濟州島 호랑이 이야기는 업는 것이요 만일 이야기하는 사람이 잇다면 그것은 거짓말이다

○ 奇異한 風習

먼저의 二回는 濟州島의 缺点만 말한 것 가타야 大段 안되엇다 이제부터는 問題를 돌리려한다 濟州島 이야기를 하면 누구든지 高夫良 三姓을 聯想하고 三姓 이야기가 自然히 쌀하온다 毛興穴은 濟州 北嘉樂川(가략곳내) 西편 편한 언덕에 잇스니 그 穴이라는 것이 무슨 穴처럼 된 것도 아니요 어느 絶壁 밋헤가 잇는 것도 아니라 편편한 언덕 가운대에 두어坪 둘레나 되게 움욱이 파인 대이다 그리 有名한 三姓穴 이것이든가하고 처음 보는 사람으로 하야금 고만 물끄럼이 섯슬 수 밧게 업시한다 果然 이것이 三神이 나신 구멍인가 이것이 무엇하든 구덩인고 이것 무엇하든 자리인고하고 보고 보아도 보면

볼수록 疑心만 깁게 한다

年月이 久深하야 구덩이가 얼마씀 메엇다 하드라도 그러나 세사람식이나 복작이를 치든 구렁이 이 자리가 果然 이것이 祥으로부터 始作이며 濟州의 迷信이 깨어진 時期가 肅宗 때로부터이다 三神下降以後妖蛇怪木淫祠의 압헤 納拜를 한 者는 그 얼마나 되며 이에 그 生命을 쌔앗긴 者는 그 얼마나 되든고 아아 무서워라 濟州島의 迷信 이러한 迷信은 지금에 다 업서진 것이요 迷信할 사람도 업지마는 지금에도 濟州島사람에게는 迷信이 만타

全羅道처럼 迷信 만흔 대가 업고 濟州島는 全羅道의 南端이니가 그러한지 모르나 濟州島 사람처럼 迷信 만흔 사람은 업다 濟州가 海島이기 때문에 眞人이 海島中으로부터 나온다는 말을 미더 南朝鮮이 여긔요 南朝鮮峯이 漢拏山 北麓 속으만 山이라 가리처 南朝鮮說을 盛言하며 이것을 證明하기 爲하야 宋太祖의 出生地도 濟州요 宋太祖의 先墓가 濟州에 잇다는 等 그 迷信이 前보다는 다르나 迷信은 迷信이다 엉털이도 업는 迷信이다 닭의 멀덕운이 가튼 쇠를 차고 陰宅이 어떠니 陽宅이 어떠니하고 仁川米豆관에 가! 오늘은 어떠니 來日은 어떠니하는 사람이 적지 아니하다

이러케 迷信이 行하는 地方이기 때문에 年代가 그리 멀지도 아니한 史冊에 실린 事實에도 濟州사람의 입에서 자아나온 밋지 못할 말이 만히 잇다 爲先 琉球太子가 本島 山底浦에 다핫슬 째에 本州牧使가 寶貨를 討索하니가 가진 바가 酒泉石, 漫山帳 밧게 업는데 酒泉石은 네모반듯한 方石으로 中央에 凹處가 잇서 맑은 물을 부으면 곳 술이 되며 漫山帳은 蜘蛛絲에 □을 染하야 織成한 者니 小張하면 可히 一間을 覆하며 大張하면 可히 大山을 覆하되 雨水가 漏치 아니한다는 것이며 中宗時에 判官 徐憐이 金寧窟의 妖蛇를 죽이고 單騎로 城에 驅入할새 背後에 一道赤氣가 直趕하더니 밋 官衛에 到하야 昏倒不省한지 十餘日에 마츰내 죽엇는데 배암이 四方으로서 모여들어 어찌 야단이든지 斂襲入棺할 째에 四面에 불을 피고 別棺으로 申飭하야 結

棺을 하얏지마는 及其也 運柩하야 葬禮할 때에 棺을 떼어보니 千萬 뜻 밧게 異常한 일도 잇다 배암 하나이 들어 徐氏의 한눈을 파아먹엇더라 그리하야 그 子孫은 代代로 한눈이 굿는다한다 然我徐君은 그 子孫으로 한눈이 어떠튼지 記憶이 濛濃하다 내—서울가서 똑똑이 보려한다

○ 瀛州의 十景 어듸더냐

濟州紀行을 적는다는 것이 한 이야기冊 가치 되엿다 이야기冊도 不分明한 이야기冊이 되고 말엇다 그러나 그것이 본 것이오 그것이 들은 것이다 또한 먼저 말한 것과 가치 紀行을 求景한 次序대로 쓰는 것이 아니라 槪括的으로 쓴 것이다 그리하야 그러케 된 것이다 아무것도 다 그만두고 濟州島를 景勝으로만 보려하면 瀛州十景이 잇다

十景은

城山日出　紗峯落照

鹿潭晩雪　靈室奇岩

瀛丘春花　橘林秋色

山房窟寺　正房瀑布

古藪牧馬　龍淵夜帆

이것이다 或 山房窟寺 대신에 山浦釣魚나 渚浦□帆을 넛키도 한다 日出, 落照는 濟州島에서만 보는 것이 아니매 그만두고 春花, 秋色도 때가 아니니 시원치 안코 鹿潭, 靈室은 녀름이라야 구경에 合當하고 그 남어지는 언제든지 괜치아니하다 나는 이제 이 景의 이야기를 하려한다 때는 아니지마는 橘林과 瀛丘를 求景하엿다 橘林은 城南門 안에 잇다 녜前에는 이 橘林 뿐이 아니라 濟州城은 탱자城이드라는 말과 가치 城址圍로 돌아가며 모두 橘동산이라드

란다 濟州島는 橘의 原産地로 日本橘도 濟州로부터 씨를 傳하엿다는 말은 姑捨하고 橘林이 이가치 盛하엿고 橘의 種類도 여러가지가 잇섯다 한다 그 大綱을 들건대

金橘, 乳柑, 洞庭橘

青橘, 山橘

柑子, 柚子, 唐柑, 唐柚子

甁橘, 酥橘, 倭橘

等 이 外에도 얼마가 잇다 橘의 品種을 議論하면 金橘은 가장 닐즉 九月에 닉는 것이요 乳柑은 十月 그믐께에 닉는 것이요 洞庭橘도 乳柑과 한 때에 닉것으로 그 크기는 먼저 두 者만 못하고 酸味가 勝한 것이요 柑子 柚子는 普通 아는 것이며 唐柚子는 크기가 큰 木□만한 것이 맛은 柚子만 못하며 甁橘은 葫蘆甁처럼 된 것이요 倭橘은 크기와 맛이 다 唐柚子만 못하고 山橘은 크기가 柚子만 못한 것이 甘味가 만흐며 青橘은 가을에 들면서부터는 맛이 되우 시어서 먹을 수가 업다가 다시 그 이듬해 二三月이 되면 酸甜이 適中하여지며 五六月이 되면 舊實과 新實이 한가지에 섯겨잇서 舊實은 爛黃하고 新實은 青嫩한 것이 實로 奇絶하며 맛이 달기 꿀 가트며 만일 醋에다 和하여 두면 씨까지 물이 되야 그 맛이 아주 形容할 수 업시 조타 다시 八九月이 되면 빗이 돌우 푸르며 씨가 다시 생기고 맛이 다시 시어저서 새열매와 달음이 업시 되는 것이라 그리하야 橘林秋色으로는 이 青橘을 빼어노코는* 生色이 아니 난다 한다 그러나 이 조흔 橘이 작구 업서저간다 또한 편짝에서는 朝鮮自來의 것이라고는 撲滅을 加하는 主義니까 培養할 생각도 不足한대다가 培養할

* 활자가 뒤집어져 있음.

수도 업다 한다

한마듸 이에 부처 말할 것은 普通 藥局에서는 蜜柑 껍더기를 숭덩숭덩 썰어 말여가지고 陳皮라고 쓰지마는 正말 陳皮는 여긔사람의 山物이라고 닐컷는 山橘의 껍질이며 椇角이라는 것은 唐柚子의 어린 것을 짜아 말린 것인데 五月 端午에 싼 것으 第一이라한다 엇잿든 橘林으로 (以下 第二二五頁續)

꿈속의 나라 濟州島를 찾아서

李無影

《신동아》 26호, 1935년 8월

가까우면서도 먼 나라 濟州島!

멀면서도 가까운 나라 濟州島!

於石兄!

나는 지금 오래 前부터의 宿望이던 濟州島旅行을 떠났읍니다.

事實 濟州島만큼 우리에게 먼 나라도 없었으며 濟州島만큼 우리에게 가까운 나라도 없었을까합니다. 같은 版圖 안에 있지마는 우리는 濟州島를 너무나 먼 너라처럼 認識해왔으며 그 認識이 정말로 濟州島룰 우리와 因緣이 멀고먼 나라로 만들어버리고 말았읍니다. 朝鮮에 南端 木浦港에서 十時間內外로 갈 수 있는 오늘날의 濟州島가 아니든가요?

그렇건마는 伯林이니 巴里니 紐育이니하는 數萬里 他國을 간대도 그저 「그런가?」 하는 사람들도 濟州島라면 「아이구!」 하고 一生을 두고 갈 곳이나 되는 것처럼 놀란 表情을 지음은 웬일일까요. 아마 兄 또한 이 글을 받는 때의 表情은 그러리라고 想像됩니다.

이는 勿論 우리가 自己 것에 對한 關心이 얼마나 적었었느냐는 것의 表現도 되려니와 이 錯覺的 認識은 濟州島의 가진바 歷史가 어느 程度까지의 責任을 저야할 것이라고도 生覺합니다.

○——○

兄!

「섬!」—이말처럼 아름다운 그러고 珍奇스러운 印象울 주는 말은 없을까 합니다.「섬!」하면 우리는 반듯이 火星世界라는 말을 듣는 그 刹那와 같은 恍惚한 氣分을 맛보지 않습니까. 그러고「섬!」하면 멀기나 가깝거나 내 것이거나 남의 것이거나 우리와는 因緣이 먼 것처럼 認識이 됩니다 그려. 濟州島 또한 섬인지라. 航海術이 發達치 못했던 우리로서 濟州를 먼 나라로 認識함은 오히려 當然한 일일지도 모를 것이외다.

그러나 그보다도 오래동안「섬」이라면 無條件하고 謫所로만 認識해온 까닭도 있을 것이외다.「謫配」라면 곧 孤島를 聯想했고 또 그랬었지요. 罪의 成立與否는 그 見解에 있어서 다를 것이오 또 여기에서 그것을 再批判할 必要도 餘裕도 없지마는 過去 朝鮮의 大罪人의 最後는「賜藥」이 아니면「竄逐」이 아니었나요? 그러고 이「竄逐」은 大槪가 섬이었고 唯獨 濟州島가 過去 數百年間의 大罪人 收容所였든 것이외다.

濟州孤島에 流謫된 사람을 列擧하자면 幾萬으로서 헤이겠지요 그러나 그럴 義務도 이 글 속에는 없을 것이며 나 自身 史學에 盲眼인지라 알 일도 없거니와 우리의 記憶에 새로운 犧牲者 中에도 李朝初葉 正言要職에까지 있던 柳希春이 乙巳士禍로 濟州島 謫配를 □□일이며 李朝末葉人으로 老論首領이오 儒敎의 巨將인 宋尤庵(□□)□ □□□ 黨禍로 濟州島에 竄逐된 사람이라지요?

한번 謫配를 當하면 일즉이 生還한 者 없었으며 僥倖生還한 者도 또한 그 命이 길지 못했든 것이니 이러한 史實이 우리에게 濟州島에 對한 認識을 달리하게 만든 커다란 原因이 아니었든가 합니다.

於石兄!

내가 오란동안 꿈 속에만 그려오던 濟州島行을 떠난 것은 二十四日 밤이었읍니다. 二十五日 아침에 木浦에 나리어 支局을 찾으니 여기에서도 깜짝 놀라는 表情입디다.

「濟州島?」

이렇게 한번 묻고는 다시 한번 묻습디다.

「혼자서?」

木浦에서는 반나절이면 到達하는 濟州島건만 亦是 나와 같은 認識에 支配되어 온 것 같습디다.

濟州島 가는 배時間을 물으니 午後 五時 그것도 隔日해서 있다고 합니다. 배時間까지의 四, 五 時間을 利用하야 支局長 林興洙氏의 案內를 받아 儒達山에 올랐읍니다. 儒達이란 아름답지도 않게 앙크란 바위로만 된 石山입디다. 그렇건마는 上上峰의 奇岩은 어쩐지 부드러운 感觸을 주어 儒仙閣에서 屛風島를 나려다보는 一景은 밤새도록 車에 시달린 나그네의 視覺을 그지없이 부드럽게 어루만져 주더이다.

木浦 市街는 半島처럼 되어 陸地에 連한 一路만 封鎖하면 나갈 길이 없어진다 합니다. 지금까지 木浦를 本據地로 한 大事件이 이러나지 못했든 것도 이 地理的 關係라고 합니다.

이것은 刑務所, 저것은 郵便局, 눈에 띄이는대로 支局長은 說明을 하나 나는 別로 興味가 나지 않았읍니다. 濟州島에 사로잡히었든 탓이었겠지오.

그러다가 朝鮮人 市街地와 日本內地人 市街地에 對한 說明을 듣고 그 너무나 顯著한 對照에 얼마동안 茫然히 海岸을 나려다보다가 그대로 나려오고 마랐읍니다.

가던 날이 장날이라고 이 날이 바로 支局長의 從弟되시는 분의 生日이라

分外에 넘치는 饗應을 받았읍니다. 點心도 夕飯도 아닌 午後 네시에 床을 물리고 埠頭에 나오니 그래도 三十分 餘裕가 있어 來日 아츰이면 가서 닿을 濟州島를 맑은 물 속에 그리어보며 時間을 보았읍니다. 埠頭에 매인 木船이 물 속에 얼른거리는 것이 어쩐지 꿈나라 濟州島의 面影인듯 나도 모르게 섬나라 濟州島에 對한 새로운 憧憬의 情이 끓어오르더이다.

□□□ 木船이 나를 날러다 太西丸 甲板에 올려놓아줍디다. □□□ □□ □□ 大洋을 橫斷□ 배로 해서는 너무나 적은 二百□□□ 發動船. 그러나 □ □ 적든 말든 보내고 보냄을 받는 배니 □□□ 惜別의 눈물까지야 없겠읍니까? 船上 甲板에서는 三十 前後의 웬 女性과 二十二, 三歲의 女敎員인듯한 두 女性이 애가 타서 手巾을 흔들고 있읍디다.

『빠—』

이윽고 □笛이 울었읍니다. 그 소리를 信號로 埠頭에서는「萬歲!」소리가 連달하 세번. 萬歲聲도 朝鮮말이 아닌 것을 보아 아마 私立學校 學生들은 아닌가 싶습니다.

「萬歲! 萬歲!」

그렇겠지오. 萬歲는 三唱이라지마는 보냄을 아끼는 情에서 우러나는 소리고보니 반듯이 三唱에만 그처야 한다는 法도 없을까 합니다.

배가 움직인 것은 五時 二十分. 처음에는 貴치 않은 듯 몇번 체머리를 내흔들더니 江물처럼 □□한 海面을 滑走합니다. 三十平生에 단한번도 애끊는 離別을 해본적이 없는 나는 웬일인지 女先生님들이 부리워지더이다.

海面은 그지없이 □□하건만 사랑하는 弟子들을 두고가는 女先生님의 激情이 가슴 속에서 용소슴침인지 船室 안은 더없이 움직입니다. 앉았다 섰다 하다가도 未□한지 船窓으로 埠頭를 내어다보고는 합니다. 그것을 보니 어쩐지 埠頭에서 나를 보내주는 사람이 있는 것 같이 녀여저 다시 甲板에 올라 輪廓만이 보이는 木浦 埠頭를 바라보았읍니다.

船客은 나를 合하야 十名, 다섯名 式 마치 버웃두름처럼 兩便으로 갈라서 나라니 누었읍니다.

「오늘 같은 날 배라는 八字두 글른 八字는 아니오다…….」

나는 문득 고개를 그쪽으로 돌리었읍니다. 四十은 됨직한 中年紳士가 아까의 女教員인듯한 젊은 女人에게 말을 붙이는 것이었읍니다.

「하지만 누가 알아요. 여기ㅅ바단 하두 벤덕을 잘 부리니까 온─.」

똑떠러진 서울말입디다.

「바루 올봄이었어요. 房안처럼 고요하던 배안이 자구 나니까 막 놀겠지요. 船長이 새파랗게 질려가지구는 그냥 어쩔줄을 몰르는데…….」

그런 말을 듣고 나니 갑작이 배가 흔들리는 것만 같읍디다. 그래서 船員이 덮어주는 담요를 쓰고 눈을 감았읍니다.

○ ○

어느땐지 요량도 할 수 없었읍니다. 나는 四方에서 울부지는 群衆의 絶叫를 들렀읍니다.

「배를 나려라!」

「船長놈은 어딜 갔느냐?」

그 瞬間「주검」이라는 두 글字가 번개처럼 나의 머리 속에 번득했읍니다.

「太西丸 沈沒!」

「艦員 以下 五十名 溺死?」

「바다로! 바다로!」

나도나도하고 앞다투어 바다로 뛰어들기 始作합니다. 나도 그 瞬間 그것이 唯一한 方途라고 決心했읍니다. 그리하야 물 속으로 펑덩 뛰어들렀읍니다.

於石兄.

그러나 놀라지 마십시요. 이것은 꿈이었읍니다. 꿈 속에서 받은 激動에 나의 全身은 아직도 떨고 있었읍니다. 그것은 무서운 戰慄이었읍니다.

船客들은 모두 깊이 잠이 들었읍디다. 저쪽 끝 라디오세트 밑에 누었던 中年紳士만이 무슨 計算書 같은 紙片을 들고 精神없이 珠算알을 튀기고 있읍니다.

完全히 잠이 깨어서야 나는 정말 船體가 흔들리는 것을 깨달았읍니다. 아까 꿈의 連鎖인듯 무서운 戰慄이 다시 나를 襲擊했읍니다.

時間을 보니 午前一時

破船?

문득 이런 生覺이 나서 甲板으로 뛰어올랐으나 별 한개없는 茫茫한 黑暗에 咫尺을 分看할 수 업읍디다. 얼마동안 欄干에 기대어 머리를 시키었읍니다. 그러고나니 波濤라야 그리 甚한 波濤가 아니라는 것도 깨달았읍니다.

일즉이 李士□은 박아지를 타고 이 바다를 건너 濟州를 찾아갔다거늘 二百餘噸의 巨船에 濤風좃차 順한 이 航海에 그렇게 □□ □□□□ □□□ □□□도 하고 한便 □□□□ □□□□□□□.

太西丸이 濟州浦口 山池浦에 닿은 것은 午前 三時. 木浦를 떠난지 十一時間만이었읍니다. 二百噸의 太西丸도 巨船노릇을 하람인가 埠頭까지는 들어가지 않습디다. 出迎나온 木船을 타고 埠頭에 대이니 待機하였던 警官이 倉庫같은 空室에 다 모라넣고 一一이 訊問을 합니다. 끝까지 남은 것은 나 하나뿐. 묻지않아도 암직할 것을 캐고캐고하여 三十分이나 시달리고 나니 그 德澤에 나는 旅館 案內者를 모두 놓쳐버리고 말았읍니다.

時計를 보니 午前 三時半. 밝기까지에는 아직도 三, 四 時間. 海岸을 헤메잔 말도 못되어 旅館을 찾아 헤메기 三十分. 겨우 旅館을 찾고나니 滿員이랍니다.

어디 내가 天痴인가요?「滿員」이라는 말도 짐작은 했읍니다. 이러한 孤島에서 滿員될 理도 없겠지마는 한사람쯤 못 재울 理도 없을 것이나 前의 經驗으로 보아 上陸時에 最後까지 시달림을 받는 客은「危險性」이 있어 避하는 것이었읍니다. 그리하야 事情을 하듯 諒解을 받아 오르니 果然 二間이나 실한 조□한 房이 二層에 있더이다.

琉璃窓을 열면 漢拏山이 곧 손끝에 잡힐듯한 二間房 남빛 人造絹 이불밑에서 나는 濟州島의 첫꿈을 맺었읍니다.

눈이 뜨인 것은 일곱時 이러나는 길로 漢拏山을 처다보니 中腹까지 안개가 자옥합니다. 나는 다시 不安에 사로잡히고 말았읍니다.

濟州島旅行을 떠나든 數日前입니다. 寫眞部 姜兄과 郊外 스케취를 나갔을 때 아침부터 뒤틀리기 始作한 그날의 運이 마치 단초구멍 틀려가듯 어그러저서 끝판에는 牛耳洞에서 新岩里까지의 三十里길을 밤늦도록 걸어온 일이 있었읍니다. 떠날때 마침 파쓰가 돌지 않아서「혹시? 또?」하던 不安이 또다시 나를 支配한 것입니다.

「제발 날이나 좁소사……」

웃어주시오. 事實 나는 漢拏山 앞에 拱手再拜하며 이렇게 빌었드랍니다.

朝飯을 마치고 木浦支局長의 紹介를 맡은 李台潤氏의 宅을 무러가다가 偶然히 李氏를 만났읍니다. 李氏의 案內로 支局을 찾아가니 支局長 秦氏도 珍客처럼 歡待해 줍디다. 온 뜻을 말하고 路程을 꾸미어보나 一週日이라는 短時日이라 가끔 가다가

「이 날짜 가지고는—」

하고 내던집니다. 一週日이라야 往復日字를 빼면 濟州滯留는 四日間, 이미 하로를 虛費했고보니 滿三日間입니다. 三日間에 漢拏를 征服하고 濟州島勢를 알기는 無理었으나 變更할 수 없는 것은 編輯입니다. 二日間만 延期할 셈치고 남은 半日을 城內 一週에 利用하자는 李氏의 發案으로 支局에 계신 金錫默氏를 加한 우리 四人은 爲先 亦是 城內를 橫斷하야 三姓祠를 찾기로 했읍니다.

城內는 上古朝鮮의 檀君時代부터 사람이 居住하여 오늘날의 城內터를

이루었다 합니다. 南方에 漢拏山, 東에는 紗羅峰, 西에 道頭峰, 山池浦口에 木船이 매인 風景도 어딘지 孤島다운 맛이 납니다.

*도는 退風이 아직도 그대로 남아있다고 합니다.

필림이 不足되건만 이 絶景을 보고 어찌 그대로야 돌아서리까. 자그만치 龜淵에서만 석張을 박었읍니다.

龜淵에서 돌아오니 한時가 넘었읍니다. 다시 山池浦로 나와서 測候所 밑 三泉書堂址를 求景하고 測候所에 들러 天氣를 무르니 今時하야 또 비가 오리라 합니다. 우러러보니 果然 漢拏山은 下服까지 구름이 끼어 刻刻으로 城內도 어두어□니다.

아 비가 오려나 봅니다. 漢拏山 밑에서 처다만 보게하□ 나를 서울로 奚으려는가—이렇게 나는 몇번이나 山腹의 黑雲을 怨望하였드랍니다.

點心을 먹고나니 午後 二時. 그래도 날이 끄믈거립니다. 그러나 어차피 오늘은 날이 개어도 登山은 못하는터라. 爲先 城內 求景이나 마칠까 旅館을 나오니 李台潤氏가 새로운 計劃을 세워가지고 달렸왔읍니다. 새로운 計劃—그것은 濟州島 一週었읍니다. 그러나 時日도 時日이려니와 周圍 五百八十里라는 全島 一週는 不可能할 것 같아서 躊躇하랴니까 支局長 秦元吉氏가 채찍하듯 三十八圓에 貸切車를 내어 東으로 城內를 빠졌읍니다.

一週에는 줄잡아도 二日間 날만 개이면 언제든지 漢拏山 征服을 할 수 있도록 金錫默氏에게 案內者 食糧 其他 一切를 付託하고 洞口를 빠지려고 하니 아 갑작이 城內가 어두어지며 宣戰布告나 하듯 밤톨만한 비방울 두어개가 車窓을 가로칩니다.

아 기옇고 비가 오고야 마는구나!

車를 세우고 理論百出로 三十分. 이럴 바에는 차라리 西로 몰아서 幕瑟浦

---

* 내용 없음. 편집 실수인 듯.

에서 一泊을 하자는 意見이 座中을 支配하더니 다시 □覆되어 玄武洞 蛇穴까지 가서 다시 路程을 바꾸기로 段□되어 暴雨를 무릅쓰고 車를 달리었읍니다.

재갈밭에 굴르는 고무공처럼 車體는 三等道路를 疾走합니다. 가면 갈수록 雨脚은 굵어저서 두번이나 車를 멈추고 얼굴을 맞처다보았으나 내친 거름이니 갈데까지 가보기로 三十馬力을 놓아 달리니 約十餘分에 落照로 有名하다는 紗羅峰에 이르더이다. 紗羅峰은 海拔 二百餘尺 그다지 泰山은 아니더이다. 濟州島의 山이 다 그렇듯이 線이 그지없이 부드러웁디다.

다시 車를 달리기 三十分. 우리의 指示도 없었건마는 눈치빠른 運轉手가 웬 碑石 앞에 와서 車를 멈춥니다. 알고보니 여기가 太古時代에 良, 高, 夫 三神人이 國都를 定키 爲하야 활을 쏘든 자리라 합니다. 碑名은 三射石. 조고만 堂祠까지 있으나 쏘다지는 暴雨로 나리지 못하고 車窓으로 寫眞만 찍고 黑砂와 모래뜸질로 有名하다는 三□洞을 지나니 濟州島의 開城이라는 新村淵에 이릅니다. 三陽峰을 輪廓만 바라보고 다시 車를 달리니 갑작이 右便으로 碧海가 展開됩니다. 여기가 朝天. 金章煥, 金明植, 洪錫明 三氏의 才士를 내인 곳이라 합니다.

□□□□□□□□□□□*

朝天을 지나서니 비가 좀 뜸해지더이다. 北村洞에 이르니 洞庭에는 滄波, 그 옆으로는 黑沙가 깔리고 그 우에는 小規模의 鹽田이 있읍디다. 海邊에 버섯처럼 밀집으로 엎어논 것은 肥料로 쓰기 爲하야 海草를 썩히는 것이라 합니다.

石, 女, 風, 三多이라 하지마는 馬字를 넣어 四多의 나라라고 부르고 싶을만큼 가는 곳마다 말이외다.

---

* 삭제되어 있음.

荒漠한 들 城壁같은 石墻을 끼고 밭둑 사이로 고삐도 길마도 없는 말들이 一어슬렁어슬렁 돌아다니는 風景이야말로 濟州島 아니면 볼 수 없을까 합니다. 朝鮮은 姑捨하고 世界 어느나라 어느 地方에를 가던지 이 風景만은 볼 수 없을 것이외다.

全島民이 二十三萬에 말이 三餘萬匹 七人當 一匹이 되는 세음이고보니 每戶 一匹式 길를 것이외다. 勿論 한 匹도 없는 집이 있기는 있으나 그것은 不必要한 까닭이라 합니다.

「말 한匹에 얼마나 하나요?」

이렇게 믓는 말에 秦元吉氏는 어른애 장난감 값이나 부르듯 힘이 안 듭니다.

「한 四, 五圓부터 三十圓까지 있지오. 허지만 十圓만 내면 훌륭합니다.」

兄. 大金 拾圓만 던지어 말 한匹 사실 意思은 없으십니까?……

그러나 값보다도 놀랄 것은 飼育法이외다. 여기서는 牛馬養 勿論하고 소오양이라는 것이 全혀 없읍니다. 荒漠한 曠野와 漢拏山이 바로 오양깐으로 씨워지고 있읍니다. 春耕期에는 불러다가 일을 시키고 일이 끝나면 다시 漢拏山中으로 보낸다 합니다. 勿論 綱主의 火印이 찍히기는 했다손 치더라도 一年 가야 말이 盜難事件이 없다는데는 그저 啞然할 따름이었읍니다.

兄이어! 大門을 첨첨히 닫고 오양깐에 가두건마는 每日 數十件式 牛賊이 나는 陸地에 比하야 이 濟州島는 얼마나 살기 좋은 땅입니까?

이 말의 이야기만으로도 足히 島民의 人心은 짐작될 것이외다마는 여기는 大門이라는 것이 全혀 없읍니다. 집 둘레로 石墻을 쌓고 大門은 그저 一, 二間式 비어둡디다. 그러고 外出할 때는 陸地에서 소오양에 비짱을 질르듯이 기둥을 한개 가로질러둘 뿐이외다. 그러나 이 石墻이나 기둥도 外人을 막기 爲해서가 아니라 牛馬의 闖入을 防禦하기 爲해서라면 兄도 놀라실 것이외다 이차 말의 이야기가 너무 길었나보오이다.

金寧村에 이른 것은 午後 三時半 金寧에 車가 닿자 暴雨는 다시 繼續되더이다. 그러나 우리 一行은 상위떡으로 시장을 免하고 暴雨를 마저가며 石油, 솜, 鐵絲 等屬을 準備해가지고 玄武洞 蛇穴을 찾았읍니다.

蛇穴은 元來 妖□이라는 大蛇가 살던 窟이라고 합니다. 傳說에 依하면 上古에는 牧使와 島民이 協力하야 每年 酒食과 滿十五歲의 處女를 祭物로 삼아 致誠을 들였다 합니다. 萬一에 한해라도 致誠을 怠慢히 하면 長이 幾百尺 胴이 幾十尺이오. 귀에 손까지 있는 大蛇가 風雨로써 島民을 報復한다는 傳說이 傳해지다가 中宗朝 十年(開□百三十四年)에 判官 徐憐이 赴任하야 毒白草라는 毒草液을 화살 끝에 칠하야 射殺하였다 합니다. 그리고 난 후 徐憐은 城內에 들어와서 卒倒하여 그 자리에서 命을 거두었다는 것이 口傳으로 傳해오나 이것은 單純한 傳說이 아니라 事實이라고 생각합니다. 傳說이라면 徐憐의 猝倒가 傳說일 것이오 毒白草라는 풀을 나 自身 目睹하였고 또 年前 佛蘭西政府에서 濟州島에 植物硏究를 왔던 學者들이 이 풀의 毒液을 科學的으로 證明한 것을 본다면 大蛇도 또한 이 毒草液에 犧牲되었으리라고 생각합니다.

穴口에서 우리는 準備한 솜방망이에 石油를 무치어 횃불을 세개나 만들어 들고 窟 속으로 들어갔읍니다. 入口는 좁으나 들어서면 高가 二十餘尺에 達하고 幅이 三間이나 됩니다. 兩便 壁은 勿論 天井도 人工으로 彫刻한듯 마치 太古時代의 宮殿—아니 精巧를 다한 □□을 들어가는 듯 하더이다. 窟의 깊이가 平步로 七百餘步 一步를 二尺만 잡는대도 千四百尺이니 足히 놀랄만 하지 않습니까?

그러나 濟州島의 石窟은 이것뿐이 아니라 합니다. 坊坊谷谷에 石窟이 있고 財岩窟 같은 것은 長이 二十餘里나 된다합니다. 그러고 이런 窟에는 반듯이 大蛇를 싸고도는 傳說이 있더이다.

玄武蛇穴을 단여나오니 날이 반짝들고 당태솜같은 구름송이가 둥실둥실 떠돌고 있읍니다. 事實 우리 一行은 해빛을 보고 雀躍했읍니다.

「그러면 그렇지! 濟州까지 와서 漢拏山을 못 올러가다니!」

이렇게 한소리를 하고 다시 車를 西으로 달렸읍니다. 밤이 늦더라도 西歸浦까지 가서 來日 새벽에 거기서 登山을 랴이었읍니다.

그러나 豪言한 보람도 없이 坪垈, 終達, 始□을 지나 城山浦에 이르자 다시금 한울이 어두어지며 푸실푸실 굵도 가늘도 않은 雨脚이 나고 城山浦에 車르 대고 車 속에서 小憩, 다시 車를 몰아 古城, 新川, 表□을 지나자 細花에 이르니 비는 멈추었으나 해가 집니다.

細花는 昨年에 全朝鮮의 女性界, 勞働爭議界를 風□한 海女事件의 中心地였다 합니다. ××가 海女 三百名의 襲擊을 받은 것도 바로 이 地點이라 합니다.

下孝里 附近에서 始作한 비는 정말 本格的으로 퍼붓기 시작합니다.

여기서부터는 東인지 西인지 村落인지 廣野인지도 모르고 그저 담배만 피우며 西歸浦에 이른 것은 밤 九時半. 너나없이 맥이 없이 疲困한 모양이더이다.

西歸浦 浦口 木船과 並行시켜 車를 매고 ○旅館에서 하로밤을 밝히었읍니다.

문득 눈이 뜨어 모기장을 제치고 내다보니 아 무서울세라 장대같은 비줄기가 유리창을 가로칩니다. 마침 집붕이 洋鐵이라 天地가 開闢이나 하는듯 暴音이 나를 危脅합니다.

時間을 보니 午前 五時. 十燭電光에도 마당에 불이 흥근해 보입니다 朝飯을 먹고나도 비는 繼續합니다. 秦, 李 兩氏는 더욱이 焦燥해 하더니 나를 慰安하느라고 午前中에는 개이리라 합니다. 그러나 짧은 日字에 午前中을 헛되이 지남도 無謀할 뜻하야 雨裝을 차리고 秦, 李 三人이 一團이 되어 天池淵瀑布를 찾아가기로 浦口를 東으로 돌아 山기슭을 올라갔읍니다. 人家에서 不過 五六町 程度건마는 浦口를 지나니 벌서 深山幽谷처럼 水聲이 滔滔합니다 처다보니 百餘尺 山上에서 골작을 나려보고 그리 굵지 않은 물 한줄기가 떠러집니다. 그것이 天池淵인가 하였으나 그것은 이름도 없는 瀑布라고 합니다. 前에는 없든 것이 昨日來의 暴雨로 생겨진 瀑布라고 합디다. 이름도 모르는 常夏南國의 草木을 求景하며 골작을 타고가려니 人跡에 놀랐는지 「게」들이 바위틈에서 물 속으로 다라납니다.

西歸浦는 捕鯨으로 이름난 곳 山谷의 小□廣場을 利用하야 고래의 解剖를 합니다.

山모솔기를 돌아서니 갑작이 水勢가 急해지며 골작에 진한 안개가 자욱히 들어채었읍니다. 우러러보니 果然 幾百尺 山□에서 두줄의 十四,五尺幅의 물줄기가 滔滔한 소리로 떠러지고 있읍니다. □□여기가 西歸幽谷. 이것이 天池淵이라고 합니다.

天池淵은 每年 一, 二件의 自殺 情死事件이 생기는 곳이라 합니다. 사람이 自殺을 하게되는 것은 人間의 感情이 最高絶頂의 歡喜나 最大悲劇에 直面한 때이리라고 생각합니다. 그럴진대 이 天池淵이 每年 自殺者를 내인다 하는 것은 結局 그만큼 이 瀑布가 絶勝인 까닭일까 합니다. 바로 今年 봄에도 某料亭에 있는 酌婦와 그 집에 雇用으로 있는 不具者인 朝鮮青年과의 悲戀이 급기어는 이 瀑布에 와서야 解結을 지었다합니다. 물확의 水深이 七十餘尺. 비는 그쳣건마는 雨門같은 水沫에 옷이 흥근히 저젔더이다.

「아! 天池淵. 이런 곳에 한여름만 나고 간다면……」

兄이여! 몇번이나 아우가 이런 讚詞를 되푸리했는가 아십니까?

天池淵에서 돌아오니 十一時. 다시 意見百出하다가 비를 무릅쓰고라도 出發을 하기로하고 車를 몰았읍니다. 洞里에 車를 세우더니 李氏 점북껍질을 한아름 안고 오더이다.

비가 또다시 나립니다. 清還里를 지나서니 自働車 앞을 말 한마리가 달립니다. 警笛에 놀랐는지 길을 비킬 줄을 모르고 約四, 五町이나 疾走를 합니다.

말은 비켜서니 또다시 荒漠한 荒野! 荒野에는 무시무시한 石墻 여기에도 十數匹式 떼를 지은 放馬들이 어슬렁거립니다. 車를 暫間 멈추고 말□景을 하노라니 農夫 한사람이 돌담(밭두렁) 밑에서

「우러러!」

하고 高喊을 칩니다. 이 信號가 自己의 말을 부르는 소리라 합니다. 그러고 무엇보다도 신통한 것은 幾十幾百匹이 山中에서 놀다가도 自己主人의 音聲이 나면 쏜살같이 집으로 돌아온다는 것이외다

아 濟州島의 아름다움은 自然에만 끌리는 것도 아니요. 人□에만 끌이는 것도 아니오 牛馬의 義理까지 分明타 하니 이 □를 어찌 地上樂園, 꿈속의 나라라고 부르지 않으리까?

가는 곳마나 老松巨樹요 老松이 있는데 淸溪가 있고 淸溪 있는데 瀑布가 있읍니다. 풀이 있는데 말이 있고 말이 있는데 濟州島만의 아름다운 風景이 展開됩니다.

正房瀑布에 다은 것은 午後 一時. 車를 路邊 老松 그늘에 세우고 山崖를 타고 나려가니 여기에도 天池淵에 못지않은 巨瀑이 겹겹이 떠러집니다. 모두 水深이 百餘尺 海拔 五百餘尺의 高臺에서 日本海를 向하야 쏘다지는 이 물줄기 볶인 바위는 주악돌처럼 반드럽읍니다. 이 물이 五百尺 傾斜를 두고 흘러가며 絶壁도 되고 瀑布도 되고 어떤 곳에 가서 湖水도 되었다고 합니다. 水聲 때문에 이름모를 南國山島의 우□소라를 못들은 것이 限이외다. 正房瀑布는 古來의 靈瀑! 秦始皇의 命을 받아 童男童女 五百名을 거느린 徐市가 不死藥을 求하러 왔다고 합니다. 「徐市過此」라는 글자가 아직도 뚜렸하나 徐市가 求해간 것은 버섯이었다 합니다.

島內 美人으로 有名하다는 大靜里를 지나 幕瑟浦에 이른 것은 午後 四時. 生점복을 쓸어 店頭에서 麥酒를 한盃式 난호고 海女들의 作業하는 光景을 求景하였읍니다. 古木줄기 같은 그네들의 팔다리 女多國이니만큼 島民들의

生活도 海女들의 이 굵은 팔 두 개로 支持해 나간다 합니다. 이 두 개의 팔! 이것이야말로 現代科學으로도 征服치 못한 水中國을 征服하는 偉大한 權勢를 가진 것 이외다.

於石兄.

여기는 挾才里. 射岩川입니다. 前面에는 滄海가 팔을 벌리고 背後에는 漢拏聖峰이 굽어봅니다. 그 새로는 여기 또한 放馬의 떼가 悠悠散策하고 있읍니다.

財岩泉은 길이가 二十四, 五里 泉口에는 男女의 出入口가 分明히 갈라저 있읍니다. 洞民들이 海水에서 놀다가 鹽分을 이 샘에 와서 庭씻는다 합니다.

財岩泉을 지나서니 石多國 濟州島에서 처음으로 白沙場을 發見합니다. 濟州에 와서 全島를 一週하도록 이때까지 白沙라고는 이번이 처음입니다. 그러나 이것은 白沙가 아니라 조개껍질이 물에 볶어 가루가 된 것이 波濤에 밀려 海邊에 나온 것을 바람이 날려다논 것이라 합니다. ─이것이 十里許의 모래 아닌 白沙場을 이루고 있는 것입니다.

於石兄!

濟州란 이런 곳이외다. 이렇도록 아름다운 곳이외다. 내 일즉이 濟州같은 自然을 본 적이 없으며 濟州에 따르는 人情을 본적이 없읍니다.

내 어렸을 때만해도 農村에 가서는 物物交換이었고 호박이고 무를 난호아 먹는 美情을 보았더니 二十年後의 朝鮮農村은 變할대로 變했더이다. 그렇건마는 一九三五年인 오늘날에도 門이 없고 牛馬에 고삐가 없는 나라가 있다는 것을 그 뉘가 믿을리까?

兄이어! 이곳이 樂園이 아니고 무엇이리까. 이 樂園 우에 사는 사람들의 多福하믈 그 뉘 아니 부러워하리까? 옛말에 「子息은 서울로 내고 망아지는 濟州로 보낸다」는 말이 있었지마는 오늘의 서울은 너무나 □합니다. 너무도 狡猾합니다. 너무나 거칠지 않을까요

京城市民 三十萬에 警察官이 千餘名인데 比하야 濟州島는 二十五萬 島民을 管轄하는 警察官이 不過 四十名 未滿이라면 濟州島民들의 生活, 人情 모든 것을 □知할 수 있을 것이외다.

□□□□□□□□□□□*

濟州島는 꿈의 나라! 美의 나라! 그러나 그보다도 어느 程度의 自由國입니다. 이것은 그네들의 生活이 安定된 까닭이겠지마는 全島에 乞人이 單 한 사람도 없다는데는 實로 놀랐읍니다.

오! 自由와 美와 富의 나라 濟州島여! 그러나 여기에도 洋屋이 늘어가고 處處에 ……이 늘어가니 十年後에 濟州島는 어떤 나라가 될 것인고? 말이 잇것만 말도 타지 않는 濟州島에 飛行場이 두 곳이나 있읍니다. 城內에 돌아온 것은 午後 八時 저녁床을 받고나니 暴雨가 다시 繼續됩니다. 아 원망스러운 비여! 너는 期於코 내게 漢拏를 보이지 말으려느냐? 全世界 三萬種 植物의 約六割을 갖고 있다는 漢拏靈山의 珍奇한 草香도 못 맡게 하려는가?……

하로밤을 쉬고나니 漢拏山峰에는 아직도 濃霧가 서리고 있읍니다. 無理를 하고라도 登山울 하려고 차비를 차리니 秦, 李 兩氏가 눈이 후둥그래서 挽留합니다. 數日來 暴雨로 山中 河川이 氾濫하야 寸步를 못 움직인다 합니다. 每年 濃霧로 犧牲者를 내인다 합니다.

다시 測候所로 달려가 天氣를 무르니 아직도 十日間은 개일 可望이 없다 하니 어찌 답답지 않겠읍니까.

그러나 나는 참았읍니다. 그러나 이튼날도 또한 暴雨. 아모리 기다려도 개였다 오나 旅舍에 누어 곧 미칠듯 하더이다.

十日後면 快晴하리라 하나 除雨 即後는 또한 어렵다고 하면 編輯日字를 몇번이나 곱아보다가 漢拏峰을 처다보고 처다보며 怨望을 하였읍니다.

---

* 삭제되어 있음.

배 또한 隔日에야 있는터라 三十日 배를 놓지면 二日間을 기다려야 하겠기 어차피 漢拏征服을 못할 바에야 하고 배에 오르니 漢拏도 未安한지 갸웃이 구름새로 내다보더이다.

이 아름다운 꿈속의 나라 濟州여!

그러고 怨望스런 漢拏山이어……

七月四日

女子天下의 濟州島

李無影

《신가정》, 1936년

빛좋은 개살구라는 말과 같이 제주를 단여왔답시고 제주도에 대해서 아는 것은 아모 것도 없다.

원근 시일이 짧은데다가 마침 가면 날부터 연겊어 나흘이나 폭우가 나리어 맘먹고 간 것도 다 못보고 그야말로 주관식(走看式)으로 뺑 돌아오고 말았다.

그러나 이 짧은 여행에서 나는 제주도에 대한 지금까지의 인식을 새로이 하였다. 우리가 지금까지 알아오기는 제주도라면 말이나 길르는 곳 마치 원시시대의 생활 그대로를 영위하고 있기나 한 것처럼 생각해왔으나 그 시설이라든지 민중의 지식, 사상, 인정, 자연, 모든 것에 경악할 따름이었다.

한말로 제주도의 인상을 표현한다면 제주도는 꿈 속에 나라다.

일만팔천종을 헤아린다는 그 초목, 이로 헤아릴 수 없을만큼 많은 폭포, 물 위 그 맑음. 육지에서는 볼 수 없는 그 부드러운 자연이 먼저 나그네를 매혹한다. 제주도에 살고도 마음이 오히려 거친 사람은 그 천성이 악인일 것이다. 제주도 사람을 대할 때마다 그 어덴지 남국적인 부드러움을 느낀다.

×　　　　　　　×

제주도는 쉽게 말한다면 좀 길죽한 감자처럼 생기었다. 사방에 바다가 둘너싸고 한 중앙에 한라산(漢拏山)이 해발 일천칠백여척이나 우뚝하니 솟았다. 산이라고는 이 한라산이 있을 뿐이오 산다운 산이 없다.

원래는 朝鮮□□□*이 아니다. 탐라국(耽羅國)이라는 독립국이었다. 그리던 것이 신라 중엽에 와서 제주도의 시조인 고을나(高乙那)의 십오대손(十五代孫) 고청(高淸) 고후(高厚) 등 三형제 (말자의 이름은 모른다고 한다)가 신라에 입조(入朝)한 것이 동기가 되어 조선의 판도 안에 들어오게 된 것이다. 인구는 약 二십三만.

원나라때 몽고족이 피란하여와서 살었던 관계로 곳곳에 몽고족이 남긴 유풍이 그대로 전해진다. 농사는 九활이 조와 감자요 수도(手稻)는 一활도 못된다. 석다(石多) 여다(女多) 풍다(風多)의 삼다국(三多國)이라고 하는만콤 돌, 여자, 바람이 많다. 이외에 많은 것은 말이어서 인구 七인당에 한필씩 길리워있다.

그러나 제주도에서는 말을 기르는데 조곰도 힘이 안 든다. 자기 이름을 색인 화인(火印)만 찍어서 그대로 들이나 산에 두었다가 일때는 불러다 시킨다. 일이 끝나면 다시 제대로 내어보내어 풀을 뜯어먹게 한다.

육지와 같이 대문이 없는 것도 제주도의 한 특징일 것이다. 생활이 안정되어 거지라는 것이 없는만큼 대문이 필요없이 된다. 외출할 때는 대문에다 비짱을 질러둔다. 짓짱은 사람을 막기 위해서가 아니다. 말을 못 들어오게 하는 것이라 한다.

×　　　　　　　×

이렇듯 일즉이 우리가 듣도보도 못하던 이야기꺼리를 많이 가지고 있는 제

---

* 삭제되어 있음.

주도에 또한가지 특색은 모든 생산권(生産權)을 여성들이 잡고 있는 것이다.

먼저도 말한 바와 같이 제주도에는 남자 수에 비하야 여자가 약 이활오부나 많다. 그리하야 남자들은 세사람의 한사람씩은 축첩을 하고 있다. 그래도 처첩간의 암투 같은 것은 별로 없다고 한다.

여자들이 생산권은 잡게된 것은 이런 것이 원인이 아닐까 하지마는 어쨌던 제주도에서는 남자들보다 비교적 여자들의 노동력이 강하다. 거의 전부가 여자들의 손으로 생활을 지탕해 나간다. 명목만은 남자가 호주가 되어있으나 도민의 대부분은 여권시대(女權時代) 그대로다.

육지에서 남자들이 머슴사리를 하듯이 제주도에서는 여자들이 머슴사리를 나간다. 그러나 그렇다고 여자들이 육지의 남자들과 같이 생산권을 주장하는 것은 아니라 한다. 남자가 적은 관계로 남자의 환심을 살 필요가 있는 까닭이 아닐까 한다.

그러니만큼 제주도 여성들의 체격은 남성과 같다. 양쪽 어깨가 올러가고 가슴이 떡 벌어저서 어디가서 보거나 알아볼 수 있게 된다. 체격이 그러니만큼 성격도 남성적이오 의지력이 강해서 한번 단결되기만 하면 절대로 굴치않는 一면이 있다. 작년의 해녀사건도 이의 한 표현으로 볼 수 있을 것이다.

—끝—

濟州漢拏山 白鹿潭의 하로밤

都逢涉

《조광》, 1936년 7월

昨年(昭和 十年) 七月 中旬 나는 오랫동안 마음에 그리워하든 濟州島旅行을 斷行하였다. 北端 白頭山 中部 金剛靈峰 南端 濟州漢拏山은 朝鮮 代表的 名山인 것은 어린 아해 때부터 잘 알었든 것이며 其中 濟州島는 最南端 一孤島로 山形 氣候 風俗 生活狀態 等 모든 것이 朝鮮本土와 매우 다르다는 것이 北道 出生인 나로 하여곰 十餘年前 學生時代부터 濟州島에 가 볼 生覺이 하로도 머리 속에 떠나지 않었다. 더욱 나는 自然科學의 一部門인 植物學을 專攻하는 者로 濟州島 植物이 三十年 以來 諸外國人의 研究에 依하야 世界學界에 紹介되였으며 今日에는 植物分類學上 濟州道는 特異地帶로 指定하게쯤 되매 나의 濟州島 植物採集斷行은 오히려 時期가 느젔든 感이 있다.

漢拏山 探勝의 武裝과 植物採集家의 모든 準備을 마치고 七月十三日 京城驛을 떠낫든 것이다.

木浦에서 배에 오를 때에는 말고맑은 夕陽빛에 바다는 고요하였다. 夜半부터 風波가 甚하여 濟州島行 難航은 잊이 못할 것이다 翌朝四時에 濟州에

到着豫定인 것이 七時半에 入港되엿으니 可히 風浪이 甚한 것은 推測할 수가 있을 것이다.

濟州邑에서 船醉를 □고 漢拏山 中腹 觀音寺에서 南京虫의 洗禮를 바덧다. 濟州島에는 南京虫이 全無하나 觀音寺만 例外라 하니 그것도 海風에 족기인 南京虫이 觀音寺에 모아드럿든 것이 아닌가한다. 濟州島 名物 女多 石多 馬多의 三多는 事實인듯 하며 물소래만 들니고 흘너가는 물은 볼 수가 없으니 漢拏山 地形이 如何하다는 것을 可히 알 수가 있는 것이다. 天幕生活者의 苦心도 이 點에 있으나 海拔 九百餘米突 絶頂에는 水深 數十尺의 白鹿潭이 있으니 登山家의 喝을 醫할 수가 있다. 白鹿潭가에 天幕치고 이 말고 말근 물에 저녁밥 지어 맛있게 먹고 炬火를 올니면서 우리는 雜談을 始作하였다.

九時頃 東便 하날이 急作이 불근 빛을 띄니 明月이 물 속에서 쏘아오르기 始作한다. 아마도 오날이 陰十六日 이것이며 十六日夜 밝은 달을 白鹿潭에서 바라보게 된 것을 깨달었다 雨量이 만키로 有名한 濟州島에서 漢拏山 개인 날은 一年에 十餘日이 지내지 안는다는데 오날은 하날에 한點의 구름도 업고 晴天 하늘에 星群을 바라보게 되엿다. 中天에 뜬 明月과 數萬의 星群을 바라보며 或은 白鹿潭에 빛인 明月의 물 속에서 움지기는 것을 바라보는 以外에는 아모도 보이지 않으며 들니지 안는다. 고요한 夜半에 佛法僧~하는 소래가 時々로 寂寞을 깨트릴 뿐이다. 疲困한 몸에 잠을 이르러고 天幕 속에 드러가섰으나 달빛에 드듸어 잠도 이루지 못하고 밤을 새었다. 달은 西쪽 바다에 드러가고 아침해는 東쪽 바다로 올나오기 始作한다. 鬱林 속에 잠자든 數百의 牛群은 떼를 지어 白鹿潭 물가에 모여 물을 마시면서 서로 健康의 祝盃를 올니는듯 하며 다시 먹을 것을 찾어 各各 山中으로 흩어진다.

시로미(カンカウラン), 설앵초(ユキワリサウ), 산쥐손이(ダフリヤフウロ), 뱅리향(ミネジヤカウサウ), 암매(イハウメ), 等 高山植物과 구상나무(サイジウシラベ) 바늘엉겅퀴(ハリアザミ), 섬떡쑥(タカネハハコグサ), 섬

매자나무(サイシウメギ(タンナイワゼキシヤウ) 等 漢拏山 特産植物 或은 熱帶植物에 屬한 羊齒類 等 數百種의 採集品을 등에 지고 白鹿潭을 떠나려 하는 때에 濟州島에는 木浦行 汽船의 汽笛소래가 들니고 西歸浦便 滄海에는 上海行 汽船의 검은 煙氣가 뵈인다. 天氣는 變하니 雷聲은 山腹에서 들니고 나는 구름 우에서 안개을 呼吸하였든 것이다. 「서로미」와 「들쭉나무」 열매를 먹으면서 濟州島 南端 西歸浦로 向하였다. 이 白鹿潭 캠핑은 나의 가장 잊찌 못할 하로밤이였다.

제고장서 듯는 民謠 情調, 濟州道 멜로디

金陵人

《삼천리》 8권 8호, 1936년 8월

오래간만에 搖籃의 鄕地 海西 金陵에 靜養 중인 필자에게 하필 濟州道의 민요에 대하야 쓰라시는 편집자씨의 부탁도 야릇합니다.

최근에 濟州道를 단여온 이로는 소설가 李無影씨 같은 분도있고 그보다도 濟州道에 고향을 갖은 이로 극작가 金振門씨 음악가 徐祥錫씨 평론가 洪陽明씨 등이었으니 이 문제에 대하야 쓸 수 있는 적임자가 얼마든지 잇읍니다. 이런 중에 拙劣한 필자야말로 年前에 제주도를 보라갓든 일이 있다하여도 走馬觀山격이요 수박것할끼였으며 또 몃가지 民謠나 傳說을 採取한 것이 있엇다 하여도 어떤 사정상 현재 한편이라도 그 완전한 것을 수중에 갖고 있지 못합니다.

그러나 또한 사양할 자격도 없어 다만 題目에 뵈여지는대로 그 기분과 정조에 대하여서만 濟州道 民謠에 대하야 愚見을 敍述해 볼가합니다.

제주도는 모름직이 특히 민요가 많은 고장입니다. 제주도에는 민요와 한가지 전설도 많거니와 제주도의 민요는 그 가장 흙 냄새가 나고 자연생장적인데 특색이 있읍니다.

무릇 어느 고장을 물론하고 민요와 전설은 그 고장이 가진 가장 보배로운 文獻이거니와 가장 한이 많으면서도 어느 정도까지 생활의 餘裕가 있을 때 민요가 생겨집니다. 너머나 생활이 가난하고 악착하면 민중은 우슴을 니저 버리고 눈물까지 말너지나니 어느 사이에 노래가 나어지겠읍니까?

(노래를 니저 버린 카나리아는 얼마나 불상한 새이겠습니까?)

제주도는 특히 그 살님 사리에 한이 많고, 그러나 어느 정도까지는 생활에 悠閑한 고장입니다.

이것이 하도 많은 전설과 민요를 낳어놋는 요소가 되는 것입니다.

제주도는 사면이 그야말로 창망한 바다에 싸여있는 외로운 섬입니다.

地面이 넓어서 그러케 외로운 감이 없을 것 같이 생각도 되지만 넘어도 육지와 멀니 떠러저있고 또는 섬 하나 없는 落落한 바다에 쌓여 있기 때문에 天涯孤島의 적적한 감상을 엇절 수 없으며 육지에 있든 사람이 한 발자국 제주도에 발을 들여놓기가 밧브게 만리타국에 온 것 같은 비감을 갖게 됩니다.

요새는 교통이 비교적 편해저서 濟州道와 木浦사이의 왕복이 20시간을 要치 않도록 단축되여 젓지만 녯날은 이 수로가 片路로만도 한 달 혹은 두 달이 걸니든 길입니다. 그것보다도 더욱 심한 것은 이 수로는 생명을 걸고 왕래하는 것이였읍니다. 그러나 생활상 이 험난한 수로라도 가고 오지 않을 수 없고 이 수로보다 더욱 위험하고 먼- 中國까지도 장사를 떠나는 일이 많었습니다. 이러자니 자연, 別離를 밥먹듯 해야 되였으며 그 別離는 왕왕이 영원한 한을 남겨놓는 일이 많었읍니다.

이리하야 한과 원망이 맺어진 민요가 않이 생겼읍니다. 그 다음 濟州道는 자급자족의 고장입니다. 濟州道를 가르처 風多 石多 女多, 三多의 고장이라 하지만 나는 제주도가 三無의 고장인 것을 알었읍니다. 첫재 도적이 없고 걸인이 없고 맹수가 없어서 三無이거니와 이야말로 三少가 아니라 절대 三無입니다. 혹은 말하되 제주도는 絶海孤島가 되여 도적과 맹수가 도망할 곳이 없어 그러하다 하나 나는 도적과 걸인이 없는 이 현상을 이 섬 주민들의 여유있는 생활의 증거라고 봅니다.

아닌게 아니라 濟州道의 풍경은 여유있는 풍경이요, 濟州道의 기분은 悠閑한 기분입니다. 마을에 탱자꽃이 피이고, 산비탈에 木馬가 살찌는 고장이 濟州道입니다. 누구든지 濟州道의 목마 풍경을 보고는 이약이 나라에 와있는 감을 갖을 수 있을지니 濟州道의 말들은 굴네없는 말들입니다. 굴네없는 말들이 아츰에 말간을 나와서는 으젓이 도밧 사이를 밟을세라 닷칠세라 하고 빠저나가서는 산비탈에 몇 백마리식 군집하야 왼종일 풀을 뜨더 먹다가 황혼이 되면 또 으젓이 각기 집을 차저 어슬넝― 차저들어 옵니다. 牧者가 무슨 소용입니까? 이 목마풍경만 해도 족히 濟州道 생활풍경을 대표합니다. 또 濟州道는 여인의 노력이 주로 되는 나라입니다. 낮이 되면 노자의 여인은 모다 바다에 나가 물새와 같이 개고리 같이 물 속에서 자유와 생활을 따고 있읍니다.

이 사이에 남자들은 집에서 아해나 보고 집이나 직히며 낫잠을 잡니다.

이러케 되니 마을은 끝없이 종용해 집니다. 닭과 개가 싸홈도 않고 마을을 뚫고 단일뿐입니다. 각금 어린 처자가 물을 길어지고 가는 풍경이 있을 뿐입니다.(물을 이고 가는 것과 다릅니다)

밤에 달빛은 유난히 더 밝습니다. 주민 남자는 대개 달빛을 차저 바닷가로 나와서는 몸과 마음을 닥그며 먼 여울의 청성 마진 울음소리를 삼키고 있읍니다.

이런 유한한 땅에 민요가 없고 엇지 하겠읍니까? 그래서 그리 크지 않은 이 섬에 (그렇습니다. 그리 크지 않습니다. 제주도를 사방 70리의 대도라 하지만 江華島와 같이 평면지대가 아니요, 전체가 漢拏山을 중심 잡은 산 지대에서 사람이 사는 곳은 바다를 접한 주위의 저지대 뿐임으로 인구로 보면 크다할 수 없읍니다.) 내가 갔을 때 이럭저럭 주어몬 민요만 해도 20여 편이요 전설이 10여 편이였으며 년전 신문학 예술면에 제주도 민요에 대한 기사를 장기 연재

하든 佛信者인 여인 某氏는 濟州道 민요를 무려 60여 편을 채취하였다하니 놀나운 일입니다.

이제 차레— 그 대표되는 몇 가지 민요의 서두만 뽑아 기록하며 그에 대하야 어리석은 늦김을 써 가겠습니다.

이어— 이어島하라
이어하면 내눈물난다
초록마눙 듯는방울
한숨썩은 눈물방울
註-이어도하라 이어島넘으라
초록마눙 초록파닢

이것은 한과 원망이 맺인 섬사리의 悲曲입니다. 이어島가 어대 있는지 모르면서도 남편을 중국 등지로 장사 길을 떠나 보낸 섬 안악네들은 목매치게 그들 남편의 무사히 이어도 넘기를 기원합니다. 그것은 아모리 험난한 水路라도 이어島만 넘엇스면 평온해진다는 전설이 있기 때문입니다. 그러나 이어도가 어대 있는지는 아모도 모릅니다. 보내는 사람이나 가는 사람이나 다만 이 꿈의 섬, 憧憬의 섬을 무사히 지나기를 원할 뿐입니다.

제주도에 이어도가 존재함은 육지에(도민들은 朝鮮 내지를 이렇게 부릅니다.) 아리랑 고개가 있는 것과 같습니다.

육지의 아리랑 고개가 憧憬의 고개인 동시에 눈물의 고개인 것 같이 이 섬 사람들의 이어도 역시 극히 설은 고개입니다. 비록 무사히 이어도만 넘기만 해도 긴-이별은 엇절 수 없기 때문입니다. 눈물의 浦口에서 남편을 떠나보낸 안악네가 집에 들어와 창 앞에 안즈니 때 마츰 뒤뜰 안에 심어논 파(葱)닢에 뿌려지는 비방울 소리는 안악네의 가삼 속에서 한숨 섞어 나오는 눈물방울과 같었읍니다.

別離 많은 섬 사리의 자연스런 情調입니다. 그러나 직접 濟州道에 발을 올여 노아 숨맥히게 아득한 수평선을 바라보지 않으면 이 민요의 심각한 슯은 기분을 음미키 어려울 것입니다.

찬물아 냉수는 입에서 뱅뱅 도는데
술은 술술 잘도 너머가네
에란다가리감실 네그리마소라
잘새 참새는 풀이나 고지에 깃들고
우리나 사랑은 내 품에만 깃드네
에란다가리감실 네그리마소라
註-에란다가리감실 별로 뜻이 없음, 고지-숲

이것 역시 안악네들의 노래어니와 이 민요에서 어느 정도까지 이 섬의 女尊男卑의 풍속을 엿볼 수 있습니다. 술을 溺愛하는 彼女들의 情景도 고소할 일이거니와 남자를 독점하려는 불타는 욕심을 노골하게 表白한데 이르러서는 너머나 놀납고 신기한 정경과 기분입니다.

술말이 나왔으니 이건 참말입니다만 彼女들이 물보다 더 사랑하는 濟州道의 술은 그야말로 朝鮮의 名酒, 아니 세계적 名酒입니다. 濟州道에는 아직 민요에서 술을 비저먹는 자유와 너그러움이 남어 있거니와 그해 감냄새 지독한 濟州道의 土酒는 맛당히 天下酒客의 一生涯間 한번 맛볼만한 것으로 생각합니다.

둥구듸 당실—
연자망아로 여두당실

우리임 방에 촛불을 켜게

우리임 달 타고 들어오리

제주도의 안악네들이 바다로 노역을 나간 다음 남자들은 대개 집에서 한가한 일을 하고 있다는 것은 서설에서 말햇거니와 이 노래는 그 풍경을 그린 것입니다.

한 집의 가장격인 안해가 아즉 일터에서 돌아오기 전 남편은 방아찟는 쉬운 일을 하면서 家長이 돌아오기를 기다립니다. 그러나 日落西山하고 月出東嶺한 그때까지 가장인 안해가 안 돌아오매 남자는 초조하고 삼가는 마음으로 안해의 방에 불을 켜고 안해가 달빛을 타고 돌아오기를 기다립니다. 몹시 賢淑한 남편들이 않입니까?

水路千里 陸路千里 얼마나먼지

漢陽 간 양반은 올 줄을 모른다.

나는 이 민요를 육지의 江原道 어랑타령의 「漢陽은 이곳서 얼마나 먼-지 한번만 가며는 영영 올 줄을 모르네」의 移入으로 보지는 않습니다. 이것은 文句의 우연한 갈음일 것입니다. 어랑타령은 어랑타령대로 濟州道 민요는 濟州道 민요대로 제 사정 제 기분으로 생겨난 노래입니다. 더욱 濟州道의 이 노래는 그 발생시대가 퍽 먼-것으로 봅니다.

나는 노래 문구의 「양반」은 통칭 경어로 보지 않고 녯날의 양반계급을 지칭함이라고 봅니다. 녯날 조정에서는 濟州道를 가장 멀-고 험한 귀양사리의 고장으로 취급하야 承旨 叅判같은 양반들이 각금이 絶海孤島로 귀양을 왔으니 물론 중죄도 있었으나 그 중에는 죄가 없으면서 소인의 謀害를 닙은 白面의 귀공자와 才人도 있었읍니다. 그런대 이들은 유구한 시간이 지나는 동안

각금 외로운 남어지 섬의 어린 아가씨들을 농락했습니다. 그러나 이들 양반들의 버릇이란 대개 정을 밧굴 때는 漢拏山 같은 盟誓를 곳잘 지으나 한번 몸이 풀녀 漢陽 조정으로 올나간 후는 깨끗이 소식을 끊어버리는 것이였읍니다.

이래서 섬에는 슮은 노래가 생기고 슮은 전설이 생겼읍니다. 노래보다도 전설은 더 많이 생겼읍니다.

나는 濟州道의 전설 중에 이와 같은 비애에서 울녀나온 애끗는 전설이 의외로 많음을 보고, 더욱 그 전설에는 녯날 섬 안악네들의 永劫에 씨슬 수 없는 恨과 피가 맷처있는 것을 보고 몸부림치지 않을 수 없었읍니다.

이 민요도 이와 같이 이 섬의 녯날 안악네의 피와 눈물이 마듸마듸 맷처있는 노래입니다.

엇지 녯날 뿐이겠읍니까? 그와 유사한 슮은 로맨쓰는 지금도 많이 있은 것이며 많이 역거질 것입니다.

아-방어-망 고기나 줍지
감제는 심어 무엇하나
하로도 한나절 다 못가서
미역과 홍합이 한구덕이
이비바리 두다리 쪽쪽 펴라
열길 물속에 죽어쓰겟니
고기와 미역은 무에쓰나
돈 박구어서 지왜간 짓지

註-아-방 어-멍-아버지 어머니, 김제-감자, 구덕이-광주리, 비바리-게집애, 지왜간-기와집.

이 한편 민요에서도 濟州道의 해녀생활 정경과 유한한 기분과 로맨틱한 정조를 모다 엿보게 됩니다.

제1절에서 보는 바와 갈이 그들은 날 제부터 농사를 싫여하고 해녀생활을 그리워하는 것입니다.

제2절은 그들 해녀의 노동능률을 스사로 자랑한 것이니 彼女들은 모다 바다에는 化神입니다.

제3절 역시 그들 해녀가 바다의 노동을 자랑으로 역이고 비록 어린 나히에서 일지언정 바다에 익숙치 못한 것을 붓그럽게 역이는 정경이니

「열길 물속에 죽어쓰겟니」

하는데 밋처서는 육지 사람들을 놀내일 정도입니다.

제4절은 彼女들이 항상 가지고 잇는 祈禱입니다.

고기와 미역을 산같이 따서 무엇에 쓰는고 하니 육지에 나가서 황금과 박구어다가 기와집을 짓고 부자되여 이 유한한 섬에서 한평생 조용하게 살어보자는 것이니 자기의 노력을 귀히 녁이고 僥倖을 꾀하지 않고 자급자족을 즐거워하는 그들의 생활이 자못 부러웁지 않습니까?

이것으로써 濟州道 민요에 대하야 그 片鱗이나마 말슴 들엿다고 봅니다. 그 충분치 못함은 이 글의 시작에서도 먼저 말삼 들인 바이니 이것으로 塞責하거니와 끝으로 필자의 항상 품고 잇든 제주도 민요에 대한 유감된 사실을 지적하려 합니다.

그것은 이 귀중한 문헌인 濟州道 민요의 消滅될 운명이 머지 않엇다는 현상입니다.

年前에 필자가 제주도에 갔을 때 민요와 전설을 채취함에 있어 當地 邑內의 C신문 支局長 P씨와 악기점주 K씨와 의사 C씨 등 외에 십수인의 有志 청년들이 모다 필자에게 지극한 편의를 도와주신 분들이거니와 氏등이 필자에게 편의를 도와 주엇다는 것은 녯 노래를 아는 나히 늙은 어부와 송장이 다된 노파 등을 소개해 주엇다는 것이요, 氏등은 모다 濟州道 태생임에 불구하고 섬

의 민요라는 것은 한 가지도 기억하는 것이 없었읍니다.

거리의 술집 비바리가 아리랑, 도라지 타령을 목맷처 부르며 가게의 레코-드가 양산도 가락을 넘기고 있읍니다.

氏等도 역시 이 같은 육지의 노래는 몃 조각식 알고 잇는 것은 물론입니다.

생각컨대 섬과 육지와 교통이 편해짐에 따라 다시 레코-드 라듸오가 이 섬에 들어옴을 기하야 섬의 노래는 자연 정복이 되는 모양입니다.

그리고 주민들도 항상 육지를 그리고 높이는 남어지 육지의 노래를 부름을 자랑으로 녁이고 섬의 고유민요를 부름을 붓그러 하는 모양입니다.

더욱 신청년들은 레코-드 라듸오에서 소개하는 유행가를 외여 둘지언정 섬의 재래 민요인 이 고귀한 문헌에 대하야서는 도모지 도라볼 생각을 안 두는 모양입니다.

이것은 극히 개탄할 현상이기에 P씨 K씨에게 이것의 유지책을 생각함이 없는가고 무러보았읍니다.

그러나 兩氏는 묵묵히 대답이 없었읍니다. 그런대 근래 몇 레코-드 회사에서 濟州道 민요에 유의하야 그 소개와 유지를 꾀하나 이것은 실행가치 있는 其中 수편에 불과하며 그것조차 改作하야 全鮮的으로 頒布케 되는 현상입니다.

이 모양대로 가면 진정한 濟州道 민요란 몇 해 안 가서 섬 안으로부터 그 멜로듸가 소멸되고 말 것입니다.

전설조차 같은 운명을 맞나겟지요. 몹시 아까운 일입니다.

6. 19

海西 金陵村 默思寮에서

濟州島紀行

朴燦一

《호남평론》 2권 9호, 1936년 9월

濟州島? 꿈 속의 나라. 傳說과 神秘의 섬 濟州島. 가까우면서도 먼 나라 濟州島? 기어이 한번은 가려든 곳.

石坡兄?

나는 지금 濟州島旅行을 떠났읍니다. 오래 前붙어서의 宿望이든만치 나의 깃붐은 적지 안습니다. 가까우면서도 먼 나라. 우리가 사는 木浦에서 바로 十餘時間의 航路에 넘지 안는 곳이지만은 一生에 한번 가봐질 것인가 못 가봐질 것인가 하는 늣김이 항상 나에게는 살아지々 안습니다. 이는 물논 내가 濟州島에 對한 關心과 智識이 적엇은 탓도 탓이지만은 濟州島 自体의 가진바 歷史가 이러한 錯覺的 認識을 일으켜주는 것도 사실일 것임니다.

濟州島라면 謫配를 聯想함니다. 罪의 成立은 그 時代에 딸아 달을 것이며 무엇이 罪」인가?에 對한 再批判은 할 必要도 여유도 없지만은—더구나 政治犯은 時代에 딸아 罪도 되고 功도 될 것이다— 過去 우리나라의 큰 罪人은 大槪 이 濟州島로 流謫하였든 것만은 사실임니다. 李朝末葉의 巨儒 宋尤庵 先

生도 肅宗 때 黨禍로 이 곳에 流謫되엿다고 하지 안슴닛가? 한번 가면 못 오는 곳 謫配 當하는 그 날이 그 곳에서 죽는 날이라는 史實이 나에게 濟州島를 별달니 認識케 하여준 것인가 합니다.

石坡兄?

나는 지금 木浦 埠頭에서 濟州島가는 배를 탓음니다 太西丸. 二百噸 內外의 꾀 큰 배이외다. 速力은 제법 빨으대요 그레도 一等室에는 라듸오의 장치도 잇고 電燈도 켜짐니다. 그레도 나는 아주 安心은 못헷슴니다. 옛날 流謫당하는 사람들은 水路 千里ㅅ길 사나운 滄海를 조곰막한 木船으로 건닛스렷다. 그들을 얼마나 무서웟든고? 이런 생각을 하며 勇氣를 뽐내여 船室에 陳첫습니다.

몇번 단여본 乘客 中의 한 분이 이 航路의 初入生인 듯한 나에게 험박 무섬을 줄야고 그제는 작구 楸子島 근방의 難航을 말합니다. 그럿찬어도 不安한대 나는 이런 말을 듯고 울어나는 恐怖를 가란치지 못함니다.

그러나 참어라 몇 時間─八九時間─後면 濟州島다. 꿈나라. 秦始皇의 不死藥을 찻은 곳. 徐氏가 거나리고 온 五百의 童男童女가 헤메이든 漢拏山? 나도 가보리라 이렇케 생각하니 젊은 피는 끌어 다시 용소슴침니다 그려.

兄?

甲板에서 바다의 落日을 보는 것도 버리기 어려운 흥취로구만요. 蒼茫한 바다 속으로 떠러지는 日輪의 豪壯함이여. 이것을 얻어케 表現하엿스면 좋을는지? 내 短文함을 한탄할 뿐이외다. 太陽이 半쯤 바다로 드어가자 後光이 西天을 뒤덮으니 하날도 타고 구름도 불붙으며 바다까지도 끌는 듯 하다. 그 凄烈한 光景이여 나는 잠간 精神을 일코 섰엇다.

하날을 사를듯이 타오르는 황홀한 노을이여─

九曲肝腸 구비~ 터치고 나오는 피와도갓네

火焰속에 두렷이 떠오르는 影子?

가만이 눈을감고 해지는 바다의 설음을 듯는다.

黃昏의甲板 힘없는 나그네의 외로운 것은

落日을 조차바다숙으로 달여가노니

愴然한 마음으로 日輪을 잡으렷건만

눈을 떠보니소리도없이 어둠은 내몸을 어르만즈네.

나는 海上의 黃昏을 이럿케 읊어 보앗소이다. 바다의 月出? 이 역시 壯觀임이다. 더구나 月夜의 航海는 世波에 시달펴 잠간 사라젓든 나의 浪漫氣成을 잡아내지 안코는 배기지 못함니다. 江물 같은 바다에 달이 빗치니 銀波金波가 번가라 뛰노는대 밋그러지는 듯이 배는 달아감니다. 맑은 바람은 부드러웁게 옷깃을 씨서 지내니 어데선가 龍宮王女의 춤추는 옷자락소리조차 들녀오는 듯

石坡兄?

요란한 소리에 문득 눈을 께니 濟州島에 다 왓다는 소식임니다. 行裝을 收拾하고 甲板에 나가보니 漢拏山이 눈 앞에 보이지 안슴닛가. 얼마나 반가웟스릿가? 太西丸이 濟州浦口 山地浦에 닿은 것이 午前 十時 木浦에서 떠난지 十五時間만이었읍니다. 이리하야 濟州島의 흙을 밟았습니다.

이 닿의 첫인상은……무엇이라 할가요 豫想과는 훨신 틀여서 別다른 感想도 나지 안슴니다. 異國風景을 꿈꾸였든니 別로 그럿지도 안어요 어느 程度까지 武陵桃源을 그려보앗든 것이 여기나 陸地나 다름없다는 가벼운 失望을 늣기게 되였읍니다.

그러나 濟州 三多에 對하야서는 기맥힌 實感을 어덧어요 三多란 風多 石多 女多를 말함이니 古來로 有名하다 함니다.

風多에 對한 것은 上陸한지 바로 얼마 되지 안어서 직접 當헷습니다. 윙々 소리치며 집이나 나무나 사람이나 김생이나 다 한바람에 쓸여버릴듯이 처부는 것을 보아 이곳의 바람이 어지간한 것을 알 수 있음니다. 그레서 이곳은 집웅이 陸地 그것과는 썩 달니 이여젓습니다 바람을 방비하기 위하야 그렛겟지요 그네줄 같은 굴군 바줄로 그물뜨듯 한부로 얽어노앗습니다.

돌은 事實 많어요 木浦도 一名石浦란 말을 듯지만은 木浦의 돌과는 比가 안됨니다. 山이나 들이나 질이나 집이나 다 돌천지입니다. 곱지도 못하고 검은 돌임니다. 活火山時代의 漢拏山에서 부스러진 것일 것임니다. 돌이 많다~ 이렇케 많은 곳은 다시 없으리다.

그리고 女多! 많습니다. 女人내들이 퍽 만이 눈에 띄워요 統計上으로 보아서는 男子九十八名에 對하야 女子 百名이라고 배웟는대 눈에 띄우기는 女子가 훨신 많이 보임니다. 그리고 이곳 女子들은 대게 다 體格이 屈强하고 씩々하고 活潑하고 勤勉함니다. 陸地의 男子 以上으로 여기 婦人내들은 勞働하는 것 같음니다. 부러운 마음 尊敬하는 마음이 스사로 생겨짐니다.

三多 外에 또 한 가지 이 곳에 많은 것이 이 섬의 자랑이요 特色인 牛馬. 나그내의 興趣는 오로지 이 牛馬에 끌닌다 하여도 過言이 아니리다. 石, 女, 風, 三多라 하지만은 나는 馬字를 넣어 四多의 나라라고 부르고 싶습니다 芳草 욱어진 荒漠한 벌판에 城壁같은 石墻을 끼고 이곳 저곳 허터저 悠々이 풀뜻는 망아지들. 平和 그대로이며 自由 그것임니다. 굴네도 없고 직히는 사람도 보이지 안어요 그러타고 人家를 것츠르거나 穀物을 害하는 법이 없대요 뜨더먹을 대로 뜨더먹고는 黃昏이 오면 혼자 어슬넝~ 主人의 집으로 차저 들어온담니다. 이런 풍경이 또 어데가 있겠음닛가?

그리고 또 하나 잇기 어려운 濟州島의 印像 冬栢꽃 빩앗케 피고 오랜지나무 휘둘는 적은 草家집 무르녹은 綠陰 밑해서 늘어앉어 노래하며 망근뜨는 이 곳 處女의 아름다운 모냥을 얻어케 表現하오릿가?

그대는 아느냐 南쪽나라

푸른닢새밑에 오랜지가 익고!

라고 미그뇨가 불는 伊太利의 南國情緖를 나는 想像 아니할 수 없음니다

石坡兄!

濟州島를 오는 누구든지 먼저 三姓穴을 차슴니다. 三姓穴은 邑內에서 우리 里數로 한 三里나 되는 곳에 있음니다. 나지막한 城壁 같은 石墻 사이를 빠저서 老木 鬱蒼한 사이를 얼마씀 거르면 鬱林 속에 乾始門이 날어남니다. 이 門을 거처서 境內에 들어스니 古色이 蒼然한 三姓祠 다시 內門을 들어가면 그 곳이 三姓穴. 三姓穴은 漢拏山의 中腹에나 있는가 하였으며 金剛山 萬物草에 있는 八仙女 내려 沐浴하엿다는 玉女洗頭盆처럼 岩上의 孔穴인가 想像하였드니 想想과는 아주 딴판이고 百餘坪되는 芝草原 한가운대 둔벙같이 들어간 그 안에 周圍 五六寸되는 구멍이 세개 뚜렸함니다. 이것이 誕生穴이라 함니다. 누구나 다 아는 傳說이지만은 厥初無人物 三神人 首出于漢拏山北麓廣壤地 毛興穴, 長日良乙那, 次日高乙那, 三日夫乙那라고 耽羅誌에 씨워있으니 傳說보다도 神話라고 할가요 海邊에 漂着한 木函 속에서 靑衣의 三處女가 駒犢과 五穀種을 가지고 나왓다는 이야기. 三神人과 三處女가 三人以歲次分娶之하야 作配라 成大業하얏다는 傳說 다 그럴뜻 함니다. 三人이 國王을 다투다가 射矢卜地하얏는대 良氏의 화살이 맞인 곳을 第一都(徒) 高氏가 맞인 곳을 第二都 夫氏의 화살 다은 곳을 第三都로 하주구 協定했다 합니다. 그레서 지금도 一徒里 二徒里 三徒里하는 洞名이 있음니다.

石坡兄!

나는 이 곳을 나와서 親切이 돌봐주시는 韓兄의 案內에 依하야 龍淵을 求景하얏음니다. 老松巨樹 鬱蒼한 곳에 嚴然이 鎭坐한 孔子廟를 엽으로 보

고 밭두둑 사이로 얼마큼 가니 갑작이 幾百尺의 水晶. 눈을 가다듬어 자세이 보니 白淨한 大絶壁. 兩岸이 다 대페로 미른듯한 絶壁임니다. 求景도 할만큼 햇지만는 이런 絶景은 본 적이 없읍니다. 絶壁이면 絶壁이지 이렇케 壯하교 妙하고 奇할 수가 있을가? 구버다보니 벽玉 같은 물. 兩岸의 層岩 사이사이로 水面을 나려다보는 이름도 모르는 老木 넋놓코 水面을 들여다보고 있으니 明鏡같은 水面에 波紋을 일으키고 두어마리 잉어가 굼실거림니다. 濟州島 景色의 線月綠神仙 나려노는 곳인가.

兄!

濟州島하면 漢拏山. 아니 오날은 世界의 漢拏山임니다. 이 곳에 와서 漢拏山을 못 올나간다면 이 곳에 온 보람이 없겠지요 나는 긔어이 올나가 보기로 決心하였읍니다. 그러나 비. 아々 비가 옵니다. 비도 槍대 같은 猛雨. 그래도 올나가렸드니 主畏友 車兄 韓兄이 진심으로 염려하시고 한사고 말니심니다. 이 雨中에 漢拏山 征服은 실상 無理이겠지요 할일없이 旅館에서 天候를 怨望하였을 뿐임니다.

저녁때 車를 한대 貸切하야 路程도 目標도 없이 가는대까지 가자고 몇々 동무들과 함께 暴雨나리는 漢拏山麓을 한없이 달려보앗지요 雨脚이 尤甚할 때에는 鬱蒼한 枯木 밑에 車를 멈추고 잇는 興 다 내서 獨唱, 合唱, 漫談, 自働車가 날아갈 뜻한 拍手소리 우슴소리 젊음의 피는 아즉도 힘차게 뛰는 것을 보앗더이다. 어데까지 갓든지 다시 山地浦에 도라오니 밤 十時半 그때야 비가 게입니다 그려.

山地浦口의 밤! 이 亦 깊은 印像을 내 가심 속에 도장 박어준 것임니다. 달은 홀노 높이 虛空에 빗나고 있고 海上에 불니는 시원한 바람은 달을 잡어다 물 우에 춤추게 합니다. 山地浦 港의 거리의 燈불은 海面에 빛우어 호화로운 衣장을 가추어주오며 天空에 빛나는 몇 게의 별들은 가만이 南國의 긴 歷史를 속살 그리고 있읍니다. 비 때문에 낫에는 보이지도 안튼 漢拏山조차 微

笑를 띄우고 엽에 와 서있읍니다.

月空에 名山 높이 솟고
海上에 明月 빛나누나
지나간 半萬年의 거룩한歷史
北斗야 외치워라
젊은 나그내의 외로운마음
倖여 채워 볼가하노니

防波堤에 엎어 아득이 月夜의 海洋을 바라보고 있으니 어느듯 五官이 녹아지고『나』라는 存在를 잇게 됩니다.

石坡兄!

비! 자고 나도 또 비가 옵니다 어재밤에 잠간 게이기에 오날은 긔어히 漢拏山 征服하려고 하엿든 것이 水泡. 測候所로 물어보앗드니 當分間은 아주 게일 可望이 없다고 하지 안습닛가 마지 못하야 그대로 도라오기로 하얏읍니다. 漢拏山을 못 보고 도라가자니 무엇을 이저버린 듯 만나러 왓든 愛人을 만나지 못하고 가는 사람의 心情같은 섭々한 마음 둘 곳 없습니다 그려.

濟州島! 역시 꿈의 나라 美의 나라. 그리고 어느 程度의 自由의 나라 富의 나라임니다. 이 곳에는 乞人이 絶無하고 盜賊도 稀少하다 합니다. 굴내 없는 망아지 大門 없는 人家 이 것이 이 곳의 人情을 生活安定을 잘 말헤주는 것 갔읍니다

그리면 濟州島 내 극진이 사랑하는 美의 나라 自由의 섬이여! 길이 變치 말고 地上의 樂園을 일우어라.

三六, 七, 一〇

新刊評 李殷相著『漢拏山』

朱耀燮

《조광》, 1938년 2월

내가 紀行文에 입맛을 잃어버린지는 벌서 여러해前 일이다. 某某한 분들의 紀行文을 여러개 읽어보았지만 모두가 한결같이 乾燥無味하기 맥물에 자갯돌 삶은 맛이엿기 때문에 그 뒤로 벌서 여러해째 나는 紀行文은 일체 읽지 않고 지나온 것이 事實이다.

이번에 鷺山의 「耽羅紀行」을 받아들고도 그것을 일기 시작한 참 動機는 첫재 畏友의 作品이니 한번 읽어야 할 義務感을 느낀 것과 둘재는 내 한편쪽 祖先이 耽羅開國, 三神人中의 一人이시라 이런 섬나라에 對한 동경이 떠나지 않았섰음으로 비록 내 스스로 그곳을 巡禮하는 好緣을 언지 못했을지라도 이 紀行을 읽어서 대강한 사정이나 알어볼가 하는 希望에서이였다. 그러나 이상한 일로 나는 몇頁 아니읽어서 벌서 어느던 熱中되여가지고 끝까지 앉은 자리에서 단숨에 내리읽고 말었든 것이다. 처음에는 심심푸리로 시작하였든 것이 冊을 덮을 때에는 새로운 感激과 情緖로써 내 마음을 한번 더 淨化시키는 한 經驗이 되였다. 不知不識間에 나는 그 글에 혹하고 그 熱情에 휩쓸리우고 그 感觸에 사로잡히고 그 유모어에 吸收되고 그 態度에 感服되였든 것이다. 이 經驗은 한낱 단순한 紀行文의 讀破에 그치지 않고 한 聖스런 體驗이었든 것이다. 그러면 이렇게까지 한 讀者를 사로잡고마는 그 힘은 果然 어데에 있는가?

이 힘은 勿論 鷺山 獨特의 스타일을 가진 隨筆美에도 있으려니와 그보다도 한거름 더 나아가서 적은 것이나 큰 것이나 對하는 自然 그것을 남보다 좀 더 깊이 觀察하고 좀 더 깊이 느끼고 좀 더 흥분하는 거기에 있지않은가고 내게는 생각된다. 그것은 自然을 묘사할 때에 아모리 美文으로 한다하더라도 거기 좀 더 깊이 뚜르고 내뺏는 참된 激情과 理解와 感動이 없을 때에는 그 글이 귀에는 아름다울런지 모르나 讀者의 精神을 그처럼 잡아쥐고 흔들어 노흘 수는 없을 것이 아닌가 結局 靈魂이 없는 美文은 「소리없는 괭과리」에서 더 지날 것이 없는 것이니 헛되히 美文만을 농낙하는 許多한 紀行文에서 當然히 실증을 냈든 나로써 이 한卷 冊에서 驚異와 感激을 느낀 것은 이 또한 當然한 일인가 한다.

이 한卷 冊을 紀行文만이라고 할 수는 없다. 아니 이 冊은 詩集이요, 隨筆集이요, 傳說集이요, 哲學論이요, 宗教論이다. 그러고 科學論은 決코 아니다. 그러므로 이 一卷 書에서 濟州島에 對한 地理學이나 地質學이나 植物學이나 이런 것에 關한 智識을 얻어보려고 한다면 그것은 失敗에 도라갈 것이다. 鷺山의 이 한卷 書는 처음부터 끝까지가 客觀的인 報告가 決코 아니요 어데까지던지 主觀的인 感激인 것이다. 그러므로 鷺山과 함께 漢拏에 올라 그와 함께 웃고 울고 부르짖고 탄식하고 祈願하는 靈的 經驗을 참으로 맛보고 싶어하는 사람 또는 할 수 있는 사람만이 이 冊을 읽을 것이다 이 事實은 著者自身도 밝히 讀者에게 言明한 바이니 二二〇頁에 그는 말하기를

『나는 登山을 爲한 登山家도 아니오, 나는 採集을 爲한 採集家도 아니오, 나는 研究를 爲한 研究家도 아니오, 다만 나는 三界迷徨의 한 可憐한 丐兒로 이 거륵한 山岳을 찾아왔던 것이매 내가 누리고싶은 幸福은 實로 다른 것이었다.

大自然 大慈母의 聖愛와 至仁 속에 마음껏 하소연하고 마음껏 어릿광하고 마음껏 안겨본 것이 다시없는 내 幸福이었다」라고.

× ×

鷺山의 隨筆은 이미 定評이 있는지라 이제 새삼스리 이러니저러니 말하는 것이 도로혀 부질없어보이나 어떤 대목에 가서는 實로 무릅을 치지 않을 수 없는 때가 많으니 美文의 감상鑒賞만을 합해서라도 이 한卷 書는 一讀할 價値가 있는줄로 믿는다. 보라 一〇四頁에

「西으로 멀리 있는 섬은『범섬』(虎島) 浦口 앞에 놓인 섬은『새섬』(鳥島), 고 넘어 있는 섬은『노루섬』(鹿島) 왼편 東으로 떨어저 있는 섬은『숲섬』(森島)! 달이 오른다. 섬 밖이 섬 안에 달아오른다.

「안옥한 西歸浦! 海上에 風波이는 날 큰 배 적은 배 모여드는 곳! 오늘밤 어디서 들어온 밴지 어디로 나갈 밴지 數十隻 적은 배들이 머리꼬리 마주대고 浦口에 쉬고있다. 달이 오른다. 기다리던 달이 오른다. 배머리에 배꼬리에 달이 오른다.

「이 바닷가에 모여사는 이 五百戶, 二千人! 조개껍질 엎어놓은 듯 낮읏한 집들! 작난같이 뚫어노흔 좁다소라한 골목! 달이 오른다 기다리던 달이 오른다. 집집이 골목골목 달이 오른다」

以上을 果然 散文이라 할지 詩라 할지! 散文과 詩의 融合으로 된 鷺山 獨特의 隨筆의 精華가 여기 모힌 것이다.

× ×

鷺山의 人生觀이나 哲學이나 宗教觀은 徹頭徹尾 東洋的이다. 더욱이 이번 一卷 書에 있어서 그 東洋的인 大自然과의 合一觀念, 곳 大自然의의 美, 善, 眞에의 人性의 歸依에서 비로소 人類의 眞善美를 發見獲得할 수 있으리라는 信念을 더한층 굳세게 支持하였다.

「鬱蒼한 松栢林이 언제부터 생긴지를 구트나 헤아릴 것이 없이 어림풋이

나마 이 같이 오랜 줄이나 알고가라 하는 듯이 여기저기 썩어넘어진 古木등걸이 눈을 붙들고 발을 맨다. 허옇게 썩고마른 千年古木이 아니든들 深山風味를 半밖에 못볼 것이니 썩어넘어저 마른 낡이 그럴수록 멋이 있고 구수하야 만저도 보고 앉아도 보고 바라도 보는 것이다.

「歷史와 秘密과 이 山의 深奧한 異趣는 내가 아느니라 하는듯한 枯木의 마른등걸이 高原의 風雨 앞에 옷을 벗고 살알 벗고 뼈만 남아도 제 속에 지닌 자랑이 남 두릴 것 없고 부끄럴 것도 없어 驕慢하고 放恣하여 길을 막고도 비켜날줄 모르고 산나무 중동을 때리고도 천연스러이 누웠다」

(一六四頁)

枯木에서까지 美와 敎訓을 찾고, 이 心情은 怪石에서까지 美와 敎訓을 찾는 純東洋的 情緖인 것이니 아마도 物質文明에 汲汲한 西洋人들은 이 心情, 이 感激을 理解 못하리라. 아니 現在 東洋人中에도 自然을 對할 때에 그 美와 敎訓을 感賞하기보다도 그 財에 ㅊ미을 흘리는 血眼된 무리가 果然 그 얼마나 되리오. 이러한 殺風景인 現實 속에서 超然히 安息淸廉으로 大自然의 神秘스런 품에 맘놓고 안길 수 있는 鷺山의 存在는 애낄 줄 아는 살마만이 애낄 것이다. 꼭 같은 景을 보고도 鷺山만치 깊게 激하게 感動을 느낄 수 있는 사람이 果然 몇이나 될꼬! 언제 機會가 이른다면 「耽羅紀行」의 一卷 書를 들고 漢拏山으로 건너가서 그 路程 그대로 밟으며 鷺山이 感激하든 곳마다 일으러서 발을 멈추고 그 글을 읽으면서 마음껏 한번 나도 感激해보았으면! 누구나 앞으로 漢拏山 登山을 꾀하는 이가 있으면 반듯이 이 一卷 書를 들고 가라고 勸하고 싶다.

[하단 박스] 李殷相著 漢拏山
定價一圓二十錢
送料十九錢
注文은 本社로

濟州島紀行

金聖七

《인문평론》 2권 8호, 1940년 8월

요사이는 어인 일인지 밤마다 솟적새가 운다. 울어도 제법 능청스리 오래오랫동안 아주 내가 잠들기까지 울기를 몇일을 두고 그리한다.

솟적새의 울음소리에 가슴의 시름 더욱 새로워 정처없이 가보고 싶은 마음. 어듸 바다에라도 떠서 마음껏 大洋이라도 呼吸해보고 싶은 마음에 초졸한 旅裝을 꾸리고 나선 것이 耽羅行이다.

긴밤의 단비가 개이고 보리닢이 더욱 우쭐거리는 四月 어느날 비 뒤의 맑은 공기를 마시며 車에 오르니 한결 마음이 가뜬하여 휘파람이라도 불고 싶을 지경이다. 車가 얼마나 달여서 山길에 이르니 兩岸山陜엔 진달레가 한물이여서 山色이 왼통 분홍빛으로 변하였다. 비탈지도 외로운 山모롱이길을 꽃둥치가 움즉이는가하여 자세히 보면 진달레를 한아름 꺾은 山村의 아이다.

木浦가 가까워올수록 南國情緖가 더욱 짙다. 羅州平野에 겨우 가락 잡혔든 보리가 榮山江 下流에선 벌서 이삭을 보이는 밭도 있다. 情熱을 뿜는듯한 빨─간 冬栢꽃 밑을 치렁치렁하게 머리를 따어느린 南國處女의 거니는 양은 참으로 아름다운 한폭의 風景畵이다. 짤막한 고이적삼만 떨처입고 풀밭에 소먹이는 牧童의 모양도 輕快하기 그지없다. 그들의 차림차람에 비기어 格에 맞지 않는 옷을 몇벌이나 겹처입은 나 自身의 不自然한 生活에 厭症을 느끼기도 한다.

해질 무렵이나 되어 列車는 나를 港都 木浦에 내리어 놓았고 나는 오래간만에 바라보는 蒼茫한 바다에 마음이 함뿍 취해서 거리거리에 풍기는 그윽한 미역 내음새를 헤치고 허위단심 埠頭를 찾어가 오늘밤 내 몸을 실고갈 寶城丸을 맛나고는 初夜를 맞이하는 新婦와도 같이 가슴의 動悸를 느끼었다.

이윽고 닷줄 끊으는 소리 쿵쿵거리더니 汽笛 一聲에 배는 밤바다를 向하야 미끄러지듯 스르르 길을 떠난다. 바람없는 내해에 파도는 힌끗 잔잔한데 마침 十五夜 밝은달이 東天에 솟아서 銀빛 물결이 뱃전가까이 재롱을 피운다. 爽凉한 海風을 마시며 달과 바다에 취하여 한동안 甲板 우에서 서성거리다 船室에 들어가 잠든 것은 밤도 이슥한 때이었다.

잠들어서 한식경이나 지났을까 夜半의 호각소리에 소스라처 일어나니 달은 벌서 中天으로 기우럿는데 배는 닻을 나리어 움즉이지 않고 어슴처레한 對岸엔 漁火인양 누—렇고 빨—간 불빛이 번뜩인다. 月明의 바다에 난데없는 人氣척이 들이고 검은 그림자 배를 向하여 움즉여온다. 船員에게 물으니 碧波津에서 보낸 종선이란다. 그럼 右水營도 이제 막 지내온가 본데 新羅末年의 青海鎭은 어듸런가. 當年의 張保皐 將軍은 이 바다를 집으로 삼고 四海에 雄飛했다건만 아득한 그 자최 지금는 찾을 길조차 없다. 千年前 歷史를 뜰어 무엇하랴. 三百年前 이 바다 우에 거북선을 달인 忠武公의 偉業도 이제는 꿈인것을.

달빛 아래 잠들은 크고 적은 섬들. 우중충한 기슭이 모다 先人들의 지난 자최이고 우리들이 久遠토록 살어나갈 젖줄인가하면 浦口마다 들러서 一石一木에 揖하고 어루만지고 싶다.

이내 종선이 와닿아서 사람과 짐을 내리고 실고 다시 호각소리가 들리고 배는 움즉이였다. 이제부텀 차츰 난바다의 코—스에 들어 南으로 楸子島를 向하고 달릴 것이다. 소나무 몇 그루만이 어둡침침하게 들어선 無人島임즉한 적은 섬을 바라보며 거기에 깃드릴 神秘의 幻想을 머리 속에 그리며 우둑허니 甲板 우에 서서 皎皎한 달빛이 빗긴 바다를 바라보는 동안 가슴에 쌓이고 쌓인 시름이 모다 바람에 날러가버리고 마음은 달과 같이 中天에 떠오르는듯하다. 저절로 興겨워 한가락 노래를 불으고 나니 積年 묵은 띄골이 말곰이 씻어진 듯한 이 몸이 아즉 노래를 잊어버리지 않은 것이 奇蹟인듯 대견스럽기도 하다.

이튼날 아침에는 바다에서 솟아오르는 崇嚴한 아침해를 우러를 心算이었는데 늦잠을 자고나니 해는 이미 水平線을 넘은지 오래이고 배는 바야흐로 目的地 山池港에 들어가는 중이었다. 濟州島 最大의 呑吐港인 山池港은 아즉도 築□設備가 不完함인지 僅僅 二百噸의 寶城丸이 埠頭에 가닿지 못하고 종선을 불러서 갈어타야만 되었다.

亦是 濟州에 와서 第一 먼저 눈에 뜨이는 것은 이 따뜻한 南國의 四方에 아즉도 눈을 가시어 버리지 못한 漢拏山이다. 종선에서만 바라본 漢拏山은 그리 높게도 그리 峻險하게도 보이지 않건만 어딘지 모르게 神韻漂砂한 氣象이 全島를 威壓하는듯 하였다.

그러나 漢拏山은 비록 그 山巓에 눈을 간직하고 있을망정 濟州는 四月薰風이 여나곳보다도 다사롭다. 三姓祠를 向하야 조곰 傾斜진 곳을 올러가려니 입고온 옷을 모다 훌훌 벗어버리고 섬사람의 단촐한 服裝을 얻어입고 싶다. 三姓祠는 어릴 때부터 興味를 느껴오든 傳說의 地이므로 거기를 먼저 찾기로 한 것이다. 濟州島 開拓의 始祖 高夫良(梁) 三人이 땅에서 솟아올랐다는……島內에서 가장 거룩한 이 聖域은 漢拏山에서 내려오려면 邑까지 거진 다 와서 바다와 市街를 一眸에 바라볼 수 있는 조곰 높은 곳인데 사방은

이 섬에서 그리 흔하지 않은 고운 잔듸밭이고 묵은 齋室과 亭亭한 소나무가 어울려서 慶州의 鷄林을 聯想케한다. 실상 三姓穴은 그리 대단한 것이 아니고 땅이 若干 움푹한 곳에 구멍이 세낱 솥발形으로 뚫어저있다. 그것도 두낱은 아주 메여지고 高氏가 나왔다는 南쪽 구멍만이 아즉도 옛 흔적으로 보일 뿐이다.

三姓祠를 내려와서 觀德亭 앞 車部에서 島內周廻의 自動車를 탄 것이 午后 한時半. 發車를 기대리는 새이에 島民들의 사투리를 듯는 것이 자미롭다.

「어듸 갓다 옴수까」「翰林 가는 車 이댐 몇時에 잇수까.」「밖게서 이제사 들어왔수까.」「네 그럿수다」하는 말들이 귀에 서틀르면서도 어딘지 모르게 감칠맛이 있다. 耽羅誌 風俗條엔「俚語難澁, 先高後低」라고 적히어있고 사실 陸地文化와 全然히 接觸이 없는 純粹한 島內婦女子들의 自己내들끼리 지절거리는 말은 알어듯기에 힘든다.

車는 海岸線을 끼고 西으로 向하야 午后의 太陽에 正面으로 挑戰하는 양하다. 三多中 하나인 바람은 마침 天候가 溫和해서 자장가인양 귓전을 어루만저줄 뿐이언만 石多 女多는 너무나 印象的인 事實이여서 무어라 形容하기 어려울 지경이다. 가도가도 보이느니 돌이요 女子다. 들도 普通 陸地에서 볼 수 있는 그런 민편한 돌이 아니고 모다가 적은 구멍이 無數하게 뚫어진 곰보딱지돌이다. 그러나 濟州사람ㄷ르은 그처럼 많은 돌을 無秩序하게 내버려 두는 것이 아니고 집짓는대로 많이 쓰고 담도 높이 쌓고 그래도 주체할 수 없이 많은 돌을 주서 모아선 밭뚝마다 돌담을 쌓어올렸다. 높이는 一定하지 않으나 대개는 그 바닥의 돌을 全部 利用하는 양해서 길로 재일 수 있는 것도 있고 그보다 훨신 낮은 것도 많다. 그러므로 여기 사람들은 모다「聚石築垣」의 솜씨가 능숙하다고 S君은 말한다. 耽羅誌에는 옛날 全坵라는 이가 判官으로 와서 築垣하는 길을 열엇다고 적혔으나 내 생각으로 이처럼「地多亂石」한 곳에서 뉘가 시키고 가르치지 않더래도 제절로 그렇게 하는 수밖에 없을 것이다. 「聚石築垣」하므로써 土地의 境界도 삼고 주체스런 돌도 處置하고 防風도 되고 放牧하는 牛馬로부터 農作物을 保護도 한다고하니 이 섬에서 生을 □□□ 以上 벌서 創世記의 三姓穴時代부터 淵源한 習俗이 아닐까 생각한다. 如何튼 이러한 百垣이 延長 九萬七千里나 된다고하니 實로 耽羅의 萬里長城이라고해도 좋을 것이다.

女子도 돌만치 유별나게 눈에 뜨인다. 길에 오고 가는 이 밭에서 일하는 이 거이 全部가 女子다. 甚至於 바다에서도 배를 타고 어슬렁거리는 축들은 男子이고 勇敢하게 몰 속에 뛰어들어 몸으로써 바다를 征服하는 것은 女子이다. 머리에 수건을 쓰는 것이 咸鏡道 女子와 비슷하고 그래봐서 그런지도 모르나 사투리라든가 말의 抑揚이라든가 行動擧止의 敏捷活潑함이라든가 모든 점이 關北女性과 近似하다. 늙은 女人네를「할망」젊은 女人네를「아즈망」이라고 부르는 것도 亦是 一脈相通한 듯 하다.

耽羅誌에는 이 섬의「女多男少」를 說明하야「本土가 본시 海洋이 極險한데다가 매양 怪風獰雨가 겹드려서 船舶의 漂沒이 많으므로 老寡靑孀이 稼穡之事를 맡어보게 되여서 그렇다」고도 하고 同書 新增에는 그런게 아니라「百姓이 男子의 徭役을 싫어해서 生男하더래도 故意로 入籍시키지 않거나 또或은 男을 女로 入籍하는 일이 있어서 渴丁者甚多한 때문이라」고도 하였다. 그러나 實地에 있어서 最近의 人口統計를 보면 男이 九萬五千五百四十二人이고 女가 十萬八千一百九人이니 女超過가 자그마치 一萬二千五百六十八人 男百人에 對해서 女는 百十三人 폭이다.

하느님의 配意가 至極히 綿密하시와 個別的으로는 甚한 偏在가 있을지언정 全體的으로는 男女가 量的으로 均衡을 維持해 나가는 것을 신기하고도 감사한 일로 여기여오든 터인데 何必 濟州에만 古來로 왜 이러틋 女子超過의 야릇한 現象을 빚어내실까. 百에 열셋이란 적지 않은 女人이 宿命的 悲劇인

남의 二號室로 들어간다거나 믿지못할 陸地의 男子를 섬긴다거나 그도저도 싫으면 天定의 空閨를 한탄하지 않을 수 없는 運命에 놓여있으니 우리 씩씩한 耽羅의 女性들은 마땅이 하느님에게 등장가야 할 일이다.

그러나 좀 더 細密하게 人口 構成의 內容을 檢討하여보면 出生엔 男子의 量的 差異가 없는데 四五才로부터 十七八才까지의 幼少年期에 있어서 男子死亡率이 女子死亡率본 훨신 높아서 결국은 女子만 더 많이 남게 된다고 한다. 이것은 生理學 醫學 方面으로 探究해보면 매우 興味있는 問題일 것 같으나 나는 그 部分에 全然 소경임으로 여기서 區區한 憶測을 일삼으려 하지 않는다. 다만 한가지 이 事實과 關聯하여 생각할 點은 이곳 男子가 女子보다 훨신 活動的이고 따라서 健康한 것이다. 이것은 濟州邑에서 본 事實이지만 一般으로 女子의 거름거리가 敏速하고 男子는 그에 比하면 느린 편이다. 그리고 밭일은 말치 않더래도 女子가 家庭에서 물을 저날르고 市場에 나가서 物品賣買를 하는 동안 男子는 할일없이 서성거릴 뿐 거리의 藥장사 앞에 죽느러서는 것도 모다가 男子이었다. 그리고 女子들의 넘칠듯한 健康美야 말로 濟州島의 큰 자랑이 아닐 수 없다. 햇빛에 걸어서 이글이글 타는 듯한 젊은 女人들의 精力的인 얼굴 우쭉한 콧날 언제나 상양한 웃음을 예비한 듯한 입언저리 굿세인 팔다리와 몸집 그런 것은 오랜 世代의 健實한 勞働과 樂天的인 生活에서만 얻을 수 있는 것으로 人生至上의 幸福일 것이다. 그들은 첫째 얼굴의 輪廓이 整齊하고 表情이 新鮮하다. 陸地에 가난한 農婦와 같이 榮養不良 때문에 낯모양이 찌그러지지 않엇고 都會地의 有閑 마담과 같이 몸의 포―즈가 不自然하고 어즈럽지 않다. 그러듯 健康한 母體에 그러틋 健壯한 바탕으로 태어나기 때문에 그들은 特히 少時의 死亡率이 적은게 아닐까.

그 밖에도 陸地의 女性과 다른 點은 내외의 風習이 없어서 새색시 비바리(島語, 處女의 뜻)라도 外間男子와 面接함을 예사로 녁이고 또 뭣이든지 運搬할 때는 머리에 이는 일이 없고 등에 지고 다닌다. 아침으로 샘터가에 나가

보면 대그릇에 항아리를 넣고 그것을 짐빠로 해서 질머지고 연방 모며들어선 물을 길어가는 것이 또한 濃厚한 濟州情趣의 하나일 것이다.

그리고 結婚한 뒤엔 長男이라도 父母와 別居하는게라든지 家庭生計의 中軸이 主婦라는 것이라든지 夫婦別 財産制라고도 볼 수 있는 妻의 財産所有 같은 것도 陸地와는 다른 多少 色다른 習俗일 것이다. 그것은 모다 女子가 經濟活動의 中心이 된 까닭이 아닐까 생각한다. 섬을 두루 두러보아야 거지가 눈에 뜨이지 않는 것은 果然 南海樂土의 이름에 어그러지지 않건만 섬을 위하여 그리 名譽롭지 못한 習俗으론 一般으로 蓄妾之風이 있고 또 甚한 것은 한 男子가 많은 女子를 妾으로 두고 妾들의 벌어오는 돈으로 安逸을 貪하는 그야말로 똥물에 튀해도 시원치않을 男子가 없지 않다는 것이다. 耽羅人士 스스로 이 陋習에서 覺性하지 못할진댄 陸地의 總角部隊 모름직이 南海의 寶島男로 進軍하여 女多男少의 憂□相을 깨트려줌이 좋을 것이다.

내가 이러한 엉뚱한 생각에 잠겨있는 새이에 車는 줄창 달어나서 內都와 外都 涯月과 郭支 같은 이름조차 아름다운 마을들을 건성건성 지나고 翰林에 닿기까지는 七十里길이라고 한다. 一週路 四百六十里에 비기어서 얼마 되지 않는 距離지만 그 새이에서도 濟州의 印象的인 風景은 滿喫할 수가 있엇다. 오른손편에 펼처지는 바다의 不斷히 움즈기는 景觀이 아니면 왼손편의 끝없이 우중충한 돌담의 連續線은 오히려 單調롭기도 하다. 섬 出身의 어느 젊은 美術家가 이곳의 線이 굵은 風景에만 接하다가 陸地에 나가선 그 너무나 纖細함에 審米의 눈이 지처서 드듸어 붓을 내여던지게 되었다는 이야기를 들은 일이 문듯 생각난다.

시내가 모다 형용만 남고 물이 없음은 이 섬에 비가 적게 오는 때문이 아니고 全島가 火山灰로 形成된 地質이므로 水源池에서 말끔이 땅 속으로 슴여버리고 下流의 廻廊地方에서는 간간이 地下水로밖에 얻어볼 途理가 없다고 한다. 이 地下水를 利用할 수 있는 地點에만 聚落이 생기는 것도 또한 自然의

理일 것이다. 陸地 같으면 湖水나 물웅댕이로 化해 버릴 깊고 함한 밭에 보리가 자라는 것도 이 섬의 特殊한 地質을 考慮에 넣고서라야 理解할 수 있을 것이다. 濟州는 雨量이 陸地部보다 훨신 많고 한편으로 渺茫한 바다가 눈아래 감실거리는데 이 곳 住民들이 그토록 生水에 神經을 쓰지 않으면 않되게스리 마련됨은 이것도 하느님의 아이로니칼한 配意에 말미암음일까.

如何튼 가다오다 힌 돛대가 點綴한 끝없이 푸른 바다를 한옆으로 끼고 車를 달리는 것도 그리 초촐지 않은 韻致이다. 여기서 生을 이룩하고 아츰저녁으로 저 바다와 동무하여 그 바다의 恩澤 속에 잠겨서 한 평생을 보내는 이 近在의 사람들이야말로 하느님의 特別한 恩寵을 입은 百姓들이라 아니할 수 없다. 그러나 도리켜 생각하야 보면 내가 마침 四月薰風의 季節에 이 섬을 찾엇기로 망정이지 저 아득한 바다를 통채로 삼켜버릴듯 怒吼하는 朔風이 달을 두고 울부짖는 三冬에 왔든들 거기에 一抹의 悽然한 莊嚴美를 맛볼 수 있을지언정 이러틋 탐탁한 親和感을 느끼지 못했을는지도 모른다. 저 지붕의 얼기설기 얽매놓은 밧줄을 보더래도 얼마나 이곳 住民들이 혹독한 바람들 악다구니하고 싸우면서 살어가는지를 짐작할 수 있을 것이다. 州誌에도「茅茨不編」이라 하고「以大索長木 橫結壓之」라고 쓰여있다.

이곳 海岸을 지나면서 또 한가지 느낀 것은 바다와 사람이 여니곳보다도 親近하게 지내는 것이다. 높직한 두들에도 땅이 넓은데 기어코 물결이 뜰 앞에 남실거리는 변두리에 집을 짓고 사는 것은 설사 무슨 生活相 便宜 매문이라하더래도 사람과 바다가 별나게 다정스리 사는 사이가 아니면 그럴 수 없을 것만 같이 새각된다. 그네들은 바다를 바라보는 것만으론 未洽해서 밤낮으로 어루만저 보고야만 살 수 있는 그야말로 바다의 아들과 딸들일 것이다.

바쁘게 달리는 車 앞의 간간이 어정거리는 마소가 길을 막는다. 고삐가 없는 소와 말은 치마를 입지 않은 婦人네와 같이 陸地사람의 눈에는 이상스럽게 보인다. 바다를 바라볼 수 있는 질펀한 벌판에 牧者도 고삐도 아무 것도 없이 마음대로 헤매이면서 풀 뜯는 이 섬의 마소야말로 世紀의 근심을 잊어버린 祝福받은 族屬들일 것이다. 現在 島內의 飼育頭數가 소 三萬五千頭 말 二萬一千頭라고 하니 이로써 소고기 값이 陸地보다 折半이나 헐은 理由를 首肯할 수 있을 것이다. 여기서 그네들의 族譜를 들추는 것이 쑥스러운 길이긴 하지만 根本을 캐면 소의 고장은 鐵嶺 以上에 滿洲벌판이고 말의 本貫은 浙江이여서 朝鮮內地에 牛馬와는 別系統인 것도 興味로운 일이다. 最近에는 다시 濠洲에서 緬羊을 多數購入하여 大規模的인 增殖을 圖한다하니 牧蓄濟州의 將來가 多幸하기를 비는 바이다.

高山에 들러 知面의 Y牧師님께 敬意를 表하고 싶으나 오늘 안으로 다음 車가 없다기 直行해서 摹瑟浦에 닿은 것은 봄날의 긴긴 해가 西海에 뉘엿뉘엿할 무렵이었다. 車에서 나리자 대뜸 카메라 使用에 對한 注意를 듣고 宿舍에 旅裝을 끓은 뒤 S君을 그 業務所에 찾어가니 무척 반겨주는 서슬에 旅中의 疲勞를 一瞬間 잊을 수가 있었다.

摹瑟浦로 聚落으로써의 朝鮮의 最南端이다. 여기까지 와서 마음껏 太平洋를 呼吸할 수 있는 것이 여간 기쁘지 않다. 앞으로 東南 約一海里 地點에 있는 加波島는 海女의 潛水業으로써만 生業을 삼는 微微한 一個漁村에 지나지 않지만 저 하멜의 朝鮮國記로 有名한 和蘭船 스펠웰號가 一六五三年 八月 보름날밤 耽羅海岸에서 難破하여 國際的 悲劇을 빚어낸 것은 바로 이 섬 기슭이다. 이러한 悲劇으로해서 처음으로 濟州島가 世界에 알려지고 加波島의 訛傳인 □파도가 濟州全體의 名稱으로 불려짐은 歷史의 익살이라고 할까. 加波島에서 다시 一海里 더 나가있는 馬羅島서 마주보이는 호래비島는 三十餘年前 英國巡洋艦 沈沒한 일이 있고 近年에 와서도 日靑汽船會社의 永凌丸이 難破한 곳으로 幾多의 航海悲史를 간직하고 있는 無人島이다.

午后의 干潮를 타서 海女들의 作業이 있다기로 S君과 함께 海邊에 나갔으나 마침 區域問題에 係爭이 있어서 入水하지 안는다고 數百名 모엿든 海

女가 제각금 무엇을 재잘거리면서 돌아가는 중이었다. 天惠의 廣漠한 바다에 물결이 밀어다주는 恩寵을 採取하는데도 무슨 금을 그어놓고 彼此의 係爭이 있다하니 웨 사람의 하는 일이란 水陸의 區分이 없이 어듸를 가나 이러틋 지저분하고 자잘구레할까. 여기 海岸에도 亦是 둥구스럼하고 높직하게 돌을 쌓아올리고 거기다 금줄을 친 것이 있다. 陸地의 장승(長性)에 類似한 것이 아닐까. 形狀이 그와 같으며 機能도 亦然 그러할 것이다.

S君의 말을 드르면 여기 나온 數百의 海女軍은 모다가 專業인 것이 아니고 一般家庭의 婦女子들도 새색시 비바리(處女)할 것 없이 潛水하지 못하는 사람이 없고 이 지금같이 점복이 많이 나는 시절이면 어린 아이와 늙은 할망말고는 全部 바다에 나간다고 한다. 그도 그럴 것이 이왕 어릴 때부터 너나할 것없이 배운 재주이고 그 이미 익숙한 재주를 利用해서 한나절만 바다에 나가 일한다치면 미역이건 점복이건 얼마콤식 따올 수 있다하니 經濟觀念이 發達될 그들이 왜 집에서 낮잠을 貪할 것이냐. 또 그러한 收益을 度外視한다손치더래도 이런 시절엔 그들은 바다에 들지 않으면 四肢가 움줄움줄해서 가만이 백여나지 못한다는 것이다. 이것은 우리 유—모러스한 S君의 말이지만 내가 본 濟州女性들은 必是 그러리라고 생각하는 바이다.

如何튼 濟州海女는 世界에서도 으뜸가는 것으로 專業的인 海女는 嚴冬雪寒에도 作業을 쉬는 일이 없고 海岸에 모닥불을 피워놓고는 한참식 나와 몸을 눅히고 다시 들어가 일한다는 이야기는 듯기만 해도 勇壯한 일이다.

生業이 그러하매 이곳 女性들은 肉體에 對한 羞恥心이 아주 없는 것 같다. 아까 車中에서부터 밭에서 일하는 女人네들의 치마를 입지 아니한 고이적삼 바람을 奇異하게 보앗는데 여기 바다에 일하러온 女人네들은 낯선 男子 앞에 서라도 서슴지않고 그 고이적삼까지 훌훌 벗어버리고 海水沿服보다도 더 어설핀 그야말로 形容만 어울린 潛水服으로 變한다. 처음에는 男子인 이편이 낯을 붉힐 지경이었으나 많이 보니 차츰 그도 尋常가게 녀여진다.

그 중에도 專業的인 海女는 비단 이 섬에서만 일하는 것이 아니고 朝鮮의 東海岸 一帶 日本內地의 沿岸은 勿論 멀리 支那海에까지 돈벌이하며 每年 나간다고 한다. 異域의 浦口에서 浦口로 갈메기처럼 떠도는 젊은 보재기(海女)들의 情景이야말로 생각만해도 로맨틱하다. 舊左面에선 어떤 靑年이 탄식하기를 젊은 女人은 모다 돈벌이하러 떠나버리고 마을에 남은 女人이라곤 어린애와 늙은이 뿐이라고 하였다. 그렇게 域外로 품팔이하러 나가는 海女가 每年 四千名. 일은 봄에 나가서 초겨울에 돌아올 때는 제마다 數百金을 지니고 온다 한다. 이러틋 海外에서 벌어오는 돈에 島內에서의 作業生産高를 加算한다면 줄잡어도 百萬金을 넘은다하니 海女야말로 耽羅의 보재라고 말할 수 있다.

S君의 말을 드르면 濟州島는 最近 數年來로 돈벼락을 맞은 것 같은 好景氣라고 한다. 본시 貧富의 差等이 그리 甚치 않은 地方이었지만 지즘은 어느 집을 勿論하고 恒常 幾百金을 간직하고 있지 않은 집이 없다고 한다. 島民은 예전부터 金銀을 死藏하는 習俗이 있어서 많이들 現金을 집에다 쌓어둔다는데 如何튼 景氣가 좋은 端的인 證左로선 個人間 貸借金利가 해마다 내려서 지금은 一割이 普通이며 그도 쓸 사람이 없고 土薄한 밭이나마 서로들 살려고 애쓰는 통에 애꾸진 밭값만 나날이 올라간다고 한다. 島民들은 古來로 愛鄕心이 유별나게 두터워서 어떻게든지 돈만 □으면 무엇보다도 먼저 자기 마을에 자기네 家族이 벌어먹고 살만한 밭은 작만한다는 것이다. 濟州島에 돈벼락이 치게 된 原因으론 前述한 바와 같이 海女들의 벌어오는 돈이 많고 그 밖에도 大阪 其他의 日本內地에 가있는 勞働者가 四萬六千名.그들이 郵便局所를 通하야 送金해오는 것이 年百萬圓 以上이라니 實地는 그보다 훨신 더 많을 것이며 한편으론 本島主産이랄 수 있는 雜穀과 海産物價가 모다 暴騰하였고 소와 말과 도야지 값이 한결같이 올럿고 特産物인 除虫菊이 貫當 七圓의 高價이니 그갓만 해도 五萬貫 生産에 三十五萬圓. 無水 알콜의 原料

가 된다는 고구마도 이제 的確한 數量과 價額을 잊었으나 또한 通貨洪水의 한 素因을 짓는다고 한다.

그러틋 갑작이 景氣가 좋아진 바람에 濟州島民의 生活水準이 그와 比例하여 좋아젓느냐하면 決코 그렇지 않은 것이 아즉도 生活코스트는 陸地部보다 훨신 낮은 것 같다. 그도 波岸地帶는 차츰 奢侈한 風習이 물들어서 더러는 세두루막이도 해입고 보이루치마도 작만하지만 한거름 □□□ 들어서면 衣服이라곤 家庭에서 짠 무명베에 생감물을 들여서 한벌이면 一年 동안을 지낸다하며 主食物로는 예와 다름없는 좁쌀고 보리쌀을 섞어서 지은 밥에 기껏해야 감자나 고구마를 썰어넣은 것이라고 한다.

S君이 한번은 山 밑 部落에 나갓다가 어린 오누이가 어른들이 일하러 나간 사이 그러한 찬밥덩이를 내어다놓고 맛있게 먹으면서 가끔 옆에 있는 물을 조곰씩 찍어먹기에 무슨 물인가 하여 자세이 삷혀보니 소곰물이어서 한편 놀나웁고도 한편 가엾어 눈물을 지웟다고 한다. 幼稚園에서 天眞란만하게 뛰놀 나이의 아이들이 荒漠한 山地帶의 더구나 父母마저 일나간 어설핀 집안에서 雜穀만으로 지은 찬밤덩이를 소곰물에 찍어먹는다는 이야기는 듯기만 해도 가슴아픈 일이엿다.

그러나 옛날은 워낙 地瘠民貧하였든 때문에 보리와 서속조차 없어서 文字 그대로 草根木皮에 목숨을 매어단 때가 한두번이 아니었다고 한다. 그도 그럴 것이 海上交通과 穀物流通이 한가지로 임이롭지 못하든 시절엔 不幸이 島內에 凶年이 들면 陸地로부터의 補給도 如意를 못했을 것이다. 그러므로 大靜서 求得한 救荒方이란 冊엔 實로 신기한 代用食이 많아서 사람도 이토록 무엇이나 닥치는대로 주서먹고 살어갈 수 있을까하여 탄복할 수 밖에 없는 秘方들이 실이어 있었다. 救荒方의 內容紹介는 紙面의 制約으로 다른 機會에 미루려니와 모르긴하되 醫學 藥學과 生理學 社會學 等의 見地로 보아 자미잇는 것이 아닐까 한다.

島民들의 堅忍不拔한 氣質을 說明할 때 누구나 하는 말이지만 그들은 明年 農形의 結果를 보지 않고는 今年 穀物의 餘裕를 決코 處分하는 法이 없고 그러므로 아무리 가난한 農家에라도 항상 一年양식의 貯蓄이 있다는 것은 그만치 天惠를 입지 못하고 오래동안 自然과 싸와나온 證迹이라고도 볼 수 있을 것이다. 그나마 山地帶는 食水가 나빠서 텁텁한 품이 긴ㄹ손으로선 여간해서 마실 수도 없으려니와 마시고나면 반드시 腹痛을 이르키는 곳이 많다고 한다.

밤에는 S君에게 끌려가서 海女의 고운 목청으로 뽑어넘기는 섬의 民謠 오돌독이의 애연한 멜로듸에 밤의 깊어가는 줄을 몰낫고 이튼 날은 摹瑟浦에서 十里相距에 있는 大靜縣城을 찾기로 하였다. 大靜縣이 생긴 年代는 이제 的確히 알 수 없으나 耽羅紀年에「高麗毅宗時分爲縣」이라고 하였으니 지금으로부터 八百年 가까운 옛날이다. 說縣 當初에 쌓은 것인지 아닌지는 알 수 없으나 곳곳이 뭉어진 城埵이 오랜 세월의 지낫음을 발하여 준다. 그러나 지난 甲寅年 郡縣廢合통에 犧牲되어 모든 機關이 혹은 城內로 혹은 摹瑟浦港으로 옴겨가고 이제는 묵은 傳說만이 廢墟의 城기슭에 낮잠을 이룰 뿐. 田園의 기분이 한가롭다. 내가 일부러 大靜을 찾기는 일즉이 桐溪 鄭蘊 先生과 阮堂(又號 秋史) 金正喜 先生이 이곳에 謫居하신 事實을 들엇기 때문이다. 옛날 水運이 아직 열리지 않엇든 時代엔 濟州島가 한낱 南海의 絶島로 밖에 觀念되지 않엇든 것은 淸陰 先生의 南槎錄을 읽지 않더래도 容易히 잠작되는 일이다. 그런 시절에 이곳까지 流配되어온 數많은 政治家의 心中을 回想하여보면 暗然하지 않을 수 없다. 내가 오날 無心이 바라보는 松岳山과 加波島도 當年의 不遇한 政治家에게는 傷心의 材料이었을 것을 생각하니 부질없이 마음이 언짠타.

桐溪 先生의 遺迹은 年代가 오래되어서 城東 밭 모롱이에 외로이 서있는 松竹祠 遺墟碑 밖에 찾지 못했으나 阮堂 先生의 謫居하신 집은 쉽사리 찾을

수가 있었다. 大靜面 安城里 二六六一番地. 사립에 서있는 크다란 마루나무로 보아 相當이 古家임을 짐작할 수 있는 안욱한 草家집. 主人 姜基龍氏는 六十代의 溫厚한 老人인데 그의 祖父 姜道□氏가 地方의 豪族으로 衙門에 드나들면서 마침 定配오신 叅判公 秋史 先生을 모시어 자기집 사랑에서 지내시게 하엿다고 한다. 지금도 그 居處하시든 西向 단간방이 예런듯 그냥 남어 있다. 先生이 耽羅로 流配오시기는 肅宗 庚子獄(一八四〇)이엇고 解配되시기는 그로부터 八年後인 丁未年이니 지금으로부터 바로 百年前 일이다. 그後 다시 哲宗 辛亥獄(一八五一)에 連坐하시여 北關 千里에 일해동안 귀양사리 하심을 더욱 액색한 일이지만은 七旬이 가까우신 老年에 一葉片舟로 南海激浪을 헤치고 地異習□한 耽羅一隅에서 八年風霜을 겪그시는 동안 그 좋아하신 水仙花의 栽培에 애끌는 心情을 하소한 일이 그 몇번이며 摹瑟峰 기슭에 지는 달을 바라보시고 잠 못일워하신 밤은 그 얼마이랴. 그레도 耿耿一念에 못 잊어하신 것을 可矜한 民情이어서 姜道淳氏가 남긴 手記를 보면 그 救弊條에 乙巳, 丙午(一八四五,六) 兩年中 두번이나 民弊되는 일을 金叅判 前에 稟해서 官名을 撤回시킨 일이 있다고 하엿다.

姜氏宅에서 濟州別味라고 하는 참으로 맛좋은 바루죽 대접을 받고 縣城을 떠나기는 낮이 훨신 기운 때이였다. 濟州는 바람만 없으면 겨울날세도 따뜻하다. 하지만 아직 四月인데도 무척 더웁다. 공연이 입고 나선 오―바가 주제스럽기 그지없다.

回程은 S君과 함께 摹瑟浦까지 걸어가기로 하였다. 섬에 上陸한 以來 田園을 거닐기는 처음임으로 路困을 잊어버릴만치 눈에 띄이는 것이 모다 新奇롭다. 여기서도 보이느니 끝없는 돌담과 그 돌담에 에워쌓인 우중충한 밭과 마소가 自由로 풀뜯는 荒蕪地이다. 밭에는 보리와 除虫菊이 그 중 많이 심어있고 곳곳이 노―란 배체꽃밭과 자주빛 紫雲英 꽃밭이 点綴해서 視野를 한결 多彩色으로 물들였다. 꿩도 유난이 많은 것 같다. 가끔 밭머리를 아장아장 거러가는 것도 버리지 못할 한낱 韻致려니와 끼뜩끼뜩 푸드득하고 날아나는 것도 어딘지 모르게 길손에 마음이 가벼이하는 바 있다. 그것은 내가 집에 있을 때 아침마다 저 쟁끼의 푸득이는 소리에 잠을 깨는 까닭인지도 모를 일이다. 이곳 꿩도 목에 힌틔를 둘른 것으로 보아 高麗雉의 族屬인 것은 틀림없으나 장닭보다도 더 빨건 비슬이 한없시 고웁고 사랑스러웁다.

밭머리엔 혼이 뫼가 있고 그 뫼도 또한 돌담으로 아담스럽게 쌓여있다. 耽羅誌 風俗條에도「俗不用地理卜筮 軎掘田頭而起慕」라 하였으니 陸地 사람들처럼 風水說에 惑하지 않는 것은 좋으나 그래도 도랫솔 한포기 없는 뫼는 보기에 쓸쓸하다. 드르매 島內의 不文律로 남의 밭머릴지라도 必要한 境遇엔 마음대로 뫼를 쓰고 밭값만 무러주면 그만이라고하니 이런 淳朴한 習俗은 久遠토록 직히고 싶은 일이다.

港口까지 거진 내려오다보니 아침에 埠頭에 배를 드려매고 上陸하든 異國船夫들이 그 멋진 스타일에 마드로스 파이프를 물고 近在를 散策하는 양이 보인다. 이것도 詩的 感興을 돋우는 港口 情趣의 하나이다.

그날 午后 地方人士의 多情한 餞送裡에 摹瑟浦를 떠나서 다시 島內巡禮의 길을 나섯다. 瞬息間에 大靜을 지난 車는 漢拏山이 爆發할 무렵 하로밤 사이에 감쪽같이 날려와 앉었다는 山房山을 오른손편에 바라보면서 이내 和順에 닿앗다. 和順港은 지금은 아무런 設備도 없으나 天然의 良港으로 앞날이 囑望된다고 하며 앞으로 내다보이는 兄弟島는 그 이름이 아름다워 불러보아도 대답이 없다. 濟州絶勝의 하나라고 하는 柑山里의 溪谷과 中文里의 天帝淵瀑布는 내려서 볼 時間이 없고 西歸浦에 닿은 것은 어둑어둑할 무렵이었다.

西歸는 濟州의 正南中으로 氣候좋고 水土좋고 景勝좋기론 島內 第一이라고 이곳은 先輩 P氏는 말한다. 冬栢꽃이 이 帶에 第一 흔한 것으로 보든지 柑橘園이 이곳에 자리잡은 것으로 보든지 가보진 못했으나 甫木里 건너편

森島엔 熱帶性 植物이 繁茂한다는 것으로 미루어보면 可히 이 地方의 溫暖함을 짐작할 수 있다. 그 中에도 西歸浦를 中心한 東西十里의 地域만이 그 이름높은 濟州의 바람을 거이 모른다싶이 지낸다하니 참으로 P氏의 자랑과 같이 天成의 파라다이스일다. 그리고 摹瑟浦에서 여기오는동안 沿路風景이 올수록 좋아짐은 住民生活에 第一義的의 것이 아니라할지라도 島內 다른 곳서는 보기 드문 논이 이 近處에 많이 있음은 참으로 든든한 일이다. 中文面 西歸面의 道路沿邊에 곳곳이 溪谷이 아름답고 뜸뜸이 瀑布를 이루었음은 그 絶勝도 絶勝이려니와 무엇보다도 시내에 흘러나릴 물있음이 신기롭다.

밤에는 P氏의 案內로 中年海女의 제법 가락잡힌 오돌독이 한곡조에 旅愁를 잊을만했고 더욱이 大阪가서 工夫한다는 이쁜 딸을 줄려는 바람에 마음이 흐뭇했다. 이튼날은 正房과 天池淵의 東西兩瀑布를 찾었다. 天池淵의 幽邃한 溪谷美도 좋기는 했으나 直接 바다에 내리솟는 正房의 景趣 또한 여니곳에선 볼 수 없는 것이었다. 正房瀑의 眞髓는 이 앞바다를 배타고 지내면서 멀리 바라보이는 것이 第一 效果的이리라 생각된다. 저 史上의 徐市가 秦始皇의 命을 받어 童男童女 五百人을 거느리고 蓬萊山에 不死藥을 求하여 이 곳을 지나다가 너무 興겨워서 正房의 岩壁에 徐市過次라 題刻하고 西으로 돌아간 때문에 地名을 西歸라한다고 함은 그럴상한 附會의 傳說이다. 이 瀑布의 소에 나려가는 길은 중간에서 岩窟로 變하고 몇길이나 됨즉한 그 캄캄한 岩窟을 海女들은 마음대로 오르내리고 있다. 이러한 岩窟 속에서 사람이 빠저나오는 情景을 海上에서 처음으로 본다면 穴生의 傳說도 생김즉하여 三姓穴의 建國說話를 다시 한번 생각해보았다.

다음날은 아침비가 부실부실 나리는 것을 첫車로 城山浦를 向하여 떠낫다. 車는 줄창 오른손편에 바다를 끼고 달리건만 앞이 흐리어 바다로 沿路의 風景도 아무것도 보이지 안는다. 다만 언덕에 부듸치는 파도소리로 미루어보아 바다엔 바람까지 겹드른 것을 알 수 있다. 表善을 지날 무렵엔 거기서 二十

里許에 있다는 旌義縣城를 찾어보고 싶엇으나 雨勢가 멋지않으매 어일 길 없다.

城山浦가 가까울수록 地質은 이때까지 지내온 곳과 달러서 砂丘가 많다. 봄비에 촉촉이 젖은 海邊의 砂丘는 나그네의 가슴에 別다른 情趣를 자어내게 한다. 아직 잎이 도어나지 않은 灌木이 無數히 그 砂丘에 얼기설기 헝크러졋기에 무슨 나문가하여 무르니 이곳 砂防으로 심은 숨베기나무라고 한다. 가도가도 끝없이 심어진 숨베기나무의 푸른 잎은 언제나 피어날 것인지 늦은 봅비를 맞으면서도 아직도 春意를 먹음지 않은 것이 보기에 몹시 을스녕스러웁다. 城山浦를 지날 무렵엔 비가 아주 악수로 퍼부어서 내릴 염의도 할 수 없다. 車를 갈어타는 새이 쌀전을 드러다보니 七分搗米 一斗 四十四錢 五厘라고 써붓첫다. 羅州장보다는 一二錢 비싼 폭이나 쌀의 自給을 바랄 수 없는 島內에선 허는 수 없는 일일 것이다. 비를 함초롬이 맞고 車에 올은 아즈망이 例의 先高後低한 악센트로「거 원 드렁청한 비가 와서」하고 투덜거린다. 모르긴하되 드렁청한 비란 말은 쓸대없이 오는 비 난데없이 오는 비 따위의 그러한 意味가 아닐는지 매우 소담스럽게 들리는 形容詞다.

아침부터 지긍스럽게 오는 비가 城山浦에선 제법 한줄금 눌리드니 城山面을 지나 舊左面에 드러서니 차츰 비가 멋기에 인제부텀 날세가 개이려는가 했더니 細花里 지날 무렵엔 車바퀴에 몬지가 풀풀 날릴 지경이다. 날세가 갑작기 드는 것이 아니고 본시부터 비가 오지않는 것이엇다. 좀 무덥긴하다 하늘은 맑고 푸르다. 흐르고 지궂거림은 南部뿐이고 北部는 맑왛게 개이었다. 이로써 보더라도 濟州島가 얼마나 큰 것임을 알 수 있다. 何如튼 뜨내기 길손에겐 비를 免한 것이 무엇보다도 多幸스러웁다.

(六月十日 商山旅中에서)

耽羅의 漢拏山

李殷相

耽羅國이라는 것은 濟州島의 異稱으로 가장 세상이 널리 아는 者이어니와, 그 밖에 輿地勝覽에 耽毛羅(或云 耽牟羅) 東瀛洲라 한 것과 耽羅誌에 洲胡國이라 한 것도 있고 또 北史에는 涉羅라 하였고 唐書에는 儋羅라 하였으며 韓文에는 耽浮羅라 하였고, 宋史에는 乇羅라 하였는데 이는 耽羅誌에 적힌 바대로 毛羅의 訛인듯 하거니와 如何間 이와 같이 그 異稱이 많이 보인다.

여기 이 名稱에 對하여 가장 重要한 學說이라 할만한 것은 耽羅誌의 記錄이다.

『東國方言, 島謂之剡, 國謂之羅, 耽, 儋, 涉三音, 並與剡相類音, 蓋云島國也』

이 說에 依하면 耽, 涉, 儋 等은 모두 다『섬』(島)이란 말의 音譯字요 羅라고 한 것은『나라』(國)란 말의 音譯字이어서『섬나라』即 島國이란 뜻으로 解釋하게 된다.

三神人의 說話

耽羅始祖 三姓祠를 찾아

그리던 濟州島에 첫 발을 놓으니 二十六日 午後 여섯時. 旅舍로 들어가 行裝을 풀고 梳洗한 뒤에 깨끗한 精神으로 먼저 이 섬의 始祖廟인 三姓祠를 찾기로 한다.

우리 一行은 南門街道를 한참 지나 左右에 守護石像이 서있는 곳을 헤치고 들어가니 鬱蒼한 松林 속에 鳥鵲이 짖어귀고 얼른 보아도 기름같이 떠도는 淸淨한 佳氣가 멀리 온 塵客의 마음을 대번에 太古意 속으로 끌어들인다.

石垣 正面에 乾始門이라 揭한 扁額은 誰氏의 筆인지 未祥하나 法度없는 글씨는 아니라 생각하면서 門 안으로 들어서니 門의 西側에는 三姓祠에 功績 있는 牧使 李壽童, 李衡相, 梁世絢 等 諸公의 記念碑가 서있으며 여기저기에 曲祠廳, 崇報堂, 守僕廳 等이 整然하게 앉았다.

三姓祠 正殿으로 들어가 三那의 神位 앞에 參拜하였다. 神座는 모두 東向으로 毛羅 始祖 良乙那, 毛羅 始祖 高乙那, 毛羅 始祖 夫乙那라 쓴 位碑를 順次로 主壁에 奉安하고 殿의 北側에 耽羅星主, 耽羅王子, 耽羅徒內 三高氏의 位碑를 曲設配享하였다.

이 三神人의 說話는 毋論 耽羅開國說話이어니와 古記에 依하여 그 槪略을 紹介하리라.

본시 이 땅에 사람이라고 없던 바 三神人이 이 땅으로부터 솟아나니지금 毛興穴이란 곳이 그 곳이다. 長을 일러 良乙那, 次를 일러 高乙那, 셋째를 일러 夫乙那라 하였는데 三人이 茫僻에 遊獵하고 皮衣肉食으로 살아가더니 하루는 붉은 흙으로 封한 木函 하나이 東海邊에 떠대이기로 건지어 열어보니 그 안에 또 石函이 있고 紅帶紫衣의 使者가 따라왔었다. 그 石函을 열어보니 靑衣處女 세 사람과 말, 소 等 짐승이며 五穀의 種子가 들어 있었다.

使者 하는 말이

『나는 본시 碧浪國 使臣이온데(或作 日本國使) 우리 임금이 세 분 따님을 낳으셨더니 西海 中岳에 神子 세 분이 나시어 將次 나라를 여시려 하나 配匹이 없는 모양이라 하시며 臣에게 命하시기로 三女를 모시고 왔사오니 마땅히 짝을 삼오시사 大業을 이루소서』

하고는 使者 문득 구름을 타고 가버리였다.

三人이 나이를 따라 그 세 處女에게 장가들고 泉甘土肥한 곳을 골라 활을 쏘아 자리를 卜하니 良乙那의 所居를 第一徒(或作 都)라 하고 高乙那의 所居를 第二徒라 하고 夫乙那의 所居를 第三徒라 하였다. 그리하여 처음으로 五穀을 심으고 짐승을 치니 나날이 그 富함이 늘어갔다는 것이다. (耽羅誌) 이것이 三神人의 說話이자 곧 耽羅國 開闢說話이다.

開闢의 三姓穴跡

—俗稱「멍굴」에 對한 臆測—

神殿을 물러나와 庭前에 서니 樹木 속에 새소리조차 閑暇하여 어느듯 마음이 太古의 아득한 뜻을 먹음는듯 하다.

잠깐 지나가는 나그네의 마음이 오이려 이러하거늘 외로운 이 섬에서 胎를 받고 生을 누리는 三姓 後裔와 州士들이야 이 神壇聖殿의 感銘이 여북하겠느냐.

三姓祠의 事蹟을 뒤져 中宗時의 收使 李壽童이 築壁立石한 事實이며 肅宗 丁丑에 牧使 柳漢明이 廣壞堂 곁에 神室을 改建하였던 것과 壬午에 牧使 李衡相이 東城 안으로 移建하였다가 正宗 乙巳에 州士 梁擎天의 上言으로 賜額을 받고, 春秋에 香祝을 나려 致祭한 것 等 許多한 經路는 다 그만 두고 高宗 辛未에 國令으로 院宇毁撤을 입었다가 後裔와 州士들이 極力으로 上疏하여 다시 나린 傳敎로써 穴壇 가까이 再建케 된 것이 只今 現存한 이 三姓

祠인 것을 생각하매 崇祖心의 一端이 이렇게나 뜨겁고 갸륵한지를 알 수가 있다.

子孫이 苦生스러울 때 한아비를 怨望함도 있으려니와, 子孫이 孤獨할 때에 한아비를 □□□ 이 어찌 그릇된 일이겠느냐.

아무래도 제 根源, 제 傳統처럼 보배로운 것이 없느니라 생각하면서 우리는 다시 발걸음을 옮겨 穴壇門 안으로 들어서니 前面에는 三姓穴이라 刻한 古碑가 서있고 그 뒤에는 二十餘本의 石柱를 세우고 鐵索을 둘러친 約二十餘坪쯤 되는 穴壇이 있다.

全面이 우거진 풀밭인데, 三穴의 穴跡이 品字形으로 되여 있으며 西側에는 高厚 高清 高李 三昆弟를 埋安한 石碑가 서있다.

이 三姓穴은 高良夫 三神人이 처음에 땅으로부터 솟아났다는 發祥地로서 此島 住民의 尊崇을 받고 있는 곳이다.

天險의 庶歸島
荒波 높은 寡婦灘 加波島

濟州島의 歷史를 살피건댄 元과 우리의 爭奪戰이 一再에 그친 바 아니었거니와, 民族의 生榮利福을 爲하여 이 같이 大弓의 찬 바람, 長矛의 검은 구름이 碧波孤島에까지 미치었던 것이다.

車는 비록 빈 길을 달릴지라도 이 山과 바다에 高麗人의 義氣가 그대로 저 바위 같이 든든히 박혔고 저 물결 같이 살아뛰는 것을 分明히 듣고보고 또 맡으며 부드치면서 默默히 앉은 이대로 故事를 故事로만 돌려버리지 못하는 생각에, 마음은 도리어 까닭없이 바쁜 줄을 뉘가 알 것이냐.

아마 지금 이 瞬間 말없는 마음 속을 그나마 알아준다면 저기 보이는 저 庶歸島의 庶歸神 밖에 없으리라.

高山岳西海에 있는 臥島니 竹島니 하는 섬들이 一名 庶歸島다. 竹島는

石壁이 높이 솟은 天險의 섬이라 不侵不掠의 古戰場이니, 저 太宗 六年 東人의 來襲이 있었을 때에도 按撫使 李元鎭이 兵船으 領率하고 나아가 一擧에 驅逐하였던 것이다. 그리고 得意하여 一律을 노래한 中에

即今竹島風波少
無事將軍醉錦茵

이라한 一句가 있음을 생각하면 그 날의 □는 □□□□□ 아니나, 오늘과 □□□□□ □□의 몸이 無事한 줄만 알았던 것이 어떻게나 섭섭하고 원망스럽지 아니하냐.

지난 날에는 저 竹島 城内에 庶歸祠가 있어서 春秋로 男女群衆이 거기 모여 酒肉을 가추고서 庶歸神에게 祭祀를 드리는 風俗이 있었으니, 대개 庶歸는 뱀 崇拜의 古俗이었던 것이다.

車는 어느듯 大靜古縣을 지나간다. 太宗 十六年에 처음으로 縣을 만들고, 縣監 兪信이 縣城을 쌓았으나 風磨雨洗로 荒廢한 古墟가 되고 凋殘한 村色은 오이려 行人의 눈을 疑心케 한다.

우리는 여기서 南으로 꺾기어 摹瑟浦를 들러볼 豫定이었으나 摹瑟浦에는 飛行場이 있고 方今 治道工事 中이라고 常住民 以外에는 通行을 禁斷하므로 不得已 摹瑟岳만 힐끗힐끗 돌려보면서 直行하는 수 밖에 없다.

摹瑟浦 바다 밖에 寡婦灘 加波島, 더구나 이 加波島는 史上에 有名한 저 蘭船 스페루웰號의 漂着으로 그 이름이 濟州島의 代表的 稱號가 되어 世界的으로 알려진 곳이다. 一六五三年 八月十六日 蘭船이 漂着하여 書記 헨드릭, 하멜 以下 三十餘名의 一行은 不幸히도 十三年間이나, 囹圄의 生活도 하고 雇傭살이도 하다가 日本 長崎로 逃亡하여 歸國한 後 一六六八年에 표류기를 發表한 것이 佛譯, 獨譯, 英譯 等으로 世界的 史料가 된 것인데 이 섬

의 이름을『퀠파트』(Guelpart)라 한 것은 곧 加波島를 指稱한 것이요 이 記錄으로 因하야 濟州島는 진작 十七世紀 中葉부터 世界에 알려진 것이다.

또한 加波島는 暗礁와 急潮로 能한 水夫도 오이려 眉宇를 펴지 못하고 지나는 곳이라 한다.

南洋丸의 沉沒 一萬噸의 英國旗艦『베트포―드』號의 沉沒 等 저 같이 무서운 물길을 넘어 加波島에도 그럭저럭 百餘戶의 住民이 산다고 한다.

往日에도 사람 살 곳은 못 된다 하여 國蓄을 放牧할 따름이더니 憲宗 年間에 英國船人들이 그 아래 碇泊하고 牛蓄을 搶掠해 가는 일이 생긴 뒤에 國蓄은 다른 곳으로 옮겨가고 人民의 居함을 默許하였던 것이다.

山房窟寺의 遺蹟

岩窟의 女神 山房德의 奇聞

大靜古縣을 지난지 얼마 아니하여 바른 편 바다 쪽으로 巍巍한 山 하나를 만나니 이것이 저 有名한 山房山이다.

이 山房山에는 이러한 傳說의 記錄이 있다.

옛날 어떤 이가 漢拏山 絶頂에서 사슴을 쏘다가 잘못하여 弓鞘로 하느님 배를 건드렸더니 하느님이 大怒하셔서 漢拏山 柱峯을 뽑아버리매 그 둘러빠진 곳이 곧 白鹿潭이오 그 柱峯은 이 곳으로 옮겨다 놓아, 이 山房山이 된 것이다. (耽羅誌 小乘 引用)

金淸陰이 그의 南槎錄에『今觀螺殼 自山麓至此三十里間 雜石傾側撩亂, 宛然有轉山之狀好事 者爲此說而傳會之也』라고 하였거니와 이 山房山 近處가 別로 雜石螺殼의 地帶임은 分明하다.

峭奇한 山容과 磊落한 石勢가 滄浪과 아울러 景으로만도 이만저만한 것이 아닌 우에 玆島特特한 傳說까지 얻었음은 지나는 이의 興味를 한결 더 일으키는 것이라 하겠다.

사람이라면 모르려니와
하느님 속 치곤 좁기도 하이
배를 어찌다 건드렸기로
성내실 일이야 있을라구
아마도 하느님 청직이를
잘못 알고 전한게로다.

그렇지, 그럴 것이다. 까닭없이 건방지고 너덜거리는 富者집 청직이 모양으로 하느님 심부름꾼이나 한 일일 것이다. 그야 하느님이 하신 일이건, 청직이가 한 일이건, 漢拏山 柱峯을 뽑은 일이야말로 不幸中 多幸으로, 漢拏山 絶頂의 景은 毋論이오, 여기 이 山房山이란 勝觀이 하나 더 생긴 것이 어떻게나 고마운 일이냐.

그리고 이 山房山 南岸에 큰 石窟이 있다.

數十尺 높이에 百餘人이 들어 쉴만한 넓이라, 幽邃靜寂處를 즐기는 佛家의 人이 이러한 곳을 그대로 둘 理가 없을 것은 定한 理致려니와 古老의 十景選擇에『山房窟寺』란 것이 있음을 보면 이 石窟이 前에 修道의 靈場 노릇을 하였던 것은 明確한 일이다.

濟州島의 僧侶로는 麗末의 慧日이란 이가 가장 이름난 이어니와, 그의 行狀에 山房法僧이라한 것이 있음을 보건대 아마 山房窟寺의 主人은 慧日이던 모양이다.

지금은 人造의 加한 部分은 도로 없어지고 自然의 石窟만이 남아있으며, 그 속에 淸淨한 一條泉水는 다시 따로이 아름다운 傳說의 로만스를 지니고 있다.

옛날『山房德』이란 處女가 있었는데 그야말로 나이는 二八靑春, 인물은 絶代佳人, 綽約한 容色이 참으로 人煙 속에서 자라난 사람은 아니었는데 그는 果然 山房山으로부터 나온 岩窟의 女神이었다.

旣往 무슨 까닭으로 나왔든지 人間界로 나온 以上에는 異性이 그립지 않을 수 없어 州人高升이란 이와 佳緣을 맺고 살게 되었다. 그러나 好事多魔로 거기 무서운 黑手가 나타나게 되었으니 그 때 이 곳의 州官으로 있던 者가 山房德의 美貌를 듣고는 내 것 만들고야 말겠다는 野慾을 일으켰다. 그리하여 高升에게 罪名을 둘러씨우고 家財를 沒收하는 한편 그 花容의 女神을 뺏으려 하매, 山房德은 人間界에 나왔던 것을 恨嘆하면서 다시 山房石窟 속으로 들어가 化石이 되었는데 지금의 洞泉이 그 遺蹟이라 한다. (耽羅誌 山房奇聞)

어여쁜 山房德이
窟속에 들어 바위 되고
님그려 솟는 눈물
바위틈에 샘이 되어
밤낮에 울고 우나니
相思泉이라 부를꺼나.

海邊의 正房瀑
雲濤를 발로 누른 洗蕩皃

달밤의 西歸浦! 깨어나도 오이려 지난 밤 月下의 水墨色 浦景이 눈에 어리어 좀처럼 눈 앞이 맑아지지 아니하는 이튿날 아침!

그러자 窓門을 열떠리니 朝陽 아래 빛나는 海邊이 또한 제대로 新鮮하고 아름답다.

七月二十七日. 오늘 하루의 福된 路程을 헤아리면서 우리는 먼저 西歸浦 東西에 있는 이름난 두 瀑布를 구경하기로 한다.

東으로 五里許에 있는 正房瀑布는 바다로 떨어지는 瀑布라 배를 타고야

보게 되었다. 濟州島의 海岸이란 것은 어느 곳이나 波濤가 洶洶하여 險難하지 않은 데가 없거니와, 西歸浦의 海面도 물결이 壯하다. 防波堤 延長 一百八十 米突인데 港口 안에는 暗礁가 있기 때문에 百噸 內外의 船舶이 下錯할 수 있다고 한다.

漁船도 三百隻이나 된다고 하니 浦民의 海上活動이 어떻게나 많음을 可히 알겠고, 더구나 이 곳에는 捕鯨事業까지 있어서, 捕獲數 每年 二千二百貫에 達하며 貝鈿事業도 將來가 有望하다는 말을 들으면서 우리 一行은 木船 二隻에 分乘하여 바다 밖으로 돌아나간다.

『새섬』 앞을 돌아 東으로 저어나가는 동안에 문득 보니 늙은 海女가 물 우에 떴다. 아마 曝陽이 되기 전에 나옴인 듯 하다. 제 먹을 저녁거리를 求함인가. 남 爲해 점심거리를 찾음인가. 防水鏡 우에 주름잡힌 이맛살은 그대로 苦海 一生이 賞으로 주고 간 金線일런가 하매 나는 여기서 다시 한번 저 늙은 海女 앞에 고개를 수기고 虔肅하게도 敬意를 表하지 않을 수 없다.

배는 높은 물결을 타고『노루섬』을 좀 더 分明히 볼 수 있는데까지 저어나오다가 다시 안으로 리구비를 트니 海岸에는 위태히도 깎은 斷壁이 줄친 듯이 느러섰다. 옳아, 漢拏山 南麓으로부터 나는 물이 저 斷崖 어느 한머리에 터진 곳을 만나 瀑布가 되어 그리로 떨어지나보다. 생각만 하여도 壯하지 아니하냐.

『여보. 사공! 배를 빨리 저읍시다!』

높은 물결은 배를 올렸다 놓았다만 하지 앞으로 나가게는 아니하려 ㅎ나다. 壯麗한 景觀을 쉽사리 보이지 않으렴인가. 그러면 나도 잠깐 딴청을 부리며 잊은듯이, 아닌듯이 앉았으리라. 저기 東南으로 보이는『숲섬』(森島)이란 저 無人島에는 三帶植物이 全面에 繁茂하여 植物學者에게서 珍重視되어 있으며, 特히 近年에 發見된 熱帶植은 學者의 新研究資料가 되어있음을 알기는 아나, 門外漢이매 바라나 본다 하고 눈을 앨써 森島에만 두려하되 그러는 中에도 觀瀑하려는 急한 마음은 고개를 期於히 잡아다려 斷崖 쪽으로 틀어놓고야 만다.

어허! 壯할시고! 그러면 그렇지! 數百尺 斷崖 한머리 斗絶한 곳으로『날보라』웨치며 떨어지는 銀瀑! 저것이 바루 正房瀑이다.

崖脚에 부디치는 波濤소리만 壯한데, 바다 우으로 날아 떨어지는 瀑布소리가 또 마저 어울렸으니 물소리 어떠한지는 보지 않고 듣지 않은 이도 짐작할 것이다. 耽羅吟章에 실린.

山爲臺曲海爲淵
擊劒高歌望西邊
更瞻銀瀑從傍下
疑入廬山洞裡天.

이라 한 金□의 正房瀑詩를 口誦하면서 瀑布를 向하여 가까이 가까이 저어간다.

그러나 瀑下에 이르러서도 나려설 곳이 없으니 그대로 떠서 바라보는 수밖에 없다.

『可히 바라만 보고 能히 狎할 수 없다』는 말은 바로 이 正房瀑 구경을 두고 이른 말이라 생각하면서 배를 젓자니 瀑布에서 一尺 距里나마 떨어지게 되고 배를 그대로 두자니 물결에 밀려 뱃머리가 빙그를 돌고…….

不得已 나가다 들어오다, 섰다가, 돌다가, 그러자니 正房觀瀑은 저절로 恍惚하고 또 그대로 안타까워 마치 말도 못하고 만지도 못하는 마음 속의 愛人을 對함과 같다. 그러므로 더 情熱的일 수 밖에 없고, 그러므로 더 高尙하고

神聖할 수 밖에 없으매, 古人이 일찍 耽羅十景을 擇하되 그 中에 瀑布 하나로 오직 이 正房을 들어 禮讚한 것이 어지간히 생각한 것인줄 알겠다. 諺에 傳하기를 여기서 鼓樂을 울렸더니 水中의 潛蛟가 나와 춤을 춘 일이 있었다 한다. (耽羅誌)

어리석고 우습다. 저 記錄한 者여 .그러나 나는 蛟龍의 出舞를 是非함이 아니다. 蛟龍이 춤을 추었다는 것이야 오작히나 재미있고 興나는 이야기냐. 다만 사람놈들의 鼓樂소리에 춤추었다는 것을 웃고저 하는 것이다.

海中의 蛟龍도 觀瀑出舞한 것이겠지, 그래 귀를 막고도 보지 않고야 견댈 사람들의 鼓樂소리에 놀아날 蛟龍이드냐. 그때 마침 사람들이 鼓樂을 울리던 판이었겠지.

아닌게 아니라, 이 正房瀑은 사람을 爲하여 생긴 것이 아니오 魚鰲蛟龍을 爲하여 생긴 것이리라. 天下의 瀑布가 다 山間絶處에 있지마는 호올로 이 正房瀑은 바다로 떨어지는 것이 아니냐. 茫茫大海가 제 발 밑에 깔린 한『못』이오, 모든 魚龍도 다 저 때문에 생긴 것으로 보는지 正房瀑은 더욱 더 가슴을 쩍 벌리고 傍若無人하게도 앞배를 내어미는 것 같다.

自然이나 人事가 마찬가지려니와, 氣品있게 傲漫한 者 앞에는 저절로 고개가 숙는 법이다. 나도 마침내 □讚의 노래를 □□니다.

千萬山 다 버리고
돌아돌아 흘러나려
바다로 떨어지니
洗蕩한 瀑布로다
雲濤를 발로 누르고
고함치며 섰더라.

雙白虹의 天池瀑

南國의 情趣, 柑橘의 故事

배를 저어 浦口 안으로 돌아온 우리는 다시 西으로 五里許에 있는 天池瀑을 찾기로 한다.

天池瀑은 西歸浦의 海口로 흘러나리는 烘爐川 洞谷에 있는 者로 烘爐川은 지금 地圖에 淵外川이라 表示되어 있다.

銀口魚며 鮎鰻 等 魚類가 많이 나는 곳이라 언제나 河童漁夫가 끊이지 않는 烘爐川에는 오늘도 벌써 數三河童이 손바닥만한 그물을 쥐고 물 속에 들어섰다.

奇絶한 泉石을 즐기면서 휘우듬이 돌아드니, 洞門이 가까워지자 물 찧는 소리가 문득 귀를 친다.

金淸陰의 南槎錄에『轟雲噴雪聲聞數里』라 한 말은 어느 程度까지 誇張的이라고는 하겠으나 瀑高七十二尺의 雙瀑이 떨어지는 곳이라 그 소리가 멀리까지 들리는 것만은 事實이다.

그리고『兩道白虹俯飮天釜』라 한 描寫는 아름다운 채로 適切한 妄句라 하여니와, 淸陰이 天池淵을 쓰며, 이 같이 瀑布만 보고 瀑布 周圍의 京觀에는 言及치 아니한 것이 遺憾이다. 左右 岩屛에는 여름인 채로 秋橘冬栢이 서로 팔을 겻고 있는 놈, 등을 지고 있는 놈에, 짓자해야 지어질 이름없는 草花가 새 눈처럼 박혔는데, 깊숙진 곳이라 인제야 아침햇빛에 반짝이고 있다.

발 붙일 곳 없는 常綠樹의 岡巒이 瀑布를 에워싼채로 높은 허리를 꾸부려 제 얼굴을 못 속에 잠갔는데, 窈然히 幽奧의 趣가 있음은 날이 맞도록 사랑함직하다.

京觀이 이러하고야 이름인들 함부로 지을 것이랴. 天池淵이란 이름은 어제 지나온 天帝淵과 아울러 尋常詞客 따위의 敢作이 아닐 것은 毋論이다.

이 이름의 由來—반드시 오랜 歷史를 가졌을 것이오, 또 그 歷史의 母胎根

盤이 하늘 崇拜의 古俗에 있을 것이어니와, 여기 何等의 人爲遺跡이 없는 그대로 오히려 太古의 靜寂을 자랑하는 곳에 無事無聞 이것이『하늘』의 根本義를 바로 보임이오 樸訥한 本性本態를 더럽힘없이 나타냄이 아니겠느냐.

빈 몸으로 와서 빈 손 모으고 앉았다가 섰다가, 자최없이 빈 몸으로 돌아간 곳에 더욱 神聖한 古意가 傷하지 않음이니 우리도 발자국조차 없이 가만히 깨끗이 돌아가야 옳을 것이다.

이름의 거놀함과 實相의 壯麗함을 고맙게 보고 느껍게 생각하면서 발길을 돌린다.

李源祚의 詩에

水抱山回又一灣
西歸東北數帿間
雌黃甲乙休題品
一日能看兩瀑還

이라 한 것은 詩라기보다 路程記錄이라 하려니와 海邊의 正房瀑와 洞谷의 天池瀑이 甲乙을 다투기 어려울만콤 이 西歸浦에 있어서는 두 개의 珍重한 勝景이 아닐 수 없다.

金寧山의 蛇穴

車는 金寧里라는 곳에 와닿는다. 우리는 金寧山의 蛇穴을 찾기로 한다.

蛇穴은 一名 金寧窟이니 穴口는 저 蝀龍窟의 그것과 恰似하고 種類는 서로 다르되, 規模는 다 大者에 屬할만하다. 穴口 前에 세운 標木에도 長五町高五間이라 적어둔 것이 있거니와, 이 같이 壯大한 窟中을 보기 爲하여 우리는 미리 準備하였던 爉燭에 불을 켜들고 마치 祭壇으로 나아가는 聖者의 行

進과 같이 地下로 나려간다.

左右의 窟壁과 天井은 全部 玄武鎔岩으로 되었고, 地盤도 亦是 같은 岩質로 되었으나 土分이 섞이고 軟粉 같은 白沙가 깔린 곳도 있어 溫氣를 띠어 어떤데는 거의 발바닥 밑에서 찰삭거리기도 한다.

左右 穴壁은 人作의 콩크리트가 아닌가하고 疑心할만큼 天然의 所爲로는 너무나 規模的이다.

穴口에서 얼마쯤 나려가다가 다시 활 등을 밟는듯이 도로 올라가니 數百步許에 다시 地上으로 나오게 되더니, 두번째 또 窟中으로 들어가서부터는 끝이 어딘지 알 길 없도록 자꾸만 뚫렸다.

兩壁은 氷盤 같이 밀어나렸으나 바닥은 自然히 곰보를 이루었고, 中路쯤 하여 바닥이 제법 險해지면서 키가 높아지고 天井도 맛장구를 쳐서 白手鬼 같이 주먹으로 함부로 내려밀며 키를 나추니, 우리는 저절로 罪人이 된듯이 빌고 빌며 곁눈질을 해가며 더듬어 들어가는 수 밖에 없다.

이렇게 기어넘으니 다시 또 넓어지는데 아마 우리가 極樂領을 넘은 듯하다.

그런데 이 窟 稱號를 蛇穴이라 함에 對하여는 그 由來의 傳說이 있다.

이 窟中에는 큰 뱀이 있어 恒常 妖禍를 지으므로 州民이 每年 祭祀를 지낼뿐더러 芳紀의 處女 하나씩을 祭物로 바쳐왔다.

萬一 處女를 받히지 아니하면 一年이 넘도록 風雨가 大作하여 사람이 살 수 없게 되므로 不得已 處女를 바쳐온 것이 年例가 되었었다.

그리다가 中宗 十年(西紀 一五一五)에 徐憐이란 이가 判官으로 와서 이 말을 듣고 나이는 비록 少年이나 膽力이 있던 이라 郡校 數十人에게 鎗刀를 들리고 薪炭과 焰硝 等物을 準備하여 蛇穴로 들어왔다.

前과 같이 設祭하매 큰 뱀이 나와 祭祀를 받더니 이어 處女를 먹으려는지라 徐憐이 鎗으로 찌르자 軍校들도 亂刺하여 끌어내어 불에 태운 뒤에 郡衙로 돌아왔는데 徐憐의 뒤로 一條赤氣가 따라오더니 郡衙로 들어와 서憐憐은

昏倒되어 그 길로 죽었으나 그 뒤로는 다시 妖蟒의 作亂이 없어졌다는 것이다. (耽羅誌)

이러한 傳說로 因하여 蛇穴이라 하였다는 것이나 내가 보기에는 窟의 形狀이 S字型으로 카브를 이루어 뱀같이 되었으므로『뱀굴』이라 부르던 것인데 거기 이렇나 傳說을 加하여 그 由來를 說明하는 것처럼 된 것이 아닌가 한다.

勿論 濟州島에 뱀이 많은 것도 事實이오, 現在도 兎山에는 所謂『兎山堂』이라 하여 每年 祭의 遺俗이 盛한 것을 보아 이 窟中에 뱀이 있었을지도 모르고, 또 徐判官이 그 뱀을 죽인 일이 있었을지도 모른다. 그러나 이 蛇穴이란 名號는 窟 自體가 뱀같이 생긴데서 불러진 이름일 것이다.

高山草花의 異趣
鳶頭峯下의 香積供, 甘露水

雲霞 나르는 갈밭 草原이 끝나는 고개머리가 바로 蟻項이라 쓰고『개목』이라 부르는『개미목』이다. 山勢가 나려오다 개미목처럼 한번 斷續이 생긴 곳이라 하여 命名한 것이라 한다. 그러면 여기 어디 큰 洞谷이 생겼겠고나 하고 깨닫자말자, 멀리 흐르는 물소리가 왼편 귀를 간지는 듯이 들려온다.

蟻項머리에 올라서서 앞으로 바라보는 곳에 三角形을 우뚝 뾰족한 峯이 솟아있으니 이것은 小鳶頭峯, 그 뒤로 바른 편에 좀 더 뾰족한 큰 峯이 있으니 저것은 大鳶頭峯이다. 앞에 있는 적은 鳶頭峯을 支點으로 하고 左右로 큰 洞谷이 갈렸는데 左는『한내』의 上流요, 右는『鳶頭ㅅ골』이라 부르나『갈밭』밑으로 돌아빠져『한내』와 合流하는 것이오 이 鳶頭峯下의 分水點은『막은다리』라 일컫는다.

한내 上流의 左岸은 太古의 密林 그대로 있어 開闢 以來 사람의 발이라고는 꿈 속에도 들여놓은 일이 없는 곳이오, 鳶頭峯 右便으로 骨肉相照의 壯山줄기가 斷壁을 지은 채로 끝을 모르고 뻗어나렸는데 萬一 저 山脈이 有情할

진댄 저야말로 丈夫의 氣槪로구나.

여기가 벌써 一千五百米. 最高峯도 앞으로 五百米 밖에 남지 아니한 第二高地다. 왼편으로 上峯을 눈 앞에 바라보며 우리는 鳶頭峯 아래로 洞谷을 찾아 나려간다.

雄博한 河床이 구비쳐 누웠는데 작은 돌이 집채같은 큰 바위를 업은 놈도 있고, 길쭉한 바위가 넓적한 돌을 안고 있는 놈도 있고, 서로 마주 베고 누은 놈, 등을 붙이고 선 놈, 바로 제자리에 앉은 놈, 미끄러져 함부로 넘어진 놈이 모두 다 저 神仙傳中에 나오는 人物들의 化石으로 봄이 좋을 것도 같다.

莊子의 이른바『解衣』의 氣質이란 이러한 것을 두고 이름이리니, 오늘은 우리도 여기 이 岩石 우에 눕고 안고를 마음껏 하여『망근친禮儀』와『행근친道德』을 벗어버리고 클러버리고 自由□것이 되어보고 싶다.

川流의 구석에 蓬萊川이란 標木을 세웠기로 목마른 사슴같이 뛰어가 泉下헤 혀를 대이니, 이□ 仙子의 짓이오, 正午인 채로 밥짓는 煙氣를 바라보며 바위를 베고 누웠으니 바위마다 呂翁의 벼개라 이는 道士의 짓이 아니겠느냐.

泉名을 蓬萊라 한 것은 얼른 보매 疑心스러워 瀛洲에 어찌하여 蓬萊의 이름을 붙였는가 하고 命名者를 웃고도 싶으나, 다시 생각하니 그이야말로 仙家의 眞味를 아신듯 하다. 한 神仙의 얼굴이 一時에 兩處에서 나타나고 東海의 구름이 西山에 비가 되는 속내로 보면 瀛洲山上에 蓬萊靈泉이 있음이 조금도 怪異할 것이 없다 하리라.

꿈과 解夢이 어떠한지는 모름지기 漢拏山 찾아오시는 모든 仙子들에게 묻기로 하고 나는 아직 仙術이 不足하여 그런지 시장과 목마름을 참을 수 없다.

蓬萊泉 한 목음 물은 本是부터 甘露 以上의 그것이어니와, 煙火를 거쳐나온 鹽飯이야 먹음직할 것이 무엇이리마는 여기 와서는 이도 마저 香積供 以上의 그것으로 생각된다.

우리는 다시 왼편 언덕으로 오르기를 사직하니 여기서부터는 高山植物帶다.

이 漢拏山이란 것이 寒溫熱 三帶를 제 한몸에 지니고 있어 植物도 亦是三帶의 것이 分布되어 있다.

二百米 以下는 耕作地帶가 되어있고 二百米 以上은 緩傾斜로 中間地帶라 일컫는 放牧地帶요 三百米 以上은 李朝時代 國立牧場이 있던 곳으로 山場이라 부르는 山間地帶요 六百米 以上은 楢, 樫, 黑松, 樅 等의 喬木이 繁茂한 森林地帶요 一千四百米 以上으로부터는 지금 이 같은 灌木인데 火山岩屑과 砂礫으로 行步의 不便이 가장 甚한 곳이다.

이 漢拏山의 植物 數는 一百四十二科, 一千三百十七種, 一百十六變種이오, 그 中에서 七十八種 六十九變種이 特産인데 이것을 다른 名山과 比較하면 白頭山의 四百九十種 金剛山의 七百七十二種쯤은 問題도 되지 않으며 富士山의 一千種, 箱根山의 一千一百八十八種까지도 우리 漢拏山에는 미치지 못한다.

그러므로 저 佛人『타케 · 포리』等에 依하여 採集된 植物이 英, 獨, 墺, 瑞의 諸學者에게 特殊研究資料가 되어 世界的으로 우리 漢拏山 植物이 聲價를 높인 것이다.

이것도 내게는 자랑스러워 배가 절로 나오고 어깨가 절로 솟음을 어찌하지 못하면서 專門家의 뒤를 따르며,

『이것은 岩高蘭.』

『저것은 진달래의 群落이오.』

『또 이것은 들쭉.』

『저기 저것은 구상나무.』

하는 講義를 즐거이 듣는 것이다. 그리고 그 밖에 一一이 듣지 못하던 온갖 花草는 모두 내게 無名草, 無名花이로되 다 제대로 朝鮮的인 者 東洋的인 者 世界的인 者라 하매 우리 기쁨은 이를 길이 없다.

세상이 모두 남보다 키 크고 높은 者를 崇尙하건마는 오직 이 灌木世界에서는 키 적고 낮은 者로써 最를 살음이 다른데서 보지 못하는 異趣려니와, 高山砂礫의 틈바구니에 모든 凡草와 봄을 달리하여 이제사 피어난 아름다운 꽃들도 한결 高尙한듯 한결 淸楚한듯 하여 사랑과 讚美가 있는대로 쏟아지지 않을 수 없다.

높으나 높은 山에
흙도 아닌 조약돌을
실오락이 틈을 지어
외로이 피온 꽃이
정답고 애처로워라
불같은 사랑이 쏟아지네.

한송이 꺾고 잘라
품은적도 하건마는
내게와 저게도로
불행할줄 아옵기로
이대로 서로 나뉘어
그리면서 사오리라.

萬歲! 漢拏山

情勢의 藥, 岩高蘭의 열매

이 같이 灌木地帶를 허위고 오르자 約 半時間頃에 右便으로 千尋蒼崖가 行人의 굽힌 허리를 펴게 하는 곳을 俗에 이르되 『안 막은 다리』라 하니 저 鳶頭峯 下의 막은 다리라 함과 아울러 그 位置의 內外를 表示함이다.

全部가 檜林인데 뭉기는 구름 걷히는 안개 속에 隱顯自在한 壯觀美觀은 屈曲없는 寂寞한 高原머리에 君臨한 聖者시매 바라보는 그대로 嘆仰의 부르짖음을 참을 수 없다.

돌이 나려 구름 속에 끝을 잠근 屛嶂連峯을 바라보면서, 그대로 高原의 꼭대기를 向하여 오르는 길에 一行은 숨차고 疲困함도 알지 못하고 연방 허리를 굽혀 岩高蘭의 열매를 따먹기에 바쁘다.

岩高蘭의 열매는 팥알만큼씩한 새깜안 열매인데, 머루 다래 맛이 난다. 高原 全面이 온통 岩高蘭의 열매라 따먹어도 따먹어도 흔하고 푼푼하고 남고 처진다.

이 열매를 따다가 城內에 들어가 팔기까지 하는 것인데 冷症에 藥效가 있다는 말에 一行은 더욱 貪하여 한줌씩 半줌씩 털어넣어 입술마다 검은 물든 것을 서로 보고 웃는 것이다.

人情이 돌 같이 차고 사랑이 얼음같이 찬 이에게도 이 岩高蘭 열매가 情熱의 藥效를 낸다 하면은 나부터 一斗一石을 辭讓치 않아야 하려니와, 저 아래 차가운 세상에 이 冷症 고치는 열매를 大量으로 貿賜할 일이 아니겠느냐고 이야기하다 말고 다시 허허 웃는 것이다.

땅따리 岩高蘭에
동글동글 맺힌 열매
차운病 낫는다기

나도 한입 넣거니와

저아래 얼음세상을

고쳐볼까 하노라.

그 곁에 麝香草의 紫花떨기는 岩高蘭의 뭇 總角 사이에 서서 寵愛를 한몸에 입는 處女와도 같다.

구태어 풍기려하지 않건마는 저절로 들리는 淸香이 行人의 눈섭에 웃음을 흔들어놓고, 제라사 도로 수집어 흰나비 나래보다 더 부드럽고 얇은 花辨으로 제 얼굴을 가만히 덮는 것은 반드시 □□□□ □□ □□□□ 아닐 것이다.

한時間이나 오르는 岩高蘭의 高原은 單調로움 밖에 아무 것도 없건마는 이 같은 잔재미에 支離한 줄도 모르고 오르는 것이다.

高原머리에 올라서니 등 넘어로 十里인지 百里인지도 모를 莊嚴한 樹海가 造化의 雄麗한 構圖 속에 神秘로운 翠霞의 물결을 일으키며 넘실거리는 양은 저 『봄비니』의 光華로 말할 것도 아니오 저 『因陀羅網』의 眩感으로도 비길 것 아닌, 恍惚不可解의 京觀이라고 밖에 말할 길이 없다.

바른 편으로 꺾여 들어가매 새삼스러이 이 峯頭에 挺秀한 古木이 나고 썩고 얽히고 섥히어 灌木이라도 자최를 감추어야할 곳에 이 무슨 奇蹟으로 森林이 들어섰나하고 어리고 어설핀 科學의 눈을 깜박이게 하는 것이다.

千萬里 구름 밖에까지 마음껏 보기를 許諾하시던데가 벌써 지나온 저 高原ㅇ인데 무슨 일로 다시 여기에 咫尺을 숨기고 四方을 封鎖할 듯이 서두시는가. 문득 마른 나무의 부러진 가지가 槍劍을 내어밀어 가슴을 막고 닷ㅣ문뜩 얽헐어진 덩쿨이 사래가 □網을 펼처 발을 묶는다.

우리가 萬一 이 땅의 大自然 大血統으로부터 생겨난 嫡孫이 아니었던들 이 무시무시하고 어마어마한 서슬에 꿇어엎디어 僭越한 巡禮를 謝하고 여기서 돌아설 법도 하다.

그러나 우리는 이 威嚴도 聖德의 表現으로 생각하는 安心 속에서 오이려 무슨 거룩한 展開가 있을 것을 豫期하는 것이다.

아닌게 아니라 劍戟의 難關을 벗어나자 말자 고대 눈 앞에 磊落한 上峯이 嚴肅하게도 나타난다.

最後의 三分間. 우리는 무거운 다리를 끄을듯이 달린다. 금시로 狂症 붙들린 사람들같이 뛰지 않는 이가 한사람도 없다.

어디서 생기는 새 기운인지! 저도 모르게 피와 힘으로 터질듯한 팔과 다리를 한꺼번에 휘두르며 頂上으로 채어 오른다.

아! 咫尺의 頂上!

最後의 돌뿌다귀를 마지막으로 밟고 서자, 우리는 約束한 듯이 두 팔을 뽑아 높이 들고 萬歲, 萬歲, 漢拏山 萬歲를 웨치고 또 부르짖는다.

□□□ □□□ □□ □□□□. □□□ □□□□ □□□□ □□□□ □□ □ □□□ □ □□ □로 휘둘리고 고함이 저절로 터졌는데, 그리고도 抑制 못할 感激은 눈가에 까닭없는 눈물이 되어 펑하고 솟는 것이다.

금시로 다시 石人이 되었느냐. 눈도 감고, 입도 다물고, 四肢조차 굳은 듯이, 바람 앞에 우뚝 서서 구름안개 마시면서 어찌하여 네 금시로 다시 石人이 되었느냐.

鎭定할 수도 없고 鎭定할 것도 없느니라. 네 가슴이 터지는대로 두어라. 네 가슴이 웨치고 싶은대로 지금 이 頂上에 서서 노래하라. 天地를 向하여 노래하라.

天上의 白鹿潭

白鹿을 타고 놀던 漢拏山翁

頂上에서 下界를 나려다보는 우리는 구름을 지나 안개를 지나 바라보고 바라보아도 茫茫한 바다 밖에 세상은 아무 것도 보이지 아니한다.

逆旅의 過客이 어느 곳에 머물었든지 잠깐 들어 쉰 집이 저기 어디 있으련만 찾을래야 찾을 수도 없고 볼래야 볼 수도 없다.

이리하거늘 사람은 어찌하여『그리운 故鄕』이라 하고 鄕思의 섧은 노래를 부르는 것이며『그리운 사람』이라 하고 懷人의 애닯은 노래를 부르는 것인가.

내가 前에 無常의 哲理를 남달리 느끼고 생각도 해본척 하였건마는 이제와 생각하매 無常이라는 것조차 無用한 말이다.

無有一物의 本是 空인 여기에 까닭도 없는 無常이 어데 쓰자고 새긴 말이냐. 한번 微笑할 따름이다.

우리는 頂上의 岩角으로부터 傾斜진 언덕길을 더듬어 한복판에 있는 白鹿潭을 向하여 나려간다.

漢拏山의 頂上은 原來 噴火한 곳이어니와, 中央에 있는 白鹿潭이란 못은 그 噴火口요 四方을 싸고 두른 岩嶂은 噴火壁이다.

白鹿潭은 頂上 陷地에 大小兩者로 되었는데, 그 規模로나 水量으로나 저 有名한 白頭山의 天池에는 比肩할 것조차 되지 못하나, 高山頂上에 潭이 있다는 그 奇異함에는 類를 가치하는 者며 더구나 漢拏山이 標高 一千九百五十米의 朝鮮第二高山임에는 白頭山과 아울러 무엇으로든지 南北의 對峙요 域內의 雙璧임은 말할 것이 없다.

山上에 못물이 고인 곳은 여기 이 漢拏山頂 뿐 아니라 이 島內에만도 여러 곳이 있다.

州東十七里에 있는 元堂岳에도 峯頭에 못이 잇어 大旱에도 오이려 마르지 아니하며, 州東十五里에 있는 笠山岳에도 岳頭에 못이 있어 거기에는 蓮蓴의 盛開를 본다.

그리고 金寧의 西南에 있는 水岳에도 峯頭에 龍湫가 있어 大旱時면 오이려 禱雨祭를 지내든만큼 水量이 많고, 그 곁에 있는 三每陽岳에도 岳中寬敞한 곳에 水田數十頃이 있어 이름을 大池라 한다.

어느 것이나 噴火口가 그대로 못이 된 者이지마는, 우리가 雲霞 속으로 白鹿潭을 나려다보매 이것은 神仙의 洞府일 수 밖에 없고, 지금 이 鴻濛한 景觀은 天地創造의 첫 페지를 實演하는듯 하다.

옛사람이 여기 奇異한 說話를 꾸며내고, 아름다운 노래를 부르며, 虔肅한 祈禱를 올리던 것은 決斷코 안 그럴 것을 그런 것이 아니었다.

超絶 神秘한 大景觀 앞에는 古人今人의 別이 없으며 智者愚者의 差도 없는 법이다. 다만 不□□□□□□□□□□□*

* pp. 266~284. 누락.

未發見의 寶庫 濟州島를 보고

太玄生

明□한 山水와 豊富한 海陸物産을 가진 濟州島는 氣候까지 四時溫和하야 南鮮의 樂園이라는 評이 잇다 木浦港으로부터 八十八浬를 距한 南海中에 잇는 큰 섬으로 面積은 東西 二十里 南北 十里 現住人口는 二十一萬五千餘인바 洋上에 孤立한 關係上 獨立의 小天地이여서 人情 風俗 習慣 言語 等 陸地와 相異한 點을 만이 볼 수 잇다

住民의 所有財産上으로 보아 貪富의 差가 別로 없슴으로 島內에 乞人이 한명도 업슴은 或 엇지 生覺한면 共産主義의 理想鄕이 안인가하는 感이 잇다

濟州 城內는 同島의 首都로서 人口 四萬一千을 有하며 各 官公署와 商店이 櫛比하며 市場日에는 數千名의 女子場軍들이 모여 賣買하는 바 年去來額이 約 二百萬圓이라하며 電氣事業도 方今 順調로 進行中임으로 二三個月 以後에는 點燈하리라한다 그 外에 小都邑으로 汽船의 往來가 잇는 곳은 모다 相當한 商去來가 잇다 卽 朝天 翰林 摹瑟浦 西歸浦 城山浦 金寧 等의

小都邑인 바 朝天이란 곳은 同島內에서 思想家를 만이 내인 地方으로 有名하다한다 濟州島內에는 城內를 비롯하야 各村落에 青年會와 少年會가 多數하야 同運動과 青少年 思想指導에 만흔 努力을 하는 中이라 하며 近近히 青年聯合會ᄭᅡ지 創立하리라한다

南鮮海中의 隱寶庫인 此島 産業狀況은 原始로부터 大自然의 天然的 要素의 利用만으로도 自作自給의 生計가 足하던 바 近來에는 休閑地를 開拓하야 耕作面積도 增大되엿슬 섄만 안이라 牧畜業은 同島의 大資源임으로 數年來 島當局의 熱心指導奬勵에 依하야 隔世의 感이 有할만치 發展되는 中인데 今後로 此島의 大自然의 富源을 利用할 事業은 牛豚肉의 加工 貝類藻類의 利用 林業經營 漢拏山 中腹의 椎茸栽培 棉花 柑橘 養蠶 藥用植物의 栽培 養鷄 等 數를 헤아리지 못할만치 有望한 事業이 만타

本島는 古來로 政治的失脚者의 集會處이엿든 關係上 讀書文筆의 程度가 比較的 普及된 곳으로 近年에는 普通學校가 年次 增設되야 一面一校制가 實施되엿고 三學年制의 農業學校가 잇스며 私立學校와 改良書堂의 數가 四十七이란 多數에 이르럿슴으로 初等敎育 方面으로는 相當한 施設이 有하야 無限의 大寶窟을 開拓할 第二世國民을 養成하며 陸地와 海外에 遊學하는 青年이 甚히 多數하다한다 宗敎는 昔時로부터 佛敎가 매우 盛하여 現在에도 佛敎協會가 잇서 그 會員이 數千名이라하며 二十餘年前에 天主敎徒六百人 殺戮事件으로 國際問題ᄭᅡ지 이러낫든 곳인만치 天主敎의 勢力도 相當하다 米國長老派의 耶蘇敎 禮拜堂은 島內 數處에 有하야 大規模의 學校도 經營中이다 그러고 어리석은 農民 소겨먹기로 有名한 普天敎의 眞正院도 잇서서 自稱 敎徒가 數萬名이라는데 昨年 秋期에 各 青年團體에서 島內를 一周하며 聲討講演을 햇슴으로 그 後는 서리를 맛고 쥐구멍을 찾는 中이라 한다 如何間 어느 方面으로 보던지 未開의 寶庫임을 失치 안일만한 大富源을 抱擁한 곳임은 分明하다 그러나 다만 欠點이라고 할 것은 海岸線이 조그

마한 屈曲도 업고 單純하게 되엿슴으로 船舶의 錨地와 風浪을 避할만한 港灣이 없는 그것이다 그래서 年前부터 官民이 協力하야 城內 山池 築港計劃을 세운 後 總工費 三十萬圓 中 十五萬圓을 國庫 七萬五千圓을 地方費에서 補助하기로 되고 其餘 七萬五千圓은 濟州面 面民이 負擔하기로 되야 方今 其 期成會에서는 一日라도 速히 事業을 成就하랴고 努力中인데 느저도 一二年 內에는 工事에 着手하리라는바 이 築港이 完成되는 날에는 濟州道는 面目을 一新할 터이며 未解決의 諸般事業도 着々 進行될 것이다 城內 以外의 各 浦口에서도 小規模의 築港을 計劃中인대 西歸浦와 如한 곳은 約 三萬圓을 投하야 港灣修築을 하리라 한다 本島는 獨立의 別有天地임으로 交通이 不便하야 物資集散供給과 其他 諸般事業이 至難함으로 將來에 生産地로서의 大濟州島는 될지라도 遺憾이나마 一般商工業의 大都市로 發展될 餘望은 없을 것을 附言하여 둔다

濟州島

文仁柱

今年 正初에 濟州島 갈 일이 생겼다. 어떤 親舊가 濟州島란 꿈나라 같다고 해서 여간 부러워하지 않었으나 나는 꿈을 보럭나다는 것이 아니었고 그 섬의 風土病의 科學的 探索이란 짬짭한 目的이 있었든 것이고 或 親舊의 말대로 한토막의 꿈이라도 보고온다면 多幸한 예이라고 생각하였다. 零下 十몇度란 사납게 치운 날 아치에 어러부터 떨고 있는 서울 거리를 떠나 그날밤에 木浦에 다었다.

十餘年前에 金剛山 求景간다고 元山서 貨物船을 타고가다가 風浪을 맞나 어지간히 혼이 난 後부터는 배만 타게 되면 배에 대한 恐怖症이 생기게 된다. 이 恐怖症은 條件反射學說로 說明할 수 있는 것이고 배에 醉하는 것은 씻지 못할 내 肉體의 宿命的인 素質일 것이다.

濟州島 가는 二百돈 밖에 안 되는 배를 타고 갈 생각을 하니 마음이 졸리고 더군다나 하날에는 별도 없고 바다에 휘날리는 바람소리는 사납고 새까만 바다물이 내 눈의 렌즈를 뛰고 網膜을 醉하게 하니 외롭고 무시무시하였다.

배 떠나는 뿌— 소리가 가슴에 사모친 원한을 내뿜는 드시 나의 귀 속에 길게 교리를 흔들고 왼몸의 細胞가 디젤엔진의 律動에 떨고 있었다.

바다물결소리에 베로날 몇 개를 마시고 가마니 드러누었다. 이 藥의 中樞神經作用에 依하야 波動에 몇 곱절이나 鈍敏해진 나의 腦皮質細胞를 꽉 둘러싸고 배에 醉하는 것을 免해 보자는 것이다.

그 이튿날 아침. 소리에 들은 數많은 詩와 로맨스를 갖은 漢拏山은 흰 눈에 싸이어 높이 솟고 구름에 가리워 머리를 숨기고 있고 山 밑에는 부드러운 南風에 풀잎이 푸르다.

길가에서 뻐스 속에서 본 濟州島人의 눈은 二重瞼이 여간 많지 않았다. 서울거리의 오샤레 색시들이 부러워할 판이겠다 本來 朝鮮人의 눈이란 二重瞼보다도 單瞼이 많은 것이 普通이다. 그런데 이 섬 사람은 二重이 많은 것은 웬일인가. 이 섬이 神話時代로부터 始作하야 그 後로 긴 슬픈 歷史의 발자국이 남은 탓일가. 이것을 系統的으로 硏究하야 본다면 滋味있으리라고 생각하여 보았다.

길가에서 우글거리고 서있는 이는 사나이고 옆에 항아리를 끼고 등에 물동이를 지고 오가는 이는 女人들이다. 이 섬의 女人들이 勤勉하단 말은 예부터 들었지마는 事實로 그런 것 같고 나의 目的인 風土病의 調査의 結果를 보아도 陸地의 他地方에 比하야 이 섬의 女人이 男子에 지지않게 勞働한다는 것을 疫學的으로도 證明할 수 있어 매우 興味를 느꼈다.

바닷가에 서있는 이 섬의 젊은 女人은 유달리도 아름답다 섬의 風景과 肉體가 서로 結合되어 健康的인 調和美를 보여준다. 바닷바람에 날리는 몇 줄기의 머리털이 서울거리에서 보는 기름냄새나는 파마넨트 머리털보다도 보기 좋고 線이 밝고 붉은 입술이 高價의 루—쥬의 存在를 蔑視하는 것 같고 맑은 二重瞼의 눈은 都市女人의 스마일에 젖은 눈보다도 빛난다. 해빛에 거치러진 얼굴과 바닷바람에 鍛鍊된 몸이 野性的 健康을 자랑하고 내 눈을 부시게 한다. 서울거리에서 허덕이고 다니는 거리의 색시들은 濟州島의 이러한 風景 속에 갖다둔다면 名醫의 診斷을 바라지 않드래도 肺病 第三期를 疑心할 수 밖에 없을 것이다.

내가 이 섬의 風土病의 調査왔단 말에 몇 사람의 女人은 하로에 三十키로의 길을 찾어왔다. 저녁때 돌아갈 때에 하로종일 일도 못하고 수고하였으니 저녁반찬이라도 사가시라고 돈 얼마를 주었드니 놀래 사양하며 멀리 오신이에게 도려 우리들이 대접을 해얄건대 이게 무슨 짓이냐고 한다. 기어코 가지고 가도록 하였드니 돌아서 나가서 그 돈으로 담배 몇 갑을 사가지고 와서 섭섭하니 이거라도 받어달라는 것이다. 내 눈이 뜨거웠으며 이들 女人의 마음이 多情하고 玉보다도 더욱 곱게 보였다. 나는 지금까지 그 때의 담배보다도 더 맛좋은 담배를 피어본 적이 없다.

이 섬 바닷가에는 冬柏꽃이 數없이 피어있고 그 色이 피보다도 더 붉었다. 濟州島 女人의 마음은 이 꽃과 같이 多情하고 아름답고 冬柏기름 같이 미끄럽고 부드러웠다. 濟州島 女人의 印象이 내 腦細胞 속에 깊이 잠들어 내 記憶中樞細胞가 生理的인 때까지는 언제까지라도 사라질 것 같지 않다.

찾아보기

ㄱ

ㄴ

ㄷ

ㄹ

ㅁ

ㅇ

ㅈ

ㅊ

ㅋ

ㅌ

ㅍ

ㅎ

서경석
서울대학교 인문대학을 졸업하고 동대학교에서 문학박사학위를 취득하였다. 주요 저서로는『한국 근대문학사 연구』,『한국 근대 리얼리즘문학사 연구』등이 있으며 국내 학술지에 70여 편의 논문을 발표했다.『한국문학』편집위원, 『대산문화』편집위원, 한국언어문화학회와 우리말글학회 회장 등을 역임했다. 현재 한양대학교 인문대학 국어국문학과 명예교수이다.

김진량
한양대학교 국문학과를 졸업하고 동대학원에서 문학 석사 및 박사 학위를 받았다. 평론 "죽음, 그 환한 바깥"으로 2000년 〈문학과 창작〉 신인상을 수상하였으며,「유비쿼터스 시대의 융복합교양교육 과정 모델 개발」,「스리랑카 한국어 교육의 문제 개선을 위한 제안」,「해외한국학의 현지화 연구」등의 논문과 『인터넷, 게시판 그리고 판타지소설』,『디지털 텍스트와 문화 읽기』,『식민지 지식인의 개화 사상 유학기』등의 저서가 있다.

김중철
한양대학교 국어국문학과를 졸업하고 같은 대학원에서 박사학위를 받았다. 「근대 초기 여행기에 나타난 활동사진의 비유에 대한 연구」,「말하기, 글쓰기에 있어서 거짓과 진실의 문제」등의 논문과 『소설과 영화』,『소설을 찾는 영화, 영화를 찾는 소설』,『영화에서 글쓰기를 보다』등의 저서가 있으며 문학과 상상, 글쓰기와 인문 교양에 대해 탐구하고 있다. 한양대학교 연구교수와 한양사이버 대학교 전임강사를 거쳐 현재 안양대학교 부교수로 재직 중이다.

우미영
한양대 국어국문학과에서 공부했다. 근현대 한국 서사 문학을 텍스트로 삼아 여성 · 광기 · 장소 · 과학 등을 해명한 글을 발표했다. 제국의 도시 도쿄, SF의 상상력과 서사의 미래, 기후변화 내러티브 등을 탐색 중이다. 한양대 창의융합교육원에 몸담고 있다.

한양대학교 동아시아문화연구소 동아시아문화자료총서 2

근대 기행문 자료집 3
강원도 · 전라도 · 제주도

초판1쇄 발행 2024년 12월 30일

엮은이 서경석 · 김진량 · 김중철 · 우미영

주간 조승연
편집 · 디자인 오경희 · 조정화 · 오성현
신나래 · 박선주 · 정성희
관리 박정대

펴낸이 홍종화
펴낸곳 민속원
창업 홍기원
출판등록 제1990-000045호
주소 서울 마포구 토정로25길 41(대흥동 337-25)
전화 02) 804-3320, 805-3320, 806-3320(代)
팩스 02) 802-3346
이메일 minsokwon@naver.com
홈페이지 www.minsokwon.com

ISBN 978-89-285-2060-2 94910
SET 978-89-285-1219-5 94910